A

LATIN READER:

CONSISTING OF SELECTIONS FROM

PHÆDRUS, CÆSAR, CURTIUS, NEPOS, SALLUST, OVID, VIRGIL, PLAUTUS, TERENCE, CICERO, PLINY, AND TACITUS.

With Copious Notes and Vocabulary.

PREPARED BY

WILLIAM F. ALLEN, A.M.,

PROFESSOR OF ANCIENT LANGUAGES AND HISTORY IN THE UNIVERSITY OF WISCONSIN;

AND

JOSEPH H. ALLEN,

CAMBRIDGE, MASS.

BOSTON:
PUBLISHED BY EDWIN GINN.
CHICAGO: FRED B. GINN.
1869.

CAMBRIDGE:

PRESS OF JOHN WILSON AND SON.

PREFACE.

Our first object in the preparation of this Reader, has been to furnish for beginners a sufficient amount of the easiest and most interesting reading-matter to be found in purely classical writers. We have considered that, after a few month's careful training in the elements of the tongue, — for which the "Lessons," published last winter, were specially designed, — a good deal of time may best be devoted to *mere translation*, with the object of practising what has been already learned, rather than of acquiring a greater mass of purely theoretical knowledge; giving the most careful attention to accuracy, but leaving the nicer points of grammar for later study, except an occasional parsing lesson be had, so as to keep the learner in practice and the memory fresh. For the sake, however, of teachers who may prefer to use this as a drill-book, and of classes that may have no more extended course of Latin study in view, we have given copious references to the Grammar, covering nearly every point after the paradigms of verbs; in general, referring to each principle of syntax once, and only once, or, if a second time, then simply as the best way of giving help in a difficult passage.

In order to facilitate, in some degree, the familiar acquisition of so difficult a language as Latin, we have employed in this book those helps to the eye of accents and "digraphs," which the custom of three centuries has sanctioned, and which even the practised reader will not always disdain. In the Grammar and Lessons, which are supposed to be studied under the constant direction of the teacher, we preferred to dispense with these aids, that so the pupil, at the cost of a little more pains at starting, might be prepared to take up whatever edition of the classics might come to his hand; for the special uses of this volume, we think they will be found serviceable. In orthography, we have on principle admitted considerable freedom as to points which may be regarded as still unsettled; in general keeping to the best recent authorities, but aiming to habituate the eye of the student to those varieties of spelling he is likely to meet in a variety of authors and editions.

For the sake of those schools and classes to which the Reader comprises, practically, all the Latin ever expected to be learned, we have desired that this volume might enlarge and not belittle the notion of what a classic language and literature mean. The best justification of classical study, after all, is not its value as a mere means of mental discipline, for which modern and scientific methods are to so large an extent coming to take its place; but that it combines that discipline with some guiding of the mind towards the higher interpretation of history, and the deeper lessons of human life. With this view, every first-class name in Roman literature, excepting Livy and Horace, is represented in this collection; and special care has been taken, both in text and notes, to make it a help towards a clear view of the course of Roman empire, at its most critical periods, from Scipio down to Trajan. Nor will it be held void of interest, that we have given, from Tacitus, Pliny and Suetonius, every notice to be found in classical antiquity of the early Christians; while, in Virgil's "Pollio," and Cicero's correspondence with his friend Sulpicius, is afforded some hint of the level which the most cultivated Pagan thought had attained on religious themes.

While the reading most in vogue for beginners has of late presented Latin chiefly in its rhetorical composition and literary dialect, we have sought, by familiar letters and dramatic dialogue, to show it as a living tongue dealing with real things. The drollery and fun of Plautus, the graver humor of Terence, the easy and cheerful courtesy of Pliny's letters, the downright hard-hitting of Marius's speech before the people, seem to us a most desirable substitute for the weary and dreary narrative of the "Gallic War," as most boys find it. And while, in the case of Cicero, a vein of insincerity runs through most of his formal writings, even in his philosophical dialogues, where he tries to persuade himself that he is a single-minded searcher for truth, his letters bring us into an other atmosphere. His fond domestic feeling, the despair of his exile, his frank pride in his public welcome back, and his heavy heart refusing to be comforted after his daughter's death, show him in a more genuine and manlier way than the elaborate false pleading of the "Milo," or the polished hollow compliment of the "Marcellus."

In the preparation of the text and notes, we have had in mind the needs of young students, not of mature scholars; following the best editions within our reach, and carefully comparing the more important various readings, while making no pretensions to critical editing of our own.* We have aimed, in the notes, not to depart from the immediate needs of the boy or girl of fifteen, for whose use this volume is especially designed; desiring to help the student do his work, not to do his work for him; seldom translating a passage, but preferring to call his attention to the principle of construction involved, and then leave it for him to make ont the meaning for himself; consulting freely the great historians, chiefly Grote, Mommsen, and Merivale, but forbearing to load the page with masses of mere information, however interesting.

In preparing the Vocabulary, we have thought best, for many reasons, to make its range broad enough to cover the whole body of classical Roman literature, rather than any single selection of authors. For this object it has been read twice with every article in Andrews's large Lexicon, and most of it, besides, with the much more copious one of White and Riddle. To bring it within the compass of two hundred pages has required, besides the careful packing of each page and line, very large omissions. In particular, many classes of derivations and compounds, occurring rarely, or else quite obvious in their meaning; numerous words used in a purely technical sense by legists, grammarians, and naturalists; words of late or doubtful

* Besides numerous American school editions, we have chiefly used for Phædrus, Raschig and Siebelis; for Cæsar, Doberenz; for Curtius, Zumpt, whose critical edition we have mainly followed; for Sallust, Jacobs and Long; for Ovid, Haupt in the Metamorphoses, Ramsay, Paley and Siebelis in the Fasti; for Virgil, Ladewig; for Cicero's Epistles, Frey, Hofmann, Hoffa, and Abeken (Merivale's version); for Tacitus, Nipperdey and Ritter. In a few cases we have referred ["Hb."] to the "Handbook of Classical Geography, &c., prepared by T. P. and W. F. Allen."

authority, or else mere archæological curiosities; together with a few terms or meanings rejected on the score of decency, have been freely omitted. With this qualification, we think that the learner who has been taught so much of derivative forms and combinations as we have given here on a single page, need never be at a loss for the meaning or inflection of any word he is likely to meet in any classical author from Plautus to Tacitus; while this Vocabulary will be found peculiarly rich in terms of common life. It includes about 15,000 words, with the addition of about 1,300 proper names or adjectives and more than 200 dates, carefully selected, so as to make a convenient manual of reference, both as to the main points of ancient history (including numerous matters of Roman antiquities and politics), and as to those mythological allusions, which may be called the common stock of classical tradition. In this way, we have aimed to keep before the learner's eye some hint of the wealth and variety in diction of the language he is studying; while his judgment in the use of it will be better trained than by servile reliance on a mere list of words, however copious and redundant, prepared for his present convenience only.

The three volumes now before the public contain what may be regarded as a complete and sufficient course of Latin study for those who desire only a general acquaintance with the language; and more particularly designed for those classes in Academies and High or Normal schools, which may be presumed able to give only one or two years to classical study. To such, it will be a tolerably full course of reading in itself; and, to others, a sufficient preparation for the many excellent editions of standard authors in current use.

For the aid of those who desire a more critical acquaintance with the language, and a more intimate knowledge, from original sources, of the most eventful period of Roman history, we have in preparation a Manual of Latin Composition, which may be looked for within a year, and an edition of Cæsar's Civil War, to be amply illustrated from the history and writings of his own time.

Cambridge, Massachusetts.
August, 1869.

CONTENTS.

LATIN READER.

I.

FABLES OF PHÆDRUS.

I. *De Vulpe et Uvâ.*

Famé coacta vúlpes altâ in vineâ
Uvam áppetebat súmmis saliens víribus.
Quam tángere ut non pótuit, discedéns ait:
"Nondúm matura est, nólo acerbam súmere."
Qui fácere quæ non póssunt verbis élevant,
Adscríbere hoc debébunt exemplúm sibi.

II. *Vulpes et Hircus.*

Homo ín periclum símul ac venit cállidus,
Reperíre effugium álterius quærít malo.
Cùm décidisset vúlpes in puteum ínscia,
Et áltiore claúderetur márgine,
Devénit hircus sítiens in eundém locum;
Simúl rogavit, ésset an dulcís liquor
Et cópiosus? Illa fraudem móliens:
"Descénde, amice; tánta bonitas ést aquæ,
Volúptas ut satiári non possít mea."
Immísit se barbátus. Tum vulpécula
Èvásit puteo, níxa celsis córnibus,
Hircúmque clauso líquit hærentém vado.

III. *Lupus et Agnus.*

Ad rívum eundem lúpus et agnus vénerant,
Sití compulsi. Súperior stabát lupus
Longéque inferior ágnus. Tunc fauce ímprobâ
Latro íncitatus, júrgii causam íntulit;
"Cur," ínquit, "turbuléntam fecistí mihi
Aquám bibenti?" Lániger contrá timens:
"Quî póssum, quæso, fácere quod quererís, lupe?
A té decurrit ád meos haustús liquor."
Repúlsus ille véritatis víribus,
"Ante hós sex menses mále," ait, "dixistí mihi."
Respóndit agnus: "Equidem natus nón eram."
"Pater hércule tuus," ínquit, "male dixít mihi
Atque íta correptum lácerat injustâ nece."
Hæc própter illos scrípta est homines fábula,
Qui fíctis causis ínnocentes ópprimunt.

IV. *Vipera et Lima.*

Mordáciorem qui ímprobo dente ádpetit,
Hoc árgumento sé describi séntiat.
In ófficinam fábri venit vípera.
Hæc, cùm tentaret, sí qua res essét cibi,
Limám momordit. Illa contra cóntumax,
"Quid me," ínquit, "stulta, dénte captas lædere,
Omne ádsuëvi férrum quæ corródere?"

V. *Canis et Crocodilus.*

Consília qui dant práva cautis hóminibus,
Et pérdunt operam et déridentur túrpiter.
Canés currentes bíbere in Nilo flúmine,
A córcodilis né rapiantur, tráditum est.
Igitúr cùm currens bíbere cœpissét canis,

Sic córcodilus: "Quám libet lambe ótio,
Nolí vereri." At ílle: "Facerem me hércule,
Nisi ésse scirem cárnis te cupidúm meæ."

VI. *Muli et Latrones.*

Mulí gravati sárcinis ibánt duo:
Unús ferebat físcos cum pecúniâ;
Altér tumentes múlto saccos hórdeo.
Ille, ónere dives, célsa cervice éminet,
Clarúmque collo jáctat tintinnábulum;
Comés quieto séquitur et placidó gradu.
Subitó latrones éx insidiis ádvolant,
Intérque cædem férro mulum saúciant:
Diripiunt nummos, négligunt vile hórdeum.
Spoliátus igitur cásus cùm flerét suos,
"Equidem," ínquit alter, "mé contemptum gaúdeo;
Nam níhil amisi, néc sum læsus vulnere."
Hoc árgumento túta est hominum ténuitas:
Magnæ periclo súnt opes obnóxiæ.

VII. *Calvus et Musca.*

Calví momordit músca nudatúm caput;
Quam opprímere captans álapam sibi duxít gravem,
Tunc ílla irridens: "Púnctum volucris párvulæ
Voluísti morte ulcísci: quid faciés tibi,
Injúriæ qui addíderis contuméliam?"
Respóndit: "Mecum fácile redeo in grátiam,
Quia nón fuisse méntem lædendí scio;
Sed té, contempti géneris animal ímprobum,
Quæ délectaris bíbere humanum sánguinem,
Optém necare vél majore incómmodo."
Hoc árgumentum véniam ei darí docet,
Qui cásu peccat. Nám qui consilio ést nocens,
Illum ésse quâvis dígnum pœnâ júdico.

VIII. *Homo et Colubra.*

Qui fért malis auxílium, post tempús dolet.
Gelú rigentem quídam colubram sústulit.
Sinúque fovit, cóntra se ipse mísericors;
Namque út refecta est, nécuit hominem prótinus.
Hanc ália cùm rogáret causam fácinoris,
Respóndit: "Ne quis díscat prodesse improbis."

IX. *Asinus ad Senem Pastorem.*

In príncipatu cómmutando címium
Nil præter domini nómen mutant paúperes.
Id ésse verum, párva hæc fabella índicat.
Aséllum in prato tímidus pascebát senex.
Is, hóstium clamóre subito térritus,
Suadébat asino fúgere, ne possént capi.
At ílle lentus: "Quæso, num binás mihi
Clitéllas impositúrum victorém putas?"
Senéx negavit. "Ergo quid refért meâ,
Cui sérviam? clitéllas dum portém meas."

X. *Lupus et Gruis.*

Qui prétium meriti ab ímprobis desíderat,
Bis péccat: primum quóniam indignos ádjuvat;
Impúne abire deínde quia jam nón potest.
Os dévoratum faúce cùm hærerét lupi,
Magnó dolore víctus cœpit síngulos
Illícere pretio, ut íllud extraherént malum.
Tandém persuasa est júrejurandó gruis,
Gulæque credens cólli longitúdinem,
Perículosam fécit medicinám lupo.
Pro quó cùm pactum flágitaret præmium:
"Ingráta es," inquit, "óre quæ nostró caput
Incólume abstuleris, ét mercedem póstules."

XI. *Socrates ad Amicos.*

Vulgáre amici nómen, sed rara ést fides.
Cùm párvas ædes síbi fundâsset Sócrates,
(Cujús non fugio mórtem, si famam ádsequar,
Et cédo invidiæ, dúmmodo absolvár cinis)
E pópulo sic, nescío quis, ut fierí solet:
"Quæsó tam angustam, tális vir, ponís domum?"
"Utinam," ínquit, "veris hánc amicis ímpleam!"

XII. *Gubernator et Nautæ.*

Cùm dé fortunis quídam quereretúr suis;
Æsópus finxit cónsolandi grátiâ:
Vexáta sævis návis tempestátibus,
Intér vectorum lácrimas et mortís metum,
Faciem ád serenam súbito ut mutatúr dies,
Ferrí secundis túta cœpit flátibus,
Nimiâque nautas hílaritate extóllere.
Factús periclo túm gubernatór sophus:
"Parcé gaudere opórtet, et sensím queri,
Totám quia vitam míscet dolor et gaúdium."

XIII. *Æsopus et Petulans.*

Succéssus ad perníciem multos dévocat.
Æsópo quidám pétulans lapidem ímpegerat.
"Tanto," ínquit, "melior!" Assem deinde illí dedit,
Sic prósecutus: "Plús non habeo mehércule,
Sed unde accipere póssis, monstrabó tibi."
Venit écce dives ét potens; huic símiliter
"Impínge lapidem, et dígnum accípies præmium."
Persuásus ille fécit, quod monitús fuit:
Sed spés fefellit ímpudentem audáciam:
Comprénsus namque poénas persolvít cruce.

XIV. *Rana Rupta et Bos.*

Inóps, potentem dúm vult imitarí, perit.
In práto quondam rána conspexít bovem,
Et, tácta invidiâ tántæ magnitúdinis,
Rugósam inflavit péllem. Tum natós suos
Intérrogavit, án bove esset látior?
Illí negarunt. Rúrsus intendít cutem
Majóre nisu; et símili quæsivít modo,
"Quis májor esset?" Illi dixerúnt, bovem.
Novíssime indignáta, dum vult válidius
Infláre sese, rúpto jacuit córpore.

XV. *Ranæ Regem Petentes.*

Athénæ cùm florérent æquis légibus,
Procáx libertas cívitatem míscuit,
Frenúmque solvit prístinum licéntia.
Hinc cónspiratis fáctionum pártibus,
Arcém tyrannus óccupat Pisístratus.
Cùm trístem servitútem flerent Attici,
Non quía crudelis ílle, sed quoniám grave
Omne ínsuëtis ónus, et cœpissént queri:
Æsópus talem túm fabellam réttulit:
Ranæ, vagantes líberis palúdibus,
Clamóre magno régem petiêre á Jove,
Qui díssolutos móres vi compésceret.
Patér deorum rísit, atque illís dedit
Parvúm tigillum, míssum quod subitó vadis
Motú sonoque térruit pavidúm genus.
Hoc mérsum limo cùm lateret díutius,
Forte úna tacite prófert e stagnó caput,
Et éxplorato rége cunctas évocat.
Illæ, timore pósito, certatim ádnatant,
Lignúmque supra túrba petulans ínsilit.
Quod cùm ínquinâssent ómni contuméliâ,

Aliúm rogantes régem misêre ád Jovem,
Inútilis quoniam ésset, qui fuerát datus.
Tum mísit illis hydrum, qui dente áspero
Corrípere cœpit síngulas. Frustrá necem
Fugitánt inertes: vócem præcludít metus.
Furtim ígitur dant Mercúrio mandata ád Jovem,
Afflíctis ut succúrrat. Tunc contrá deus:
"Quia nóluistis véstrum ferre," inquít, "bonum,
Malúm perferte." Vós quoque, o civés, ait,
Hoc sústinete, május ne veniát, malum.

XVI. *Scurra et Rusticus.*

Pravó favore lábi mortalés solent,
Et, pró judicio dúm stant errorís sui,
Ad pœnitendum rébus manifestís agi.
Factúrus ludos quídam dives nóbiles
Propósito cunctos ínvitavít præmio,
Quam quísque posset, út novitatem osténderet.
Venêre artifices laúdis ad certámina:
Quos ínter scurra, nótus urbanó sale,
Habére dixit sé genus spectáculi,
Quod ín theatro númquam prolatúm foret.
Dispérsus rumor cívitatem cóncitat.
Paullo ánte vacua túrbam deficiúnt loca.
In scénâ vero póstquam solus cónstitit,
Sine ápparatu, núllis adjutóribus,
Siléntium ipsa fécit exspectátio.
Ille ín sinum repénte dimisít caput,
Et síc porcelli vócem est imitatús suâ,
Verum út subesse pállio conténderent,
Et éxcuti jubérent. Quo factó, simul
Nihil ést repertum, múltis onerant laúdibus,
Hominémque plausu prósequuntur máximo.
Hoc vídit fieri rústicus. "Non mehércule
Me víncet" inquit: èt statim proféssus est,

Idém facturum méliùs se postridie.
Fit túrba major. Jám favor mentés tenet,
Et dérisuri, nón spectaturí, sedent.
Utérque prodit. Scúrra degrunnít prior,
Movétque plausus, ét clamores súscitat.
Tunc símulans sese véstimentis rústicus
Porcéllum obtegere (quód faciebat scílicet,
Sed, ín priore quía nil compereránt, latens),
Pervéllit aurem vérò, quem celáverat,
Et cúm dolore vócem naturæ éxprimit.
Acclámat populus, scúrram multo símilius
Imitátum, et cogit, rústicum trudí foras.
At ílle profert ípsum porcellum é sinu,
Turpémque aperto pígnore errorém probans:
"En! híc declarat, quáles sítis júdices!"

XVII. *Cervus et Boves.*

Cervús nemorosis éxcitatus látibulis,
Ut vénatorum fúgeret instantém necem,
Cæcó timore próximam villám petit,
Et ópportuno sé bovili cóndidit.
Hic bós latenti: "Quídnam voluistí tibi,
Infélix, ultro qui ád necem cucúrreris,
Hominúmque tecto spíritum commíseris?"
At ílle supplex: "Vós modo," ínquit, "párcite:
Occásione rúrsus erumpám datâ."
Spatiúm diei nóctis excipiúnt vices.
Frondém bubulcus ádfert, nec ideó videt.
Eúnt subinde et rédeunt omnes rústici,
Nemo ánimadvertit; tránsit etiam víllicus,
Nec ílle quidquam séntit. Tum gaudéns ferus
Bubús quietis ágere cœpit grátias,
Hospítium adverso quód præstiterint témpore.
Respóndit unus: "Sálvum te cupimús quidem;
Sed ílle, qui oculos céntum habet, si vénerit,

Magno ín periclo víta vertetúr tua."
Hæc ínter ipse dóminus a cenâ redit;
Et, quía corruptos víderat nupér boves,
Accédit ad præsépe: "Cur frondís parum est?
Straménta desunt. Tóllere hæc aránea,
Quantum ést laboris?" Dúm scrutatur síngula,
Cerví quoque alta cónspicatur córnua;
Quem cónvocatâ júbet occidi fámiliâ,
Prædámque tollit.
Hæc significat fábula,
Dominúm videre plúrimum in rebús suis.

XVIII. *Mus Urbanus et Rusticus.*

Hospítio quondam mús urbanus rústici
Excéptus vili glánde cenat ín cavo.
Indúxit precibus póst ut urbem rústicus
Cellámque intraret plénam rebus óptimis.
In quâ dum variis pérfruuntur réliquiis,
Impúlso venit óstio cellárius.
Quo múres strepitu diffúgiunt pertérriti,
Et nótis facile urbánus se condít cavis;
At míser ignotâ trépidans rustícús domo
Timénsque mortem, pér parietes cúrsitat.
Ut quæ volebat sústulit cellárius,
Clausítque limen, íterum urbanus rústicum
Hortátur; ille pérturbatis sénsibus,
"Vix," ínquit, "possum cápere præ metú cibum.
Putásne veniet ílle?" "Quid tantúm times?"
Urbánus inquit; "áge fruamur férculis,
Quæ frústra ruré quæras." Contra rústicus:
"Tu quí timere néscis fruere his ómnibus;
At mé securum páscat glans et líberum."
In paúpertate tútum præstat vívere,
Quàm dívitiarum cárpi solitúdine.

XIX. *Naufragium Simonidis.*

Homo dóctus in se sémper divitiás habet.
Simónides, qui scrípsit egregiúm melos,
Quo páupertatem sústineret fácilius,
Circuíre cœpit úrbes Asiæ nóbiles,
Mercéde acceptâ laúdem victorúm canens,
Hoc génere quæstûs póstquam locuples fáctus est,
Redíre in patriam vóluit cursu pélagio;
Erat áutem natus, ut áiunt, in Ceâ ínsulâ.
Adscéndit navem: quám tempestas hórrida
Simul ét vetustas médio dissolvít mari.
Hi zónas, illi rés prétiosas cólligunt,
Subsídium vitæ. Quídam curiósior:
"Simónide, tu ex ópibus nîl sumís tuis?"
"Mecum," ínquit, "mea sunt cúncta." Tunc pauci énatant,
Quia plúres onere dégravati périerant.
Prædónes adsunt, rápiunt quod quisque éxtulit,
Nudós relinquunt. Fórte Clazomenæ prope
Antíqua fuit urbs, quam pétierunt naúfragi.
Hic lítterarum quídam studio déditus,
Simónidis qui sæpe versus légerat,
Erátque absentis ádmirator máximus,
Sermóne ab ipso cógnitum cupidíssime
Ad sé recepit; véste, nummis, fámiliâ
Hominem éxornavit. Céteri tabulám suam
Portánt, rogantes víctum. Quos casu óbvios
Simónides ut vídit: "Dixi," inquít, "mea
Mecum ésse cuncta; vós quod rapuistis, perît."

II.

JULIUS CÆSAR.

1. *First Invasion of Britain.*

(B.C. 55.)

[From Cæsar's Gallic War: Book IV. Chapters 20–36.]

Exiguâ parte æstatis reliquâ Cæsar, etsi in his locis, quòd omnis Gallia ad septemtriones vergit, maturæ sunt hiemes, tamen in Britanniam proficisci contendit, quòd omnibus fere Gallicis bellis hostibus nostris inde subministrata auxilia intelligebat, et si tempus anni ad bellum gerendum deficeret, tamen magno sibi usui fore arbitrabatur si modo insulam adîsset et genus hominum perspexisset, loca, portus, aditus cognovisset; quæ omnia ferè Gallis erant incognita. Neque enim temerè præter mercatores illò adit quisquam, neque his ipsis quidquam præter oram maritimam atque eas regiones quæ sunt contra Gallias notum est. Itaque vocatis ad se undique mercatoribus, neque quanta esset insulæ magnitudo, neque quæ aut quantæ nationes incolerent, neque quem usum belli haberent aut quibus institutis uterentur, neque qui essent ad majorum navium multitudinem idonei portus, reperire poterat.

Ad hæc cognoscenda, priùsquam periculum faceret, idoneum esse arbitratus C. Volusenum cum navi longâ præmittit. Huic mandat uti exploratis omnibus rebus ad se quàm primùm revertatur. Ipse cum omnibus copiis in Morinos proficiscitur, quòd inde erat brevissimus in Britanniam trajectus. Huc naves undique ex finitimis regionibus, et quam superiore æstate ad Veneticum bellum effecerat classem, jubet convenire. Interim consilio ejus cognito, et per mercatores perlato ad Britannos, a compluribus insulæ civitatibus ad eum legati veniunt, qui polliceantur obsides dare atque imperio populi Romani obtemperare. Quibus auditis, liberaliter pollicitus hortatusque ut in eâ sententiâ permanerent, eos domum remittit, et cum iis unà Commium, quem ipse Atrebatibus superatis regem ibi constituerat, cujus et virtutem et consilium probabat, et quem sibi fidelem esse arbitrabatur, cujusque auctoritas in his regionibus magni habebatur, mittit. Huic imperat quas possit adeat civitates, horteturque ut populi Romani fidem sequantur, seque celeriter eò venturum nuntiet. Volusenus perspectis regionibus omnibus quantum ei facultas dari potuit, qui navi egredi ac se barbaris committere non auderet, quinto die ad Cæsarem revertitur ,quæque ibi perspexisset renuntiat. . . .

His constitutis rebus, nactus idoneam ad navigandum tempestatem, tertiâ ferè vigiliâ solvit, equitesque in ulteriorem portum progredi et naves conscendere et se sequi jussit. A quibus cùm paulo tardiùs esset administratum, ipse horâ circiter diei quartâ cum primis navibus Britanniam attigit, atque ibi in omnibus collibus expositas hostium copias armatas conspexit. Cujus loci hæc erat natura, atque ita montibus angustis mare continebatur, uti ex locis superioribus in litus telum adigi posset. Hunc ad egrediendum nequâquam idoneum locum arbitratus, dum reliquæ naves eò convenirent, ad horam nonam in ancoris exspectavit. Interim legatis tribunisque militum convocatis, et quæ ex Voluseno cognôsset et quæ fieri vellet ostendit; monuitque (ut rei militaris ratio, maximè ut maritimæ res postularent, ut quæ celerem atque instabilem motum haberent) ad nutum et ad tempus omnes res ab iis administrarentur. His dimissis, et ventum et æstum uno tempore nactus secundum, dato signo et sublatis ancoris, circiter milia passuum VII ab eo loco progressus, aperto ac plano litore naves constituit.

At barbari, consilio Romanorum cognito, præmisso equitatu et essedariis, quo plerùmque genere in prœliis uti consuêrunt, reliquis copiis subsecuti nostros navibus egredi prohibebant. Erat ob has causas summa difficultas, quòd naves propter magnitudinem nisi in alto constitui non poterant, militibus autem ignotis locis, impeditis manibus, magno et gravi onere armorum oppressis, simul et de navibus desiliendum et in fluctibus consistendum et cum hostibus erat pugnandum; cùm illi aut ex arido aut paulùm in aquam progressi, omnibus membris expeditis, notissimis locis audacter tela conjicerent, et equos insuefactos incitarent. Quibus rebus nostri perterriti, atque hujus omninò generis pugnæ imperiti, non eâdem alacritate ac studio quo in pedestribus uti prœliis consuêrant utebantur.

Quod ubi Cæsar animadvertit, naves longas, quarum et species erat barbaris inusitatior, et motus ad usum expeditior, paulùm removeri ab onerariis navibus et remis incitari et ad latus apertum hostium constitui, atque inde fundis, sagittis, tormentis hostes propelli ac submoveri jussit; quæ res magno usui nostris fuit. Nam et navium figurâ et remorum motu et inusitato genere tormentorum permoti barbari constiterunt, ac paulùm modò pedem retulerunt. Atque nostris militibus cunctantibus, maxime propter altitudinem maris, qui decimæ legionis aquilam ferebat, contestatus deos ut ea res legioni feliciter eveniret, "Desilite," inquit, "commilitones, nisi vultis aquilam hostibus prodere: ego certè meum rei publicæ atque imperatori officium præstitero." Hoc cùm voce magnâ dixisset, se ex navi projecit, atque in hostes aquilam ferre cœpit. Tum nostri cohortati inter se, ne tantum dedecus admitteretur, universi ex navi desiluerunt. Hos item ex proximis primis navibus cùm conspexissent, subsecuti hostibus appropinquârunt.

Pugnatum est ab utrisque acriter. Nostri tamen, quòd neque ordines servare, neque firmiter insistere, neque signa subsequi poterant, atque alius aliâ ex navi quibuscumque signis occurrerat se aggregabat, magnoperè perturbabantur: hostes vero notis omnibus vadis, ubi ex litore aliquos singulares ex navi egredientes conspexerant, incitatis equis impeditos adoriebantur, plures paucos circumsistebant, alii ab latere aperto in universos tela conjiciebant. Quod cùm animadvertisset Cæsar, scaphas longarum navium, item speculatoria navigia militibus compleri jussit, et quos laborantes conspexerat, his subsidia submittebat. Nostri simul in arido constiterunt, suis omnibus consecutis in hostes impetum fecerunt, atque eos in fugam dederunt, neque longiùs prosequi potuerunt, quòd equites cursum tenere atque insulam capere non potuerant. Hoc unum ad pristinam fortunam Cæsari defuit.

Hostes prœlio superati, simul atque se ex fugâ receperunt, statim ad Cæsarem legatos de pace miserunt, obsides daturos quæque imperâsset facturos sese polliciti sunt. Unà cum his legatis Commius Atrebas venit, quem suprà demonstraveram a Cæsare in Britanniam præmissum. Hunc illi e navi egressum, cùm ad eos oratoris modo Cæsaris mandata deferret, comprehenderant atque in vincula conjecerant: tum prœlio facto remiserunt, et in petendâ pace ejus rei culpam in multitudinem contulerunt, et propter imprudentiam ut ignosceretur petiverunt. Cæsar questus, quòd cùm ultrò in continentem legatis missis pacem ab se petîssent, bellum sine causâ intulissent, ignoscere imprudentiæ dixit, obsidesque imperavit; quorum illi partem statim dederunt, partem ex longinquioribus locis arcessitam paucis diebus sese daturos dixerunt. Intereà suos remigrare in agros jusserunt, principesque undique convenire, et se civitatesque suas Cæsari commendare cœperunt.

His rebus pace confirmatâ, post diem quartum quàm est in Britanniam ventum, naves XVIII, de quibus suprà demonstratum est, quæ equites sustulerant, ex superiore portu leni vento solverunt. Quæ cùm appropinquarent Britanniæ et ex castris viderentur, tanta tempestas subitò coorta est ut nulla earum cursum tenere posset, sed aliæ eòdem unde erant profectæ referrentur, aliæ ad inferiorem partem insulæ, quæ est propiùs solis occasum, magno sui cùm periculo dejicerentur, necessariò adversâ nocte in altum provectæ continentem petierunt.

Eâdem nocte accidit ut esset luna plena, qui dies maritimos æstus maximos in Oceano efficere consuevit, nostrisque id erat incognitum. Ita uno tempore et longas naves, quibus Cæsar exercitum transportandum curaverat, quasque in aridum subduxerat, æstus complebat, et onerarias quæ ad ancoras erant deligatæ tempestas afflictabat, neque ulla nostris facultas aut administrandi aut auxiliandi dabatur. Compluribus navibus fractis, reliquæ cùm essent (funibus ancoris reliquisque armamentis amissis) ad navigandum inutiles, magna (id quod necesse erat accidere) totius exercitus perturbatio facta est. Neque enim naves erant aliæ quibus reportari possent, et omnia deërant quæ ad reficiendas naves erant usui; et quòd omnibus constabat hiemari in Galliâ oportere, frumentum his in locis in hiemem provisum non erat.

Quibus rebus cognitis, principes Britanniæ, qui post prœlium ad Cæsarem convenerant, inter se collocuti cùm equites et naves et frumentum Romanis deësse intelligerent, et paucitatem militum ex castrorum exiguitate cognoscerent, quæ hôc erant etiam angustiora quòd sine impedimentis Cæsar legiones transportaverat, optimum factu esse duxerunt rebellione factâ frumento commeatuque nostros prohibere, et rem in hiemem producere; quòd, his superatis aut reditu interclusis, neminem posteà belli inferendi causâ in Britanniam transiturum confidebant. Itaque rursùs conjuratione factâ, paulatim ex castris discedere, ac suos clam ex agris deducere cœperunt.

At Cæsar, etsi nondum eorum consilia cognoverat, tamen et ex eventu navium suarum, et ex eo quòd obsides dare intermiserant, fore id quod accidit suspicabatur. Itaque ad omnes casus subsidia comparabat. Nam et frumentum ex agris quotidiè in castra conferebat, et quæ gravissimè afflictæ erant naves, earum materiâ atque ære ad reliquas reficiendas utebatur, et quæ ad eas res erant usui ex continenti comportari jubebat. Itaque cùm summo studio a militibus administraretur, XII navibus amissis, reliquis ut navigari commodè posset effecit.

Dum ea geruntur, legione ex consuetudine unâ frumentatum missâ, quæ appellabatur septima, neque ullâ ad id tempus belli suspicione interpositâ, cùm pars hominum in agris remaneret, pars etiam in castra ventitaret, ii qui pro portis castrorum in statione erant Cæsari nuntiaverunt pulverem majorem quam consuetudo ferret in eâ parte videri, quam in partem legio iter fecisset. Cæsar id quod erat suspicatus, aliquid novi a barbaris initum consilii, cohortes quæ in stationibus erant secum in eam partem proficisci, ex reliquis duas in stationem cohortes succedere, reliquas armari et confestim sese subsequi jussit. Cùm paulo longiùs a castris processisset, suos ab hostibus premi atque ægrè sustinere, et confertâ legione ex omnibus partibus tela conjici animadvertit. Nam quòd, omni ex reliquis partibus demesso frumento, pars una erat reliqua, suspicati hostes huc nostros esse venturos, noctu in silvis delituerant; tum dispersos, depositis armis in metendo occupatos subitò adorti, paucis interfectis, reliquos incertis ordinibus perturbaverant, simul equitatu atque essedis circumdederant.

Genus hoc est essedis pugnæ: primò per omnes partes perequitant, et tela conjiciunt, atque ipso terrore equorum et strepitu rotarum ordines plerùmque perturbant, et cùm se inter equitum turmas insinuaverunt, ex essedis desiliunt et pedibus prœliantur. Aurigæ interim paulatim ex prœlio excedunt, atque ita currus collocant, ut si illi a multitudine hostium premantur expeditum ad suos receptum habeant. Ita mobilitatem equitum, stabilitatem peditum in prœliis præstant; ac tantum usu quotidiano et exercitatione efficiunt, utì in declivi ac præcipiti loco incitatos equos sustinere, et brevi moderari ac flectere et per temonem percurrere, et in jugo insistere et se inde in currus citissimè recipere consuêrint.

Quibus rebus, perturbatis nostris novitate pugnæ, tempore opportunissimo Cæsar auxilium tulit; namque ejus adventu hostes constiterunt, nostri se ex timore receperunt. Quo facto ad lacessendum et ad committendum prœlium alienum esse tempus arbitratus, suo se loco continuit, et brevi tempore intermisso in castra legiones reduxit. Dum hæc geruntur, nostris omnibus occupatis, qui erant in agris reliqui discesserunt. Secutæ sunt continuos compluros dies tempestates, quæ et nostros in castris continerent, et hostem a pugnâ prohiberent. Interim barbari nuntios in omnes partes dimiserunt, paucitatemque nostrorum militum suis prædicaverunt, et quanta prædæ faciendæ atque in perpetuum sui liberandi facultas daretur, si Romanos castris expulissent, demonstraverunt. His rebus celeriter magnâ multitudine peditatûs equitatûsque coactâ, ad castra venerunt.

Cæsar etsi idem quod superioribus diebus acciderat fore videbat, ut si essent hostes pulsi, celeritate periculum effugerent, tamen nactus equites circiter xxx, quos Commius Atrebas, de quo ante dictum est, secum transportaverat, legiones in acie pro castris constituit. Commisso prœlio, diutiùs nostrorum militum impetum hostes ferre non potuerunt, ac terga verterunt. Quos tanto spatio secuti quantum cursu et viribus efficere potuerunt, complures ex iis occiderunt; deinde, omnibus longè latèque ædificiis incensis, se in castra receperunt.

Eodem die legati ab hostibus missi ad Cæsarem de pace venerunt. His Cæsar numerum obsidum quem ante imperaverat duplicavit, eosque in continentem adduci jussit, quòd propinquâ die æquinoctii, infirmis navibus hiemi navigationem subjiciendam non existimabat. Ipse idoneam tempestatem nactus, paulo post mediam noctem naves solvit, quæ omnes incolumes ad continentem pervenerunt; sed ex iis onerariæ duæ eosdem quos reliqui portus capere non potuerunt, et paulo infrà delatæ sunt.

2. *Second Invasion of Britain.*

(B.C. 54.)

[Book V. Chapters 8–23.]

His rebus gestis, solis occasu naves solvit, et leni Africo provectus, mediâ circiter nocte vento intermisso cursum non tenuit; et longiùs delatus æstu, ortâ luce sub sinistrâ Britanniam relictam conspexit. Tum rursus æstûs commutationem secutus, remis contendit ut eam partem insulæ caperet, quà optimum esse egressum superiore æstate cognoverat. Quâ in re admodum fuit militum virtus laudanda, qui vectoriis gravibusque navigiis, non intermisso remigandi labore, longarum navium cursum adæquârunt. Accessum est ad Britanniam omnibus navibus meridiano ferè tempore; neque in eo loco hostis est visus, sed ut posteà Cæsar ex captivis cognovit, cùm magnæ manus eò convenissent, multitudine navium perterritæ, quæ ampliùs octingentæ uno erant visæ tempore, a litore discesserant, ac se in superiora loca abdiderant.

Cæsar, exposito exercitu et loco castris idoneo capto, ubi ex captivis cognovit quo in loco hostium copiæ consedissent, cohortibus x ad mare relictis, et equitibus CCC qui præsidio navibus essent, de tertiâ vigiliâ ad hostes contendit, eo minùs veritus navibus quòd in litore molli atque aperto deligatas ad ancoram relinquebat, et præsidio navibus Q. Atrium præfecit. Ipse, noctu progressus milia passuum circiter XII, hostium copias conspicatus est. Illi, equitatu atque essedis ad flumen progressi, ex loco superiore nostros prohibere et prœlium committere cœperunt. Repulsi ab equitatu, se in silvas abdiderunt, locum nacti egregiè et naturâ et opere munitum, quem domestici belli ut videbatur causâ jam ante præparaverant; nam crebris arboribus succisis omnes introitus erant præclusi. Ipsi ex silvis rari propugnabant, nostrosque intra munitiones ingredi prohibebant. At milites legionis VII, testudine factâ et aggere ad munitiones adjecto, locum ceperunt eosque ex silvis expulerunt, paucis vulneribus acceptis. Sed eos fugientes longiùs Cæsar prosequi vetuit, et quòd loci naturam ignorabat, et quòd magnâ parte diei consumptâ, munitioni castrorum tempus relinqui volebat.

Postridiè ejus diei, mane tripertitò milites equitesque in expeditionem misit, ut eos qui fugerant persequerentur. His aliquantum itineris progressis, cùm jam extremi essent in prospectu, equites a Q.

Atrio ad Cæsarem venerunt, qui nunciarent superiore nocte, maximâ coortâ tempestate, propè omnes naves afflictas atque in litore ejectas esse; quòd neque ancoræ funesque subsisterent, neque nautæ gubernatoresque vim tempestatis pati possent; itaque ex eo concursu navium magnum esse incommodum acceptum.

His rebus cognitis, Cæsar legiones equitatumque revocari atque itinere desistere jubet, ipse ad naves revertitur: eadem ferè quæ ex nunciis literisque cognoverat coram perspicit, sic ut amissis circiter XL navibus, reliquæ tamen refici posse magno negotio viderentur. Itaque ex legionibus fabros deligit, et ex continenti alios arcessi jubet; Labieno scribit ut quàm plurimas posset iis legionibus, quæ sunt apud eum, naves instituat. Ipse etsi res erat multæ operæ ac laboris, tamen commodissimum esse statuit omnes naves subduci, et cum castris unâ munitione conjungi. In his rebus circiter dies x consumit, ne nocturnis quidem temporibus ad laborem militum intermissis. Subductis navibus castrisque egregiè munitis, easdem copias quas antè præsidio navibus reliquit: ipse eòdem unde redierat proficiscitur. Eò cùm venisset, majores jam undique in eum locum copiæ Britannorum convenerant, summâ imperii bellique administrandi communi consilio permissâ Cassivellauno, cujus fines a maritimis civitatibus flumen dividit, quod appellatur Tamesis, a mari circiter milia passuum LXXX. Huic superiore tempore cum reliquis civitatibus continentia bella intercesserant; sed nostro adventu permoti Britanni hunc toti bello imperioque præfecerant.

Britanniæ pars interior ab iis incolitur, quos natos

in insulâ ipsâ memoriâ proditum dicunt; maritima pars ab iis qui prædæ ac belli inferendi causâ ex Belgio transierant, qui omnes ferè iis nominibus civitatum appellantur, quibus orti ex civitatibus eò pervenerunt, et bello illato ibi permanserunt atque agros colere cœperunt. Hominum est infinita multitudo creberrimaque ædificia, ferè Gallicis consimilia; pecorum magnus numerus. Utuntur aut ære, aut nummo æreo, aut taleis ferreis ad certum pondus examinatis pro nummo. Nascitur ibi plumbum album in mediterraneis regionibus, in maritimis ferrum, sed ejus exigua est copia: ære utuntur importato. Materia cujusque generis ut in Galliâ est, præter fagum atque abietem. Leporem et gallinam et anserem gustare fas non putant; hæc tamen alunt animi voluptatisque causâ. Loca sunt temperatiora quam in Galliâ, remissioribus frigoribus.

Insula naturâ triquetra, cujus unum latus est contra Galliam. Hujus lateris alter angulus qui est ad Cantium, quò ferè omnes ex Galliâ naves appelluntur, ad orientem solem, inferior ad meridiem spectat. Hoc latus pertinet circiter milia passuum D. Alterum vergit ad Hispaniam atque occidentem solem, quâ ex parte est Hibernia, dimidio minor (ut existimatur), quam Britannia, sed pari spatio transmissûs atque ex Galliâ est in Britanniam. In hôc medio cursu est insula quæ appellatur Mona; complures prætereà minores objectæ insulæ existimantur; de quibus insulis nonnulli scripserunt dies continuos XXX sub brumâ esse noctem. Nos nihil de eo percontationibus reperiebamus, nisi certis ex aquâ mensuris breviores esse quàm in continenti noctes videbamus. Hujus est longitudo lateris, ut fert illorum opinio, DCC milium. Tertium est contra septemtriones, cui parti nulla est objecta terra; sed ejus angulus lateris maximè ad Germaniam spectat: hoc milia passuum DCCC in longitudinem esse existimatur. Ita omnis insula est in circuitu vicies centum milium passuum.

Ex his omnibus longè sunt humanissimi qui Cantium incolunt, quæ regio est maritima omnis, neque multùm a Gallicâ differunt consuetudine. Interiores plerique frumenta non serunt, sed lacte et carne vivunt, pellibusque sunt vestiti. Omnes vero se Britanni vitro inficiunt, quod cæruleum efficit colorem, atque hoc horridiores sunt in pugnâ adspectu: capilloque sunt promisso, atque omni parte corporis rasâ præter caput et labrum superius.

Equites hostium essedariique acriter prœlio cum equitatu nostro in itinere conflixerunt, ita tamen ut nostri omnibus partibus superiores fuerint, atque eos in silvas collesque compulerint, sed compluribus interfectis cupidiùs insecuti nonnullos ex suis amiserunt. At illi, intermisso spatio, imprudentibus nostris atque occupatis in munitione castrorum, subitò se ex silvis ejecerunt, impetuque in eos facto, qui erant in statione pro castris collocati, acriter pugnaverunt; duabusque missis subsidio cohortibus a Cæsare, atque iis primis legionum duarum, cùm hæ perexiguo intermisso loci spatio inter se constitissent, novo genere pugnæ perterritis nostris, per medios audacissimè perruperunt, seque indè incolumes receperunt. Eo die Q. Laberius Durùs tribunus militum interficitur. Illi pluribus submissis cohortibus repelluntur.

Toto hoc in genere pugnæ, cùm sub oculis omnium ac pro castris dimicaretur, intellectum est nostros propter gravitatem armorum, quòd neque insequi cedentes possent, neque ab signis discedere auderent, minùs aptos esse ad hujus generis hostem; equites autem magno cum periculo prœlio dimicare, propterea quòd illi etiam consultò plerùmque cederent, et cùm paulùm ab legionibus nostros removissent, ex essedis desilirent, et pedibus dispari prœlio contenderent. Equestris autem prœlii ratio et cedentibus et insequentibus par atque idem periculum inferebat. Accedebat huc ut numquam conferti, sed rari magnisque intervallis prœliarentur, stationesque dispositas haberent, atque alios alii deinceps exciperent, integrique et recentes defatigatis succederent.

Postero die procul a castris hostes in collibus constiterunt, rarique se ostendere, et leniùs quam pridiè nostros equites prœlio lacessere cœperunt. Sed meridie, cùm Cæsar pabulandi causâ tres legiones atque omnem equitatum cum C. Trebonio legato misisset, repentè ex omnibus partibus ad pabulatores advolaverunt, sic utì ab signis legionibusque non absisterent. Nostri ácriter in eos impetu facto reppulerunt, neque finem sequendi fecerunt quoad subsidio confisi equites, cùm post se legiones viderent, præcipites hostes egerunt, magnoque eorum numero interfecto, neque sui colligendi neque consistendi aut ex essedis desiliendi facultatem dederunt. Ex hac fugâ protinùs quæ undique convenerant auxilia discesserunt, neque post id tempus umquam summis nobiscum copiis hostes contenderunt.

Cæsar cognito consilio eorum, ad flumen Tamesin in fines Cassivellauni exercitum duxit, quod flumen uno omninò loco pedibus atque hoc ægrè transiri potest. Eò cùm venisset, animum advertit ad alteram fluminis ripam magnas esse copias hostium instructas: ripa autem erat acutis sudibus præfixisque munita, ejusdemque generis sub aquâ defixæ sudes flumine tegebantur. His rebus cognitis a captivis perfugisque, Cæsar præmisso equitatu confestim legiones subsequi jussit. Sed eâ celeritate atque eo impetu milites ierunt, cùm capite solo ex aquâ exstarent, ut hostes impetum legionum atque equitum sustinere non possent, ripasque dimitterent, ac se fugæ mandarent.

Cassivellaunus, ut suprà demonstravimus, omni depositâ spe contentionis, dimissis amplioribus copiis, milibus circiter IV essedariorum relictis, itinera nostra servabat, paulumque ex viâ excedebat, locisque impeditis ac silvestribus sese occultabat, atque iis regionibus, quibus nos iter facturos cognoverat, pecora atque homines ex agris in silvas compellebat; et cùm equitatus noster liberiùs prædandi vastandique causâ se in agros effunderet, omnibus viis notis semitisque essedarios ex silvis emittebat, et magno cum periculo nostrorum equitum cum iis confligebat, atque hoc metu latiùs vagari prohibebat. Relinquebatur ut neque longiùs ab agmine legionum discedi Cæsar pateretur, et tantum in agris vastandis incendiisque faciendis hostibus noceretur, quantum labore atque itinere legionarii milites efficere poterant. . . .

Dum hæc in his locis geruntur, Cassivellaunus ad Cantium nuntios mittit, atque his imperat uti coactis omnibus copiis, castra navalia de improviso adoriantur atque oppugnent. Ii cùm ad castra venissent, nostri eruptione factâ multis eorum interfectis, capto etiam nobili duce Lugotorige, suos incolumes reduxerunt. Cassivellaunus hoc prœlio nunciato, tot detrimentis acceptis, vastatis finibus, maximè etiam permotus defectione civitatum, legatos per Atrebatem Commium de deditione ad Cæsarem mittit. Cæsar, cùm statuisset hiemem in continenti propter repentinos Galliæ motus agere, neque multum æstatis superesset, atque id facilè extrahi posse intelligeret, obsides imperat, et quid in annos singulos vectigalis populo Romano Britannia penderet constituit: interdicit atque imperat Cassivellauno, ne Mandubratio neu Trinobantibus noceat.

Obsidibus acceptis, exercitum reducit ad mare, naves invenit refectas. His deductis, quòd et captivorum magnum numerum habebat, et nonnullæ tempestate deperierant naves, duobus commeatibus exercitum reportare instituit. Ac sic accidit utì ex tanto navium numero, tot navigationibus, neque hoc neque superiore anno ulla omninò navis quæ milites portaret desideraretur; at ex iis quæ inanes ex continenti ad eum remitterentur, et quas posteà Labienus faciendas curaverat numero LX, perpaucæ locum caperent, reliquæ ferè omnes rejicerentur. Quas cùm aliquamdiu Cæsar frustrà expectâsset, ne anni tempore a navigatione excluderetur, quòd æquinoctium suberat, necessariò angustiùs milites collocavit, ac summâ tranquillitate consecutâ, secundâ cùm solvisset vigiliâ, primâ luce terram attigit, omnesque incolumes naves perduxit.

3. *The People of Gaul and Germany.*

[Book VI. Chapters 11–28.]

Quoniam ad hunc locum perventum est, non alienum esse videtur de Galliæ Germaniæque moribus et quo differant hæ nationes inter sese proponere.

In Galliâ non solùm in omnibus civitatibus atque in omnibus pagis partibusque, sed pænè etiam in singulis domibus, factiones sunt; earumque factionum principes sunt qui summam auctoritatem eorum judicio habere existimantur, quorum ad arbitrium judiciumque summa omnium rerum consiliorumque redeat. Idque ejus rei causâ antiquitùs institutum videtur, ne quis ex plebe contra potentiorem auxilii egeret; suos enim quisque opprimi et circumveniri non patitur, neque, aliter si faciat, ullam inter suos habet auctoritatem. Hæc eadem ratio est in summâ totius Galliæ; namque omnes civitates in partes divisæ sunt duas. . . .

In omni Galliâ eorum hominum, qui aliquo sunt numero atque honore, genera sunt duo; nam plebes pænè servorum habetur loco, quæ nihil audet per se, et nullo adhibetur consilio. Plerique, cùm aut ære alieno aut magnitudine tributorum aut injuriâ potentiorum premuntur, sese in servitutem dicant nobilibus: in hos eadem omnia sunt jura quæ dominis in servos. Sed de his duobus generibus alterum est Druidum, alterum equitum. Illi rebus divinis intersunt, sacrificia publica ac privata procurant, religiones interpretantur. Ad hos magnus adolescentium numerus disciplinæ causâ concurrit, magnoque hi sunt apud eos honore. Nam ferè de omnibus controversiis publicis privatisque constituunt; et si quod est admissum facinus, si cædes facta, si de hereditate, si de finibus controversia est, iidem decernunt; præmia pœnasque constituunt. Si qui aut privatus aut populus eorum decreto non stetit, sacrificiis interdicunt. Hæc pœna apud eos est gravissima. Quibus ita est interdictum, hi numero impiorum ac sceleratorum habentur: ab his omnes discedunt, aditum eorum sermonemque defugiunt, ne quid ex contagione incommodi accipiant, neque his petentibus jus redditur, neque honos ullus communicatur. His autem omnibus Druidibus præest unus, qui summam inter eos habet auctoritatem. Hoc mortuo, si qui ex reliquis excellit dignitate, succedit: at si sunt plures pares, suffragio Druidum allegitur; nonnumquam etiam armis de principatu contendunt. Hi certo anni tempore in finibus Carnutum, quæ regio totius Galliæ media habetur, considunt in loco consecrato. Huc omnes undique qui controversias habent conveniunt, eorumque decretis judiciisque parent. Disciplina in Britanniâ reperta, atque inde in Galliam translata esse existimatur; et nunc, qui diligentiùs eam rem cognoscere volunt, plerùmque illò discendi causâ proficiscuntur.

Druides a bello abesse consuêrunt, neque tributa unà cum reliquis pendunt; militiæ vacationem omniumque rerum habent immunitatem. Tantis excitati præmiis, et suâ sponte multi in disciplinam conveniunt, et a parentibus propinquisque mittuntur. Magnum ibi numerum versuum ediscere dicuntur: itaque annos nonnulli xx in disciplinâ permanent. Neque fas esse existimant ea litteris mandare, cùm in reliquis ferè rebus, publicis privatisque rationibus, Græcis litteris utantur. Id mihi duabus de causis instituisse videntur; quòd neque in vulgum disciplinam efferri velint, neque eos qui discunt litteris confisos minùs memoriæ studere; quòd ferè plerisque accidit, ut præsidio litterarum diligentiam in perdiscendo ac memoriam remittant. In primis hoc volunt persuadere, non interire animas, sed ab aliis post mortem transire ad alios, atque hoc maximè ad virtutem excitari putant, metu mortis neglecto. Multa prætereà de sideribus atque eorum motu, de mundi ac terrarum magnitudine, de rerum naturâ, de deorum immortalium vi ac potestate, disputant et juventuti tradunt.

Alterum genus est equitum. Hi, cùm est usus atque aliquod bellum incidit, quod ferè ante Cæsaris adventum quotannis accidere solebat, utì aut ipsi injurias inferrent aut illatas propulsarent, omnes in bello versantur, atque eorum ut quisque est genere copiisque amplissimus, ita plurimos circum se ambactos clientesque habet. Hanc unam gratiam potentiamque noverunt.

Natio est omnis Gallorum admodum dedita religionibus, atque ob eam causam qui sunt affecti gravioribus morbis, quique in prœliis periculisque versantur, aut pro victimis homines immolant, aut se immolaturos vovent, administrisque ad ea sacrificia Druidibus utuntur; quòd, pro vitâ hominis nisi hominis vita reddatur, non posse deorum immortalium numen placari arbitrantur, publicèque ejusdem generis habent instituta sacrificia. Alii immani magnitudine simulacra habent, quorum contexta viminibus membra vivis hominibus complent, quibus succensis circumventi flammâ exanimantur homines. Supplicia eorum qui in furto aut in latrocinio aut aliquâ noxâ sint comprehensi, gratiora diis immortalibus esse arbitrantur, sed cùm ejus generis copia deficit, etiam ad innocentium supplicia descendunt.

Deûm maximè Mercurium colunt. Hujus sunt

plurima simulacra; hunc omnium inventorem artium ferunt, hunc viarum atque itinerum ducem, hunc ad quæstus pecuniæ mercaturasque habere vim maximam arbitrantur. Post hunc Apollinem et Martem et Jovem et Minervam. De his eadem ferè quam reliquæ gentes habent opinionem; Apollinem morbos depellere, Minervam operam atque artificiorum initia tradere, Jovem imperium cœlestium tenere, Martem bella regere. Huic, cùm prœlio dimicare constituerunt, ea quæ bello ceperint plerùmque devovent. Quæ superaverint animalia capta immolant; reliquas res in unum locum conferunt. Multis in civitatibus harum rerum exstructos tumulos locis consecratis conspicari licet, neque sæpè accidit ut neglectâ quispiam religione, aut capta apud se occultare aut posita tollere auderet; gravissimumque ei rei supplicium cum cruciatu constitutum est.

Galli se omnes ab Dite patre prognatos prædicant, idque ab Druidibus proditum dicunt. Ob eam causam spatia omnis temporis non numero dierum sed noctium finiunt; dies natales et mensium et annorum initia sic observant, ut noctem dies subsequatur. In reliquis vitæ institutis, hoc ferè ab reliquis differunt, quòd suos liberos, nisi cùm adoleverunt ut munus militiæ sustinere possint, palàm ad se adire non patiuntur; filiumque puerili ætate in publico in conspectu patris adsistere turpe ducunt.

Viri quantas pecunias ab uxoribus dotis nomine acceperunt, tantas ex suis bonis æstimatione factâ cum dotibus communicant. Hujus omnis pecuniæ conjunctim ratio habetur, fructusque servantur: uter eorum vitâ superârit, ad eum pars utriusque cum fructibus superiorum temporum pervenit. Viri in uxores sicutì in liberos vitæ necisque habent potestatem; et cùm pater familiæ illustriore loco natus decessit, ejus propinqui conveniunt, et de morte si res in suspicionem venit, de uxoribus in servilem modum quæstionem habent, et si compertum est, igni atque omnibus tormentis excruciatas interficiunt. Funera sunt pro cultu Gallorum magnifica et sumptuosa; omniaque quæ vivis cordi fuisse arbitrantur in ignem inferunt, etiam animalia: ac paullo supra hanc memoriam, servi et clientes, quos ab iis dilectos esse constabat, justis funeribus confectis, unà cremabantur.

Quæ civitates commodiùs suam rem publicam administrare existimantur, habent legibus sanctum, si quis quid de re publicâ a finitimis rumore aut famâ acceperit, utì ad magistratum deferat, neve cum quo alio communicet: quòd sæpè homines temerarios atque imperitos falsis rumoribus terreri, et ad facinus impelli, et de summis rebus consilium capere cognitum est. Magistratus quæ visa sunt occultant; quæque esse ex usu judicaverint multitudini produnt. De re publicâ nisi per concilium loqui non conceditur.

Est autem hoc Gallicæ consuetudinis, utì et viatores etiam invitos consistere cogant, et quod quisque eorum de quâque re audierit aut cognoverit quærant, et mercatores in oppidis vulgus circumsistant, quibusque ex regionibus veniant quasque ibi res cognoverint pronuntiare cogant. His rebus atque auditionibus permoti, de summis sæpè rebus consilia ineunt, quorum eos in vestigio pœnitere necesse est, cùm incertis rumoribus serviant, et plerique ad voluntatem eorum ficta respondeant.

Germani multùm ab hac consuetudine differunt: nam neque Druides habent qui rebus divinis præsint, neque sacrificiis student. Deorum numero eos solos ducunt quos cernunt et quorum apertè opibus juvantur, Solem et Vulcanum et Lunam: reliquos ne famâ quidem acceperunt. Vita omnis in venationibus atque in studiis rei militaris consistit: ab parvulis labori ac duritiæ student. Qui diutissimè impuberes permanserunt, maximam inter suos ferunt laudem; hôc ali staturam, ali hoc vires nervosque confirmari putant.

Agriculturæ non student; majorque pars eorum victûs in lacte, caseo, carne consistit: neque quisquam agri modum certum aut fines habet proprios, sed magistratus ac principes in annos singulos gentibus cognationibusque hominum, qui unà coierunt, quantum et quo loco visum est agri attribuunt, atque anno post aliò transire cogunt. Ejus rei multas afferunt causas: ne assiduâ consuetudine capti studium belli gerundi agriculturâ commutent; ne latos fines parare studeant, potentioresque humiliores possessionibus expellant; ne accuratiùs ad frigora atque æstus vitandos ædificent; ne qua oriatur pecuniæ cupiditas, quâ ex re factiones dissensionesque nascuntur; ut animi æquitate plebem contineant, cùm suas quisque opes cum potentissimis æquari videat.

Suevorum gens est longè maxima et bellicosissima Germanorum omnium. Hi centum pagos habere dicuntur, ex quibus quotannis singula milia armatorum bellandi causâ ex finibus educunt. Reliqui qui domi manserunt se atque illos alunt. Hi rursùs in vicem anno post in armis sunt, illi domi remanent. Sic neque agricultura nec ratio atque usus belli intermittitur. Sed privati ac separati agri apud eos nihil est, neque longiùs anno remanere uno in loco incolendi causâ licet. Neque multùm frumento, sed maximam partem lacte atque pecore vivunt, multùmque sunt in venationibus; quæ res et cibi genere et quotidianâ exercitatione et libertate vitæ, quòd a pueris nullo officio aut disciplinâ assuefacti nihil omninò contra voluntatem faciant, et vires alit et immani corporum magnitudine homines efficit. Atque in eam se consuetudinem adduxerunt, ut locis frigidissimis neque vestitûs præter pelles habeant quidquam, quarum propter exiguitatem magna est corporis pars aperta, et lavantur in fluminibus.

Mercatoribus est ad eos aditus magis eo ut quæ bello ceperint quibus vendant habeant, quàm quòd ullam rem ad se importari desiderent. Quin etiam jumentis, quibus maximè Galli delectantur, quæque impenso parant pretio, Germani importatis his non utuntur, sed quæ sunt apud eos nata, prava atque deformia, hæc quotidianâ exercitatione summi ut sint laboris efficiunt. Equestribus prœliis sæpè ex equis desiliunt ac pedibus prœliantur, equosque eodem remanere vestigio adsuefecerunt, ad quos se celeriter cùm usus est recipiunt; neque eorum moribus turpius quidquam aut inertius habetur quàm ephippiis uti. Itaque ad quemvis numerum ephippiatorum equitum quàmvis pauci adire audent. Vinum ad se omninò importari non sinunt, quod eâ re ad laborem ferendum remollescere homines atque effeminari arbitrantur.

Civitatibus maxima laus est quàm latissimè circum se vastatis finibus solitudines habere. Hoc proprium virtutis existimant, expulsos agris finitimos cedere, neque quemquam propè audere consistere: simul hôc se fore tutiores arbitrantur, repentinæ incursionis timore sublato. Cùm bellum civitas aut illatum defendit aut infert, magistratus qui ei bello præsint, ut vitæ necisque habeant potestatem deliguntur. In pace nullus est communis magistratus, sed principes regionum atque pagorum inter suos jus dicunt, controversiasque minuunt. Latrocinia nullam habent infamiam, quæ extra fines cujusque civitatis fiunt, atque ea juventutis exercendæ ac desidiæ minuendæ causâ fieri prædicant. Atque ubi quis ex principibus in concilio dixit se ducem fore, qui sequi velint profiteantur; consurgunt ii qui et causam et hominem probant, suumque auxilium pollicentur, atque ab multitudine collaudantur: qui ex his secuti non sunt, in desertorum ac proditorum numero ducuntur, omniumque his rerum posteà fides derogatur. Hospitem violare fas non putant; qui quâcunque de causâ ad eos venerunt ab injuriâ prohibent sanctosque habent, hisque omnium domus patent, victusque communicatur.

Ac fuit anteà tempus cùm Germanos Galli virtute superarent, ultrò bella inferrent, propter hominum multitudinem agrique inopiam trans Rhenum colonias mitterent. Itaque ea quæ fertilissima Germaniæ sunt loca circum Hercyniam silvam, Volcæ Tectosages occupaverunt, atque ibi consederunt. Quæ gens ad hoc tempus his sedibus sese continet, summamque habet justitiæ et bellicæ laudis opinionem: nunc quoque in eâdem inopiâ, egestate, patientiâ quâ Germani permanent, eodem victu et cultu corporis utuntur. Gallis autem Provinciæ propinquitas et transmarinarum rerum notitia multa ad copiam atque usus largitur. Paullatim adsuefacti superari, multisque victi prœliis, ne se quidem ipsi cum illis virtute comparant.

Hujus Hercyniæ silvæ, quæ suprà demonstrata est, latitudo novem dierum iter expedito patet: non enim aliter finiri potest, neque mensuras itinerum noverunt. Oritur ab Helvetiorum et Nemetum et Rauracorum finibus, rectâque fluminis Danubii regione pertinet ad fines Dacorum et Anartium; hinc se flectit sinistrorsùs diversis ab flumine regionibus, multarumque gentium fines propter magnitudinem attingit; neque quisquam est hujus Germaniæ, qui se aut adîsse ad initium ejus silvæ dicat, cùm dierum iter LX processerit, aut quo ex loco oriatur acceperit: multaque in eâ genera ferarum nasci constat, quæ reliquis in locis visa non sint: ex quibus quæ maximè differant ab ceteris et memoriæ prodenda videantur, hæc sunt.

Est bos cervi figurâ, cujus a mediâ fronte inter aures unum cornu exsistit, excelsius magisque directum his quæ nobis nota sunt cornibus. Ab ejus summo sicut palmæ ramique latè diffunduntur. Eadem est feminæ marisque natura, eadem forma magnitudoque cornuum.

Sunt item quæ appellantur alces. Harum est consimilis capreis figura et varietas pellium; sed magnitudine paullo antecedunt, mutilæque sunt cornibus, et crura sine nodis articulisque habent; neque quietis causâ procumbunt, neque, si quo afflictæ casu conciderunt, erigere sese aut sublevare possunt. His sunt arbores pro cubilibus: ad eas se applicant, atque ita paullùm modò reclinatæ quietem capiunt; quarum ex vestigiis cùm est animadversum a venatoribus quò se recipere consuêrint, omnes eo loco aut ab radicibus subruunt aut accidunt arbores, tantum ut summa species earum stantium relinquatur. Huc cùm se consuetudine reclinaverunt, infirmas arbores pondere affligunt, atque unà ipsæ concidunt.

Tertium est genus eorum qui uri appellantur. Hi sunt magnitudine paullo infra elephantos; specie et colore et figurâ tauri. Magna vis eorum est et magna velocitas, neque homini neque feræ quam conspexerunt parcunt. Hos studiosè foveis captos interficiunt. Hoc se labore durant homines adolescentes, atque hoc genere venationis exercent; et qui plurimos ex his interfecerunt, relatis in publicum cornibus quæ sint testimonio, magnam ferunt laudem. Sed adsuescere ad homines et mansuefieri ne parvuli quidem excepti possunt. Amplitudo cornuum et figura et species multùm a nostrorum boum cornibus differt. Hæc studiosè conquisita ab labris argento circumcludunt, atque in amplissimis epulis pro poculis utuntur.

III.

QUINTUS CURTIUS.

LIFE OF ALEXANDER.

1. *The River Cydnus.*

[Book III. Chapters 4–6.]

Intereà Alexander, Abistamene Cappadociæ præposito, Ciliciam petens cum omnibus copiis, in regionem quæ *Castra Cyri* appellatur, pervenerat. Stativa illic habuerat Cyrus, cùm adversus Crœsum in Lydiam exercitum duceret. Aberat ea regio quinquaginta stadia ab aditu, quo Ciliciam intramus: *Pylas* incolæ dicunt arctissimas fauces, munimenta quæ manu ponimus naturali situ imitante. Igitur Arsanes, qui Ciliciæ præerat, reputans quid initio belli Memnon suasisset, quondam salubre consilium serò exsequi statuit: igne ferroque Ciliciam vastat, ut hosti solitudinem faciat: quicquid usui esse potest, corrumpit: sterile ac nudum solum, quod tueri nequibat, relicturus. Sed longè utilius fuit angustias aditûs, qui Ciliciam aperit, valido occupare præsidio, jugumque, opportunè itineri imminens, obtinere; unde inultus subeuntem hostem aut prohibere, aut opprimere potuisset. Tunc paucis, qui callibus præsiderent, relictis, retrò ipse concessit; populator terræ, quam a populationibus vindicare debuerat. Ergo, qui relicti erant, proditos se rati, ne conspectum quidem hostis sustinere valuerunt cùm vel pauciores locum obtinere potuissent. Namque perpetuo jugo montis asperi ac prærupti Cilicia includitur, quod cùm a mari surgat, velut sinu quodam flexuque curvatum, rursus altero cornu in diversum littus excurrit. Per hoc dorsum, quà maximè introrsum mari cedit, asperi tres aditus et perangusti sunt, quorum uno Cilicia intranda est. Campestris eadem, quà vergit ad mare, planitiem ejus crebris distinguentibus rivis.

Pyramus et Cydnus, incluti amnes fluunt. Cydnus non spatio aquarum, sed liquore memorabilis; quippe, leni tractu e fontibus labens, puro solo excipitur; neque torrentes incurrunt, qui placidè manantis alveum turbent. Itaque incorruptus, idemque frigidissimus; quippe, multâ riparum amœnitate inumbratus, ubique fontibus suis similis in mare evadit. Multa in eâ regione monumenta vulgata carminibus, vetustas exederat. Monstrabantur urbium sedes Lyrnessi et Thebes; Typhonis quoque specus, et Corycium nemus, ubi crocum gignitur, cæteraque in quibus nihil præter famam duraverat. Alexander fauces jugi, quæ *Pylæ* appellantur, intravit. Contemplatus locorum situm, non aliàs magis dicitur admiratus esse felicitatem suam: obrui potuisse vel saxis confitebatur, si fuissent qui in subeuntes propellerent. Iter vix quaternos capiebat armatos. Dorsum montis imminebat viæ, non angustæ modò, sed plerùmque præruptæ, crebris oberrantibus rivis, qui ex radicibus montium manant. Thracas tamen leviter armatos præcedere jusserat, scrutarique calles, ne occultus hostis in subeuntes erumperet. Sagittariorum quoque manus occupaverat jugum: intentos arcus habebant, moniti, non iter ipsos inire, sed prælium. Hoc modo agmen pervenit ad urbem Tarson, cui tum maximè Persæ subjiciebant ignem, ne opulentum oppidum hostis invaderet. At ille, Parmenione ad inhibendum incendium cum expeditâ manu præmisso, postquam barbaros adventu suorum fugatos esse cognoverat, urbem a se conservatam intrat.

Mediam Cydnus amnis, de quo paulò antè dictum est, interfluit; et tunc æstas erat, cujus calor non aliam magis quàm Ciliciæ oram vapore solis accendit; et diei fervidissimum tempus cœperat. Pulvere ac sudore simul perfusum regem invitavit liquor fluminis, ut calidum adhuc corpus ablueret. Itaque veste depositâ, in conspectu agminis (decorum quoque futurum ratus, si ostendisset suis, levi ac parabili cultu corporis se esse contentum) descendit in flumen, vixque ingressi subito horrore artus rigere cœperunt; pallor deinde suffusus est, et totum propemodum corpus vitalis calor reliquit. Expiranti similem ministri manu excipiunt, nec satis compotem mentis in tabernaculum deferunt. Ingens sollicitudo, et pænè jam luctus in castris erat. Flentes querebantur, "in tanto impetu cursuque rerum, omnis ætatis ac memoriæ clarissimum regem non in acie saltem, non ab hoste dejectum, sed abluentem aquâ corpus, ereptum esse, et extinctum: instare Darium, victorem antequam vidisset hostem. Sibi easdem terras, quas victores peragrâssent, repetendas: omnia aut ipsos, aut hostes populatos: per vastas solitudines, etiamsi nemo insequi velit, euntes, fame atque inopiâ debellari posse. Quem signum daturum fugientibus? quem ausurum Alexandro succedere? Jam ut ad Hellespontum fugâ penetrarent, classem quâ transeant, quem præparaturum?" Rursus in ipsum regem misericordiâ versâ, "illum florem juventæ, illam vim animi, eumdem regem et commilitonem divelli a se et abripi," immemores sui querebantur.

Inter hæc liberiùs meare spiritus cœperat; allevabat rex oculos, et paulatim redeunte animo, circumstantes amicos agnoverat: laxataque vis morbi ob hoc solum videbatur, quia magnitudinem mali sentiebat. Animum autem ægritudo corporis urgebat: quippe Darium quinto die in Ciliciam fore nunciabatur. "Vinctum ergo se tradi, et tantam victoriam eripi sibi e manibus, obscurâque et ignobili morte in tabernaculo extingui se," querebatur. Admissisque amicis pariter ac medicis: "In quo me," inquit, "articulo rerum mearum fortuna deprehenderit, cernitis. Strepitum hostilium armorum exaudire mihi videor; et qui ultrò intuli bellum, jam provocor. Darius ergo, cùm tam superbas litteras scriberet, fortunam meam in consilio habuit; sed nequidquam, si mihi arbitrio meo curari licet. Lenta remedia et segnes medicos non exspectant tempora mea. Vel mori strenuè, quàm tardè convalescere, mihi melius est. Proinde, si quid opis, si quid artis in medicis est, sciant, me non tam mortis, quàm belli remedium quærere." Ingentem omnibus incusserat curam tam præceps temeritas ejus. Ergo pro se quisque precari cœpêre, "ne festinatione periculum augeret, sed esset in potestate medentium. Inexperta remedia haud injuriâ ipsis esse suspecta, cùm ad perniciem ejus etiam a latere ipsius pecuniâ sollicitaret hostis:" (quippe Darius mille talenta interfectori Alexandri daturum se pronunciari jusserat): "itaque ne ausurum quidem quemquam" arbitrabantur "experiri remedium quod propter novitatem posset esse suspectum."

Erat inter nobiles medicos e Macedoniâ regem secutus Philippus, natione Acarnan, fidus admodum regi; puero comes, et custos salutis datus, non ut regem modò, sed etiam ut alumnum eximiâ caritate diligebat. Is non præceps se, sed strenuum remedium afferre, tantamque vim morbi potione medicatâ levaturum esse promisit. Nulli promissum ejus placebat, præter ipsum cujus periculo pollicebatur. Omnia quippe faciliùs quàm moram perpeti poterat. Arma et acies in oculis erant; et victoriam in eo positam esse arbitrabatur, si tantùm ante signa stare potuisset: idipsum, quòd post diem tertium medicamentum sumpturus esset (ita enim medicus prædixerat) ægrè ferens. Inter hæc a Parmenione fidissimo purpuratorum litteras accipit, quibus ei denunciabat, ne salutem suam Philippo committeret; mille talentis a Dario, et spe nuptiarum sororis ejus esse corruptum. Ingentem animo sollicitudinem litteræ incusserant, et quicquid in utramque partem aut metus aut spes subjecerat, secretâ æstimatione pensabat. "Bibere perseverem? ut, si venenum datum fuerit, ne immeritò quidem, quicquid acciderit, evenisse videatur? Damnem medici fidem? in tabernaculo ergo me opprimi patiar? At satius est alieno me mori scelere, quàm metu nostro." Diu animo in diversa versato, nulli quid scriptum esset enunciat; epistolamque, sigillo anuli sui impresso, pulvino cui incubabat subjecit.

Inter has cogitationes biduo assumpto, illuxit a medico destinatus dies. Et ille cum poculo, in quo medicamentum diluerat, intravit. Quo viso Alexander, levato corpore in cubitum, epistolam a Parmenione missam sinistrâ manu tenens, accipit poculum, et haurit interritus: tum epistolam Philippum legere jubet, nec a vultu legentis movit oculos, ratus aliquas conscientiæ notas in ipso ore posse deprehendere. Ille epistolâ perlectâ, plus indignationis quàm pavoris ostendit: projectisque amiculo et litteris ante lectum: "Rex," inquit, "semper quidem spiritus meus ex te pependit, sed nunc verè ab isto sacro et venerabili ore trahitur. Crimen parricidii, quod mihi objectum est, tua salus diluet. Servatus a me vitam mihi dederis. Oro quæsoque, amisso metu, patere medicamentum concipi venis. Laxa paulisper animum, quem sollicitudine intempestivâ amici sanè fideles, sed molestè seduli turbant." Non securum modò hæc vox, sed etiam lætum regem, ac plenum bonæ spei fecit. Itaque, "Si Dii," inquit, "Philippe, tibi permisissent, quo maximè modo animum velles experiri meum, alio profectò voluisses; sed certiorem quàm expertus es, ne optâsses quidem. Hâc epistolâ acceptâ, tamen quod dilueras bibi; et nunc crede me non minùs pro tuâ fide quàm pro meâ salute esse sollicitum." Hæc elocutus, dexteram Philippo offert.

Cæterùm tanta vis medicaminis fuit, ut quæ secuta sunt criminationem Parmenionis adjuverint. Interclusus spiritus arctè meabat, nec Philippus quidquam inexpertum omisit. Ille fomenta corpori admovit, ille torpentem nunc cibi nunc vini odore excitavit. Atque, ut primùm mentis compotem esse sensit, modò matris sororumque, modò tantæ victoriæ appropinquantis admonere non destitit. Ut verò medicamentum se diffudit in venas, et sensim toto corpore salubritas percipi potuit, primùm animus vigorem suum, deinde corpus quoque exspectatione maturiùs recuperavit: quippe post tertium diem quàm in hoc statu fuerat, in conspectum militum venit. Nec avidiùs ipsum regem quàm Philippum intuebatur exercitus: pro se quisque dexteram ejus amplexi grates habebant velut præsenti deo. Namque haud facilè dictu est, præter ingenitam illi genti erga reges suos venerationem, quantùm hujus utique regis vel admirationi dediti fuerint, vel caritate flagraverint. Jam primùm nihil sine divinâ ope aggredi videbatur. Nam cùm præstò esset ubique fortuna, temeritas in gloriam cesserat: ætas quoque vix tantis matura rebus, sed abundè sufficiens, omnia ejus opera honestabat: et quæ leviora haberi solent, plerùmque in re militari gratiora vulgo sunt; exercitatio corporis inter ipsos, cultus habitusque paulùm a privato abhorrens, militaris vigor; quîs ille vel ingenii dotibus, vel animi artibus, ut pariter carus ac venerandus esset, effecerat.

2. *Battle of Issus.*

[Book III. Chapters 7–12.]

At Darius nuntio de adversâ valetudine ejus accepto, celeritate quantam capere tam grave agmen poterat, ad Euphratem contendit: junctoque eo pontibus, quinque tamen diebus trajecit exercitum, Ciliciam occupare festinans. Jam Alexander viribus corporis receptis, ad urbem Solos pervenerat: cujus potitus, ducentis talentis multæ nomine exactis, arci præsidium militum imposuit. Vota deinde pro salute suscepta per ludum atque otium reddens, ostendit quantâ fiduciâ barbaros sperneret: quippe Æsculapio et Minervæ ludos celebravit. Spectanti nuntius lætus affertur ex Halicarnasso, "Persas acie a suis esse superatos, Myndios quoque et Caunios, et pleraque tractûs ejus, suæ facta ditionis." Igitur edito spectaculo ludicro, castrisque motis, et Pyramo amne ponte juncto, ad urbem Mallon pervenit: inde alteris castris ad oppidum Castabulum. Ibi Parmenio regi occurrit, quem præmiserat ad explorandum iter saltûs, per quem ad urbem *Isson* nomine penetrandum erat. Atque ille angustiis ejus occupatis, et præsidio modico relicto, Isson quoque desertam a barbaris ceperat. Inde progressus, deturbatis qui interiora montium obsidebant, præsidiis cuncta firmavit: occupatoque itinere, sicut paulo antè dictum est, idem et auctor et nuntius venit.

Isson deinde rex copias admovit: ubi consilio habito utrùmne ultrà progrediendum foret, an ibi opperiendi essent novi milites, quos ex Macedoniâ adventare constabat; Parmenio non alium locum prælio aptiorem esse censebat. Quippe illic utriusque regis copias numero futuras pares, cùm angustiæ multitudinem non caperent: planitiem ipsis camposque esse vitandos, ubi circumiri, ubi ancipiti acie opprimi possent: timere, ne non virtute hostium, sed lassitudine suâ vincerentur: Persas recentes subinde successuros, si laxiùs stare potuissent. Facilè ratio tam salubris consilii accepta est. Itaque inter angustias saltûs opperiri statuit. Erat in exercitu regis Sisenes Perses, quondam a prætore Ægypti missus ad Philippum; donisque et omni honore cultus, exilium patriâ sede mutaverat: secutus deinde in Asiam Alexandrum, inter fideles socios habebatur. Huic epistolam Cretensis miles obsignatam anulo, cujus signum haud sanè notum erat, tradidit. Nabarzanes prætor Darii miserat eam, hortabaturque Sisenem, ut dignum aliquid nobilitate ac moribus suis ederet, magno id ei apud regem honori fore. Has litteras Sisenes utpote innoxius, ad Alexandrum sæpè deferre tentavit: sed cùm tot curis apparatuque belli regem videret urgeri, aptius subinde tempus exspectans, suspicionem initi scelesti consilii præbuit. Namque epistola, priùsquam ei redderetur, in manus Alexandri pervenerat, lectamque eam, ignoti anuli sigillo impresso, Siseni dari jusserat, ad æstimandam fidem barbari. Qui, quia per complures dies non adierat regem, scelesto consilio eam visus est suppressisse; et in agmine a Cretensibus, haud dubiè jussu regis, occisus.

Jam Græci milites, quos Thymodes a Pharnabazo acceperat, præcipua spes, et propemodùm unica, ad Darium pervenerant. Hi magnoperè suadebant, ut retrò abiret, spatiososque Mesopotamiæ campos repeteret. Si id consilium damnaret, at ille divideret saltem innumerabiles copias, neu sub unum fortunæ ictum totas vires regni cadere pateretur. Minùs hoc consilium regi, quàm purpuratis ejus displicebat: "Ancipitem fidem, et mercede venalem proditionem imminere, et dividi non ob aliud copias velle, quàm ut ipsi in diversa digressi, si quid commissum essent traderent Alexandro. Nihil tutius fore, quàm circumdatos eos exercitu toto obrui telis, documentum non inultæ perfidiæ futuros." At Darius, ut erat sanctus ac mitis, "se verò tantum facinus" negat "esse facturum, ut suam secutos fidem, suos milites, jubeat trucidari. Quem deinde ampliùs nationum exterarum salutem suam crediturum sibi, si tot militum sanguine imbuisset manus? Neminem stolidum consilium capite luere debere. Defuturos enim qui suaderent, si suasisse periculum esset. Denique ipsos quotidiè ad se vocari in consilium, variasque sententias dicere, nec tamen melioris fidei haberi, qui prudentiùs suaserit." Itaque Græcis nuntiari jubet, "ipsum quidem benevolentiæ illorum gratias agere; cæterùm, si retrò ire pergat haud dubiè regnum hostibus traditurum. Famâ bella stare; et eum qui recedat, fugere credi. Trahendi verò belli vix ullam esse rationem. Tantæ enim multitudini, utique cùm jam hiems instaret, in regione vastâ, et invicem a suis atque hoste vexatâ, non suffectura alimenta. Ne dividi quidem copias posse, servato more majorum, qui universas vires discrimini bellorum semper obtulerint. Et (hercule) terribilem anteà regem et absentiâ suâ ad vanam fiduciam elatum, postquam adventare se senserit, cautum pro temerario factum, delituisse inter angustias saltûs, ritu ignobilium ferarum, quæ strepitu prætereuntium audito, silvarum latebris se occuluerint. Jam etiam valetudinis simulatione frustrari suos milites. Sed non ampliùs ipsum esse passurum detrectare certamen. In illo specu, in quem pavidi recessissent, oppressurum esse cunctantes." Hæc magnificentiùs jactata quàm veriùs.

Cæterùm pecuniâ omni rebusque pretiosissimis Damascum Syriæ cum modico præsidio militum missis, reliquas copias in Ciliciam duxit, insequentibus more patrio agmen conjuge ac matre. Virgines quoque cum parvo filio comitabantur patrem. Fortè eâdem nocte et Alexander ad fauces quibus Syria aditur, et Darius ad eum locum, quem *Amanicas Pylas* vocant, pervenit. Nec dubitavêre Persæ quin Isso relictâ, quam ceperant, Macedones fugerent. Nam etiam saucii quidam et invalidi, qui agmen non poterant persequi, excepti erant. Quos omnes, instinctu purpuratorum, barbarâ feritate sævientium, præcisis adustisque manibus circumduci, ut copias suas noscerent; satisque omnibus spectatis, nuntiare quæ vidissent regi suo jussit. Motis ergò castris, superat Pinarem amnem, in tergis, ut credebat, fugientium hæsurus. At illi, quorum amputaverat manus, ad castra Macedonum penetrant, Darium, quanto maximo cursu posset, sequi nunciantes. Vix fides habebatur. Itaque speculatores in maritimas regiones præmissos explorare jubet, ipse adesset, an præfectorum aliquis speciem præbuisset universi venientis exercitûs. Sed cùm speculatores reverterentur, procul ingens multitudo conspecta est. Ignes deinde totis campis collucere cœperunt, omniaque velut continenti incendio ardere visa, cùm incondita multitudo maximè propter jumenta laxiùs tenderet. Itaque eo ipso loco metari suos castra jusserat, lætus, quod omni expetierat voto, in illis potissimùm angustiis decernendum esse.

Cæterùm, ut solet fieri, cùm ultimi discriminis tempus adventat, in sollicitudinem versa fiducia est. Illam ipsam fortunam, quâ aspirante res tam prosperè gesserat, verebatur; nec injuriâ, ex his quæ tribuisset sibi, quàm mutabilis esset reputabat:

unam superesse noctem quæ tanti discriminis moraretur eventum. Rursùs occurrebat, majora periculis præmia : et sicut dubium esset an vinceret, ita illud utique certum esse, honestè et cum magnâ laude moriturum. Itaque, corpora milites curare jussit, ac deinde tertiâ vigiliâ instructos et armatos esse. Ipse in jugum editi montis ascendit, multisque collucentibus facibus patrio more sacrificium diis præsidibus loci fecit. Jamque tertium, sicut præceptum erat, signum tubâ miles acceperat, itineri simul paratus ac prælio : strenuèque jussi procedere, oriente luce pervenerunt ad angustias, quas occupare decreverant. Darium triginta inde stadia abesse præmissi indicabant. Tunc consistere agmen jubet, armisque ipse sumptis aciem ordinat.

Dario adventum hostium pavidi agrestes nuntiaverunt, vix credenti occurrere etiam, quos ut fugientes sequebatur. Ergò non mediocris omnium animos formido incesserat: quippe itineri quàm prælio aptiores erant, raptimque arma capiebant. Sed ipsa festinatio discurrentium, suosque ad arma vocantium, majorem metum incussit. Alii in jugum montis evaserant, ut hostium agmen inde prospicerent: equos plerique frænabant: discors exercitus, nec ad unum intentus imperium, vario tumultu cuncta turbaverat. Darius initio jugum montis cum parte copiarum occupare statuit, et a fronte et a tergo circumiturus hostem: a mari quoque, quo dextrum ejus cornu tegebatur, alios objecturus, ut undique urgeret. Præter hæc, viginti milia præmissa cum sagittariorum manu, Pinarum amnem, qui duo agmina interfluebat, transire, et objicere sese Macedonum copiis jusserat. Si id præstare non possent, retrocedere in montes, et occultè circumire ultimos hostium. Cæterùm destinata salubriter omni ratione potentior fortuna discussit: quippe alii præ metu imperium exsequi non audebant, alii frustrà exsequebantur: quia ubi partes labant summa turbatur.

Acies autem hoc modo stetit. Nabarzanes equitatu dextrum cornu tuebatur, additis funditorum sagittariorumque viginti fermè milibus. In eodem Thymodes erat Græcis peditibus mercede conductis triginta milibus præpositus. Hoc erat haud dubiè robur exercitûs, par Macedonicæ phalangi acies. In lævo cornu Aristomedes Thessalus viginti milia barbarorum peditum habebat. In subsidiis pugnacissimas locaverat gentes. Ipsum regem in eodem cornu dimicaturum, tria milia delectorum equitum assueta corporis custodiâ, et pedestris acies quadraginta milia, sequebantur. Hyrcani deinde Medique equites: his proximi cæterarum gentium equites dextrâ lævâque dispositi. Hoc agmen, sicut dictum est instructum, sex milia jaculatorum funditorumque antecedebant. Quidquid in illis angustiis adiri poterat, impleverant copiæ, cornuaque hinc a jugo, illinc a mari stabant: uxorem matremque regis, et alium feminarum gregem, in medium agmen acceperant.

Alexander phalangem, quâ nihil apud Macedonas validius erat, in fronte constituit. Dextrum cornu Nicanor Parmenionis filius tuebatur: huic proximi stabant Cœnos, et Perdiccas, et Meleager, et Ptolemæus, et Amyntas, sui quisque agminis duces. In lævo, quod ad mare pertinebat, Craterus et Parmenio erant, sed Craterus Parmenioni parere jussus.

Equites ab utroque cornu locati, dextrum Macedones, Thessalis adjunctis, lævum Peloponnesii tuebantur. Ante hanc aciem posuerat funditorum manum, sagittariis admixtis; Thraces quoque et Cretenses ante agmen ibant, et ipsi leviter armati. At his qui præmissi a Dario jugum montis insederant Agrianos opposuit, ex Græciâ nuper advectos. Parmenioni autem præceperat, ut quantùm posset agmen ad mare extenderet, quò longiùs abesset montibus, quos occupaverant barbari. At illi, neque obstare venientibus, nec circumire prætergressos ausi, funditorum maximè aspectu territi profugerant: eaque res Alexandro tutum agminis latus, quod ne supernè incesseretur timuerat, præstitit. Triginta et duo armatorum ordines ibant; neque enim latiùs extendi aciem patiebantur angustiæ. Paulatim deinde laxare se sinus montium, et majus spatium aperire cœperant; ita ut non pedes solùm pluribus ordinibus incedere, sed etiam lateribus circumfundi posset equitatus.

Jam in conspectu, sed extra teli jactum utraque acies erat, cùm priores Persæ inconditum et trucem sustulêre clamorem. Redditur et a Macedonibus major exercitûs numero, jugis montium vastisque saltibus repercussus; quippe semper circumjecta nemora petræque quantamcumque accepêre vocem multiplicato sono referunt. Alexander ante prima signa ibat, identidem manu suos inhibens ne suspensi, acriùs ob nimiam festinationem concitato spiritu, capesserent prælium. Cùmque agmini obequitaret, variâ oratione milites alloquebatur. Macedones, tot bellorum in Europâ victores, ad subigendam Asiam atque ultima Orientis, non ipsius magis quàm suo ductu profecti, inveteratæ virtutis admonebantur. Illos terrarum orbis liberatores, emensosque olim Herculis et Liberi patris terminos, non Persis modò, sed etiam omnibus gentibus impósituros jugum: Macedonum Bactra et Indos fore: minima esse quæ nunc intuerentur, sed omnia victoriâ aperiri. Non in præruptis petris Illyriorum et Thraciæ saxis sterilem laborem fore: spolia totius Orientis offerri. Vix gladio futurum opus; totam aciem, suo pavore fluctuantem, umbonibus posse propelli. Victor ad hæc Atheniensium Philippus pater invocabatur, domitæque nuper Bœotiæ, et urbis in eâ nobilissimæ, ad solum dirutæ, species repræsentabatur animis: jam Granicum amnem, jam tot urbes aut expugnatas, aut in fidem acceptas, omniaque quæ post tergum erant, strata et pedibus ipsorum subjecta memorabat. Cùm adierat Græcos, admonebat, "ab iis gentibus illata Græciæ bella, Darii priùs, deinde Xerxis insolentiâ, aquam ipsam terramque poscentium: ut neque fontium haustum, nec solitos cibos relinquerent deditis: ab his templa ruinis et ignibus esse deleta, urbes eorum expugnatas, fœdera humani divinique juris violata" referebat. Illyrios verò et Thracas, rapto vivere assuetos, aciem hostium auro purpurâque fulgentem intueri jubebat, prædam non arma gestantem. Irent, et imbellibus feminis aurum viri eriperent. Aspera montium suorum juga, nudasque calles et perpetuo rigentes gelu, ditibus Persarum campis agrisque mutarent.

Jam ad teli jactum pervenerant, cùm Persarum equites ferociter in lævum cornu hostium invecti sunt. Quippe Darius equestri prælio decernere optabat, phalangem Macedonici exercitûs robur esse conjectans. Jamque etiam dextrum Alexandri cornu circumibatur: quod ubi Macedo conspexit, duabus alis equitum ad jugum montis jussis subsistere, ceteros in medium belli discrimen strenuè transfert. Subductis deinde ex acie Thessalis equitibus, præfectum eorum occultè circumire tergum suorum jubet, Parmenionique conjungi, et quod is imperâsset impigrè exsequi. Jamque ipsi in medium Persarum undique circumfusi egregiè tuebantur: sed conferti, et quasi cohærentes, tela vibrare non poterant. Simul erant emissa, in eosdem concurrentia implicabantur, levique et vano ictu pauca in hostem, plura in humum innoxia cadebant. Ergò cominùs pugnam coacti conserere, gladios impigrè stringunt. Tum verò multum sanguinis fusum est: duæ quippe acies ita cohærebant, ut armis arma pulsarent, mucrones in ora dirigerent: non timido, non ignavo cessare tum licuit: collato pede, quasi singuli inter se dimicarent, in eodem vestigio stabant, donec vincendo locum sibi facerent. Tum demum ergò promovebant gradum, cùm hostem prostraverant. At illos novus excipiebat adversarius fatigatos: nec vulnerati, ut aliàs solent, acie poterant excedere, cùm hostis instaret a fronte, a tergo sui urgerent.

Alexander non ducis magis quàm militis munia exsequebatur; opimum decus cæso rege expetens. Quippe Darius curru sublimis eminebat, et suis ad se tuendum, et hostibus ad incessendum, ingens incitamentum. Ergò frater ejus Oxathres, cùm Alexandrum instare ei cerneret, equites quibus præerat ante ipsum currum regis objecit, armis et robore corporis multùm super cæteros eminens, animo verò et pietate in paucissimis: illo utique prælio clarus, alios improvidè instantes prostravit, alios in fugam avertit. At Macedones, (circa regem erant,) mutuâ adhortatione firmati, cum ipso in equitum agmen irrumpunt. Tum verò similis ruinæ strages erat. Circa currum Darii jacebant nobilissimi duces, ante oculos regis egregiâ morte defuncti, omnes in ora proni, sicut dimicantes procubuerant, adverso corpore vulneribus acceptis. Inter hos Atizyes et Rheomithres et Sabaces prætor Ægypti, magnorum exercituum præfecti, noscitabantur: circa eos cumulata erat peditum equitumque obscurior turba. Macedonum quoque, non quidem multi, sed promptissimi tamen cæsi sunt: inter quos Alexandri dextrum femur leviter mucrone perstrictum est.

Jamque qui Darium vehebant equi confossi hastis, et dolore efferati, jugum quatere, et regem curru excutere cœperant: cùm ille, veritus ne vivus veniret in hostium potestatem, desilit, et in equum qui ad hoc ipsum sequebatur imponitur; insignibus quoque imperii, ne fugam proderent, indecorè abjectis. Tum verò ceteri dissipantur metu, et quâ cuique ad fugam patebat via erumpunt, arma jacientes quæ paulò antè ad tutelam corporum sumpserant: adeò pavor etiam auxilia formidat. Instabat fugientibus eques a Parmenione missus, et forte in illud cornu omnes fuga abstulerat. Equi pariter equitesque Persarum, serie laminarum graves, agmen, quod celeritate maximè constat, ægrè moliebantur: quippe in circumagendis equis suis Thessali multos occupaverant. Hac tam prosperâ pugnâ nuntiatâ, Alexander, non antè ausus persequi barbaros, utrimque jam victor instare fugientibus cœpit. Haud amplius regem quàm mille equites sequebantur, cùm ingens multitudo hostium caderet. Sed quis aut in victoriâ aut in fugâ copias numerat? Agebantur ergò a tam paucis pecorum modo; et idem metus qui cogebat fugere, fugientes morabatur.

At Græci qui in Darii partibus steterant, Amintâ duce, (prætor hic Alexandri fuerat, tunc transfuga) abrupti a ceteris, haud sanè fugientibus similes evaserant. Barbari longè diversam fugam intenderunt: alii quâ rectum iter in Persidem ducebat; quidam circuitu rupes saltusque montium occultos petivêre, pauci castra Darii. Sed jam illa quoque victor intraverat, omni quidem opulentiâ ditia. Ingens auri argentique pondus, non belli sed luxuriæ apparatum, diripuerant milites. Cùmque plus raperent, passim strata erant itinera vilioribus sarcinis, quas in comparatione meliorum avaritia contempserat. Jamque ad feminas perventum erat, quibus, quo cariora ornamenta sunt, violentiùs detrahebantur; ne corporibus quidem vis ac libido parcebat. Omnia planctu tumultuque, prout cuique fortuna erat, repleverant; nec ulla facies mali deërat, cùm per omnes ordines ætatesque victoris crudelitas ac licentia vagaretur. Tunc verò impotentis fortunæ species conspici potuit, cùm ii qui tum Dario tabernaculum exornaverant, omni luxu et opulentiâ instructum, eadem illa Alexandro, quasi veteri domino, reservabant. Namque id solum intactum omiserant milites; ita tradito more, ut victorem victi regis tabernaculo exciperent.

Sed omnium oculos animosque in semet converterant captiva mater conjuxque Darii: illa non majestate solùm, sed etiam ætate venerabilis; hæc formæ pulchritudine, ne illâ quidem sorte corruptæ. Receperat in sinum filium, nondum sextum ætatis annum egressum, in spem tantæ fortunæ, quantam pater ejus paulo antè amiserat, genitum. At in gremio anûs aviæ jacebant adultæ duæ virgines, non suo tantùm, sed illius etiam mœrore confectæ. Ingens circa eam nobilium feminarum turba constiterat, laceratis crinibus, abscisâque veste, pristini decoris immemores, reginas dominasque veris quondam tunc alienis nominibus invocantes. Illæ, suæ calamitatis oblitæ, in utro cornu Darius stetisset, quæ fortuna discriminis fuisset, requirebant. Negabant se captas, si viveret rex. Sed illum equos subinde mutantem longiùs fuga abstulerat. In acie autem cæsa sunt Persarum peditum centum milia: decem milia equitum. At a parte Alexandri quattuor et quingenti saucii fuêre, ex peditibus triginta omnino et duo desiderati sunt, equitum centum quinquaginta interfecti. Tantulo impendio ingens victoria stetit.

Rex quidem, Darium persequendo fatigatus, postquam et nox appetebat et consequendi spes non erat, in castra paulo antè a suis capta pervenit. Invitari deinde amicos quibus maximè assueverat jussit: quippe summa dumtaxat cutis in femore perstricta non prohibebat interesse convivio: cùm repentè e proximo tabernaculo lugubris clamor, barbaro ululatu planctuque permixtus, epulantes conterruit. Cohors quoque, quæ excubabat ad tabernaculum regis, verita ne majoris motûs principium esset, armare se cœperat. Causa pavoris subiti fuit, quòd mater uxorque Darii, cum captivis nobilibus, regem, quem interfectum esse credebant, ingenti gemitu ejulatuque deflebant. Unus namque e captivis spadonibus, qui fortè ante ipsarum tabernaculum steterat, amiculum (quod Darius, sicut paulò antè dictum est, ne cultu proderetur, abjecerat) in manibus ejus qui repertum ferebat, agnovit: ratusque interfecto detractum esse, falsum nuntium mortis ejus attulerat. Hoc mulierum errore comperto, Alexander fortunæ Darii et pietati earum illacrimâsse fertur. Ac primò Mithrenem, qui Sardis prodiderat, peritum Persicæ linguæ, ire ad consolandas eas jusserat. Veritus deinde ne proditor captivarum iram doloremque gravaret, Leonnatum ex purpuratis suis misit, jussum indicare falsò lamentari eas vivum. Ille cum paucis armigeris in tabernaculum in quo captivæ erant pervenit, missumque se a rege nuntiari jubet. At hi qui in vestibulo erant, ut armatos conspexêre, rati actum esse de dominis, in tabernaculum currunt, vociferantes adesse supremam horam, missosque qui occiderent captas. Itaque, ut quæ nec prohibere possent, nec admittere auderent, nullo responso dato, tacitæ opperiebantur victoris arbitrium. Leonnatus, exspectato diu qui se introduceret, postquam nemo procedere audebat, relictis in vestibulo satellitibus, intrat in tabernaculum. Ea ipsa res turbaverat feminas, quòd irrupisse non admissus videbatur. Itaque mater et conjux provolutæ ad pedes orare cœperunt, ut, priùs quàm interficerentur, Darii corpus ipsis patrio more sepelire permitteret: functas supremo in regem officio impigrè sese morituras. Leonnatus et vivere Darium, et ipsas non incolumes modò, sed etiam apparatu pristinæ fortunæ reginas fore. Tum demum mater Darii allevari se passa est.

Alexander die postero, cum curâ sepultis militibus quorum corpora invenerat, Persarum quoque nobilissimis eumdem honorem haberi jubet, matrique Darii permitti, quos vellet patrio more sepeliret. Illa paucos arctâ propinquitate conjunctos pro habitu præsentis fortunæ humari jussit, apparatum funerum quo Persæ suprema officia celebrarent invidiosum fore existimans, cùm victores haud pretiosè cremarentur. Jamque justis defunctorum corporibus solutis, præmittit ad captivas qui nuntiarent ipsum venire: inhibitâque comitantium turbâ, tabernaculum cum Hephæstione intrat. Is longè omnium amicorum carissimus erat regi, cum ipso pariter eductus, secretorum omnium arbiter: libertatis quoque in admonendo eo non alius jus habebat, quod tamen ita usurpabat ut magis a rege permissum quàm vindicatum ab eo videretur; et sicut ætate par erat regi, ita corporis habitu præstabat. Ergo reginæ illum regem esse ratæ, suo more veneratæ sunt. Inde ex captivis spadonibus quis Alexander esset monstrantibus, Sisigambis advoluta est pedibus ejus, ignorationem numquam anteà visi regis excusans. Quam manu allevans rex: "Non errâsti" inquit "mater, nam et hic Alexander est." Bonum animum habere eas jussit: Darii deinde filium collo suo admovit. Atque nîl ille conspectu tunc primùm a se visi conterritus, cervicem ejus manibus amplectitur. Motus ergo rex constantiâ pueri, Hephæstionem intuens, "Quam vellem" inquit "Darius aliquid ex hac indole hausisset!"

3. *Death of Clitus.*

[Book VIII. Chapters 1, 2.]

Barbaræ opulentiæ in illis locis haud ulla sunt majora indicia, quàm magnis nemoribus saltibusque nobilium ferarum greges clausi. Spatiosas ad hoc eligunt silvas, crebris perennium aquarum fontibus amœnas. Muris nemora cinguntur, turresque habent venantium receptacula. Quattuor continuis ætatibus intactum saltum fuisse constabat; quem Alexander cum toto exercitu ingressus, agitari undique feras jussit. Inter quas cùm leo magnitudinis raræ ipsum regem invasurus incurreret, fortè Lysimachus (qui posteà regnavit), proximus Alexandro, venabulum objicere feræ cœperat. Quo rex repulso, et abire jusso, adjecit tam a semet uno quàm a Lysimacho leonem interfici posse. Lysimachus enim quondam, cùm venaretur in Syriâ, occiderat quidem eximiæ magnitudinis feram solus, sed lævo humero usque ad ossa laceratus ad ultimum periculi pervenerat. Id ipsum exprobrans ei rex, fortiùs quàm locutus est fecit. Nam feram non excepit modò, sed etiam uno vulnere occidit. Fabulam quæ objectum leoni a rege Lysimachum temerè vulgavit, ab eo casu quem suprà diximus ortam esse crediderim. Ceterùm Macedones, quamquam prospero eventu defunctus erat Alexander, tamen scivêre gentis suæ more, ne aut pedes venaretur, aut sine delectis principum atque amicorum. Ille quattuor milibus ferarum dejectis, in eodem saltu cum toto exercitu epulatus est.

Inde Maracanda reditum est: acceptâque ætatis

excusatione ab Artabazo, provinciam ejus destinat Clito. Hic erat qui apud Granicum amnem nudo capite regem dimicantem clipeo suo texit, et Rhosacis manum capiti regis imminentem gladio amputavit; vetus Philippi miles, multisque bellicis operibus clarus. Hellanice, quæ Alexandrum educaverat, soror ejus, haud secùs quàm mater a rege diligebatur. Ob has causas validissimam imperii partem fidei ejus tutelæque commisit. Jamque iter parare in posterum jussus, solemni et tempestivo adhibetur convivio. In quo rex cùm multo incaluisset mero, immodicus æstimator sui, celebrare quæ gesserat cœpit; gravis etiam eorum auribus qui sentiebant vera memorari. Silentium tamen habuêre seniores, donec Philippi res orsus obterere, nobilem apud Chæroneam victoriam sui operis fuisse jactavit, ademptamque sibi malignitate et invidiâ patris tantæ rei gloriam: illum quidem seditione inter Macedones milites et Græcos mercenarios ortâ, debilitatum vulnere quod in eâ consternatione acceperat jacuisse, non aliàs quàm simulatione mortis tutiorem; se corpus ejus protexisse clipeo suo, ruentesque in illum suâ manu occisos; quae patrem numquam æquo animo esse confessum, invitum filio debentem salutem suam; itaque post expeditionem quam sine eo fecisset ipse in Illyrios, victorem scripsisse se patri, fusos fugatosque hostes, nec affuisse usquam Philippum; laude dignos esse, non qui Samothracum initia viserent, cùm Asiam uri vastarique oportet, sed eos, qui magnitudine rerum fidem antecessissent.

Hæc et his similia læti audiêre juvenes; ingrata senioribus erant, maximè propter Philippum, sub quo diutiùs vixerant: cùm Clitus, ne ipse quidem sobrius, ad eos qui infra ipsum cubabant conversus, Euripidis retulit carmen (ita ut sonus magis quàm sermo exaudiri posset a rege), quo significabatur, "malè instituisse Græcos quòd tropæis regum dumtaxat nomina inscriberent; alieno enim sanguine partam gloriam intercipi." Itaque rex cùm suspicaretur maligniùs habitum esse sermonem, percontari proximos cœpit quid ex Clito audîssent. Et illis ad silentium obstinatis, Clitus paulatim majore voce Philippi acta bellaque in Græciâ gesta commemorat, omnia præsentibus præferens. Hinc inter juniores senesque orta contentio est; et rex, velut patienter audiret, quîs Clitus obterebat laudes ejus, ingentem iram conceperat. Ceterùm cùm animo videretur imperaturus, si finem procaciter orto sermoni Clitus imponeret, nihil eorum remittente magis exasperabatur. Jamque Clitus etiam Parmenionem defendere audebat, et Philippi de Atheniensibus victoriam Thebarum præferebat excidio; non vino modò, sed etiam animi pravâ contentione provectus. Ad ultimum, "Si moriendum" inquit "est pro te, Clitus est primus: at cùm victoriæ arbitrium agis, præcipuum ferunt, qui procacissimè patris tui memoriæ illudunt. Sogdianam regionem mihi attribuis, toties rebellem, et non modò indomitam, sed quæ ne subigi quidem possit. Mittor ad feras bestias, præcipitia ingenia sortitas. Sed quæ ad me pertinent transeo. Philippi milites spernis, oblitus, nisi hic Atharrias senex juniores pugnam detrectantes revocâsset, adhuc nos circa Halicarnassum hæsuros fuisse. Quomodo ergo Asiam etiam cum istis junioribus subjecisti? Verum est (ut opinor) quod avunculum tuum in Italiâ dixisse constat: ipsum in viros incidisse, te in feminas."

Nihil ex omnibus inconsultè ac temerè actis regem magis moverat, quàm Parmenionis cum honore mentio illata; dolorem tamen rex pressit, contentus jussisse ut convivio excederet: nec quidquam aliud adjecit, quàm forsitan eum (si diutiùs locutus foret) exprobraturum sibi fuisse vitam a semetipso datam: hoc enim superbè sæpe jactâsse. Atque illum cunctantem adhuc surgere, qui proximi ei cubuerant, injectis manibus, jurgantes monentesque conabantur abducere. Clitus cùm abstraheretur, ad pristinam violentiam irâ quoque adjectâ, "Suo pectore tergum illius esse defensum; nunc postquàm tanti meriti præterierit tempus, etiam memoriam invisam esse" proclamat. Attali quoque cædem objiciebat; et ad ultimum Jovis, quem patrem sibi Alexander assereret, oraculum eludens, veriora se regi, quàm patrem ejus, respondisse dicebat.

Jam tantum iræ conceperat rex, quantum vix sobrius ferre potuisset. Enimverò olim mero sensibus victis, ex lecto repentè prosiluit. Attoniti amici, ne positis quidem sed abjectis poculis, consurgunt, in eventum rei quam tanto impetu acturus esset intenti. Alexander raptâ lanceâ ex manibus armigeri, Clitum adhuc eâdem linguæ intemperantiâ furentem percutere conatus, a Ptolemæo et Perdiccâ inhibetur. Medium complexi et obluctari perseverantem morabantur: Lysimachus et Leonnatus etiam lanceam abstulerant. Ille militum fidem implorans, comprehendi se a proximis amicorum, quod Dario nuper accidisset, exclamat; signumque tubâ dari, ut ad regiam armati coirent, jubet. Tum verò Ptolemæus et Perdiccas genibus advoluti orant, ne in tam præcipiti irâ perseveret, spatiumque potiùs animo det: omnia postero die justiùs exsecuturum. Sed clausæ erant aures, obstrepente irâ. Itaque impotens animi percurrit in regiæ vestibulum, et, vigili excubanti hastâ ablatâ, constitit in aditu, quo necesse erat iis qui simul cenaverant egredi. Abierant ceteri: Clitus ultimus sine lumine exibat. Quem rex "quisnam esset" interrogat. Eminebat etiam in voce sceleris quod parabat atrocitas. Et ille jam non suæ, sed regis iræ memor, Clitum esse, et de convivio exire respondit. Hæc dicentis latus hastâ transfixit, morientisque sanguine aspersus, "I nunc" inquit "ad Philippum, et Parmenionem, et Attalum."

Malè humanis ingeniis natura consuluit, quòd plerùmque non futura, sed transacta perpendimus. Quippe rex postquàm ira mente decesserat, etiam ebrietate discussâ, magnitudinem facinoris serâ æstimatione perspexit. Videbat tunc immodicâ libertate abusum, sed alioquin egregium bello virum, et nisi erubesceret fateri, servatorem sui, occisum. Detestabile carnificis ministerium occupaverat rex, verborum licentiam, quæ vino poterat imputari, nefandâ cæde ultus. Manabat toto vestibulo cruor paulo antè convivæ; vigiles attoniti et stupentibus similes procul stabant, liberioremque pœnitentiam solitudo excipiebat. Ergò hastam ex corpore jacentis evulsam retorsit in semet: jamque admoverat pectori, cùm advolant vigiles, et repugnanti e manibus extorquent, allevatumque in tabernaculum deferunt. Ille humi prostraverat corpus; gemitu ejulatuque miserabili totam personans regiam. Laniare deinde os unguibus, et circumstantes rogare ne se tanto dedecori superstitem esse paterentur. Inter has preces tota nox extracta est: scrutantemque, num irâ Deorum ad tantum nefas actus esset, subit anniversarium sacrificium Libero patri non esse redditum stato tempore. Itaque inter vinum et epulas cæde commissâ, iram Dei fuisse manifestam.

Ceterùm magis eo movebatur, quòd omnium amicorum animos videbat attonitos; neminem cum ipso sociare sermonem posteà ausurum; vivendum esse in solitudine, velut feræ bestiæ terrenti alias, alias timenti. Primâ deinde luce tabernaculo corpus, sicut adhuc cruentum erat, jussit inferri. Quo posito ante ipsum, lacrimis obortis, "Hanc," inquit "nutrici meæ gratiam retuli, cujus duo filii apud Miletum pro meâ gloriâ occubuêre mortem; hic frater, unicum orbitatis solatium, a me inter epulas occisus est. Quò nunc se conferet misera? Omnibus ejus unus supersum, quem solum æquis oculis videre non poterit. Et ego, servatorum meorum latro, revertar in patriam, ut ne dextram quidem nutrici, sine memoriâ calamitatis ejus, offerre possim!" Et cùm finis lacrimis querelisque non fieret, jussu amicorum corpus ablatum est. Rex triduum jacuit inclusus. Quem ut armigeri coporisque custodes ad moriendum obstinatum esse cognoverunt, universi in tabernaculum irrumpunt, diuque precibus ipsorum reluctatum ægrè vicerunt ut cibum caperet. Quoque minùs cædis puderet, jure interfectum Clitum Macedones decernunt, sepulturâ quoque prohibituri, ni rex humari jussisset.

4. *Defeat of Porus.*

[Book VIII. Chapters 13, 14.]

Ad amnem Hydaspem pervenit: in cujus ulteriore ripâ Porus consederat, transitu prohibiturus hostem. Octoginta et quinque elephantos objecerat eximio corporum robore; ultraque eos, currus trecentos et peditum triginta ferè milia: in quîs erant sagittarii gravioribus telis quàm ut aptè excuti possent. Ipsum vehebat elephantus super ceteras beluas eminens: armaque auro et argento distincta corpus raræ magnitudinis honestabant. Par animus robori corporis, et, quanta inter rudes poterat esse, sapientia.

Macedonas non conspectus hostium solùm, sed etiam fluminis quod transeundum erat magnitudo terrebat. Quattuor in latitudinem stadia diffusus profundo alveo, et nusquam vada aperiente, speciem vasti maris fecerat. Nec pro spatio aquarum latè stagnantium impetum coercebat; sed quasi in arctum coëuntibus ripis, torrens et elisus ferebatur: occultaque saxa inesse ostendebant pluribus locis undæ repercussæ. Terribilior erat facies ripæ, quam equi virique compleverant. Stabant ingentes vastorum corporum moles, et de industriâ irritatæ horrendo stridore aures fatigabant. Hinc amnis hinc hostis, capacia quidem bonæ spei pectora, et sæpe se experta, improviso tamen pavore percusserant: quippe instabiles rates nec dirigi ad ripam, nec tutò applicari posse credebant. Erant in medio amne insulæ crebræ, in quas Indi et Macedones nantes, levatis super capita armis, transibant. Ibi levia prœlia conserebantur, et uterque rex parvæ rei discrimine summæ experiebatur eventum. Ceterùm in Macedonum exercitu temeritate atque audaciâ insignes fuêre Symmachus et Nicanor, nobiles juvenes, et perpetuâ partium felicitate ad spernendum omne periculum accensi. Quîs ducibus promptissimi juvenum lanceis modò armati transnavêre in insulam, quam frequens hostis tenebat; multosque Indorum, nullâ re magis quàm audaciâ armati, interemerunt. Abire cum gloriâ poterant, si umquam temeritas felix inveniret modum; sed dum supervenientes contemptim et superbè quoque exspectant, circumventi ab his qui occulti enaverant, eminùs obruti telis sunt. Qui effugerant hostem aut impetu amnis ablati sunt, aut vorticibus impliciti. Eaque pugna multùm fiduciam Pori erexit, cuncta cernentis e ripâ.

Alexander inops consilii, tandem ad fallendum hostem talem dolum intendit. Erat insula in flumine amplior ceteris, silvestris eadem, et tegendis insidiis apta. Fossa quoque præalta haud procul ripâ quam tenebat ipse, non pedites modò, sed etiam cum equis viros poterat abscondere. Igitur ut a custodiâ hujus opportunitatis oculos hostium averteret, Ptolemæum cum omnibus turmis obequitare jussit procul insulâ, et subinde Indos clamore terrere, quasi flumen transnaturus foret. Per complures dies Ptolemæus id fecit, eoque consilio Porum quoque agmen suum ei parti, quam se petere simulabat, coëgit advertere. Jam extra conspectum hostis insula erat. Alexander in diversâ parte ripæ statui suum tabernaculum jussit, assuetamque comitari ipsum cohortem ante id tabernaculum stare, et omnem apparatum regiæ magnificentiæ hostium. oculis de industriâ ostendi; Attalum etiam æqualem sibi, et haud disparem habitu oris et corporis (utique cùm procul viseretur) veste regiâ exornat, præbiturum speciem ipsum regem illi ripæ præsidere, nec agitare de transitu. Hujus consilii effectum primò morata tempestas est, mox adjuvit; incommoda quoque ad bonos adventus vertente fortunâ. Trajicere amnem cum ceteris copiis in regionem insulæ (de quâ antè dictum est) parabat, averso hoste in eos qui cum Ptolemæo inferiorem obsederant ripam; cùm procella imbrem vix sub tectis tolerabilem effundit; obrutique milites nimbo in terram refugerunt, navigiis ratibusque desertis. Sed tumultuantium fremitus, obstrepentibus ventis, ab hoste non poterat audiri. Deinde momento temporis repressus est imber; ceterùm adeò spissæ intendêre se nubes, ut conderent lucem, vixque colloquentium inter ipsos facies noscitarentur. Terruisset alium obducta nox cælo, cùm ignoto amne navigandum esset, forsitan hoste eam ipsam ripam, quam cœci atque improvidi, et ex periculo gloriam accersentes petebant, occupante. Obscuritatem, quæ ceteros terrebat, suam occasionem ratus, dato signo ut omnes silentio ascenderent, ratem eam quâ ipse vehebatur primam jussit expelli. Vacua erat ab hostibus ripa quæ petebatur; quippe adhuc Porus Ptolemæum tantùm intuebatur. Unâ ergò navi, quam petræ fluctus illiserat, hærente, ceteræ evadunt; armaque capere milites, et ire in ordinem jussit.

Jamque agmen in cornua divisum ipse ducebat, cùm Poro nuntiatur, armis virisque ripam obtineri, et rerum adesse discrimen. Ac primò, humani ingenii vitio, spei suæ indulgens, Abisaren belli socium, (et ita convenerat,) adventare credebat. Mox liquidiore luce aperiente hostem, centum quadrigas et quattuor milia equitum venienti agmini Porus objecit. Dux erat copiarum quas præmisit Hages frater ipsius; summa virium in curribus. Senos viros singuli vehebant, duos clipeatos, duos sagittarios, ab utroque latere dispositos; aurigæ erant ceteri haud sanè inermes, quippe jacula complura, ubi cominùs prœliandum erat, omissis habenis, in hostem ingerebant. Ceterùm vix ullus usus hujus auxilii eo die fuit. Namque (ut suprà dictum est) imber violentiùs quàm aliàs fusus, campos lubricos et inequitabiles fecerat: gravesque et propemodùm immobiles currus illuvie ac voraginibus hærebant. Contrà Alexander expedito ac levi agmine strenuè invectus est. Scythæ et Dahæ primi omnium invasêre Indos: Perdiccam deinde cum equitibus in dextrum cornu hostium emisit.

Jam undique pugna se moverat, cùm hi qui currus agebant, illud ultimum auxilium suorum rati, effusis habenis in medium discrimen ruere cœperunt. Anceps id malum utrisque erat: nam et Macedonum pedites primo impetu obterebantur, et per lubrica atque invia immissi currus excutiebant eos a quibus regebantur; aliorum turbati equi non in voragines modò lacunasque, sed etiam in amnem præcipitavêre curricula; pauci telis hostium exacti penetravêre ad Porum, acerrimè pugnam cientem. Is, ut dissipatos totâ acie currus vagari sine rectoribus vidit, proximis amicorum distribuit elephantos. Post eos posuerat pedites ac sagittarios tympana pulsare solitos. Id pro cantu tubarum Indis erat; nec strepitu eorum movebantur, olim ad notum sonum auribus mitigatis. Herculis simulacrum agmini peditum præferebatur; id maximum erat bellantibus incitamentum; et deseruisse gestantes militare flagitium habebatur. Capitis etiam sanxerant pœnam his qui ex acie non retulissent; metu quem ex illo hoste quondam conceperant, etiam in religionem venerationemque converso. Macedonas non beluarum modò, sed etiam ipsius regis aspectus parumper inhibuit. Beluæ, dispositæ inter armatos, speciem turrium procul fecerant. Ipse Porus humanæ magnitudinis propemodùm excesserat formam. Magnitudini adjicere videbatur belua quâ vehebatur, tantum inter ceteras eminens, quantum aliis ipse præstabat.

Itaque Alexander contemplatus et regem et agmen Indorum, "Tandem" inquit "par animo meo periculum video. Cum bestiis simul et cum egregiis viris res est." Intuensque Cœnon, "Cùm ego" inquit "Ptolemæo Perdiccâque et Hephæstione comitatus, in lævum hostium cornu impetum fecero, viderisque me in medio ardore certaminis, ipse dextrum move, et turbatis signa infer. Tu, Antigene, et tu Leonnate, et Tauron, invehemini in mediam aciem, et urgebitis frontem. Hastæ nostræ prælongæ et validæ non aliàs magis quàm adversùs beluas rectoresque earum usui esse poterunt: deturbate eos qui vehuntur, et ipsas confodite. Anceps genus auxilii est, et in suos acriùs furit. In hostem enim imperio, in suos pavore agitur." Hæc elocutus, concitat equum primus; jamque (ut destinatum erat) invaserat ordines hostium, cùm Cœnus ingenti vi in lævum cornu invehitur. Phalanx quoque mediam Indorum aciem uno impetu perrupit.

At Porus, quâ equitem invehi senserat, beluas agi

jussit: sed tardum et pænè immobile animal equorum velocitatem æquare non poterat. Ne sagittarum quidem ullus erat barbaris usus. Quippe longas et prægraves, nisi priùs in terrâ statuerunt arcum, haud satis aptè et commodè imponunt: tum humo lubricâ et ob id impediente conatum, molientes ictus, celeritate hostium occupabantur. Ergò spreto regis imperio (quod ferè fit, ubi turbatis acriùs metus quàm dux imperare cœpit) totidem erant imperatores quot agmina errabant. Alius jungere aciem, alius dividere; stare quidam, et nonnulli circumvehi terga hostium jubebant. Nihil in medium consulebatur. Porus tamen cum paucis, quibus metu potior fuerat pudor, colligere dispersos, obvius hosti ire pergit, elephantosque ante agmen suorum agi jubet. Magnum beluæ injecêre terrorem, insolitusque stridor non equos modò, tam pavidum ad omnia animal, sed viros quoque ordinesque turbaverat.

Jam fugæ circumspiciebant locum paulò antè victores, cùm Alexander Agrianos et Thracas leviter armatos, meliorem concursatione quàm cominùs militem, emisit in beluas. Ingentem hi vim telorum injecêre et elephantis et regentibus eos. Phalanx quoque instare constanter territis cœpit. Sed quidam avidiùs persecuti beluas, in semet irritavêre vulneribus. Obtriti ergò pedibus earum, ceteris ut parciùs instarent fuêre documentum. Præcipuè terribilis illa facies erat, cùm manu arma virosque corriperent, et super se regentibus traderent. Anceps ergò pugna, nunc sequentium nunc fugientium elephantos, in multum diei varium certamen extraxit, donec securibus (id namque genus auxilii præparatum erat) pedes amputare cœperunt. Copidas vocabant gladios leviter curvatos, falcibus similes, quîs appetebant beluarum manus. Nec quidquam inexpertum, non mortis modò, sed etiam in ipsâ morte, novi supplicii timor omittebat.

Ergò elephanti vulneribus tandem fatigati suos impetu sternunt, et qui rexerant eos præcipitati in terram ab ipsis obterebantur. Itaque pecorum modo, magis pavidi quàm infesti, ultra aciem exigebantur; cùm Porus, destitutus a pluribus, tela multò antè præparata in circumfusos ex elephanto suo cœpit ingerere, multisque eminùs vulneratis, expositus ipse ad ictus undique petebatur. Novem jam vulnera hinc tergo illinc pectore exceperat: multoque sanguine profuso, languidis manibus magis elapsa quàm excussa tela mittebat. Nec segniùs belua, instincta rabie, nondum saucia, invehebatur ordinibus; donec rector beluæ regem conspexit fluentibus membris, omissisque armis vix compotem mentis. Tum beluam in fugam concitat, sequente Alexandro; sed equus ejus multis vulneribus confossus deficiensque procubuit, posito magis rege quàm effuso. Itaque dum equum mutat, tardiùs insecutus est.

Interim frater Taxilis regis Indorum, præmissus ab Alexandro, monere cœpit Porum, ne ultima experiri perseveraret, dederetque se victori. At ille, quamquam exhaustæ erant vires deficiebatque sanguis, tamen ad notam vocem excitatus, "Agnosco" inquit "Taxilis fratrem, imperii regnique sui proditoris;" et telum, quod unum fortè non effluxerat, contorsit in eum; quod per medium pectus penetravit ad tergum. Hoc ultimo virtutis opere edito, fugere acriùs cœpit; sed elephantus quoque qui multa exceperat tela deficiebat. Itaque sistit fugam, peditemque sequenti hostî objecit. Jam Alexander consecutus erat, et pertinaciâ Pori cognitâ, vetabat resistentibus parci. Ergò undique et in pedites et in ipsum Porum tela congesta sunt; quîs tandem gravatus, labi ex beluâ cœpit. Indus, qui elephantum regebat, descendere eum ratus, more solito elephantum procumbere jussit in genua: qui ut se submisit, cæteri quoque (ita enim instituti erant) demisêre corpora in terram. Ea res et Porum et ceteros victoribus tradidit.

Rex spoliari corpus Pori, interemptum esse credens, jubet, et qui detraherent loricam vestemque concurrere; cùm belua dominum tueri et spoliantes cœpit appetere, levatumque corpus ejus rursùs dorso suo imponere. Ergò telis undique obruitur, confossoque eo, in vehiculum Porus imponitur. Quem rex ut vidit allevantem oculos, non odio sed miseratione commotus, "Quae, malum!" inquit "amentia te coëgit, rerum mearum cognitâ famâ belli, fortunam experiri, cùm Taxiles esset in deditos clementiæ meæ tam propinquum tibi exemplum?" At ille, "Quoniam" inquit "percontaris, respondebo eâ libertate quam interrogando fecisti. Neminem me fortiorem esse censebam. Meas enim noveram vires, nondum expertus tuas: fortiorem esse te belli docuit eventus. Sed ne sic quidem parùm felix sum, secundus tibi." Rursùs interrogatus, quid ipse victorem statuere debere censeret: "Quod hic" inquit "dies tibi suadet, quo expertus es quàm caduca felicitas esset." Plus monendo profecit, quàm si precatus esset. Quippe magnitudinem animi ejus interritam ac ne fortunâ quidem infractam, non misericordiâ modò, sed etiam honore excipere dignatus est. Ægrum curavit haud secùs quàm si pro ipso pugnâsset; confirmatum contra spem omnium in amicorum numerum recepit; mox donavit ampliore regno quàm tenuit. Nec sanè quidquam ingenium ejus solidius aut constantius habuit, quàm admirationem veræ laudis et gloriæ; simpliciùs tamen famam æstimabat in hoste quàm in cive. Quippe a suis credebat magnitudinem suam destrui posse; eamdem clariorem fore, quo majores fuissent quos ipse vicisset.

5. *The Indian Ocean.*

[Book IX. Chapters 9, 10.]

Hinc in proximam gentem *Pataliam* perventum est. Rex erat Mœris, qui urbe desertâ in montes profugerat. Itaque Alexander oppido potitur, agrosque populatur. Magnæ inde prædæ actæ sunt pecorum armentorumque, magna vis reperta frumenti. Ducibus deinde sumptis amnis peritis, defluxit ad insulam medio fermè alveo enatam.

Ibi diutiùs subsistere coactus, quia duces socordiùs asservati profugerant, misit qui conquirerent alios: nec repertis, pervicax cupido incessit visendi Oceanum adeundique terminos mundi, ut sine regionis peritis, flumini ignoto caput suum totque fortissimorum virorum salutem permitteret. Navigabant ergò omnium per quæ ferebantur ignari: quantum inde abesset mare, quæ gentes colerent, quàm placidum amnis os, quàm patiens longarum navium esset, anceps et cæca æstimatio augurabatur. Unum erat temeritatis solatium, perpetua felicitas. Jam quadringenta stadia processerant, cùm gubernatores agnoscere ipsos auram maris, et haud procul videri sibi Oceanum abesse, indicant regi. Lætus ille hortari nauticos cœpit incumberent remis; adesse finem laboris omnibus votis expetitum; jam nihil gloriæ deësse, nihil obstare virtuti; sine ullo Martis discrimine, sine sanguine, orbem terræ ab illis capi; ne naturam quidem longiùs posse procedere; brevi incognita nisi immortalibus esse visuros. Paucos tamen navigio emisit in ripam, qui agrestes vagos exciperent, e quibus certiora nosci posse sperabat. Illi scrutati omnia tuguria, tandem latentes reperêre. Qui interrogati quàm procul abessent mari responderunt nullum ipsos mare ne famâ quidem accepisse; ceterùm tertio die perveniri posse ad aquam amaram, quæ corrumperet dulcem. Intellectum est mare destinari ab ignaris naturæ ejus. Itaque ingenti alacritate nautici remigant, et proximo quoque die, quo propiùs spes admovebatur, crescebat ardor animorum. Tertio jam die mixtum flumini subibat mare, leni adhuc æstu confundente dispares undas. Tum aliam insulam medio amni sitam evecti paulo lentiùs, quia cursus æstu reverberabatur, applicant classem, et ad commeatus petendos discurrunt, securi casûs ejus qui supervenit ignaris.

Tertia fermè hora erat, cùm statâ vice Oceanus exæstuans invehi cœpit, et retrò flumen urgere. Quod primò coërcitum, deinde vehementiùs pulsum, majore impetu adversum agebatur quàm torrentia præcipiti alveo incurrunt. Ignota vulgo freti natura erat, monstraque et iræ deûm indicia cernere videbantur. Identidem intumescens mare, et in campos paulò antè siccos descendere superfusum. Jamque levatis navigiis, et totâ classe dispersâ, qui expositi erant undique ad naves trepidi et improviso malo attoniti recurrunt. Sed in tumultu festinatio quoque tarda est. Hi contis navigia appellebant, hi dum remos aptari prohibebant consederant. Quidam enavigare properantes, sed non exspectatis qui simul esse debebant, clauda et inhabilia navigia languidè moliebantur: aliæ navium inconsultè ruentes non receperant; pariterque et multitudo et paucitas festinantes morabatur. Clamor hinc exspectare hinc ire jubentium, dissonæque voces nusquam idem atque unum tendentium, non oculorum modò usum sed etiam aurium abstulerant. Ne in gubernatoribus quidem quidquam opis erat, quorum nec exaudiri vox a tumultuantibus poterat, nec imperium a territis incompositisque servari. Ergò collidi inter se naves, abstergerique invicem remi, et alii aliorum navigia urgere cœperunt. Crederes non unius exercitûs classem vehi, sed duorum navale inîsse certamen. Incutiebantur puppibus proræ; premebantur a sequentibus qui antecedentes turbaverant; jurgantium ira perveniebat etiam ad manus.

Jamque æstus totos circa flumen campos inundaverat, tumulis dumtaxat eminentibus, veluti insulis parvis; in quos plerique trepidi omissis navigiis enare cœperunt. Dispersa classis partim in præaltâ aquâ stabat, quâ subsederant valles; partim in vado hærebat, utcumque inæquale terræ fastigium occupaverant undæ; cùm subitò novus et pristino major terror incutitur. Reciprocari cœpit mare, magno tractu aquis in suum fretum recurrentibus, reddebatque terras paulò antè profundo salo mersas. Igitur destituta navigia alia præcipitantur in proras, alia in latera procumbunt. Strati erant campi sarcinis, armis, avulsarum tabularum remorumque fragmentis. Miles nec egredi in terram, nec in naves subsistere audebat, identidem præsentibus graviora quæ sequerentur exspectans. Vix quæ perpetiebantur videre ipsos credebant; in sicco naufragia, in amni mare: nec finis malorum; quippe æstum paulo pòst mare relaturum, quo navigia allevarentur, ignari, famem et ultima sibimet ominabantur. Beluæ quoque fluctibus destitutæ, terribiles vagabantur.

Jamque nox appetebat, et regem quoque desperatio salutis ægritudine affecerat. Non tamen invictum animum curæ obruunt, quin totâ nocte persideret in speculis, equitesque præmitteret ad os amnis, ut cùm mare rursùs exæstuare sensissent præcederent. Navigia quoque et lacerata refici, et eversa fluctibus erigi jubet, paratosque esse et intentos cùm rursùs mare terras inundâsset. Totâ eâ nocte inter vigilias adhortationesque consumptâ, celeriter et equites ingenti cursu refugêre, et secutus est æstus. Qui primo, aquis leni tractu subeuntibus, cœpit levare navigia; mox totis campis inundans, etiam impulit classem; plaususque militum nauticorumque, insperatam salutem immodico celebrantium gaudio, litoribus ripisque resonabat. Unde tantum redîsset subitò mare? quò pridie refugisset? quænam esset ejusdem elementi natura, modò discors, modò imperio temporum obnoxia? mirabundi requirebant. Rex cùm ex eo quod acciderat conjectaret post solis ortum statum tempus esse, de mediâ nocte, ut æstum occuparet, cum paucis navigiis secundo amne defluxit: evectusque os ejus quadringenta stadia processit in mare, tandem voti sui compos; præsidibusque et maris et locorum diis sacrificio facto, ad classem rediit.

Hinc adversum flumen subit classis; et altero die appulsa est haud procul lacu salso, cujus incognita natura plerosque decepit temerè ingressos aquam; quippe scabies corpora invasit, et contagium morbi etiam in alios vulgatum est. Oleum remedio fuit. Leonnato deinde præmisso ut puteos foderet, quâ terrestri itinere ducturus exercitum videbatur (quippe sicca erat regio), ipse cum copiis substitit, vernum tempus exspectans. Interim et urbes portusque condidit. Nearcho atque Onesicrito, nauticæ rei peritis, imperavit, ut validissimas navium deducerent in Oceanum, progressique quoad tutò possent, naturam maris noscerent: vel eodem amne, vel Euphrate subire eos posse, cùm reverti ad se vellent. Jamque mitigatâ hieme, et navibus quæ inutiles videbantur crematis, terrâ ducebat exercitum. . . .

Haud multò pòst Nearchus et Onesicritus, quos longiùs in Oceanum procedere jusserat, superveniunt. Nuntiabant autem quædam audita, alia comperta: insulam ostio amnis subjectam auro abundare, inopem equorum esse; singulos eos ab iis qui ex continenti trajicere auderent, singulis talentis emi; plenum esse beluarum mare; æstu secundo eas ferri, magnarum navium corpora æquantes; truci cantu deterritas sequi classem, cum magno æquoris strepitu, velut demersa navigia, subîsse aquas. Cetera incolis crediderant; inter quæ Rubrum mare non a colore undarum, ut plerique crederent, sed ab Erythro rege appellari; esse haud procul a continenti insulam palmis frequentibus consitam, et in medio ferè nemore columnam eminere, Erythri regis monumentum, litteris gentis ejus scriptam. Adjiciebant, navigia quæ lixas mercatoresque vexissent, famam auri secutis gubernatoribus, in insulam esse transmissa, nec deinde ab his posteà visa. Rex cognoscendi plura cupidine accensus, rursùs eos terram legere jubet, donec ad Euphratem appellerent classem; inde adverso amne Babylonem subituros. Ipse animo infinita complexus statuerat, omni ad Orientem maritimâ regione perdomitâ, ex Syriâ petere Africam, Karthagini infensus; inde Numidiæ solitudinibus peragratis, cursum Gades dirigere — ibi namque columnas Herculis esse fama vulgaverat; Hispanias deinde, quam Iberiam Græci a flumine Ibero vocabant, adire; et prætervehi Alpes, Italiæque oram, unde in Epirum brevis cursus est. Igitur Mesopotamiæ prætoribus imperavit, materiâ in Libano monte cæsâ devectâque ad urbem Syriæ Thapsacum, septingentarum carinas navium ponere; septiremes omnes esse, deducique Babyloniam: Cypriorum regibus imperatum, ut æs stupamque et vela præberent.

6. *Death of Alexander.*

[Book X. Chapter 5.]

Intuentibus lacrimæ obortæ præbuêre speciem jam non regem sed funus ejus visentis exercitûs. Mæror tamen circumstantium lectum eminebat. Quos ut aspexit, "Invenietis" inquit "cùm excessero, dignum talibus viris regem?" Incredibile dictu audituque, in eodem habitu corporis in quem se composuerat cùm admissurus milites esset, durâsse, donec a toto exercitu illud ultimum persalutatus est: dimissoque vulgo, velut omni vitæ debito liberatus, fatigata membra rejecit: propiùsque adire jussis amicis (nam et vox deficere jam cœperat), detractum anulum digito Perdiccæ tradidit, adjectis mandatis ut corpus suum ad Hammonem ferri juberent. Quærentibus his "cui relinqueret regnum?" respondit, "ei qui esset optimus; ceterùm providere jam se, ob id certamen magnos funebres ludos parari sibi." Rursùs Perdiccâ interrogante "quando cœlestes honores haberi sibi vellet?" dixit, "tum velle, cùm ipsi felices essent." Suprema hæc vox fuit regis, et paulò pòst exstinguitur.

Ac primò ploratu lamentisque et planctibus tota regia personabat: mox velut in vastâ solitudine omnia tristi silentio muta torpebant, ad cogitationes quid deinde futurum esset dolore converso. Nobiles pueri, custodiæ corporis ejus assueti, nec doloris magnitudinem capere nec se ipsos intra vestibulum regiæ tenere potuerunt; vagique et furentibus similes totam urbem luctu ac mærore compleverant; nullis questibus omissis quos in tali casu dolor suggerit.

Ergò qui extra regiam astiterant Macedones pariter barbarique concurrunt, nec poterant victi a victoribus in communi dolore discerni. Persæ justissimum ac mitissimum dominum, Macedones optimum ac fortissimum regem invocantes, certamen quoddam mæroris edebant. Nec mæstorum solùm, sed etiam indignantium voces exaudiebantur, tam viridem, et in flore ætatis fortunæque, invidiâ deûm ereptum esse rebus humanis. Vigor ejus et vultus educentis in prœlium milites, obsidentis urbes, evadentis in muros, fortes viros pro concione donantis, occurrebant oculis. Tum Macedones divinos honores negâsse ei pœnitebat; impiosque et ingratos fuisse se confitebantur, quod aures ejus debitâ appellatione fraudâssent.

Et cùm diu nunc in veneratione nunc in desiderio regis hæsissent, in ipsos versa miseratio est. Macedoniâ profecti ultra Euphratem, in mediis hostibus novum imperium aspernantibus, destitutos se esse cernebant: sine certo regis hærede, publicas vires ad se quemque tracturum. Bella deinde civilia, quæ secuta sunt, mentibus augurabantur: iterum non de regno Asiæ, sed de rege, ipsis sanguinem esse fundendum; novis vulneribus veteres rumpendas cicatrices; senes, debiles, modò petitâ missione a justo rege, nunc morituros pro potentiâ forsitan satellitis alicujus ignobilis.

Has cogitationes volventibus nox supervenit terroremque auxit. Milites in armis vigilabant; Babylonii, alius e muris alius culmine sui quisque tecti, prospectabant quasi certiora visuri. Nec quisquam lumina audebat accendere. Et quia oculorum cessabat usus, fremitus vocesque auribus captabant; ac plerùmque vano metu territi, per obscuras semitas alius alii occursantes, invicem suspecti ac solliciti ferebantur. Persæ, comis suo more detonsis, in lugubri veste, cum conjugibus ac liberis, non ut victorem et modò hostem, sed ut gentis suæ justissimum regem, vero desiderio lugebant. Assueti sub rege vivere, non alium qui imperaret ipsis digniorem fuisse confitebantur.

Nec muris urbis luctus continebatur, sed proximam regionem ab eâ, deinde magnam partem Asiæ cis Euphratem tanti mali fama pervaserat. Ad Darii quòque matrem celeriter perlata est. Abscisâ ergo veste quâ induta erat, lugubrem sumpsit; laceratisque crinibus humi corpus abjecit. Assidebat ei altera ex neptibus, nuper amissum Hephæstionem cui nupserat lugens, propriasque causas doloris in communi mæstitiâ retractabat. Sed omnium suorum mala Sisygambis una capiebat. Illa suam, illa neptium vicem flebat. Recens dolor etiam præterita revocaverat. Crederes modò amissum Darium, et pariter miseræ duorum filiorum exsequias esse ducendas. Flebat simul mortuos vivosque. Quem enim puellarum acturum esse curam? quem alium futurum Alexandrum? iterum esse se captas, iterum excidisse regno. Qui mortuo Dario ipsas tueretur, reperisse; qui post Alexandrum respiceret, utique non reperturas. Subibat inter hæc animum, octoginta fratres suos eodem die ab Ocho sævissimo regum trucidatos, adjectumque stragi tot filiorum patrem; e septem liberis, quos genuisset ipsa, unum superesse; ipsum Darium floruisse paulisper, ut crudeliùs posset extingui. Ad ultimum dolori succubuit, obvolutoque capite assidentes genibus suis neptem nepotemque aversata, cibo pariter abstinuit et luce. Quinto postquam mori statuerat die extincta est. Magnum profectò Alexandro indulgentiæ in eam, justitiæque in omnes captivos, documentum est mors hujus: quæ cùm sustinuisset post Darium vivere, Alexandro esse superstes erubuit.

Et (hercule) justè æstimantibus regem liquet, bona naturæ ejus fuisse; vitia vel fortunæ, vel ætatis. Vis incredibilis animi; laboris patientia propemodùm nimia; fortitudo non inter reges modò excellens, sed inter illos quoque quorum hæc sola virtus fuit; liberalitas sæpe majora tribuentis quàm a diis petuntur; clementia in devictos; tot regna aut reddita quibus ea dempserat bello, aut dono data; mortis, cujus metus ceteros exanimat, perpetua contemptio; gloriæ laudisque ut justo major cupido, ita ut juveni et in tantis admittenda rebus; jam pietas erga parentes, quorum Olympiada immortalitati consecrare decreverat, Philippum ultus erat; jam in omnes ferè amicos benignitas, erga milites benevolentia; consilium par magnitudini animi, et quantam vix poterat ætas ejus capere, sollertia; modus immodicarum cupiditatum :—ingentes profectò dotes erant. Illa fortunæ: diis æquare se, et cælestes honores accersere, et talia suadentibus oraculis credere; et dedignantibus venerari ipsum vehementiùs quàm par esset irasci; in externum habitum mutare corporis cultum; imitari devictarum gentium mores, quos ante victoriam spreverat. Nam iracundiam et cupidinem vini sicuti juventa irritaverat, ita senectus mitigare potuisset. Fatendum est tamen, cùm plurimum virtuti debuerit, plus debuisse fortunæ, quam solus omnium mortalium in potestate habuit. Quoties illum a morte revocavit? quoties temerè in pericula vectum perpetuâ felicitate protexit? Vitæ quoque finem eumdem illi quem gloriæ statuit. Exspectavêre eum fata, dum Oriente perdomito, aditoque Oceano, quidquid mortalitas capiebat, impleret. Itaque nomen quoque ejus, et fama rerum, in totum propemodùm orbem reges ac regna diffudit; clarissimique sunt habiti, qui etiam minimæ parti tantæ fortunæ adhæserunt.

IV.

CORNELIUS NEPOS.

LIFE OF HANNIBAL.

(B.C. 247-183.)

Hannibal, Hamilcaris filius, Karthaginiensis. Si verum est, quod nemo dubitat, ut populus Romanus omnes gentes virtute superârit, non est infitiandum, Hannibalem tanto præstitisse ceteros imperatores prudentiâ, quànto populus Romanus antecedat fortitudine cunctas nationes. Nam quotiescumque cum eo congressus est in Italiâ, semper discessit superior. Quòd nisi domi civium suorum invidiâ debilitatus esset, Romanos videretur superare potuisse. Sed multorum obtrectatio devicit unius virtutem.

Hic autem, velut hereditate relictum, odium paternum erga Romanos sic conservavit, ut priùs animum quàm id deposuerit; qui quidem, cùm patriâ pulsus esset, et alienarum opum indigeret, numquam destiterit animo bellare cum Romanis.

Nam, ut omittam Philippum, quem absens hostem reddidit Romanis; omnium his temporibus potentissimus rex Antiochus fuit. Hunc tantâ cupiditate incendit bellandi, ut usque a Rubro mari arma conatus sit inferre Italiæ. Ad quem cùm legati venissent Romani, qui de ejus voluntate explorarent, darentque operam consiliis clandestinis, ut Hannibalem in suspicionem regi adducerent, tamquam ab ipsis corruptum alia atque anteà sentire; neque id frustrà fecissent, idque Hannibal comperisset, seque ab interioribus consiliis segregari vidisset; tempore dato adiit ad regem, eique cùm multa de fide suâ et odio in Romanos commemorâsset, hoc adjunxit: "Pater meus" inquit "Hamilcar, puerulo me, utpote non ampliùs novem annos nato, in Hispaniam imperator proficiscens Karthagine, Jovi Optimo Maximo hostias immolavit. Quæ divina res dum conficiebatur, quæsivit a me, vellemne secum in castra proficisci? Id cùm libenter accepissem, atque ab eo petere cœpissem ne dubitaret ducere, tum ille 'Faciam,' inquit 'si fidem mihi quam postulo dederis.' Simul me ad aram adduxit, apud quam sacrificare instituerat; eamque ceteris remotis tenentem jurare jussit, numquam me in amicitiâ cum Romanis fore. Id ego jusjurandum patri datum usque ad hanc ætatem ita conservavi, ut nemini dubium esse debeat quin reliquo tempore eâdem mente sim futurus. Quare, si quid amicè de Romanis cogitabis, non imprudenter feceris si me celâris; cùm quidem bellum parabis, te ipsum frustraberis si non me in eo principem posueris."

Hac igitur quâ diximus ætate, cum patre in Hispaniam profectus est: cujus post obitum, Hasdrubale imperatore suffecto, equitatui omni præfuit. Hoc quoque interfecto, exercitus summam imperii ad eum detulit. Id, Karthaginem delatum, publicè comprobatum est. Sic Hannibal, minor quinque et viginti annis natus, imperator factus, proximo triennio omnes gentes Hispaniæ bello subegit: Saguntum fœderatam civitatem vi expugnavit; tres exercitus maximos comparavit. Ex his unum in Africam misit, alterum cum Hasdrubale fratre in Hispaniâ reliquit, tertium in Italiam secum duxit. Saltum Pyrenæum transiit. Quâcumque iter fecit, cum omnibus incolis conflixit; neminem nisi victum dimisit. Ad Alpes posteàquam venit, quæ Italiam ab Galliâ sejungunt, quas nemo umquam cum exercitu ante eum, præter Herculem Graium, transierat (quo facto is hodie saltus Graius appellatur), Alpicos conantes prohibere transitu concidit; loca patefecit; itinera muniit; effecit ut eâ elephantus ornatus ire posset, quâ anteà unus homo inermis vix poterat repere. Hac copias traduxit, in Italiamque pervenit.

Conflixerat apud Rhodanum cum P. Cornelio Scipione consule, eumque pepulerat. Cum hoc eodem Clastidi apud Padum decernit, sauciumque inde ac fugatum dimittit. Tertiò idem Scipio, cum collegâ Tiberio Longo, apud Trebiam adversus eum venit: cum his manum conseruit; utrosque profligavit. Inde per Ligures Apenninum transit, petens Etruriam. Hoc itinere adeò gravi morbo afficitur oculorum, ut posteà numquam dextro æquè bene usus sit. Quâ valetudine cùm etiam nunc premeretur, lecticâque ferretur, C. Flaminium consulem apud Trasimenum cum exercitu insidiis circumventum occidit; neque multo post C. Centenium prætorem, cum delectâ manu saltus occupantem. Hinc in Apuliam pervenit. Ibi obviàm ei venerunt duo consules, C. Terentius et L. Paulus Æmilius. Utriusque exercitus uno prœlio [Cannensi] fugavit; Paulum consulem occidit, et aliquot prætereà consulares, in his Cn. Servilium Geminum, qui anno superiore fuerat consul.

Hac pugnâ pugnatâ Romam profectus est, nullo

resistente. In propinquis urbis montibus moratus est. Cùm aliquot ibi dies castra habuisset, et reverteretur Capuam, Q. Fabius Maximus dictator Romanus in agro Falerno se ei objecit. Hîc clausus locorum angustiis, noctu sine ullo detrimento exercitûs se expedivit: Fabio, callidissimo imperatori, dedit verba: namque obductâ nocte, sarmenta in cornibus juvencorum deligata incendit, ejusque generis multitudinem magnam dispalatam immisit. Quo repentino objectu viso, tantum terrorem injecit exercitui Romanorum, ut egredi extra vallum nemo sit ausus. Hanc post rem gestam non ita multis diebus, M. Minucium Rufum magistrum equitum, pari ac dictatorem imperio, dolo productum in prœlium, fugavit. Ti. Sempronium Gracchum, iterùm consulem, in Lucanis absens, in insidias inductum sustulit. M. Claudium Marcellum, quinquies consulem, apud Venusiam pari modo interfecit. Longum est enumerare prœlia. Quare hoc unum satis erit dictum, ex quo intelligi possit quantus ille fuerit: quamdiu in Italiâ fuit, nemo ei in acie restitit; nemo adversùs eum, post Cannensem pugnam, in campo castra posuit.

Hinc invictus, patriam defensum revocatus, bellum gessit adversùs P. Scipionis filium quem ipse primùm apud Rhodanum, iterum apud Padum, tertio apud Trebiam fugerat. Cum hoc, exhaustis jam patriæ facultatibus, cupivit impræsentiarum bellum componere, quo valentior posteà congrederetur. In colloquium convenit; conditiones non convenerunt. Post id factum paucis diebus, apud Zamam cum eodem conflixit: pulsus (incredile dictu) biduo et duabus noctibus Adrumetum pervenit, quod abest a

Zamâ circiter milia passuum trecenta. In hac fugâ Numidæ, qui simul cum eo ex acie excesserant, insidiati sunt ei; quos non solùm effugit, sed etiam ipsos oppressit. Adrumeti reliquos e fugâ collegit; novis delectibus paucis diebus multos contraxit.

Cùm in apparando acerrimè esset occupatus, Karthaginienses bellum cum Romanis composuerunt. Ille nihilo seciùs exercitui posteà præfuit, resque in Africâ gessit, itemque Mago frater ejus, usque ad P. Sulpicium et C. Aurelium consules. His enim magistratibus legati Karthaginienses Romam venerunt, qui senatui populoque Romano gratias agerent, quòd cum his pacem fecissent, ob eamque rem coronâ aureâ eos donarent, simulque peterent ut obsides eorum Fregellis essent, captivique redderentur. His ex senatûs-consulo responsum est: munus eorum gratum acceptumque esse; obsides quo loco rogarent futuros; captivos non remissuros, quòd Hannibalem, cujus operâ susceptum bellum foret, inimicissimum nomini Romano, et nunc cum imperio apud exercitum haberent, itemque fratrem ejus Magonem. Hòc responso Karthaginienses cognito, Hannibalem et Magonem domum revocârunt.

Huc ut rediit prætor factus est, postquam rex fuerat anno secundo et vigesimo: ut enim Romæ consules, sic Karthagini quotannis annui bini reges creabantur. In eo magistratu pari diligentiâ se Hannibal præbuit, ac fuerat in bello. Namque effecit, ex novis vectigalibus non solùm ut esset pecunia quæ Romanis ex fœdere penderetur, sed etiam superesset, quæ in ærario poneretur. Deinde anno post præturam, M. Claudio L. Furio consulibus, Romani legati Karthaginem venerunt. Hos

Hannibal ratus sui exposcendi gratiâ missos, priusquàm his senatus daretur, navem ascendit clàm, atque in Syriam ad Antiochum profugit. Hac re palàm factâ, Pœni naves duas quæ eum comprehenderent, si possent consequi, miserunt; bona ejus publicârunt; domum a fundamentis disjecerunt; ipsum exsulem judicarunt.

At Hannibal, anno tertio postquam domo profugerat, L. Cornelio Q. Minucio consulibus, cum quinque navibus Africam accessit in finibus Cyrenæorum, si fortè Karthaginienses ad bellum Antiochi spe fiduciâque possent induci; cui jam persuserat ut cum exercitibus in Italiam proficisceretur. Huc Magonem fratrem excivit. Id ubi Pœni resciverunt, Magonem eâdem quâ fratrem absentem pœnâ affecerunt. Illi desperatis rebus cùm solvissent naves ac vela ventis dedissent, Hannibal ad Antiochum pervenit. De Magonis interitu duplex memoria prodita est: namque alii naufragio, alii a servulis ipsius interfectum eum scriptum reliquerunt. Antiochus autem, si tam in gerendo bello consiliis ejus parere voluisset, quàm in suscipiendo instituerat, propiùs Tiberi quàm Thermopylis de summâ imperii dimicâsset. Quem etsi multa stultè conari videbat, tamen nullâ deseruit in re. Præfuit paucis navibus quas ex Syriâ jussus erat in Asiam ducere; hisque adversùs Rhodiorum classem in Pamphylio mari conflixit: quo cùm multitudine adversariorum sui superarentur, ipse quo cornu rem gessit fuit superior.

Antiocho fugato, verens ne dederetur (quod sine dubio accidisset si sui fecisset potestatem), Cretam ad Gortynios venit, ut ibi quò se conferret consideraret. Vidit autem vir omnium callidissimus magno se fore periculo, nisi quid providisset, propter avaritiam Cretensium: magnam enim secum pecuniam portabat, de quâ sciebat exîsse famam. Itaque capit tale consilium: amphoras complures complet plumbo; summas operit auro et argento. Has, præsentibus principibus, deponit in templo Dianæ; simulans se suas fortunas illorum fidei credere. His in errorem inductis, statuas æneas quas secum portabat omni suâ pecuniâ complet, easque in propatulo domi abjicit. Gortynii templum magnâ curâ custodiunt, non tam a ceteris quàm ab Hannibale, ne ille inscientibus his tolleret, secumque duceret.

Sic conservatis suis rebus, Pœnus illusis Cretensibus omnibus ad Prusiam in Pontum pervenit: apud quem eodem animo fuit erga Italiam; neque aliud quidquam egit, quàm regem armavit et exercuit adversùs Romanos. Quem cùm videret domesticis opibus minùs esse robustum, conciliabat ceteros reges, adjungebat bellicosas nationes. Dissidebat ab eo Pergamenus rex Eumenes, Romanis amicissimus, bellumque inter eos gerebatur et mari et terrâ: quo magis cupiebat eum Hannibal opprimi; sed utrobique Eumenes plus valebat propter Romanorum societatem: quem si removisset, faciliora sibi cetera fore arbitrabatur. Ad hunc interficiendum, talem iniit rationem. Classe paucis diebus erant decreturi: superabatur navium multitudine: dolo erat pugnandum, cum par non esset armis. Imperavit quàm plurimas venenatas serpentes vivas colligi, easque in vasa fictilia conjici. Harum cum confecisset magnam multitudinem, die ipso quo facturus erat navale prœlium classiarios convocat, hisque præcipit omnes ut in unam Eumenis regis concurrant navem, a ceteris tantùm satis habeant se defendere: id facilè illos serpentium multitudine consecuturos: rex autem in quâ nave veheretur, ut scirent se facturum; quem si aut cepissent aut interfecissent, magno his pollicetur præmio fore.

Tali cohortatione militum factâ, classis ab utrisque in prœlium deducitur. Quarum acie constitutâ, priusquam signum pugnæ daretur, Hannibal, ut palàm faceret suis quo loco Eumenes esset, tabellarium in scaphâ cum caduceo mittit; qui ubi ad naves adversariorum pervenit, epistolamque ostendens, se regem professus est quærere, statim ad Eumenen deductus est, quòd nemo dubitabat aliquid de pace esse scriptum. Tabellarius, ducis nave declaratâ suis, eòdem unde erat egressus se recepit. At Eumenes, solutâ epistolâ, nihil in eâ reperit, nisi quod ad irridendum eum pertineret; cujus etsi causam mirabatur, (nec reperiebatur,) tamen prœlium statim committere non dubitavit. Horum in concursu Bithynii Hannibalis præcepto universi navem Eumenis adoriuntur: quorum vim rex cùm sustinere non posset, fugâ salutem petit; quam consecutus non esset, nisi intra sua præsidia se recepisset quæ in proximo litore erant collocata.

Reliquæ Pergamenæ naves cùm adversarios premerent acriùs, repentè in eas vasa fictilia, de quibus supra mentionem fecimus, conjici cœpta sunt; quæ jacta initio risum pugnantibus excitârunt; nec quare id fieret poterat intelligi. Postquam autem naves completas conspexerunt serpentibus, novâ re perterriti, cùm quid potissimùm vitarent non viderent, puppes verterunt, seque ad sua castra nautica retulerunt. Sic Hannibal consilio arma Pergamenorum superavit: neque tum solùm, sed sæpe aliàs pedestribus copiis pari prudentiâ pepulit adversarios.

Quæ dum in Asiâ geruntur, accidit casu ut legati Prusiæ Romæ apud L. Quinctium Flamininum consularem cœnarent; atque ibi de Hannibale mentione factâ, ex his unus diceret eum in Prusiæ regno esse. Id postero die Flamininus senatui detulit. Patres conscripti, qui Hannibale vivo numquam se sine insidiis futuros existimarent, legatos in Bithyniam miserunt, in his Flamininum, qui a rege peterent ne inimicissimum suum secum haberet, sibique dederet. His Prusias negare ausus non est: illud recusavit, ne id a se fieri postularent quod adversùs jus hospitii esset: ipsi si possent comprehenderent: locum ubi esset facilè inventuros. Hannibal enim uno loco se tenebat in castello quod ei ab rege datum erat muneri; idque sic ædificârat, ut in omnibus partibus ædificii exitum sibi haberet, semper verens ne usu eveniret quod accidit. Huc cùm legati Romanorum venissent, ac multitudine domum ejus circumdedissent, puer ab januâ prospiciens Hannibali dixit, plures præter consuetudinem armatos apparere; qui imperavit ei, ut omnes fores ædificii circumiret, ac properè sibi renuntiaret num eodem modo undique obsideretur. Puer cùm celeriter quid esset renuntiâsset, omnesque exitus occupatos ostendisset, sensit id non fortuitò factum, sed se peti, neque sibi diutiùs vitam esse retinendam. Quam ne alieno arbitrio dimitteret, memor pristinarum virtutum, venenum quod semper secum habere consueverat sumpsit. Sic vir fortissimus, multis variisque perfunctus laboribus, anno acquievit septuagesimo.

V.

SALLUST.

THE WAR WITH JUGURTHA.

(B.C. 111–106.)

1. *The Youth of Jugurtha.*

[Chapters 5–12.]

Bello Punico secundo Masinissa rex Numidarum, in amicitiâ receptus a P. Scipione, cui posteà Africano cognomen ex virtute fuit, multa et præclara rei militaris facinora fecerat: ob quæ, victis Karthaginiensibus et capto Syphace, cujus in Africâ magnum atque latè imperium valuit, populus Romanus quascumque urbis et agros manu ceperat regi dono dedit. Igitur amicitia Masinissæ bona atque honesta nobis permansit: imperii vitæque ejus finis idem fuit. Dein Micipsa filius regnum solus obtinuit, Mastanabale et Gulussâ fratribus morbo absumtis. Is Adherbalem et Hiempsalem ex sese genuit; Jugurthamque, Mastanabalis fratris filium, eodem cultu quo liberos suos domi habuit.

Qui, ubi primùm adolevit, pollens viribus, decorâ facie, sed multo maxumè ingenio validus, non se luxu neque inertiæ corrumpendum dedit; sed, utì mos gentis illius est, equitare, jaculari, cursu cum æqualibus certare; et, cùm omnis gloriâ anteiret, omnibus tamen carus esse: ad hoc, pleraque tempora in venando agere; leonem atque alias feras primus aut in primis ferire; plurumum facere, minumum ipse de se loqui. Quibus rebus Micipsa tametsi initio lætus fuerat, existumans virtutem Jugurthæ regno suo gloriæ fore; tamen postquam hominem adulescentem, exactâ suâ ætate, parvis liberis, magis magisque crescere intellegit, vehementer negotio permotus, multa cum animo suo volvebat. Terrebat eum natura mortalium, avida imperi et præceps ad explendam animi cupidinem: præthereà opportunitas suæque liberorumque ætatis, quæ etiam mediocris viros spe prædæ transvorsos agit: ad hoc studia Numidarum in Jugurtham accensa; ex quibus, si talem virum dolis interfecisset, ne qua seditio aut bellum oriretur anxius erat.

His difficultatibus circumventus, ubi videt neque per vim neque insidiis opprimi posse hominem tam acceptum popularibus, quòd erat Jugurtha manu promptus et adpetens gloriæ militaris, statuit eum objectare periculis, et eo modo fortunam tentare. Igitur, bello Numantino, Micipsa cùm populo Romano equitum atque peditum auxilia mitteret, sperans vel ostentando virtutem, vel hostium sævitiâ facilè eum occasurum, præfecit Numidis quos in Hispaniam mittebat. Sed ea res longè aliter ac ratus erat evenit. Nam Jugurtha, ut erat impigro atque acri ingenio, ubi naturam P. Scipionis, qui tum Romanis imperator erat, et morem hostium cognovit, multo labore multâque curâ, præthereà modestissumè parendo et sæpe obviàm eundo periculis, in tantam claritudinem brevi pervenerat, ut nostris vehementer carus, Numantinis maxumo terrori esset. Ac sanè quod difficillumum in primis est, et prœlio strenuus erat, et bonus consilio; quorum alterum ex providentiâ timorem, alterum ex audaciâ temeritatem, adferre plerùmque solet. Igitur imperator omnis ferè res asperas per Jugurtham agere, in amicis habere, magis magisque in dies amplecti: quippe cujus neque consilium neque inceptum ullum frustrà erat. Huc accedebat munificentia animi et ingeni sollertia, quîs rebus sibi multos ex Romanis familiari amicitiâ conjunxerat.

Eâ tempestate in exercitu nostro fuêre complures novi atque nobiles, quibus divitiæ bono honestoque potiores erant, factiosi domi, potentes apud socios, clari magis quàm honesti; qui Jugurthæ non mediocrem animum pollicitando accendebant, *si Micipsa rex occidisset, fore utì solus imperio Numidiæ potiretur; in ipso maxumam virtutem, Romæ omnia vænalia esse.* Sed postquam Numantiâ deletâ P. Scipio dimittere auxilia et ipse revorti domum decrevit, donatum atque laudatum magnificè pro concione Jugurtham in prætorium abduxit: ibique secretò monuit, "uti potiùs publicè quàm privatim amicitiam populi Romani coleret; neu quibus largiri insuesceret; periculosè a paucis emi quod multorum esset; si permanere vellet in suis artibus, ultrò illi et gloriam et regnum venturum; sin properantiùs pergeret, suâmet ipsum pecuniâ præcipitem casurum."

Sic locutus, cum litteris quas Micipsæ redderet dimisit. Earum sententia hæc erat: "Jugurthæ tui bello Numantino longè maxuma virtus fuit; quam rem tibi certò scio gaudio esse. Nobis ob merita sua carus est; ut idem senatui populoque Romano sit summâ ope nitemur. Tibi quidem pro nostrâ amicitiâ gratulor: en habes virum dignum te atque avo suo Masinissâ." Igitur rex, ubi ea quæ famâ acceperat ex litteris imperatoris ita esse cognovit, cùm virtute tum gratiâ viri permotus, flexit animum suum, et Jugurtham beneficiis vincere adgressus est; statimque eum adoptavit, et testamento pariter cum filiis hæredem instituit. . . .

Micipsa paucis diebus moritur. Postquam illi, more regio, justa magnificè fecerant, reguli in unum convenerunt, ut inter se de cunctis negotiis disceptarent. Sed Hiempsal, qui minumus ex illis erat, naturâ ferox, etiam anteà ignobilitatem Jugurthæ (quia materno genere impar erat) despiciens, dextrâ Adherbalem adsedit, ne medius ex tribus, quod apud Numidas honori ducitur, Jugurtha foret: dein tamen, ut ætati concederet, fatigatus a fratre, vix in partem alteram transductus est. Ibi cùm multa de administrando imperio dissererent, Jugurtha inter alias res jacit, *oportere quinquenni consulta omnia et decreta rescindi; nam per ea tempora confectum annis Micipsam parùm animo valuisse.* Tum *idem* Hiempsal *placere sibi* respondit; *nam ipsum illum tribus proxumis annis adoptatione in regnum pervenisse.* Quod verbum in pectus Jugurthæ altiùs quàm quisquam ratus erat descendit. Itaque ex eo tempore, irâ et metu anxius, moliri, parare, atque ea modò cum animo habere, quibus Hiempsal per dolum caperetur. Quæ ubi tardiùs procedunt, neque lenitur animus ferox, statuit quovis modo inceptum perficere.

Primo conventu, quem ab regulis factum suprà memoravi, propter dissensionem, placuerat dividi thesauros, finisque imperi singulis constitui. Itaque tempus ad utramque rem decernitur, sed maturiùs ad pecuniam distribuendam. Reguli intereà in loca propinqua thesauris alius alio concessêre. Sed Hiempsal in oppido Thirmidâ fortè ejus domo utebatur, qui proxumus lictor Jugurthæ carus acceptusque ei semper fuerat. Quem ille casu ministrum oblatum promissis onerat, impellitque utì tamquam sua visens domum eat, portarum clavis adulterinas paret; nam veræ ad Hiempsalem referebantur: ceterùm, ubi res postularet, se ipsum cum magnâ manu venturum. Numida mandata brevi conficit; atque, utì doctus erat, noctu Jugurthæ milites introducit. Qui, postquam in ædis irrupêre, divorsi regem quærere; dormientis alios, alios occursantis interficere; scrutari loca abdita; clausa effringere; strepitu et tumultu omnia miscere: cùm Hiempsal interim reperitur, occultans se in tugurio mulieris ancillæ, quò initio pavidus et ignarus loci perfugerat. Numidæ caput ejus, ut jussi erant, ad Jugurtham referunt.

2. *How Jugurtha became King of Numidia.*

[Chapters 20–27.]

Postquam, regno diviso, legati Africâ decessêre, et Jugurtha, contra timorem animi, præmia sceleris adeptum sese videt; certum esse ratus, quod ex amicis apud Numantiam acceperat, omnia Romæ venalia esse; simul et illorum pollicitationibus accensus, quos paullo antè muneribus expleverat, in regnum Adherbalis animum intendit. Ipse acer, bellicosus; at is quem petebat quietus, imbellis, placido ingenio, opportunus injuriæ, metuens magis quàm metuendus. Igitur ex improviso finis ejus cum magnâ manu invasit; multos mortalis cum pecore atque aliâ prædâ capit, ædificia incendit, pleraque loca hostiliter cum equitatu accedit. Deinde cum omni multitudine in regnum suum convortit, existumans Adherbalem dolore permotum injurias suas manu vindicaturum, eamque rem belli caussam fore. At ille, quòd neque se parem armis existumabat, et amicitiâ populi Romani magis quàm Numidis fretus erat, legatos ad Jugurtham de injuriis questum misit: qui tametsi contumeliosa dicta retulerunt, priùs tamen omnia pati decrevit quàm bellum sumere; quia tentatum anteà secùs cesserat. Neque tamen eo magis cupido Jugurthæ minuebatur; quippe qui totum ejus regnum animo jam invaserat. Itaque non, utì anteà, cum prædatoriâ manu, sed magno exercitu comparato, bellum gerere cœpit, et apertè totius Numidiæ imperium petere. Ceterùm, quâ pergebat, urbis, agros vastare, prædas agere; suìs animum, terrorem hostibus augere.

Adherbal ubi intellegit eò processum, utì regnum aut relinquendum esset, aut armis retinendum, necessariò copias parat, et Jugurthæ obvius procedit. Interim haud longè a mari, prope Cirtam oppidum, utriusque exercitus consedit; et quia diei extremum erat, prœlium non inceptum. Sed ubi plerumque noctis processit, obscuro etiam tum lumine, milites Jugurthini, signo dato, castra hostium invadunt; semisomnos partim, alios arma sumentes, fugant funduntque. Adherbal cum paucis equitibus Cirtam profugit; et, ni multitudo togatorum fuisset, quæ Numidas insequentes mœnibus prohibuit, uno die inter duos reges cœptum atque patratum bellum foret. Igitur Jugurtha oppidum circumsedit; vineis turribusque, et machinis omnium generum, expugnare adgreditur; maxumè festinans tempus legatorum antecapere, quos, ante prœlium factum ab Adherbale, Romam missos audiverat.

Sed postquam senatus de bello eorum accepit, legantur in Africam majores natu, nobilès, amplis honoribus usi: in quîs M. Scaurus, consularis, et tum senati princeps. Ei, quòd res in invidiâ erat, simul et ab Numidis obsecrati, triduo navim ascendêre: dein brevi Uticam adpulsi litteras ad Jugurtham mittunt, *quàm ocissumè ad provinciam accedat; seque ad eum ab senatu missos.* Ille ubi accepit homines claros, quorum auctoritatem Romæ pollere audiverat, contra inceptum suum venisse; primò commotus metu atque lubidine divorsus agitabatur. Timebat iram senatûs ni paruisset legatis: porrò animus cupidine cæcus ad inceptum scelus rapiebatur. Vicit tamen in avido ingenio pravum consilium. Igitur, exercitu circumdato, summâ vi Cirtam irrumpere nititur, maxumè sperans, diductâ manu hostium, aut vi aut dolis sese casum victoriæ inventurum. Quod ubi secùs procedit, neque (quod intenderat) efficere potest, ut priùs quàm legatos conveniret Adherbalis potiretur; ne, ampliùs morando, Scaurum, quem plurimùm metuebat, incenderet, cum paucis equitibus in provinciam venit. Ac tametsi senati verbis minæ graves nuntiabantur, quòd oppugnatione non desisteret; multâ tamen oratione consumptâ, legati frustrà discessêre.

Ea postquam Cirtæ audita sunt, Italici, quorum virtute mœnia defensabantur, confisi, deditione factâ, propter magnitudinem populi Romani inviolatos sese fore, Adherbali suadent, utì seque et oppidum Jugurthæ tradat: tantùm ab eo vitam paciscatur, de ceteris senatui curæ fore. At ille, tametsi omnia potiora fide Jugurthæ rebatur; tamen quia penes eosdem, si advorsaretur, cogendi potestas erat, ita ut censuerant Italici, deditionem facit. Jugurtha in primis Adherbalem excruciatum necat; dein omnis puberes Numidas atque negotiatores promiscuè, utì quisque armatis obvius fuerat, interfecit.

Quod postquam Romæ cognitum est, et res in senatu agitari cœpta, eidem illi ministri regis interpellando, ac sæpe gratiâ, interdum jurgiis, trahendo tempus, atrocitatem facti leniebant. Ac ni C. Memmius, tribunus plebis designatus, vir acer et infestus potentiæ nobilitatis, populum Romanum edocuisset, *id agi, ut per paucos factiosos Jugurthæ scelus condonaretur*, profectò omnis invidia prolatandis consultationibus dilapsa foret. Tanta vis gratiæ atque pecuniæ regis erat! Sed ubi senatus, delicti conscientiâ, populum timet, lege Semproniâ provinciæ futuris consulibus, Numidia atque Italia, decretæ: consules declarati P. Scipio Nasica, L. Bestia Calpurnius: Calpurnio Numidia, Scipioni Italia obvenit. Deinde exercitus, qui in Africam portaretur, scribitur: stipendium, aliaque, quæ bello usui forent decernuntur.

3. *Jugurtha in Rome.*

[Chapters 32–35.]

Dum hæc Romæ geruntur, qui in Numidiâ relicti a Bestiâ exercitui præerant, pluruma et flagitiosissuma facinora fecêre. Fuêre qui, auro corrupti, elephantos Jugurthæ traderent; alii perfugas vendere; pars ex pacatis prædas agebant. Tanta vis avaritiæ in animos eorum, velutì tabes, invaserat! At Cassius prætor, perlatâ rogatione a C. Memmio, ac perculsâ omni nobilitate, ad Jugurtham proficiscitur; eique timido et ex conscientiâ diffidenti rebus suis persuadet: "quoniam se populo Romano dedisset, ne vim, quàm misericordiam, experiri mallet." Privatim prætereà fidem suam interponit, quam ille non minoris quàm publicam ducebat. Talis eâ tempestate fama de Cassio erat. Igitur Jugurtha, contra decus regium, cultu quàm maxumè miserabili, cum Cassio Romam venit.

Eâ erat tempestate Romæ Numida quidam, nomine Massiva, Gulussæ filius, Masinissæ nepos: qui, quia in dissensione regum Jugurthæ advorsus fuerat, deditâ Cirtâ et Adherbale interfecto, profugus ex Africâ abierat. Huic Sp. Albinus, qui proxumo anno post Bestiam cum Q. Minucio Rufo consulatum gerebat, persuadet, quoniam ex stirpe Masinissæ sit, Jugurthamque ob scelera invidia cum metu urgueat, regnum Numidiæ àb senatu petat. Avidus consul belli gerundi, moveri quàm senescere omnia malebat. Ipsi provincia Numidia, Minucio Macedonia evenerat. Quæ postquam Massiva agitare cœpit, neque Jugurthæ in amicis satis præsidii est, quòd eorum alium conscientia, alium mala fama et timor impediebat; Bomilcari, proxumo ac maxumè fido sibi, imperat, "pretio, sicutì multa confecerat, insidiatores Massivæ paret, ac maxumè occultè—sin id parum procedat quovis modo, Numidam interficiat." Bomilcar maturè regis mandata exsequitur: et per homines talis negotii artifices itinera egressusque ejus, prostremò loca atque tempora cuncta, explorat: deinde, ubi res postulabat, insidias tendit. Igitur unus ex eo numero, qui ad cædam parati erant, paullo inconsultiùs Massivam adgreditur: illum obtruncat; sed ipse deprehensus, multis hortantibus et in primis Albino consule, indicium profitetur. Fit reus magis ex æquo bonoque quàm ex jure gentium Bomilcar, comes ejus qui Romam fide publicâ venerat. At Jugurtha, manufestus tanti sceleris, non priùs omisit contra verum niti, quàm animum advortit, supra gratiam atque pecuniam suam, invidiam facti esse. Igitur, quamquam in priore actione ex amicis quinquaginta vades dederat, regno magis quàm vadibus consulens, clam in Numidiam Bomilcarem dimittit; veritus, ne reliquos popularis metus invaderet parendi sibi, si de illo supplicium sumptum foret. Et ipse paucis diebus eòdem profectus est, jussus a senatu Italiâ decedere. Sed postquam Româ egressus est, fertur, sæpe eò tacitus respiciens, postremò dixisse: *O urbem venalem, et maturè perituram, si emptorem invenerit!*

4. *Political Parties in Rome.*

[Chapters 41, 42.]

Ceterùm mos partium popularium et senatûs factionum, ac deinde omnium malarum artium, paucis antè annis Romæ ortus est, otio et abundantiâ earum rerum, quæ prima mortales ducunt. Nam ante Karthaginem deletam populus et senatus Romanus placidè modestèque inter se rempublicam tractabant; neque gloriæ, neque dominationis certamen inter civis erat: metus hostilis in bonis artibus civitatem retinebat. Sed ubi illa formido mentibus decessit, scilicet ea, quæ secundæ res amant, lascivia atque superbia incessêre. Ita, quod in advorsis rebus optaverant otium, postquam adepti sunt, asperius acerbiusque fuit. Namque cœpêre nobilitas dignitatem, populus libertatem in lubidinem vortere: sibi quisque ducere, trahere, rapere. Ita omnia in duas partis abstracta sunt: respublica, quæ media fuerat, dilacerata. Ceterùm nobilitas factione magis pollebat; plebei vis soluta, atque dispersa in multitudine, minùs poterat; paucorum arbitrio belli domique agitabatur; penes eosdem ærarium, provinciæ, magistratus, gloriæ triumphique erant; populus militiâ atque inopiâ urguebatur; prædas bellicas imperatores cum paucis diripiebant; intereà parentes, aut parvi liberi militum, ut quisque potentiori confinis erat, sedibus pellebantur. Ita cum potentiâ avaritia sine modo modestiâque invadere, polluere et vastare omnia; nihil pensi neque sancti habere, quoad semet ipsa præcipitavit. Nam ubi primùm ex nobilitate reperti sunt, qui veram gloriam injustæ potentiæ anteponerent; moveri civitas, et dissensio civilis, quasi permixtio terræ, oriri cœpit.

Nam postquam Tiberius et C. Gracchus, quorum majores Punico atque aliis bellis multum reipublicæ addiderant, vindicare plebem in libertatem et paucorum scelera patefacere cœpêre; nobilitas noxia, atque eo perculsa, modò per socios ac nomen Latinum, interdum per equites Romanos, quos spes societatis a plebe dimoverat, Gracchorum actionibus obviàm ierat; et primò Tiberium, dein paucos post annos eadem ingredientem Caium, tribunum alterum, alterum triumvirum coloniis deducendis, cum M. Fulvio Flacco ferro necaverat. Et sanè Gracchis, cupidine victoriæ, haud satis moderatus animus fuit. Sed bono vinci satius est, quàm malo more injuriam vincere. Igitur eâ victoriâ nobilitas ex lubidine suâ usa, multos mortalis ferro aut fugâ extinxit; plusque in reliquum sibi timoris quàm potentiæ addidit. Quæ res plerùmque magnas civitates pessum dedit; dum alteri alteros vincere quovis modo, et victos acerbiùs ulcisci volunt. Sed de studiis partium, et omnis civitatis moribus, si singulatim aut pro magnitudine parem disserere, tempus quàm res maturiùs deserat. Quamobrem ad inceptum redeo.

5. *The Campaign of Metellus.*

[Chapters 46–54.]

Intereà Jugurtha diffidere suis rebus, ac tum demum veram deditionem facere conatus est. Igitur legatos ad consulem cum suppliciis mittit, qui tantummodò ipsi liberisque vitam peterent, alia omnia dederent populo Romano. Sed Metello jam anteà experimentis cognitum erat genus Numidarum infidum, ingenio mobili, novarum rerum avidum esse. Itaque legatos alium ab alio divorsos adgreditur; ac paullatim tentando, postquam opportunos sibi cognovit, multa pollicendo persuadet, "utì Jugurtham maxumè vivum, sin id parùm procederet, necatum sibi traderent:" ceterùm palàm, quæ ex voluntate forent, regi nuntiari jubet. Deinde ipse paucis diebus, intento atque infesto exercitu, in Numidiam procedit: ubi, contra belli faciem, tuguria plena hominum, pecora cultoresque in agris erant: ex oppidis et mapalibus præfecti regis obvii procedebant, parati frumentum dare, commeatum portare, postremò omnia quæ imperarentur facere. Neque Metellus idcirco minùs, sed pariter ac si hostes adessent, munito agmine incedere, latè explorare omnia, illa deditionis signa ostentui credere, et insidiis locum tentari. Itaque ipse cum expeditis cohortibus, item funditorum et sagittariorum delectâ manu, apud primos erat: in postremo C. Marius legatus cum equitibus curabat: in utrumque latus auxiliarios equites tribunis legionum et præfectis cohortium dispertiverat, ut cum eis permixti velites, quòcumque accederent equitatus hostium, propulsarent. Nam in Jugurthâ tantus dolus, tantaque peritia locorum et militiæ erat, ut, absens an præsens, pacem an bellum gerens, perniciosior esset, in incerto haberetur.

Erat haud longè ab eo itinere quo Metellus pergebat, oppidum Numidarum, nomine Vacca, forum rerum venalium totius regni maxumè celebratum; ubi et incolere et mercari consueverant Italici generis multi mortales. Huc consul, simul tentandi gratiâ si paterentur, et ob opportunitates loci, præsidium imposuit; præthereà imperavit frumentum, et alia quæ bello usui forent comportare: ratus, id quod res monebat, frequentiam negotiatorum et commeatuum juvaturam exercitum, et jam paratis rebus munimento fore. Inter hæc negotia, Jugurtha impensiùs modò legatos supplices mittere, pacem orare; præter suam liberorumque vitam, omnia Metello dedere. Quos item, utì priores, consul illectos ad proditionem domum dimittebat: regi pacem, quam postulabat, neque abnuere, neque polliceri, et inter eas moras promissa legatorum exspectare.

Jugurtha ubi Metelli dicta cum factis composuit,

ac se suis artibus tentari animadvortit, — quippe cui verbis pax nuntiabatur, ceterùm re bellum asperrumum erat, urbs maxuma alienata, ager hostibus cognitus, animi popularium tentati, — coactus rerum necessitudine, statuit armis certare. Igitur explorato hostium itinere, in spem victoriæ adductus ex opportunitate loci, quàm maxumas copias potest omnium generum parat, ac per tramites occultos exercitum Metelli antevenit. Erat in eâ parte Numidiæ, quam Adherbal in divisione possederat, flumen oriens a meridie, nomine Muthul; a quo aberat mons fermè milia passuum xx tractu pari, vastus ab naturâ et humano cultu: sed ex eo medio quasi collis oriebatur, in immensum pertingens, vestitus oleastro ac myrtetis, aliisque generibus arborum, quæ humi arido atque arenoso gignuntur. Media autem planities deserta penuriâ aquæ, præter flumini propinqua loca: ea consita arbustis pecore atque cultoribus frequentabantur.

Igitur in eo colle, quem transvorso itinere porrectum docuimus, Jugurtha extenuatâ suorum acie consedit, elephantis et parti copiarum pedestrium Bomilcarem præfecit, eumque edocet quæ ageret; ipse propior montem cum omni equitatu et peditibus dilectis suos collocat: dein singulas turmas et manipulos circumiens monet atque obtestatur, "utì memores pristinæ virtutis et victoriæ sese regnumque suum ab Romanorum avaritiâ defendant: cum eis certamen fore, quos anteà victos sub jugum miserint: ducem illis, non animum mutatum: quæ ab imperatore decuerint, omnia suis provisa; locum superiorem, ut prudentes cum imperitis, ne pauciores cum pluribus, aut rudes cum bello melioribus manum consererent: proinde parati intentique essent, signo dato, Romanos invadere: illum diem aut omnis labores et victorias confirmaturum, aut maxumarum ærumnarum initium fore." Ad hoc viritim, utì quemque ob militare facinus pecuniâ aut honore extulerat, commonefacere beneficii sui, et eum ipsum aliis ostentare: postremò, pro cujusque ingenio, pollicendo, minitando, obtestando, alium alio modo excitare: cùm interim Metellus, ignarus hostium, monte degrediens cum exercitu conspicatur, primò dubius quidnam insolita facies ostenderet (nam inter virgulta equi Numidæque consederant, neque planè occultati humilitate arborum, et tamen incerti quidnam esset, cùm naturâ loci, tum dolo ipsi atque signa militaria obscurati), dein, brevi cognitis insidiis, paullisper agmen constituit. Ibi commutatis ordinibus, in dextro latere, quod proxumum hostis erat, triplicibus subsidiis aciem instruxit; inter manipulos funditores et sagittarios dispertit; equitatum omnem in cornibus locat; ac pauca pro tempore milites hortatus, aciem, sicutì instruxerat, transvorsis principiis, in planum deducit.

Sed ubi Numidas quietos, neque colle degredi animadvortit, veritus ex anni tempore et inopiâ aquæ, ne siti conficeretur exercitus, P. Rutilium legatum cum expeditis cohortibus et parte equitum præmisit ad flumen, utì locum castris antecaperet: existumans hostis crebro impetu et transvorsis prœliis iter suum remoraturos, et quoniam armis diffiderent, lassitudinem et sitim militum tentaturos. Deinde ipse pro re atque loco, sicutì monte descenderat, paullatim procedere; Marium post principia habere; ipse cum sinistræ alæ equitibus esse, qui in agmine principes facti erant.

At Jugurtha, ubi extremum agmen Metelli primos suos prætergressum videt, præsidio quasi duûm milium peditum montem occupat, quâ Metellus descenderat, ne forte cedentibus advorsariis receptui ac post munimento foret: dein, repentè signo dato, hostis invadit. Numidæ alii postremos cædere; pars a sinistrâ ac dextrâ tentare; infensi adesse atque instare; omnibus locis Romanorum ordines conturbare: quorum etiam qui firmioribus animis obvii hostibus fuerant, ludificati incerto prœlio, ipsi modò eminus sauciabantur; neque contrà feriundi, aut conserendi manum, copia erat. Anteà jam docti ab Jugurthâ equites, ubi Romanorum turma insequi cœperat, non confertim, neque in unum sese recipiebant, sed alius aliò quàm maxumè divorsi. Ita numero priores, si ab persequendo hostis deterrere nequiverant, disjectos ab tergo aut lateribus circumveniebant: sin opportunior fugæ collis quàm campi fuerant, eâ verò consueti Numidarum equi facilè inter virgulta evadere: nostros asperitas et insolentia loci retinebat.

Ceterùm facies totius negotî varia, incerta, fœda atque miserabilis: dispersi a suis pars cedere, alii insequi; neque signa, neque ordines observare; ubi quemque periculum ceperat, ibi resistere ac propulsare; arma, tela, equi, viri, hostes atque cives permixti; nihil consilio neque imperio agi; fors omnia regere. Itaque multum die processerat, cùm etiam tum eventus in incerto erat. Denique omnibus labore et æstu languidis, Metellus, ubi videt Numidas minùs instare, paullatim milites in unum conducit, ordines restituit, et cohortes legionarias quattuor advorsùm pedites hostium collocat. Eorum magna pars superioribus locis fessa consederat. Simul orare et hortari milites, "ne deficerent, neu paterentur hostis fugientes vincere: neque illis castra esse, neque munimentum ullum, quò cedentes tenderent; in armis omnia sita." Sed ne Jugurtha quidem intereà quietus erat: circumire, hortari, renovare prœlium, et ipse cum dilectis tentare omnia; subvenire suis, hostibus dubiis instare; quos firmos cognoverat, eminus pugnando retinere.

Eo modo inter se duo imperatores summi viri certabant: ipsi pares, ceterùm opibus disparibus. Nam Metello virtus militum erat, locus advorsus: Jugurthæ alia omnia præter milites opportuna. Denique Romani, ubi intellegunt neque sibi perfugium esse, neque ab hoste copiam pugnandi fieri, et jam die vesper erat, advorso colle, sicutì præceptum fuerat, evadunt. Amisso loco, Numidæ fusi fugatique; pauci interiêre; plerosque velocitas, et regio hostibus ignara, tutata sunt. Intereà Bomilcar, quem elephantis et parti copiarum pedestrium præfectum ab Jugurthâ suprà diximus, ubi eum Rutilius prætergressus est, paullatim suos in æquum locum deducit: ac, dum legatus ad flumen quò præmissus erat festinans pergit, quietus, utì res postulabat, aciem exornat: neque remittit, quid ubique hostis ageret explorare. Postquam Rutilium consedisse jam, et animo vacuum accepit, simulque ex Jugurthæ prœlio clamorem augeri; veritus ne legatus, cognitâ re, laborantibus suis auxilio foret, aciem, quam diffidens virtuti militum arctè statuerat, quo hostium itineri obficeret, latiùs porrigit: eoque modo ad Rutilii castra procedit.

Romani ex improviso pulveris vim magnam animadvortunt; nam prospectum ager, arbustis consitus, prohibebat. Et primò rati humum aridam vento agitari; pòst ŭbi æquabilem manere, et, sicutì acies movebatur, magis magisque adpropinquare vident, cognitâ re, properantes arma capiunt, ac pro castris sicutì imperabatur consistunt. Deinde, ubi propiùs ventum est, utrimque magno clamore concurritur. Numidæ tantummodò remorati, dum in elephantis auxilium putant, postquam eos impeditos ramis arborum, atque ita disjectos circumveniri vident, fugam faciunt: ac plerique, abjectis armis, collis aut noctis quæ jam aderat auxilio, integri abeunt. Elephanti quattuor capti; reliqui omnes, numero quadraginta, interfecti.

At Romani, quamquam itinere atque opere castrorum et prœlio fessi lætique [victoriâ] erant; tamen, quòd Metellus ampliùs opinione morabatur, instructi intentique obviàm procedunt: nam dolus Numidarum nihil languidi neque remissi patiebatur. Ac primò, obscurâ nocte, postquam haud procul inter se erant, strepitu, velut hostes adventarent, alteri apud alteros formidinem simul et tumultum facere: et pæne imprudentiâ admissum facinus miserabile, ni utrimque præmissi equites rem exploravissent. Igitur pro metu repentè gaudium exortum; milites alius alium læti adpellant; acta edocent atque audiunt; sua quisque fortia facta ad cælum fert. Quippe res humanæ ita sese habent: in victoriâ vel ignavis gloriari licet; advorsæ res etiam bonos detrectant.

Metellus, in eisdem castris quatriduo moratus, saucios cum curâ reficit, meritos in prœliis more militiæ donat, universos in concione laudat, atque agit gratias: hortatur, "ad cetera, quæ levia sint, parem animum gerant: pro victoriâ satis jam pugnatum, reliquos labores pro prædâ fore." Tamen interim transfugas et alios opportunos, Jugurtha ubi gentium, aut quid agitaret, cum paucisne esset, an exercitum haberet, ut sese victus gereret, exploratum misit. At ille sese in loca saltuosa et naturâ munita receperat: ibique cogebat exercitum numero hominum ampliorem, sed hebetem infirmumque, agri ac pecoris magis quàm belli cultorem. Id eâ gratiâ eveniebat, quòd præter regios equites nemo omnium Numida ex fugâ regem sequitur: quò cujusque animus fert, eò discedunt; neque id flagitium militiæ ducitur: ita se mores habent.

Igitur Metellus ubi videt regis etiam tum animum ferocem esse; bellum renovari, quod, nisi ex illius lubidine, geri non posset; præstereà iniquum certamen sibi cum hostibus; minore detrimento illos vinci quàm suos vincere: statuit non prœliis, neque acie, sed alio more bellum gerundum. Itaque in Numidiæ loca opulentissuma pergit; agros vastat; multa castella et oppida, temerè munita aut sine præsidio, capit inceditque; puberes interficit; alia omnia militum prædam esse. Eâ formidine multi mortales Romanis dediti obsides; frumentum et alia quæ usui forent adfatim præbita; ubicumque res postulabat, præsidium impositum. Quæ negotia multo magis quàm prœlium malè pugnatum ab suis regem terrebant: quippe cujus spes omnis in fugâ sita erat, sequi cogebatur; et qui sua loca defendere nequiverat, in alienis bellum gerere. Tamen ex copiâ quod optumum videbatur consilium capit: exercitum plerumque in eisdem locis opperiri jubet; ipse cum delectis equitibus Metellum sequitur, nocturnis et aviis itineribus ignoratus Romanos palantis repentè adgreditur. Eorum plerique inermes cadunt, multi capiuntur; nemo omnium intactus profugit. Et Numidæ, priùsquam ex castris subveniretur, sicuti jussi erant, in proxumos collis discedunt.

6. *Caius Marius.*

[Chapters 63, 64.]

Per idem tempus Uticæ fortè C. Mario per hostias deis supplicanti, "magna atque mirabilia portendi" haruspex dixerat: "proinde, quæ animo agitabat, fretus deis ageret; fortunam quàm sæpissumè experiretur; cuncta prospera eventura." At illum jam anteà consulatûs ingens cupido exagitabat, ad quem capiundum, præter vestustatem familiæ, alia omnia abundè erant: industria, probitas, militiæ magna scientia, animus belli ingens, domi modicus, lubidinis et divitiarum victor, tantummodò gloriæ avidus. Sed is natus et omnem pueritiam Arpini altus, ubi primùm ætas militiæ patiens fuit, stipendiis faciundis, non Græcâ facundiâ, neque urbanis munditiis sese exercuit: ita inter artis bonas integrum ingenium brevi adolevit. Ergò ubi primùm tribunatum militarem a populo petit, plerisque faciem ejus ignorantibus, factis notus, per omnis tribus declaratur. Deinde ab eo magistratu alium post alium sibi peperit; semperque in potestatibus eo modo agitabat, ut ampliore quàm gerebat dignus haberetur. Tamen is ad id locorum talis vir (nam posteà ambitione præceps datus est) consulatum adpetere non audebat. Etiam tum alios magistratus plebes, consulatum nobilitas inter se per manus tradebat. Novus nemo tam clarus, neque tam egregiis factis erat, quin is indignus illo honore et quasi pollutus haberetur.

Igitur ubi Marius haruspicis dicta eòdem intendere videt, quò cupido animi hortabatur, ab Metello petundi gratiâ missionem rogat: cui quamquam virtus, gloria, alia optanda bonis superabant, tamen inerat contemtor animus et superbia, commune nobilitatis malum. Itaque primò commotus insolitâ re, mirari primùm ejus consilium, et quasi per amicitiam monere, "ne tam prava inciperet, neu super fortunam animum gereret; non omnia omnibus cupiunda esse; debere illi res suas satis placere; postremò caveret id petere a populo Romano, quod illi jure negaretur." Postquam hæc atque alia talia dixit, neque animus Marii flectitur, respondit, "ubi primùm potuisset per negotia publica, facturum sese quæ peteret." Ac posteà sæpiùs eadem postulanti fertur dixisse, "ne festinaret abire; satis maturè illum cum filio suo consulatum petiturum." Is eo tempore contubernio patris ibidem militabat, annos natus circiter xx. Quæ res Marium cùm pro honore, quem adfectabat, tum contra Metellum vehementer accenderat. Ita cupidine atque irâ, pessumis consultoribus, grassari, neque facto ullo neque dicto abstinere, quod modò ambitiosum foret; milites quibus in hibernis præerat, laxiore imperio quàm anteà habere; apud negotiatores, quorum magna multitudo Uticæ erat, criminosè simul et magnificè de bello loqui: "dimidia pars exercitûs si sibi permitteretur, paucis diebus Jugurtham in catenis habiturum; ab imperatore consultò trahi, quòd homo inanis et regiæ superbiæ imperio nimis gauderet."

Quæ omnia illis eo firmiora videbantur, quòd diuturnitate belli res familiaris corruperant, et animo cupienti nihil satis festinatur.

7. *The Despair of Jugurtha.*

[Chapters 70–76.]

Per idem tempus Bomilcar, cujus impulsu Jugurtha deditionem, quam metu deseruit, inceperat, suspectus regi, et ipse eum suspiciens, novas res cupere: ad perniciem ejus dolum quærere; die noctuque fatigare animum. Denique omnia tentando, socium sibi adjungit Nabdalsam, hominem nobilem, magnis opibus, carum acceptumque popularibus suis; qui plerùmque seorsùm ab rege exercitum ductare, et omnis res exsequi solitus erat, quæ Jugurthæ fesso, aut majoribus adstricto, superaverant; ex quo illi gloria opesque inventæ. Igitur utriusque consilio dies insidiis statuitur: cetera, uti res posceret, ex tempore parari placuit. Nabdalsa ad exercitum profectus, quem inter hiberna Romanorum jussus habebat, ne ager inultis hostibus vastaretur. Is postquam, magnitudine facinoris perculsus, ad tempus non venit, metusque rem impediebat; Bomilcar, simul cupidus incepta patrandi, et timore socii ânxius, ne omisso vetere consilio novum quæreret, litteras ad eum per homines fidelis mittit, in quîs mollitiem socordiamque viri accusare, testari deos per quos juravisset: "ne præmia Metelli in pestem converteret; Jugurthæ exitium adesse; ceterùm suâne an virtute Metelli periret, id modò agitari; proinde reputaret cum animo suo, præmia, an cruciatum mallet."

Sed cùm eæ litteræ adlatæ, fortè Nabdalsa, exercito corpore fessus, in lecto quiescebat: ubi, cognitis Bomilcaris verbis, primò cura, deinde utì ægrum animum solet somnus cepit. Erat ei Numida quidam negotiorum curator, fidus acceptusque, et omnium consiliorum nisi novissumi particeps. Qui postquam adlatas litteras audivit, ex consuetudine ratus operâ aut ingenio suo opus esse, in tabernaculum introiit; dormiente illo epistulam, super caput in pulvino temerè positam, sumit ac perlegit: dein properè, cognitis insidiis, ad regem pergit. Nabdalsa, pòst paullo experrectus, ubi neque epistulam reperit, et rem omnem utì acta erat cognovit, primò indicem persequi conatus: postquam id frustrà fuit, Jugurtham placandi gratiâ accedit: dicit quæ ipse paravisset facere, perfidiâ clientis sui præventa; lacrumans obtestatur per amicitiam, perque sua anteà fideliter acta, ne super tali scelere suspectum sese haberet.

Ad ea rex, aliter atque animo gerebat, placidè respondit. Bomilcare aliisque multis, quos socios insidiarum cognoverat, interfectis, iram oppresserat ne qua ex eo negotio seditio oriretur. Neque post id locorum Jugurthæ dies, aut nox ulla quieta fuit: neque loco, neque mortali cuiquam, aut tempori satis credere; civis, hostisque juxtà metuere; circumspectare omnia, et omni strepitu pavescere; alio atque alio loco, sæpe contra decus regium, noctu requiescere; interdum somno experrectus, arreptis armis, tumultum facere. Ita formidine, quasi vecordiâ, exagitari. . . .

Amissis amicis, quorum plerosque ipse necaverat, ceteri formidine, pars ad Romanos, alii ad regem

Bocchum profugerant, cùm neque bellum geri sine administris posset, et novorum fidem in tantâ perfidiâ veterum experiri periculosum duceret, varius incertusque agitabat: neque illi res, neque consilium, aut quisquam hominum satis placebat; itinera præfectosque in dies mutare; modò advorsum hostes, interdum in solitudines pergere; sæpe in fugâ, ac pòst paullo in armis spem habere; dubitare, virtuti an fide popularium minùs crederet: ita, quòcumque intenderat, res advorsæ erant. Sed inter eas moras repentè sese Metellus cum exercitu ostendit. Numidæ ab Jugurthâ pro tempore parati instructique: dein prœlium incipitur. Quâ in parte rex adfuit, ibi aliquamdiu certatum; ceteri ejus omnes milites primo concursu pulsi fugatique. Romani signorum et armorum aliquanto numero, hostium paucorum potiti. Nam fermè Numidas in omnibus prœliis pedes magis, quàm arma tutata sunt.

Ea fugâ Jugurtha impensiùs modò rebus suis diffidens, cum perfugis et parte equitatûs in solitudines, dein Thalam pervenit, in oppidum magnum atque opulentum, ubi plerique thesauri filiorumque ejus multus pueritiæ cultus erat. Quæ postquam Metello comperta sunt, quamquam inter Thalam flumenque proxumum, in spatio milium quinquaginta, loca arida atque vasta esse cognoverat; tamen spe patrandi belli, si ejus oppidi potitus foret, omnis asperitates supervadere, ac naturam etiam vincere adgreditur. Igitur omnia jumenta sarcinis levari jubet, nisi frumento dierum decem; ceterùm utres modò, et alia aquæ idonea portari. Prætereà conquirit ex agris quàm plurumum potest domiti pecoris: eò imponit vasa cujusque modi, sed pleraque lignea, collecta ex tuguriis Numidarum. Ad hoc finitumis imperat, qui se post regis fugam Metello dederant, quàm plurumum quisque aquæ portarent; diem locumque ubi præstò forent prædicit. Ipse ex flumine, quam proxumam oppido aquam suprà diximus, jumenta onerat. Eo modo instructus ad Thalam proficiscitur. Deinde ubi ad id loci ventum, quò Numidis præceperat, et castra posita munitaque sunt; tanta repentè cælo missa vis aquæ dicitur, ut ea modò exercitui satis superque foret. Prætereà commeatus spe amplior: quia Numidæ, sicutì plerique in novâ deditione, officia intenderant. Ceterùm milites religione pluviâ magis usi; eaque res multum animis eorum addidit, nam rati sese deis immortalibus curæ esse. Deinde postero die, contra opinionem Jugurthæ, ad Thalam perveniunt. Oppidani, qui se locorum asperitate munitos crediderant, magnâ atque insolitâ re perculsi, nihilo segniùs bellum parare: idem nostri facere.

Sed rex, nihil jam infectum Metello credens, — quippe qui omnia, arma, tela, locos, tempora, denique naturam ipsam, ceteris imperitantem, industriâ vicerat, — cum liberis et magnâ parte pecuniæ ex oppido noctu profugit: neque posteà ìn ullo loco ampliùs uno die aut unâ nocte moratus, simulabat sese negotî gratiâ properare: ceterùm proditionem timebat, quam vitare posse celeritate putabat; nam talia consilia per otium, et ex opportunitate capi. At Metellus, ubi oppidanos prœlio intentos, simul oppidum et operibus et loco munitum videt, vallo fossâque mœnia circumvenit. Deinde locis ex copiâ maxumè idoneis vineas agere, aggerem jacere, et super aggerem impositis turribus, opus et administros tutari. Contra hæc oppidani festinare, parare: prorsus ab utrisque nihil reliquum fieri. Denique Romani, multo antè labore prœliisque fatigati, post dies quadraginta quàm eò ventum erat, oppido modò potiti: præda omnis ab perfugis corrupta. Ei, postquam murum arietibus feriri, resque suas adflictas vident, aurum atque argentum, et alia quæ prima ducuntur, domum regiam comportant: ibi vino et epulis onerati, illaque et domum et semet igni corrumpunt; et quas victi ab hostibus pœnas metuerant, eas ipsi volentes pependêre.

8. *Marius before the People.*

[Chapters 84–86.]

At Marius, ut suprà diximus, cupientissumâ plebe consul factus, postquam ei provinciam Numidiam populus jussit, anteà jam infestus nobilitati, tum verò multus atque ferox instare; singulos modò, modò universos lædere; dictitare, "sese consulatum ex victis illis spolia cepisse;" alia præterea magnifica pro se, et illis dolentia. Interim, quæ bello opus erant, prima habere; postulare legionibus supplementum; auxilia a populis et regibus sociisque arcessere; præterea ex Latio fortissumum quemque plerosque militiæ, paucos famâ cognitos accire, et ambiundo cogere homines emeritis stipendiis secum proficisci. Neque illi senatus, quamquam advorsus erat, de ullo negotio abnuere audebat; ceterùm supplementum etiam lætus decreverat: quia neque plebi militia volenti putabatur, et Marius aut belli usum, aut studia volgi amissurus. Sed ea res frustrà sperata: tanta lubido cum Mario eundi plerosque invaserat! Sese quisque prædâ locupletem fore, victorem domum rediturum, alia hujuscemodi animis trahebant. Et eos non paullum oratione suâ Marius arrexerat: nam postquam, omnibus quæ postulaverat decretis, milites scribere volt, hortandi caussâ simul, et nobilitatem (utì consueverat) exagitandi, contionem populi advocavit. Deinde hoc modo disseruit:

"Scio ego, Quirites, plerosque non eisdem artibus inperium a vobis petere, et, postquam adepti sunt, gerere; primò industrios, subplicis, modicos esse; dein per ignaviam et superbiam ætatem agere. Set mihi contra ea videtur: nam quo pluris est univorsa respublica quàm consulatus aut prætura, eo majore curâ illam administrari quàm hæc peti debere.

"Neque me fallit, quantum cum maxumo vostro benificio negotî sustineam. Bellum parare simul, et ærario parcere; cogere ad militiam, quos nolis obfendere; domi forisque omnia curare; et ea agere inter invidos, occursantis, factiosos, — opinione, Quirites, asperius est. Ad hoc, alii si deliquêre, vetus nobilitas, majorum facta fortia, cognatorum et adfinium opes, multæ clientelæ, omnia hæc præsidio adsunt; mihi spes omnes in memet sitæ, quas necesse est et virtute et innocentiâ tutari: nam alia infirma sunt.

"Et illud intellego, Quirites, omnium ora in me convorsa esse; æquos bonosque favere, quippe mea bene facta reipublicæ procedunt; nobilitatem locum invadendi quærere. Quo mihi acriùs adnitendum est, utì neque vos capiamini, et illi frustrà sint. Ita ad hoc ætatis a pueritiâ fui, utì omnis labores et pericula consueta habeam. Quæ ante vostra benificia gratuitò faciebam, ea utì acceptâ mercede deseram, non est consilium, Quirites. Illis difficile est in potestatibus temperare, qui per ambitionem sese probos simulavêre: mihi, qui omnem ætatem in optumis artibus egi, bene facere jam ex consuetudine in naturam vortit.

"Bellum me gerere cum Jugurthâ jussistis; quam rem nobilitas ægerrumè tulit. Quæso, reputate cum animis vostris, num id mutare melius sit, si quem ex illo globo nobilitatis ad hoc aut aliud tale negotium mittatis, hominem veteris prosapiæ ac multarum imaginum, et nullius stipendî: scilicet ut in tantâ re, ignarus omnium, trepidet, festinet, sumat aliquem ex populo monitorem officî sui. Ita plerùmque evenit, utì quem vos inperatorem jussistis, is sibi inperatorem alium quærat.

"Atque ego scio, Quirites, qui, postquam consules facti sunt, et acta majorum et Græcorum militaria præcepta legere cœperint: præposteri homines; nam gerere quàm fieri tempore posterius, re atque usu prius est. Conparate nunc, Quirites, cum illorum superbiâ me hominem novom. Quæ illi audire et legere solent, eorum partem vidi, alia egomet gessi: quæ illi litteris, ea ego militando didici.

"Nunc vos existumate, facta an dicta pluris sint. Contemnunt novitatem meam, ego illorum ignaviam; mihi fortuna, illis probra obiciuntur. Quamquam ego naturam unam et communem omnium existumo, set fortissumum quemque generosissumum. Ac, si jam ex patribus Albini aut Bestiæ quæri posset, mene an illos ex se gigni maluerint; quid responsuros creditis, nisi, sese liberos quàm optumos voluisse? Quòd si jure me despiciunt, faciant idem majoribus suis, quibus, utì mihi, ex virtute nobilitas cœpit.

"Invident honori meo: ergo invideant labori, innocentiæ, periculis etiam meis, quoniam per hæc illum cepi. Verùm homines conrupti superbiâ ita ætatem agunt, quasi vostros honores contemnant; ita hos petunt, quasi honestè vixerint. Nè, illi falsi sunt, qui divorsissumas res pariter exspectant, ignaviæ voluptatem, et præmia virtutis.

"Atque etiam cùm apud vos aut in senatu verba faciunt, pleràque oratione majores suos extollunt: eorum fortia facta memorando clariores sese putant. Quod contrà est. Nam quanto vita illorum præclarior, tanto ho rum socordia flagitiosior. Et profectò ita se res habent: majorum gloria posteris quasi lumen est, neque bona neque mala eorum in occulto patitur. Cujus rei ego inopiam fateor, Quirites; verùm, id quod multo præclarius est, meamet facta mihi dicere licet. Nunc videte, quàm iniqui sint. Quod ex alienâ virtute sibi adrogant, id mihi ex meâ non concedunt: scilicet, quia imagines non habeo, et quia mihi nova nobilitas est, quam certè peperisse melius est, quàm acceptam conrupisse.

"Equidem ego non ignoro, si jam mihi respondere velint, abundè illis facundam et conpositam orationem fore. Set in maxumo vostro benificio, cùm omnibus locis meque vosque maledictis lacerent, non placuit reticere, ne quis modestiam in conscientiam duceret. Nam me quidem ex animi sententiâ nulla oratio lædere potest: quippe vera necesse est bene prædicent; falsa vita moresque mei superant.

"Set quoniam vostra consilia accusantur, qui mihi summum honorem et maxumum negotium inposuistis: etiam atque etiam reputate, num eorum pænitendum sit. Non possum fidei caussâ imagines neque triumphos aut consulatus majorum meorum ostentare: at, si res postulet, hastas, vexillum, phaleras, alia militaria dona; littereà cicatrices advorso pectore. Hæ sunt meæ imagines; hæc nobilitas, non hereditate relicta, ut illa illis, set quæ egomet meis plurumis laboribus et periculis quæsivi. Non sunt conposita verba mea: parvi id facio: ipsa se virtus satis ostendit: illis artificio opus est, ut turpia facta oratione tegant.

"Neque litteras Græcas didici: parùm placebat eas discere, quippe quæ ad virtutem doctoribus nihil profuerunt. At illa multo optuma reipublicæ doctus sum: hostem ferire, præsidium agitare; nihil metuere, nisi turpem famam; hiemem et æstatem juxtà pati; humi requiescere; eodem tempore inopiam et laborem tolerare. Eis ego præceptis milites hortabor: neque illos arctè colam, me opulenter; neque gloriam meam, laborem illorum faciam. Hoc est utile, hoc civile inperium. Namque cùm tute per mollitiem agas, exercitum subplicio cogere, id est dominum, non imperatorem esse.

"Hæc atque talia majores vostri faciundo, seque remque publicam celebravêre. Quîs nobilitas freta, ipsa dissimilis moribus, nos illorum æmulos contemnit; et omnis honores non ex merito, sed quasi debitos, a vobis repetit. Ceterùm homines superbissumi procul errant. Majores eorum omnia, quæ licebat, illis reliquêre, divitias, imagines, memoriam sui præclaram: virtutem non reliquêre, neque poterant: ea sola neque datur dono, neque accipitur.

"Sordidum me et incultis moribus aiunt; quia parùm scitè convivium exorno, neque histrionem ullum, neque pluris precî cocum quàm villicum habeo. Quæ mihi lubet confiteri, Quirites. Nam ex parente meo et ex aliis sanctis viris ita accepi, munditias mulieribus, viris laborem convenire; omnibusque bonis oportere plus gloriæ, quàm divitiarum esse; arma, non supellectilem, decori esse. Quin ergò quod juvat, quod carum æstumant, id semper faciant: ament; potent; ubi adulescentiam habuêre, ibi senectutem agant — in conviviis, dediti ventri et turpissumæ parti corporis: sudorem, pulverem, et alia talia relinquant nobis, quibus illa epulis jocundiora sunt.

"Verùm non ita est. Nam ubi se omnibus flagitiis dedecoravêre turpissumi viri bonorum præmia ereptum eunt. Ita injustissumè luxuria et ignavia, pessumæ artes, illis qui coluêre eas nihil obficiunt; reipublicæ innoxiæ cladi sunt.

"Nunc quoniam illis quantum mei mores, non illorum flagitia poscebant, respondi, pauca de republicâ loquar. Primùm omnium de Numidiâ bonum habetote animum,

Quirites. Nam quæ ad hoc tempus Jugurtham tutata sunt, omnia removistis, avaritiam, inperitiam, superbiam. Deinde exercitus ibi est, locorum sciens; set, mehercules, magis strenuus quàm felix. Nam magna pars ejus avaritiâ aut temeritate ducum adtrita est. Quamobrem vos, quibus militaris ætas est, adnitimini mecum, et capessite rempublicam: neque quemquam ex calamitate aliorum aut inperatorum superbiâ metus ceperit. Egomet in agmine aut in prœlio consultor idem, et socius periculis vobiscum adero; meque vosque in omnibus rebus juxtà geram.

"Et profectò deis juvantibus omnia matura sunt, victoria, præda, laus: quæ si dubia aut procul essent, tamen omnis bonos reipublicæ subvenire decebat. Etenim nemo ignaviâ inmortalis factus est: neque quisquam parens liberis utì æterni forent optavit; magis, utì boni honestique vitam exigerent. Plura dicerem, Quirites, si timidis virtutem verba adderent: nam strenuis abundè dictum puto."

Hujuscemodi oratione habitâ, Marius postquam plebei animos arrectos videt, properè commeatu, stipendio, armis, aliis utilibus navis onerat; cum his A. Manlium legatum proficisci jubet. Ipse intereà milites scribere, non more majorum, neque ex classibus, sed utì cujusque lubido erat, capite censos plerosque. Id factum alii inopiâ bonorum, alii per ambitionem consulis memorabant: quòd ab eo genere celebratus auctusque erat, et homini potentiam quærenti egentissumus quisque opportunissumus; cui neque sua cara, quippe quæ nulla sunt, et omnia cum pretio honesta videntur. Igitur Marius cum majore aliquanto numero quàm decretum erat in Africam profectus, paucis diebus Uticam advehitur. Exercitus ei traditur a P. Rutilio legato: nam Metellus conspectum Marii fugerat, ne videret ea, quæ audita animus tolerare nequiverat.

9. *Marius in the Field.*

[Chapters 87–94.]

Sed consul, expletis legionibus cohortibusque auxiliariis, in agrum fertilem et prædâ onustum proficiscitur. Omnia ibi capta militibus donat. Dein castella et oppida, naturâ et viris parùm munita, adgreditur; prœlia multa, ceterùm levia, alia aliis locis facere. Interim novi milites sine metu pugnæ adesse; videre fugientis capi, occidi; fortissumum quemque tutissumum; armis libertatem, patriam, parentesque, et alia omnia tegi; gloriam atque divitias quæri. Sic brevi spatio novi veteresque coaluêre, et virtus omnium æqualis facta. . . .

Marius impigrè prudenterque suorum et hostium res pariter adtendere: cognoscere quid boni utrisque, aut contrà esset; explorare itinera regum; consilia et insidias eorum antevenire; nihil apud se remissum, neque apud illos tutum pati. Itaque et Gætulos, et Jugurtham, ex sociis nostris prædam agentes, sæpe adgressus in itinere fuderat, ipsumque regem haud procul ab oppido Cirtâ armis exuerat.

Erat inter ingentis solitudines oppidum magnum atque valens, nomine Capsa, cujus conditor Hercules Libus memorabatur. Ejus cives apud Jugurtham immunes, levi imperio, et ob ea fidelissumi habebantur; muniti advorsùm hostis non mœnibus modò, et armis atque viris, verùm etiam multo magis locorum asperitate. Nam, præter oppido propinqua, alia omnia vasta, inculta, egentia aquæ, infesta serpentibus, quarum vis, sicutì omnium ferarum, inopiâ cibi acrior. Ad hoc natura serpentium, ipsa perniciosa, siti magis quàm aliâ re accenditur. Ejus potiundi Marium maxuma cupido invaserat, cùm propter usum belli, tum quia res aspera videbatur; et Metellus oppidum Thalam magnâ gloriâ ceperat, haud dissimiliter situm munitumque, nisi quòd apud Thalam non longè a mœnibus aliquot fontes erant; Capsenses unâ modò, atque eâ intra oppidum, jugi aquâ, ceterâ pluviâ utebantur. Id ibique, et in omni Africâ, quâ procul a mari incultius agebatur, eo faciliùs tolerabatur, quia Numidæ plerùmque lacte et ferinâ carne vescebantur, et neque salem, neque alia irritamenta gulæ quærebant: cibus illis advorsùs famem atque sitim, non lubidini, neque luxuriæ erat.

Igitur consul, omnibus exploratis, — credo deis fretus, nam contra tantas difficultates consilio satis providere non poteràt: quippe etiam frumenti inopiâ tentabatur, quia Numidæ pabulo pecoris magis quàm arvo student, et quodcumque natum fuerat jussu regis in loca munita contulerant; ager autem aridus et frugum vacuus eâ tempestate, nam æstatis extremum erat, — tamen pro rei copiâ satis providenter exornat: pecus omne, quod superioribus diebus prædæ fuerat, equitibus auxiliariis agendum adtribuit; A. Manlium legatum cum cohortibus expeditis ad oppidum Laris, ubi stipendium et commeatum locaverat, ire jubet, se prædabundum post paucos dies eòdem venturum. Sic incepto suo occulto, pergit ad flumen Tanaim.

Ceterùm in itinere quotidie pecus exercitui per centurias, item turmas æqualiter distribuerat, et ex coriis utres utì fierent curabat: simul inopiam frumenti lenire, et ignaris omnibus parare quæ mox usui forent: denique sexto die, cùm ad flumen ventum est, maxuma vis utrium effecta. Ibi castris levi munimento positis, milites cibum capere, atque utì simul cum occasu solis egrederentur paratos esse jubet; omnibus sarcinis abjectis, aquâ modò seque et jumenta onerare. Dein postquam tempus visum, castris egreditur, noctemque totam itinere facto consedit: idem proxumâ facit: dein tertiâ, multo ante lucis adventum, pervenit in locum tumulosum, ab Capsâ non ampliùs duûm milium intervallo; ibique quàm occultissumè potest, cum omnibus copiis opperitur. Sed ubi dies cœpit, et Numidæ, nihil hostile metuentes, multi oppido egressi; repentè omnem equitatum, et cum eis velocissumos pedites cursu tendere ad Capsam, et portas obsidere jubet: deinde ipse intentus properè sequi, neque milites prædari sinere. Quæ postquam oppidani cognovêre, res trepidæ, metus ingens, malum improvisum, ad hoc pars civium extra mœnia in hostium potestate, coëgêre utì deditionem facerent. Ceterum oppidum incensum; Numidæ puberes interfecti; alii omnes venum dati; præda militibus divisa. Id facinus contra jus belli, non avaritiâ neque scelere consulis admissum; sed quia locus Jugurthæ opportunus, nobis aditu difficilis; genus hominum mobile, infidum, neque beneficio neque metu coërcitum.

Postquam tantam rem Marius sine ullo suorum incommodo effecit, magnus et clarus anteà, major atque clarior haberi cœpit. Omnia non bene consulta in virtutem trahebantur: milites, modesto imperio habiti, simul et locupletes, ad cælum ferre; Numidæ magis quàm mortalem timere; postremò omnes, socii atque hostes, credere illi aut mentem divinam esse, aut deorum nutu cuncta portendi. Sed consul, ubi ea res bene evenit, ad alia oppida pergit: pauca, repugnantibus Numidis, capit; plura, deserta propter Capsensium miserias, igni corrumpit: luctu atque cæde omnia complentur.

Denique multis locis potitus, ac plerisque exercitu incruento, aliam rem adgreditur, non eâdem asperitate quâ Capsensium, ceterùm haud secùs difficilem. Namque haud longè a flumine Muluchæ, quod Jugurthæ Bocchique regnum disjungebat, erat inter ceteram planitiem mons saxeus, mediocri castello satis patens, in immensum editus, uno perangusto aditu relicto: nam omnis a naturâ velut opere atque consulto præceps. Quem locum Marius, quòd ibi regis thesauri erant, summâ vi capere intendit. Sed ea res forte quàm consilio meliùs gesta. Nam castello virorum atque armorum satis, magna vis frumenti et fons aquæ; aggeribus turribusque et aliis machinationibus locus importunus; iter castellanorum angustum admodùm, utrimque præcisum. Vineæ cum ingenti periculo frustrà agebantur: nam cùm eæ paullo processerant, igni aut lapidibus corrumpebantur; milites neque pro opere consistere propter iniquitatem loci, neque inter vineas sine periculo administrare; optumus quisque cadere aut sauciari; ceteris metus augeri.

At Marius, multis diebus et laboribus comsumptis, anxius trahere cum animo suo, omitteretne inceptum, quoniam frustrà erat; an fortunam opperiretur, quâ sæpe prosperè usus fuerat. Quæ cùm multos dies noctesque æstuans agitaret, fortè quidam Ligus, ex cohortibus auxiliariis miles gregarius, castris aquatum egressus, haud procul ab latere castelli, quod avorsum prœliantibus erat, animum advortit inter saxa repentis cochleas; quarum cùm unam atque alteram, dein plures peteret, studio legundi paullatim propè ad summum montis egressus est. Ubi postquam solitudinem intellexit, more ingenî humani, cupido difficilia faciundi animum vortit. Et fortè in eo loco grandis ilex coaluerat inter saxa, paullum modò prona, dein flexa atque aucta in altitudinem, quò cuncta gignentium natura fert; cujus ramis modò, modò eminentibus saxis, nisus Ligus, castelli planitiem perscrutatur, quòd cuncti Numidæ intenti prœliantibus aderant. Exploratis omnibus quæ mox usui fore ducebat, eâdem regreditur, non temerè, uti escenderat, sed tentans omnia et circumspiciens. Itaque Marium properè adit; acta edocet; hortatur ab eâ parte quâ ipse descenderat castellum tentet; pollicetur sese itineris periculique ducem. Marius cum Ligure, promissa ejus cognitum, ex præsentibus misit; quorum utì cujusque ingenium erat, ita rem difficilem aut facilem nuntiavêre. Consulis animus tamen paullùm arrectus. Itaque ex copiâ tubicinum et cornicinum numero quinque quàm velocissumos delegit, et cum eis, præsidio qui forent, milites paucos, et quattuor centuriones: omnisque Liguri parere jubet, et ei negotio proxumum diem constituit.

Sed ubi ex præcepto tempus visum, paratis compositisque omnibus, ad locum pèrgit. Ceterùm illi qui escensuri præerant, prædocti ab duce, arma ornatumque mutaverant, capite atque pedibus nudis, utì prospectus nisusque per saxa faciliùs foret; super terga gladii et scuta; verùm ea Numidica ex coriis, ponderis gratiâ simul, et offensa quo leviùs streperent. Igitur prægrediens Ligus saxa, et si quæ vetustæ radices eminebant, laqueis vinciebat, quibus adlevati milites faciliùs escenderent; interdum timidos insolentiâ itineris levare manu: ubi paullo asperior adscensus erat, singulos præ se inermos mittere, dein ipse cum illorum armis sequi; quæ dubia nisu videbantur potissumus tentare, ac sæpiùs eâdem adscendens descendensque, dein statim digrediens, ceteris audaciam addere. Igitur diù multùmque fatigati, tandem in castellum perveniunt, desertum ab eâ parte; quòd omnes, sicut aliis diebus, advorsùm hostis aderant. Marius ubi ex nuntiis quæ Ligus egerat cognovit, quamquam toto die intentos prœlio Numidas habuerat, tum verò, cohortatus milites, et ipse extra vineas est egressus; testudine actâ succedere, et simul hostem tormentis sagittariisque et funditoribus eminùs terrere. At Numidæ, sæpe anteà vineis Romanorum subvorsis, item incensis, non castelli mœnibus sese tutabantur, sed pro muro dies noctesque agitare; maledicere Romanis, ac Mario vecordiam objectare; militibus nostris Jugurthæ servitium minari; secundis rebus feroces esse. Interim omnibus, Romanis hostibusque, prœlio intentis, magnâ utrimque vi pro gloriâ atque imperio his, illis pro salute certantibus, repentè a tergo signa canere: ac primò mulieres et pueri, qui visum processerant, fugere; deinde uti quisque muro proxumus erat, postremò cuncti, armati inermesque. Quod ubi accidit, eo acriùs Romani instare, fundere, ac plerosque tantummodò sauciare, dein super occisorum corpora vadere, avidi gloriæ certantes murum petere, neque quemquam omnium præda morari. Sic fortè correcta Marii temeritas gloriam ex culpâ invenit.

10. *Lucius Cornelius Sulla.*

[Chapters 95–101.]

Ceterùm, dum ea res geritur, L. Sulla quæstor cum magno equitatu in castra venit; quos utì ex Latio et a sociis cogeret Romæ relictus erat. Sed quoniam nos tanti viri res admonuit, idoneum visum est de naturâ cultuque ejus paucis dicere.

Igitur Sulla gentis patriciæ nobilis fuit, familiâ propè jam exstinctâ majorum ignaviâ : litteris Græcis atque Latinis juxtà atque doctissumè eruditus ; animo ingenti ; cupidus voluptatum, sed gloriæ cupidior ; otio luxurioso ; tamen ab negotiis numquam voluptas remorata ; facundus, callidus, et amicitiâ facilis ; ad simulanda ac dissimulanda negotia altitudo ingenî incredibilis ; multarum rerum, ac maxumè pecuniæ, largitor : atque illi felicissumo omnium ante civilem victoriam, numquam super industriam fortuna fuit ; multique dubitavêre, fortior an felicior esset. Nam posteà quæ fecerit, incertum habeo pudeat magis an pigeat disserere.

Igitur Sulla utì suprà dictum est, postquam in Africam atque in castra Marî cum equitatu venit, rudis anteà et ignarus belli, sollertissumus omnium in paucis tempestatibus factus est. Ad hoc milites benignè adpellare ; multis rogantibus, aliis per se ipse dare beneficia, invitus accipere ; sed ea properantiùs quàm æs mutuum reddere : ipse ab nullo repetere ; magis id laborare, ut illi quàm plurimi deberent ; joca atque seria cum humillumis agere ; in agmine atque ad vigilias multus adesse : neque interim, quod prava ambitio solet, consulis aut cujusquam boni famam lædere; tantummodò neque consilio neque manu priorem alium pati; plerosque antevenire. Quibus rebus et artibus brevi Mario militibusque carissumus factus. . . .

Quarto denique die, haud longè ab oppido Cirtâ ùndique simul speculatores citi sese ostendunt; quâ re hostis adesse intellegitur. Sed quia divorsi redeuntes, alius ab aliâ parte atque omnes idem significabant, consul incertus quonam modo aciem instrueret, nullo ordine commutato, advorsùm omnia paratus, ibidem opperitur. Interim Sulla, quem primum hostes adtigerant, cohortatus suos, turmatim et quàm maxumè confertis equis, ipse aliique Mauros invadunt: ceteri in loco manentes ab jaculis eminùs emissis corpora tegere, et si qui in manus venerant obtruncare. Dum eo modo equites prœliantur, Bocchus cum peditibus quos Volux filius ejus adduxerat, neque in priore pugnâ, in itinere morati, adfuerant, postremam Romanorum aciem invadunt. Tum Marius apud primos agebat, quòd ibi Jugurtha cum plurumis erat. Dein Numida, cognito Bocchi adventu, clam cum paucis ad pedites convortit: ibi Latinè (nam apud Numantiam loqui didicerat) exclamat: "nostros frustrà pugnare; paullo antè Marium suâ manu interfectum:" simul gladium sanguine oblitum ostendere, quem in pugnâ, satis impigrè occiso pedite nostro, cruentaverat. Quod ubi milites accepêre, magis atrocitate rei quàm fide nuntii terrentur: simulque barbari animos tollere, et in perculsos Romanos acriùs incedere. Jamque paullùm a fugâ aberant, cùm Sulla, profligatis eis quos advorsùm ierat, rediens ab latere Mauris incurrit. Bocchus statim avortitur. At Jugurtha, dum sustentare suos et propè jam adeptam victoriam retinere cupit, circumventus ab equitibus, dextrâ sinistrâ omnibus occisis, solus inter tela hostium vitabundus erumpit. Atque interim Marius, fugatis equitibus, accurrit auxilio suis, quos pelli jam acceperat. Denique hostes undique fusi. Tum spectaculum horribile campis patentibus: sequi, fugere; occidi, capì; equi atque viri adflicti; ac multi volneribus acceptis neque fugere posse, neque quietem pati; niti modò, ac statim concidere: postremò omnia, quâ visus erat, constrata telis, armis, cadaveribus; et intereà humus infecta sanguine.

11. *Jugurtha is Betrayed and Captured.*

[Chapters 105–114.]

Quibus rebus cognitis, Bocchus per litteras a Mario petiverat, utì ad se mitteret Sullam; cujus arbitratu de communibus negotiis consuleretur. Is missus cum præsidio equitum atque peditum, item funditorum Balearium: prætereà iêre sagittarii et cohors Peligna cum velitaribus armis, itineris properandi caùssâ; neque eis secùs atque aliis armis advorsùs tela hostium, quòd ea levia sunt, muniti. Sed in itinere, quinto denique die, Volux, filius Bocchi, repentè in campis patentibus cum mille non amplius equitibus sese ostendit; qui temerè et effusè euntes, Sullæ aliisque omnibus et numerum vero ampliorem, et hostilem metum efficiebant. Igitur se quisque expedire, arma atque tela tentare, intendere; timor aliquantus, sed spes amplior, quippe victoribus, et advorsùs eos quos sæpe vicerant. Interim equites, exploratum præmissi, rem (uti erat) quietam nuntiant.

Volux adveniens quæstorem adpellat, dicitque "se a patre Boccho obviàm illis simul, et præsidio missum." Deinde eum et proxumum diem sine metu conjuncti eunt. Pòst, ubi castra locata, et diei vesper erat, repentè Maurus incerto voltu pavens ad Sullam adcurrit, dicitque, "sibi ex speculatoribus cognitum, Jugurtham haud procul abesse:" simul utì noctu clàm secum profugeret, rogat atque hortatur. Ille animo feroci negat "se totiens fusum Numidam pertimescere: virtuti suorum satis credere; etiam si certa pestis adesset, mansurum potiùs quàm, proditis quos ducebat, turpi fugâ incertæ ac forsitan post paullo morbo interituræ vitæ parceret." Ceterùm ab eodem monitus utì noctu proficiscerentur, consilium adprobat; ac statim milites cenatos esse in castris, ignisque quam creberrumos fieri; dein primâ vigiliâ silentio egredi jubet. Jamque nocturno itinere fessis omnibus, Sulla pariter cum ortu solis metabatur, cùm equites Mauri nuntiant Jugurtham circiter duûm milium intervallo ante eos consedisse. Quod postquam auditum est, tum verò ingens metus nostros invadit: credere se proditos a Voluce, et insidiis circumventos; ac fuêre qui dicerent manu vindicandum, neque apud illum tantum scelus inultum relinquendum.

At Sulla, quamquam eadem existumabat, tamen ab injuriâ Maurum prohibet: suos hortatur, "utì fortem animum gererent; sæpe anteà paucis strenuis advorsùm multitudinem bene pugnatum; quanto sibi in prœlio minùs pepercissent, tanto tutiores fore; neque quemquam decere, qui manus armaverit, ab inermis pedibus auxilium petere, in maxumo metu nudum et cæcum corpus ad hostis vortere." Deinde Volucem, quoniam hostilia faceret, Jovem maxumum obtestatus ut sceleris atque perfidiæ Bocchi testis adesset, castris abire jubet. Ille lacrumans orare, "ne ea crederet: nihil dolo factum, magis calliditate Jugurthæ, cui videlicet speculanti iter suum cognitum esset; ceterùm quoniam neque ingentem multitudinem haberet, et spes opesque ejus ex patre suo penderent, credere illum nihil palàm ausurum, cùm ipse filius testis adesset: quare optumum factu videri, per media ejus castra palàm transire; sese vel præmissis vel ibidem relictis Mauris, solum cum Sullâ iturum." Ea res, utì in tali negotio, probata, ac statim profecti: quia de improviso acciderant, dubio atque hæsitante Jugurthâ, incolumes transeunt. Deinde paucis diebus quò ire intenderant perventum est.

Ibi cum Boccho Numida quidam, Aspar nomine, multùm et familiariter agebat; præmissus ab Jugurthâ, postquam Sullam accitum audierat, orator et subdolè speculatum Bocchi consilia: præthereà Dabar, quem Bocchus, fidum esse Romanis multis anteà tempestatibus expertus, illicò ad Sullam nuntiatum mittit, "paratum sese facere quæ populus Romanus vellet: colloquio diem, locum, tempus ipse deligeret; consulta sese omnia cum illo integra habere; neu Jugurthæ legatum pertimesceret; . . . quo res communis licentius gereretur; nam ab insidiis ejus aliter caveri nequivisse." Sed ego comperior Bocchum, magis Punicâ fide quàm ob ea quæ prædicabat, simul Romanos et Numidam spe pacis adtinuisse, multùmque cum animo suo volvere solitum, Jugurtham Romanis, an illi Sullam traderet: lubidinem advorsùm nos, metum pro nobis suasisse. . . .

Rex postero die Asparem, Jugurthæ legatum, adpellat, dicitque: "sibi per Dabarem ex Sullâ cognitum, posse conditionibus bellum componi: quam ob rem regis sui sententiam exquireret." Ille lætus in castra Jugurthæ proficiscitur: deinde ab illo cuncta edoctus, properato itinere, post diem octavum redit ad Bocchum, et ei denunciat, "Jugurtham cupere omnia quæ imperarentur facere; sed Mario parum fidere; sæpe anteà cum imperatoribus Romanis pacem conventam frustrà fuisse. Ceterùm Bocchus si ambobus consultum et ratam pacem vellet, daret operam ut unâ ab omnibus, quasi de pace, in colloquium veniretur, ibique sibi Sullam traderet: cùm talem virum in potestatem habuisset, tum fore utì jussu senatûs aut populi Romani fœdus fieret: neque hominem nobilem, non suâ ignaviâ, sed ob rempublicam, in hostium potestate relictum iri."

Hæc Maurus, secum ipse diu volvens, tandem promisit: ceterùm dolo an verè cunctatus, parùm comperimus. Sed plerùmque regiæ voluntates, ut vehementes, sic mobiles, sæpe ipsæ sibi advorsæ. Posteà, tempore et loco constituto, in colloquium utì de pace veniretur, Bocchus Sullam modò, modò Jugurthæ legatum adpellare, benignè habere, idem ambobus polliceri.

Illi pariter læti ac spei bonæ pleni esse. Sed nocte eâ quæ proxuma fuit ante diem colloquio decretum, Maurus, adhibitis amicis, ac statim immutatâ voluntate, remotis ceteris, dicitur secum ipse multùm agitavisse, corpore pariter atque animo varius, quæ scilicet tacente ipso occulta pectoris patefecisse.

Tamen postremò Sullam accersi jubet, et ex illius sententiâ Numidæ insidias tendit. Deinde, ubi dies advenit, et ei nuntiatum est Jugurtham haud procul abesse, cum paucis amicis et quæstore nostro, quasi obvius honoris caussâ, procedit in tumulum facillumum visu insidiantibus. Eòdem Numida cum plerisque necessariis suis, inermis, ut dictum erat, accedit; ac statim, signo dato, undique simul ex insidiis invaditur. Ceteri obtruncati; Jugurtha Sullæ vinctus traditur, et ab eo ad Marium deductus est.

Per idem tempus advorsùm Gallos ab ducibus nostris Q. Cæpione et Cn. Manlio malè pugnatum: quo metu Italia omnis contremuit. Illimque usque ad nostram memoriam Romani sic habuêre, alia omnia virtuti suæ prona esse: cum Gallis pro salute non pro gloriâ certari. Sed postquam bellum in Numidiâ confectum, et Jugurtham vinctum Romam adduci nuntiatum est, Marius consul absens factus est, et ei decreta provincia Gallia: isque kalendis Januariis magnâ gloriâ consul triumphavit. Et eâ tempestate spes atque opes civitatis in illo sitæ.

VI.

OVID.

I. *The Story of Phaëthon.*

[Metamorphoses. Book II. verses 1–362.]

Regia Solis erat sublimibus alta columnis,
Clara micante auro, flammasque imitante pyropo:
Cujus ebur nitidum fastigia summa tenebat:
Argenti bifores radiabant lumine valvæ.
Materiem superabat opus; nam Mulciber illîc
Æquora cælârat, medias cingentia terras,
Terrarumque orbem, cælumque, quod imminet orbi.
Cæruleos habet unda deos; Tritona canorum,
Proteaque ambiguum, balænarumque prementem
Ægæona suis immania terga lacertis,
Doridaque, et natas: quarum pars nare videntur,
Pars in mole sedens virides siccare capillos;
Pisce vehi quædam: facies non omnibus una,
Nec diversa tamen, qualem decet esse sororum.
Terra viros, urbesque gerit, silvasque, ferasque,
Fluminaque, et nymphas, et cetera numina ruris.
Hæc super imposita est cæli fulgentis imago:
Signaque sex foribus dextris, totidemque sinistris.
Quò simul acclivo Clymeneïa limite proles
Venit, et intravit dubitati tecta parentis;
Protinus ad patrios sua fert vestigia vultus:
Consistitque procul: neque enim propiora ferebat
Lumina. Purpureâ velatus veste sedebat
In solio Phœbus, claris lucente smaragdis.
A dextrâ, lævâque Dies, et Mensis, et Annus,

Sæculaque, et positæ spatiis æqualibus Horæ:
Verque novum stabat, cinctum florente coronâ:
Stabat nuda Æstas, et spicea serta gerebat.
Stabat et Auctumnus, calcatis sordidus uvis,
Et glacialis Hiemps, canos hirsuta capillos.
Inde loco medius, rerum novitate paventem
Sol oculis juvenem, quibus adspicit omnia, vidit.
"Quæque viæ tibi causa? Quid hâc," ait, "arce petîsti,
Progenies, Phaëthon, haud infitianda parenti?"
Ille refert: "O lux immensi publica mundi,
Phœbe pater, si das hujus mihi nominis usum,
Pignora da, genitor; per quæ tua vera propago
Credar, et hunc animis errorem detrahe nostris."
Dixerat. At genitor circum caput omne micantes
Deposuit radios; propiùsque accedere jussit:
Amplexuque dato, "Nec tu meus esse negari
Dignus es; et Clymene veros," ait, "edidit ortus.
Quòque minùs dubites, quodvis pete munus; et illud,
Me tribuente, feres: promissi testis adesto
Dîs juranda palus, oculis incognita nostris."
Vix bene desierat: currus petit ille paternos,
Inque diem alipedum jus et moderamen equorum.
Pœnituit jurâsse patrem. Qui terque quaterque
Concutiens illustre caput, "Temeraria," dixit,
"Vox mea facta tuâ est. Utinam promissa liceret
Non dare! Confiteor solum hoc tibi, nate, negarem.
Dissuadere licet. Non est tua tuta voluntas.
Magna petis, Phaëthon, et quæ nec viribus istis
Munera conveniant, nec tam puerilibus annis.
Sors tua mortalis: non est mortale quod optas.
Plus etiam, quàm quod superis contingere fas sit,
Nescius affectas. Placeat sibi quisque licebit;
Non tamen ignifero quisquam consistere in axe
Me valet excepto. Vasti quoque rector Olympi,
Qui fera terribili jaculatur fulmina dextrâ,
Non agat hos currus: et quid Jove majus habemus?

Ardua prima via est, et quâ vix manè recentes
Enitantur equi: medio est altissima cælo,
Unde mare et terras ipsi mihi sæpe videre
Fit timor, et pavidâ trepidat formidine pectus:
Ultima prona via est, et eget moderamine certo.
Tunc etiam, quæ me subjectis excipit undis,
Ne ferar in præceps, Tethys, solet ipsa vereri.
Adde, quòd adsiduâ rapitur vertigine cælum;
Sideraque alta trahit, celerique volumine torquet.
Nitor in adversum: nec me, qui cetera, vincit
Impetus; et rapido contrarius evehor orbi.
Finge datos currus. Quid ages? poterisne rotatis
Obvius ire polis, ne te citus auferat axis?
Forsitan et lucos illîc, orbesque, domosque
Concipias animo: delubraque ditia donis
Esse. Per insidias iter est, formasque ferarum.
Utque viam teneas, nulloque errore traharis,
Per tamen adversi gradieris cornua Tauri,
Hæmoniosque arcus, violentique ora Leonis,
Sævaque circuitu curvantem brachia longo
Scorpion, atque aliter curvantem brachia Cancrum.
Nec tibi quadrupedes animosos ignibus illis,
Quos in pectore habent, quos ore et naribus efflant,
In promptu regere est. Vix me patiuntur, ut acres
Incaluêre animi; cervixque repugnat habenis.
At tu, funesti ne sim tibi muneris auctor,
Nate, cave: dum resque sinit, tua corrige vota.
Scilicet, ut nostro genitum te sanguine credas,
Pignora certa petis. Do pignora certa timendo:
Et patrio pater esse metu probor. Adspice vultus
Ecce meos: utinamque oculos in pectora posses
Inserere, et patrias intus deprendere curas!
Denique, quidquid habet dives, circumspice, mundus:
Eque tot ac tantis cœli, terræque, marisque
Posce bonis aliquid: nullam patiere repulsam.
Deprecor hoc unum; quòd vero nomine pœna,

Non honor est. Pœnam, Phaëthon, pro munere, poscis.
Quid mea colla tenes blandis, ignare, lacertis?
Ne dubita, dabitur (Stygias juravimus undas)
Quodcumque optâris: sed tu sapientiùs opta."
  Finierat monitus. Dictis tamen ille repugnat:
Propositumque premit; flagratque cupidine currûs.
Ergo, quâ licuit genitor cunctatus, ad altos
Deducit juvenem, Vulcania munera, currus.
Aureus axis erat, temo aureus, aurea summæ
Curvatura rotæ; radiorum argenteus ordo.
Per juga chrysolithi, positæque ex ordine gemmæ,
Clara repercusso redebant lumina Phœbo.
Dumque ea magnanimus Phaëthon miratur, opusque
Perspicit: ecce vigil nitido patefecit ab ortu
Purpureas Aurora fores, et plena rosarum
Atria. Diffugiunt stellæ: quarum agmina cogit
Lucifer, et cæli statione novissimus exit.
  At pater ut terras, mundumque rubescere vidit,
Cornuaque extremæ velut evanescere Lunæ;
Jungere equos Titan velocibus imperat Horis.
Jussa deæ celeres peragunt: ignemque vomentes,
Ambrosiæ succo saturos, præsepibus altis
Quadrupedes ducunt; adduntque sonantia fræna.
  Tum pater ora sui sacro medicamine nati
Contigit; et rapidæ fecit patientia flammæ.
Imposuitque comæ radios: præsagaque luctûs
Pectore sollicito repetens suspiria, dixit:
"Si potes hîc saltem monitis parere parentis,
Parce, puer, stimulis; et fortiùs utere loris.
Sponte suâ properant: labor est inhibere volentes.
Nec tibi directos placeat via quinque per arcus.
Sectus in obliquum est lato curvamine limes,
Zonarumque trium contentus fine: polumque
Effugito australem, junctamque aquilonibus Arcton.
Hâc sit iter: manifesta rotæ vestigia cernes.
Utque ferant æquos et cælum et terra calores,

Nec preme, nec summum molire per æthera currum.
Altiùs egressus cœlestia tecta cremabis;
Inferius terras: medio tutissimus ibis.
Neu te dexterior tortum declinet in Anguem,
Neve sinisterior pressam rota ducat ad Aram:
Inter utrumque tene. Fortunæ cætera mando;
Quæ juvet, et meliùs, quàm tu tibi, consulat, opto.
Dum loquor, Hesperio positas in litore metas
Humida nox tetigit. Non est mora libera nobis:
Poscimur. Effulget tenebris Aurora fugatis.
Corripe lora manu: vel, si mutabile pectus
Est tibi, consiliis, non curribus, utere nostris:
Dum potes, et solidis etiam nunc sedibus adstas;
Dumque malè optatos nondum premis inscius axes.
Quæ tutus spectes, sine me dare lumina terris."
  Occupat ille levem juvenili corpore currum:
Statque supèr; manibusque datas contingere habenas
Gaudet; et invito grates agit inde parenti.
  Intereà volucres Pyroëis, Eöus, et Æthon,
Solis equi, quartusque Phlegon, hinnitibus auras
Flammiferis implent, pedibusque repagula pulsant.
Quæ postquam Tethys, fatorum ignara nepotis,
Reppulit, et facta est immensi copia mundi;
Corripuêre viam, pedibusque per aëra motis
Obstantes scindunt nebulas, pennisque levati
Prætereunt ortos îsdem de partibus Euros.
Sed leve pondus erat; nec quod cognoscere possent
Solis equi: solitâque jugum gravitate carebat.
Utque labant curvæ justo sine pondere naves,
Perque mare, instabiles nimiâ levitate, feruntur;
Sic onere insueto vacuos dat in aëra saltus,
Succutiturque altè, similisque est currus inani.
Quod simul ac sensêre; ruunt, tritumque relinquunt
Quadrijugi spatium: nec, quo priùs, ordine currunt.
Ipse pavet; nec quâ commissas flectat habenas,
Nec scit, quâ sit iter: nec, si sciat, imperet illis.

Tum primùm radiis gelidi caluêre Triones,
Et vetito frustrà tentârunt æquore tingi.
Quæque polo posita est glaciali proxima Serpens,
Frigore pigra priùs, nec formidabilis ulli,
Incaluit: sumpsitque novas fervoribus iras.
Te quoque turbatum memorant fugisse, Boöte;
Quamvis tardus eras, et te tua plaustra tenebant.
  Ut verò summo despexit ab æthere terras
Infelix Phaëthon, penitùs penitùsque jacentes;
Palluit, et subito genua intremuêre timore:
Suntque oculis tenebræ per tantum lumen obortæ.
Et jam mallet equos numquam tetigisse paternos:
Jam cognôsse genus piget, et valuisse rogando:
Jam Meropis dici cupiens; ita fertur, ut acta
Præcipiti pinus Boreâ, cui victa remisit
Fræna suus rector, quam dîs votisque reliquit.
Quid faciat? multum cæli post terga relictum:
Ante oculos plus est. Animo metitur utrumque.
Et modò, quos illi fatum contingere non est,
Prospicit occasus: interdum respicit ortus.
Quidque agat ignarus, stupet: et nec fræna remittit,
Nec retinere valet: nec nomina novit equorum.
Sparsa quoque in vario passim miracula cælo,
Vastarumque videt trepidus simulacra ferarum.
  Est locus, in geminos ubi brachia concavat arcus
Scorpios; et caudâ flexisque utrinque lacertis
Porrigit in spatium signorum membra duorum.
Hunc puer ut nigri madidum sudore veneni
Vulnera curvatâ minitantem cuspide vidit;
Mentis inops, gelidâ formidine lora remisit.
Quæ postquam summum tetigêre jacentia tergum,
Exspatiantur equi: nulloque inhibente per auras
Ignotæ regionis eunt; quâque impetus egit,
Hâc sine lege ruunt: altoque sub æthere fixis
Incursant stellis, rapiuntque per avia currum.
Et modò summa petunt, modò per decliva, viasque

Præcipites spatio terræ propiore feruntur.
Inferiùsque suis fraternos currere Luna
Admiratur equos: ambustaque nubila fumant.
Corripitur flammis, ut quæque altissima, tellus;
Fissaque agit rimas, et succis aret ademptis.
Pabula canescunt: cum frondibus uritur arbos:
Materiamque suo præbet seges arida damno.
Parva queror. Magnæ pereunt cum mœnibus urbes:
Cumque suis totas populis incendia gentes
In cinerem vertunt. Silvæ cum montibus ardent. . .
Nec prosunt Scythiæ sua frigora: Caucasus ardet,
Ossaque cum Pindo, majorque ambobus Olympus:
Aëriæque Alpes, et nubifer Apenninus.
  Tunc verò Phaëthon cunctis e partibus orbem
Adspicit accensum: nec tantos sustinet æstus:
Ferventesque auras, velut e fornace profundâ,
Ore trahit, currusque suos candescere sentit.
Et neque jam cineres ejectatamque favillam
Ferre potest: calidoque involitur undique fumo.
Quòque eat, aut ubi sit, piceâ caligine tectus
Nescit; et arbitrio volucrum raptatur equorum.
  Sanguine tum credunt in corpora summa vocato,
Æthiopum populos nigrum traxisse colorem.
Tum facta est Libye, raptis humoribus æstu,
Arida; tunc Nymphæ passis fontesque lacusque
Deflevêre comis. Quærit Bœotia Dircen,
Argos Amymonen, Ephyre Pirenidas undas.
Nec sortita loco distantes flumina ripas
Tuta manent: mediis Tanaïs fumavit in undis: . .
Æstuat Alpheos: ripæ Spercheïdes ardent:
Quodque suo Tagus amne vehit, fluit ignibus, aurum:
Et, quæ Mæonias celebrârant carmine ripas,
Flumineæ volucres medio caluêre Caÿstro.
Nilus in extremum fugit perterritus orbem,
Occuluitque caput, quod adhuc latet. Ostia septem
Pulverulenta vacant, septem sine flumine valles. . . .

Dissilit omne solum; penetratque in Tartara rimis
Lumen, et infernum terret cum conjuge Regem.
Et mare contrahitur: siccæque est campus arenæ,
Quod modò pontus erat; quosque altum texerat æquor,
Exsistunt montes, et sparsas Cycladas augent.
Ima petunt pisces: nec se super æquora curvi
Tollere consuetas audent delphines in auras:
Corpora phocarum summo resupina profundo
Exanimata jacent: ipsum quoque Nerea fama est,
Doridaque, et natas, tepidis latuisse sub antris.
Ter Neptunus aquis cum torvo brachia vultu
Exserere ausus erat: ter non tulit aëris æstus.
Alma tamen Tellus, ut erat circumdata ponto,
Inter aquas pelagi, contractos undique fontes,
Qui se condiderant in opacæ viscera matris;
Sustulit omniferos collo tenus arida vultus:
Opposuitque manum fronti: magnoque tremore
Omnia concutiens paullùm subsedit; et infrà,
Quàm solet esse, fuit: siccâque ita voce locuta est:
"Si placet hoc, meruique, quid O tua fulmina cessant,
Summe deûm? Liceat perituræ viribus ignis,
Igne perire tuo; clademque auctore levare.
Vix equidem fauces hæc ipsa in verba resolvo,"
(Presserat ora vapor,) "tostos en adspice crines,
Inque oculis tantum, tantum super ora favillæ.
Hosne mihi fructus, hunc fertilitatis honorem
Officiiquo refers; quòd adunci vulnera aratri,
Rastrorumque fero, totoque exerceor anno?
Quòd pecori frondes, alimentaque mitia, fruges,
Humano generi, vobis quòd thura ministro?
Sed tamen exitium fac me meruisse: quid undæ,
Quid meruit frater? Cur illi tradita sorte
Æquora decrescunt, et ab æthere longiùs absunt?
Quòd si nec fratris, nec te mea gratia tangit;
At cæli miserere tui. Circumspice utrumque;
Fumat uterque polus: quos si violaverit ignis,

Atria vestra ruent. Atlas en ipse laborat:
Vixque suis humeris candentem sustinet axem.
Si freta, si terræ pereunt, si regia cæli,
In chaos antiquum confundimur. Eripe flammis,
Si quid adhuc superest: et rerum consule summæ."
Dixerat hæc Tellus: neque enim tolerare vaporem
Ulteriùs potuit, nec dicere plura: suumque
Rettulit os in se, propioraque Manibus antra.
 At pater omnipotens superos testatus, et ipsum,
Qui dederat currus, nisi opem ferat, omnia fato
Interitura gravi; summam petit arduus arcem;
Unde solet nubes latis inducere terris:
Unde movet tonitrus, vibrataque fulmina jactat.
Sed neque, quas posset terris inducere, nubes
Tunc habuit: nec, quos cælo dimitteret, imbres.
Intonat: et dextrâ libratum fulmen ab aure
Misit in aurigam: pariterque animâque rotisque
Expulit, et sævis compescuit ignibus ignes.
Consternantur equi: et saltu in contraria facto
Colla jugo eripiunt, abruptaque lora relinquunt.
Illîc fræna jacent, illîc temone revulsus
Axis; in hâc radii fractarum parte rotarum;
Sparsaque sunt latè laceri vestigia currûs.
 At Phaëthon, rutilos flammâ populante capillos,
Volvitur in præceps, longoque per aëra tractu
Fertur; ut interdum de cælo stella sereno,
Etsi non cecidit, potuit cecidisse videri.
Quem procul a patriâ diverso maximus orbe
Excipit Eridanus, spumantiaque abluit ora.
Naïdes Hesperiæ trifidâ fumantia flammâ
Corpora dant tumulo, signantque hoc carmine saxum:
HIC SITVS EST PHAETHON, CVRRVS AVRIGA PATERNI:
QVEM SI NON TENVIT, MAGNIS TAMEN EXCIDIT AVSIS.
 Nam pater obductos, luctu miserabilis ægro,
Condiderat vultus: et, si modò credimus, unum
Isse diem sine sole ferunt. Incendia lumen

Præbebant; aliquisque malo fuit usus in illo.
At Clymene, postquam dixit quæcunque fuerunt
In tantis dicenda malis, lugubris et amens,
Et laniata sinus, totum percensuit orbem:
Exanimesque artus primò, mox ossa requirens,
Repperit ossa tamen peregrinâ condita ripâ.
Incubuitque loco: nomenque in marmore lectum
Perfudit lacrymis, et aperto pectore fovit.
Nec minùs Heliades fletus et (inania morti
Munera) dant lacrymas: et cæsæ pectora palmis
Non auditurum miseras Phaëthonta querelas
Nocte diequa vocant: adsternunturque sepulcro.
Luna quater junctis implêrat cornibus orbem:
Illæ more suo (nam morem fecerat usus)
Plangorem dederant. E quîs Phaëthusa, sororum
Maxima, cùm vellet terræ procumbere, questa est
Diriguisse pedes: ad quam conata venire
Candida Lampetie, subitâ radice retenta est.
Tertia, cùm crinem manibus laniare pararet,
Avellit frondes. Hæc stipite crura teneri,
Illa dolet fieri longos sua brachia ramos.
Quid faciat mater? nisi, quò trahat impetus illam,
Huc eat, atque illuc? et, dum licet, oscula jungat!
Non satis est. Truncis avellere corpora tentat;
Et teneros manibus ramos abrumpere: at inde
Sanguineæ manant, tamquam de vulnere, guttæ.
"Parce, precor, mater," quæcunque est saucia, clamat:
"Parce, precor: nostrum laceratur in arbore corpus.
Jamque vale." Cortex in verba novissima venit.
Inde fluunt lacrimæ: stillataque sole rigescunt
De ramis electra novis: quæ lucidus amnis
Excipit, et, nuribus mittit gestanda Latinis.

2. *The Month of March.*

[Fasti, Book III.]

BELLICE, depositis clipeo paulisper et hastâ,
Mars, ades, et nitidas casside solve comas.
Forsitan ipse roges, quid sit cum Marte poetæ?
A te, qui canitur, nomina mensis habet.
Ipse vides manibus peragi fera bella Minervæ.
Num minus ingenuis artibus illa vacat?
Palladis exemplo ponendæ tempora sume
Cuspidis: invenies et quod inermis agas.

The Year of Romulus.

Martia ter senos proles adoleverat annos,
Et suberat flavæ iam nova barba comæ.
Omnibus agricolis armentorumque magistris
Iliadæ fratres jura petita dabant.
Sæpe domum veniunt praedonum sanguine læti,
Et redigunt actos in sua rura boves.
Ut genus audierunt, animos pater editus auget,
Et pudet in paucis nomen habere casis:
Romuleoque cadit trajectus Amulius ense,
Regnaque longævo restituuntur avo.
Mœnia conduntur; quæ quamvis parva fuerunt,
Non tamen expediit transsiluisse Remo.
Jam modo quâ fuerant silvæ pecorumque recessus,
Urbs erat, æternæ cùm pater Urbis ait:
"Arbiter armorum, de cujus sanguine natus
Credor, et ut credar, pignora multa dabo,
A te principium Romano dicimus anno:
Primus de patrio nomine mensis erit."
Vox rata fit, patrioque vocat de nomine mensem.
Dicitur hæc pietas grata fuisse deo.

Et tamen ante omnes Martem coluêre priores.
Hoc dederat studiis bellica turba suis.
Mars Latio venerandus erat, quia praesidet armis.
Arma feræ genti remque decusque dabant. . .
Nec totidem veteres, quot nunc, habuêre Kalendas.
Ille minor geminis mensibus annus erat.
Nondum tradiderat victas victoribus artes
Græcia, facundum, sed malè forte genus.
Qui bene pugnabat, Romanam noverat artem:
Mittere qui poterat pila, disertus erat. . .
Libera currebant et inobservata per annum
Sidera: constabat sed tamen esse deos.
Non illi cælo labentia signa tenebant,
Sed sua, quæ magnum perdere crimen erat.
Illa quidem fœno; sed erat reverentia fœno
Quantam nunc aquilas cernis habere tuas.
Pertica suspensos portabat longa maniplos,
Unde maniplaris nominâ miles habet.
Ergo animi indociles et adhuc ratione carentes
Mensibus egerunt lustra minora decem.
Annus erat, decimum cum luna receperat orbem.
Hic numerus magno tunc in honore fuit.

The Year of Numa.

Primus, oliviferis Romam deductus ab arvis,
Pompilius menses sensit abesse duos:
Sive hoc a Samio doctus, qui posse renasci
Nos putat, Egeriâ sive monente suâ.
Sed tamen errabant etiam tunc tempora, donec
Cæsaris in multis hæc quoque cura fuit.
Non hæc ille deus tantæque propaginis auctor
Credidit officiis esse minora suis,
Promissumque sibi voluit prænoscere cælum,
Nec deus ignotas hospes inire domos.
Ille moras solis, quibus in sua signa rediret,
Traditur exactis disposuisse notis.

Is decies senos tercentum et quinque diebus
  Junxit, et e pleno tempora quarta die.
Hic anni modus est: in lustrum accedere debet,
  Quæ consummatur partibus, una dies.

The Sabine Wives.

"Si licet occultos monitus audire deorum
  Vatibus, ut certè fama licere putat,
Cum sis officiis, Gradive, virilibus aptus,
  Dic mihi, matronæ cur tua festa colant."
Sic ego: sic positâ dixit mihi casside Mavors,
  Sed tamen in dextrâ missilis hasta fuit:
"Nunc primum studiis pacis, deus utilis armis,
  Advocor, et gressus in nova castra fero.
Nec piget incepti: juvat hac quoque parte morari,
  Hoc solam ne se posse Minerva putet.
Disce, Latinorum vates operose dierum,
  Quod petis, et memori pectore dicta nota.
Parva fuit, si prima velis elementa referre,
  Roma; sed in parvâ spes tamen hujus erat.
Mœnia jam stabant, populis angusta futuris,
  Credita sed turbæ tunc nimis ampla suæ.
Quæ fuerit nostri, si quæris, regia nati,
  Aspice de cannâ straminibusque domum.
In stipulâ placidi carpebat munera somni,
  Et tamen ex illo venit in astra toro.
Jamque loco majus nomen Romanus habebat:
  Nec conjunx illi, nec socer ullus erat.
Spernebant generos inopes vicinia dives:
  Et malè credebar sanguinis auctor ego.
In stabulis habitâsse et oves pavisse nocebat,
  Jugeraque inculti pauca tenere soli.
Extremis dantur connubia gentibus; at quæ
  Romano vellet nubere, nulla fuit.

Indolui, patriamque dedi tibi, Romule, mentem.
'Tolle preces,' dixi: 'quod petis arma dabunt.'
Festa parat Conso — Consus tibi cetera dicet,
Illo facta die dum sua sacra canes.
Intumuêre Cures, et quos dolor attigit idem:
Tum primùm generis intulit arma socer:
Jamque ferè raptæ matrum quoque nomen habebant,
Tractaque erant longâ bella propinqua morâ.
Conveniunt nuptæ dictam Junonis in ædem,
Quas inter mea sic est nurus orsa loqui:
'O pariter raptæ, — quoniam hoc commune tenemus, —
Non ultrà lentè possumus esse piæ.
Stant acies: sed utrâ dî sint pro parte rogandi,
Eligite: hinc conjunx, hinc pater arma tenet.
Quærendum est, viduæ fieri malimus, an orbæ.
Consilium vobis forte piumque dabo.'
Consilium dederat. Parent, crinesque resolvunt,
Mæstaque funereâ corpora veste tegunt.
Jam steterant acies ferro mortique paratæ,
Jam lituus pugnæ signa daturus erat:
Cum raptæ veniunt inter patresque virosque,
Inque sinu natos, pignora cara, tenent.
Ut medium campi scissis tetigêre capillis,
In terram posito procubuêre genu:
Et quasi sentirent, blando clamore nepotes
Tendebant ad avos bracchia parva suos.
Qui poterat, clamabat avum, tunc denique visum;
Et qui vix poterat, posse coactus erat.
Tela viris animique cadunt; gladiisque remotis
Dant soceri generis accipiuntque manus,
Laudatasque tenent natas, scutoque nepotem
Fert avus: hic scuti dulcior usus erat.
Inde diem, quæ prima, meas celebrare Kalendas
Œbaliæ matres non leve munus habent.

Faunus and Picus.

Quis mihi nunc dicet, quare cælestia Martis
  Arma ferant Salii, Mamuriumque canant?
Nympha, mone nemori stagnoque operata Dianae,
  Nympha, Numæ conjunx, ad tua facta veni.
Vallis Aricinæ silvâ præcinctus opacâ
  Est lacus, antiquâ relligione sacer.
Hic latet Hippolytus furiis direptus equorum;
  Unde nemus nullis illud aditur equis.
Licia dependent, longas velantia sæpes,
  Et posita est meritæ multa tabella deæ.
Sæpe potens voti, frontem redimita coronis,
  Femina lucentes portat ab Urbe faces.
Regna tenent fortes manibus, pedibusque fugaces,
  Et perit exemplo postmodo quisque suo.
Defluit incerto lapidosus murmure rivus:
  Sæpe, sed exiguis haustibus inde bibi.
Egeria est, quæ præbet aquas, dea grata Camenis.
  Illa Numæ conjunx consiliumque fuit.
Principio nimiùm promptos ad bella Quiritis
  Molliri placuit jure deûmque metu:
Inde datæ leges, ne firmior omnia posset;
  Cœptaque sunt purè tradita sacra coli.
Exuitur feritas armisque potentius aequum est,
  Et cum cive pudet conseruisse manus.
Atque aliquis, modo trux, visâ jam vertitur arâ,
  Vinaque dat tepidis salsaque farra focis.
Ecce deûm genitor rutilas per nubila flammas
  Spargit, et effusis æthera siccat aquis.
Non aliàs missi cecidêre frequentiùs ignes.
  Rex pavet, et volgi pectora terror habet.
Cui dea "Ne nimiùm terrere! piabile fulmen
  Est" ait "et sævi flectitur ira Jovis.
Sed poterunt ritum Picus Faunusque piandi
  Tradere, Romani numen utrumque soli.

Nec sine vi tradent: adhibeto vincula captis:"
  Atque ita, quâ possint, erudit, arte capi.
Lucus Aventino suberat niger ilicis umbrâ,
  Quo posses viso dicere *Numen inest!*
In medio gramen, muscoque adoperta virenti
  Manabat saxo vena perennis aquæ.
Inde ferè soli Faunus Picusque bibebant.
  Huc venit, et fonti rex Numa mactat ovem:
Plenaque odorati disponit pocula Bacchi,
  Cumque suis antro conditus ipse latet.
Ad solitos veniunt silvestria numina fontes,
  Et relevant multo pectora sicca mero.
Vina quies sequitur: gelido Numa prodit ab antro,
  Vinclaque sopitas addit in arcta manus.
Somnus ut abscessit, pugnando vincula temptant
  Rumpere: pugnantes fortiùs illa tenent.
Tunc Numa: "Dî nemorum, factis ignoscite nostris,
  Si scelus ingenio scitis abesse meo,
Quoque modo possit fulmen, monstrate, piari."
  Sic Numa. Sic quatiens cornua Faunus ait:
"Magna petis, nec quæ monitu tibi discere nostro
  Fas sit: habent fines numina nostra suos.
Dî sumus agrestes, et qui dominemur in altis
  Montibus: arbitrium est in sua tela Jovi.
Hunc tu non poteris per te deducere cælo:
  At poteris nostrâ forsitan usus ope."
Dixerat haec Faunus; par est sententia Pici.
  "Deme tamen nobis vincula," Picus ait:
"Juppiter huc veniet, validâ perductus ab arte.
  Nubila promissi Styx mihi testis erit."
Emissi laqueis quid agant, quæ carmina dicant,
  Quâque trahant superis sedibus arte Jovem,
Scire nefas homini. Nobis concessa canentur,
  Quæque pio dici vatis ab ore licet.
Eliciunt cælo te, Juppiter: unde minores
  Nunc quoque te celebrant, Eliciumque vocant.

Constat Aventinæ tremuisse cacumina silvæ,
Terraque subsedit pondere pressa Jovis.
Corda micant regis, totoque e pectore sanguis
Fugit, et hirsutæ deriguêre comæ.
Ut rediit animus, "Da certa piamina" dixit
"Fulminis, altorum rexque paterque deûm,
Si tua contigimus manibus donaria puris:
Hoc quoque, quod petitur, si pia lingua rogat."
Annuit oranti; sed verum ambage remotâ
Abdidit, et dubio terruit ore virum.
"Cæde caput" dixit: cui rex "Parebimus" inquit;
"Cædenda est hortis eruta cepa meis."
Addidit hic "Hominis:" "Summos" ait ille "capillos."
Postulat hic animam: cui Numa "piscis" ait.
Risit; et "His" inquit "facito mea tela procures,
O vir colloquio non abigende deûm.
Sed tibi, protulerit cum totum crastinus orbem
Cynthius, imperii pignora certa dabo."
Dixit, et ingenti tonitru super æthera motum
Fertur, adorantem destituitque Numam.
Ille redit lætus, memoratque Quiritibus acta:
Tarda venit dictis difficilisque fides.
"At certè credemur," ait, "si verba sequetur
Exitus; en audi crastina, quisquis ades:
Protulerit terris cum totum Cynthius orbem,
Juppiter imperii pignora certa dabit."
Discedunt dubii promissaque tarda videntur;
Dependetque fides a veniente die.

The Sacred Shield.

Mollis erat tellus roratâ mane pruinâ;
Ante sui populus limina regis adest.
Prodit, et in solio medius consedit acerno:
Innumeri circà stantque silentque viri.
Ortus erat summo tantummodo margine Phoebus:
Sollicitæ mentes speque metuque pavent.

Constitit, atque caput niveo velatus amictu
Jam bene dîs notas sustulit ille manus;
Atque ita, "Tempus adest promissi muneris," inquit:
"Pollicitam dictis, Juppiter, adde fidem."
Dum loquitur, totum jam sol emoverat orbem,
Et gravis æthereo venit ab axe fragor.
Ter tonuit sine nube deus, tria fulgura misit.
Credite dicenti: mira, sed acta, loquor.
A mediâ cælum regione dehiscere cœpit:
Submisêre oculos cum duce turba suo.
Ecce levi scutum versatum leniter aurâ
Decidit: a populo clamor ad astra venit.
Tollit humo munus cæsâ priùs ille juvencâ,
Quæ dederat nulli colla premenda jugo,
Atque ancile vocat, quòd ab omni parte recisum est;
Quaque notes oculis, angulus omnis abest.
Tum, memor imperii sortem consistere in illo,
Consilium multæ calliditatis init.
Plura jubet fieri simili cælata figurâ,
Error ut ante oculos insidiantis eat.
Mamurius, morum fabræne exactior artis,
Difficile est, illud, dicere, clausit opus.
Cui Numa munificus "Facti pete præmia" dixit:
"Si mea nota fides, irrita nulla petes."
Jam dederat Saliis a saltu nomina dicta,
Armaque et ad certos verba canenda modos.
Tum sic Mamurius: "Merces mihi gloria detur,
Nominaque extremo carmine nostra sonent."
Inde sacerdotes operi promissa vetusto
Præmia persolvunt, Mamuriumque vocant.

The Infant Jupiter.

Una nota est Martî Nonis, sacrata quòd illis
Templa putant lucos Vejovis ante duos.
Romulus ut saxo lucum circumdedit alto,
"Quilibet huc" inquit "confuge, tutus eris."

O quam de tenui Romanus origine crevit:
  Turba vetus quam non invidiosa fuit!
Ne tamen ignaro novitas tibi nominis obstet,
  Disce, quis iste deus, curve vocetur ita.
Juppiter est juvenis, — juvenalis aspice voltus:
  Aspice deinde, manu fulmina nulla tenet.
Fulmina post ausos cælum adfectare gigantas
  Sumpta Jovi: primo tempore inermis erat.
Ignibus Ossa novis et Pelion altius Ossâ
  Arsit, et in solidâ fixus Olympus humo.
Stat quoque capra simul; nymphæ pavisse feruntur
  Cretides; infanti lac dedit illa Jovi.
Nunc vocor ad nomen: *vegrandia* farra colonæ
  Quæ malè creverunt, *vesca*que parva vocant.
Vis ea si verbi est, cur non ego Vejovis ædem
  Ædem non magni suspicer esse Jovis?

Bacchus and Ariadne.

Jamque, ubi cæruleum variabunt sidera cælum,
  Suspice: Gorgonei colla videbis equi.
Creditur hic cæsæ gravidâ cervice Medusæ
  Sanguine respersis prosiluisse jubis.
Huic supra nubes et subter sidera lapso
  Cælum pro terrâ, pro pede pinna fuit.
Jamque indignanti nova frena receperat ore,
  Cum levis Aonias ungula fodit aquas.
Nunc fruitur cælo, quod pinnis ante petebat,
  Et nitidus stellis quinque decemque micat.
Protinus aspicies venienti nocte Coronam
  Gnosida: Theseo crimine facta dea est.
Jam bene perjuro mutârat conjuge Bacchum,
  Quæ dedit ingrato fila legenda viro.
Sorte tori gaudens "Quid flebam rustica?" dixit:
  "Utiliter nobis perfidus ille fuit."
Intereà Liber depexos crinibus Indos
  Vicit, et eoo dives ab orbe redit.

Inter captivas facie præstante puellas
Grata nimis Baccho filia regis erat.
Flebat amans conjunx, spatiataque litore curvo
Edidit incultis talia verba comis:
"En iterum, fluctus, similes audite querellas!
En iterum lacrimas accipe, arena, meas!
Dicebam, memini, *perjure et perfide Theseu!*
Ille abiit; eadem crimina Bacchus habet.
Nunc quoque *nulla viro* clamabo *femina credat!*
Nomine mutato causa relata mea est:
O utinam mea sors, quâ primum cœperat, îssit,
Jamque ego præsenti tempore nulla forem!
Quid me desertis perituram, Liber, arenis
Servabas? potui dedoluisse semel.
Bacche levis, leviorque tuis, quæ tempora cingunt,
Frondibus, in lacrimas cognite Bacche meas,
Heu ubi pacta fides? ubi, quæ jurare solebas?
Me miseram, quotiens hæc ego verba loquar?
Thesea culpabas, fallacemque ipse vocabas:
Judicio peccas turpiùs ipse tuo.
Ne sciat hoc quisquam, tacitisque doloribus urar,
Ne totiens falli digna fuisse puter.
Illa ego sum, cui tu solitus promittere cælum.
Ei mihi, pro cælo qualia dona fero!"
Dixerat: audibat jamdudum verba querentis
Liber, ut a tergo forte secutus erat.
Occupat amplexu, lacrimasque per oscula siccat,
Et "Pariter cæli summa petamus" ait.
"Tu mihi juncta toro mihi juncta vocabula sumes:
Nam tibi mutatæ Libera nomen erit.
Sintque tuæ tecum faciam monumenta coronæ,
Volcanus Veneri quam dedit, illa tibi."
Dicta facit, gemmasque novem transformat in ignes.
Aurea per stellas nunc micat illa novem.

Anna Perenna.

Idibus est Annæ festum geniale Perennæ,
  Haud procul a ripis, advena Thybri, tuis.
Plebs venit, ac virides passim disjecta per herbas
  Potat, et accumbit cum pare quisque suâ.
Sub Jove pars durat; pauci tentoria ponunt;
  Sunt quibus e ramis frondea facta casa est;
Pars ubi pro rigidis calamos statuêre columnis,
  Desuper extentas imposuêre togas.
Sole tamen vinoque calent, annosque precantur,
  Quot sumant cyathos, ad numerumque bibunt.
Invenies illic, qui Nestoris ebibat annos,
  Quæ sit per calices facta Sibylla suos.
Illic et cantant, quicquid didicêre theatris,
  Et jactant faciles ad sua verba manus:
Et ducunt posito duras cratere choreas,
  Cultaque diffusis saltat amica comis.
Cum redeunt, titubant, et sunt spectacula volgi,
  Et fortunatos obvia turba vocat.
Occurri nuper; visa est mihi digna relatu
  Pompa; senem potum pota trahebat anus.
Quæ tamen hæc dea sit, quoniam rumoribus errat,
  Fabula proposito nulla tacenda meo.
Arserat Æneæ Dido miserabilis igne,
  Arserat exstructis in sua fata rogis:
Compositusque cinis, tumulique in marmore carmen
  Hoc breve, quod moriens ipsa reliquit, erat:
PRÆBUIT ÆNEAS ET CAUSAM MORTIS ET ENSEM:
  IPSA SUA DIDO CONCIDIT USA MANU.
Protinus invadunt Numidæ sine vindice regnum,
  Et potitur captâ Maurus Iarba domo.
Seque memor spretum, "Thalamis tamen" inquit "Elissæ
  En ego, quem totiens reppulit illa, fruor."
Diffugiunt Tyrii, quò quemque agit error, ut olim
  Amisso dubiæ rege vagantur apes.

Tertia nudandas acceperat area messes,
Inque cavos ierant tertia musta lacus:
Pellitur Anna domo, lacrimansque sororia linquit
Mœnia; germanæ justa dat ante suæ.
Mixta bibunt molles lacrimis unguenta favillæ,
Vertice libatas accipiuntque comas.
Terque *Vale!* dixit, cineres ter ad ora relatos
Pressit, et est illis visa subesse soror.
Nancta ratem comitesque fugæ, pede labitur æquo,
Mœnia respiciens, dulce sororis opus.
Fertilis est Melite sterili vicina Cosyræ
Insula, quam Libyci verberat unda freti.
Hanc petit, hospitio regis confisa vetusto:
Hospes opum dives rex ibi Battus erat.
Qui postquam didicit casus utriusque sororis,
"Hæc" inquit "tellus quantulacumque tua est."
Et tamen hospitii servâsset ad ultima munus!
Sed timuit magnas Pygmalionis opes.
Signa recensuerat bis sol sua: tertius ibat
Annus, et exilio terra paranda nova est.
Frater adest belloque petit. Rex arma perosus
"Nos sumus imbelles, tu fuge sospes!" ait.
Jussa fugit, ventoque ratem committit et undis.
Asperior quovis æquore frater erat.
Est propè piscosos lapidosi Crathidis amnes
Parvus ager: Cameren incola turba vocat.
Illuc cursus erat, nec longiùs afuit inde,
Quam quantum novies mittere funda potest.
Vela cadunt primo, et dubiâ librantur ab aurâ:
"Findite remigio" navita dixit "aquas!"
Dumque parant torto subducere carbasa lino,
Percutitur rapido puppis adunca Noto,
Inque patens æquor, frustrà pugnante magistro,
Fertur, et ex oculis visa refugit humus.
Adsiliunt fluctus, imoque a gurgite pontus
Vertitur, et canas alveus haurit aquas.

Vincitur ars vento: nec jam moderator habenis
  Utitur, aut votis his quoque poscit opem.
Jactatur tumidas exsul Phœnissa per undas,
  Humidaque oppositâ lumina veste tegit.
Tunc primùm Dido felix est dicta sorori,
  Et quæcumque aliquam corpore pressit humum.
Figitur ad Laurens ingenti flamine litus
  Puppis, et expositis omnibus hausta perit.
Jam pius Æneas regno natâque Latini
  Auctus erat, populos miscueratque duos.
Litore dotali solo comitatus Achate
  Secretum nudo dum pede carpit iter,
Aspicit errantem, nec credere sustinet Annam
  Esse: — Quid in Latios illa veniret agros?
Dum secum Æneas, "Anna est!" exclamat Achates.
  Ad nomen voltus sustulit illa suos.
Quo fugiat? quid agat? quos terræ quærat hiatus?
  Ante oculos miseræ fata sororis erant.
Sensit, et adloquitur trepidam Cythereïus heros;
  Flet tamen admonitu motus, Elissa, tui.
"Anna, per hanc juro, quam quondam audire solebas
  Tellurem fato prosperiore dari,
Perque deos comites, hac nuper sede locatos,
  Sæpe meas illos increpuisse moras.
Nec timui de morte tamen: metus afuit iste.
  Ei mihi! credibili fortior illa fuit.
Ne refer: aspexi non illo pectore digna
  Volnera, Tartareas ausus adire domos.
At tu, seu ratio te nostris appulit oris,
  Sive deus, regni commoda carpe mei:
Multa tibi memores, nîl non debemus Elissæ:
  Nomine grata tuo, grata sororis, eris."
Talia dicenti — neque enim spes altera restat —
  Credidit, errores exposuitque suos.
Utque domum intravit Tyrios induta paratus,
  Incipit Æneas — cetera turba silet —

"Hanc tibi cur tradam, pia causa, Lavinia conjunx,
Est mihi: consumpsi naufragus hujus opes.
Orta Tyro est, regnum Libycâ possedit in orâ:
Quam precor ut caræ more sororis ames."
Omnia promittit, falsumque Lavinia volnus
Mente premit tacitâ, dissimulatque fremens.
Donaque cum videat præter sua lumina ferri
Multa palàm, mitti clam quoque multa putat.
Non habet exactum, quid agat: furialiter odit,
Et parat insidias, et cupit ulta mori.
Nox erat: ante torum visa est adstare sororis
Squalenti Dido sanguinolenta comâ
Et "Fuge, ne dubita, mæstum, fuge" dicere "tectum."
Sub verbum querulas impulit aura fores.
Exsilit, et velox humili super arva fenestrâ
Se jacit: audacem fecerat ipse timor.
Quâque metu rapitur, tunicâ velata recinctâ
Currit, ut auditis territa damma lupis.
Corniger hanc cupidis rapuisse Numicius undis
Creditur, et stagnis occuluisse suis.
Sidonis intereà magno clamore per agros
Quæritur: apparent signa notæque pedum.
Ventum erat ad ripas: inerant vestigia ripis —
Sustinuit tacitas conscius amnis aquas —
Ipsa loqui visa est "Placidi sum nympha Numicî:
Amne perenne latens Anna Perenna vocor."

Murder of Cæsar.

Præteriturus eram gladios in principe fixos,
Cum sic a castis Vesta locuta focis:
"Ne dubita meminisse! meus fuit ille sacerdos:
Sacrilegæ telis me petiêre manus.
Ipsa virum rapui, simulacraque nuda reliqui:
Quæ cecidit ferro, Cæsaris umbra fuit."
Ille quidem cælo positus Jovis atria vidit,
Et tenet in magno templa dicata foro.

At quicumque nefas ausi, prohibente deorum
Numine, polluerant pontificale caput,
Morte jacent meritâ. Testes estote Philippi,
Et quorum sparsis ossibus albet humus.
Hoc opus, hæc pietas, hæc prima elementa fuerunt
Cæsaris, ulcisci justa per arma patrem.

Bacchus and the Honey-cakes.

Tertia post Idus lux est celeberrima Baccho.
Bacche, fave vati, dum tua festa cano.
Sithonas et Scythicos longum est narrare triumphos,
Et domitas gentes, turifer Inde, tuas.
Tu quoque Thebanæ mala præda tacebere matris,
Inque tuum furiis acte, Lycurge, genu.
Ecce libet subitos pisces Tyrrhenaque monstra
Dicere: sed non est carminis hujus opus.
Carminis hujus opus causas expromere, quare
Vilis anus populos ad sua liba vocet.
Ante tuos ortus aræ sine honore fuerunt,
Liber, et in gelidis herba reperta focis.
Te memorant Gange totoque oriente subacto
Primitias magno seposuisse Jovi.
Cinnama tu primus captivaque tura dedisti,
Deque triumphato viscera tosta bove.
Nomine ab auctoris ducunt libamina nomen,
Libaque, quod sacris pars datur inde focis.
Liba deo fiunt, succis quia dulcibus idem
Gaudet, et a Baccho mella reperta ferunt.
Ibat arenoso satyris comitatus ab Hebro, —
Non habet ingratos fabula nostra jocos —
Jamque erat ad Rhodopen Pangæaque florida ventum:
Æriferæ comitum concrepuêre manus.
Ecce novæ coëunt volucres tinnitibus actæ,
Quosque movent sonitus æra, sequuntur apes.
Colligit errantes et in arbore claudit inani
Liber, et inventi præmia mellis habet.

Ut satyri levisque senex tetigêre saporem,
  Quærebant flavos per nemus omne favos.
Audit in exesâ stridorem examinis ulmo,
  Adspicit et ceras dissimulatque senex:
Utque piger pandi tergo residebat aselli,
  Applicat hunc ulmo corticibusque cavis.
Constitit ipse super ramoso stipite nixus,
  Atque avidè trunco condita mella petit.
Milia crabronum coëunt, et vertice nudo
  Spicula defigunt, oraque sima notant.
Ille cadit præceps, et calce feritur aselli,
  Inclamatque suos, auxiliumque rogat.
Concurrunt satyri, turgentiaque ora parentis
  Rident: percusso claudicat ille genu.
Ridet et ipse deus, limumque inducere monstrat.
  Hic paret monitis, et linit ora luto.
Melle pater fruitur; liboque infusa calenti
  Jure repertori candida mella damus.

Rites of Minerva.

Una dies media est, et fiunt sacra Minervæ,
  Nomina quæ junctis quinque diebus habent.
Sanguine prima vacat, nec fas concurrere ferro:
  Causa, quod est illâ nata Minerva die.
Altera tresque super rasâ celebrantur arenâ:
  Ensibus exsertis bellica læta dea est.
Pallada nunc pueri teneræque orate puellæ:
  Qui bene placârit Pallada, doctus erit.
Pallade placatâ lanam mollire puellæ
  Discant, et plenas exonerare colos.
Illa etiam stantes radio percurrere telas
  Erudit, et rarum pectine denset opus.
Hanc cole, qui læsis maculas de vestibus aufers:
  Hanc cole, velleribus quisquis aëna paras.
Nec quisquam invitâ faciet bene vincula plantæ
  Pallade, sit Tychio doctior ille licet.

Et licet antiquo manibus collatus Epeo
  Sit prior, iratâ Pallade mancus erit.
Vos quoque, Phœbeâ morbos qui pellitis arte,
  Munera de vestris pauca referte deæ.
Nec vos, turba ferè censu fraudata, magistri,
  Spernite: discipulos attrahit illa novos.
Quique moves cælum, tabulamque coloribus uris,
  Quique facis doctâ mollia saxa manu.
Mille dea est operum: certè dea carminis illa est:
  Si mereor, studiis adsit amica meis.
Cælius ex alto quâ mons descendit in æquum,
  Hic ubi non plana est, sed prope plana via,
Parva licet videas Captæ delubra Minervæ,
  Quæ dea natali cœpit habere suo.
Nominis in dubio causa est. Capitale vocamus
  Ingenium sollers: ingeniosa dea est.
An quia de capitis fertur sine matre paterni
  Vertice cum clipeo prosiluisse suo?
An quia perdomitis ad nos captiva Faliscis
  Venit? et hoc ipsum littera prisca docet.
An quòd habet legem, capitis quæ pendere pœnas
  Ex illo jubeat furta reperta loco?
A quâcumque trahis ratione vocabula, Pallas,
  Pro ducibus nostris ægida semper habe!

The Golden Fleece.

Summa dies e quinque tubas lustrare canoras
  Admonet, et forti sacrificare deæ.
Nunc potes ad solem sublato dicere voltu,
  "Hic here Phrixeæ vellera pressit ovis."
Seminibus tostis sceleratæ fraude novercæ,
  Sustulerat nullas, ut solet, herba comas.
Mittitur ad tripodas, certâ qui sorte reportet,
  Quam sterili terræ Delphicus edat opem.
Hic quoque, corruptus cum semine, nuntiat Helles
  Et juvenis Phrixi funera sorte peti.

Utque recusantem cives et tempus et Ino
  Compulerunt regem jussa nefanda pati,
Et soror et Phrixus, velati tempora vittis,
  Stant simul ante aras, junctaque fata gemunt.
Aspicit hos, ut fortè pependerat æthere, mater,
  Et ferit attonitâ pectora nuda manu:
Inque draconigenam nimbis comitantibus urbem
  Desilit, et natos eripit inde suos.
Utque fugam capiant, aries nitidissimus auro
  Traditur: ille vehit per freta longa duos.
Dicitur infirmâ cornu tenuisse sinistrâ
  Femina, cùm de se nomina fecit aquæ.
Pæne simul periit, dum volt succurrere lapsæ,
  Frater, et extentas porrigit usque manus.
Flebat, ut amissâ gemini consorte pericli,
  Cæruleo junctam nescius esse deo.
Litoribus tactis aries fit sidus: at hujus
  Pervenit in Colchas aurea lana domos.

Tres ubi Luciferos veniens præmiserit Eos,
  Tempora nocturnis æqua diurna feres.

Inde quater pastor saturos ubi clauserit hædos,
  Canuerint herbæ rore recente quater,
Janus adorandus, cumque hoc Concordia mitis
  Et Romana Salus, araque Pacis erit.

Luna regit menses: hujus quoque tempora mensis
  Finit Aventino Luna colenda jugo.

VII.

VIRGIL.

1. *The Story of Aristæus.*

[Georgics, Book IV. verses 317–558.]

PASTOR Aristæus, fugiens Peneïa Tempe,
Amissis, ut fama, apibus morboque fameque,
Tristis ad extremi sacrum caput adstitit amnis,
Multa querens, atque hac affatus voce parentem:
"Mater, Cyrene mater, quæ gurgitis hujus
Ima tenes, quid me præclarâ stirpe deorum —
Si modò, quem perhibes, pater est Thymbræus Apollo —
Invisum fatis genuisti? aut quò tibi nostrî
Pulsus amor? quid me cælum sperare jubebas?
En etiam hunc ipsum vitæ mortalis honorem,
Quem mihi vix frugum et pecudum custodia sollers
Omnia temptanti extuderat, te matre, relinquo.
Quin age, et ipsa manu felices erue silvas;
Fer stabulis inimicum ignem, atque interfice messes;
Ure sata, et validam in vites molire bipennem,
Tanta meæ si te ceperunt tædia laudis."
At mater sonitum thalamo sub fluminis alti
Sensit. Eam circum Milesia vellera Nymphæ
Carpebant, hyali saturo fucata colore.
Dum fusis mollia pensa
Devolvunt, iterum maternas impulit aures
Luctus Aristæi, vitreisque sedilibus omnes
Obstupuêre; sed ante alias Arethusa sorores
Prospiciens, summâ flavum caput extulit undâ;

Et procul: "O gemitu non frustrà exterrita tanto,
Cyrene soror, ipse tibi, tua maxima cura,
Tristis Aristæus Penei genitoris ad undam
Stat lacrimans, et te crudelem nomine dicit."
Huic percussa novâ mentem formidine mater,
"Duc, age, duc ad nos; fas illi limina divûm
Tangere," ait. Simul alta jubet discedere latè
Flumina, quâ juvenis gressus inferret: at illum
Curvata in montis faciem circumstetit unda
Accepitque sinu vasto misitque sub amnem. . .
Postquam est in thalami pendentia pumice tecta
Perventum, et nati fletus cognovit inanes
Cyrene, manibus liquidos dant ordine fontes
Germanæ, tonsisque ferunt mantelia villis;
Pars epulis onerant mensas, et plena reponunt
Pocula; Panchæis adolescunt ignibus aræ;
Et mater, "Cape Mæonii carchesia Bacchi:
Oceano libemus," ait. Simul ipsa precatur
Oceanumque patrem rerum, Nymphasque sorores,
Centum quæ silvas, centum quæ flumina servant.
Ter liquido ardentem perfudit nectare Vestam,
Ter flamma ad summum tecti subjecta reluxit.
Omine quo firmans animum, sic incipit ipsa:
"Est in Carpathio Neptuni gurgite vates
Cæruleus Proteus, magnum qui piscibus æquor
Et juncto bipedum curru metitur equorum.
Hic nunc Emathiæ portus patriamque revisit
Pallenen: hunc et Nymphæ veneramur, et ipse
Grandævus Nereus; novit namque omnia vates,
Quæ sint, quæ fuerint, quæ mox ventura trahantur:
Quippe ita Neptuno visum est, immania cujus
Armenta et turpes pascit sub gurgite phocas.
Hic tibi, nate, priùs vinclis capiendus, ut omnem
Expediat morbi caussam, eventusque secundet.
Nam sine vi non ulla dabit præcepta, neque illum
Orando flectes: vim duram et vincula capto

Tende; doli circum hæc demum frangentur inanes.
Ipsa ego te, medios cum sol accenderit æstus,
Cum sitiunt herbæ, et pecori jam gratior umbra est,
In secreta senis ducam, quò fessus ab undis
Se recipit, facilè ut somno aggrediare jacentem.
Verùm ubi correptum manibus vinclisque tenebis,
Tum variæ eludent species atque ora ferarum.
Fiet enim subitò sus horridus, atraque tigris,
Squamosusque draco, et fulvâ cervice leæna;
Aut acrem flammæ sonitum dabit, atque ita vinclis
Excidet, aut in aquas tenues dilapsus abibit.
Sed quanto ille magis formas se vertet in omnes,
Tanto, nate, magis contende tenacia vincla,
Donec talis erit mutato corpore, qualem
Videris, incepto tegeret cùm lumina somno.
Hæc ait, et liquidum ambrosiæ diffundit odorem,
Quo totum nati corpus perduxit; at illi
Dulcis compositis spiravit crinibus aura,
Atque habilis membris venit vigor.
Est specus ingens
Exesi latere in montis, quò plurima vento
Cogitur, inque sinus scindit sese unda reductos,
Deprensis olim statio tutissima nautis;
Intus se vasti Proteus tegit obice saxi.
Hîc juvenem in latebris aversum a lumine Nympha
Collocat; ipsa procul nebulis obscura resistit.
Jam rapidus torrens sitientes Sirius Indos
Ardebat cælo, et medium sol igneus orbem
Hauserat; arebant herbæ, et cava flumina siccis
Faucibus ad limum radii tepefacta coquebant:
Cum Proteus consueta petens e fluctibus antra
Ibat; eum vasti circum gens humida ponti
Exsultans rorem latè dispergit amarum.
Sternunt se somno diversæ in litore phocæ;
Ipse, velut stabuli custos in montibus olim,
Vesper ubi e pastu vitulos ad tecta reducit,

Auditisque lupos acuunt balatibus agni,
Considit scopulo medius, numerumque recenset.
  Cujus Aristæo quoniam est oblata facultas,
Vix defessa senem passus componere membra,
Cum clamore ruit magno, manicisque jacentem
Occupat. Ille suæ contrà non immemor artis
Omnia transformat sese in miracula rerum,
Ignemque, horribilemque feram, fluviumque liquentem.
Verùm ubi nulla fugam reperit fallacia, victus
In sese redit, atque hominis tandem ore locutus:
"Nam quis te, juvenum confidentissime, nostras
Jussit adire domos? quidve hinc petis?" inquit. At ille:
"Scis, Proteu, scis ipse; neque est te fallere quicquam;
Sed tu desine velle. Deûm præcepta secuti
Venimus, hinc lassis quæsitum oracula rebus."
Tantum effatus. Ad hæc vates vi denique multâ
Ardentes oculos intorsit lumine glauco,
Et graviter frendens sic fatis ora resolvit:
  "Non te nullius exercent numinis iræ.
Magna luis commissa: tibi has miserabilis Orpheus
Haudquâquam ob meritum pœnas, ni Fata resistant,
Suscitat, et raptâ graviter pro conjuge sævit.
Illa quidem, dum te fugeret per flumina præceps,
Immanem ante pedes hydrum moritura puella
Servantem ripas altâ non vidit in herbâ.
At chorus æqualis Dryadum clamore supremos
Implêrunt montes; flêrunt Rhodopeïæ arces,
Altaque Pangæa, et Rhesi Mavortia tellus,
Atque Getæ, atque Hebrus, et Actias Orithyia.
  "Ipse, cavâ solans ægrum testudine amorem,
Te, dulcis conjux, te solo in litore secum,
Te veniente die, te decedente canebat.
Tænarias etiam fauces, alta ostia Ditis,
Et caligantem nigrâ formidine lucum
Ingressus, Manesque adiit, Regemque tremendum,
Nesciaque humanis precibus mansuescere corda.

"At, cantu commotæ, Erebi de sedibus imis
Umbræ ibant tenues, simulacraque luce carentûm, —
Quàm multa in foliis avium se milia condunt,
Vesper ubi aut hibernus agit de montibus imber, —
Matres atque viri, defunctaque corpora vitâ
Magnanimûm heroum, pueri, innuptæque puellæ,
Impositique rogis juvenes ante ora parentûm;
Quos circum limus niger et deformis arundo
Cocyti tardâque palus inamabilis undâ
Alligat, et novies Styx interfusa coercet.
Quin ipsæ stupuêre domus atque intima Leti
Tartara cæruleosque implexæ crinibus angues
Eumenides, tenuitque inhians tria Cerberus ora,
Atque Ixionii vento rota constitit orbis.
"Jamque pedem referens casus evaserat omnes,
Redditaque Eurydice superas veniebat ad auras,
Ponè sequens, — namque hanc dederat Proserpina legem, —
Cùm subita incautum dementia cepit amantem,
Ignoscenda quidem, scirent si ignoscere Manes:
Restitit, Eurydicenque suam, jam luce sub ipsâ,
Immemor, heu! victusque animi, respexit. Ibi omnis
Effusus labor, atque immitis rupta tyranni
Fœdera, terque fragor stagnis auditus Avernis.
Illa, 'Quis et me, inquit, miseram, et te perdidit, Orpheu?
Quis tantus furor? En iterum crudelia retrò
Fata vocant, conditque natantia lumina somnus.
Jamque vale: feror ingenti circumdata nocte,
Invalidasque tibi tendens, heu non tua, palmas!'
Dixit, et ex oculis subitò, ceu fumus in auras
Commixtus tenues, fugit diversa, neque illum,
Prensantem nequîquam umbras et multa volentem
Dicere, prætereà vidit; nec portitor Orci
Ampliùs objectam passus transire paludem.
"Quid faceret? quò se raptâ bis conjuge ferret?
Quo fletu Manes, quâ Numina voce moveret?
Illa quidem Stygiâ nabat jam frigida cymbâ.

Septem illum totos perhibent ex ordine menses
Rupe sub aëriâ deserti ad Strymonis undam
Flevisse, et gelidis hæc evolvisse sub antris,
Mulcentem tigres et agentem carmine quercus;
Qualis populeâ mærens Philomela sub umbrâ
Amissos queritur fetus, quos durus arator
Observans nido implumes detraxit; at illa
Flet noctem, ramoque sedens miserabile carmen
Integrat, et mæstis latè loca questibus implet.
"Nulla Venus, non ulli animum flexêre hymenæi:
Solus Hyperboreas glacies Tanaimque nivalem
Arvaque Rhipæis numquam viduata pruinis
Lustrabat, raptam Eurydicen atque irrita Ditis
Dona querens; spretæ Ciconum quo munere matres
Inter sacra deûm nocturnique orgia Bacchi
Discerptum latos juvenem sparsêre per agros.
Tum quoque marmoreâ caput a cervice revulsum
Gurgite cùm medio portans Œagrius Hebrus
Volveret, *Eurydicen!* vox ipsa et frigida lingua,
Ah miseram Eurydicen! animâ fugiente vocabat;
Eurydicen! toto referebant flumine ripæ."
Hæc Proteus: et se jactu dedit æquor in altum,
Quâque dedit, spumantem undam sub vertice torsit.
At non Cyrene; namque ultrò adfata timentem:
"Nate, licet tristes animo deponere curas:
Hæc omnis morbi caussa; hinc miserabile Nymphæ,
Cum quibus illa choros lucis agitabat in altis,
Exitium misêre apibus. Tu munera supplex
Tende, petens pacem, et faciles venerare Napæas;
Namque dabunt veniam votis, irasque remittent.
Sed, modus orandi qui sit, priùs ordine dicam.
Quattuor eximios præstanti corpore tauros,
Qui tibi nunc viridis depascunt summa Lycæi,
Delige, et intactâ totidem cervice juvencas.
Quattuor his aras alta ad delubra dearum
Constitue, et sacrum jugulis demitte cruorem,

Corporaque ipsa boum frondoso desere luco.
Post, ubi nona suos Aurora ostenderit ortus,
Inferias Orphei Lethæa papavera mittes,
Et nigram mactabis ovem, lucumque revises;
Placatam Eurydicen vitulâ venerabere cæsâ."
  Haud mora: continuò matris præcepta facessit:
Ad delubra venit; monstratas excitat aras;
Quattuor eximios præstanti corpore tauros
Ducit, et intactâ totidem cervice juvencas.
Post, ubi nona suos Aurora induxerat ortus,
Inferias Orphei mittit, lucumque revisit.
Hîc verò subitum ac dictu mirabile monstrum
Aspiciunt, liquefacta boum per viscera toto
Stridere apes utero et ruptis effervere costis,
Immensasque trahi nubes, jamque arbore summâ
Confluere et lentis uvam demittere ramis.

2. *Tityrus.*

[Eclogue I.]

M. TITYRE, tu patulæ recubans sub tegmine fagi
Silvestrem tenui Musam meditaris avenâ;
Nos patriæ fines et dulcia linquimus arva:
Nos patriam fugimus; tu Tityre, lentus in umbrâ,
Formosam resonare doces Amaryllida silvas.
T. O Melibœe, deus nobis hæc otia fecit:
Namque erit ille mihi semper deus; illius aram
Sæpe tener nostris ab ovilibus imbuet agnus.
Ille meas errare boves, ut cernis, et ipsum
Ludere, quæ vellem, calamo permisit agresti.
M. Non equidem invideo; miror magis: undique totis
Usque adeò turbatur agris. En, ipse capellas
Protinus æger ago; hanc etiam vix, Tityre, duco.
Hic inter densas corylos modò namque gemellos,
Spem gregis, ah! silice in nudâ connixa reliquit.

Sæpe malum hoc nobis, si mens non læva fuisset,
De cælo tactas memini prædicere quercus;
Sæpe sinistra cavâ prædixit ab ilice cornix.
Sed tamen, iste deus qui sit, da, Tityre, nobis.
T. Urbem, quam dicunt Romam, Melibœe, putavi
Stultus ego huic nostræ similem, quò sæpe solemus
Pastores ovium teneros depellere fetus.
Sic canibus catulos similes, sic matribus hædos
Nôram, sic parvis componere magna solebam.
Verùm hæc tantum alias inter caput extulit urbes,
Quantum lenta solent inter viburna cupressi.
M. Et quæ tanta fuit Romam tibi caussa videndi?
T. Libertas; quæ sera, tamen respexit inertem,
Candidior postquam tondenti barba cadebat;
Respexit tamen, et longo post tempore venit,
Postquam nos Amaryllis habet, Galatea reliquit.
Namque, fatebor enim, dum me Galatea tenebat,
Nec spes libertatis erat, nec cura peculî.
Quamvis multa meis exiret victima sæptis,
Pinguis et ingratæ premeretur caseus urbi,
Non umquam gravis ære domum mihi dextra redibat.
M. Mirabar, quid mæsta deos, Amarylli, vocares,
Cui pendere suâ patereris in arbore poma:
Tityrus hinc aberat. Ipsæ te, Tityre, pinus,
Ipse te fontes, ipsa hæc arbusta vocabant.
T. Quid facerem? neque servitio me exire licebat,
Nec tam præsentes alibi cognoscere divos.
Hîc illum vidi juvenem, Melibœe, quotannis
Bis senos cui nostra dies altaria fumant.
Hic mihi responsum primus dedit ille petenti:
"Pascite, ut ante, boves, pueri; submittite tauros."
M. Fortunate senex, ergo tua rura manebunt,
Et tibi magna satis, quamvis lapis omnia nudus
Limosoque palus obducat pascua junco!
Non insueta graves temptabunt pabula fetas,
Nec mala vicini pecoris contagia lædent.

Fortunate senex, hîc inter flumina nota
Et fontes sacros, frigus captabis opacum!
Hinc tibi, quæ semper, vicino ab limite, sæpes
Hyblæis apibus florem depasta salicti,
Sæpe levi somnum suadebit inire susurro:
Hinc altâ sub rupe canet frondator ad auras;
Nec tamen intereà raucæ, tua cura, palumbes,
Nec gemere aëriâ cessabit turtur ab ulmo.
T. Antè leves ergo pascentur in æthere cervi,
Et freta destituent nudos in litore pisces,
Antè, pererratis amborum finibus, exsul
Aut Ararim Parthus bibet, aut Germania Tigrim,
Quam nostro illius labatur pectore vultus.
M. At nos hinc alii sitientes ibimus Afros,
Pars Scythiam et rapidum Cretæ veniemus Oaxen,
Et penitus toto divisos orbe Britannos.
En umquam patrios longo post tempore fines,
Pauperis et tugurî congestum cæspite culmen,
Post aliquot, mea regna videns, mirabor aristas?
Impius hæc tam culta novalia miles habebit?
Barbarus has segetes? en quò discordia cives
Produxit miseros! en, quîs consevimus agros!
Insere nunc, Melibœe, piros, pone ordine vites!
Ite meæ, felix quondam pecus, ite, capellæ!
Non ego vos posthac, viridi projectus in antro,
Dumosâ pendere procul de rupe videbo;
Carmina nulla canam; non, me pascente, capellæ,
Florentem cytisum et salices carpetis amaras.
T. Hîc tamen hanc mecum poteras requiescere noctem
Fronde super viridi: sunt nobis mitia poma,
Castaneæ molles, et pressi copia lactis;
Et jam summa procul villarum culmina fumant,
Majoresque cadunt altis de montibus umbræ.

3. *Pollio.*

[Eclogue, IV.]

SICELIDES Musæ, paullo majora canamus!
Non omnes arbusta juvant, humilesque myricæ;
Si canimus silvas, silvæ sint Consule dignæ.
Ultima Cumæi venit jam carminis ætas;
Magnus ab integro sæclorum nascitur ordo.
Jam redit et Virgo, redeunt Saturnia regna;
Jam nova progenies cælo demittitur alto.
Tu modò nascenti puero, quo ferrea primùm
Desinet, ac toto surget gens aurea mundo,
Casta fave Lucina: tuus jam regnat Apollo.
Teque adeò decus hoc ævi, te Consule, inibit,
Pollio! et incipient magni procedere menses:
Te duce, si qua manent sceleris vestigia nostri,
Irrita perpetuâ solvent formidine terras.
Ille deûm vitam accipiet divosque videbit
Permixtos heroas et ipse videbitur illis,
Pacatumque reget patriis virtutibus orbem.
At tibi prima, puer, nullo munuscula cultu
Errantes hederas passim cum bacchare Tellus,
Mixtaque ridenti colocasia fundet acantho.
Ipsæ lacte domum referent distenta capellæ
Ubera, nec magnos metuent armenta leones.
Ipsa tibi blandos fundent cunabula flores.
Occidet et serpens, et fallax herba veneni
Occidet; Assyrium vulgò nascetur amomum.
At simul heroum laudes et facta parentis
Jam legere, et quæ sit poteris cognoscere virtus,
Molli paullatim flavescet campus aristâ,
Incultisque rubens pendebit sentibus uva,
Et duræ quercus sudabunt roscida mella.
Pauca tamen suberunt priscæ vestigia fraudis,

Quæ temptare Thetim ratibus, quæ cingere muris
Oppida, quæ jubeant telluri infindere sulcos.
Alter erit tum Tiphys, et altera quæ vehat Argo
Delectos heroas; erunt etiam altera bella,
Atque iterum ad Trojam magnus mittetur Achilles.
  Hinc, ubi jam firmata virum te fecerit ætas,
Cedet et ipse mari vector, nec nautica pinus
Mutabit merces: omnis feret omnia tellus.
Non rastros patietur humus, non vinea falcem;
Robustus quoque jam tauris juga solvet arator;
Nec varios discet mentiri lana colores:
Ipse sed in pratis aries jam suave rubenti
Murice, jam croceo mutabit vellera luto;
Sponte suâ sandyx pascentes vestiet agnos.
  Talia sæcla, suis dixerunt, *currite!* fusis
Concordes stabili fatorum numine Parcæ.
  Aggredere O magnos — aderit jam tempus — honores,
Cara deûm suboles, magnum Jovis incrementum!
Adspice convexo nutantem pondere mundum,
Terrasque tractusque maris cælumque profundum:
Adspice, venturo lætantur ut omnia sæclo!
O mihi tam longæ maneat pars ultima vitæ,
Spiritus et, quantum sat erit tua dicere facta!
Non me carminibus vincet nec Thracius Orpheus,
Nec Linus, huic mater quamvis atque huic pater adsit,
Orphei Calliopea, Lino formosus Apollo.
Pan etiam Arcadiâ mecum si judice certet,
Pan etiam, Arcadiâ dicat se judice victum.
  Incipe, parve puer, risu cognoscere matrem!
Matri longa decem tulerunt fastidia menses;
Incipe, parve puer: cui non risêre parentes,
Nec deus hunc mensâ, dea nec dignata cubili est.

VIII.

PLAUTUS.

Mercury in Disguise.

[Amphitruo, Act I. Scene 1.]

SOSIA, *servant of Amphitruo;* MERCURY, *disguised as Sosia.*

S. Ibo, ut, herus quod ímperavit, Alcumenæ núntiem.
Sét quis hic est homó, quem ante ædis vídeo hoc noctis? nón placet.
M. Núllu'st hoc metículosus ǽquè. — *S.* Quom recógito,
Illic homo hoc meum dénuo volt pállium detéxere.
M. Tímet homo: delúdam ego illum. — *S.* Périi! dentes prúriunt.
Cértè advenientem híc me hospitio púgneo acceptúrus est.
Crédo misericórs est: nunc proptérea quòd me méus herus
Fécit ut vigilárem, hic pugnis fáciet hodie ut dórmiam.
Oppido interii: óbsecro herclè quántus et quàm válidus est!
M. Clárè advorsum fábulabor: Híc auscultet quæ loquar.
Igitur demum mágis majorem in sése concipiét metum.
Agite, pugni: jám diu'st quom véntri victum nón datis:
Jám pridem vidétur factum, herí quod homines quáttuor
In soporem cónlocâstis núdos. — *S.* Formidó malè
Né ego hîc nomen méum conmutem, et Quínctus fiam e Sósiâ.
Quáttuor virós sopori sé dedisse hic aútumat;
Métuo ne numerum aúgeam illum. — *M.* Hem! núnc jam ergo: síc volo.
S. Cíngitur, certè éxpedit se. — *M.* Nón feret quin vápulet.
S. Quís homo? — *M.* Quisquis homo húc profecto vénerit, pugnós edet.

S. Apage, non placét me hoc noctis esse: cenaví modò:
Próin tu istam cenám largire, sí sapis, essuriéntibus.
M. Haú malum huic est póndus pugno. — *S.* Périi! pugnos pónderat.
M. Quíd, si ego illum tráctim tangam ut dórmiat? — *S.* Serváveris:
Nám continuas hás tris noctis pérvigilavi péssumè.
M. Fácimus: nequít ferire malám malè discít manus.
Aliâ formâ opórtet esse quém tu pugnis íceris.
S. Illic homo me intérpolabit, méumque os finget dénuo.
M. Exossatum os ésse oportet, quém probè percússeris.
S. Mírum ni hic me quási murænam éxossare cógitat.
Ultro istunc qui exóssat homines. Périi, si me aspéxerit.
M. Olet homo quidám malo suo. — *S.* Heí mihi, numnam ego óbolui?
M. Atque hau longè abésse oportet: vérum longè hinc ábfuit.
S. Illic homo supérstitiosu'st. — *M.* Géstiunt pugní mihi.
S. Si ín me exercitúru's, quæso in párietem ut primúm domes.
M. Vóx mî ad auris ádvolavit. — *S.* Næ ego homo infelíx fui,
Quí non alas íntervelli: vólucrem vocem géstito.
M. Illic homo a me síbi malam rem arcéssit jumentó suo.
S. Nón equidem ullum habeó jumentum. — *M.* Onerandu'st pugnís probè.
S. Lássus sum herclè e návi, ut vectus húc sum: etiam nunc naúseo:
Víx incedo inánis; ne ire pósse cum onere exístumes.
M. Cértè enim hic nescío quis loquitur. — *S.* Sálvos sum, non mé videt.
Néscio quem loqui aútumat: mihi cértò nomen Sósia est.
M. Hínc enim dextrâ míhi vox auris, út videtur, vérberat.
S. Métuo vocis né vicem hodie hic vápulem, quæ hunc vérberat.

M. Optumè eccum incédit ad me. — *S.* Tímeo: totus tórpeo.
Nón edepol nunc úbi terrarum sím scio, si quís roget:
Néque miser me cónmovere póssum præ formídine.
Ilicet: mandáta heri periérunt, unâ et Sósia.
Vérum certum'st cónfidenter húnc hominem contrà ádloqui,
Quî possim vidéri huic fortis, á me ut abstineát manum.
M. Quò ambulas tu, quí Volcanum in córnu conclusúm geris?
S. Quíd id exquiris tú, qui pugnis ós exossas hóminibus?
M. Sérvosne es an líber? — *S.* Utquomque ánimo conlubitúm'st meo.
M. Ain tu vero? — *S.* Aio enimvero. — *M.* Vérbero. — *S.* Mentíre nunc.
M. At jam faciam ut vérum dicas dícere. — *S.* Quid eó'st opus?
M. Póssum scire quò profectus, quóius sis, aut quid véneris?
S. Húc eo: mei herí sum servos. Númquid nunc es cértior?
M. Ego tibi istam hodié scelestam cónprimam linguam. — *S.* Haú potes:
Bene pudicèque ádservatur. — *M.* Pérgin' argutárier?
Quíd aput hasce ædís tibi negótî'st? — *S.* Immo quíd tibi'st?
M. Rex Creo vigilés nocturnos síngulos sempér locat.
S. Béne facit: quia nós eramus péregri, tutatú'st domi:
At nunc abi sanè, ádvenisse fámiliaris dícito.
M. Néscio quàm tu fámiliaris sís: nisi actutum hínc abis,
Fámiliaris áccipiere fáxo hau familiáriter.
S. Hîc, inquam, habito ego, átque horunc sum sérvos. — *M.* At scin quómodo?
Fáciam ego hodie té superbum, ni hínc abis. — *S.* Quonám modo?

M. Aúferere, non aoibis, sí ego fustem súmpsero.
S. Quín me esse hujus fámiliaï fámiliarem prædico.
M. Víde sîs, quam mox vápulare vís, nisi actutum hínc abis!
S. Tún' domo prohibére peregrè me ádvenientem póstulas?
M. Hæccine tua domú'st? — *S.* Ita, inquam. — *M.* Quís herus est igitúr tibi!
S. Amphitruo, qui núnc Thebanis præfectu'st legiónibus;
Quîcum nupta'st Alcumena. — *M.* Quíd ais? quid nomén tibi'st?
S. Sósiam vocánt Thebani, Dávo prognatúm patre.
M. Næ tu istic hodié malo tuo cónpositis mendáciis
Advenisti, audáciaï cólumen, consutís dolis.
S. Immo equidem tunicís consutis húc advenio, nón dolis.
M. At mentiris étiam: certò pédibus, non tunicís venis.
S. Ita profectò. — *M.* Núnc profectò vápula ob mendácium.
S. Nón edepol voló profectò. — *M.* At pól profectò ingrátiis.
Hóc quidem profécto certum'st, nón est arbitrárium.
S. Túam fidem obsecró! — *M.* Tun' te audes Sósiam esse dícere,
Qui égo sum? — *S.* Perii! — *M.* At parum etiam, præut futurum'st, prædicas.
Quóius nunc es? — *S.* Túus: nam pugnis úsu fecistí tuum.
Pró fidem, Thebáni cives! — *M.* Etiam clamas, cárnufex?
Lóquere, quid venísti? — *S.* Ut esset, quém tu pugnis cæderes.
M. Quóius es? — *S.* Amphitruónis, inquam, Sósia. — *M.* Ergo istóc magis,
Quía vaniloquu's, vápulabis: égo sum, non tu, Sósia.
S. Ita dî faciant, út tu potiùs sís, atque ego te ut vérberem.
M. Etiam muttis? — *S.* Jám tacebo. — *M.* Quís tibi heru'st? — *S.* Quem tú voles.

M. Quíd igitur? quî núnc vocare?—*S.* Némo; nisi quem jússeris.

M. Amphitruonis te ésse aiebas Sósiam.—*S.* Peccáveram:

Nám illut *Amphitruónis socium* me ésse volui dícere.

M. Scíbam equidem nullum ésse nobis, nísi me, servom Sósiam.

Fúgit ratio té.—*S.* Utinam istuc púgni fecissént tui!

M. Ego sum Sosia ílle, quem tu dúdum esse aiebás mihi.

S. Obsecro ut per pácem liceat te ádloqui, ut ne vápulem.

M. Immo indutiǽ parumper fíant, si quid vís loqui.

S. Nón loquar nisi páce factâ, quándo pugnis plús vales.

M. Díc, siquid vis: nón nocebo.—*S.* Túæ fide credó?—*M.* Meæ.

S. Quíd, si falles?—*M.* Túm Mercurius Sósiæ iratús siet.

S. Animum advorte: núnc licet mî líberè quidvís loqui.

Amphitruonis égo sum servos Sósia.—*M.* Etiam dénuo?

S. Pácem feci, fœdus feci, véra dico.—*M.* Vápula.

S. Ut lubet, quod tíbi lubet fac, qúoniam pugnis plús vales.

Vérum, utut factúru's, hoc quidem hérclè haud reticebó tamen.

M. Tú me vivos hódie numquam fácies, quin sim Sósia.

S. Cértè edepol, tu me álienabis númquam, quin nostér siem:

Néc nobis prætér me quisquam'st álius servos Sósia.

M. Híc homo sanus nón est.—*S.* Quod mihi prǽdicas vitium, íd tibi'st.

Quíd, malum! non súm ego servos Amphitruonis Sósia?

Nónne hac noctu nóstra navis húc ex portu Pérsico

Vénit, quæ me advéxit? nonne me húc herus misít meus?

Nónne ego nunc sto ante ædis nostras? nón mîst laterna ín manu?

Nón loquor? non vígilo? non hic hómo me pugnis cóntudit?

Fécit herclè; nám mî misero étiam nunc malæ dolent.
Quíd igitur ego dúbito? aut quor non íntro eo in nostrám domum?
M. Quíd, domum vostram? — *S.* Íta enimvero. — *M.* Quín quæ dixistí modò,
Omnia ementítu's: equidem sum Amphitruonis Sósia.
Nám noctu hac solúta'st navis nóstra e portu Pérsico:
Et ubi Pterela réx regnavit, óppidum expugnávimus;
Et legiones Téleboarum ví pugnando cépimus,
Et ipsus Amphitruo óbtruncavit regem Pterelam in prœlio.
S. Egomet mihi non crédo, quom illæc aútumare illum aúdio:
Híc quidem certè, quæ íllò sunt res géstæ, memorat mémoriter.
Sét quid ais? quid Amphitruoni dóno a Teleboís datum'st?
M. Ptérela rex quî pótitare sólitus est, patera aúrea.
S. Elocutu'st. Ubi ea patera núnc est? — *M.* Est in cístulâ
Amphitruonis óbsignata sígno. — *S.* Signi díc quid est?
M. Cúm quadrigis Sól exoriens. Quíd me captas, cárnufex?
S. Argumentis vícit: aliud nómen quærendúm'st mihi.
Néscio unde hæc híc spectavit. Jám ego hunc decipiám probè:
Nám quod egomet sólus feci, néc quisquam alius ádfuit,
In tabernaclo, íd quidem hodie númquam poterit dícere.
Sí tu Sosiá's, legiones quóm pugnabant máxumè,
Quíd in tabernacló fecisti? — víctus sum, si díxeris.
M. Cádus erat vini: índe implevi hírneam. — *S.* Ingressú'st viam.
M. Eam ego vini, ut mátre natum fúerat, eduxí meri.
S. Míra sunt, nisi látuit intus íllìc in illac hírneâ:
Fáctum'st illut, út ego illìc vini hírneam ebiberím meri.
M. Quíd? nunc vincone árgumentis, té non esse Sósiam?
S. Tú negas med ésse? — *M.* Quid ego ní negem, qui egomét siem?

S. Pér Jovem juró med esse: néque me falsum dícere.
M. At ego per Mercúrium juro, tíbi Jovem non crédere:
Nam ínjurato scío plus credet míhi, quam jurató tibi.
S. Quís ego sum saltém, si non sum Sósia? te intérrogo.
M. Ubi ego Sosia ésse nolim, tu ésto sanè Sósia.
Núnc quando ego sum, vápulabis, ni hínc abis, ignóbilis.
S. Cértè edepol, quom illúm contemplo, et fórmam cognoscó meam,
Quemádmodum ego sum (sǽpe in speculum inspéxi) nimis similí'st mei.
Itidem habet petasum, ác vestitum: tám consimili'st átque ego.
Súra, pes, statúra, tonsus, óculi, nasum, vél labra,
Málæ, mentum, bárba, collus — tótus! quid verbís opu'st?
Sí tergum cicátricosum, níhil hoc simili'st símilius.
Sét quom cogito, équidem certò idém sum qui sempér fui.
Nóvi herum: novi ǽdis nostras: sánè sapio et séntio.
Nón ego illi obtémpero quod lóquitur; pultabó foris.
M. Quó agis te? — *S.* Domúm. — *M.* Quadrigas sí nunc inscendás Jovis,
Atque hinc fugias, íta vix poteris écfugere infortúnium.
S. Nón heræ meæ núntiare, quód herus meus jussít, licet?
M. Túæ si quid vis núntiare: hanc nóstram adire nón sinam.
Nám si me inritâssis, hodie lúmbifragium hinc aúferes.
S. Abeo potius: Dî ínmortales, óbsecro vostrám fidem!
Ubi ego perii? ubi ínmutatus sum? úbi ego formam pérdidi?
An egomet me illíc reliqui, sí fortè oblitús fui?
Nam híc quidem omnem imáginem meam, quæ ántehac fuerat, póssidet.
Vívo fit, quod númquam quisquam mórtuo faciét mihi.
Ibo ad portum, atque hǽc uti sunt fácta, hero dicám meo.
Nísi etiam is quoque me ígnorabit; quód ille faxit Júppiter,
Utì ego hodie, ráso capite, cálvos capiam píleum.

IX.

TERENCE.

The Self-Tormentor.

[Heaut., Act I. Scene I.]

MENEDEMUS, *the Self-Tormentor;* CHREMES, *an elderly Friend.*

Quanquam hæc inter nos nuper notitia ád modum'st,
Inde ádeo quod agrum in próximo hic mercátus es,
Nec reí ferè sanè ámplius quicquám fuit:
Tamén vel virtus túa me, vel vicínitas,
Quod ego in propinquâ parte amicitiæ puto,
Facit, út te audacter móneam et familiáriter:
Quòd míhi videre præter ætatém tuam
Facere, ét præter quàm rés te adhortatúr tua.
Nam, próh Deûm atque hominúm fidem! quid vís tibi?
Quid quæ̂ris? annos séxaginta nátus es,
Aut plús, ut conjicio: ágrum in his regiónibus
Meliórem, neque pretî majoris, némo habet:
Servós non plures: proínde quasi nemó siet,
Ita túte attentè illórum officia fúngere.
Numquám tam mane egrédior, neque tam vésperi
Domúm revortor, quín te in fundo cónspicer
Fodere, aút arare, aut áliquid ferre dénique:
Nullúm remittis témpus, neque te réspicis.
Hæc nón voluptati tíbi ésse, satis certó scio:
At enim, me, quantum hîc óperis fiat, pœnitet.
Quod in ópere faciundo óperæ consumís tuæ,
Si súmas in illis éxercendis, plús agas.
M. Chremé, tantumne ab ré tuâ est otî tibi,
Aliéna ut cures, éa quæ nihil ad te áttinent?

C. Homó sum: húmani níhil a me alienúm puto.
Vel mé monere hoc, vél percontarí puta:
Rectúm'st? ego ut faciam: nón est? te ut detérream.
M. Mihi síc est usus: tíbi ut opu'st factò, face.
C. An quoíquam est usus hómini, se ut cruciét? — *M.* Mihi.
C. Si quíd laboris nóllem: sed quid istúc mali est?
Quæsó quid de te tántum meruisti? — *M.* Oíeï!
C. Ne lácruma, atque istuc, quícquid est, fac me út sciam.
Ne rétice: ne verére: crede, inquám, mihi,
Aut cónsolando, aut cónsilio, aut re, júvero.
M. Scire hóc vis? — *C.* Hac quidem caúsâ, quâ dixí tibi.
M. Dicétur. — *C.* At istos rástros intereà tamen
Appóne, ne labóra. — *M.* Minimè. — *C.* Quám rem agis?
M. Sine mé, vacivom témpus ne quod dém mihi
Labóris. — *C.* Non sinam, ínquam. — *M.* Ah, non æquóm facis.
C. Hui, tám graves hos, quæso? — *M.* Sic meritúm'st meum.
C. Nunc lóquere. — *M.* Filium únicum adulescéntulum
Habeo: áh, quid dixi? habére me? immo habuí, Chreme:
Nunc hábeam necne, incértum'st. — *C.* Quid ita istúc? — *M.* Scies.
Est é Corintho hîc ádvena anus paupércula:
Ejus fíliam ille amáre cœpit vírginem,
Propè jam út pro uxore habéret: hæc clam me ómnia.
Ubi rém rescivi, cœpi non humánitùs,
Neque ut ánimum decuit ægrotum adulescéntuli
Tractáre; sed vi, et viâ pervolgatâ patrum.
Quotídie accusábam: "Hem! tibine hæc díutius
Licére speras fácere, me vivó patre,
Amícam ut habeas própe jam in uxorís loco?
Errás, si id credis, ét me ignoras, Clínia.
Ego té meum esse díci tantispér volo,
Dum, quód te dignum'st, fácies: sed si id nón facis,

Ego, quód me in te sit fácere dignum, invénero.
Nullâ ádeò ex re istuc fít, nisi nimio ex ótio:
Ego istùc ætatis nón amori operám dabam;
Sed in Asiam hinc abii própter pauperiem, átque ibi
Simúl rem et gloriam ármis belli répperi."
Postrémò adeò res rédiit: adulescéntulus
Sæpe éadem, et graviter aúdiendo, víctus est:
Putávit me et ætáte et benivoléntiâ
Plus scíre, et providére, quàm seipsúm sibi.
In Asiam ad regem mílitatum abiít, Chreme.
C. Quid aís?—*M.* Clam me est profectus; menses trís abest.
C. Ambo áccusandi: etsi íllud inceptúm tamen
Animi ést pudentis sígnum, et non instrénui.
M. Ubi cómperi ex iis, quí fuêre ei cónscii,
Domúm revortor mæstus, atque animó ferè
Contúrbato, atque incérto præ ægritúdine
Adsído: adcurrunt sérvi: soccos détrahunt:
Inde álii festináre, lectos stérnere,
Cenam ápparare: pró se quisque sédulò
Faciébant, quo illam mí lenirent míseriam.
Ubi vídeo hæc, cœpi cógitare: hem! tót meâ
Solíus solliciti sínt causâ, ut me unum éxpleant?
Ancíllæ tot me véstiant? sumptús domi
Tantós ego solus fáciam? sed gnatum únicum,
Quem páriter utì his décuit, aut etíam ámpliùs—
Quòd illa ǽtas magis ad hǽc utenda idónea est—
Eum ego hínc ejeci míserum injustitiâ meâ:
Maló quidem me dígnum quovis députem,
Si id fáciam. Nam usque dum ílle vitam illám colet
Inopém, carens patriâ ób meas injúrias,
Intéreà usque illi dé me suppliciúm dabo,
Labórans, quærens, párcens, illi sérviens.
Ita fácio prorsùs: níl relinquo in ædibus,
Nec vás, nec vestiméntum: conrasi ómnia.
Ancíllas, servos, nísi eos, qui opere rústico

Faciúnda facilè súmptum exercerént suum,
Omnés produxi ac véndidi : inscripsi íllico
Ædés mercede : quási talenta ad quíndecim
Coégi : agrum hunc mercátus sum : hìc me exérceo.
Decrévi, tantispér me minus injúriæ,
Chremé, meo gnato fácere, dum fiám miser ;
Nec fás esse ullâ mé voluptate híc frui,
Nisi ubi ílle huc salvus rédierit meus párticeps.
C. Ingénio te esse in líberos lení puto,
Et illum óbsequentem, sí quis rectè aut cómmodè
Tractáret. Verum néque illum tu satis nóveras,
Nec te ílle : hoc ubi fit, íbi non verè vívitur.
Tu illúm numquam ostendísti quanti pénderes,
Nec tíbi ille'st credere aúsus quæ est æquóm patri.
Quod si ésset factum, hæc númquam evenissént tibi.
M. Ita rés est, fateor : péccatum a me máxumum'st.
C. Menedéme, at porro réctè spero : et illúm tibi
Salvum ádfuturum esse híc confido própediem.
M. Utinam íta Dî faxint. — *C.* Fácient. Nunc, si cómmodum,
Dionysia hic sunt, hódie apud me sís volo.
M. Non póssum. — *C.* Cur non? quæso, tandem aliqúantulum
Tibi párce : idem absens fácere te hoc volt fílius.
M. Non cónvenit, qui illum ád laborem impéllerim,
Nunc meípsum fugere. — *C.* Síccine est senténtia?
M. Sic. — *C.* Béne vale. — *M.* Et tu. — *C.* Lácrumas excussít mihi,
Miserétque me ejus : séd, ut diei témpus est,
Monére oportet me húnc vicinum Phániam,
Ad cénum ut veniat : íbo, visam sí domi est.
Nihil ópus fuit monitóre : jamdudúm domi
Præsto apúd me esse aiunt : égomet convivás moror.

X.

CICERO.

---

1. *Cicero's Exile and Return.*

Per idem tempus, P. Clodius, homo nobilis, disertus, audax, qui neque dicendi neque faciendi ullum nisi quem vellet nôsset modum, malorum propositorum executor acerrimus, — cùm graves inimicitias cum M. Cicerone exerceret, (quid enim inter tam dissimiles amicum esse poterat?) et a patribus ad plebem transîsset, — legem in tribùnatu tulit: *Qui civem Romanum indemnatum interemisset, ei aquâ et igni interdiceretur.* Cujus verbis etsi non nominabatur Cicero, tamen solus petebatur: ita vir optimè meritus de Republicâ conservatæ patriæ pretium, calamitatem exilii tulit. Non caruerunt suspiciones oppressi Ciceronis Cæsar et Pompeius: hoc sibi contraxisse videbatur Cicero, quòd inter XX viros dividendo agro Campano esse noluisset. Idem intra biennium, serâ Pompeii curâ, verùm, ut cœpit, intentâ, votisque Italiæ, ac decretis Senatûs, virtute atque actione Annii Milonis, tribuni plebis, dignitati patriæque restitutus est: neque, post Numidici exilium aut reditum, quisquam aut expulsus invidiosiùs, aut receptus est lætiùs; cujus domus, quàm infestè a Clodio disjecta erat, tam speciosè a Senatu restituta est. — VELL. PATERC. H. R. II. 45.

1. *Cicero to his Wife and Children.*

[April 30, B.C. 58.]

Ego minùs sæpe do ad vos litteras quàm possum, propterea quòd, cùm omnia mihi tempora sunt misera, tum vero, cùm aut scribo ad vos, aut vestras lego, conficior lacrimis sic ut ferre non possim. Quod utinam minùs vitæ cupidi fuissemus! certè nihil, aut non multum, in vitâ mali vidissemus. Quòd si nos ad aliquam alicujus commodi aliquando recuperandi spem fortuna reservavit, minus est erratum a nobis; sin hæc mala fixa sunt, ego verò te quàm primùm, mea vita, cupio videre, et in tuo complexu emori; quoniam neque Dii, quos tu castissimè coluisti, neque homines, quibus ego servivi, nobis gratiam retulerunt.

Nos Brundisii apud M. Lænium Flaccum dies xiii fuimus, — virum optimum, qui periculum fortunarum et capitis sui præ meâ salute neglexit, neque legis improbissimæ pœnâ deductus est, quominus hospitii et amicitiæ jus officiumque præstaret. Huic utinam aliquando gratiam referre possimus! Habebimus quidem semper.

Brundisio profecti sumas prid. Kalendas Maias. Per Macedoniam Cyzicum petebamus. O me perditum! O afflictum! quid nunc rogem te, ut venias, mulierem ægram, et corpore et animo confectam? Non rogem? Sine te igitur sim? Opinor, sic agam: si est spes nostri reditûs, eam confirmes et rem adjuves; sin, ut ego metuo, transactum est, quoquo modo potes, ad me fac venias. Unum hoc scito; si te habebo, non mihi videbor planè perisse.

Sed quid Tulliola mea fiet? Jam id vos videte; mihi deëst consilium. Sed certè, quoquo modo se res habebit, illius misellæ et matrimonio et famæ serviendum est. Quid? Cicero meus quid aget? Iste verò sit in sinu semper et complexu meo. Non queo plura jam scribere; impedit mæror. Tu quid egeris, nescio, utrùm aliquid teneas, an (quod metuo) planè sis spoliata. Pisonem, ut scribis, spero fore semper nostrum.

De familiâ liberatâ, nihil est quod te moveat. Primùm, tuis ita promissum est, te facturam esse, ut quisque esset meritus. Est autem in officio adhuc Orpheus, prætereà magnopere nemo. Ceterorum servorum ea causa est, ut, si res a nobis abîsset, liberti nostri essent, si obtinere potuissent; sin ad nos pertineret, servirent, præterquam oppido pauci.

Sed hæc minora sunt. Tu quod me hortaris, ut animo sim magno, et spem habeam recuperandæ salutis, id velim sit ejusmodi, ut rectè sperare possimus. Nunc, miser, quando tuas jam litteras accipiam? quis ad me perferet? quas ego exspectâssem Brundisii, si esset licitum per nautas, qui tempestatem prætermittere noluerunt.

Quod reliquum est, sustenta te, mea Terentia, ut potes honestissimè. Viximus, floruimus. Non vitium nostrum, sed virtus nostra nos afflixit. Peccatum est nullum, nisi quòd non unà animam cum ornamentis amisimus. Sed si hoc fuit liberis nostris gratius, nos vivere, cetera, quamquam ferenda non sunt, feramus. Atque ego, qui te confirmo, ipse me non possum.

Clodium Philhetærum, quòd valetudine oculorum impediebatur, hominem fidelem, remisi. Sallustius officio vincit omnes. Pescennius est perbenevolus nobis: quem semper spero tui fore observantem. Sicca dixerat se mecum fore; sed Brundisio dicessit. Cura, quoad potes, ut valeas; et sic existimes, me vehementiùs tuâ miseriâ, quam meâ, commoveri. Mea Terentia, fidissima atque optima uxor! et mea carissima filiola! et spes reliqua nostra, Cicero! valete.

PRID. KAL. MAIAS: BRUNDISIO.

2. *To his brother Quintus.*

[June 13]

Mi frater, mi frater, mi frater, tune id veritus es, ne ego iracundiâ aliquâ adductus pueros ad te sine litteris miserim? aut etiam ne te videre noluerim? Ego tibi irascerer? tibi ego possim irasci? Scilicet, tu enim me afflixisti; tui me inimici, tua me invidia, ac non ego te miserè perdidi. Meus ille laudatus consulatus mihi te, liberos, patriam, fortunas, tibi velim ne quid eripuerit, præter unum me. Sed certè a te mihi omnia semper honesta et jucunda ceciderunt; a me tibi luctus meæ calamitatis, metus tuæ, desiderium, mæror, solitudo. Ego te videre noluerim? Immo vero me a te videri nolui: non enim vidisses fratrem tuum; non cum quam reliqueras; non cum quam nôras; non eum, quem flens flentem, prosequentem proficiscens dimiseras; ne vestigium quidem ejus, nec simulacrum, sed quandam effigiem spirantis mortui.

Atque utinam me mortuum priùs vidisses, aut audîsses! utinam te non solum vitæ, sed etiam dignitatis meæ superstitem reliquissem! Sed testor omnes deos, me hac unâ voce a morte esse revocatum, quòd omnes in meâ vitâ partem aliquam tuæ vitæ repositam esse dicebant. Quare peccavi sceleratèque feci. Nam si occidissem, mors ipsa meam pietatem amoremque in te facilè defenderet. Nunc commisi, ut me vivo careres, vivo me aliis indigeres; mea vox in domesticis periculis potissimùm occideret, quæ sæpe alienissimis præsidio fuisset.*

Nam quòd ad te pueri sine litteris venerunt, quoniam vides non fuisse iracundiam in causâ, certè pigritia fuit, et quædam infinita vis lacrimarum et dolorum. Hæc ipsa me quo fletu putas scripsisse? Eodem, quo te legere certo scio. An ego possum aut non cogitare

* Ipsum enim Catilinam, consulatûs competitorem et adversarium, defendere cogitaverat Cicero Vid. *Ad Atticum*, I. 2.

aliquando de te, aut umquam sine lacrimis cogitare? Cùm enim te desidero, fratrem solum desidero? Ego vero suavitate propè æqualem, obsequio filium, consilio parentem. Quid mihi sine te umquam, aut tibi sine me jucundum fuit? Quid, quòd eodem tempore desidero filiam? quâ pietate, quâ modestiâ, quo ingenio! effigiem oris, sermonis, animi mei? Quid filium venustissimum, mihique dulcissimum? quem ego ferus ac ferreus e complexu dimisi meo, sapientiorem puerum quam vellem: sentiebat enim miser jam, quid ageretur. Quid verò tuum filium, imaginem tuam, quem meus Cicero et amabat ut fratrem, et jam, ut majorem fratrem, verebatur? Quid quòd mulierem miserrimam, fidelissimam conjugem, me prosequi non sum passus, ut esset quæ reliquias communis calamitatis, communes liberos tueretur?

Sed tamen, quoquo modo potui, scripsi, et dedi litteras ad te Philogono, liberto tuo, quas credo tibi posteà redditas esse; in quibus idem te hortor et rogo, quod pueri tibi verbis meis nuntiârunt, ut Romam protinus pergas et properes. Primùm enim te præsidio esse volui, si qui essent inimici, quorum crudelitas nondum esset nostrâ calamitate satiata. Deinde congressûs nostri lamentationem pertimui; digressum verò non tulissem; atque etiam id ipsum, quod tu scribis, metuebam, ne a me distrahi non posses. His de causis hoc maximum malum, quòd te non vidi, quo nihil amantissimis et conjunctissimis fratribus acerbius ac miserius videtur accidere potuisse, minùs acerbum, minùs miserum fuit, quàm fuisset cùm congressio, tum vero digressio nostra.

Nunc, si potes, id quod ego, qui tibi semper fortis videbar, non possum, erige te et confirma, si qua subeunda dimicatio erit. Spero, si quid mea spes habet auctoritatis, tibi et integritatem tuam et amorem in te civitatis, et aliquid etiam misericordiam nostri præsidii laturam. Sin eris ab isto periculo vacuus: ages scilicet, si quid agi posse de nobis putabis. De quo scribunt ad me quidem multi multa, et se sperare demonstrant; sed ego, quid sperem, non dispicio, cùm inimici plurimùm valeant, amici partìm deseruerint me, partim etiam prodiderint, qui in meo reditu fortasse reprehensionem sui sceleris pertimescant.

Sed ista qualia sint, tu velim perspicias mihique declares. Ego tamen, quamdiu tibi opus erit, si quid periculi subeundum videbis, vivam. Diutiùs in hac vitâ esse non possum. Neque enim tantum virium habet ulla aut prudentia aut doctrina, ut tantum dolorem possit sustinere. Scio fuisse et honestius moriendi tempus et utilius; sed non hoc solum, multa alia prætermisi, quæ si queri velim præterita, nihil agam, nisi ut augeam dolorem tuum, indicem stultitiam meam. Illud quidem nec faciendum est, nec fieri potest, me diutiùs, quàm aut tuum tempus aut firma spes postulabit, in tam miserâ tamque turpi vitâ commorari, ut, qui modò fratre fuerim, liberis, conjuge, copiis, genere ipso pecuniæ beatissimus, dignitate, auctoritate, existimatione, gratiâ non inferior quàm qui umquam fuerunt amplissimi, is nunc in hac tam afflictâ perditâque fortunâ neque me neque meos lugere diutiùs possim.

Quare quid ad me scripsisti de permutatione? quasi verò nunc me non tuæ facultates sustineant. Quâ in re ipsâ video miser et sentio, quid sceleris admiserim, cùm de visceribus tuis et filii tui satisfacturus sis, quibus debes, ego acceptam ex ærario pecuniam tuo nomine frustrà dissipârim. Sed tamen et M. Antonio, quantum tu scripseras, et Cæpioni tantumdem solutum est; mihi, ad id quod cogito, hoc quod habeo satis est. Tu, si fortè quid erit molestiæ, te ad Crassum et ad Calidium conferas, censeo.

Quantum Hortensio credendum sit, nescio. Me summâ simulatione amoris, summâque assiduitate quotidianâ, sceleratissimè insidiosissimèque tractavit, adjuncto quoque Arrio; quorum ego consiliis, promissis, præceptis destitutus, in hanc calamitatem incidi. Sed hæc occultabis, ne quid obsint. Illud caveto, et eo puto per Pomponium fovendum tibi esse ipsum Hortensium, ne ille versus, qui in te erat collatus cùm ædilitatem petebas, de lege Aureliâ, falso testimonio confirmetur. Nihil enim tam timeo, quàm ne, cùm intelligant homines quantum misericordiæ nobis tuæ preces et tua salus allatura sit, oppugnent te vehementiùs.

Messalam tui studiosum esse arbitror; Pompeium etiam simulatorem puto. Sed hæc utinam non experiare! quod precarer deos, nisi meas preces audire desîssent. Verumtamen precor, ut his infinitis nostris malis contenti sint; in quibus non modò tamen nullius inest peccati infamia, sed omnis dolor est, quòd optimè factis pœna maxima est constituta.

Filiam meam et tuam, Ciceronemque nostrum, quid ego, mi frater, tibi commendem? quin illud mæreo, quòd tibi non minorem dolorem illorum orbitas afferet, quàm mihi. Sed, te incolumi, orbi non erunt. Reliqua, ita mihi salus aliqua detur, potestasque in patria moriendi, ut me lacrimæ non sinunt scribere. Etiam Terentiam velim tueare, mihique de omnibus rescribas. Sis fortis, quoad rei natura patietur.

IDIBUS JUNIIS, THESSALONICÆ.

3. *Cicero to Atticus.*

[Sept, 7. B.C. 57.]

Cùm primùm Romam veni, fuitque, cui rectè ad te litteras darem, nihil priùs faciendum mihi putavi, quàm ut tibi absenti de reditu nostro gratularer. Cognôram enim, ut verè scribam, te in consiliis mihi dandis nec fortiorem, nec prudentiorem, quàm me ipsum, nec etiam, pro præteritâ meâ in te observantiâ, nimiùm in custodiâ salutis meæ diligentem; eundemque te, qui primis temporibus erroris nostri aut potiùs furoris particeps et falsi timoris socius fuisses, acerbissimè discidium nostrum tulisse, plurimumque operæ, studii, diligentiæ, laboris, ad conficiendum reditum meum contulisse.

Itaque hoc tibi verè affirmo, in maximâ lætitiâ et exoptatissimâ gratulatione unum ad cumulandum gaudium conspectum aut potiùs complexum mihi tuum defuisse, quem semel nactus numquam dimisero, ac, nisi etiam prætermissos fructus tuæ suavitatis omnes exegero, profectò hac restitutione fortunæ me ipse non satis dignum judicabo.

Nos adhuc in nostro statu, quod difficillimè recuperari posse arbitrati sumus, splendorem nostrum illum forensem, et in senatu auctoritatem, et apud viros bonos gratiam, magis quam optâramus consecuti sumus. In re autem familiari (quæ quemadmodum fracta, dissipata, direpta sit, non ignoras) valdè laboramus, tuarumque non tam facultatum, quas ego nostras esse judico, quàm consiliorum ad colligendas et constituendas reliquias nostras indigemus.

Nunc, etsi omnia aut scripta esse a tuis arbitror, aut etiam nuntiis ac rumore perlata, tamen ea scribam brevi, quæ te puto potissimùm ex meis litteris velle cognoscere.

Pridie Nonas Sext., Dyrrhachio sum profectus, ipso illo die, quo lex est lata de nobis. Brundisium veni Nonis Sext.; ibi mihi Tulliola mea fuit præstò, natali suo ipso die, qui casu idem natalis erat et Brundisinæ coloniæ et tuæ vicinæ Salutis. Quæ res, animadversa a multitudine, summâ Brundisinorum gratulatione celebrata est. Ante diem vi. Id. Sext. cognovi, cùm Brundisii essem, litteris Quinti fratris, mirifico studio omnium ætatum atque ordinum, incredibili concursu Italiæ, legem comitiis centuriatis esse perlatam. Inde, a Brundisinis honestissimè ornatus, iter ita feci, ut undique ad me cum gratulatione legati convenerint. Ad urbem ita veni, ut nemo ullius ordinis homo nomenclatori notus fuerit, qui mihi obviàm non venerit, præter eos inimicos, quibus id ipsum non liceret aut dissimulare aut negare. Cùm venissem ad portam Capenam, gradus templorum ab infimâ plebe completi erant; a quâ plausu maximo cùm esset mihi gratulatio significata, similis et frequentia et plausus me usque ad Capitolium celebravit, in foroque et in ipso Capitolio miranda multitudo fuit.

Postridie in senatu, qui fuit dies Non. Septembr., senatui gratias egimus. Eo biduo cùm esset annonæ summa caritas, et homines ad theatrum primò, deinde ad senatum concurrissent impulsu Clodii, meâ operâ frumenti inopiam esse clamarent, cùm per eos dies senatus de annonâ haberetur, et ad ejus procurationem sermone non solùm plebis, verùm etiam bonorum Pompeius vocaretur, idque ipse cuperet, multitudoque a me nominatim, ut id decernerem, postularet; feci et accuratè sententiam dixi, cùm abessent consulares, quòd tutò se negarent posse sententiam dicere, præter Messalam et Afranium. Factum est senatûs consultum in meam sententiam, ut cum Pompeio ageretur, ut eam rem susciperet, lexque ferretur; quo senatûs consulto recitato, cùm continuò more hoc insulso et novo plausum, meo nomine recitando, dedisset, habui contionem; omnes magistratus præsentes, præter unum prætorem et duos tribunos plebis, dederunt.

Postridie senatus frequens et omnes consulares nihil Pompeio postulanti negârunt. Ille legatos quindecim cùm postularet, me principem nominavit, et ad omnia me *alterum se* fore dixit. Legem consules conscripserunt, quâ Pompeio per quinquennium omnis potestas rei frumentariæ toto orbe terrarum daretur; alteram Messius, qui omnis pecuniæ dat potestatem, et adjungit classem et exercitum, et majus imperium in provinciis quàm sit eorum qui eas obtineant. Illa nostra lex consularis nunc modesta videtur, hæc Messii non ferenda. Pompeius illam velle se dicit, familiares hanc. Consulares, duce Favonio, fremunt; nos tacemus, et eo magis, quòd de domo nostrâ nihil adhuc pontifices responderunt. Qui si sustulerint religionem, aream præclaram habebimus; superficiem consules ex senatûs consulto æstimabunt; sin aliter, demolientur, suo nomine locabunt, rem totam æstimabunt.

Ita sunt res nostræ, ut in secundis fluxæ, ut in adversis bonæ. In re familiari valdè sumus, ut scis, perturbati. Prætereà sunt quædam domestica, quæ litteris non committo. Quintum fratrem, insigni pietate, virtute, fide præditum, sic amo ut debeo. Te exspecto, et oro ut matures venire, eoque animo venias, ut me tuo consilio egere non sinas. Alterius vitæ quoddam initium ordimur. Jam quidam, qui nos absentes defenderunt, incipiunt præsentibus occultè irasci, apertè invidere. Vehementer te requirimus.

2. *The Death of Tullia.*

1. *Sulpicius to Cicero.*

[April, B.C. 45.]

Posteaquam mihi renuntiatum est de obitu Tulliæ, filiæ tuæ, sanè quàm pro eo ac debui graviter molestèque tuli, communemque eam calamitatem existimavi; qui, si istic affuissem, neque tibi defuissem, coramque meum dolorem tibi declarâssem. Etsi genus hoc consolationis miserum atque acerbum est, — propterea quia, per quos confieri debet propinquos ac familiaris, ii ipsi pari molestia afficiuntur, neque sine lacrimis multis id conari possunt, utì magis ipsi videantur aliorum consolatione indigere quàm aliis posse suum officium præstare, — tamen quæ in præsentiâ in mentem mihi venerunt, decrevi brevi ad te perscribere: non quò ea te fugere existimem, sed quòd forsitan dolore impeditus minus ea perspicias.

Quid est, quod opere te commoveat tuus dolor intestinus? Cogita, quemadmodum adhuc fortuna nobiscum egerit: ea nobis erepta esse, quæ hominibus non minùs quam liberi cara esse debent, patriam, honestatem, dignitatem, honores omnes. Hoc uno incommodo addito, quid ad dolorem adjungi potuit? aut quî non in illis rebus exercitatus animus callere jam debet, atque omnia minoris existimare?

An illius vicem, credo, doles? Quoties in eam cogitationem necesse est et tu veneris, et nos sæpe incidimus, hisce temporibus non pessimè cum iis esse actum, quibus sine dolore licitum est mortem cum vitâ commutare? Quid autem fuit, quod illam hoc tempore ad vivendum magno opere invitare posset? quæ res? quæ spes? quod animi solatium? Ut cum aliquo adolescente primario conjuncta ætatem gereret? Licitum est tibi, credo, pro tuâ dignitate ex hac juventute generum deligere, cujus fidei liberos tuos te tutò committere putares! An ut ea liberos ex sese pareret, quos cùm florentes videret, lætaretur? qui rem a parente traditam per se tenere possent? honores ordinatim petituri essent? in re publicâ, in amicorum negotiis, libertate suâ uti? Quid horum fuit, quod non priùs quàm datum est ademptum sit?

At verò malum est liberos amittere. Malum: nisi hoc pejus sit, hæc sufferre et perpeti. Quæ res mihi non mediocrem consolationem attulit, volo tibi commemorare, si fortè eadem res tibi minuere dolorem possit. Ex Asiâ rediens, cùm ab Æginâ Megaram versùs navigarem, cœpi regiones circumcircà prospicere. Post me erat Ægina, ante me Megara: dextrâ Piræeus, sinistrâ Corinthus: quæ oppida quodam tempore florentissima fuerunt, nunc prostrata ac diruta ante oculos jacent. Cœpi egomet mecum sic cogitare: *Hem! nòs homunculi indignamur, si quis nostrûm interiit aut occisus est, quorum vita brevior esse debet, cùm uno loco tot oppidûm cadavera projecta jacent? Visne tu te, Servi, cohibere et meminisse, hominem te esse natum?* Crede mihi, cogitatione eâ non mediocriter sum confirmatus.

Hoc idem, si tibi videtur, fac ante oculos tibi proponas. Modò uno tempore tot viri clarissimi interierunt; de imperio populi Romani tanta deminutio facta est; omnes provinciæ conquassatæ sunt: in unius mulierculæ animulâ si jactura facta est, tanto opere commoveris? quæ si hoc tempore non diem suum obîsset, paucis post annis tamen ei moriendum fuit, quoniam homo nata fuerat. Etiam tu ab hisce rebus animum ac cogitationem tuam avoca, atque ea potius reminiscere, quæ digna tuâ personâ sunt: illam, quámdiu ei opus fuerit, vixisse; unà cum re publicâ fuisse; te, patrem suum, prætorem, consulem, augurem vidisse; adolescentibus primariis nuptam fuisse; omnibus bonis propè perfunctam esse; cùm res publica occideret, vitâ excessisse. Quid est, quod tu aut illa cum fortunâ hoc nomine queri possitis?

Denique noli te oblivisci Ciceronem esse, et eum, qui aliis consuêris præcipere et dare concilium; neque imitare malos medicos, qui in alienis morbis profitentur tenere se medicinæ scientiam, ipsi se curare non possunt: sed potiùs, quæ aliis tute præcipere soles, ea tute tibi subjice, atque apud animum propone. Nullus dolor est, quem non longinquitas temporis minuat ac molliat. Hoc te exspectare tempus tibi turpe est, ac non ei rei sapientiâ tuâ occurrere.

Quòd si qui etiam inferis sensus est, qui illius in te amor fuit, pietasque in omnes suos, hoc certè illa te facere non vult. Da hoc illi mortuæ; da ceteris amicis ac familiaribus, qui tuo dolore mærent; da patriæ, ut, si quâ in re opus sit, operâ et consilio tuo uti possit. Denique, quoniam in eam fortunam devenimus, ut etiam huic rei nobis serviendum sit, noli committere, ut quisquam te putet non tam filiam quàm rei publicæ tempora et aliorum victoriam lugere.

Plura me ad te de hac re scribere pudet, ne videar prudentiæ tuæ diffidere: quare, si hoc unum proposuero, finem faciam scribendi. Vidimus aliquoties secundam pulcherrimè te ferre fortunam, magnamque ex eâ re te laudem apisci: fac aliquando intelligamus, adversam quoque te æquè ferre possè, neque id majus quàm debeat tibi onus videri; ne ex omnibus virtutibus hæc una tibi videatur deesse.

Quod ad me attinet, cùm te tranquilliorem animo esse cognôro, de iis rebus quæ hìc geruntur, quemadmodumque se provincia habeat, certiorem faciam. Vale.

2. *Cicero to Sulpicius.*

[Written in May, at Astura.]

Ego verò, Servi, vellem, ut scribis, in meo gravissimo casu affuisses. Quantùm enim præsens me adjuvare potueris, et consolando et prope æquè dolendo, facilè ex eo intelligo, quòd, litteris lectis, aliquantùm acquievi. Nam et ea scripsisti quæ levare luctum possent, et in me consolando non mediocrem ipse animi dolorem adhibuisti. Servius tamen tuus omnibus officiis, quæ illi tempori tribui potuerunt, declaravit, et quanti ipse me faceret, et quàm suum talem erga me animum tibi gratum putaret fore; cujus officia jucundiora licet sæpe mihi fuerint, numquam tamen gratiora.

Me autem non oratio tua solùm et societas pæne ægritudinis, sed etiam auctoritas consolatur. Turpe enim esse existimo, me non ita ferre casum meum, ut tu, tali sapientiâ præditus, ferendum putas. Sed opprimor interdum, et vix resisto dolori, quòd ea me solatia deficiunt, quæ ceteris, quorum mihi exempla propono, simili in fortunâ non defuerunt. Nam et Q. Maximus, qui filium consularem, clarum virum et magnis rebus gestis, amisit, et L. Paullus, qui duo septem diebus, et vester Gallus, et M. Cato, qui summo ingenio, summâ virtute filium perdidit, iis temporibus fuerunt, ut eorum luctum ipsorum dignitas consolaretur ea, quam ex re publica consequebantur. Mihi autem, amissis ornamentis iis, quæ ipse commemoras, quæque eram maximis laboribus adeptus, unam manebat illud solatium, quod ereptum est. Non amicorum negotiis, non rei publicæ procuratione impediebantur cogitationes meæ; nihil in foro agere libebat; adspicere curiam non poteram; existimabam, id quod erat, omnes me et industriæ meæ fructus et fortunæ perdidisse.

Sed, cùm cogitarem hæc mihi tecum et cum quibusdam esse communia, et cùm frangerem jam ipse me, cogeremque illa ferre toleranter; habebam quò confugerem, ubi conquiescerem, cujus in sermone et suavitate omnes curas doloresque deponerem. Nunc autem, hoc tam gravi vulnere, etiam illa quæ consanuisse videbantur recrudescunt. Non enim, ut tum me a re publicâ mæstum domus excipiebat, quæ levaret, sic nunc domo mærens ad rem publicam confugere possum, ut in ejus bonis acquiescam. Itaque et domo absum et foro, quòd nec eum dolorem, quem a re publicâ capio, domus jam consolari potest, nec domesticum res publica.

Quo magis te exspecto, teque videre quàm primùm cupio. Major mihi levatio afferri nulla potest, quàm conjunctio consuetudinis sermonumque nostrorum: quamquam sperabam tuum adventum — sic enim audiebam — appropinquare. Ego autem cùm multis de causis te exopto quàm primùm videre; tum etiam, ut antè commentemur inter nos, quâ ratione nobis traducendum sit hoc tempus, quod est totum ad unius voluntatem accommodandum, et prudentis, et liberalis, et (ut perspexisse videor) nec a me alieni, et tibi amicissimi. Quod cùm ita sit, magnæ tamen est deliberationis, quæ ratio sit ineunda nobis, non agendi aliquid, sed illius concessu et beneficio quiescendi.

XI.

PLINY.

1.—*Letter to Tacitus, concerning a School for Boys.*

Salvum te in urbem venisse gaudeo; venisti autem, si quando aliàs, nunc maximè mihi desideratus. Ipse pauculis adhuc diebus in Tusculano commorabor, ut opusculum quod est in manibus absolvam. Vereor enim ne, si hanc intentionem jam in fine laxavero, ægrè resumam. Interim, ne quid festinationi meæ pereat, quod sum præsens petiturus hac quasi præcursoriâ epistulâ rogo.

Sed priùs accipe causas rogandi. Proximè, cùm in patriâ meâ fui, venit ad me salutandum municipis mei filius prætextatus. Huic ego 'Studes?' inquam. Respondit 'Etiam.' 'Ubi?' 'Mediolani.' 'Cur non hìc?' Et pater ejus (erat enim unà, atque etiam ipse adduxerat puerum) 'Quia nullos hic præceptores habemus.' 'Quare nullos? nam vehementer intererat vestrâ, qui patres estis,'—et opportunè complures patres audiebant,—'liberos vestros hìc potissimùm discere. Ubi enim aut jucundiùs morarentur quàm in patriâ, aut pudiciùs continerentur quàm sub oculis parentûm, aut minore sumptu quàm domi? Quantulum est ergò, collatâ pecuniâ, conducere præceptores, quodque nunc in habitationes, in viatica, in ea quæ peregrè emuntur impenditis, adjicere mercedibus? Atque adeò ego, qui nondum liberos habeo, paratus sum pro re publicâ nostrâ, quasi pro filiâ vel parente, tertiam partem ejus quod conferre vobis placebit dare. Totum etiam pollicerer, nisi timerem ne hoc munus meum quandoque ambitu corrumperetur, ut accidere multis in locis video, in quibus præceptores publicè conducuntur. Huic vitio occurri uno remedio potest, si parentibus solis jus conducendi relinquatur, îsdemque religio rectè judicandi necessitate collationis addatur. Nam qui fortasse de alieno negligentes, certè de suo diligentes erunt; dabuntque operam ne a me pecuniam non nisi dignus accipiat, si accepturus et ab ipsis erit. Proinde consentite, conspirate, majoremque animum ex meo sumite, qui cupio esse quàm plurimum, quod debeam conferre. Nihil honestius præstare liberis vestris, nihil gratius patriæ, potestis. Educentur hìc qui hìc nascuntur, statimque ab infantiâ natale solum amare frequentare consuescant. Atque utinam tam claros præceptores inducatis, ut finitimis oppidis studia hinc petantur; utque nunc liberi vestri aliena in loca, ita mox alieni in hunc locum confluant!'

Hæc putavi altiùs et quasi a fonte repetenda, quo magis scires quàm gratum mihi foret, si susciperes quod injungo. Injungo autem, et pro rei magnitudine rogo, ut ex copiâ studiosorum, quæ ad te ex admiratione ingenii tui convenit, circumspicias præceptores quos sollicitare possimus; sub eâ tamen conditione, ne cui fidem meam obstringam. Omnia enim libera parentibus servo. Illi judicent, illi eligant: ego mihi curam tantùm et inpendium vindico. Proinde, si quis fuerit repertus qui ingenio suo fidat, eat illuc, eâ lege ut hinc nihil aliud certum quàm fiduciam suam ferat. Vale.

2.—*Letter to Tacitus, on his Uncle's death by the Eruption of Vesuvius*, A.D. 79.

Petis ut tibi avunculi mei exitum scribam, quo veriùs tradere posteris possis. Gratias ago: nam video morti ejus, si celebretur a te, immortalem gloriam esse propositam. Quamvis enim pulcherrimarum clade terrarum, ut populi, ut urbes, memorabili casu quasi semper victurus occiderit, quamvis ipse plurima opera et mansura condiderit; multum tamen perpetuitati ejus scriptorum tuorum æternitas addet. Equidem beatos puto quibus deorum munere datum est aut facere scribenda, aut scribere legenda; beatissimos verò quibus utrumque. Horum in numero avunculus meus et suis libris et tuis erit. Quo libentiùs suscipio, deposco etiam quod injungis.

Erat Miseni, classemque imperio præsens regebat. Nonum Kal. Septembres, horâ ferè septimâ, mater mea indicat ei apparere nubem inusitatâ et magnitudine et specie. Usus ille sole, mox frigidâ, gustaverat jacens studebatque: poscit soleas, ascendit locum ex quo maximè miraculum illud conspici poterat. Nubes, incertum procul intuentibus ex quo monte (Vesuvium fuisse posteà cognitum est) oriebatur, cujus similitudinem et formam non alia magis arbor quam pinus expresserit. Nam longissimo velut trunco elata, in altum quibusdam ramis diffundebatur, — credo, quia recenti spiritu evecta, dein senescente eo, destituta aut etiam pondere suo victa, in latitudinem vanescebat: candida interdum, interdum sordida et maculosa, prout terram cineremve sustulerat.

Magnum propiùsque noscendum, ut eruditissimo viro, visum. Jubet Liburnicam aptari: mihi, si venire unà vellem, facit copiam: respondi studere me malle; et fortè ipse quod scriberem dederat. Egrediebatur domo: accipit codicillos Rectinæ Tasci imminenti periculo exterritæ (nam villa ejus subjacebat, nec ulla nisi navibus fuga): ut se tanto discrimini eriperet orabat. Vertit ille consilium, et quod studioso animo inchoaverat obit maximo. Deducit quadriremes, ascendit ipse, non Rectinæ modò sed multis (erat enim frequens amœnitas oræ) laturus auxilium. Properat illuc unde alii fugiunt, rectumque cursum, recta gubernacula in periculum tenet, adeò solutus metu ut omnes illius mali motus, omnes figuras, ut deprenderat oculis, dictaret enotaretque.

Jam navibus cinis incidebat, quo propiùs accederent, calidior et densior; jam pumices etiam, nigrique et ambusti et fracti igne lapides, jam vadum subitum, ruinâque montis litora obstantia. Cunctatus paulùm an retro flecteret, mox gubernatori ut ita faceret monenti *Fortes* inquit *fortuna juvat: Pomponianum pete.* Stabiis erat, diremptus sinu medio; nam sensim circumactis curvatisque litoribus mare infunditur. Ibi, quamquam nondum periculo appropinquante, conspicuo tamen, et cùm cresceret, proximo, sarcinas contulerat in naves, certus fugæ, si contrarius ventus resedisset; quo tunc avunculus meus secundissimo invectus, complectitur trepidantem, consolatur, hortatur, utque timorem ejus suâ securitate leniret, deferri in balineum jubet: lotus accubat, cenat aut hilaris, aut (quod est æquè magnum) similis hilari.

Interim e Vesuvio monte pluribus in locis latissimæ flammæ altaque incendia relucebant, quorum fulgor et claritas tenebris noctis excitabatur. Ille, agrestium trepidatione ignes relictos desertasque villas per solitudinem ardere, in remedium formidinis dictitabat. Tum se quieti dedit, et quievit verissimo quidem somno. Nam meatus animæ, qui illi propter amplitudinem corporis gravior et sonantior erat, ab iis qui limini obversabantur audiebatur. Sed area ex quâ diæta adibatur ita jam cinere mixtisque pumicibus oppleta surrexerat ut, si longior in cubiculo mora, exitus negaretur. Excitatus procedit, seque Pomponiano ceterisque qui pervigilaverant reddit. In commune consultant, intra tecta subsistant, an in aperto vagentur. Nam crebris vastisque tremoribus tecta nutabant, et quasi emota sedibus suis nunc huc nunc illuc abire aut referri videbantur.

Sub dio rursus quamquam levium exesorumque pumicum casus metuebatur; quod tamen periculorum collatio elegit. Et apud illum quidem ratio rationem, apud alios timorem timor vicit. Cervicalia capitibus imposita linteis constringunt: id munimentum adversus incidentia fuit. Jam dies alibi, illic nox omnibus noctibus nigrior densiorque; quam tamen faces multæ variaque lumina solabantur. Placuit egredi in litus, et ex proximo aspicere ecquid jam mare admitteret; quod adhuc vastum et adversum permanebat. Ibi, super abjectum linteum recubans, semel atque iterum frigidam aquam poposcit hausitque. Deinde flammæ, flammarumque prænuntius odor sulphuris, alios in fugam vertunt, excitant illum. Innitens servolis duobus adsurrexit; et statim concidit, ut ego colligo, crassiore caligine spiritu obstructo, clausoque stomacho, qui illi naturâ invalidus et angustus et frequenter æstuans erat. Ubi dies redditus (is ab eo quem novissimè viderat tertius), corpus inventum integrum, inlæsum, opertumque ut fuerat indutus: habitus corporis quiescenti quàm defuncto similior.

Interim Miseni ego et mater. Sed nihil ad historiam; nec tu aliud quàm de exitu ejus scire voluisti. Finem ergo faciam. Unum adjiciam, omnia me quibus interfueram, quæque statim cùm maximè vera memorantur audieram, persecutum. Tu potissima excerpes. Aliud est enim epistolam aliud historiam, aliud amico aliud omnibus scribere. Vale.

3. *Second Letter on the Eruption.*

Ais te, adductum litteris quas exigenti tibi de morte avunculi mei scripsi, cupere cognoscere quos ego Miseni relictus (id enim ingressus abruperam) non solùm metus verùm etiam casus pertulerim. Quamquam animus meminisse horret, incipiam.

Profecto avunculo, ipse reliquum tempus studiis (ideo enim remanseram) impendi: mox balineum, cena, somnus inquietus et brevis. Præcesserat per multos dies tremor terræ minùs formidolosus, quia Campaniæ solitus. Illâ vero nocte ita invaluit, ut non moveri omnia sed verti crederentur. Irrumpit cubiculum meum mater: surgebam, invicem, si quiesceret, excitaturus. Residimus in areâ domûs, quæ mare a tectis modico spatio dividebat. Dubito constantiam vocare an inprudentiam debeam; agebam enim duodevicesimum annum: posco librum Titi Livi, et quasi per otium lego, atque etiam, ut cœperam, excerpo. Ecce, amicus avunculi, qui nuper ad eum ex Hispaniâ venerat, ut me et matrem sedentes, me verò etiam legentem videt, illius patientiam, securitatem meam corripit: nihilo segniùs ego intentus in librum.

Jam hora diei prima, et adhuc dubius et quasi languidus dies. Jam quassatis circumjacentibus tectis, quamquam in aperto loco, angusto tamen, magnus et certus ruinæ metus. Tum demum excedere oppido visum: sequitur vulgus attonitum, quodque in pavore simile prudentiæ, alienum consilium suo præfert, ingentique agmine abeuntes premit et impellit. Egressi tecto consistimus. Multa ibi miranda, multas formidines patimur. Nam vehicula quæ produci jusseramus, quamquam in planissimo campo, in contrarias partes agebantur, ac ne lapidibus quidem fulta in eodem vestigio quiescebant. Prætereà mare in se resorberi, et tremore terræ quasi repelli videbamus. Certè processerat litus, multaque animalia maris siccis harenis detinebat. Ab altero latere nubes atra et horrenda, ignei spiritûs tortis vibratisque discursibus rupta, in longas flammarum figuras dehiscebat: fulguribus illæ et similes et majores erant.

Tum vero idem ille ex Hispaniâ amicus acriùs et instantiùs 'Si frater' inquit 'tuus, tuus avunculus vivit, vult esse vos salvos; si periit, superstites voluit; proinde quid cessatis evadere?' Respondimus non commissuros nos, ut de salute illius incerti, nostræ consuleremus. Non moratus ultrà, proripit se, effusoque cursu periculo aufertur. Nec multo post, illa nubes descendere in terras, operire maria: cinxerat Capreas et absconderat: Miseni quod procurrit abstulerat. Tum mater orare, hortari, jubere quoquo modo fugerem; posse enim juvenem, se et annis et corpore gravem bene morituram, si mihi causa mortis non fuisset. Ego contrà, salvum me nisi unà non futurum: dein manum ejus amplexus, addere gradum cogo. Paret ægrè, incusatque se quòd me moretur.

Jam cinis, adhuc tamen rarus: respicio; densa caligo tergis imminebat, quæ nos torrentis modo infusa terræ sequebatur. 'Deflectamus' inquam, 'dum videmus ne in viâ strati comitantium turbâ in tenebris obteramur.' Vix consideramus, et nox, non qualis illunis aut nubila, sed qualis in locis clausis lumine extincto. Audires ululatus feminarum, infantûm quiritatus, clamores virorum: alii parentes, alii liberos, alii conjuges vocibus requirebant, vocibus noscitabant: hi suum casum, illi suorum miserabantur: erant qui metu mortis mortem precarentur: multi ad deos manus tollere, plures nusquam jam deos ullos, æternamque illam et novissimam noctem mundo interpretabantur.

Nec defuerunt qui fictis mentitisque terroribus vera pericula augerent. Aderant qui Miseni illud ruisse, illud ardere falsò, sed credentibus nuntiabant. Paulùm reluxit: quod non dies nobis sed adventantis ignis indicium videbatur. Et ignis quidem longiùs substitit, tenebræ rursus, cinis rursus multus et gravis. Hunc identidem adsurgentes excutiebamus: operti alioqui atque etiam oblisi pondere essemus. Possem gloriari non gemitum mihi, non vocem parùm fortem, in tantis periculis excidisse, nisi me cum omnibus, omnia mecum perire misero, magno tamen mortalitatis solacio credidissem.

Tandem illa caligo, tenuata quasi in fumum nebulamve, discessit: mox dies verus, sol etiam effulsit, luridus tamen, qualis esse cùm deficit solet. Occursabant trepidantibus adhuc oculis mutata omnia, altoque cinere tamquam nive, obducta. Regressi Misenum, curatis utcumque corporibus, suspensam dubiamque noctem spe ac metu exegimus. Metus prævalebat: nam et tremor terræ perseverabat, et plerique lymphati terrificis vaticinationibus et sua et aliena mala ludificabantur. Nobis tamen ne tunc quidem, quamquam et expertis periculum et expectantibus, abeundi consilium, donec de avunculo nuntius. Hæc nequàquam historiâ digna non scripturus leges, et tibi, scilicet qui requisisti, imputabis, si digna ne epistulâ quidem videbuntur. Vale.

4. *Letter to Trajan, concerning the Christians.*

[A.D. 112.]

Sollemne est mihi, domine, omnia de quibus dubito ad te referre. Quis enim potest meliùs vel cunctationem meam regere, vel ignorantiam exstruere?

Cognitionibus de Christianis interfui numquam: ideò nescio quid et quatenus aut puniri soleat, aut quæri. Nec mediocriter hæsitavi, sitne aliquod discrimen ætatum, an quamlibet teneri nihil a robustioribus differant; detur pænitentiæ venia, an ei qui omnino Christianus fuit desisse non prosit; nomen ipsum, si flagitiis careat, an flagitia cohærentia nomini puniantur.

Interim in iis qui ad me tamquam Christiani deferebantur, hunc sum secutus modum. Interrogavi ipsos an essent Christiani. Confitentes iterum ac tertiò interrogavi, supplicium minatus: perseverantes duci jussi. Neque enim dubitabam, qualecumque esset quod faterentur, pertinaciam certè et inflexibilem obstinationem debere puniri. Fuerunt alii similis amentiæ, quos, quia cives Romani erant, adnotavi in urbem remittendos.

Mox ipso tractatu, ut fieri solet, diffundente se crimine, plures species inciderunt. Propositus est libellus sine auctore, multorum nomina continens. Qui negabant esse se Christianos aut fuisse, cùm præeunte me deos appellarent, et imagini tuæ (quam propter hoc jusseram cum simulacris numinum adferri) ture ac vino supplicarent, prætereà maledicerent Christo — quorum nihil posse cogi dicuntur qui sunt re verâ Christiani—dimittendos esse putavi. Alii, ab indice nominati, esse se Christianos dixerunt, et mox negaverunt; fuisse quidem, sed desîsse, quidam ante plures annos, non nemo etiam ante viginti quoque. Omnes et imaginem tuam deorumque simulacra venerati sunt, et Christo maledixerunt.

Affirmabant autem hanc fuisse summam vel culpæ suæ vel erroris, quòd essent soliti stato die ante lucem convenire, carmenque Christo quasi deo dicere secum invicem, seque sacramento non in scelus aliquod obstringere, sed ne furta, ne latrocinia, ne adulteria committerent, ne fidem fallerent, ne depositum appellati abnegarent: quibus peractis, morem sibi discedendi fuisse, rursusque ad capiendum cibum, promiscuum tamen et innoxium; quod ipsum facere desîsse post edictum meum, quo secundùm mandata tua hetærias esse vetueram. Quo magis necessarium credidi ex duabus ancillis, quæ ministræ dicebantur, quid esset veri, et per tormenta quærere. Nihil aliud inveni quam superstitionem pravam immodicam.

Ideò, dilatâ cognitione, ad consulendum te decucurri. Visa est enim mihi res digna consultatione, maximè propter periclitantium numerum. Multi enim omnis ætatis, omnis ordinis, utriusque sexûs etiam, vocantur in periculum et vocabuntur. Neque civitates tantùm, sed vicos etiam atque agros, superstitionis istius contagio pervagata est; quæ videtur sisti et corrigi posse. Certè satis constat propè jam desolata templa cœpisse celebrari, et sacra sollemnia diu intermissa repeti, pastumque venire victimarum, cujus adhuc rarissimus emptor inveniebatur. Ex quo facile est opinari quæ turba hominum emendari possit, si sit pænitentiæ locus.

5.—*The Reply of Trajan.*

Actum quem debuisti, mi Secunde, in excutiendis causis eorum qui Christiani ad te delati fuerant, secutus es. Neque enim in universum aliquid quod quasi certam formam habeat constitui potest. Conquirendi non sunt: si deferantur et arguantur, puniendi sunt; ita tamen ut qui negaverit se Christianum esse, idque re ipsâ manifestum fecerit, id est supplicando diis nostris, quamvis suspectus in præteritum, veniam ex pænitentiâ impetret. Sine auctore vero, propositi libelli *in* nullo crimine locum habere debent. Nam et pessimi exempli nec nostri sæculi est.

XII.

TACITUS.

The Conflagration of Rome, and First Persecution of the Christians.

[Annals. xv. 38–44. A.D. 64.]

Sequitur clades, forte an dolo principis incertum (nam utrumque auctores prodidêre), sed omnibus quæ huic urbi per violentiam ignium acciderunt gravior atque atrocior. Initium in eâ parte circi ortum, quæ Palatino Cælioque montibus contigua est, ubi per tabernas, quibus id mercimonium inerat quo flamma alitur, simul cœptus ignis et statim validus ac vento citus longitudinem circi corripuit. Neque enim domus munimentis sæptæ, vel templa muris cincta, aut quid aliud moræ interjacebat. Impetu pervagatum incendium plana primùm, deinde in edita adsurgens et rursus inferiora populando, anteiit remedia velocitate mali, et obnoxiâ urbe artis itineribus, hucque et illuc flexis atque enormibus vicis, qualis vetus Roma fuit.

Ad hoc lamenta paventium feminarum, fessa [ætate] aut rudis [pueritiæ] ætas, quique sibi quique aliis consulebant, dum trahunt invalidos aut opperiuntur, pars morâ, pars festinans, cuncta impediebant. Et sæpe, dum in tergum respectant, lateribus aut fronte circumveniebantur; vel si in proxima evaserant, illis quoque igni correptis, etiam quæ longinqua crediderant in eodem casu reperiebant. Postremò, quid vitarent quid peterent ambigui, complere vias, sterni per agros; quidam, amissis omnibus fortunis, diurni quoque victûs, alii caritate suorum, quos eripere nequiverant, quamvis patente effugio interiêre. Nec quisquam defendere audebat, crebris multorum minis restinguere prohibentium, et quia alii palàm faces jaciebant, atque esse sibi auctorem vociferabantur, sive ut raptus licentiùs exercerent, seu jussu.

Eo in tempore Nero, Antii agens, non antè in urbem regressus est quàm domui ejus, quâ Palatium et Mæcenatis hortos continuaverat, ignis propinquaret. Neque tamen sisti potuit, quin et Palatium et domus et cuncta circùm haurirentur. Sed solacium populo exturbato ac profugo campum Martis ac monumenta Agrippæ, hortos quin etiam suos patefecit, et subitaria ædificia exstruxit, quæ multitudinem inopem acciperent; subvectaque utensilia ab Ostiâ et propinquis municipiis, pretiumque frumenti minutum usque ad ternos nummos. Quæ, quamquam popularia, in inritum cadebant, quia pervaserat rumor, ipso tempore flagrantis urbis, inîsse eum domesticam scænam, et cecinisse Trojanum excidium, præsentia mala vetustis cladibus adsimulantem.

Sexto demum die, apud imas Esquilias finis incendio factus, prorutis per inmensum ædificiis, ut continuæ violentiæ campus et velut vacuum cælum occurreret. Necdum positus metus, et rediit haud leviùs rursum grassatus ignis patulis magis urbis locis, eoque strages hominum minor: delubra deûm et porticus amœnitati dicatæ latiùs procidêre. Plusque infamiæ id incendium habuit, quia prædiis Tigellini Æmilianis proruperat; videbaturque Nero condendæ urbis novæ, et cognomento suo appellandæ, gloriam quærere. Quippe in regiones quattuordecim Roma dividitur, quarum quattuor integræ manebant, tres solo tenus dejectæ: septem reliquis pauca tectorum vestigia supererant, lacera et semusta.

Ceterùm Nero usus est patriæ ruinis, exstruxitque domum, in quâ haud perinde gemmæ et aurum miraculo essent (solita pridem et luxu volgata) quàm arva et stagna, et in modum solitudinum hinc silvæ inde aperta spatia et prospectus, magistris et machinatoribus Severo et Celere, quibus ingenium et audacia erat, etiam quæ natura denegavisset, per artem temptare, et viribus principis inludere. Namque ab lacu Averno navigabilem fossam usque ad ostia Tiberina depressuros promiserant, squalenti litore aut per montes adversos. Neque enim aliud humidum gignendis aquis occurrit quam Pomptinæ paludes: cetera abrupta aut arentia, ac si perrumpi possent, intolerandus labor nec satis causæ. Nero tamen, ut erat incredibilium cupitor, effodere proxima Averno juga conisus est, manentque vestigia inritæ spei.

Ceterùm urbis quæ domui supererant non, ut post Gallica incendia, nullâ distinctione, nec passim erecta, sed dimensis vicorum ordinibus, et latis viarum spatiis, cohibitâque ædificiorum altitudine, ac patefactis areis, additisque porticibus, quæ frontem insularum protegerent. Eas porticus Nero suâ pecuniâ exstructurum, purgatasque areas dominis traditurum pollicitus est. Addidit præmia pro cujusque ordine et rei familiaris copiis, finivitque tempus intra quod effectis domibus aut insulis apiscerentur. Ruderi accipiendo Ostienses paludes destinabat, utique naves, quæ frumentum Tiberi subvectavissent, onustæ rudere decurrerent, ædificiaque ipsa certâ sui parte sine trabibus saxo Gabino Albanove solidarentur, quòd is lapis ignibus impervius est; jam aqua privatorum licentiâ intercepta, quo largior et pluribus locis in publicum flueret, custodes, et subsidia reprimendis ignibus in propatulo quisque haberet; nec communione parietum, sed propriis quæque muris ambirentur. Ea, ex utilitate accepta, decorem quoque novæ urbi attulêre. Erant tamen qui crederent, veterem illam formam salubritati magis conduxisse, quoniam angustiæ itinerum et altitudo tectorum non perinde solis vapore perrumperentur: at nunc patulam latitudinem, et nullâ umbrâ defensam, graviore æstu ardescere.

Et hæc quidem humanis consiliis providebantur. Mox petita a dîs piacula, aditique Sibullæ libri, ex quibus supplicatum Volcano et Cereri Proserpinæque, ac propitiata Juno per matronas, primùm in Capitolio, deinde apud proximum mare, unde haustâ aquâ templum et simulacrum deæ perspersum est; et sellisternia ac pervigilia celebravêre feminæ quibus mariti erant.

Sed non ope humanâ, non largitionibus principis, aut deûm placamentis decedebat infamia, quin jussum incendium crederetur. Ergò abolendo rumori Nero subdidit reos, et quæsitissimis pœnis adfecit, quos per flagitia invisos vulgus Christianos appellabat. Auctor nominis ejus Christus, Tiberio imperitante, per procuratorem Pontium Pilatum supplicio adfectus erat; repressaque in præsens exitiabilis superstitio rursum erumpebat, non modò per Judæam, originem ejus mali, sed per urbem etiam, quò cuncta undique atrocia aut pudenda confluunt celebranturque. Igitur primùm correpti qui fatebantur; deinde, indicio eorum, multitudo ingens haud perinde in crimine incendii quàm odio humani generis convicti sunt. Et pereuntibus addita ludibria, ut ferarum tergis contecti laniatu canum interirent, aut crucibus adfixi, aut flammandi, atque ubi defecisset dies, in usum nocturni luminis urerentur. Hortos suos ei spectaculo Nero obtulerat, et circense ludicrum edebat, habitu aurigæ permixtus plebi, vel curriculo insistens. Unde quamquam adversus sontes, et novissima exempla meritos, miseratio oriebatur, tamquam non utilitate publicâ sed in sævitiam unius absumerentur.

NOTES.

PHÆDRUS.

Little is known with accuracy of the life of Phædrus. He was probably a Thracian slave in the household of Augustus, was afterwards manumitted, and became the object of the hatred and persecution of Sejanus, the minister of Tiberius. He seems to have written in the reign of Claudius (A.D. 41–54). His fables are mere translations from the Greek.

NOTE. — The metre of all these fables is the Iambic Trimeter or Senarius, (§ **82**, iii.), the *ictus* of each double foot being marked with an accent. In the first verse of the first fable, **fămē cŏā-** is the first measure, consisting of two iambs, with the ictus upon the long syllable of the first; **e** in **fame** is long by the analogy of the fifth declension: **-ctă vūlpēs āl-** is the second, consisting of an iambus and a spondee. A spondee cannot properly stand in any but the odd feet; but Phædrus, like the comic writers, allows himself greater liberties. The third measure is **t' īn vīnĕā**, a spondee followed by an iambus.

FABLE I (BOOK IV. 3).

1. **Fame,** ablative of cause (§ **54,** I.).—**coacta,** nom. agreeing with **vulpes** (§ **49,** I.). — **vineā,** § **56,** I. 1; the vines in Italy were trained upon trees, and festooned from one to another.

2. **appetebat:** § **27,** II. 2; it agrees with **vulpes** by § **49.**

3. **Quam,** § **48,** I. and IV.; § **52,** I.—**ut,** § **64,** IV. end.—**discedens,** § **72,** I. Notice that the relative here implies a conjunction and a pronoun, and that the participle **discedens** may in English best change constructions with **ait**; "*but when he could not reach it,*

he departed, saying," — The third foot in this verse, **nŏn pŏtŭ-**, is a dactyl, which in iambic metre has the ictus on the second syllable.

4. **acerbam**, sc.* **uvam.**

5. **qui** and **quæ**, § **48**, III. first remark; **qui** is subject of **elevant**, while its antecedent (**ii**) is subject of **debebunt**; **quæ** is object of **facere**, and its antecedent (**ea**), of **elevant**; **facere** depends upon **possunt**.

6. **debebunt**: we should say *ought*, but the Latin expresses the relation of future time more precisely than the English idiom requires. — **adscribere**, § **58**, IV. — **sibi**, § **19**, II. end.

FABLE II (IV. 9).

1. **simul ac**: *as soon as* (§ **43**, 9). — The position of **callidus** makes it emphatic, and gives it some such force as, *if he is shrewd.*

2. **alterius**: *the other*, i.e., *the person nearest him; another* would be **alius**. The first foot is an anapæst, **rĕpĕrī**.

3. **decidisset**, § **62**, I. end. — **inscia**, § **6**, 4; § **47**, VI., *without knowing it.*

4. **altiore**, § **17**, V. 1.

6. **esset**, § **67**, I. 1. — **an**: *whether.*

7. **copiosus**, § **44**, IV. 3. — **illa** sc. **dixit.**

9. **possit**, § **65**, I.

10. **barbatus**, § **44**, IV. 4. — **vulpecula**, § **44**, I. 2.

11. **puteo**, § **54**, VI. — **cornibus**, § **54**, I.; abl. of means.

12. **vado**, § **55**, III. 5, end: *shallow water, pool.*

FABLE III (I. 1).

1. **venerant**, § **49**, I.

2. **superior**: *above.* — **compulsi**, § **47**, I. — **stabat**, § **27**, II. 1.

3. **fauce improba**, *savage jaw*, belongs with **incitatus.**

4. **jurgii**, § **50**, III. — **intulit**: *brought up.*

6. **bibenti**, § **72**, I: *as I am drinking.* — **laniger**, § **44**, VI.; **10**, 8. The descriptive adjective is used like **barbatus**, in the last fable, for the noun, § **47**, III. — **timens**, *fearing* at the time, not *timid* as a characteristic.

7. **Qui**: *how.* — **quod**, § **52**, I. first note: *what you complain about.*

---

* This is an abbreviation for **scilicet** (**scire licet**), meaning *understand.*

8. **a** and **ad**, § **42**, IV.—**decurrit**, *runs down.*—**ad meos haustus**: *to my draughts*, i.e. *for me to drink.*

9. **viribus** = **vi**: *force.*

10. **menses**, § **55**, I. 1: *six months ago.*—**mihi**, § **51**, II.—**male** belongs with **dixisti**: *cursed.*

11. **equidem**: emphasizes the first person, *but I.*

13. **correptum** (sc. **eum**) **lacerat**: *seizes him and tears him to pieces* (§ **72**, I).

15. **fictis causis**, § **72**, 3: *by making up reasons.*

Fable IV (IV. 8).

1. **mordaciorem**, § **44**, V. 3: *one that bites harder than himself.*—**improbo**: *malicious.*

2. **sentiat**, § **68**, I.

3. **quā**, after **si**, **ne**, etc. = **aliquæ**, § **21**, III. end.—**cibi** belongs with **res**, § **50**, II.: *any thing of food*, i.e. *any food.*

5. **contra** is used as an adverb, *on the other hand* (§ **56**, II. end).

6. **Quid**, § **52**, IV. : *in respect to what* = *why?*—**stulta**, sc. **tu**.—**captas** (from **capio**), § **36**, II.: *try eagerly; catch at.*

7. **quæ**, first person, subj. of **assuevi**, relating to **me**.

Fable V (I. 25).

2. **et . . . et**, § **43**, 8.

3. **canes**, § **52**, VI.—**currentes**: *on the run;* better, *run while drinking.*

4. **corcodilis**, § **56**, IV.; this form is used because the **o** in **crŏcodilis** is short.—**rapiantur**, § **64**, I.—**traditum est**, § **70**; the subject is **canes . . . flumine**: *it is related that*, etc.

6. **quam libet**: *as much as you please.*—**otio**, § **54**, II. first note, = **otiose**: *at your ease.*

7. **Noli vereri**, § **58**, III. first note.—**facerem**, § **59**, IV. 2.—**mehercule** is scanned **m'ercule**.

Fable VI (II. 7).

2. **cum pecunia**, § **54**, II. second note.

4. **onere**, abl. of cause.—**celsa cervice eminet**: *tosses up his head;* literally, *towers with lofty neck*, abl. of specification.

7. **advolant**, § **27**, I. second paragraph.

10. The second foot, **-tŭs ĭgĭ-**, is a tribrach.

11. **me** is subject of **contemptum** (**esse**), depending upon **gaudeo** (§ **70**, III).

14. **periclo** depends upon **obnoxiæ**, § **51**, I.

Fable VII (V. 3).

2. **quam**, obj. of **opprimere**. — **sibi duxit**: *fetched himself.*
4. **tibi**: *for* or *in regard to yourself;* not *to.*
5. **addideris**, § **63**, II.
6. **in gratiam**: *to good terms.*
7. **lædendi**, § **73**, II.
8. **te**, obj. of **necare**. — **generis**, § **50**, I. 2. — **animal**, § **46**.
9. **bibere** depends upon **delectaris**: *in drinking.*
10. **optem**, § **60**, 2. — **vel**: *even.*
11. The third foot is a dactyl, **tūm věnĭ-**.
12. **nocens**, used as an adjective: *mischievous.*
13. **pœna**, § **54**, IV.

Fable VIII (IV. 18).

3. **contra se**: *to his own loss.*
4. **ut**: *when.*
6. **improbis**, § **51**, V.

Fable IX (I. 15).

1. **commutando**, § **73** and V. — **sæpius**: *quite often.*
5. **Is** refers to **senex**.
6. **fugere** depends upon **suadebat**; the regular construction would be, **ut fugeret**.
7. **lentus**: *stolidly.* — **num**, § **71** and I. — **binas**, § **18**, II. 2.
8. **impositurum**, sc. **esse**.
9. **mea**, § **50**, IV. 4, first note.
10. **cui**, § **51**, III. — **portem**, § **61**, 3. — **meas**: *mine and no more.*

Fable X (I. 8).

1. **pretium**: *pay.* — **meriti**, § **47**, IV. 1.
3. Begin with **deinde**: *in the next place,* § **41**, II. 4. — **jam non**, § **41**, II. 2.
5. **singulos**: *one after another.*
7. **jurejurando**, § **14**, II. 2.
8. **colli longitudinem**; a graphic expression for **longum collum**.
10. **quo** refers to the act performed by the crane. — **pactum**, from **pango**: *which had been agreed upon.*

Fable XI (III. 9).

1. **nomen,** sc. **est.**

2. **ædis** means *an apartment*, and therefore *a temple*, which consists of a single apartment; but the plural means *a house*, which consists of several apartments. — **fundasset,** § **33,** III. 1.

4. **cedo**: *submit*. — **cinis,** in apposition with **ego** understood: *when ashes;* the expression refers to the custom of burning the bodies of the dead.

5. **e populo,** § **50,** II. end. — **nescio quis**: *somebody or other*, § **67,** I. 1, note; sc. **dixit.**

6. The interrogative particle **num** is omitted, § **71,** I. end.

Fable XII (IV. 16).

2. **finxit** has for obj. the fable which follows. — **consolandi,** § **73,** II. first note.

3. **navis,** subj. of **cœpit,** v. 6.

4. **vectorum**: *those on board*, sailors and passengers.

5. **mutatur**: this passive is rendered into English by the neuter verb *changes*, § **23,** 3.

6. **ferri** and **extollere** depend upon **cœpit.** — **flatibus,** § **44,** III. 2.

8. **sophus,** the Greek *σόφος*, *wise*.

9. **parcē,** the adverb; the verb (imperat.) would be **parcĕ.**

10. **miscet,** § **49,** I. first note.

Fable XIII (III. 5).

2. **quidam petulans,** *a saucy fellow*.

3. **tanto,** § **54,** v. end. — **melior,** sc. **es.** — **assem,** a piece of copper money worth about a cent, § **84.**

4. **mehercule**: scan, **m'ercule.**

5. **possis,** § **69,** note; **unde** is a relative adverb = **a quo,** having for its antecedent **eum** understood, obj. of **monstrabo.**

6. **venit**: *is coming*.

9. **spes fefellit,** etc.: *hope failed;* i. e., *his impudence failed in its hopes*.

10. **cruce,** § **50,** IV. 2, note.

Fable XIV (I. 24).

3. **magnitudinis,** objective genitive after **invidia.**

5. **an**: *whether*. — **bove,** *than the ox* (§ **54,** v.).

7. **negarunt** = **negaverunt**, § **33**, III. 1. This word is used for **dico non**: *say no*.

8. **Quis**: **uter**, *which of the two*, would be more correct. — **bovem**, sc. **esse majorem**.

9. **novissime**: *at last*, § **41**, I.

10. **corpore**, § **54**, x. — **jacuit**: *fell dead*.

Fable XV (I. 2).

1. **Athenæ**, *Athens*: many names of towns in Latin are plural, and take a plural verb; but in English they require a singular verb.

2. **miscuit**: *mixed up* or *disturbed*.

4. **factionum partibus**, § **50**, I. 3: *when party factions were formed* (abl. absolute).

5. **Pisistratus**: a tyrant of Athens, B.C. 560. The word tyrant meant merely *usurper*, and did not imply oppressive or harsh rule. Pisistratus was, on the whole, a mild and popular ruler; but his sons were less discreet, and were expelled by a revolution (B.C. 510), when the government of Athens became a democracy.

6. **Attici**: Attica was the country belonging to Athens.

7. **quia** and **quoniam**, § **43**, 6.

8. **insuetis**: dative after **grave**.

9. **rettulit**: the **t** is doubled in order to make the **e** long; see § **78**, I., note.

12. **compesceret**, § **64**, I.

14. **quod** refers to **tigillum**. — **vadis**, § **51**, II.

16. **diutius**: *a good while*, § **17**, v. 2.

18. **explorato**, § **72**, II.: *after scrutinizing the king*.

20. **supra** governs **lignum**; by poetical usage, it here follows the word it governs.

22. **rogantes**: i.e. *messengers*.

23. **esset**, § **63**, I.; its subj. is **is** understood.

26. **fugitant**, § **36**, III. — **inertes**: *the fools*.

27. **Mercurio**: Mercury was the messenger of the gods.

28. **afflictis**, § **51**, v. — **contra**, an adverb: *in reply*.

30. **cives**, § **53**. — **ait**, sc. **Æsopus**.

Fable XVI (V. 5).

1. **labi**: *go astray*.

2. **pro**, etc.: *while they defend the error of their judgment*.

3. **pœnitendum**, § **73**, IV. — **agi** depends upon **solent**.

5. **cunctos**, a contraction of **conjunctos**: *all together*.

6. **quisque** is subj. of **posset**, but the English idiom requires that it should be connected with **ostenderet**: *that each should show what novelty he could.*

7. **laudis** limits **certamina.**

8. **sale**: *salt*=*wit*; **urbano sale**: *neat wit.*

10. **prolatum foret** (=**esset**), § **67**, II.

11. **civitatem**, used as a collective noun: *the citizens.*

12. **Paullo ante** qualifies **vacua.**

13. **constitit**, § **57**, III. first note.

14. **adjutoribus**, § **54**, X.: render *with no assistants.*

15. **ipsa**: *very* or *mere*, § **20**, II. near the end.

16. **sinum**: the **pallium** was a Greek garment, like a large shawl; it hung in loose folds over the breast, forming a kind of bag, called **sinus**, *bay.*

17. **sua**, sc. **voce.**

18. **verum**, sc. **porcellum.**—**pallio**, § **51**, V.

19. **excuti**, sc. **pallium**, § **67**, I. end.—**simul**, sc. **atque**: *as soon as.*

21. **prosequuntur**: i.e., as he leaves the stage.

26 **derisuri**, § **64**, V. 5.

28. **plausus**: used for the singular, *applause*, because it expresses many acts.

29. **sese**, § **52**, VI.—**vestimentis**, § **54**, I.

30. **quod** refers to **porcellum obtigere**: *as in fact he did.*

31. **latens**: *undiscovered.*

32. **vero**, § **51**, I. (dat. com. et incom.): *of a real pig*, see v. 18.

FABLE XVII (II. 8).

2. **venatorum**, § **44**, III. 1; subjective genitive.

5. **Hic**, adverb.—**latenti**, sc. **cervo.**

6. **cucurreris**, § **63**, II.

7. **spiritum**: *breath*=*life.*

8. **vos**: *you at least*, § **49**, II.

9. **occasione data**: *when an opportunity is given.*

10. **vices**: *the turn*, or *change.*—**excipiunt**: *follows.*

14. **Nec ille**, etc.: *and he, too, saw nothing.*

15. **quietis**: i.e., *which had kept silent.*—**agere gratias**: *return thanks.*

17. **quidem**: *to be sure.*

18. **ille**, subj. of **venerit.**—**venerit**, § **57**, III.

19. **vertetur** = *will be.*

21. **corruptos**: *grown thin.* — **frondis** limits **parum**, § **50**, II. 4.

26. **familia**: *slaves.*

FABLE XVIII (APPENDIX, II. 8).

1. **rustici**, sc. **muris**, limits **cavo.**

2. **glande**, § **54**, I. after **cenat.**

4. **rebus**, § **54**, VI.

5. The fifth foot is a dactyl, -tūr rĕlĭ. — **reliquiis**, § **54**, III. — **perfruuntur**, § **57**, III. second note.

7. **Quo** agrees with **strepitu.**

11. **Ut** = *when.* — **quæ** refers to **ea** understood, which is governed by **sustulit.**

13. **ille**: i.e., **rusticus.**

14. **præ metu**: *for fear.*

16. **ferculis**: *the courses at a meal,* i.e., *the dishes.* — **fruamur**, § **68**, I.

17. **rure** properly means *from the country,* but stands here for **ruri**, *in the country;* § **55**, III. and 3, note. — **quæras**, § **60**, 2.

18. **qui**, subj. of **nescis.**

19. **et** connects **securum** and **liberum.**

20. **tutum vivere** is subj. of **præstat.**

21. **carpi**: *to be worn out.*

FABLE XIX (IV. 21).

1. **doctus**; *learned,* or, rather, *educated.*

2. Simonides, one of the greatest of the Greek poets, born in the island of Ceos, in the sixth century B.C. — **egregium**, from **e** and **grex**: *one out of the herd,* i.e., *distinguished for excellence.* — **melos**: a Greek noun in the neuter gender; used here for the plural, *songs;* the English word *melody* is derived from this.

3 **sustineret**, § **64**, II.; depends upon **cœpit circumire.**

4. scan **circ'ire.** — **nobiles**, from **nosco**: *well-known* or *famous.*

5. **canens**: we should say, *receiving pay for singing.* — **victorum**, i.e., in the public games, which were established among the Greeks, for races, contests of strength, skill, etc. See Hb. § 112.

9. **quam** refers to **navem**, and is governed by **dissolvit.**

10. **medio**, § **47**, VIII.; *the middle of the sea.*

12. **subsidium**, § **46.**

13. **curiosior**: *with some curiosity.*

14. **mecum, § 19**, end. — **pauci**: *(only) a few.*
17. **Clazomenæ**: a city in Asia Minor.
21. **absentis**, sc. **Simonidis**. — **maximus, § 17**, v. 4.
22. **sermone ab ipso**: *from his very speech.* — **cognitum, § 72**, I.
24. **ceteri**: *the rest* of the passengers. — **tabulam**: shipwrecked persons used to carry about a picture representing the shipwreck, and beg alms.

JULIUS CÆSAR.

Caius Julius Cæsar was born B.C. 100, and assassinated B.C 44. For a general account of his character and of his Gallic campaigns, see Latin Lessons, p. 73.

The campaigns of Cæsar in Gaul lasted through eight seasons, B.C. 58–51, and are told in eight books (the last written by Hirtius, an officer of Cæsar), each containing the operations of a single year. The following is a brief outline of these campaigns.

I. Cæsar checks the attempt of the Helvetians to colonize in Western Gaul, and forces them, after a bloody defeat, to return to their own territory (see Latin Lessons). He then engages with a powerful tribe of Germans, who had made a military settlement in Eastern Gaul, and drives them, with their chief Ariovistus, beyond the Rhine.

II. A formidable conspiracy of the northern populations of Gaul is suppressed, with the almost complete extermination of the bravest Belgian tribe, the Nervii, in a battle which seems to have been the most desperate of all Cæsar ever fought. In this campaign, the coast towns of the west and northwest (Brittany) are reduced to submission.

III. After a brief conflict with the mountaineers of the Alps, who attacked the Roman armies on their march, the chief operations are the conquest of the coast tribes of Brittany (Veneti, etc.), in a warfare of curious naval engineering in the shallow tide-water inlets and among the rocky shores. During the season, the tribes of the south-west (Aquitani), a mining population, allied to the Iberians or Basques, are reduced by one of Cæsar's officers.

IV. An attack from the Germans on northern Gaul is repulsed; and Cæsar follows them, by a bridge of timber hastily built, across the Rhine. Returning, he crosses to Britain in the early autumn, for a visit of exploration.

V. The partial conquest of Britain (second invasion) is followed by various movements in northern Gaul, in which the desperate condition of the Roman garrisons is relieved by the prudent and brave conduct of Labienus and Quintus Cicero.

VI. Cæsar makes a brief expedition across the Rhine, against the Germans. Some general disturbances are quelled, and northern Gaul is reduced to peace.

VII. Vercingetorix, a brave and high-spirited chief of southern Gaul, effects a conspiracy of the whole country, which is at length subdued. Vercingetorix, in brilliant equipment, surrenders himself, to secure the quiet of the country, and is taken in chains to Rome, where he is afterwards put to death in Cæsar's triumph.

VIII. Slight insurrections, breaking out here and there, are easily subdued; and the subjugation of Gaul is made complete.

It was the custom of Cæsar, in the intervals of these campaigns, to pass the winter in Italy, or to visit his province of Illyria, keeping himself informed of the political affairs of Rome, and the movements of Pompey, who held the chief power there, and was at one time the sole consul. At the close of the Gallic war, being jealous of Cæsar's power, the party of Pompey required that he should disband his army. This he refused to do, unless Pompey should make an equal surrender of military force. From these demands grew the suspicion of false play on each side, until the Civil War broke out (B.C. 49), and Pompey fled to Greece, where he was defeated the following year at Pharsalia.

The first expedition to Britain was in the fourth year of Cæsar's command in Gaul, B.C. 55. The early part of the summer was occupied with campaigns in Northern Gaul and Germany. It was known to Cæsar that the Gauls received aid, or at least sympathy, from their kindred in Britain; he determined, therefore, although it was too late for a regular campaign, to pay a visit to the island, of which very little was known beyond the fact that it was inhabited, like Gaul, by Celts. "His object was to obtain a personal acquaintance with the country, its chiefs and people; to thrust himself in some way into their affairs, and establish such relations with them as might afford a convenient pretext for further interference at a future time." (Merivale.)

The Celts of Southern Britain were of the Cymric branch of the race, now represented by the remnants of the early Britons still occupying Wales and Cornwall. It would appear that the Celts of Belgium and Armorica were also Cymric; while the rest of the Gauls, like the inhabitants of Ireland, belonged to the Gaelic branch of this race.

PAGE

11. 6. **parte**, § **54**, x.

9. **contendit**, § **58**, I.—**bellis** § **55**, I.—**subministrata**, sc. **esse**, § **34**, II.

10. **inde**, i.e. **a Britannia**.

11. **deficeret**, § **57**; *should be insufficient.*

12. **usui**, § **51**, VII. we should say, *of great service.*—**fore** has for its subject the substantive clause **si . . . cognovisset.**

13. **adisset**, § **57**, III.; § **58**, II.; we should say, *should visit.*

14. **fere** does not mean *almost* (which is **prope**), but *for the most part.*

15. **Neque**; § **43**, 10 and 11.—**temere**, *without special object.*

16. **his ipsis**, dat. after **notum**.

18. **Gallias**, plural, because of the subdivision into Gallic and Belgic.—**vocatis**, § **72**, 3; *having called.*

19. **neque . . . neque**, *neither . . . nor.*—**esset** (§ **67**, I. 1) depends upon **reperire**.

21. **institutis**, § **54**, III.

22. **ad** depends upon **idonei**, § **51**, I., note.—**majorum navium**, i.e., ships of war, etc.

24. **cognoscenda**, § **73**, and IV.—**facerat**, § **62**, II. 1; *before running any risk.*

27. **se** refers to the subject of the principal clause, Cæsar.—**quam primum**, § 17, v. 5, *as soon as possible.*—**revertatur**, § **70**, I.

12. 1. **Morinos**: the Morĭni inhabited Flanders and Artois, just where Gaul is nearest Britain.

12. 3. **quam classem,** § **48,** III., 2d. note. — **superiore,** *former.*

4. **ad,** *for ;* the war with the Venĕti, who lived on the coast of Brittany, had been chiefly naval.

5. **jubet,** § **68,** III. sc. **classem.**

6. **per mercatores,** § **54,** I. end.

7. **polliceantur,** § **64,** I. ; **polliceantur** is here followed by the pres. inf. ; an unusual construction, see § **67,** III. and 2.

10. **domum,** § **55,** III. 2.

11. **remittit,** § **57,** II. — **Commium** ; Saulcy is of opinion that these negotiations were not in good faith, and that Commius himself had a secret understanding with the Britons.

12. **ibi,** i.e., **in Atrebatibus** ; the Atrebătes were east of the Morini.

13. **quem,** § **67,** I. 2.

14. **in his regionibus,** i.e., Britain.

15. **magni,** § **54,** IX. 1. — **huic,** § **51,** III.

16. **possit,** § **66,** II. — **adeat,** § **64,** IV. — **civitates,** § **52,** II. 1.

17. **fidem,** *faith,* and so a promise of faithful protection; to *follow* or *accept* the protection of the Roman people, is to *submit themselves to them.* — **se,** i.e., Cæsar.

19. **quantum,** sc. **tantum,** § **22,** I., *as much as.* — **ei,** *to one,* § **20,** II.

20. **auderet,** § **63,** II. (There is a slight reproach in this subj.).

21. **die,** § **55,** I.

24. **vigilia** : the Roman night, between sunset and sunrise, was divided, for military purposes, into four watches ; the third watch therefore would average 3 A.M. ; at this season, somewhat earlier. — **solvit,** sc. **naves.** Portus Itius, from which the expedition sailed, is identified by the Emperor Napoleon III. with Boulogne ; by Merivale and Saulcy, with Witsand, a village between Boulogne and Calais. Witsand (*white sand*) was during the middle ages the chief port of embarcation for England ; but its harbor is now blocked up with sand. The name **Itius** is probably connected with **itus** — the *harbor for transit.*

27. **esset,** § 62, I. — **hora** ; the day, between sunrise and sunset, was divided into twelve hours ; the fourth hour at this season, would be between 8 and 9 A.M.

30. **Cujus,** § **48,** IV.

31. **angustis,** i.e., near the shore.

13. 2. The **tribuni** were the regular commanders of the legion, six to each legion, holding the command for two months in the year (Hb. § 155). They were originally appointed by the commander, but at this time were partly chosen by the people in the comitia of the tribes. The **legati** were aids of the general, with no regular command; but on account of the inexperience of the tribunes, Cæsar appointed a legatus to command each legion in battle (B. G. I. 52), and after this time each legion was regularly commanded by a legatus.

4. **cognosset,** § **66,** I. — **ut** = *as*, depending on **administrarentur.**

5. **rei militaris ratio,** *the rules of military science;* **ratio,** from **reor,** to calculate, means the process of calculation, and so the rule or principle reasoned out. — **maritimae res,** *naval tactics.*

6. **ut cum,** *since;* **ut** is used to strengthen **cum.**

7. **ad nutum et ad tempus** form a combined idea, *at the very moment of command.*

8. **administrarentur,** § **64,** IV.

10. **passuum,** § **18,** 3; the **passus,** *pace,* was a little under five feet, so that the thousand paces, or Roman mile, was somewhat shorter than our mile. Hb. § 187.

11. **litore,** § **54,** X. — The fleet had at first arrived opposite Dover; a calculation of the tides shows that in the afternoon of this day the tide made for the East; after doubling the South Foreland, the fleet found itself at the beach of Deal (Merivale).

13. **quo genere,** i.e., **essedariis,** those who fought from the **essedum,** or two-wheeled war-chariot.

14. **copiis;** exception to § **54,** II. Note to "Accompaniment."

15. **nostros, 47,** III. note. — **prohibebant,** *attempted to prevent.*

16. **magnitudinem,** § **54,** I. first note.

17. **nisi in alto,** *except in deep water.* — **militibus,** § **51** VIII.; *it was necessary for the soldiers to leap down,* etc.

18. **locis** and **manibus,** 54, X.

20. **desiliendum,** § 73, I.

21. **hostibus,** § **54,** II. third note.

23. **conjicerent,** § **61,** 2.

24. **insuefactos,** i.e., to going into the water.

25. **generis,** § **50,** III. 2.

27. **uti** and **utebantur,** *manifest.*

32. **tormentis**; the Roman armies carried with them engines for hurling stones, darts, &c., so efficient that they may be fairly reckoned as a substitute for modern artillery.

33. **quae res**, § **48**, v.

14. 1. **nostris**, § **47**, III. note, and v. note.

3. **constiterunt**, *were checked.* — **ac**, *and more than that* (§ **43**, 1). — **paulum modo**, *a very little.*

5. **qui** relates to **is** understood, subj. of **inquit**. — **aquilam**, the silver eagle, introduced by Marius as standard of the legion; carried by the chief centurion, or primipilus (Hb. 158).

6. **legioni**, § **51**, I. *Dativus commodi et incommodi.*

7. **Desilite**, § **58**, III. — **vultis**, § **59**, I. II. and note, III.

8. **certe**, § **41**, II. 3.

9. **praestitero**, § **57**, III.; i.e., will be able to say that I have done my duty.

12. **inter se**, *one another.* — **universi** (**uni versi**, all turned into one), *all with one accord.*

13. **proximis primis**, *the nearest ships of the first line.*

14. **subsecuti**. i.e., those on board.

16. **Pugnatum est**, *the battle was fought*, or *the fight went on*, § **39**, 5.

18. **alius alia ex navi**, *one from one ship, another from another*, § **47**, IX.

19. **quibuscumque**, § **21**, I. note; its antecedent is **iis** (**signis**) understood, depending on **aggregabat**.

26. **speculatoria navigia**; swift boats, used for exploring and reconnoitring.

27. **quos . . . his**, § **48**, III. end. Notice the use of the imperfect tense through this description, indicating that these circumstances took place again and again.

28. **simul**, sc. **atque**, *as soon as*, § **43**, 9.

30. **neque potuerunt**, *but were not able.*

31. **insulam capere**, *reach the island;* the transports containing the cavalry had been detained.

15. 3. The omission of the conjunction **et** [after **miserunt**] is very common. — **imperasset** stands for **imperaverit** (fut. perf.) in Oratio Recta; it becomes plup. subj. by § **57** (after **polliciti sunt**) and § **67**, II. (after **facturos esse**). — **facturos**, § **67**, III. 2.

5. **quem**, § **52**, VI.

7. **oratoris modo,** *in the character of an ambassador.*

9. **in petenda pace,** § **73,** V.

11. **ut ignosceretur,** sc. **iis,** *that pardon should be given* them, § **51,** III. second note; **ignosco** governs the dat. (**ut ignosceret iis**), and therefore cannot be used personally in the pass.; **ut ignoscerentur** would be bad Latin.

14. **intulissent,** after **quod,** § **63,** 1. — **ignoscere,** sc. **se,** § **67,** I. end.

15. **imperavit,** sc. **iis,** *demanded of them,* § **51,** III. end. — **quorum, 50,** II. 1.

16. **arcessitam,** *which had to be fetched,* § **72,** 1.

21. **post . . . quam,** § **56,** III.; it might also be **die quarto postquam**; see § **55,** I. note.

23. **supra,** § **56,** II. end; see p. 12.

25. **ex superiore portu,** the cavalry had sailed from a point eight miles east of that from which the infantry had started.

27. **earum,** § **50,** II. 2. — **posset,** § **65,** I. — **aliae . . . aliae,** § **22,** II.

29. **occasum,** § **56,** II. 1.

30. **sui,** § **19,** II. and III.; § **50,** III.; *to themselves.* — **adversa nocte,** § **54,** X., *although the night was unfavorable.*

32. **ut esset,** § **70,** II.; this full moon has been determined by astronomical calculations to have been on the night of August 30.

33. **æstus**; it will be remembered that there are no tides in the Mediterranean, so that this phenomenon was strange and appalling to the Romans.

16. 2. **transportandum curaverat,** *had had the army conveyed.*

7. **essent,** § **63,** III.

11. **Neque**; it is often best in translating to divide this word (= **et non**), and join the negative with some other word; *for on the one hand there were no other,* etc.

11. **possent,** § **65,** IV. 2.

13. **constabat,** *it was an established fact;* its subject is **hiemari . . . oportere**; that of **oportere** is **hiemari in Gallia.**

14. **his in locis**; the preposition often stands after the first word it governs, when this is a pronoun agreeing with a noun.

20. **hoc,** § **54,** I.; *for this reason.*

22. **factu,** § **74,** II. — **duxerunt,** *thought,* has for its subject, **principes.**

24. **res** has a great variety of meaning in different connections; here *hostilities*.

25. **inferendi**, § **73**, III. first note.

31. **eventu**, *fate*. — **ex eo quod**, *from this* (*the fact*), *that*.

32. **id** is subject of **fore**.

33. **suspicabatur**, *began to suspect*.

17. 3. **earum**, § **48**, III. top of p. 58.

6. **administraretur**, § **63**, III.

7. **reliquis . . . posset**, § **70**; a substantive clause governed by **effecit**.

9. **frumentatum**, § **74**, 1, — **neque**, § **43**, I. note.

10. **belli**, § **50**, III. 1.

12. **ventitaret**, § **36**, III.

14. **quam consuetudo ferret**, *than was customary*.

15. **partem**, 48, III.

16. **consilii**, § **50**, III. 3; *some new design*.

17. The cohort was the tenth part of a legion, containing six hundred men (Hb. 158); one cohort was posted at each of the four gates of the camp (Hb. 160).

26. **dispersos . . . occupatos**, *while they were scattered*, etc.

28. **incertis ordinibus**, § **54**, X. expressing the reason.

32. **equorum**, § **50**, I.

33. **insinuaverunt**, § **57**, III.

18. 3. **ita . . . ut**, *in such a way that*. — **illi**, the warriors.

6. **præstant**, *they display* or *unite*.

8. **incitatos**, *at full speed*. — **brevi**, *in a moment*.

11. **rebus**, *under these circumstances*. — **nostris**, § **51**, II.

18. **occupatis**, *while our men were busy*, so that they could not attend to matters, the country-people [see p. 17, l. 11] left their homes, and got out of their reach.

20. **dies**, § 55, I.

21. **continerent**, § **65**, I.; *such as kept*, &c.

25. **sui**, § **73**, II. note.

30. The substantive clause **ut . . . effulgerent** is in apposition with **idem**, which is the subject of **fore**.

19. 3. **spatio**, § **55**, II. end.

10. **æquinoctii**; the season of the equinox is usually stormy.

15. **eosdem quos**, *the same as*. — **reliquæ**, sc. **ceperunt**.

The first invasion of Britain was only a reconnoissance; the following summer, B.C. 54, Cæsar determined upon a regular invasion of the country. The early part of the season was spent in some unimportant operations, and meanwhile his lieutenants had been preparing a strong fleet of war ships and transports. July 20, according to the Emperor Napoleon III., he sailed from the Portus Itius; both starting-point and landing-place were the same as the year before — Boulogne or Witsand, and Deal.

21. **Africo**, the south-west wind blew from Africa to Italy.

24. **secutos**, *following*, i.e., *in consequence of*.

27. **fuit laudanda**, § **40**, II.

28. **vectoriis**, ablative absolute, *although*, etc.; *long ships* of war were of course swifter than the transports.

20. 3. **quæ**, *of which*. — **octingentæ**, § **54**, V. note.

9. **præsidio**, § **51**, VII. — **essent**, § **64**, I.

10. **eo**, § **54**, I. — **navibus**, § **51**, IV.

12. **præsidio**, § **51**, V.; **navibus**, § **51**, I. note; depending on **præsidium**; *over the guard for* (or *of*) *the ships*. — Q., § **85**.

13. **milia**, § **55**, II.

19. **belli**, § **54**, I. second note. — **ut videbatur**, *as it seemed*.

20. **succisis**, § **72**, 2; *by felling thick timber*, so as to make an abattis.

21. **Ipsi rari**, *a few of them*, a few being sufficient.

23. The **testudo** (so called from its resemblance to the shell of a tortoise) was formed by a close body of men who held their shields over their heads, overlapping in such a way, like the shingles on a roof, as to form an unbroken surface, and an almost complete protection against the enemy. Under this they were able to approach very near the enemy's works, and carry on their own engineering.

26. **eos**, the soldiers. — **longius** qualifies **prosequi**, which governs **fugientes**.

30. **diei**, § **50**, end. — **tripertito**, derived from **tres** and **partio**; the common spelling is **tripartito**.

33. **extremi**, *the hindmost* of the enemy.

21. 4. **subsisterent**, i.e., as they said, § **63**, I.; this is one of the rare cases in which the imp. subj. may be best rendered *could*.

13. **viderentur**; we should say, *it appeared that the rest could,* etc. — **fabros**: each legion had with it a number of workpeople.

14. Labienus was Cæsar's best officer, who had command in Gaul during Cæsar's absence in Britain; in the civil war he joined the faction of Pompey.

15. **legionibus**, § **54**, I. — **sunt**: § **66**, we might expect the indicative by **66**, II.; but the statement is considered as an independent one, not a part of the subjunctive clause.

17. **operæ**, § **50**, I. 2. — § **54**, II. end. — **commodissimum**, **47**, IV. (3).

19. **ne** . . . **quidem**, § **41**, II. 5.

20. **ad**, *in relation to*, or *for*.

27. Cassivellaunus (the Roman orthography for the British or Welsh Cadwallon) was chief of the tribes about London, and to the North; his chief city was probably St. Albans.

29. **Huic**, § **51**, V.

22. 1. connect **ipsa** with **insula**, and **memoria** with **proditum**.

10. **plumbum album**, i.e. *tin*.

15. **fas** is that which is permitted by the laws of God.

17. **quam**, § **17**, V. 2. — **frigoribus**, *the seasons of cold.*

19. **alter**, *one of the two;* the correlative is **inferior**.

20. **Cant-ium**, *Kent*, the south-east corner of England.

22. **Alterum**; Cæsar supposed the western coast of England to be opposite Spain.

24. **dimidio**, § **54**, V. end.

25. **pari spatio transmissus**, *of an equal length of passage*, § **54**, II., — ablative of description or quality.

26. **atque**, *as*, following **pari**, **43**, 9.

27. **Mona**, probably *Man;* the same name was given also to *Anglesea.*

28. **objectæ**; lying opposite to one, i.e., *on the passage.*

29. **dies**; a true report from the high northern latitudes is ignorantly applied to the Orkney and Shetland Islands.

31. **nisi**, *except that.* — **certis** . . . **mensuris**, *by accurate measurements by the water-clock*, or clepsydra.

23. 3. **maxime**, *in general.*

4. These distances are all considerably more than the air-line.

12. **vitro**, *woad*, a plant used for dyeing blue.

14. **capillo** and **parte** are abl. of description or quality, § **54**, II.

18. **fuerint**, § **57**, I. first note.

26. **atque iis,** *and these too;* the first cohort of each legion was made up of picked men, and stood higher in rank than the others.

27. **inter se** belongs with **intermisso**; the object of this close order was to prevent the essedi from penetrating between the cohorts. — **constitissent,** § **61,** 2.

29. **perruperunt,** i.e. the enemy.

30. Q. Laberius Durus, § **15.**

31. **submissis,** *sent up,* i.e., *sent as aid.*

24. 1. **pro,** *in front of,* not *in defence of.*

4. **esse,** *were,* § **57,** IV.

9. **Equestris,** etc.; *moreover, the mode of fighting with horses* (i.e., for chariots) *brought precisely the same peril upon them when retreating as well as when pursuing.*

11. **Accedebat huc ut,** *besides;* the subject of **accedebat** is **ut,** etc., § **70,** II.; literally, *there was added to this, that.*

12. **stationes,** *relays.*

13. **deinceps exciperent,** *relieved one after the other.*

21. **signis legionibusque,** i.e., they followed the foragers quite to the main army.

31. **consilio,** i.e., of not coming again to a general engagement.

33. **atque hoc ægre,** *and that with difficulty.*

25. 2. **instructas** is here a participle, not an infinitive, § **34,** II. end.

3. **præfixis,** *driven in in front of the bank.*

8. "The swimming and fording of rivers were among the regular exercises of the Roman legionary. Though immersed up to his chin in water, he was expert in plying his hatchet against the stakes which opposed his progress, while he held his buckler over his head not less steadily than on dry land. Behind him a constant storm of stones and darts was impelled against the enemy from the engines which always accompanied the Roman armies" (Merivale).

9. The cavalry did not form a part of the legion, but were Gallic auxiliaries.

15. **servabat,** *watched.* — **ex via excedebat,** *kept out of the road.*

24. **discedi,** § **39,** 5; *that any one should depart.*

26. **hostibus,** § **51,** III. second note.

29. **his,** the inhabitants of Kent.

30. **castra navalia,** see p. 21. — **de improviso,** *unexpectedly.*

26. 7. **extrahi**; *dragged out, wasted.*

8. **in annos singulos**, *each year.* — **vectigalis**, § **50**, II. 3.

13. **deductis**, *launched.*

15. **commeatibus**, *passages.*

17. **tot navigationibus**, ablative absolute, *although*, etc.

The passage from the Sixth Book of the Gallic War, describing the peoplé of Gaul and Germany, is one of the earliest and most important sources of information in regard to these races.

27. 9. **redeat**, § **64**, I. *shall be referred.*

10. **ne . . . egerent**, § **70**; in apposition with **ejus rei.**

11. **auxilii**, § **50**, IV. 5. — **egeret**, § **57**, I. second note.

12. **faciat**, § **59**, IV. 3.

14. **summa**, *the constitution.*

15. The passage omitted speaks of the two great factions of Gaul, at the head of one of which had stood the Ædui, of the other the Sequani; in this contest the Ædui had succeeded in getting upon their side the decisive influence of Rome.

18. **loco**, *in the position.*

19. **nullo . . . consilio**, *are summoned at no consultation*, i.e., are consulted upon no occasion; in English, the collective noun *common people* requires a plural verb. — **ære alieno**, *another's money*, i.e., *debt*

22. **in hos**, *over these*, i.e., **plerique.** — **dominis** (sc. **sunt**).

23. **duobus**; see line 17.

25. **religiones**, the doctrines of religion.

28. **eos**, the Gauls.

30. **admissum**, *committed;* a frequent meaning of this word.

32. **si qui**, § **21**, III. end; the usual form would be **quis**, when used without a noun, § **21**, II.

33. **decreto**, § **54**, I., *in accordance with their decision.* — **sacrificiis**, § **54**, VI. sc. **eos**, *they forbid them the sacrifices.*

28. 5. **incommodi** limits **quid**.

12. **Carnūtum**, a tribe south-west of Paris, in the neighbourhood of *Chartres* and *Orleans;* this part of France abounds at the present day in druidical remains.

16. **Brittannia**; this is taken as a proof of the Cymric origin of Druidism. — **reperta**, § **67**, IV. 1; it might equally well be **disciplinam repertam esse.**

22. **immunitatem,** *freedom from burdens* (**munus** = burden).

23. **præmiis,** *privileges.*

27. **litteris mandare,** *commit to writing.* — **cum,** *although.*

28. **rationibus,** *relations.*

30. **in vulgus efferri,** *to be divulged to the public.*

31. **velint,** § **63,** I.; it is the consideration which led to **instituisse.** — **litteris confisos,** *by trusting to documents.*

29. 1. **hoc, 51,** III. end (sc. **iis**); *persuade them of this.*

2. **ab aliis,** etc.; this is the doctrine of metempsychosis, or the transmigration of souls.

4. **maxime excitari,** § **67,** IV. 2, *that there is the chief incitement to virtue.*

11. **uti . . . propulsarent,** in apposition with **quod.**

13. **versantur,** *occupy* or *devote themselves.*

14. **ambactos;** this word is perhaps of Celtic origin, and means *retainers.*

23. **reddatur,** § **66,** II.

30. **sint,** § **69,** note.

33. **Deum,** § **10,** 6. — **Mercurium;** i.e., the god who possessed the attributes of the Roman Mercury; his Gallic name was *Teutates.*

30. 8. **initia,** *the first knowledge.*

16. **auderet,** § **57,** III. end.

18. **ab Dite patre,** § **54,** VII. note; **Dis** is usually identified with the Greek Pluto, the god of the lower world; it is a curious fact that both words mean *rich.*

19. **Ob eam causam;** because the race came from the dark lower world into the light.

21. **noctium;** as in our *fortnight, se'nnight.* — **finiunt,** *limit,* and so *reckon.*

30. **communicant,** *they join with* or *add to.*

31. **conjunctim,** etc., *a joint account is kept.* — **fructus,** *the interest.*

32. **utriusque,** possessive genitive.

31. 1. **vitæ,** etc.; this was also the case in Rome.

4. **de uxoribus,** etc., *they examine their wives after the manner of slaves;* i.e., by torture.

5. **compertum est,** impersonal, *if anything is proved.*

7. **pro,** *considering.*

9. **supra hanc memoriam**, *before our day*.

11. **justis**, *complete;* i.e., this was necessary to the completeness; translate, *to render their funeral rites complete.*

14. **sanctum**, *established*, i.e., the clause which follows.

15. **re publica**, *public affairs.* — **rumore aut fama**, *vague rumor or definite report.*

20. **quæ visa sunt**; *what it seems good*, sc. **occultare**.

22. **per consilium**, *in the way of a regular assembly.*

24. This paragraph is taken from Book IV. ch. 5.

31. **quorum**, § **50**, IV. 3. — **in vestigio**, *at once.*

32. 7. **ab parvulis**, *from boyhood.*

9. **inter suos**, *among their companions.*

14. The joint proprietorship of land, here described, with its annual distribution, finds its analogies in India, Russia, and other countries of the Aryan race (See Maine's Anc. Law. ch. VIII.)

17. **quantum . . . agri**; *how much land and in what locality.*

19. The true cause is probably that the property belonged to the clan, not to individuals.

20. **gerundi**, § **1**; top of p. 2. — **agricultura**, *for agriculture ;* the ablative is the usual construction with verbs of changing.

21. **parare**, *acquire.*

23. **vitandos**, § **47**, II. (1).

27. The name of the Suevi is generally supposed to mean *wandering* (*sway* back and forth); from it is derived the modern *Swabia* (Baden and Würtemberg). — The two paragraphs which follow are from the first and second chapters of the Fourth Book.

29. **singula**, **18**, II. 1.

33. 4. **partem**, § **52**, IV., *in greatest part.*

7. **officio**, § **54**, I., render, *accustomed to.*

8. **omnino**, with negatives, means *at all.* — **faciant**, § **63**, I.; it is the explanation given of the word **libertate**.

10. **adduxerunt**, § **27**, III. 3.

13. **et** corresponds to **neque** above. — **lavantur**, 3d. conj. here.

14. **eo**, § **54**, I., *for this reason.*

16. **Quin etiam**, *nay even.*

18. **pretio**, § **54**, IX.

20. **summi laboris**, *capable of*, etc., § **50**, I. 2.

33. **expulsos** agrees with **finitimos**, which is subj. of **cedere**. — **virtutis**, § **50**, III. 4.

17. **rerum** limits **fides**; *confidence in respect to all things*, etc.

34. 3. Tacitus in his Germania (ch. VII.) says: "**Reges ex nobilitate, duces ex virtute inruunt.**" In ch. XI. he speaks more in detail of the power of the **principes**.

12. **qui**, etc., "*who wish to follow, let them present themselves*," § **67**, II. 1. Tacitus, ch. xiii., describes this custom of personal attachment to a chief, which was one of the principal elements of the feudal system.

20. **sanctos**, *inviolable*.

26. The Hercynian Forest was the general name for the mountain region of Swabia, Thuringia, and Bohemia, which separates the waters of the Danube from those of the North Sea and Baltic.

32. **Provinciæ**, i.e., Gallia Transalpina, the modern *Provence* and neighboring provinces.

35. 2. **ipsi**, the Gauls; **illis**, the Germans.

4. **expedito**, *for one with no incumbrance*, i.e., a good walker; at the present day, distances are measured in Switzerland, and often in Germany, by *hours*, not *miles*.

8. **recta regione**, *along the course*.

12. **hujus Germaniæ**, i.e., which we are acquainted with.

17. **prodenda**, *deserving to be*, etc.

19. Probably a hearsay description of the reindeer.

25. **alces** = *elks*; the Latin **c** was probably sounded like *k*

26. **varietas**, i.e., the changes at different seasons.

27. **mutilæ** refers to the blunted horns of these animals.

36. 3. **summa species**, *every appearance*.

6. **uri**; from these the Swiss canton of Uri is thought to have taken its name, as Bern did from the bear.

7. **specie**, § **54**, II.; the limiting genitive **tauri** serves the purpose of an adjective.

11. **adolescentes**, **36**, I., *while growing up*.

15. **mansuefieri**, § **37**, VII. end.

18. **ab labris**, *around the rims*.

QUINTUS CURTIUS RUFUS.

The precise date of the life of Quintus Curtius is not known; but it is supposed that he lived in the first century after Christ: he was probably a rhetorician, who selected the career of Alexander as a suitable subject for a piece of composition. As a history his work has little value; but from the grace and brilliancy of its style it has always been a favorite. The first two books are wanting; the third commences with the year B.C. 333, when Alexander, after his victory on the Granīcus, is about to push on against the Persian empire.

The period of Grecian glory under the supremacy of Athens, Sparta, and Thebes was past. Philip of Macedon, father of Alexander, had overthrown the liberty of Greece in the battle of Chæronea, B.C. 338, and was about to take up anew the old hereditary war against Persia, when he was assassinated (B.C. 336), and succeeded by his son Alexander, then a youth of twenty years. Alexander, who had genius and spirit, at once took up his father's plans. In 334 he gained a victory over Darius on the river Granicus, and then advanced through Asia Minor. Early the next year, he entered Cilicia; and now Darius abandoned his defensive policy, left his advantageous position in Mesopotamia, and advanced to meet the invader. This change of policy proved his ruin, as it would have been easy to prevent Alexander from crossing the mountains which separate Cilicia from Syria. The following extract begins with the entrance of Alexander into Cilicia.

37. 8. **Castra Cyri**, § **46.** — § **52,** III. (3). The name of this place is analogous to English names like Leicester, Winchester, in which the root is **Castra**, and which date from the Roman occupation of Britain. Cyrus the Great, founder of the Persian Empire, overthrew Crœsus B.C. 546.

11. **ab aditu**, § **54**, VI. note.

12. **munimenta**, object of **imitante**, which is abl. abs.

15. Memnon was the best general of Darius, and the originator of his former defensive policy: he had just died, — an irreparable loss to the King.

19. **fuit**, *it would have been*, § **59**, note.

25. **vindicare debuerat**, *he ought to have defended;* as we cannot form any past tense of *ought*, we are obliged to use the perfect infinitive in English; § **57,** IV., note.

38. 1. **vel,** *even.*

3. **cum,** § **43,** has here something of a causal force, and takes the subjunctive; render, *rising from the sea.*

4. **cornu,** *sharp point.*

6. **mari cedit,** *it retreats from the sea.*

8. **eadem,** i.e., **Cilicia,** sc. **est.**

12. **tractu,** *current.* — **puro,** *clean.* — **quippe,** *since;* this use of **quippe** for **quoniam,** is very common in Curtius and other late writers.

15. **multa,** etc.; we should say, *pleasant banks.*

19. **sedes,** *positions;* **Thebes,** § **9,** 5.; in app. with **urbium.** — **Typhon,** a fire-breathing monster of mythology.

39. 1. **ipsos,** the archers; they were to be as cautious as if actually engaged in battle.

2. **Tarson:** § **10,** 1. — **tum maxime,** *just at that time.*

8. **Mediam,** sc. **urbem,** § **47,** VIII.

10. **aliam** agrees with **oram;** **Ciliciæ** limits **oram** understood. — **vapore,** the steaming heat, or *sultriness.*

14. **decorum** agrees with the clause **si . . . contentum.**

16. **cultu** seems to refer to the bath, which is contrasted with the luxurious baths of the Romans; a simple and easily prepared *care of the body:* (Crosby.) It is sometimes referred to his clothing.

17. **ingressi,** sc. **regis;** this genitive limits **artus.**

31. **Quem,** subject of **daturum,** § **67,** II. 2.

33. **penetrarent,** § **61,** 2.

40. 5. **sui,** § **50,** III. 2.

11. **in Ciliciam;** the acc., because motion is implied in **fore.**

13. **sibi,** § **51,** I. note. — **manibus,** § **51,** V. end.

16. **articulo,** *juncture.*

19. **provocor,** *challenged.* — **superbas;** "in which he ordered them to bring the mad son of Philip to him alive and in chains." Crosby.

20. **fortunam,** etc.; *had my fate in counsel with him;* i.e., took counsel with it.

21. **licet,** § **39,** 1. — **arbitrio meo,** *by my own power.*

28. **cœpere,** § **49,** I. end.

30. **injuria,** *unjustly,* § **54,** II. note.

31. **a latere ipsius,** *from his own side,* i.e., some among his followers.

33. **daturum se** is the subject of **pronunciari**, depending on **jusserat**; this statement is hardly in keeping with the amiable character of Darius.

41. 6. **puero comes**, § **51**, I. note; *his companion when a boy.* — **ut**, *as.*

8. **non præceps sed strenuum**, *not violent, but powerful.*

15. **id ipsum**, *even this;* i.e., **quod . . . sumpturus esset.**

16. **sumpturus esset**, § 66, I. — § **40.**

18. **purpuratorum**; *the courtiers*, clothed in the royal purple.

22. **in utramque partem**, *on either side* of the question.

24. **perseverem**, § **60**, 3.

25. **datum fuerit**, § **57**, I. end.

27. **At**, § **43**, 2.

32. **assumpto**, *having passed.*

42. 10. **ab isto ore**; i.e., as depending upon thy life.

11. **isto**, § **22**, II. — **parricidii**; i.e., because the King is the father of his country; the same word is applied to the murder of any near relative, or to treason to one's country.

15. **laxa animum**, *relieve your mind.* — **sollicitudine**, § **44**, II.

19. **permisissent**, § **59**, IV. 2.

20. **animum**, *disposition*, i.e., towards you. — **alio**, sc. **modo.**

27. **interclusus** etc.; his breath was obstructed.

32. **matris**, § **50**, IV. 1; **eum** is omitted.

43. 3. **exspectatione**, § **54**, V.

8. **grates habebant**, *expressed thanks.*

11. **utique**, *especially.* — **vel**, *whether it was that*, § **43**, 3.

21. **artibus**, *the training* or *education.* — Darius was at this time in Mesopotamia, where he had intended to await the advance of Alexander; but, having changed his plan after the death of Memnon, he moved into Syria.

26. **celeritate**, sc. **tanta.** — **grave**, *unwieldy.*

27. **eo**, i.e., its banks.

31. **cujus**, § **54**, III. note. — § **50**, IV. 6.

44. 1. **otium**, *a halt.*

3. Æsculapius was the god of healing: Alexander showed his confidence in his own fortune, by instituting games to him, instead of to the god of war.

6. **tractus ejus**, *of that section.* — **suæ facta ditionis**, *were reduced under his power*, § **50**, I.; note; sc. **esse.**

9. **alteris castris**, *by a second day's march.*

14. **quoque**, § **41**, II. 1.

17. **idem** (i.e., **Parmenio**) **et** = *at once.*

20. **utrum . . . an**, § **71**. II.; the double form **utrumne** is hardly found, except in poetry.

23. **prælio**; the usual spelling is with **œ**. Darius was in Syria, with a great superiority in numbers, as well as position; for his army consisted largely of cavalry, for which this broad plain gave great advantages. If the Greeks waited where they were, on the other hand, the Persians would be able to bring no larger forces into battle than they themselves, on account of the narrowness of the ground.

26. **circumiri**, § **52**, II. 2. — **ancipiti**, *on two sides.*

28. **vincerentur**, § **64**, III.; the **non** does not belong with **ne**, but corresponds to **sed**.

45. 1. **sede**, abl. of price; we should say, *had exchanged his native home for exile;* see note on p. 32, l. 20.

7. **nobilitate**, § **54**, IV.

8. **literas**; the singular means a letter of the alphabet, the plural an epistle, writings, or literature.

12. **initi**, § **72**, 2; *of having entered upon.*

13. **redderetur**, § **62**, II. 3.

14. **eam**, subject of **dari**. — **sigillo**, § **54**, X.

18. **jussu**, § **13**, 4; such nouns are most often used in acc. or abl.

24. **damnaret**, § **57**; in **oratio recta**, this would be **si damnet**, by § **59**, IV. 1.

28. **fidem**, sc. **esse**.

29. **velle**, sc. **Græcos**.

30. **diversa**, *to the enemy.* — **commissum**, sc. **sibi**.

33. **futuros**, *in order that they might be:* § **64**, V. 5.

46. 1. **sanctus**, *holy* (not *sacred*), *conscientious.* — **negat** is generally used for a negative assertion; *Darius declares that he will not;* or, *refuses*, etc.

4. **sibi**, § **51**, III. end and IV. — **crediturum**, § **67**, II. 2.

5. **imbuisset**, § **57**, III. — **neminem**, subject of **debere**.

6. **capite**, § **50**, IV. 2, end.

9. **fidei**, § **50**, I. 2. — **haberi**, sc. **eum**, § **48**, III. note.

11. **ipsum quidem**, *he for his part.*

13. **Fama**, etc., *wars depend upon rumor.*

18. **servato . . . more**: *if the custom of the ancestors were kept.*

20. **obtulerint**, § **66**, I.: *who [as they asserted]*, etc.

21. **regem**, i.e., Alexander. —**sua**, i.e., of Darius.

30. **verius**, § **47**, VII.

47. 6. **relicta**, § **10**, 2. —**fugerent**, § **65**, II.: *were flying*, not *would fly*: the Persians had made a flank movement past the Macedonians, and taken the town of Issus, which Alexander had just left.

8. **excepti**, *left behind.*

19. **adesset**, sc., **utrum**, § **71**, II. note.

22. **campis**, § **55**, III. 5.

24. **cum**: *although.* —**incondita**: *undisciplined.*

27. **lætus decernendum esse**: *glad that he was to fight.*— **quod**, *as;* a relative, referring to the clause that follows.

32. **nec injuria**: *and not without reason.*

33. **esset**, § **57**, V.: we should say *how fickle she is.*

48. 2. **majora**, sc., **esse**. —**periculis**, § **54**, V.

3. **sicut dubium esset**: *as it was doubtful*, § **66**, I. —**an**: this use of **an** for **utrum**, in a single dependent question, is not common in prose.

4. **cum magna laude**, § **54**, II. first note.

6. **vigilia**: see note on p. 12, l. 24.

10. The **tuba** was a long straight horn, with a harsh sound, used for infantry.

13. The **stadium**, or distance marked out for foot-races, was a Greek measure, of about one eighth of a mile.

14. The **agmen** (from **ago**, § **44**, III. 3) is the army marching; **acies**, the line of battle. — Alexander was now retracing his steps towards Issos, and each army was facing towards its own country.

17. **etiam**, sc., **eos**, subj. of **occurrere**.

18. **non mediocris**: *immoderate;* this is the figure called **litŏtes**, by which a thing is affirmed by denying its opposite.

21. **discurrentium**, i.e., to give orders and take their positions.

49. 2. **destinata**, § **47**, IV. (1).

11. **milibus**, § **46**; it cannot agree with **peditibus** (§ **18**, I. 3).

12. For the Macedonian phalanx see Hb. 121; it was the most famous military order that ever existed, for compact and concentrated force.

17. **assueta**; this verb may be followed by the dative, or by the ablative of means —*practised in the office of body-guard.*

18. Hyrcania was east, Media south of the Caspian Sea.

22. **Quicquid**, sc., **lo**

24. **stabant**, *rested on.*

50. 5. **et ipsi**, *these also.*

10. **illi**, the barbarians towards the mountains, opposed by the Agrianians.

14. **quod** is subj. of **incesseretur**, depending on **timuerat ne.**

17. "At first the breadth of practicable road was so confined as to admit only a narrow column of march, with the cavalry following the infantry; presently it widened, enabling Alexander to enlarge his front, by bringing up successively the divisions of the phalanx." Grote.

24. **major exercitus numero**: *louder than the numbers would warrant.*

25. **circumjecta**, § **47**, II. (2).

28. **suspensi**, *exhausted.*

51. 3. **olim** may refer either to past or to future time—either, *they who had once freed the world* [a hyperbolical allusion to the Greek wars of freedom], *and whose gods, Hercules and Bacchus, had traversed wide regions;* or, that *they would now free the world, and make their way to the limits which these gods had once reached.* The latter appears to be Crosby's interpretation, and is perhaps best, although there is certainly an inconsistency between **liberatores** and **impposituros jugum.**

9. **gladio**, § **54**, VII.

10. The **umbo**, *boss*, was a metallic point projecting centre of the shield.

11. The Athenians and Bœotians had been vanquished by Alexander's father, Philip, in the great battle of Chæronea, five years before: B.C. 338.

12. **Bœotiæ** and **urbis** (i.e., Thebes) both limit **species.**

19. The invasion of Darius was B.C. 490, that of Xerxes in 480. The Persian kings sent ambassadors to Greece, demanding of each city earth and water, as symbols of absolute submission.

22. **ruinis**, from **ruo**: *by tearing down.*

24. **rapto**: *upon what they stole.*

27. **Irent**, § **67**, II. 1; in **oratio recta** it would be **ite**; for the tense, see § **57**.—**feminis**, § **51**, V. note.

33. **decernere**, § **68**, II. The oriental nations excelled greatly in cavalry, which was the weak point of the Greeks and Romans. The battle upon the Greek left was vigorously contested.

52. 2. **dextrum**: can this mean **lævum**? We have seen (p. 50, l. 10) that the enemy had been driven on Alexander's right.

8. **conjungi**, § **23**, 3.

9. **ipsi**, i.e., the troops of Parmenio, on the left centre.

12. **simul**, sc. **atque**, § **43**, 9.

15. Fighting at a distance, with arrows, javelins, etc., was called **eminus** (**e manus**); with the sword, **cominus**. It will be remembered that the Greek mercenaries of Darius were upon this wing, towards the sea, so that "Greek met Greek."

20. **dimicarent**, § **61**, 1.

27. Alexander is here described as making for Darius himself, in the centre of the line; but the romantic details given here by Curtius are not substantiated by the best authorities.

28. **opimum**, in allusion to the **spolia opima**, Hb. 56.

53. 2. **in parcissimis**, *one of a few*.

6. **similis ruinæ**, *as if they had been swept down*.

9. **adverso corpore**, *in front*.

27. **in illud cornu**: *on that wing*; the fight had been severe at this point, until Darius himself fled. Meanwhile, the Thessalians, on the Greek left, had likewise succeeded in putting their antagonists to flight.

28. **serie laminarum**, *plate armor*.

30. **agmen moliebantur**, *formed into column*.

54. 1. **utrimque**, on both wings.

8. **partibus**; the plural, **partes**, often means *party*, *side*.

10. **haud sane**, etc., i.e., in good order.

12. **qua**, § **55**, IV.

20. **quibus**, § **51**, V. note.—**quo**: *in proportion as*; understand **eo** with **violentius**, § **54**, V. end.

26. **impotentis** (sc., **sui**, *powerless over itself*): *arrogant*.

30. **ita** very frequently is used with **ut** following; it need not be translated at all.

31. **ut . . . exciperent**, § **70** and II.

33. **semet**; **met** is an emphatic addition, § **19**, III. end.

55. 1. **illa**, the former; **hæc**, the latter: § **20**, II.

11. **decōris**, from **decor** (not **decŏris**, from **decus**).—**veris quondam** is contrasted with **tunc alienis**.

13. **calamitatis**, § **50**, IV. 1.

21. **im endio**, § **54**, IX.—**stetit**: *cost*.

25. **assueverat**, *was intimate*.

32. **pavoris**, *panic; fear* is **timor**, *dread*, **metus**.

56. 10. **Sardis**, § **11**, I. 2. — **primo**, § **41**, II. 4.

17. The subj. of **nuntiari** is **missum se a rege**.

18. **actum est** means *it is all over*.

21. **possent**, § **63**, II.

28. **Itaque**, § **43**, 5.

31. **officio**, § **54**, III.

33. **apparatu**: *in respect to the splendor*.

57. 5. **haberi**, *to be rendered*.

6. **sepeliret**, § **64**, IV., after **permitti**.

7. **pro habitu**, *in a manner suited to the condition*.

11. **justis**, *regular* or *due ceremonies*.

14. "It is certain (from the extract now remaining of this letter [written by Alexander after the battle]) that he never saw, nor ever entertained the idea of seeing, the captive wife of Darius, said to be the most beautiful woman in Asia; moreover, he even declined to hear encomiums upon her beauty." (Grote.)

17. **et hic**; referring to their close intimacy.

31. **vellem**, § **60**, 2, note.

58. Within three years after the battle of Issus, the empire of Darius was utterly overthrown, and he himself was assassinated. Alexander was now at the height of human power; but, in becoming an Asiatic sovereign, he lost the generous and noble qualities of his youth, and became a passionate and treacherous tyrant. His treatment of his early friend, Clitus, the brother of his nurse, in B.C. 228, is an illustration of this change of character. His army had penetrated far to the east of the Caspian Sea, to Maracanda, the modern Samarcand.

8. **receptacula**, § **46**, *in apposition with* **turres**.

9. **ætatibus**, *generations*; § **55**, I. 2.

12. Lysimachus was one of the generals of Alexander, who divided his empire after his death; he became king of Thrace.

14. **quo**, i.e., Lysimachus.

15. **adjecit**, *added*. — **tam**, *as well*.

21. **Nam**, § **43**, 4.

24. **crediderim**, § **60**, note, and 2.

26. **defunctus erat**, § **61**, 2, note. — **scivere**, *decreed.*

31. **Maracanda**, a neuter plural.

59. 1. **provinciam**; this was the important satrapy of Sogdiana.

2. The battle on the river Granīcus was the first great victory gained by Alexander over the Persians, B.C. 334.

5. **bellicis** § **44**, IV. 2.

10. **in posterum**, *for the next day.*

13. **gravis**, *offensive.*

16. **Chæroneam**; see note on p. 51, l. 11. — **operis**; *the result of his labors.*

17. **sibi**, *from him*; dative of disadvantage, § **51**, I. note.

29. It would appear that while Alexander was away upon this expedition, Philip visited the island of Samothrace, famed for the peculiar and mysterious rites of the Cabiri, and was initiated into their mysteries, **initia**.

60. 2. **cubabant**; this refers to the custom of reclining at meals: they leaned upon the left elbow, and the neighbor towards whom any one's face was turned was said to be **infra eum**.

3. Euripides was a great tragic poet of Athens, of the fifth century, B.C.

12. **præsentibus**, i.e., the exploits of Alexander.

14. **quīs** refers to **ea** understood, object of **audiret**; this form of the dative and ablative is frequent in later writers.

17. **remittente**, sc. **eo**; ablative absolute.

19. Parmenio, the general of Alexander who had done such good service in the battle of Issus, had been shortly before assassinated by the king's order. — **de**, *over.*

21. **animi prava contentione**, *a violent outbreak of temper*; he had long concealed his indignation at the insolence and injustice of Alexander.

24. **arbitrium agis**, *pass judgment*; here he contrasts himself with the flatterers of Alexander. — **præcipuum**, sc. **præmium**.

28. **sortitas**, *having obtained by lot*; i.e., *possessing.*

32. **hæsuros fuisse**, § **67**, I. 2, note.

61. 1. Alexander, King of Epirus, brother of Olympias, the mother of Alexander the Great, crossed over into Italy B.C. 332, and fought against the Samnites, etc.; he was assassinated in 326.

7. **eum**, Clitus; **sibi**, Alexander; **semetipso**, Clitus.

13. Observe the taunt in the words **pectore** and **tergum**.

16. Attalus was an officer of Philip, uncle of his wife Cleopatra; he was assassinated by Alexander's order shortly after his accession to the throne.

17. In his expedition to Egypt, B.C. 331, Alexander had visited the famous oracle of Jupiter Ammon, and obtained assurance that he was the son of this god. — **assereret**, § **66**, I.

18. **se**, Clitus; **patrem**, Zeus (Jupiter).

21. **olim**, *for some time.*

27. Ptolemæus was afterwards King of Egypt; Perdiccas was the officer to whom Alexander gave his ring on his death-bed, and who was guardian of his infant son, until killed in a mutiny.

62. 10. **jam non**, § **41**, ii. 2.

16. **ingeniis**, § **51**, IV.

17. **perpendimus**, § **70**, IV.

21. **abusum** agrees with **virum**, subject of **occisum**.

26. **paulo ante** qualifies **convivæ**, § **47**, III. end.

33. **Laniare**, § **49**, III.

63. 4. **num**, § **71**, I.

5. **subit**; *it occurs to him.* — **Liber** (Bacchus) had been offended by this slight.

12. **bestiæ**, § **51**, VIII. — **alias . . . alias**; *sometimes . . . at other times*, § **22**, II.

17. **pro mea gloria**, § **51**, I. third rem.

19. **omnibus ejus**, § **51**, V.; *all her friends.*

22. **sine memoria**, *without putting her in mind.*

30. **puderet**, § **64**, II.

31. **prohibituri**, § **59**, II. note; *and they would have*, etc.

During the year which followed, Alexander pursued his conquests in the East, and in the spring of B.C. 326 entered India, crossed the river Indus, and arrived on the banks of the Hydaspes, now the *Jelum.*

64. 8. **gravioribus quam**, etc., *too heavy to be shot.*

15. **diffusus**; this word, with **elisus** below, takes the gender of **amnis Hydaspis**, implied in **flumen**, — the masculine, implying the vigor and force of the living stream.

17. **Nec impetum coercebat**, *nor did it check its swiftness*, as might have been expected.

19. **elisus**, *with broken course;* rapids.

23. **de industria irritatæ**, *purposely made furious.*

25. **pectora** is obj. of **percusserant**, and **se** of **experta**.

31. **parvæ rei discrimine**, *by the test of a slight skirmish.*

65. 4. **partium**, *of their tribe;* see note on p. 54, l. 8.

6. Notice the tenses; **transnavere** simply states a past action, **tenebat** describes the condition of the island.

18. **eadem**, *also*, — **tegendis**, § **73**, III.

19. **ripa**, § **54**, VI.: the common usage would be **a ripa**.

22. **opportunitatis**, § **50**, III.

33. **æqualem**, i.e., in age.

66. 1. **utique**, *at least.*

7. **in regionem**, *to the neighborhood.*

14. **momento**, § **55**, I. 2.

17. **nox**, *darkness;* **cælo**, *the sky.*

31. **humani ingeni**, *by a weakness of human nature.*

67. 5. The shield-bearers were to protect the archers.

20. **effusis habenis**, *at full gallop.*

32. **movebantur**, sc. the elephants.

68. 2. **gestantes**, sc. **id**.

5. **illo**, i.e., Hercules, who had visited India among other places.

18. There is some confusion here and below between right and left; as it reads, both Alexander and Cœnus attacked the enemy's left.

22. **invehemini**; the future is used here, as is frequently the case, as nearly equivalent to an imperative, like *shall* in English.

27. **in suos acrius furit**, *it is more dangerous to its own side.*

69. 4. **statuerunt**, *they have rested*, § **57**, III.

6. **molientes ictus**, *preparing to shoot.*

10. **jungere**, depends upon **jubebant**.

12. **in medium**, *in common.*

21. **concursatione**, *in a sudden attack.*

28. **manu**, *its trunk.*

29. **super se**, *over their heads.*

31. **in multum diei**, *until late in the day.*

33. **copidas**; **copis**, a Greek word for sword or scimitar.

70. 3. It is questioned whether **mortis** and **supplicii** limit **quidquam** or **timor**; probably it is best to connect them with **timor**; "nor did their fear, not only of death, but of fresh torments in death, leave anything untried" in self-defence.

11. **expositus,** *exposed,* i.e., being left alone, as well as by his conspicuous size.

17. **fluentibus,** *relaxed.*

23. **regis,** in appos. with **Taxilis**; Taxiles was an Indian king, who had allied himself with Alexander.

71. 3. **resistentibus,** § **51,** III. second remark.

18. **malum,** a kind of oath, *the mischief!*

19. **rerum mearum,** *of my power;* **belli,** *in war;* an example of two genitives, subjective and objective, limiting the same word, **fame.**

20. **in deditos,** follows **clementiæ.**

18. Curtius here differs from Arrian, who says (v. 19, 1), that Porus answered: "that you treat me like a king."

72. 1. **ægrum,** *while sick.*

2. **contra spem,** belongs with **confirmatum.**

4. **regno,** § **51,** II. end.

6. **simplicius,** *more impartially.*

After the victory over Porus, Alexander desired to push on to the Ganges, but was dissuaded by the reluctance of his soldiers, and the unfavorable character of the omens; he therefore followed the Indus down to its mouth, and then returned to the west.

17. **pecorum,** § **50,** I. 3.

18. **amnis** (§ **50,** III.), after **peritis.**

19. **enatam,** *produced* by alluvial deposits; the delta of the Indus.

20. **socordius asservati,** *too carelessly watched.*

26. **omnium,** for **omnium locorum** or **rerum**; an exception to § **47,** IV. 1, note.

73. 1. **ipsos** for **se**; quite common in Curtius.

18. **quo** (§ **54,** V. end), *in proportion as.*

20. **flumini,** dat. after **mixtum**; **adhuc** qualifies **leni.**

22. **evecti,** *carried past.*

24. **securi,** *regardless.*

26. **vice,** § **14,** I. 3; the dwellers on the Mediterranean were not accustomed to tides: see note on p. 15, l. 33.

31. **cernere videbantur,** *they supposed they discerned.*

74. 1. The ships had been drawn up on land, according to the custom of the ancients.

5. **prohibebant**; i.e., by pushing with poles, they prevented the oars from being used.

9. **non receperant,** *were not able to contain,* governs **mentes.**

14. **opis,** § **14,** II. 1.

19. **duorum,** sc. **exercituum.**

22. **ad manus,** *to blows.*

27. **subsederant,** *had been formed, existed.*

31. **magno tractu,** *with a strong movement.*

33. **destituta,** *left aground.*

75. 3. **Miles,** the singular for the plural; *the soldiery.*

4. **præsentibus,** etc., *things more terrible than these, which should follow.*

8. **æstum relaturum** [**esse**] depends upon **ignari.**

10. **Beluæ**: it is hard to guess what beasts these can have been; the story is no doubt a rhetorical flourish.

29. **mirabundi,** § **44,** v. 1.

32. **occuparet,** *take advantage of.*

33. **os,** governed by **evectus,** § **52,** III.

76. 2. **locorum,** *the land.*

4. **altero,** *the second.*

8. **remedio,** § **51,** VII.

20. The paragraph that follows is taken from the tenth book, chap. I.; the intervening passages describe the land march of Alexander to Carmania, upon the Persian Gulf.

22. **quædam,** etc., *some things by hearsay, others from observation.*

23. **subjectam,** *lying below.*

24. **ab,** *from,* not *by.*

26. **æstu secundo,** *by the flow of the tide.*

28. **sequi,** § **65,** ii. note. — **cum** connects **strepitu** with **subisse.**

29. **cetera,** § **52,** IV. note.

77. 5. **his**; we should expect **sibi.**

10. **omni,** etc.; *when all the sea-coast should have been subdued.*

14. **quam,** § **48,** II.; there were two provinces of Spain.

18. **Libano**; Mt. Lebanon was famed for its timber, as in the time of Solomon.

After his return from the Indian expedition, Alexander was deeply afflicted by the loss of his friend Hephæstion; at whose funeral obsequies he indulged in unmeasured revel and intoxication, followed by a violent fever. It was soon manifest that he could not recover, and the soldiers were admitted to see him for the last time.

25. **Intuentibus,** § **51,** I. note; it is nearly equivalent to a genitive, and may be so rendered.

27. **lectum,** governed by **circumstantium,** § **52,** II. 2.

78. 1. **illud ultimum,** § **52,** IV., *for the last time.*

2. **debito,** § **54,** VI., *debt.*

6. **ad Hammonen**; the temple of Jupiter Hammon is in Libya.

29. **quoddam,** *as it were.*

79. 11. **Bella civilia**; in fact, bloody wars followed, which lasted for many years, until the empire of Alexander had been shared among his generals.

13. **de rege,** *who should be king.*

15. **missione,** *discharge.*

30. **imperaret,** § **65,** IV. 1. — **ipsis,** § **51,** III.

80. 2. **matrem**: Sisygambis, the mother of Darius, who had been treated with the greatest courtesy and honor by the conqueror.

6. **cui,** § **51,** III.; **nubo** means *to veil,* and so to *veil for* a man, i.e., marry him. — **proprias,** *her own, private.*

11. **miseræ,** § **47,** III. — § **51,** VIII.

13. **Quem,** § **52,** VI. — **puellarum,** § **50,** III.

18. Artaxerxes III., Ochus, her brother, son of Artaxerxes II., had murdered all his brothers, according to the oriental fashion, that he might have no rivals.

26. **Magnum** agrees with **documentum**; **Alexandro,** after **est** understood.

28. **sustinuisset vivere,** *had endured to live.*

31. **naturæ fuisse,** *belonged to his nature,* § **50,** I. note.

81. 6. **ut,** *although;* **ita,** *yet;* a frequent use of these words.

7. **juveni,** § **51,** 2. — **jam,** *moreover.*

8. **quorum,** § **47,** II. (2); relatives follow the same rule as adjectives.

14. **Illa,** *the following.*

17. **mutare**, § **24**, v. 3.
26. **statuit**, sc. Fortuna.
30. **diffudit**; this refers to the division of his empire.

CORNELIUS NEPOS.

Cornelius Nepos was an historian and biographer of the time of Cicero. The volume of *Lives of Illustrious Commanders* which passes under his name (excepting the life of Atticus, and perhaps that of Cato, which are genuine), is at best only an abridgment of his writings.

Carthage was a great commercial city in Africa, a Phœnician colony, situated near the present site of Tunis. In B.C. 264 it engaged in a war with Rome, which had just then made itself sovereign of Italy. After three obstinate wars, called the three Punic Wars (Pœnus = Phœnician), Carthage was destroyed, B.C. 146. The First Punic War (ending B.C. 241) had resulted in giving to Rome the islands of Sicily, Sardinia, and Corsica. To make good their losses, the Carthaginians took possession of Spain, which was governed for some years by Hamilcar, as governor. Some time after his death, his son Hannibal succeeded to the government, and proved the ablest and bitterest enemy that Rome ever had.

82. 6. **ut superarit**; § **57**, I.; **70**, II. The usual construction after **verum est** is the accusative with the infinitive. — **cum eo**, i.e., **populus Romanus**. — **quod nisi**, § **52**, IV., *unless then.*

16. **erga** usually expresses a friendly feeling. — **qui** refers to Hannibal; *and indeed he.* — **cum Romanis**, § **54**, II. third rem.

20. Philip V., king of Macedonia, made war upon the Romans during and after the Second Punic War. Antiochus was the king of Syria, with whom Hannibal took refuge after his banishment. — **Rubro mari**; this was the Indian Ocean with its gulfs. — **darent operam**, *employ.*

27. read **tamquam eum** (understood); *on the ground that he, &c.*; **tamquam** often has this meaning in late writers: **eum** is subject of **sentire**; **alia atque**, § **43**, 9; the subjunctives that follow, **fecissent** and **vidisset**, like **venissent**, follow **cum**.

83. 6. **annos**, § **54**, v. note. — **Karthagine**, § **55**, III. 1. — **a me**, § **52**, III. (1), end.

11. **ducere**, § **65**, II. note. — 14. **tenentem**, agreeing with **me** understood.

20. **me**, § **52**, III. (1), sc. **id.**

31. **fœderatam**, i.e., to the Romans: this was B.C. 219.

84. 6. The legends made Hercules to have gone on an expedition to Spain; **Graius**, *Greek:* the real origin of the name of the *Graian Alps* (those about the Little St. Bernard) is unknown.

9. **muniit**, *constructed, engineered.* — **ornatus**, *equipped, laden.*

15. **Clastidi**, § **10**, 4; Clastidium was a town south of the Po, which was betrayed to Hannibal: the statement here is incorrect, as the skirmish in which Scipio was wounded was on the river Ticīnus. — **manum conseruit**, *joined battle:* the battle on the Trebia, B.C. 218, was the first important engagement; the victory on Lake Thrasymenus, in Etruria, was in B.C. 217; The third and overwhelming victory at Cannæ was B.C. 216. — **Cannensi**, § **44**, IV. 6. — Paulus was father of the distinguished Lucius Æmilius Paulus, and grandfather of Publius Scipio Africanus the younger, who destroyed Carthage.

33. **pugna pugnata**, § **52**, I. end.

85. 3. Capua was the chief city of Campania, the second city in Italy; it had joined Hannibal after his victory at Cannæ. — The **dictator** was a magistrate appointed for six months with unlimited power; the next in command to him was the **magister equitum.**

7. **dedit verba**, a colloquial expression for *imposed upon;* the use of colloquialisms is characteristic of this writer. — **ejus generis**, i.e., **juvencorum.**

12. **non ita multis**, *not very many.*

15. Tiberius Gracchus was grandfather of the famous tribunes; Marcellus was called the sword of Rome, from his courage; Fabius, the shield, from his prudence. — **iterum**, *a second time.* — **sustulit**, from **tollo**, *he took off*, i.e., *killed.*

24. **defensum**, § 74, I. — Publius Cornelius Scipio was called Africanus from his victories in Africa. — **congrederetur**, § **64**, II. — The battle of Zama was B.C. 202.

86. 10. This was B.C. 200. — **his magistratibus**, either § **54**, x. or § **55**, I. — **Fregellæ** was an important town in Italy.

26. **Karthagini,** § **7,** 7; § **55,** III. 3.—**reges**: the correct name of these magistrates was **suffētes.**

31. **in ærario,** § **56,** I. 1, note.

87. 10. **Cyrēnæ** is the modern *Barca,* west of Egypt. It was a Grecian colony.—**Antiochi,** § **50,** I.—**cui**; Antiochus.

20. **scriptum** agrees with the clause **a . . . eum.**

27. The island of Rhodes was at this time a very important maritime power.—**quo,** sc. **prœlio.**

31. Antiochus was vanquished by Lucius Scipio, in the battle of Magnesia, B.C. 190.—**Cretam**; names of small islands follow the rules of names of towns: § **55,** III.

88. 25. Prusias was King of Bithynia, a country on the northern coast of Asia Minor; Pontus was further east.—Eumĕnes was king of Pergămum, and his dominions comprised most of the west coast of Asia Minor; he was a sagacious king and a patron of literature and art, and maintained a close alliance with the Romans.

30. **colligi,** § **68,** III. note.

89. 2. **a ceteris** follows **defendere.**—**id,** i.e., **se defendere.**—**se facturum,** *he would bring it about,* governs **ut scirent,** etc.

11. The **caduceus,** or rod of Hermes, was the badge of a herald.—**suis,** dative. This absurd story is one of the many that were fabricated in relation to this great man.

28. **cœpta sunt,** § **38,** I. 1.

90. 4. Lucius Quinctius Flamininus was the Roman general who overthrew Philip, king of Macedon, B.C. 197.

8. **Patres conscripti,** the senators: the original patrician senators were called **patres,** and the plebeians added to the senate were called **conscripti.**—**existimarent,** § **63,** II.

12. **suum** and **sibi** refer to the Romans, **se** to Prusias; an unusual inconsistency.—The laws of hospitality were held in peculiar honor among the ancients.

20. **usu,** *by experience, in fact.*

The year of the death of Hannibal is uncertain: we have given the usually assumed, B.C. 183, date.

SALLUST.

Caius Sallustius Crispus (also spelled Salustius) was born B.C. 86, at Amiternum, in the Sabine country, and died B.C. 34. He was an earnest partisan of Cæsar; and the aim of his historical writings was to depict the corruption and inefficiency of the governing classes at Rome, in a manner to justify the revolution accomplished by Cæsar. As an historian he has many merits, but is very inaccurate in details. "His chronology is confused; his description of the military operations is sometimes unintelligible; he often omits the names of places, when the names would be the only means of making the story clear. He does not tell us which way the armies are moving, and gives us no notion of distances, and generally a very vague description of the ground. . . . . If we overlook its defects as a military history, we must allow that Sallust has sketched in a rapid and lively way the career of the bold Numidian adventurer, from the time of his service under Scipio in Spain to his capture by a Roman more cunning and more treacherous than himself." (Long.)

The character of Sallust was not altogether above reproach, and he seems to have shared in the vices he condemns. His great historical work, the history of his own times, is lost; and there only remain of his works, besides a few fragments, the brief accounts of the war with Jugurtha, and the Conspiracy of Catiline.

In the Second Punic War, Hannibal was finally overthrown by Scipio Africanus in the battle of Zama, B.C. 202. This victory was largely due to the aid contributed by Masinissa, king of eastern Numidia (now Algiers), who remained after this time a steady and serviceable ally of the Roman people, until his death, B.C. 148. The events between his death and the outbreak of the war in 110, are briefly narrated by Sallust in the passages which follow.

91. 9. **Africano**, § **51**, VI. note. — **facinora**, from **facio**, means *deeds*, but is commonly used in the meaning of evil deeds, crimes. —

Syphax was king of the western Numidians, and had assisted Carthage in the war. — **magnum**, § **52**, IV. — **urbis** = **urbes**. T. 2, 6.

24. **luxu**; the dat. in **u** is frequent in Sallust; the historical infinitive (§ **49**, III.), as **equitare**, is also common with him.

92. 1. **plurumum**; for this archaic form, see top of p. 2; **existumans** is a similar form. — **intellēgit** is an old form of the perf. (from **lĕgo, lēgi**); the form **intellexi** became afterwards more common. — **suæ liberorumque**, *his own age and that of his children;* this combination of a genitive and a possessive qualifying the same word is common. — **mediocris**, of moderate passions. — **transvorsos**, another archaic form, for **transversos.** — **ex quibus**, i.e., **studia.**

16. **neque per vim neque insidiis**; most writers would prefer two similar constructions (as **vi** or **per insidias**); Sallust, like Tacitus, is fond of varying his constructions. — Numantia was a town in Spain, which was captured by Scipio the younger, Æmilianus, B.C. 133, after a siege of ten years. — **Romanis**; a common use of the dat. after words denoting an office; see example in § **51**, I. note. — **periculis** after **obviam**, by analogy to § **51**, V. — **alterum-alterum**, *the latter, the former.*

93. 6. **erat**; we should expect **esset**, by § **63**, II.; the ind. is common in Sallust in such clauses. — **huc accedebat**; the subject is **munificentia**, etc.; § **49**, I. note; the adv. **huc** = **huic rei.**

10. **novi atque nobiles**; the *nobles* at Rome were those whose ancestors had held office of dignity in the state, and who therefore belonged to the ruling class; those who reached position by their own exertions, like Marius and Cicero, were called **novi homines** (Hb. § **126**). — The **socii** were the Italians in alliance with Rome, who were kept in a position of inferiority by the Romans. — **fore**, etc., § **67**, III. 1; this might also be **potitum iri** or **fore**; **pro concione**, *in the presence of the army.* — The **praetorium**, *headquarters* (Hb. § **160**), was so called because the consul, who commanded in war, originally bore the title **praetor.** — **publice**, etc.; e.g. rather by public services than private intrigues. — **neu (neve) quibus**, § **21**, III. end. — **a**, *from; it was perilous to buy from a few,* &c. — **ultro**, *without his seeking.*

94. 7. The death of Micipsa was B.C. 118. — **justà**, *the proper rites.* — **ignobilitatem**; Jugurtha was of illegitimate birth. — **dextra**, sc. **manu**, *on his right hand.* — **Adherbalem**, § **52**, II.

1.; properly it is governed by the preposition **ad**, *next to.*—**in alteram partem**, i.e., to the left.

22. **ipsum illum**, i.e., Jugurtha.—**cum animo**, *in his mind.*

31. **placuerat**, § **39**, 3.—**finis**, § **52**, VI.

95. 4. **proximus lictor**; the lictors were officers who went before certain Roman magistrates (Hb. § **130**); the Numidian king had similar attendants. The hindmost of these was next to the magistrate, and therefore highest in rank.—**ministrum**, § **46**.—**referebantur**, notice the imperf.—**ceterum**, *moreover;* usually it means *but.*

After the death of Hiempsal, B.C. 118, war broke out between Jugurtha and Adherbal; Adherbal was defeated, and took refuge in Rome. Jugurtha also sent ambassadors thither, and succeeded by bribery in bringing about the appointment of a commission to divide the kingdom between the two cousins; this division was made in such a way as to give Jugurtha the best parts of the country, while Adherbal had the best cities and harbors, including the capital, Cirta, now *Constantine.*

22. **contra timorem**, *in spite of his apprehensions.*

96. 11. **secus ceperat**, *he had come off worse.*

28. **partim**=**partem** or **alios**.—**togatorum**; the **toga**, a long, woollen unbleached shawl, of a semi-elliptical shape, was the distinctive dress of a Roman citizen; here, however, all the Italians are meant.—The **vineæ** were movable sheds, which were pushed up near the walls to protect the soldiers fighting and working under them; the **turres** were high, and were moved on wheels near the walls, and used to throw darts, &c., into the city besieged.—**machinæ**; these were engines for hurling stones and darts.

97. 5. **majores natu**, *elders*, § **17**, III. end.—**usi**, *having enjoyed;* **honores** is the word used for public offices.—Marcus Æmilius Scaurus was for many years the leading man in the Roman state; he was dignified and sagacious, but, it would appear, shared the prevailing corruption of the times.—**senati**, this form of the gen., of the second declension, is common in Sallust for this and one or two other nouns of the fourth declension. The **princeps senatus** was the person recognized by the censors as the leader of the body, as being the most eminent man in the state (Hb. § 139).

— **in invidia**, *was a source of great scandal.* — **Utica** was the chief town of the Roman province Africa (now *Tunis*).

19. **diducta**, i.e., by the attack on all sides. — **casum**, *a chance* or *occasion.* — **Adherbalis**, § **54**, III. note. — **frustra**, *without attaining their purpose.*

98. 1. **omnia potiora**, *that any thing was better*, i.e., *more trustworthy.* — **deditionem**; this was B.C. 112.

9. **interpellando** and **trahendo** qualify **leniebant**; **gratia** and **jurgiis** (*by fair means or foul*) qualify **trahendo.** — Caius Memmius was probably the one who was murdered twelve years later by a seditious mob; he is called by Niebuhr "one of the most energetic and right-minded men of that age." — **ut condonaretur** is not a final clause (denoting purpose), but a substantive clause, in apposition with **id.** — **Jugurthæ**, dative of advantage.

18. The Sempronian Law, carried through by Caius Sempronius Gracchus, aimed to lessen the power of the senate and the opportunity for corruption in assigning provinces, by providing that the assignation should be made before the election of the consuls; that is, the senate determined beforehand what the consular provinces should be, and these were then divided by lot or agreement between the two consuls. — **scribitur**, *levied.*

Bestia proceeded to Africa, and shortly brought Jugurtha to terms; but was bribed by him to grant an advantageous peace, disgraceful to Rome. But the tribune Memmius, the boldest antagonist of the corrupt nobility, persuaded the people to reject the treaty, and to send Cassius, a man "pure in a corrupt time" (Niebuhr), to summon Jugurtha to Rome, to answer for his crimes.

30. **elephantos**; i.e., those which Jugurtha had surrendered.

99. 1. **Rogatione**; a proposition for a law was called **rogatio**, because the people were *asked* whether they would accept it. — **ex conscientia**, *from a bad conscience.* — **vim**; i.e., that he would use *force* if he did not submit himself to their *mercy.* — **minoris**, § **54**, IX. 1. — In Rome, Jugurtha bribed one of the tribunes, by whose intercession he escaped the necessity of answering the questions put to him by Memmius.

11. This was B.C. 110. — Gulussa was brother of Micipsa. — **metu**; i.e., the anxiety of the Romans as to Jugurtha's future course.

23. **Jugurthæ**, § **51**, VI.; he did not venture to rely any longer upon his friends among the Romans, and therefore resolved to get rid of his rival. — **egressus**, acc. pl. — **ejus**, i.e., Massiva. — **qui** is pl., referring to the individuals implied in **numero**; this is called *synesis*, or **constructio ad sensum**, see § **47**, II. end.

100. 3. **Fit reus**, *is put on trial.* — The **jus gentium** of the Romans was not our *Law of Nations*, but consisted of those usages of law which were common to all nations; one of these was the sanctity of a safe-conduct. — **manufestus**, like **maxumus**, an archaic form. — **animum advortit**, *he perceived.* — **supra**, etc.; *that the obloquy of the deed went beyond, &c.*

9. **in priore actione**, *in the first stages of the action;* i.e., the preliminary inquiry. — **popularis**, *those of his nation.* — **illo**, Bomilcar. — **urbem**, § **52**, V.

22. **mos**, etc.; this may mean *the parties among the people, and the factions in the senate;* but as **popularis** is used especially for the party opposed to the senate, it would seem best to take these nouns as relating to the individual parties; *the custom of a popular and a senatorial party.* — **prima**, *the first things*, § **48**, II. — **gloriæ**, *false glory;* i.e., as rivals. — **hostilis**, § **47**, V.; it is here equivalent to the objective gen., **hostium**. — **ea**, § **47**, II. (2). — Carthage was destroyed B.C. 146; in the same year Corinth was captured; no enemy now remained whom the Romans need fear.

101. 3. **in lubidinem** [for **lib.**] **vortere** [for **vert.**], *to turn to their own pleasure; abuse.* — **sibi quisque**, *each for himself.* — **factione**, *by combinations*, i.e., owing to their fewness. — **plebei**, here 5th declension. — **agitabatur**, impers.; *every thing was managed.*

11. The tendency at this time to absorb all the lands of Italy into a few large estates, **latifundia**, cultivated by slaves, was the most alarming symptom of the times. **Latifundia Italiam perdidere**, says Pliny. To bring this about, and set all the neighboring small freeholds into their hands, the nobles scrupled at neither fraud nor violence; nor did the poor have any adequate protection in law.

18. These were the Gracchi, mentioned below. Tiberius Sempronius Gracchus carried an agrarian law (Hb. § 168), for the distribution of public land among the poorer classes, B.C. 133; his brother Caius, ten years later, aimed at still more sweeping reforms: both were assassinated by the nobles. Their grandfather had fought successfully against Hannibal; their father was

eminent as a statesman; their mother Cornelia was daughter of the great Scipio. — **permixtio terræ**, *a chaos.*

25. **patefacere**, § **37**, VII. note. — The **Socii** were the Italian nations in nominal alliance with Rome; the **nomen Latinum**, the Latin cities and colonies which were debarred from full political privileges, but possessed certain rights of Roman citizenship; both these classes held portions of the public domain which were affected by the laws of Gracchus, and therefore opposed his measures. Later reformers undertook to extend full citizenship to all the inhabitants of Italy. — The **equites** were those who were entitled by their wealth to serve in the cavalry, receiving a horse from the state; by a law of Caius Gracchus, all possessing a specified amount of property received certain privileges, which constituted them a class by themselves, **equester ordo**: thus setting up an aristocracy of wealth to balance the hereditary aristocracy of the nobles. — **societatis** means a share in the privileges of the senate. — **eadem**, *the same policy.* — **triumvirum**; Caius Gracchus failed in his third election to the tribuneship, but still held the office of *triumvir* [member of a committee of three] *for planting colonies* (§ **73**, III. note), when he was killed, B.C. 121. — **et sane**, *and to be sure.*

102. 3. Three thousand are said to have been slain with Gracchus and Flaccus. — **timoris**, i.e., they feared the opposite party, whom they had treated with such barbarity. — **parem**, § **59**, IV. 1.

After the return of Jugurtha, the war was conducted by Spurius Albinus and his brother Aulus. The latter was forced by Jugurtha to agree to a dishonorable peace, which was at once rejected by the Romans; and the consul of the year 109 took command, although late in the year. Quintus Cæcilius Metellus, afterwards called Numidicus, was one of the most eminent and respectable members of the aristocracy, belonging to an old and distinguished family. His vigilant and judicious measures soon excited the alarm of his antagonist, and his success induced the senate to retain him in command as proconsul for the following years.

18. **antea experimentis**, *previous experience*, i.e., of Bestia and Albinus; § **47**, III. end. — **maxime**, *if possible.*

103. 4. **insidiis**, etc., depends upon **credere.** — Caius Marius was a soldier of low birth and no education, who by courage and ability had risen to a high military position, and who afterwards became a dictator in the state. — **legatus**, see note on p. 13, l. 2. — **tribunis**, § **51**, II. — The *legions* of the Roman army, commanded by *tribunes*, are contrasted with the *cohorts* of the Italian allies, commanded by *præfecti.* The Roman legion was divided into *maniples*, combined afterwards into cohorts by Marius (Hb. § 158); although even at this time a combination of three maniples was called a cohort (see page 106, line 32). — **velites**, *light-armed troops.*

16. **Vacca**, a town south-west of Utica. — **forum**, *a market town;* the regular term for a class of towns larger than mere villages. — **celebratum**, *frequented.* — **simul, et**; *both, and.* — **si paterentur**, *whether they would endure*, depends upon **tentandi.**

26. **modo**, *even.*

33. **composuit**, *compared;* this word may also be followed by the dative.

104. 12. **Muthul**; the position of this river is doubtful. — **tractu pari**, *parallel;* **vastus**, *barren.* — **ex eo medio**, i.e., from the middle of the mountain range, which Metellus was crossing. The hill stretched to the river, at right angles to both river and mountain. — **humi**, § **50**, II. 3.

20. **transvorso itinere**, *at right angles;* **iter** here means *direction.* — **montem**, § 56, II. 1. — **cum**, *consisting of.* — **Turma** was the name for the subdivisions of cavalry; the *maniples* were of infantry: these were properly Roman terms. — **illis**, the Romans. — **quæ**, etc.; refers to **omnia**; *every thing which it becomes a commander to see to.* — **prudentes cum imperitis**, *as those forewarned with those taken by surprise.*

105. 13. **neque, et tamen**, *one the one hand not, and yet.* — **plane**, *entirely.* — **incerti** agrees with **equi Numidæque**; **esset** is attracted to agree with its predicate **quidnam**; *indistinguishable what it was* that was seen. — **cum tum**, § **43**, 8. — **obscurati** agrees with **ipsi**, taking the masculine in preference to the neuter, although referring also to **signa.**

16. **commutatis ordinibus.** The account of Metellus's manœuvres is very confused and blind; it appears to be somewhat as follows. He drew up his army in line of battle, facing the

right (**in dextro latere**), for the enemy were on that flank, below; the regular order for battle was in three lines, **triplicibus subsidiis** (Hb. § 156). Then they must wheel, **transvorsis principiis**, and face the river, in order to descend into the plain.

25. Publius Rutilius Rufus was one of the most virtuous men of the day. He was afterwards unjustly banished on a false charge of oppressing the citizens of Asia, in which province he had served as official. — **transvorsis prœliis**, *attacks on the flank.* — **pro re atque loco**, *agreeably to circumstances and the nature of the ground.* — **principes**, *in the van.*

106. 1. **primos**, i.e., the first to whom the Romans came. — **quasi**, *about.* — **adesse** is frequently used with the meaning *come up.* — **ludificati**, *eluded;* then in consequence **eminus sauciabantur.** — **copia**, *opportunity.* — **priores** = **superiores**, i.e., the Numidians; **hostis**, the Romans. — **fuerant** agrees with the nearer subject. — **ea**, *in this direction*, § **55**, IV.

22. **a suis** belongs with **dispersi**, *separated from their comrades.* — **die**, genitive, an old form. — **eorum**, the Numidians.

107. 3. **illis**, the Romans. — **quos**, i.e., the enemy.

16. **die**, § **50**, II. 4. — **advorso colle evadunt**, *charge up the hill.* — **tutata**, § **47**, II. (2). — **quietus**, i.e., Bomilcar. — **ubique** = **et ubi.** — **accepit**, *he learned.*

33. **pulveris vim.** "It is amusing to find in this Latin expression the exact equivalent of a familiar Americanism." (Butler.)

108. 16. [**victoria**]; a word thus enclosed in brackets is a doubtful reading. — **amplius opinione**, *longer than their expectation.* — **inter se**, *from one another*, that is the main army under Metellus and the detachment of Rutilius; **alteri apud alteros**, *each with the other party.* — **admissum**, sc. **erat**, *committed*, § **59**, IV. 2. note. "This was a battle which testified as unmistakably to Jugurtha's rare military talent, as to the inexhaustible bravery of the Roman infantry, which alone had turned the strategic defeat into a victory." (Mommsen.)

30. **quatriduo**, § **55**, I. 2. — **meritos**, *those who have done good service.*

109. 3. **Jugurtha . . . gereret** is object of **exploratum.** — **ut**, *how.* — **ea gratia**, *on this account.* — **ex fuga**, *after flight.*

15. **ex illius lubidine**, *according to his pleasure*, i.e., Jugurtha's; that of Metellus would be **sua.** — **suos**; subject of **vincere.** — **prædam**, in app. with **omnia**, predicate after **esse.**

27. **pugnatum**, § **72**, 2. — **quippe** does not belong with **cujus**, but is used with **is** understood, *since he whose*, &c. — **sua loca**, *the battle-ground chosen by himself*. — **ex copia**, *as circumstances demanded*.

110. 5. **sicuti** follows **discedunt**.

These events were followed by desultory warfare; a siege of Zama by Marius proved unsuccessful, and Metellus undertook a renewal of negotiations; partly openly with the king, partly intriguing with his officers to betray him. The war seemed to be at a stand-still.

11. **agitabat**, § **69**, note. — **ageret**, § **67**, II. 1. — **præter**, *except*. — **belli**, § **55**, III. — Arpinum was a town in the valley of the Liris, south-east of Rome, where Cicero was also born. — **Græca facundia**; the Greeks were at this time the chief instructors in rhetoric. — **tribunatum**; the military tribunes were originally appointed by the general, afterwards in part elected by the people; the election was in the comitia of the tribes (Hb. § 142). — **ab eo magistratu**, *from that magistracy*; the military tribunate was not strictly a magistracy, but Marius was prætor, B.C. 115. — **ad id locorum**, *to this point* (of time), opposed to **postea**.

111. 17. **per negotia publica**; a frequent use of **per**; *when public interest should permit*. — **filio**; this was Quintus Metellus Pius, consul B.C. 80; Marius was now forty-eight years old. — **contubernio**; it was customary for young Romans to learn war by going upon the staff of the commander in an active campaign.

29. **criminose**, *captiously*. — **trahi**, § **67**, IV. 2.

112. 8. **regi**, § **51**, VIII. note; it is really a dative **com. et incom.** (§ **51**, I. note), *in the eyes of the king*. — **suspiciens**, *suspecting*; an unusual meaning of the active; the passive frequently means *suspected*. — **majoribus**, *greater affairs*. — **superaverant**, *had remained over*; i.e., were more than Jugurtha could attend to.

18. **posceret**, § **66**, I. — **jussus**, sc. **a Jugurtha**.

24. **socii**, § **50**, I. — **converteret**, i.e., Nabdalsa; that he should not be punished instead of rewarded. After **juravisset**, understand **monere**, which stands in some editions. — **sua**, *their*.

113. 18. **scelere**, § **56**, I. 2. This use of **super** is more common in later writers.

32. **quorum** limits **plerosque**, **ceteri**, **pars**, and **alii**.

114. 1. Bocchus was king of Mauretania, west of Numidia. — **in dies**, *day by day*. — **fide**, dat. — **ceteri ejus omnes**, "*the rest of the soldiers all.*" (Long.) — **ferme**, *for the most part.*

23. **filiorum** limits **pueritiæ**, which limits **cultus**, *care.*

33. **domiti pecoris**, *trained cattle*, § **50**, II.

115. 1. **eo**, *upon these;* a frequent use of adverbs of place, referring to persons.

6. **quam**, § **48**, II. — **ea modo**, *this alone.* — **sicuti**, etc., *as those newly surrendered are wont.* — **religione**, *from superstition.* — **pluvia**, sc. **aqua**, § **54**, VII.

21. **infectum**, *impracticable.* — **uno die**, § **54**, V. an exception to the following remark. — **talia capi**; a consideration in the mind of Jugurtha, and for this reason taking the acc. with the inf. — **ex copia**, *as circumstances permitted.*

116. 3. **reliquum fieri**, *left undone.* — **arietibus**; the battering ram was a swinging beam with a metal ram's-head, with which the walls were *butted*, and so gradually broken to pieces. — **ab hostibus** belongs with **metuerant**.

After these reverses, Jugurtha took refuge with his father-in-law, Bocchus, king of Mauretania, and a new war seemed to threaten. Meanwhile Marius was elected consul for B.C. 107; against the bitter opposition of the nobles, and by a vote of the people, he was given the province of Numidia, which the senate had before decreed to Metellus. It is not possible to determine whether he actually took command in the year of his consulship; his active operations were mainly in the following year, B.C. 106.

20. **spolia**, § **46**. — **quæ**, § **54**, VII. note. — **populis et regibus**. i.e., foreign. — **sociis**, i.e., Italian. — **militiæ**, *in service*, § **55**, III. 3, qualifies **cognitos**; most he knew personally, a few by reputation. — **stipendium** is the term for a soldier's pay, and came afterwards to mean the time of service for which the pay was received; **emereri stipendium** is therefore "*to serve out the time,*" and those who were **stipendiis emeritis** (§ **54**, II. the participle here used passively, § **35**, I. 7.) were those who had served out their time as soldiers. — **plebi**, sc. **esse**; *it was thought that service was not acceptable to the people.* — **usum**, *the requisites.*

117. 10. **Quirites** was the title borne by the Romans as citizens, and used in public addresses.—**inperium** = **imperium**; an unusual number of archaic spellings occur in this speech of Marius.—**subplicis** = **supplices**.—**set** = **sed**.—**quo**, § **54**, v. end.—**pluris**, § **54**, IX. 1.—The subject of **debere** is **illam**, etc.

17. **vostro benificio (bene-)**, *your favor*.—**nolis**, *one is unwilling;* the second person singular is often used for an indefinite subject.—**opinione asperius**, "more painful than you can suppose." (Long.)—**nobilitas, facta**, etc. are subject of **adsunt**.—**cognati**, were blood relatives; **adfines**, connections by marriage.—**clientelæ**; the clients were persons who were personally and especially attached to some nobleman, called patron. (Hb. § 128.)

27. **illud** is commonly used rather than **hoc** or **id** when a following clause (**omnium . . . esse**) is in apposition.—**reipublicæ**, dat. of advantage.—**invadendi**, sc. **me**.—**capiamini**, i.e., in the net.—**illis**, § **51**, IV.

118. 8. **veteris prosapiæ**, *of old stock;* an old-fashioned word used by Marius in derision.—**imaginum**: it was the privilege of the nobility to keep waxen images of their ancestors in their halls; these were carried in funeral processions.

13. **qui**, *men who*.—**præposteri**, placing that first which should be last.—**gerere** is the subject of **est**.—**tempore**, *in time*.—**re atque usu**, *in action and experience*.

22. **Quamquam** at the beginning of a sentence should be rendered, *and yet*.—**fortissimum quemque generosissumum**, *whoever is brave, and in proportion to his bravery is also well born;* this is the peculiar force of **quisque** with the superlative.—**posset**, § **59**, IV. 2.—**maluerint** is used, in violation of the sequence of tenses, to express the time of the question.—**faciant idem**, i.e., *let them despise their own ancestors;* for every founder of a new house was himself a *new man*.

33. **hos**, i.e., **honores**; they live as if they cared nothing for honors, but are as greedy for them as if their lives were honorable. **Ne**, *verily*.—**falsi**, *deceived*.

119. 6. **cujus rei**, i.e., nobility.

13. **velint**, § **59**, IV. 2.—**compositam**, *well-arranged*.—**cum**, *since*.—**modestiam**, etc., *should construe my modesty as consciousness of guilt*.—**ex animi sententia**, *as I am convinced*.—**bene prædicent**, *speak well of*, sc. **ut**.—**falsa**, obj. of **superant**.

21. **qui** refers to the gen. implied in the possessive **vostra**; § **19**, III. Rem. — **etiam atque etiam**, *again and again.* — **fidei**, *your confidence.* — **Hæ**, § **47**, V. note. — **relicta** agrees with **nobilitas.** — **parvi**, § **54**, IX. 1.

33. **parum placebat**, *I did not care.* — **doctoribus**; the Greeks were slaves of the Romans. — **illa**, § **52**, III. note.

120. 3. **arcte colam**, *to act niggardly.* — **meam** and **illorum** do not qualify their nouns directly, but stand after **esse** understood. — **civile**, *befitting citizens.* — **tute**; **te** is the intensive enclitic.

9. **Quis**, i.e., what their ancestors did.

19. **preci** = **preti**; **cocum** = **coquum**, § **1**, foot of p. 1; they pay more for a cook than a steward; actors, secretaries, tutors, &c., were generally slaves. — **ita** is frequently used to emphasize or point out a clause which follows. — **munditias**, etc.; this is called the *chiastic* order of expression; **munditias**, *foppery*, is contrasted with **laborem**, and separated from it by the two other contrasted words, **mulieribus** and **viris.** — **Quin** = **qui** (why, § **21**, I. note). **ne**; *why not?* or *come, then.*

121. 2. **avaritiam**, etc.; the corruption of Bestia, the unskilfulness of Albinus, and the pride of Metellus. — **mehercules**, sc. **juvet**, *Hercules help me!* a common oath. — **militaris ætas**; this was from 17 to 46. — **ceperit**, § **68**, I. (Cf. § **58**, III. note). — **idem**, *at once*, or *both.*

14. **decebat**, § **59**, IV. note at end. — **inmortalis**; "'immortal' means 'remembered for ever.' The Roman immortality is posthumous fame." (Long.) — **quisquam** is usually used substantively; here it stands for **ullus**. These words, with **umquam** and **usquam**, are only used to express negative ideas; see Table 6.

23. The change made by Marius in the mode of raising troops was itself a revolution. Before this, none had served who did not belong to the classes (Hb. § 125) in virtue of possessing property; the **capite censi**, *counted by the head*, were those who belonged to no class. — **bonorum**, § **50**, III. 2; the "good" were the aristocratic. — **egentissumis**, see note to p. 118, l. 24. — **sua**, *their own possessions.* — **omnia cum pretio**, *every thing paid for.*

122. 3. **legionibus**, etc.; see note to p. 103, l. 9. — **tegi**, *protected.*

19. The Gætūli were a barbarous race south of Numidia. — **armis**, § **54**, VI.

25. **immunes**, *free from burthens*, of taxation and military service. — **mœnia** are the walls of a city, **murus** any strong wall of masonry. — **oppido**, § **51**, 1.

123. 7. **una jugi aqua**, *one spring of water*. — **Id.**, i.e., *the want of water*. — **incultius agebatur**, *it was less cultivated*. — **irritamenta gulæ**, *seasonings*.

18. **pabulo**, etc.; i.e., the land was in pasture rather than tilth. — **exornat** has for subj. **consul**. — **prædabundum**, § **44**, V. 1; the form in **bundus** is equivalent to the pres. part., and is rarely formed except from neuter verbs.

30. **per centurias**; there were six *centuries* to each cohort. — **lenire**, i.e., by the use of animal food.

124. 3. **uti egrederentur** depends on **paratos**. — **tumulosum**, *hilly;* this word is used nowhere but in this passage. — **milium**, sc., **passuum**.

17. **res trepidæ**, *the confusion of affairs*. — **pars**, etc.; *the fact that*, &c. — **mobile** (from **moveo**), § **44**, V. 4.

29. **non bene consulta**, *not wisely planned;* **locupletes** agrees with **milites** (**et** = also); *rich* from booty. — **socii**, *those friendly*.

125. 8. **asperitate**, *danger*. — **Capsensium**, sc. **res**. — **Muluchae**; "The scene is now moved from Capsa in the east to the Mulucha in the west, a direct distance due west from Capsa of 700 miles. Sallust leaves us to guess how this distance was accomplished." (Long.) — **ceteram planitiem**, *a country otherwise level*. — **castello**, dat. after **satis patens**. — **forte**, abl. from **fors**. — **virorum** and **armorum** limit **satis**. — **importunus**, *unsuitable for*.

28. **trahere cum animo suo**, *consider it in his mind*, i.e., toss it to one side and the other.

126. 2. **cochleas**; snails are favorite articles of food in Southern Europe. — **ad summum montis**; the usual form would be **montem**, by § **47**, VIII. — **flexa . . . quo**, *bending and growing up as* [lit., *in height, to which*]. — **gignentium**, *fruit-bearing things*, or *things that grow*, § **50**, II. after **cuncta**: **cuncta** is obj., and **natura** subj. of **fert**.

19. **cognitum**, § **74**, I. — **ex præsentibus**, (*one*) *of those present*.

31. **facilius**, § **47**, III. end. — **ea**, i.e., the shields; the **scutum** was an oblong shield of wicker work covered with leather; the **clipeus**, a round metal shield. — **offensa**, *in case they should hit against any thing.*

127. 7. **nisu**, § **74**, II. — **potissimus**, *chief of all.* — **digrediens**, *stepping aside*, to leave room for the others. — **ab ea parte**, *on that side.*

16. See note on p. 13, l. 32; p. 20, l. 23. — **sagittariis**; this is an exception to § **54**, I. end. — **saepe**, etc.; this is the cause of what follows, **non**, etc. — **secundis rebus**, § **54**, X., *from their success.*

25. **his** and **illis** are abl. abs. with **certantibus**, which is followed by **pro**, etc., § **51**, I. note. — **canere** is here neuter, having **signa** for subject. — **tantummodo sauciare**, i.e., they were in too great haste to kill them. — **ex culpa**, *for what was really blameworthy.*

128. LUCIUS CORNELIUS SULLA, born B.C. 138, was afterwards the great rival of Marius in a bloody civil war. Marius was merely a soldier; but Sulla was also a statesman and a man of letters, — one of the greatest men whom Rome produced, but stained with licentiousness, avarice, and cold-blooded cruelty. The office of Quæstor was that of treasurer in the city, paymaster in the army. (Hb. § 135.)

4. **quos** relates, by *Synesis*, to the individuals implied in **equitatus**.

10. **juxta**, *at the same time*, qualifies **Græcis atque Latinis**: **atque doctissume**, *and very thoroughly too.* — **simulanda ac dissimulanda**, *pretending and concealing.* — **victoriam**: B.C. 82, Sulla obtained a final victory over the party of Marius (who had died four years before), and ruled as perpetual dictator, until he laid down his power in 79, shortly after which he died. — **fecerit**, § **70**, note.

25. **aliis per se ipse**, i.e., **non rogantibus**. — **æs mutuum**, *borrowed money;* he would rather give away money than pay his debts. — **repetere**, i.e., **æs mutuum**. — **illi**, for **sibi**. — **joca**, a not uncommon plural of **jocus**. — **multus** for **multum**; *on hand.*

129. After the events above described, Marius returned to winter quarters to Cirta.

6. **speculatores**, *his own scouts.* — **alius**, § **47**, IX.; subject of **significabant** with **omnes**; **redeuntes** agrees with the subj. — **ceteri**, i.e., the infantry. — **in manus**, *to close quarters.* — **neque**, § **43**, I. note.

130. 3. **vitabundus**, *dodging.* — **pati**, § **49**, III. (not depending on **posse**). — **niti**, sc. **surgere**. — **visus**, a noun.

Bocchus being at last tired of the war, enters into negotiations with Marius, and secretly concludes a peace with the Romans, with the intention of betraying Jugurtha into their hands, immunity being promised to himself.

17. **arbitratu**, i.e., with full powers. The inhabitants of the Balearic Isles were famed as slingers. The Pelignians were one of the brave races of central Italy; the **velitaria arma** were lighter than the arms of the legions (Hb. § 157). — **secus atque**, *less than;* i.e., these were as good as any for this purpose.

30. **victoribus**, § **51**, VI.

131. 17. **cenatos esse**, *to get their suppers finished*, depends on **jubet**. — **vigilia**, see note on page 12, line 24. — **metabatur**, sc. **castra**. — **apud illum**; "a way of saying that he would have done the bad deed, and kept the fruit of it." (Long.)

30. **strenuis**, § **51**, VIII. note.

132. 1. **inermis**, from **inermus**, a form quite as common for the nom. as **inermis** (Klotz). — **nudum**, etc.; i.e., the back, which is unprotected. — **faceret**, § **63**, I. — **ejus** and **illum** refer to Jugurtha, who is also subject of **haberet**; **suo**, to Volux. — **uti in tali negotio**, *considering the circumstances they were in.* — **acciderant**, *they had come upon him;* this word is not often used of persons.

26. **deligeret**, § **67**, II. 1. — **sese**, Bocchus; **illo**, Sulla; **cum illo** depends upon **consulta**, referring to some former interview; **integra habere**, *maintain unimpaired.* It is generally supposed that a few words have been lost after **pertimesceret**, to the effect *that he* (the ambassador) *had been invited with design.* — **nequivisse**, § **67**, IV. 2; **caveri** is also impersonal. — **comperior**, *I am convinced;* this verb is deponent only in two intances, both in the Jugurtha. — **Punica fide**; want of faith was a favorite charge of the Romans against the Carthaginians (**Pœni**).

133. 3. **Rex**, i.e., Bocchus. — **conventam**, *agreed upon.* — **consultum**, etc., *a plan and the establishment of peace.* — **ab**

omnibus veniretur = **omnes venirent.** — **in potestatem**; the idea is, *should have got him into his power.* — **fore uti fieret,** § **67,** III.; this is a more common way of expressing a fut. inf. pass. than that with **iri** (as **relictum iri,** below). — **non sua ignavia sed ob rempublicam,** § **54,** I. first note; they qualify **in potestate.**

22. **ut,** etc., *as (they were) impetuous, so (too, they were) fickle;* **sibi advorsæ,** *contradictory.*

31. **dicitur,** § **67,** IV. 1. — **quæ** is subject of **patefecisse,** depending on **scilicet** (**sci licet**); *which things of course disclosed,* &c.

134. 11. This was the famous invasion of the Cimbri and Teutones, Celtic and German hordes, which invaded Italy, and kept it in a state of terror for several years. Cæpio and Manlius were defeated B.C. 105, the year in which Jugurtha was captured. Marius was chosen consul for five successive years, and at last cut them to pieces in two great battles. — **illim,** an old form of **illinc,** *from that time.* — **consul**; this is incorrect; he was at this time proconsul. — **triumphavit** (Hb. § 160½).

OVID.

PUBLIUS OVIDIUS NASO was born in Sulmo, a town of the Peligni, B.C. 43. He was a highly endowed and voluminous poet, and for a long time enjoyed favor at the court of Augustus, but was suddenly banished by him, from some unknown cause, to the northern coast of the Euxine Sea, where he died, A.D. 17. His principal work is the *Metamorphoses,* a collection of mythical fables, told in hexameter verse.

Phaëthon was son of Phœbus and Clymene. His mates having refused to credit his being the son of a god, he goes to his father to ask for a certain proof.

135. 1. **solis,** § **78,** III. 1. — **sublimibus,** id. II. 3. — **clara,** id. III. 5, VI.; II. 5. — **auro,** id. II. 8. — **imitante,** id. II. 6. — **nutidum,** id. III. 6, I. — **tenebat,** id. III. 2. — **argenti,** id. II. 7. — **lumine,** id. III. 5, V. — **superabat** *even surpassed,* id. III. 6, II.; II. 4. — **æquora,** id. III. 1, exc.

8. **cæruleos,** *dark blue,* the color of the sea; applied therefore to *the gods of the sea.* — **Tritona,** a Greek form of the acc., § **11,** III. 4, note; Triton was the companion of Neptune. — **Proteus** was a sea-god, who had the power of assuming different shapes. — **immania,** § **78,** III. 5, VII. — **Ægæon** was another name for Briareus, the hundred-handed giant; **Doris,** a sea-goddess, wife of Nereus, and mother of the *Nereids* or sea-nymphs. — **natas,** § **78,** III. 3. — **videntur,** § **49,** I. end. — **mole,** *a rock,* § **78,** III. 5, IV. — **quædam,** sc. **videntur.**

15. **Terra** answers to **unda** in v. 8; the carved work is described. — **imago,** § **78,** III. 5, III. — **signa,** the signs of the zodiac.

19. **acclivo,** § **78,** III. 5, IX. — **Clymeneia,** § **47,** 5, V. — **ferebat,** i.e., *could not bear.* — **Dies,** etc., the personified deities of these divisions of time; the **Horæ** are usually *the seasons* in mythology, but here the word is used in its prose meaning. — **calcatis;** in allusion to the custom of treading out the wine.

28. **spicea,** § **44,** III. 1. — **novitate,** § **78,** III. 6, IV.

33. **publica,** *common to all.*

40. **Deposuit;** see v. 22. — **amplexu,** § **78,** II. 9. — **negari** depends upon **dignus,** by an exception to § **65,** IV. 1. — **es,** § **78,** II. 3, exc. — **edidit,** id. III. 3, exc.; and 4. — **quodvis,** from **quivis,** *any you please.* — **me,** § **78,** II. 1. — **juranda,** § **51,** I. second note. — **palus,** the Styx, by which the gods swore their most solemn oaths. — **incognita,** because the sun's beams never reach the lower world. — **jus,** § **78,** II. 3, exc.

50. **tua,** sc. **voce.** — **dare,** § **78,** III. 2, exc. — **negarem,** sc. **si possem,** § **59,** IV. 2; **confiteor** is used parenthetically. — **istis,** *thy;* § **20,** II. — **conveniant,** § **65,** I. — **superis,** those above, i.e., *the gods.* — **fas** is what is permitted by divine law. — **nescius,** ignorantly, § **47,** VI. — **Placeat,** § **64,** IV.; the meaning is, *let each of the gods have his fancy, still,* &c. — **axe;** the axle is put for chariot, by the figure called *synecdoche,* by which the part is put for the whole. — **rector,** i.e., Jupiter. — **agat,** § **60,** 2; this is one of the few cases in which the subj. may be rendered *can.*

65. The subject of **fit** is **videre.** Tethys was wife of Oceanus (god of the ocean), and mother of Clymene the mother of Phaëthon. — **cetera,** sc. **sidera.** — **orbi,** § **51,** I. — **Finge,** *suppose.* — **axis,** i.e., **cæli.** — **illic,** i.e., *in the heavens.* — **delubra,** § **78,** III.; 5, II. — **formas,** i.e., the constellations of the zodiac, eight of which represent animals.

78. **ut**, *although.* — **adversi**, *fronting you.* — **Hæmonios**, i.e., Thessalian; the archer was represented as a centaur, a race which had its home in Thessaly. — **aliter**, *in another direction.* — **ignibus** limits **animosus**. — **in promptu**, *easy.* — **ut**, *when.*

89. **sanguine**, § **54**, VIII. — **timendo**, i.e., *for your safety.*

100. **ne dubita**, § **58**, III. — **qua licuit**, *as long as it was permitted.* — **summæ rotæ**, *the outside of the wheel.* — **Phœbo** = **Sole**; this is the figure called *metonymy*, by which a word is put for another to which it stands in some relation, as of cause and effect, or here that of ruling and guiding.

113. **agmina cogit**, *bring up the rear.* — **Lucifer**, the morning star. — **quæ**, subject of **petere**, depending on **vidit**, which agrees with **Titan** = **Phœbus**; the Titans were an early race of gods, and Phœbus was son of the Titan Hyperion. — **extremæ**, *fading.* — **ambrosiæ**; the food of the gods, and so of their horses.

121. **ora**, the *countenance;* **patientia** agrees with it, *able to endure.* — **flammæ**, § **50**, III. — **directos**, *straight across the five circles;* i.e., the equator, tropics, and poles; the **sectus in obliquum limes** is the Ecliptic, which touches only the torrid and temperate zones. — **que**, after **polum**, *both.*

134. **preme** (also **pressam** below) means to bear down, so as to be towards the horizon. — **juvet**, § **68**, II. note. — **Aurora**, goddess of the morning. — **quæ** relates to **lumina**; **dare** depends on **sine** (from **sino**).

150. **contingere**; the regular construction after **gaudet** would be **contingere**, by § **70**, III., or **quod contingit**, by § **70**, IV. — The names of the horses mean *fiery*, *of the dawn*, *burning*, *flaming.* — **repagula**, the barriers of a race-course. — **copia**, *power over* or *entrance to.* — **euros** (Hb. § 211).

165. **inani**, sc. **currui**. — **quo ordine** refers to **eo** understood, § **48**, III. note. — **si sciat**; we should expect the imp. **sciret**, § **59**, IV. 2.

170. **Triones** (**septem**), the seven stars which mark the constellation of the Great Bear; it had been forbidden Callisto, who was changed into this constellation, ever to rest. — **Bootes**, now Arcturus, a constellation near the Great Bear.

174. **penitus penitusque**, *deeper and deeper below.* — **tenebræ**, i.e., from dizziness. — **Meropis**, sc. **filius**; Merops was the husband of Clymene. — **pinus**, i.e., **navis**, by *synecdoche;* see note on **axe**, v. 58. — **frena**; this is a *metaphorical* use of the word, the ship being spoken of as a horse.

195. **que** connects **cauda** and **lacertis**; the Scorpion originally occupied double space; afterwards Libra was inserted where its claws had been. — **madidum**; heated by the sun, and sweating poison; **cuspide**, the pointed tail, where the sting lies. — **expatiantur**, *leave the road.* — **qua** and **hac**, sc. **via**, § **55**, IV.

207. **Luna**; Artemis (Diana) was goddess of the moon, as her brother Apollo of the sun. — **ut quæque** = *whatever* (parts). — **Tellus**, a poetical word meaning the earth as a heavenly body. — **arbos**; the figure by which one part of a word is used for another (here the sing. for the pl.) is called *enallage.*

216. **Scythia**, Tartary; **Caucasus**, the mountains between the Euxine and Caspian Seas. — Ossa, Pindus, and Olympus are in Thessaly. — **Apennīnus**; this is a spondaic verse, § **82**, I. note.

224. **calido**, § **45**, V. 2.

227. **in corpora summa**, *to the surface of the bodies.* — **passis** from **pando**; *dishevelled.* — Dirce, Amymōne, and Pirēne are fountains in Thebes, Argos, and Corinth (the old name of which was Ephyre). — **sortita**, *possessing* (by lot). — **Tanăis**, *Don;* the Alphēos and Sperchēos are rivers in Greece. The Tagus, in Spain, was a gold-bearing stream. — Mæonia was the ancient name of Lydia, the chief river of which was the Cayster, famed for its swans. — The source of the Nile was a problem to the ancients, as it has remained until our own day.

243. **Regem**, Pluto. — The Cyclades are a group of islands in the Ægean Sea, so called because they form a rude circle about the sacred island Delos. — **Cycladăs, Delphinĕs**; these are Greek endings, see § **78**, note; final **as** and **es** are usually long by § **78**, II. 3. — Nereus was the husband of Doris. — **aquis**, § **54**, VI.

255. **fontes**, § **46**. — **viscera**, § **42**, III. — **collo**, § **56**, I. 5. — **opposuit manum**, i.e., to shield her face. — **infra** = **inferius**, i.e., crouching. — **perituræ**, sc. **mihi**. — **auctore**; it would be a consolation to perish by the thunderbolt of Jove.

271. **vobis**, i.e., **Dis**. — **fac**, *grant.* — **frater**, sc. **tuus**, i.e., Poseidon (Neptune). — **Quod**, § **52**, IV. — **fratris** limits **gratia**. — **mea**, § **50**, II. 1, end. — **utrumque**, *in each direction.*

278. **Atlas**, one of the Titans, who sustained the heavens on his shoulders. — **neque enim**; i.e., she spoke no more, for, &c. — **os**, § **78**, II. 2. — **Manibus**; the **manes** were the spirits of the departed, and are put by *metonymy* for the infernal regions.

291. **nubes**; the clouds and showers had been all dried up. —

expulit; this word properly applies only to **rotis** (put by *synecdoche* for **curru**); the figure by which it is joined also with **vita** (with which **privavit** would be the right word) is called *zeugma*.

305. **diverso**, i.e., in the west. — **Eridanus**, the Po; it has also been identified with the Rhone. — **Naides (naiades)**, river-nymphs; **Hesperia** was the poetic name of Italy. — **corpora**, by *enallage* for **corpus**. — SITVS; **v** and **u** were the same letters anciently.

318. **mox**, i.e., when the limbs themselves had perished.

324. **Heliades** from **Helias**, *daughter of the sun*; a feminine patronymic, § **44**, I. 3. — **morti** put for **mortuo** by *metonymy*. — **adsteruntur**, § **23**, 3, *prostrate themselves*. — **junctis cornibus**, i.e., the crescent had joined its horns and become the full moon. — **Phaethusa** and **Lampetie**; these names, signifying *bright* and *shining*, are well suited to the daughters of the sun. — **maxima**, § **17**, III. end. — **cum vellet**, *wishing*; the subjunctive with **cum** may often be rendered by the present participle.

337. **faciat**, § **60**, 3. — **trahat**, § **66**, II. — **eat**, § **59**, IV. 1. — **sole** qualifies **rigescunt**. — **electra**; mythology divined the true origin of amber, as a gum from trees, which was long a puzzle to naturalists. — **gestanda**; amber was a favorite material for necklaces, &c., among the Roman ladies; they carried balls of it in their hands for coolness.

"The Fasti of the Romans," says Ramsay, "corresponded very closely to a modern almanac, and the Fasti of Ovid may be considered as a poetical 'Year-Book' or 'Companion' to the Roman Almanac." This work was commenced before Ovid's banishment; whether it was ever completed is uncertain, as only six books are extant. Each of these is devoted to one month, describing the festivals of the months, and interweaving much historical and mythical matter. The Fasti did for Roman mythology what the Metamorphoses did for Greek. The metre of the Fasti is the Elegiac (§ **82**, II.).

Book III. of the Fasti, devoted to the month of March, is here given, with such omissions as bring it within reasonable limits; it contains, complete, eight hundred and eighty-four verses.

The following is the calendar of this month, — the first day being the Kalends, the seventh the Nones, and the fifteenth the Ides: —

1. D. (KAL. MAR.) NP.; — **2.** (VI. Non.) E.F.; — **3.** (V. Non.) F.C.; — **4.** (IV. Non.) G.C.; — **5.** (III. Non.) H.C.; — **6.** (prid. Non.) A.NP. HOC. DIE. CAESAR. PONTIF. MAXIM. FACT. EST. — **7.** (NON.) B.F; — **8.** (VIII. Id.) C.F.; — **9.** (VII. Id.) D.C.; — **10.** (VI. Id.) E.C.; — **11.** (V. Id.) F.C.; — **12.** (IV. Id.) G.C.; — **13.** (III. Id.) H.EN.; — **14.** (prid. Id.) A. EQ. NP.; — **15.** (EID.) B. NP.; — **16.** (XVII. Kal. Aprilis) C.F.; — **17.** (XVI. Kal. Apr.) D. LIB. NP.; — **18.** (XV. Kal. Apr.) E.C.; — **19.** (XIV. Kal. Apr.) F. QVIN. N.: — **20.** (XIII. Kal. Apr.) G.C.; — **21.** (XII. Kal. Apr.) H.C.; — **22.** (XI. Kal. Apr.) A.N.; — **23.** (X. Kal. Apr.) B. TVBIL. NP.; — **24.** (IX. Kal. Apr.) C.Q. REX. C.F.; — **25.** (VIII. Kal. Apr.) D.C.; — **26.** (VII. Kal. Apr.) E.C.; — **27.** (VI. Kal. Apr.) F.NP. HOC. DIE. CAESAR. ALEXAND. RECEPIT; — **28.** (V. Kal. Apr.) G.C.; — **29.** (IV. Kal. Apr.) H.C.; — **30.** (III. Kal. Apr.) A.C. (N.P.); — **31.** (prid. Kal. Apr.) C.C.

The letters A, B, &c., standing first, represent the days of the Roman week of eight days: on whichever of these letters the first *Nundinæ*, or market day, of the year fell, the others came on the same through the whole year. The letters standing next indicate the character of the day (Hb. § 210). F., **Fastus**, on which the prætor could hold his court; N., **Nefastus**; C., **Comitiales**, when the comitia could be held; NP., **Nefastus priore**, i.e., in first half; EN., **Endotercisus (intercisus)**, half fastus, half nefastus; the 24th day is **quando rex comitiavit fastus**, *fastus* when the **rex sacrificulus** (Hb. § 147) has performed sacrifice in the Comitium; EQ. (14th day) is the **equiria**, or annual horse-race; TVBIL (23d day) is the purification of trumpets, **tubilustrium**; QVIN (19th day) is the Festival of Minerva.

3. **roges**, § **60**, 4. — **poetæ**, § **51**, VI. — **Minervæ**; i.e., although she is the goddess of wisdom and industry. — **ingenuis**, *worthy of a freeman*. — **vacat**, i.e., for that reason. — Pallas was an epithet of the Grecian Athena, who was identified with the Roman Minerva.

9. **ter senos**, § **18**, II. 3. — **proles**; Romulus and Remus, sons of Mars by the priestess Rea Sylvia (or Ilia); they had been exposed in their infancy, in order to perish, but found by the shepherd Faustulus, who brought them up as his own children. — **actos = abactos**, i.e., **a prædonibus**. — **genus**; their mother was daughter of Numitor, the rightful king of Alba, who had been dispossessed by his brother Amulius. — **pater editus**; i.e., Mars, *declared their father*.

19. **quamvis** properly means *however much*, and takes the subj. by § **61**, 2; but in the later writers it was used for **quamquam**, *although*, with the indic. — **transsiluisse**; when Remus jumped over his brother's walls in derision, he was killed by his brother. — **pater**, Romulus. — **credor**, § **67**, IV. 1. — **anno**, dative.

29. **et tamen**, *not but that;* Mars was in the earliest times the chief god of Latium. — **hoc**; the supremacy of Mars.

33. **totidem kalendas**; the Roman year originally consisted of only ten months. — **mensibus**, § **54**, V. end. — **facundum**, *eloquent*, from **fā-ri**, to speak and termination **cundus**. — **pila**; the **pilum**, a short heavy javelin, was the distinctive Roman weapon.

39. They had not yet noticed that twelve moons made a sidereal year. — **signa**; a play upon this word, which in verse 41 means *constellations*, and in the next *military standards*. — **tenebant**, *observe*. — **fœno**, § **54**, I., here expressing material: the first standard was a wisp of hay.

47. **animi**, § **50**, I. 4. — **ratione**, not *reason*, but *reasoning*. — **mensibus decem**, § **54**, V. end: the **lustrum** was a period of four years; but here, and in a few other cases, it is considered to have been five years, — an irregularity which "may probably be traced to the irregularity with which the sacrifice of the 'lustrum' was performed." (Ramsay.)

52. **Pompilius**; Numa Pompilius, the second king of Rome, who was invited from Cures, a Sabine town. To him most of the religious institutions of the city are ascribed. — **deductus**; this word means *escorted with ceremony*. — **hoc**, § **52**, III. (1) note. — **Samio**: Pythagoras, a philosopher of Samos, taught the transmigration of souls; he lived, however, a long time after the alleged reign of Numa. — **Egeria**, a nymph, was fabled to have been the wife of Numa, and to have taught him much wisdom.

55. **errabant**; the year consisted of 355 days, and it was the rule that every other year a month was intercalated, of alternately 23 and 22 days. This intercalation was left, however, to the caprice of the pontifices; and the result was "a degree of uncertainty and confusion, to which we can find no parallel in the history of a civilized people. . . . Accordingly, when Cæsar became dictator, the year was about two months in advance of the seasons. . . . To take a single example. Cicero, in one of his Epistles to Atticus (X. 17), says that at the time when he was writing, his journey was delayed by the Equinox. The date affixed to this

letter is XVII. Kal. Jun., i.e., 16th of May. In order to remedy these defects, it was found necessary to add sixty-seven days to the year, 46 B.C." This was in the dictatorship of Cæsar, who proceeded to guard against such trouble in future, by reforming the calendar: the year was to be of 365 days, with a day (Feb. 29) intercalated every year which can be divided by 4. This is the Julian Calendar. This was still not quite accurate, however; and Pope Gregory XIII., in the sixteenth century of our era, established the Gregorian Calendar, by which the intercalation is omitted in each year which can be divided by 100, but not by 400.

56. **in multis**, *in his many duties.* — **ille deus**; Julius Cæsar, like his successors, was deified after his death. — **propaginis**; Augustus, in whose reign this was written, was the adopted son of Julius. — **deus** and **hospes**, § **46**; *nor, when a god, to enter as a stranger*, &c. — **moras**, *the periods* of time.

64. **e pleno**, etc. — *out of a full day* (made up of the extra hours in the three intervening years) *constructed the fourth period*, or leap-year. — **lustrum** here stands properly for the period of four years.

67. The poet here addresses Mars Gradivus (going into battle); the festival **Matronalia**, celebrated by matrons, fell on the first day of March. — **virilibus**; "*Mars* is connected with *mas*, as Ἄρης is with ἄῤῥην." (Paley.) — **Dic**, § **33**, III. 2. — **in nova castra**; i.e., into an unaccustomed field.

79. **hujus**, sc. **Romæ**; i.e., which now exists. — **credita**, *believed.* — **regia**; the palace of the kings still stood by the Forum. — **venit in astra**, i.e., became a god. — **Romanus**, § **44**, IV. 5. — **male**, *hardly;* compare **male forte**, v. 36. — **vellet**, § **65**, IV. 2.

95. **mentem**; "not **animum**, *courage*, but **mentem**, i.e., **consilium**, *craft*." (Paley.) — **tolle**, *away with.* — **Consus**, usually called the *Equestrian Neptune*, appears to have been a god of the under-world. On his festival, Aug. 21, the Roman youths seized upon the Sabine virgins who were come to see the games of the festival, and made them their wives. Cures was the chief town of the Sabines, and most of the virgins were from that town. — The address of Mars to Romulus ends at the word **Conso**. — **sua**, *appropriate.*

101. **fere**, *for the most part*, i.e., *most of them.* — **raptæ**, § **47**, III. — **matrum**, § **50**, I. 3. — **propinqua**, i.e., *with relatives.* — **dictam**, *appointed* for this purpose. — **mea nurus**, Hersilia, wife

of Romulus. — **hoc commune,** "They had not all children, but they were all captives alike." (Paley.)

106. **non ultra,** *no longer;* **lente pie,** *quietly faithful.*

114. **lituus,** a curved horn, used in the cavalry. — **campi,** for **campum;** see § **47,** VIII. — **sentirent,** § **61,** 1. — **viris,** dative **com. et incom.,** § **51,** I. note. — **diem,** in app. with **Kalendas.** — **quæ prima,** *which first,* i.e., on that occasion, witnessed this action. — **Œbaliæ = Sabinæ:** the Sabines were fabled to be descended from the Lacedæmonians, of whom Œbalus was an ancient king.

130. The **Salii** (Hb. § 149) were a body of priests who carried the sacred shields, **ancilia;** the story of their origin is related below; Mamurius was a name of Mars, upon whom the Salii called. — **nemori stagnoque;** the grove and lake of Diana at Aricia; it is still called the Lake of Nemi; the nymph was Egeria; see note to v. 54. — **operata,** *devoted to the service.*

135. Hippolytus was the son of Theseus, king of Athens. By an artifice of his stepmother he was dashed to pieces by his own horses, but was restored to life by Æsculapius, and transferred to Aricia, where he was worshipped under the name Virbius. — **tabella;** this refers to the custom, when in danger, of vowing a gift to some god, and after recovery or preservation, consecrating pictures representing the danger. The same custom still exists in Italy. Among such offerings to the Diana of Aricia, were lighted torches brought by women. — **Regna;** the priest of this sanctuary, called **Rex Nemorensis,** was a fugitive slave, who must obtain his place by attacking and killing his predecessor. — **Camenæ:** these were nymphs of a fountain, possessing oracular powers; they were afterwards identified with the Greek Muses.

149. **ne,** etc.; *that the more vigorous should not have all the power.* — **æquum,** § **47,** IV. (1). — **vina salsaque farra;** these were common offerings to the gods. — **aquis,** § **54,** VI. — **ne terrere,** § **58,** iii. 1. — Picus and Faunus were old Italian gods of nature. — **numen utrumque,** § **46.**

163. **sine vi,** *unless forced.* "The supreme god is too awful to be approached at once by a mortal. The intervention of inferior deities is necessary to extort the required secret. Yet even they are reluctant to employ the potent spells which will bring him from the sky, and only do so because they cannot help themselves." (Paley.) — **adhibeto,** § **58,** iii. end. — **qua** agrees with **arte.** The Aventine was the southernmost of the seven hills of Rome, famous for a temple of Diana. — **niger,** *dark;* **ater** is *black;*

the **ilex**, or evergreen oak, has a very dark foliage. — **posses**, § **60**, 1. — **Bacchi** = **vini**. — **arcta** agrees with **vincla**; **in** governs **manus**.

182. Faunus was represented, like the Grecian Pan, with horns. — **per te**, § **54**, i. end. — **ab arte**; this is an unusual construction: persons require **ab** by § **56**, IV., things take the abl. alone by § **54**, I.; see § **56**, IV. note. — **Styx**; see note on Phaëthon, v. 45. — **nobis**, § **51**, VIII. end. — **Elicium**; the temple of Jupiter Elicius was on the Aventine.

207. **amb-age**, *a going around*, or *obscurity;* **remota** is here used as an adjective, *distant* or *obscure;* the ingenuity by which Numa avoided human sacrifices is now related. — **animam**, *life.* — **facito** [**ut**] **procures**; a formal style of imperative; *see that thou make atonement.* — **Cynthius**, an epithet of Apollo.

231. **margine**, *the horizon.*

242. **submisere** is generally rendered *cast down;* Paley thinks here it should be *cast up.* — **ancile**; the prefix **an** or **amb** means *on both sides;* but it is impossible to derive this word, with Ovid, from **cædo**; perhaps from **cælo**, *to carve*, as the ancile was an oval shield, hollowed in on each side of the oval. — **imperii** limits **sortem**. — **morum**, etc., *whether more precise in character, or*, &c. — **munificus**, § **17**, i. note. — **Mamurium vocant**; this story was made up to explain the occurrence of the word in the hymn.

263. **Una nota**; the day before this (in a passage omitted) has two marks of distinction; the Nones but one. — **Marti**, sc. **mensis**; this use of the gen. of the name of the month, limiting **Nonis**, is rare; the regular form would be **Martiis Nonis**, § **15**, end. — **Vejovis**; this word is generally explained to mean "the evil Jupiter," corresponding to Siva or Satan; the meaning is, however, doubtful. This temple was in the hollow between the two heights of the saddle-shaped Capitoline, where Romulus opened the Asylum.

268. **invidiosa**, *an object of envy.* — **cur-vĕ**; § **78**, II. 1, note; the adverb, from **curvus**, would be **curvē**, § **78**, II. 6. — **juvenalis**; the statue of Vejovis on the Asylum was youthful, holding a bundle of arrows, for which reason he was often identified with Apollo. — **ausos**, § **72**, 2. — The Giants were sons of Uranus and Gaia (Heaven and Earth); "terrible they were to look upon; long, thick hair flowed down from chin and head, and their feet were covered with serpents' scales." (Ramsay.) They attacked Zeus (Jupiter), and were by him vanquished. It was not the

giants, but the Aloidæ, Otus and Ephialtes, that piled Pelion upon Ossa. — **Jovi**, § **51**, VIII. note.

277. The goat was sacred to Vejovis: Ovid identifies it with the goat with whose milk the infant Zeus was nourished by the nymphs in Crete. — **vegrandia** and **vesca**. "These illustrations have not been happily selected. There can be no doubt that '**ve**' does possess the force of a negative in certain words, such as '**vecors**' and '**vesanus**;' . . . . but '**vegrandis**' and '**vescus**' have been quoted by the old grammarians as examples of words to which the particle in question communicates a double meaning; the former being either 'not large' or 'very large;' the latter, either 'little eating,' 'small,' 'weak,' 'delicate,' or 'much eating.'" (Ramsay.)

284. The winged horse Pegăsus sprang from the blood of the Gorgon Medusa, when her head was cut off by Perseus. — connect **cervice** with **prosiluisse**, **sanguine** with **respersis**. — **aquas**; the fountain *Hippocrene* (*fountain of the horse*), at the foot of Mount Helicon, sacred to the Muses, was caused by a stroke of the hoof of Pegasus. — **subter sidera**, § **56**, i. 3.

294. **Gnosida**, from Gnossus, a city of Crete, the birthplace of Ariadne, daughter of Minos, king of Crete. She had forsaken her home with Theseus, but was abandoned by him on the island of Naxos, and discovered there by Dionysus (*Bacchus*). — **Thesēo**, § **47**, V. — **conjuge**, § **54**, I.; we should say, *had exchanged her faithless husband for*, &c. — **quæ**, Ariadne; she had saved Theseus from the labyrinth, by giving him a clew of thread by which to trace his way. — **legenda**, *to be gathered*, so *traced back*. — **ille**, Theseus. — **Liber**, a Roman divinity identified with Bacchus. — **depexos crinibus**, *straight-haired;* "to distinguish them from the tribes of East Africa, who had woolly hair." (Paley.)

307. **Theseu**, § **10**, 10. — **causa relata mea est**, *my former condition is renewed*. — **nulla** = **non**. — **in lacrimas meas**, *as causing my tears.*

322. **falli** depends on **digna**; the usual construction would be **quæ fallar**, § **65**, IV. 1. — **audibat** = **audiebat**, § **33**, III. 3. — **vocabula**, *a name;* Libera was the female goddess corresponding to Liber; usually identified with Proserpine (Hb. § 65). — **sint**, sc. **ut**, depending on **faciam**. — **coronæ**, § **50**, I. 3. — **illa** (*Venus*), sc. **dedit**. — **illa** (v. 334), i.e., **corona**.

335. Anna Perenna (**per annos**) is the goddess of the revolving year, especially connected with the changing moon; for which reason her festival came appropriately on the full-moon

(Ides) of the first month of the year. This festival was held in the fields north of the city, near the present city walls. — **geniale,** *merry;* from **genius,** the spirit that was born with each man. — **advena,** because the Thybris (Tiber) rose in Etruria. — **Sub Jove,** *in the open air;* Jupiter was originally the god of the Sky, and in many expressions this primitive meaning is preserved. — **Sunt quibus** = **aliquibus,** by analogy with § **67,** I. 1, note; we should expect the subj. after it by § **65,** IV. 2. — **sumant,** § **66,** I. — **cyathos;** the cyathus was a measure of about one-third gill.

345. Nestor and the Sibyl both reached a great age. — **per calices suos,** *as far as the number of cups could effect it.* — **jactant manus,** i.e., gesticulate. — **posito,** *laid aside,* or, as Paley thinks, *placed in the middle.* — **duras,** *awkward.* — **culta,** *well-dressed* or *bedizened.* — **volgi,** § **10,** 9.

356. **proposito meo,** *according to my plan.* — **Æneæ,** § **50,** III. (Hb. § 44). On his way from Troy to Italy, Æneas was entertained at Carthage by Queen Dido and her sister Anna. Dido loved him; and, when he left, killed herself. This is Virgil's story; here Ovid takes up the tale. — **arserit** is used the first time for the flame of love, the second for material fire. — **compositus,** a technical expression, like *interred.* — **tumuli in marmore,** i.e., on the marble tomb.

362. **ipsă suā;** § **78,** II. 5. — **potĭtur;** this form of the third conj. frequently occurs in poetry; the shortening of a long syllable is called *Systŏle.* — **spretum,** sc. **esse;** Iarbas had been a rival of Æneas for the love of Dido. — Elissa was another name of Dido. — **reppulit; rĕ** is short, but is frequently lengthened by the figure called *Diastŏle,* in which case the following consonant is sometimes doubled. — **olim,** *sometimes.* — **rege;** the ancients called the queen-bee, *king.*

369. Three years had passed. **Tertia** = *for the third time;* **area,** *the threshing-floor;* **nudandas,** *to be bared* of the chaff; **lacus,** *the wine vat.* — **libatas,** poured out, i.e., *falling; and receive* (are touched by) *the hair falling from her head,* as she leans over. — **illis,** § **51,** V. — **pede æquo,** *in straight course;* **pes** is the *sheet,* or rope, that fastens the sail, and sets it to the wind; this means, then, *before the wind.*

379. **Cosyra,** *Pantellaria,* is an island half-way between Sicily and Africa; Melita, *Malta,* is further East. — **opum,** § **50,** I. 4. — **quantulacumque;** see foot of **T. 6.** — **servasset,** § **68,** I. — Pygmalion was king of Tyre, brother of Dido and Anna. — **exilio,**

dative after **paranda.** — **perosus,** § **38,** I. 2. — **quovis,** from **quivis,** *any whatsoever.*

393. The Crathis was a river in the southern part of Italy. — **Carbasa**; this word is feminine in the singular, and neuter in the plural (*heterogeneous,* § **14,** II.).

406. The reading of this line is doubtful; we have followed Merkel's edition of 1853; in 1841 he gave **at** and **vix** for **aut** and **his,** which is also Paley's reading; probably **votis** is abl., and **his** dat. after **poscit,** referring to **habenis.** — **exsul,** § **47,** III. end. — **lumina** for **oculos,** by *metonymy;* **puppis** for **navis,** by *synecdoche,* — **aliquam**; "some ground, i.e., even though in the grave. For it was thought the greatest of misfortunes to be unburied, if one was lost at sea." (Paley.) — Laurentum was a town on the coast of Latium, about sixteen miles from Rome, so called from its laurel groves; here Æneas had come from Carthage, and was founding his new kingdom, having married Lavinia, daughter of King Latinus.

415. **Achāte**; we should expect **ab** by § **56,** IV.; Achates was the faithful follower of Æneas. — **sustinet,** *is able.* — **veniret,** § **60,** 3; § **57.** — **Æneas,** sc. **miratur.**

423. **Cythereius**; Æneas was son of Venus, one of whose names was Cytherea. — **tui,** § **19,** III. — **quam,** § **48,** III. second note; § **52,** VI.; § **70.** — **comites**; Æneas had brought with him the Penates, or household gods, and established their worship at his new city, Lavinium. — **moras**; he tarried in Carthage, when the gods had directed him to go to Italy. — **de morte,** sc. **Didus.** — **credibili,** neut., an exception to § **47,** IV. (1) note; *she* (Dido) *was braver than could have been believed,* as was shown by her death. — **Tartareas**; Æneas had visited the infernal regions, and had there seen the shade of Dido. — **ratio,** *a plan* or *design.*

435. **memores,** sc. **nos.** — **tibi** and **Elissæ,** dat. after **debemus.** — **nil non,** *every thing;* a *litotes.* — **paratus,** § **52,** IV. end.

449. **exactum,** *thought out,* agrees with **quid agat.** — **squalenti,** § **25,** I. note.

459. Numicius, a small river near Lavinium; the river god was represented with horns. — **Sidŏnis,** § **44,** I. 3. — **Amne perenne**; this is given as one derivation of the name Anna Perenna; "the form of the ablative in **e** from adjectives in **is** is said to be peculiar to Ovid." (Paley.)

467. It is well known that Julius Cæsar was assassinated on the Ides of March. — Vesta, goddess of the hearth.

476. Cæsar held the priestly office of Pontifex Maximus, the head of the Roman religion. (Hb. § 143.) Philippi was the scene of the great battle, B.C. 42, in which Brutus and Cassius, the chiefs of the conspiracy against Cæsar, were defeated by Antony and Octavianus, and lost their lives. — **elementa**, *beginnings*. — **Cæsaris**; Octavius, the great-nephew of Julius Cæsar, was adopted by him as his son, receiving his adoptive father's name, distinguished by the cognomen (Hb. § 127) Octavianus; he was afterwards called Augustus.

483. **Tertia**; this was March 17, both days being counted in reckoning the date, § **83**. Some of the exploits and conquests of Bacchus are enumerated in these lines. — **Sithonas**, *Thracian*. — **Scythicos**; the Scythians were the Tartar tribes north and east of the Caspian Sea. — **Tu quoque**; Pentheus, king of Thebes, who resisted the religion of Dionysus, and was torn in pieces by his own mother in a fanatic frenzy. — **Lycurgus**; a king of Thrace, who in a similar frenzy cut off one of his own legs with a hatchet. — **Tyrrhena**; Bacchus was captured by Tyrrhenian pirates, whom he turned into dolphins. — **liba**, cakes used in sacrifice, made of cheese, flour, and an egg, over which honey was poured.

492. "Grass grew upon the altars where no fire was ever kindled for sacrifice." (Ramsay). — **libamen** and **libum** are of course derived from **libo**, not **liber**. — **satyris**; the satyrs were men with ears and tails of goats, who accompanied Bacchus (Hb. § 26); they are often represented as playing on cymbals; by these the bees were attracted, as is their nature. — **Hebrus**, a river in Thrace; **Rhodope** and **Pangæa**, mountains in the same country.

510. **lēvis**, *smooth* (headed), *bald;* this was Silenus, the chief one in the train of Dionysus, an old man, generally drunk. — "**residebat** expresses the lazy, slouching attitude of Silenus." (Ramsay). — **super**, § **56**, II. end. — **parentis**, i.e., as being an old man. — **limum inducere**, *to spread a coating of mud*. — **pater**, i.e., Bacchus; a frequent epithet of a god. — **jure**, *rightfully*.

527. **Minerva**, goddess of wisdom (same root as **mens**), had her principal festival, **Quinquatria**, on the five days, March 19–23. — **Una dies media est**, *one day* (March 18) *intervenes* after the festival of Bacchus. — **quæ** refers to **sacra**; the correct explanation of the name is, that it was the fifth day after the Ides. —

sanguine, i.e., of gladiators. — **rasa arena**; the space of the amphitheatre was spread with sand for the gladiatorial combats. — **bellica**; the Grecian Pallas Athena, with whom Minerva was identified, was also a warlike goddess. — **stantes**: the threads (**telæ**) of the warp were suspended vertically; **radio**, the *shuttle;* **pectine**, the *reed*, by which the loose (**rarum**) work is pressed compactly together. — **Qui læsis**, etc.; i.e., the fullers, "the importance of whose occupation will be understood, when we remember that the Romans, until a very late period, wore woollen garments exclusively." (Ramsay.) — **quisquis**, etc.; i.e., the dyers. — **vincula plantæ**, straps for shoes or sandals. — **invita Pallade**: **invita Minerva** was a common expression, to denote *contrary to one's natural bent.* — **sit**, § **61**, 2. — Tychius was, in Homer, the name of the artist who made the shield of Ajax.

543. **manibus**, *in the hands*, i.e., in skill in handicraft. — Epēus was the one who constructed the famous wooden horse at Troy. — **Phœbea**; Phœbus Apollo was god of healing, as well as his son Æsculapius. — **censu fraudata**; this refers to the poor pay of teachers. — **cælum**, *burin* or engraver's tool: carved gems and cameos were common in ancient times. — **uris**; encaustic painting, the art of *burning in* the colors, was a favorite one among the ancients, but is now lost. — **mollia**; the sculptor seems to give life and softness to the hard marble.

553. Mount Cælius was south-east of the Palatine; the temple here mentioned was probably on its northern slope. — **cœpit habere**, i.e., it was dedicated on her birthday, March 18. — **capitis**: the myth represents Athena to have sprung armed from the head of Zeus. The Falisci were the inhabitants of Falerii, an Etruscan city captured by Camillus, B.C. 394. It was customary for the Romans to adopt the deities of conquered nations; the old spelling **capta** (**litera prisca**) should support this derivation. — **habet**; this passage is doubtful and obscure; probably Minerva is subj. — **capitis pœnas**, *capital punishment.* — **ægida**; the ægis of Athena was a goat-skin mantle with a Medusa's head, worn usually over her breast.

567. **Summa e quinque**, *the last of the five;* this was the Tubilustrium, or ceremony of purifying trumpets, the invention of wind-instruments being attributed to Minerva. — **Hic**, *the sun;* **pressit**, *entered.* The sign Aries was supposed to be the ram that carried Phrixus and Helle. — **tostis**, *parched.* — **tripodas**: the tripod was a three-legged stool, upon which the priestess of Apollo at Delphi

sat to deliver oracles. — **sorte**, *lot;* frequently used for *oracle.* — **corruptus**: this is a play upon the word; the messenger was corrupted (bribed), as well as the seeds, v. 571. — Phrixus and Helle were children of Athamas, who were persecuted by their stepmother Ino, and fled, swimming upon the golden-fleeced ram. Helle lost her hold, and was drowned, giving her name to the Hellespont (sea of Helle); Phrixus reached Colchis in safety with the ram, and consecrated its fleece. The expedition of the Argonauts, under Jason, had for its object to get the golden fleece.

578. **Compŭlĕrunt**; the **e** of the penult in this form is frequently shortened by the figure called *Systŏle.* — **mater**: their mother was Nephele, *cloud.* — **draconigenam** (from **gigno**, *produce*); Thebes was founded by Cadmus, who slew a dragon, and sowed its teeth, from which sprang up armed men, the ancestors of the Thebans (Hb. § 38).

588. **nomina aquæ**, *Hellespont.* — **ut** = **quasi**, *as if.* — **junctam**, sc. **eam**.

599. Janus, the god of opening, represented with two faces, as looking both ways, towards the future and the past. From him the month January was named, the opening of the year. — **Luna**; the months were originally cycles of the moon.

VIRGIL.

Publius Vergilius Maro (also spelled Virgilius) was born at Mantua, B.C. 79, and died in 19. He was the greatest of the Roman poets, and obtained great popularity in his own life, being favored and protected by Augustus. His works do not possess much originality, but great finish and beauty. His first publication was the "Bucolics," consisting of ten Eclogues, or pastoral Dialogues and Idyls. Next, the "Georgics," in four Books, said to have been written in order to call attention to agriculture, which had been neglected during the civil wars. His great Epic, the "Æneid," was written, but had not received its finishing touches, when its author died.

The passage here given is taken from the fourth book of the "Georgics," which treats of the care of Bees: —

1. **Tempe**, a beautiful and sacred valley in Thessaly, where the River Penēus breaks through between Mounts Olympus and Ossa, into the Ægean Sea. The form is a Greek neut. plur. — **fama**, sc. **est**. — **extremi**, § **47**, VIII. — **Thymbræus**, a common epithet of Apollo, derived from the name of a river in the Troad, where he had a temple. — **cælum sperare**; i.e., being the son of a god, he might hope for immortality. — **te matre**, *although thou art my mother.*

17. **thalamo sub**; this position of the preposition after the verb is called *Anastrŏphe;* so **eam circum** below. — The Milesian wool was of very fine quality. — **Arethusa**, nymph of a fountain in Sicily.

26. **Penei**, a dissyllable, by the figure called *Synærĕsis.*

37. **tonsis mantelia villis**, *towels with shorn naps*, § **54**, II. — **Panchæa** was a district in Arabia, the country producing frankincense. — **Mæonii** = *Lydian.* — Oceanus was in some theogonies the parent of all the gods. — **centum** agrees with nymphas. — Vesta was goddess of the hearth. — **summum tecti**; for the more usual **summum tectum**.

47. The Carpathian Sea was that part of the Ægean south-west of Asia Minor. — **piscibus** forms with **bipedum equorum**, an *Hendiadys* (ἓν διὰ δυοῖν, *one through two*); that is, a compound idea expressed by two nouns; *fishes and two-legged horses* means *horses with two legs and fishes' tails.* — **metitur**; passes over in measured courses. — Emathia, a district of Macedonia; Pallene is a promontory projecting southward into the Ægean. — Nereus, god of the calm sea.

60. **circum hæc**, *against these.* — The story here told of Proteus is like those of Faunus, Fasti, v. 161, ff.

77. **crinibus**, § **54**, VI. — **plurima** agrees with **unda**; *many a.* — **in latebris**, § **56**, I. 1, note. — **hauserat**, *had occupied* or *passed over.* — **ad limum** belongs with **coquebant**.

97. **Cujus**, Proteus. — **quoniam** is used here in its primitive meaning (**quom iam**), *when now.* — **nam quis** = **quisnam**, *who, pray?* — **vi multa, ardentes**, and **frendens**, express the epilepsy which betokened inspiration.

114. **Non nullius**, § **43**, 12; these parts of a compound word are separated by the figure called *Tmesis.*—Orpheus, a renowned singer of early times, who mourned inconsolably for his wife Eurydĭce. — **haudquaquam ob meritum** qualifies **miserabilis**. — **ni Fata resistant**; there is an *Ellipsis* here; *he invokes this vengeance* [and

it will be fulfilled], *unless*, &c. — **æqualis**, *of her own age.* — **Dryadum**, *the wood nymphs.* — **Rhodope** and **Pangæa** were mountains of Thrace; **Rhesus**, an old king of Thrace, who took part in the Trojan war; the **Getæ**, a people of Thrace; **Hebrus**, the principal river of Thrace; **Orithyia**, an Athenian (**Actias**) maiden, who was carried away by Boreas to Thrace. Verse 124 is a spondaic verse: § **82**, I. note.

128. Tænarum was a promontory south of Greece, by which was a descent to the infernal regions, or Erebus. — **Manesque**; this superfluity of conjunctions goes by the name of *Polysyndĕton.* — **Regem**, Dis, or Pluto.

140. **Cocȳtus** and **Styx** were two of the rivers of the infernal regions (Hb. § 30). — **Eumenides**, the Furies; **Cerberus**, the three-headed dog who guarded the lower world. — **Ixionii**, etc., *the wheel of the Ixionian circle* or *revolution;* Ixīon was bound to a wheel made to revolve by the wind; but **vento** is dat.

147. Eurydice was restored by the gods of Hades, on condition that he should not look back upon her until he had reached the upper world. — **animi**, § **50**, I. 4. — **fragor**, the thunder with which Pluto announced that the condition was broken, and called Eurydice back. — **Quis** agrees with **furor**. — **paludem**, i.e., the Styx.

169. The Strymon was the second river of Thrace, next to the Hebrus. — **Philomēla** was a princess of Athens, who was changed into a nightingale.

177. **Venus**, put by *metonymy* for *love.* — **Tan-ais**, the Don. — The Rhipæan mountains were fabled mountains in the far north. — The **Cicones** were a Thracian people. — **quo munere**, *by this tribute* of love. — **Œagrius**; Œagrus was father of Orpheus. — **spumantem**, etc., *he threw up the water into a foam under the eddy.* — **Cyrene**, sc. **tacuit**, or some such word.

194. **illa**, Eurydice. — **Napæas**, *nymphs of the dell.* — **summa**, § **52**, I. note. — **Lycæus** was a mountain in Arcadia; he must send there for cattle, since those of Thessaly had perished. — **intacta cervice**, *unyoked;* it is still the custom in Europe to use teams of cows.

206. **Orphei**, dat., of Greek form. — **Lethæa**; Lethe, *oblivion*, was one of the rivers of Hades. — **uvam**; the swarm of bees hanging from the branches was like a bunch of grapes.

Under Tityrus of the First Eclogue, Virgil is supposed to represent himself. In the plundering and confiscations after the civil war, he came near losing his lands, but received them back by the favor of Cæsar Octavianus, afterwards the emperor Augustus. A less fortunate neighbor, Melibœus, passes by, and enters into conversation with him.

2. **avena,** oaten straw; put by *synecdoche* for the pipe which was made of it. — Notice the emphasis of **tu** and **nos.**

17. **prædicere,** § **57,** IV. end. — **qui deus,** *what god,* not **quis,** *who the god is.* — **huic nostræ,** i.e., Mantua. — **parvis,** dat.; it could also be **cum parvis**; see § **51,** I. first note.

29. Emancipated slaves shaved their beards, which before they had suffered to grow. — **Peculi**; the property of a slave (of course only nominally his) was called **peculium.**

39. **aberāt,** § **80**; last par. but one. — **juvenem**; Octavianus was at this time twenty-two. — **submittite,** *raise* or *rear.* — **quamvis,** *to whatever degree;* § **61,** 2, note. — **omnia,** all the arable land; a good deal of the country about Mantua is stony, and a good deal marshy. — **insueta pabula**; here Melibœus contrasts the security of Tityrus's flock with the exposures of his own.

54. **quæ** refers to **sæpes**; *as it has always done.* — **florem,** § **52,** IV. — **ante quam,** § **56,** III.; a case of *tmesis.* — The Arar was a river of Gaul, now the *Saone;* the Tigris, of Mesopotamia. The Parthians lived in Persia. **Germania,** the country, is put here for the inhabitant. — **labatur,** § **62,** II. 1.

65. **Afros** is after the analogy of § **55,** III. 2. — **Cretæ** is usually taken as the name of the island; but probably it would be better to consider it as meaning *chalk,* and limiting **rapidum,** after the analogy of adjectives of fulness; *rapid and turbid with earth;* the Oxus or Oaxes runs into the Caspian. — **post** = **posthac**; **aliquot,** *only a few.*

80. **poteras,** § **59,** IV. note at end. — **pressi lactis** = **casei.**

C. Asinius Pollio, an eminent poet and orator, was consul B.C. 40, the year in which a reconciliation was brought about, largely by his means, between Octavianus and Antony. This peace, with the hope it excited of tranquillity and prosperity in future, was the occasion of Virgil's Fourth Eclogue, in which certain vague prophecies are also commemorated. It has been a favorite theory of many, that the imagery of this Eclogue was imitated by Virgil from the Hebrew prophets, especially Isaiah ch. XI.

1. **Sicelides**; bucolic or pastoral poetry was carried to its greatest perfection by the Sicilian Theocritus. — **Cumæi**; the Cumæan Sibyl had sold to king Tarquin the Proud the books containing the fate of Rome; they were carefully preserved and consulted on important occasions. — **magnus sæclorum ordo**: i.e., a "great year;" a new cycle, which should repeat all that had taken place before, and which therefore should commence with the rule of Saturn, in whose former reign all had been peaceful and happy, as described in this Eclogue. — **Virgo**; Astræa, goddess of justice. — **nascenti puero**, *at his birth;* this probably refers to the young son of Pollio, born in this year. — **ferrea**, sc. **gens**; the "iron age" should give way to a new "golden age." — **Lucina**, goddess of birth. — **Apollo**; the Sibyl had declared that the age of Apollo was the last; Lucina was identified with Diana, sister of Apollo, hence the possessive **tuus**. — **adeo** is used to emphasize **te**; **inibit**, sc. **cursum**. — **Ille**, i.e., **puer**.

26. **simul**, sc. **atque**.

32. **Thetis**, a sea-nymph, mother of Achilles; here put for the sea. — Tiphys was pilot of the Argonautic expedition; all these heroic events are to be repeated. — **ad Trojam**, § **55**, III. 2, end. — **Parcæ**, the Latin name for the Fates.

48. **honores**, § **52**, II. — **convexo**; referring to the vault of heaven. — **Terrasquē**; **que** is not long before **tr-** (§ **78**, I. note at end), but by Cæsura. — **sæclo**, § **54**, I. — Linus was an old bard, associated with Orpheus. — **quamvis** here = **etiamsi**. — Pan, god of nature, the inventor of the pipe. — **certet**, § **59**, IV. 1. — **tulĕrunt**, *Systole*. — **mensa**, § **54**, III.

PLAUTUS.

T. Maccius Plautus was born at Sarsina, in Umbria, B.C. 254, came to Rome, and obtained great popularity as a writer of comedies; he died at the age of seventy. He wrote a large number of plays, twenty of which are now extant; they were translated from the Greek writers of the New Comedy, or what we should call *comedy of society*, and depict the manners of the Greeks of his day with much life and humor.

The following extract is from the Amphitruo. In the absence of Amphitruo in war, Jupiter visits his wife Alcmena, in the form of her husband, stationing Mercury outside as guard, in the form of Amphitruo's slave Sosia. Meantime the real Sosia returns, the war being triumphantly ended, and finds his double standing guard at the gate of the house.

For the metre, see end of § 82. In the comic metres, very frequent substitutions are permitted; thus the first foot of the first verse is a dactyl, **ĭb' ŭt hĕ-**; the sixth foot, a spondee, **-mēnæ**; in the next verse the fifth foot is an anapæst, **vĭdĕ' hōc.** In trochaic, like iambic measure, the foot makes a metre; the accents mark the first syllable of each metre, where the ictus should fall.

174. 5. **Alcumenæ** = **Alcmenæ** this insertion or substitution of **u** occurs in several Greek words employed by the comic writers. **Set** = **sed.** — **ædis**, § **11**, I. 2. — **hoc noctis**, § **52**, IV.; § **50**, II., *at this time of night.* — **Nullust**, § **1**, last par. but one. — **Quom**, top of p. 2. — **Illic**, an old form for **ille.**

8. The second foot is **hōc mĕŭm**; final **m** appears to have been nearly silent in common speech, so that the **u** is short even before two consonants. — **pallium**, a garment worn by the Greeks for the Roman toga. — **detexere**, *steal.* — **dentes pruriunt**; *his teeth are itching for me* (eager to get hold of me). — v. 7 contains the tribrachs, **mĭsĕrĭ** and **mĕŭs hĕ.** — **obsecro** = *for heaven's sake.* — The two lines beginning **Clare** are aside.

17. **heri** (*yesterday*) **quod**, etc., a substantive clause, subject of **factum esse.** — **nudos**, i.e., **spoliatos.** — **Quinctus** (*the fifth*), a common Roman name.

22. **Non feret**, *he shall not report.* — **vapulet**, an active verb with a passive meaning, § **35**, II. end.

175. 1. **esse** § **37**, V. — In **proin**, the two syllables are scanned as one. — **esurientibus**, § **36**, IV. — **hau** = **haud.** — **tractim tangere**, *stroke;* used ironically.

10. **mirum ni**, *a wonder if not* = *I suppose.* — **muræenam**: the lamper-eel was a great favorite with the Romans, and was *boned*, after being beaten with a rod. — **ultro**, *without provocation.* — **Olet homo**; he pretends to know by the smell that somebody is near, *I smell a man.* — **malo**, § **51**, VII. — **superstitiosus**, *a soothsayer.* — **domes**, *soften them.*

alas intervelli, *plucked the wings* of my voice. —**jumento suo**, § **54**, I.; *and sends his own horse for it.* — After **jumentum** is a *hiatus;* i.e., the **um** is not elided by Ecthlipsis (§ **80**); the next foot is therefore **onĕrān-**. — **ne existumes**, sc. **me**. — **nescio quis**, § **67**, I. 1, note. — **vicem**, § **52**, IV., *in the place of;* **hic**, *this fellow*, i.e., *I*.

176. 1. **eccum** = **ecce illum**. — **edepol**, *by Pollux;* an oath of doubtful etymology. — **ilicet** (**ilicet**), *it is all up.* — **certumst**, *my mind is made up.* — **hominem**, object of **adloqui**. — **qui**, an old ablative, *by which*, § **21**, I. note.

Volcanum in cornu conclusum, *fire shut up in a horn lantern.* — **Ain** = **aisne**? — **Verbero**, *scoundrel*, — **mentire** = **mentiris**: Sosias takes **verbero** as the verb, not the noun. — **Pergin** = **pergisne**? See note § **1**, near end. — **argutarier**, § **33**, III. 3. — **aput** = **apud**.

18. **tutatust**, sc. **nos**. — **Nescio quam**, like **nescio quis**; *you are pretty familiar;* a play upon the word **familiaris**, which in the line above is used in the meaning *one of the family* of slaves. — **nisi abis**; this use of the pres. indic. in a Protasis, referring to future time, is quite common in Plautus; it is like the English idiom "*unless you go off.*" — **familiaris accipiere**, i.e., *although you are one of the family, you shall*, &c. — **horunc** = **horum**.

177. 2. **Quin**, *but*. — **familiai**, § **9**, 2. — **sis**, § **37**, I. note. — **vis** is here used like our *will; you will be thrashed.* — **Hæccine**; **ne** is the enclitic interrogative, **ci** an emphatic affix. — **Ita**; there is no special word in Latin for *yes*. — **Immo**, *nay but.*

17. **At parum etiam**, etc.; i.e., *you will cry a great deal more.* — **usu**, *by use*, that is, *possession.* — **vaniloquu's** = **vaniloquus es**.

178. 3. **Nam illut**; ecthlipsis does not take place here. — **te utinam**, an hiatus. — **istuc fecissent**; i.e., had fled from me. — **per pacem**, *on peaceful terms.* — **fide**, dative after **credo**. — **mi** = **mihi**. — **etiam denuo**, *still again.* — **noster**, *our slave.* — **portu Persico**, a harbor near Thebes.

179. 2. **quor** = **cur**. — The Teleboæ were a peeple of Acarnania. — **ĕt īpsŭs** [= **ipse**]; an amphibrach taking the place of the trochee. — **illi**, *there.* — **quī** = **quā**. — **quid me captas**, *why do you cross-question me?*

23. **vini**, § **50**, IV. 5. — **ut matre natum fuerat**, *pure as it came from the vine.* — **mira sunt** = **mirum est**, see note to p. 175. — **med** = **me.**

180. 3. **injurato**, § **54**, x. note. — **petasum**; this was a hat with a brim. — **an**, § **71**, II. end. — **Vivo fit**; *that is done to me alive which will never be done after my death;* i.e., the **imagines**, or images of the ancestors were carried in the funeral of a noble, but of course a slave could not have them, nor even an ignoble person; now Mercury acts as his **imago.**

quod faxit Juppiter, *may Jupiter grant it;* a slave on gaining his liberty had his head shaved, and put on the **pileus**, or cap.

TERENCE.

P. TERENTIUS AFER (*the African*) was born at Carthage, B.C. 195; became a slave in Rome; and, when manumitted by his master, distinguished himself by writing comedies, — like those of Plautus, translated from the Greek. He died B.C. 159. His plays are more finished, but less witty, than those of Plautus.

The Heautontimorumenos (*self-tormentor*) is an old man, Menedemus, who blames himself for harsh treatment of his son, and, to quiet his remorse, keeps hard at work in his garden. Here he is accosted by a neighbor, Chremes. This play is translated from the Greek of Menander, the most eminent writer of the New Comedy.

For the metre, see § **82**, III.; there are the same irregularities as in the trochaic septenarius.

181. 1. **nūper admodum**, *very recent.* — 2. **Inde adeo**, *from just this cause.* — 3. **rei**, i.e., **notitia**, *acquaintance.* — 5. **quod** relates to **vicinitas**; § **47**, IV. (2). — **in propinqua parte amicitiæ**, [*neighborhood*] *which I hold next of kin to friendship.* — 8. **res tua**, *your circumstances.*

13. **siet** = **sit.** — 14. **tute**; the **te** is intensive. — **officia**; the verbs given in § **54**, III. frequently govern the acc. in the early writers. — 20. **fiat**, sc. **a servis.** — 21. **operæ**, § **50**, II.

182. 1. **Homo sum,** etc.; this is the famous line that "brought down the house," as we are told. — **facto,** § **54,** VII. first note. — **face**; this form is frequent in the old writers; see § **33,** III. 2. — **laboris,** § **50,** III. 2. — **nollem,** sc. **te reprehendere,** i.e., if the task were needless. — **hos,** i.e., **rastros,** — **meum,** *my character,* or *actions.* — **clam me,** § **56,** II. 3. — **animum,** obj. of **tractare.**

27. **licere; speras** is usually followed by the fut. infin., § **67,** III. 2. — **tantisper dum,** *so long as.*

183. 1. **me facere** depends on **dignum**; an exception to § **65,** IV. 1. — — **istuc ætatis,** *at your age.* — **belli** after **gloriam.** — **adeo res rediit,** *matters came to this pass.* — **regem,** sc. **Persarum**: many enterprising Greeks took service with the king of Persia.

20. **quo lenirent; quo,** in the sense of **ut,** is usually joined with a comparative (§ **64,** II.); the early writers frequently vary from this. — **mea solius causa,** § **46,** 3. — **vestiant,** § **60,** 3. — **his,** § **54,** III. — **malo quovis,** § **54,** IV. — **usque** strengthens **dum,** *just so long as.*

184. **sumptum exercerent,** *work out their expenses.* — **inscripsi**: put up a notice that it was for sale.

13. **quanti,** § **54,** XI. 1. — **quæ est æquom**: sc. **ea . . . credere**; *in those things in which one ought to trust a father.*

20. **Dionysia**; the great festival of Dionysus or Bacchus. — **pepulerim,** § **63,** II. — **Siccine**: **sic** with **ne** enclitic and the intensive **i.**

CICERO.

M. TULLIUS CICERO was born B.C. 106, at Arpinum, and was murdered by order of the triumvirs, — Octavianus (Augustus), Antony, and Lepidus, — B.C. 43, on his own estate, about half way between Rome and Naples. He is the most eminent name in Roman literature, — the greatest orator, and the most voluminous and pleasing writer on philosophy. His Letters to his Family and Friends (*Ad Familiares*), to his friend Atticus, and to his brother Quintus, are very numerous (855 in all); and are by far the most valuable and interesting documents we have as to the personal history of the time.

Cicero had been Consul in the year B.C. 63; when the Senate, under his lead, crushed the conspiracy of Catiline, by what was considered an illegal and violent stretch of power. This action was made the ground of bitter calumny and opposition among the popular party, led by Clodius, who succeeded, five years later (B.C. 58), in driving Cicero into exile; from which, however, he was recalled the following year. The passage from Velleius Paterculus, an historian of the time of Augustus and Tiberius, gives the circumstances of his banishment.

185. **Per idem tempus**; B.C. 58. — **nobilis**: Clodius belonged to the proud patrician gens **Claudia**, of which name Clodius was a corruption. — **ad plebem transisset**: no patrician could hold the office of Tribune of the Plebs, which gave most practical power to a demagogue; Clodius was, therefore, adopted as son by a man of plebeian family, much younger than himself, and elected tribune. — **indemnatum**: in his consulship, Cicero had put to death the accomplices of Catiline without trial. — **aqua**, § **54**, VI.; **interdiceretur** is used impersonally. — Cæsar and Pompey were at this time omnipotent in the state. — **dividendo agro**, § **73**, III. note; this was a commission appointed in pursuance of an agrarian law carried by Cæsar in his consulship, B.C. 59. — **Idem**, i.e., Cicero. — **ut**, *when*. — **Numidici**; Q. Cæcilius Metellus, the same who fought against Jugurtha, was driven into exile (B.C. 100), in consequence of his opposition to the tribune Saturninus; but was restored the following year.

The first Letter (*Ad Fam.* XIV. 4) was written to his wife, Terentia, from Brundisium, a port in south-eastern Italy, from which the passage was usually made into Greece. Cicero was now on his way through Macedonia into Asia Minor.

186. 4. **Quod**, § **52**, IV. — render *but*.

17. **capitis**: the **caput** was the civil standing, or rights of citizenship (Hb. § 161). — **legis improbissimæ**: the law which threatened confiscation and exile to any one within four hundred miles of Rome, who should receive Cicero under his roof. — **præstaret**, § **65**, III. — **gratiam referre** is *to make a requital*; **gratiam habere**, *to feel gratitude*.

21. **profecti sumus . . . petebamus,** § **57**, note at end; notice the change in tense. The letter is written the 30th of April (prid. Kal. Mai.), "off Brundisium," and would not be received in Rome for several days. We should say, "*I leave Brundisium to-day (the 30th), and am on my way to Cyzicus.*" Former editions had **a. d. v. kal. Mai.**, that is, "*I left three days ago;*" which does not agree with the date of the letter. — Cicero did not reach Cyzicus, but remained with his friend Plancius, quæstor of Macedonia, at Thessalonica. He afterwards defended this friend from a charge of bribery; and gives at the end of his plea a touching account of his noble and tender hospitality. Cyzicus was a town in Asia Minor, on a peninsula of the Propontis (Sea of Marmora). — **scito**; this form is always used instead of **sci** (§ **33**, III. 2).

30. **Tulliola** (§ **44**, I. 2, the affectionate diminutive by which Cicero almost always calls his daughter), nom. to **fiet**: *what will become of my dear Tullia?* **quid** is predicate nom. The same construction is used in French. — **matrimonio**: Tullia had been married five years before, at the age of sixteen, to C. Calpurnius Piso; he was in weak health, and died before Cicero's return. There seems to have been some anxiety about her portion: "*whatever becomes of the property, we must consider the poor child's marriage and reputation.*" — **Cicero meus**, his son Marcus, now seven years old.

187. 1. **teneas**; "Not a night was suffered to elapse after the decree [of banishment] was passed, before violent hands were laid upon Cicero's property; his house on the Palatine was reduced to ashes, his Tusculan villa plundered. His other country-seats fared no better; the consuls took their share of the spoil; and on the spot where Cicero's house had stood, Clodius consecrated a temple to Liberty." (Abeken). — **familia liberata**, *freed slaves*; these were partly his own, partly his wife's; he had set them free, to save them from the malice of his enemies. — **magnopere nemo**, *hardly one.* — **causa**, *arrangement.* — **si res a nobis abisset**; this was a phrase used in auctions, to denote that one fails to secure a desired article. — **obtinere**, *maintain.* — **pertineret**, sc. **res**.

24. Clodius, Sallustius, Pescennius, seem to have been freedmen; Sicca was a friend with whom Cicero had passed a night on the way to Brundisium.

The letter to Quintus Cicero, a younger brother, was written at Thessalonica.

188. 4. **pueros**, *slaves.*—**miserim**, § **57**, 1, 1st rem.; § **64**, III. —**consulatus**; referring to the great act of his consulship, the defeat of Catiline's conspiracy. — **eripuerit**, § **57**, I. end. — **flens . . . proficiscens**, etc., the *chiastic order*, the corresponding nominative cases standing respectively first and last.

20. **a morte**: suicide was the refuge of many eminent men of antiquity; Cicero seems to have thought seriously of it, but with the same vacillation of purpose that he showed in every thing. — **præsidio fuisset**, referring here to his profession of advocate; he had even proposed once to defend his worst enemy Catiline (see foot-note).

189. 5. **quid, quod**: *what* [*shall I say to this*] *that*, &c. — **sapientiorem quam vellem**, because old enough to feel his father's loss.

34. **aliquid præsidii**, object of **laturam**. — **nostri**, obj. gen. after **misericordiam**: *pity for me will bring some help*.

190. 16. **postulabit**, § **49**, I. 2d, note. — **umquam**, and words of this class (see list in Table **6**), may follow comparatives, because there is a negative idea implied, which in similar constructions the French expresses by the negative, *que jamais*.

23. **permutatione**, *negotiating a bill of exchange*. — **quibus debes**, *your creditors*, whom Quintus must satisfy out of his own or his son's "bowels," flesh, or, as we should say, "hide." — **ex ærario**; these were sums appropriated to Quintus as proprætor of Asia. — Antonius and Cæpio were creditors of Quintus. — Crassus, the triumvir, who was afterwards killed in Asia; Calidius, a stanch friend of Cicero.

33. Hortensius was the leading lawyer in Rome, next to Cicero, and a few years older. Cicero at this time expresses a good deal of suspicion of his false and unfriendly dealings. He was, however, a true friend; subsequently, and especially after his death, Cicero speaks of him with warm regard and honor.

191. 1. **occultabis**: the future here is nearly equivalent to the imperative, as frequently in English. — **eo**, abl. of cause, § **54**, I. — **Pomponium**: T. Pomponius Atticus, Cicero's most intimate friend. — **versus**: some verses in ridicule of Hortensius seem to have been fastened (**collatus**) upon Quintus; he is by all means to make friends with him. — **ædilitatem**: the office of ædile had reference to the care of public buildings and games (Hb. § 134).

9. **Messala** was a prominent public man of the day, father of the distinguished general of the time of Augustus. — **optime factis**, *the best deeds.*

19. **Reliqua**, object of **scribere.** — **ita . . . ut**, *so . . . as.*

In B.C. 57 Cicero returned from exile, and entered Rome, September 4; shortly after, he wrote this letter to his friend Atticus (Att. IV. 1), who was then in Epirus.

27. **cui** relates to subject of **fuit.** — **recte**, *safely.* — **me ipsum**, § **67**, V. — **observantia**, *respect*, i.e., for his opinion; he had followed the advice of Atticus and others in leaving the city rather than resisting his enemies, as counselled by Lucullus.

192. 6. **quem dimisero**; *if I once have you back, it will seem that I have never lost you.* — **suavitatis** and **temporis** both limit **fructus.**

13. **re familiari**, private property.

24. **lex est lata** (i.e., for his return): this is the technical expression for bringing in a bill. — **natalis coloniæ**; Brundisium was founded as a colony on the day of which this was the anniversary. — **Salutis**; the temple of Salus, near the house of Atticus. — **ætatum atque ordinum**; the Roman citizens were classed by age into **juniores** and **seniores** (Hb. § 125). — The *orders* were the ranks in the State, — the Senate, the Equestrian order, &c.; the **comitia centuriata** were the great Roman assembly, presided over by the consul (Hb. § 141).

35. **nomenclatori**; a slave, whose business it was to whisper to his master the names of persons they met.

193. 2. The **porta Capena** was the south-eastern gate, at which the principal road, **via Appia**, ended.

8. **eo biduo**, *two days after.* — **ad theatrum**; this was the time of the great **ludi Romani**, held in the theatre. — **mea opera**; because his arrival had filled the city with strangers.

14. **decernerem**, *should give my vote for it.*

16. **consulares**, men who had been consul: they were called upon for their vote first. — **quod negarent**, § **63**, I.; in exactness **negarent** does not express the reason, but the fact of giving it; but the subjunctive is often used in such cases. — **ageretur**,

negotiations should be entered into. — **dederunt**, sc. **contionem**; a **contio** could not properly be held by a private citizen.

27. **alterum se**, *a second self.* — **quam sit**, § **66**, I. — **lex consularis**, *law proposed by a consul;* that of Messius (who was a tribune) was **tribunitia**. — **de domo**: Cicero's house had been destroyed, and the site occupied by a sacred building; the pontifices (Hb. § 143) had yet to decide whether the consecration had been removed (**si sustulerint religionem**), and the demand restored.

194. 2. **superficiem**, *the building*, for the loss of which he was to be compensated. — **demolientur . . . locabunt**, *they will clear a space, giving the contract in their name.*

Tullia, the daughter of Cicero, had been married during his consulship to Piso, a young man of the best family and character, who died just before Cicero's return from exile. It was on her twenty-second birthday that she met her father at Brundisium, as told in the letter to Atticus. The following year she married Furius Crassipes, also of a patrician house; but was not long after divorced. At the age of twenty-nine she was married again to Dolabella, a rich and handsome profligate several years younger than herself, — a partisan and friend of Cæsar, for which reason Cicero had sought the alliance. Her life with him was very wretched; and they agreed to a separation shortly before the birth of her child, which was in January, B.C. 45. The following month she died at her father's house in Tusculum, leaving a son, Lentulus, who seems to have died in childhood. Meanwhile Cicero had put away his wife Terentia, on some misunderstanding because of mismanagement in business affairs, which caused him much anger and mortification; he was on no good terms with his brother, or his son, then a young man of twenty, who was greatly vexed at an unfortunate second marriage of his father's; so that his household was quite broken up. He was living in strict solitude on a little island, Astura, belonging to one of his estates; and here he received many letters of consolation from his friends, among which this from the eminent lawyer, Ser. Sulpicius Rufus, is the most interesting that remains.

19. **sane quam**, *exceedingly.* — **pro eo ac**, *in proportion as.* — **per quos propinquos**, § **48**, III. 2d note. — **uti**, *so that.* — **existimem**, § **63**, I. note.

195. 5. **credo**; ironical. — **veneris**, § **64**, IV. — **et nos**, *we too.* — **cum iis esse actum**, *it has happened to those:* this sentence contains an *Anacoluthon*, that is, a clause thrown in with no proper connection to the principal clause; since it begins with the interrogative **quoties**, and then changes to the declarative **incidimus**; render **quoties**, *often*, and put in *and* before **et nos**.

12. **conjuncta**; Tullia had already been married three times, and twice divorced. — **pro**, *worthy of.* — **ex hac juventate**, *from the young men of the present day.* — **uti** depends on **possent** understood; this refers to the profession of an advocate, which had lost all attraction under Cæsar's despotic rule.

24. **Megaram**, § **56**, II. 1. — **Ægina**, an island opposite Athens, once its rival; **Megara**, a city between Athens and Corinth. — **Piræeus**, the harbor of Athens. All these places had been reduced to ruin in the late convulsions. — **Visne**, here negatively, *wilt thou not?*

35. **modo**; i.e., at Pharsalia, B.C. 48.

196. 5. **moniendum fuit**, § **59**, IV. 2, note. — **ea**, § **50**, IV. 1, note. — **omnibus bonis**, *all the advantages of life.* — **possitis**, § **49**, I.: exception to last remark.

14. **noli oblivisci**, § **58**, III. note — **Hoc tempus**, i.e., when the pain will have become less by time. — **sapientia tua**, *in a manner worthy of so wise a man.*

23. **inferis**, *the dead.* — **qui illius amor fuit**, *such was her love.*

197. Cicero's answer (Fam. IV. 6.) follows.

15. **Servius**, a son of Sulpicius. — **omnibus . . . potuerunt**: *by all the services* which could be rendered on [to] that occasion. — **Quanti me faceret**, *how highly he esteemed me.* — **suum talem animum**, *such a disposition on his part.* — **jucundus**, *agreeable;* **gratus**, *acceptable.*

26. **Q. Fabius Maximus**, the leader against Hannibal; **L. Æmilius Paullus**, the conqueror of Macedonia, B.C. 167; **C. Sulpicius Gallus**, an eminent man of the same time; **Cato**, the Censor — all these eminent men had lost sons. — **ipsorum** refers to **eorum**. — **ea, quam**; *to wit, that which.*

198. 6. **frangerem**, *bent* my mind; notice the imperfect tense, and render **cum**, *whenever.*

13. **ad rempublicam,** *in public affairs.*

22. **ante**; i.e., before we return to Rome; Cicero begins to acquiesce in the new order of things, and to desire to enter public life again. — **unius,** i.e., Cæsar.

27. **deliberationis,** § **54,** II. end (requirement).

PLINY.

C. CÆCILIUS PLINIUS SECUNDUS (the Younger) was a native of Comum (*Como*), in Northern Italy, and a nephew of the elder Pliny, the distinguished naturalist. He was born A.D. 61 or 62, and became prominent as a public man in the prosperous reign of Trajan. He has left a few orations, and a large collection of letters, which, as Merivale says, "gives the fullest and fairest picture we possess of a Roman gentleman; nor indeed does any other of the ancients come so near as its writer to our conception of the gentleman in mind, breeding, and position." The year of his death is not known.

The first three letters are addressed to the historian Tacitus. The first requires no explanation; the other two are in answer to his inquiries in regard to the famous eruption of Vesuvius, A.D. 79, in which Herculaneum and Pompeii were destroyed, and the elder Pliny perished.

199. 6. **in Tusculano,** *on my Tusculan estate.* — **jam in fine,** *when just near the end.* — **ne . . . pereat,** *that my haste may be satisfied.* — **præsens,** *when I meet you.*

12. **patria,** i.e., Comum. — **municipis,** *fellow-townsman.* — **prætextatus**; the boy wore the *toga prætexta* until about sixteen (Hb. § 184). — **Etiam**; there was no Latin word for *yes.* — Mediolanum, *Milan,* was already the chief town of Northern Italy. — **qui** refers to **vos,** implied in **vestra.**

20. **habitationes,** *lodging;* **viatica,** *travelling expenses;* **mercedibus,** *income.*

200. 1. **ambitu corrumperetur,** *be misused for private advantage:* referring to corrupt misappropriation of the funds; this he proposes to obviate by giving the control of the funds to the parents, requiring them at the same time to contribute. — **religio,** *solemn obligation.*

18. **Hæc**, *these circumstances.* — **repetenda**, *traced back*, i.e., *repeated.* — **illuc**, to Comum; **hinc**, from Rome. — **ea lege**, *on this condition.* — **nihil aliud certum**; i.e., there is no bargain made.

31. **avunculus** was a mother's brother; **patruus**, a father's brother.

201. 2. **Quamvis** here takes the subjunctive, although it expresses a fact; see § **61**, 2, note. — **ut populi**, sc. **victuri**; *like peoples and cities always destined to live;* an adverb or conjunction like **ut** is often repeated where the English would have *and.* — **æternitas**: it so happens that the book in which Tacitus narrated these events is lost, so that it is Pliny's own writings that have preserved their memory.

9. Misenum was a promontory west of Naples, just beyond Baiæ; it was an important naval station. — **Nonum**, sc. **ante**; the use of the accusative of *time when* in this connection is found also in Tacitus: we should expect **Nono**. — **Usus**, etc.: this sentence describes the way in which he had passed his time; he had walked in the sun, then taken a cold bath and a luncheon. — **Vesuvium**: there was an old tradition, mentioned by Vitruvius, that there had been eruptions here in former times. — **pinus**, the dark, spreading Italian pine. A commentator gives another simile: "hujus forma est similis machinæ illius, quam manu tenentes solem a nobis arcere solemus; quæ in linguâ nostrâ *Sonnenschirm* et in gallicâ, *parasol* vocatur."

24. **Liburnica**, a swift, light vessel, or yacht. — **Egrediebatur**: the former reading of this passage was, "Egrediebatur domo, accepit codicillos. Retinæ classiarii imminenti periculo exterriti (nam villa ea subjacebat, nec ulla nisi navibus fuga) ut se tanto discrimine eriperet orabant;" — Retina being held to be the name of an estate in danger. But a tradition was preserved, that a woman named Retina (or Rectina), wife of Bassus, had perished in this eruption. Rectina is now taken to be the name of a woman; and Tasci (the accepted reading in place of Classiarii) to be that of her husband: understand *wife* or *widow.*

30. **maximo**, sc. **animo**. — **amœnitas**: the shore near Vesuvius had many pleasant villas.

202. 1. **quo propius [eo] calidior**; § **54**, v. end. — **accederent** appears to come under the principle of § **59**, IV. 3. — **ruina**, from **ruo**, *fallen masses:* the heaving of the earth and eruption of the mountain caused new shoals and shores. — **Fortes fortuna juvat**, a maxim from Terence. — **Stabiæ** was a village beyond Pompeii, near the modern Castelammare.

7. **erat**, sc. **Pomponianus**. — **diremptus**, etc., *separated by an intervening bay*. — **cum cresceret**, *when it should increase;* this is of the nature of a future Protasis (§ **59**, IV. 1), taking the imperfect tense because it depends upon **contulerat**, § **57**. — **certus fugæ**, *resolved on flight*. — **secundissimo**, sc. **vento**.

23. **meatus animæ**, *the passage of his breath*, breathing heavily, or snoring. — **diæta**, *bed-room*. — **ita surrexerat**, i.e., *had become so filled*.

33. **Sub dio**, *in the open air*. — **quamquam** qualifies **levium**.

203. 11. **caligine**, *vapor*. — **stomacho**: this word, meaning *gullet* or *stomach*, is in this passage rendered *lungs* by most commentators. — **æstuans**, *inflamed*. — **dies**: the light did not return till the third day.

19. **me**, subject of **persecutum esse**; **omnia** is its object. — **aliud**, § **22**, 1.

25. **te**, subject of **cupere**. — **quos** agrees with **metus** and **casus**.

32. **per multos dies**, § **55**, I. 1. — **Campaniæ**: after the analogy of § **55**, III. 3. — **invaluit**: **in** often strengthens the meaning of a verb, as in this case; with nouns, participles, and adjectives it has a negative force, as **invalidus**, *weak*.

204. 1. **surgebam**, i.e., already. — **excitaturus**, sc. **eam**. — **constantiam** and **imprudentiam**, *strength of mind* and *thoughtlessness*. — **corripit**, *reproves*.

12. **dies**, *daylight*. — **quodque**, etc., *a habit which in a panic takes the place of judgment;* **vulgus** is subject of **præfert**, etc. — **tecta**, § **52**, II. 1. — **spiritus**, genitive after **discursibus**. — **rupta** agrees with **nubes**.

32. **ut consuleremus**, substantive clause, object of **commissuros**. — **nostræ**, sc. **saluti**, § **51**, IV. — **Capreas**; the island of *Capri*. — **Miseni** limits **id** undertood, antecedent of **quod**; *that part which projects into the sea;* these places are not far from twenty-five miles from Vesuvius.

205. 7. **torrentis modo**, § **54**, II. — **terræ**, § **51**, V. *rolling along upon the ground*.

9. **strati**, sc. **nos**. — **audires**, § **60**, 1.

20. **illud ruisse**, etc., § **24**, IV. 3, *that crash, that blaze.* — **longius**, sc. **a nobis**. — **misero** agrees with **solacio**.

32. **cum deficit**, *when it is eclipsed.*

206. 5. **non scriptures leges**, *you will read, but not write.* — **scilicet qui**, *because you.*

Some time in the early part of the second century (A.D. 110 or 111), Pliny was appointed Proprætor or governor of the province of Bithynia, in northern Asia Minor. At this time the Christians had become a very numerous and important body, particularly in the East. The strict legal charge against them was, that they violated the state religion, by refusing sacrifice to the established divinities, and not honoring the emperor as a god. But to this were added all the charges of immorality and impious practices, or downright atheism, which naturally grew out of the ignorant and superstitious prejudices of the populace. Pliny tries to deal with them at first strictly according to law; but, being a man just and merciful, he soon sees the horrible injustice of their position, and the probable falsehood of most their enemies had reported. He accordingly writes to the emperor for instructions; as is thought, in A.D. 112.

9. **domine**: observe the formal and courtly style of address adopted since the time of Cicero, a century and a half before.

12. **cognitionibus**, *investigations.* — **puniri soleat**, impersonal: *punishment is wont to be inflicted.* — **quamlibet teneri**, *in whatsoever degree tender.* — **desisse**, from **desino**, § **33**, III. 1.

22. **duci**, sc. **ad supplicium**: the charge meant "constructive treason," and the punishment was death. The Christians were not punished for their *belief:* thought was always free in Rome, even under the most suspicious and despotic emperors. (Merivale.) — **esset**, § **66**, III. — **faterentur**, § **66**, II. — **amentiæ**, § **50**, I. 2. — **crimine**, § **54**, X. — **inciderunt**, *came to my knowledge.* — **libellus sine auctore**, *an anonymous note.* — **quorum** = **quarum rerum**.

207. 4. **non nemo**, *here and there one.*

17. **ministræ**, *deaconesses.* — **et per tormenta**, *even by torments.*

28. **venire**, from **veneo**, § **35**, II. end. — **victimarum** limits **pastum**.

TRAJAN is the noblest and most heroic name of the Roman empire. He was second in the list of the "five good emperors," whose reigns cover near a century of what has been called the period of greatest happiness to the human race. He was a brave soldier, and a humane and sagacious statesman. His reign was from A.D. 98 to 117. This letter seems to have been written hastily, under the press of his great public cares. For the Christians he probably only felt an impatient contempt, curiously contrasting with Pliny's anxious scruples; and the policy he enjoins, excepting his injunction to disregard all anonymous charges, seems coldly harsh, and quite unworthy of his generally wise and firm administration.

208. 4. **in universum constitui,** *laid down as a general rule.* —**quasi certam formam,** *a sure application as it were.* —**Pessimi exempli,** etc.: Trajan compares his own mild government with the tyrannies of Tiberius and his successors.

TACITUS.

C. CORNELIUS TACITUS, "the greatest historian of antiquity," is also the greatest name in Roman literature after Cicero. His style belongs to what is called the Silver Age, —that is, the earlier times of the empire. He was a friend of Pliny; and died, probably, not long after him, in the reign of Trajan. The subject of his Annals and Histories is the period of the earlier emperors,—a time of treachery, suspicion, and intrigue, of licentiousness and great cruelty. His temper seems often harsh and contemptuous, perhaps morose, in dealing with the great crimes and the base men that succeeded the fall of the Republic; but he has left a few pictures of pure and noble virtue. His language, as in describing the great conflagration of the time of Nero, will be found here and there difficult and obscure; but grandly picturesque and powerful when one masters its sense, and with a sombre pathos which perhaps no other historian has had in like degree.

Nero (L. Domitius Ahenobarbus Claudius) was the sixth emperor, by adoption one of the Cæsars, reigning from A.D. 54 to 68. He was a boy of fifteen on coming to power, — a handsome, popular, amiable boy; but he became, later, the most extraordinary compound of profligacy, vanity, and cruelty that even the history of the Empire shows. That the Roman State — still a Republic in name — should have endured for fourteen years what it is charity to call the insane freaks and caprices of this sickly and weak-minded youth, is partly explained by the name of Cæsar, which he inherited, and by the deep horror left on men's minds by the century of the Civil Wars; partly by the remorseless cruelty of the Roman temper and manners. The narrative of Tacitus rather softens than magnifies the popular suspicions as to his guilt in the matter of the great conflagration.

This passage is taken from the Fifteenth Book of the Annals, ch. 38–44.

209. 5. **princeps**, *prince:* a title given in early times to the leader of the Senate; it was that by which the emperor was chiefly known in Rome; abroad, he was known chiefly as commander of the armies, **imperator**. — **circi**: the Circus Maximus, where the great games were held, was in a long narrow level, in a valley that ran northwestwardly towards the river, between the Palatine and Aventine. The fire began at the foot of Mount Cœlius, at the upper end, where the wooden galleries of the Circus gave the flames full play. — **munimentis**, *fire-proof walls:* notice that **vel** connects **domus** and **templa**, as being obstructions of similar nature (§ **43**, 3); while **aut** separates them from **aliud moræ**. — **et obnoxia urbe**: **et**, *both*, corresponds to **-que** below; **obnoxia**, *exposed;* **artis** (from **artus**), *narrow;* **enormibus** (**e norma**, *out of rule*), *irregular*.

20. **lamenta . . . pars**; all these nominatives are subj. of **impediebant**. — **fessa . . . ætas** (Ritter has **fessi ævo**): *those worn with years, or helpless in childhood,* — **ætate** being abl. of cause, and **pueritiæ** the gen. limiting **ætas**. — **illis quoque**, *these too*, i.e., the next streets (*proxima*).

210. 4. **victus**: this genitive limits **fortunis**, *having lost all their store, even of daily food.* — **quamvis patente effugio**, *no* *matter how open the way of escape.* — **crebris minis,** *by reason of,* &c. — **esse sibi auctorem,** *that they were acting under orders.*

11. Antium (*Anzio*), on the coast, thirty-five miles from Rome, was a favorite residence of Nero. — **monumenta Agrippæ**: the splendid structures and gardens of Agrippa, minister and son-in-law of Augustus, were in the Campus Martius, outside the city as then built; the Pantheon, now standing, belonged to them. Nero's gardens (of the Vatican) were beyond the Tiber, near where St. Peter's church now stands. — **ternos nummos,** i.e., three sesterces the modius, or twelve cents a peck. — **domesticam scænam,** *a stage in his own house.*

27. **apud imas Esquilias,** near where the Coliseum now stands, about half a mile north of where it first broke out. — The second fire is shown by inscriptions to have lasted three days; the entire conflagration continued seven or nine days.

211. 1. Tigellinus was a favorite freedman of Nero, notorious for his corruption and extortion. — **cognomentum,** a later form for **cognomen.**

10. **haud perinde,** *not so much.* — **Averno**: Lake Avernus is near Naples, more than a hundred miles from Rome, separated from the Tiber by bays and rocky headlands. — **squalenti,** *barren* or *dusty.* — **gignendis aquis**: dat. after **humidum,** — **conisus**: the more common form of spelling is **connisus.**

26. **urbis quæ domui supererant,** *what of the city remained after the palace was built:* Ritter omits **domui.** — **Gallica incendia**: the city was burned by the Gauls B.C. 389; after their retreat, it was rebuilt in great haste, and very irregularly.

212. 1. **finivit,** *limited* or *fixed.* — **domibus aut insulis**: the **domus** was a complete edifice, or mansion, owned and occupied by a single proprietor; the **insula** a block of tenements, bounded by streets or alleys on each side. These **insulæ** were often built to a great height, — the law of Augustus restricted them to seventy feet, — and swarmed with the poorer population of the city. — **utique** = **et ut,** following **destinabat.** — **certa sui parte,** *in certain parts* (**sui** is plur.). — **aqua,** subj. of **flueret**: of the public aqueducts, which were very numerous and finely constructed; some of them brought water from a distance of sixty miles. — **custodes,** sc. **erant**: guards were stationed for this purpose. — **communione parietum** = **communibus parietibus**; abl. after **ambirentur.**

20. The books of the Sibyl, which she sold to King Tarquin, were carefully preserved by a special body of priests, the **quindecimviri sacris faciundis** (Hb. § 145), and consulted in emergencies. — **sellisternia**, *banquets to female deities;* those to the gods were **lectisternia**: goddesses, like women, must sit on stools (**sellæ**); while the gods, like men, reclined at their meals on couches (**lecti**). — **Christianos**: this is the first distinct mention of the Christians in Pagan history. Suetonius says, more briefly (Nero, ch. 16), "Afflicti suppliciis Christiani, genus hominum superstitionis novæ ac maleficæ." And of the previous reign he says, with a more doubtful allusion, perhaps, to the "false Christs" of the Jewish fanatics, "Judæos impulsore Chresto assiduè tumultuantes Româ expulit."

213. 7. **odio humani generis**, *enmity towards all mankind* (Merivale),—the charge constantly brought against the Jews, with whom the Christians were often confounded. The peculiar and clannish habits of the Jews might bring this charge upon them: in the case of the Christians, it was increased by their recoil from the pleasures and vices of the pagan world, that kept them a "sect," apart from others, and was already leading towards those extravagances of austerity and devotion which fill the legends of monks and hermits. The common belief among the Christians, that the end of the world was near, with the conflagration of all things, and the destruction of the Eternal City itself, might make the crime seem credible and likely. — **flammandos**: this seems to be used here as a present passive participle (Ritter). They were wrapped in a sort of mat of papyrus, smeared with wax and tar, — a style of torture spoken of by Juvenal (I. 155, VIII. 235), and Martial (X. 25, 5).

(p. 308)

PRINCIPAL DATES OF ROMAN HISTORY.

Founding of Rome (common date)	B.C. 753
The Kings expelled: Rome a Republic	509
Rome taken and burned by the Gauls	389
Samnite Wars: conquest of Italy	343–290
First Punic War: Regulus; Victory of Duilius	264–241
Second Punic War: Hannibal; Scipio	219–202
Third Punic War	149–146
Carthage destroyed; Corinth taken	146
Numantia taken; Ti. Gracchus tribune	133
Tribuneship of C. Gracchus	121
War with Jugurtha	111–106
Cimbri defeated by Marius	101
Civil War: Marius and Sulla	88
Dictatorship of Sulla	82
Death of Sertorius	72
Consulship of Cicero: Catiline's Conspiracy	63
Triumvirate of Cæsar, Pompey, and Crassus	60
Cæsar in Gaul: Cicero's Exile	58
Civil War: Cæsar and Pompey	49
Battle of Pharsalus: Pompey defeated and murdered	48
Julius Cæsar perpetual Dictator	46
Cæsar murdered	44
Battle of Philippi: Brutus and Cassius slain	42
Battle of Actium: Antony defeated	31
Cæsar Octavianus (Augustus), first Emperor	30
Tiberius	A.D. 14
Caligula	37
Claudius	41
Nero (last of the Julian house)	54
Galba	68
Otho, Vitellius, Vespasian	69
Titus	79
Domitian (last of the Twelve Cæsars)	81
Nerva	96
Trajan	98
Hadrian	117
Antoninus Pius	138
Marcus Aurelius	161
Commodus, — beginning of the Decline	180

VOCABULARY.

Of the following derivative forms, those which occur most rarely have been sometimes omitted:

NOUNS: Feminines in **a**, from nouns in **us, er** (M.);
Feminines in **-trix, trīcis**, from nouns in **-tor, tōris** (M.);
Diminutives in **-olus, -ulus, -ellus**;
Verbals in **-mentum, i** (N.), equivalent to forms in **-men, inis**;
Verbals in **-antia, -entia** (F.), from the present, denoting *quality*,
Verbals in **-tor** (M.), **-trix** (F.), from the supine stem, denoting *agent;*
Verbals in **-tus, ūs** (M.); **-tūra, æ, -tio, -ōnis** (F.), from the supine stem, denoting *condition* or *act.*

ADJECTIVES: Possessives in **-ānus, -ius, -īlis**, derived from nouns;
Patrials or locals in **-as** (**ātis**), **-ensis, -īnus**;
Verbals in **-bundus**, corresponding nearly in signification with the present participle;
Secondary forms in **-ārius, -icius**, and **-īvus.**

ADVERBS, regularly formed from adjectives: as from
cārus: **carē, carius, carissimē**;
fortis: **fortiter, fortius, fortissimē.**

VERBS: Inceptives in **-sco**; also, Compounds with the following prefixes, when their meaning is not otherwise altered:

ā, āb, *away:* as, **aufĕro, abstŭli, ablātum,** *take away.*
ad, *to, towards:* as **affĕro, attŭli, allātum,** *bring.*
ante, *before:* as, **antĕfĕro,** *prefer;* **antĕcello,** *excel.*
circum, *around, about:* as, **circummunio,** *to wall around.*
con, *together:* as, **confĕro, collātum,** *bring together, compare.*
dē, *down, utterly:* as, **dēspĭcio,** *look down on, despise.*
dī, or **dĭs,** *asunder:* as, **dīdūco,** *draw apart;* **disjungo,** *unbind.*
ē, ex, *out:* as, **effĕro, extŭli, ēlātum,** *carry forth, uplift.*
in, with Nouns or Adjectives, *not:* as, **infinītus,** *boundless.*
in, with Verbs, *in, on,* or *against:* as, **infĕro, illātum,** *bear against.*
inter, *into* or *to pieces:* as, **interrumpo,** *interrupt.*
nĕ, nĕc, *not:* as, **nĕqueo,** *cannot;* **nĕcŏpīnātus,** *unlooked-for.*
ob, *towards:* as, **offĕro,** *offer;* **obvĕnio,** *meet.*
per, prae, *very:* as, **permagnus,** *very great;* **præclārus,** *glorious.*
rĕ, rĕd, *back* or *again:* as, **refĕro,** *report;* **rĕdeo,** *return.*
sē, *apart:* as, **sē-păro,** *part;* **sē-cerno,** *put aside.*
sŭb, *under* or *in low degree:* as, **subdŏlus,** *crafty;* **suffĕro,** *endure.*
sŭpĕr, *on* or *in place of:* as, **superfundo,** *pour over.*

VOCABULARY.

ABBREVIATIONS.

NOUNS. — M. *masculine;* F. *feminine;* N. *neuter;* C. *common;* D. *doubtful.*

VERBS. — The figures 1, 2, 3, 4, signify the Conjugations. In those of the 1st and 4th, where only one form is given, the conjugation is regular, like **amo** or **audio.** In the others, the Perfect termination is given, and usually that of the Supine Stem only — as **rego, xi, ct-** — instead of the ending in **um.** When compound verbs are divided by a hyphen, the conjugation may be found under the simple form. — A. *active;* N. *neuter;* P. *passive*

PROPER NAMES. — k. *king;* q *queen;* f. *father;* m. *mother;* s. *son;* d. *daughter;* dist. *district;* prov. *province;* mt. *mountain;* — myth. signifies that the name belongs to *Mythology.* The dates are usually those of birth and death: as, Hannibal, B.C. 247–183.

Unusual forms of inflection are given in parenthesis; cognate words in brackets.

Words marked † are Greek. Forms given with hyphen occur in compounds.

Vowels not marked, and not long by position, are to be reckoned short.

The References are to the Sections or Tables of the "Manual Latin Grammar."

A, the prænomen **Aulus.**
ā, ab, *from, by, since, on the side of.*
[**ab-**, *away, apart, completely.*
abactus, [**abigo,**] *driven away.*
abacus, i, M., *desk, reckoning-board.*
abaliēno, I, *estrange, alienate, transfer, withdraw.*
abavus, i, M., *gr. gr. grandfather.*
abdico, I, *deny, abdicate, resign.*
abdīco, xi, ct-, 3, *refuse assent.*
abditus, a, um, *hidden, secret.*
abdo, didi, dit-, 3, *to hide, remove.*
abdūco, xi, ct-, 3, *lead away, withdraw, degrade.*
abeo, ii (īvi), it, 4, *depart, vanish, abandon, end, change.*
abequito, I, *ride away.*
aberro, I, *wander, stray.*
abfore, [**sum,**] *be away.*
abhinc, *since, henceforth.*
abhorreo, ui, 2, *shrink, abhor, differ.*
abiegnus, a, um, *of fir.*
abiens, euntis, [**eo,**] *departing.*
abiēs, etis, F., *fir-tree, fir-wood.*
abigo, ēgi, act-, [**ago,**] 3, *drive away.*
abitus, ūs, M., *departure, outlet.*
abjectus, a, um, *downcast, mean, abject.*
abjicio, jēci, ject-, [**jacio,**] 3, *cast away, cast down, abandon.*
abjūdico, I, *give sentence.*
abjungo, nxi, nct-, 3, *unyoke, part.*
abjūro, I, *deny on oath.*
ablātus. [**aufero,**] *carried off.*
ablēgo, I, *send away.*
ablūdo, si, sum, 3, *differ.*
abluo, ui, ūt-, 3, *wash away, cleanse.*
abnego, I, *deny, refuse.*
abnormis, e, *out of rule.*
abnuo, nui, nūt- (nuit-), 3, *deny, refuse, reject, forbid.*
aboleo, ēvi (ui), it-, 2, *check, abolish, remove.*
abolesco, ēvi, 3, *wither, decay.*
abolitio, ōnis, F., *annulling.*
abolla, æ, F., *robe, cloak.*
abōminor, I, *deprecate, hate, detest.*
aborīgines, um, M., *primitive colonists, first inhabitants.*
aborior, ortus, 4, *set, disappear.*
abortus, ūs, M., *abortion.*
abrādo, si, sum, 3, *scrape off, shave.*
abripio, ui, rept-, 3, *drag away, squander.*
abrogo, I, *repeal, annul.*

abrumpo, rūpi, rupt-, 3, *break off, tear away.*
abruptus, a, um, *broken, steep;* N., *bottom, depth.*
abs, *from.*
abscēdo, cessi, cess-, 3, *depart, escape, desist.*
abscessus, ūs, M., *departure.*
abscīdo, cīdi, cīs-, (cædo,) 3, *cut off.*
abscindo, scidi, sciss-, 3, *send away.*
abscīsus, a, um, *cut off, abrupt.*
abscondo, didi, dit-, 3, *hide, lose sight of.*
absens, tis, (absum,) *absent.*
absimilis, e, *very unlike.*
absinthium, i, N., *wormwood.*
absisto, stiti, 3, *depart, desist, cease.*
absolūtus, a, um, *complete.*
absolvo, vi, ūt-, 3, *acquit, discharge.*
absorbeo, ui, 2, *suck in, swallow.*
absque, *without, but for.*
abstergeo, si, sum, 2, *wipe clear* or *away.*
absterreo, ui, it-, 2, *frighten away.*
abstersus, a, um, *wiped off.*
abstinentia, æ, F., *abstinence, restraint.*
abstineo, ui, tent-, 2, *hold away, abstain, refrain.*
abstraho, xi, ct-, 3, *draw away, abstract, release.*
abstrūdo, si, sum, 3, *thrust away, conceal.*
abstrūsus, a, um, *concealed, reserved, difficult.*
absum, esse, fui, *to be absent, distant, different, unfit.*
absūmo, mpsi, mpt-, 3, *waste, destroy.*
absurdus, a, um, *absurd, stupid.*
abundantia, æ, F., *abundance.*
abundē, *in abundance.*
ab-undo, I, *abound, overflow.*
abusque, *from as far as.*
abūtor, ūsus, 3, *abuse, consume, take advantage.*
Abȳdus, i, F., a town in Asia, on the Hellespont.
ac=atque, *and, as.*
†**acācia, æ,** F., *thorn.*
Acadēmīa, ae, F., *Academy,* a gymnasium near Athens.
†**acanthis, idis,** F., *goldfinch.*
†**acanthus, i,** M., *bear's-foot, thorn.*
Acarnan, ānis, C., of Acarnania (W. dist. of central Greece).
accēdo, cessi, cess-, 3, *approach, advance against, be added, befall.*
accelero, I, *hasten.*
accendo, di, sum, 3, *kindle, inflame.*
accenseo, ui, īt- (ens-), 2, *reckon among.*
accensus, i, M., *attendant, recruit.*
accepto, I, *receive.*
acceptus, a, um, *acceptable.*
accerso, īvi, ītum, 3, *fetch, send for.*
accessio, ōnis, F., *approach, increase.*
accessus, ūs, M., *approach.*
accido, cidi, (cado,) 3, *fall upon, befall, happen.*
accīdo, cīdi, cīs-, (cædo,) 3, *cut short* or *into.*
accingo, nxi, nct-, 3, *gird, equip.*
accio, 4, *summon.*
accipio, cēpi, cept-, (capio,) 3, *get, receive, undertake.*
accipiter, tris, M., *hawk.*
accīsus, (accīdo,) *cut off, ruined.*
accītus, ūs, M., *summons.*
acclāmo, I, *shout, applaud.*
acclīnis, e, *leaning on.*
acclīno, I, *lean forward.*
acclīvis, e, (-us, a, um,) *steep,* (ascending
acclīvitas, ātis, F., *acclivity, ascent*
accola, æ, C., *neighbor.*
accolo, ui, cult-, 3, *dwell near.*
accommodo, I, *suit, fit, conform*
accommodus, a, um, *suitable.*
accresco, crēvi, crēt-, 3, *increase grow to, be added.*
accubo, ui, it-, I, *sit* or *lie* (at table)
accūdo, di, sum, 3, *to hammer out*
accumbo, cubui, cubit-, 3, *lie near*
accumulo, I, *heap up.*
accūrātus, a, um, *exact, careful.*
accūro, I, *care for.*
accurro, cucurri, curs-, 3, *run towards.*
accursus, ūs, M., *concourse.*
accūsātio, ōnis, F., *accusation.*

accūsātor, ōris, M., *accuser.*
accūso, I, *accuse, inform against.*
acer, eris, N., *maple.*
ācer, cris, cre, *keen, eager, vigorous,*
acerbē, *bitterly, sharply.*
acerbitas, ātis, F., *bitterness, harshness.*
acerbo, I, *to embitter.*
acerbus, a, um, *bitter, harsh, sad.*
acernus, a, um, *of maple.*
acerra, æ, F., *censer, incense-box.*
acervātim, *in heaps.*
acervo, I, *to heap up.*
acervus, i, M., *heap, pile.*
acesco, acui, 3, *to turn sour.*
acētum, i, N., *vinegar.*
Achæmenes, is, first k. of Persia.
Achaicus (-æus), a, ūm, *Greek.*
achātes, æ, M., *agate.*
Achelōus, M., a river of N. Greece.
Acheron (uns), tis, M., a river in Hades.
Achilles, is, ea, champion of Greece in the Trojan war.
Achīvus, a, um, Grecian.
ācidus, a, um, *sour, sharp, tart.*
acies, ēi, F., *edge, sight, line-of-battle, keenness.*
†**acīnaces, īs,** M., *Persian sword.*
acinus, i, M. **(um,** N.), *grape-berry* or *stone.*
acipenser, eris, M., *sturgeon.*
aclis, idis, F., *dart.*
aconītum, i, N., *wolf's-bane.*
acquiesco, ēvi, ēt-, 3, *come to rest.*
acquīro, sīvi, sīt-, 3, *gain, get, add.*
ācrimōnia, æ, *sharpness, pungency.*
ācriter, (**ācer,**) *eagerly, keenly.*
†**acroāma, atis,** N., *music* or *recitation; a musician.*
Acrisius, myth. father of Danae.
Acroceraunia, the mt. boundary of Macedonia and Epirus.
acta, æ, F., *shore, breaker.*
Actæon, ōnis, myth. gr.-son of Cadmus, torn by his own hounds.
Actē, ēs, F., (coast-land) *Attica.*
actio, ōnis, F., (**ago,**) *action, acting, suit at law.*
Actium, i, N., promont. of Epirus, scene of Antony's defeat, B. C. 31.
actor, ōris, M., *driver, actor, agent.*
actuārius, a, um, *for driving, rowing, swift.*
actus, a, um, *driven;* N., *deed.*
actus, ūs, M., *impulse, act, deed.*
actūtum, *at once.*
aculeus, i, M., *sting, prickle.*
acūmen, inis, N., *edge, point, keenness.*
acuo, i, ūtum, 3, *to sharpen, rouse.*
acus, ūs, ubus, F., *needle, pin.*
acūtē, *sharply.*
acūtus, a, um, *sharp, pointed, violent, keen, sagacious.*
ad, *to, towards, near, for, at, according to, besides.*
[**ad-,** *near, towards, in addition.*
adactus, (**adigo,**) *driven.*
adæque, *in like manner.*
adæquo, I, *make equal, compare.*
adāgium, i, N., *proverb.*
adamantēus (inus), a, um, *hard as steel.*
†**adamas, antis,** M., *tempered steel.*
adamo, I, *begin to love.*
adaperio, ui, tum, 4, *to open, uncover.*
adaquor, I, *to get water.*
adaugeo, xi, ct-, 2, *increase, devote.*
adaxim=adēgerim, (perf. subj. of **adigo,** *drive*).
[**adc-,** see **acc-.**
addecet, *it is fit.*
addenso, I, (A.), **eo,** 2, (N.), *thicken.*
addīco, xi, ct-, 3, *to favor, doom, devote, yield, adjudge.*
addictus, a, um, *devoted;* M., *a bondsman.*
additus, (**addo,**) *joined.*
addo, didi, dit-, 3, *to add, give, join.*
addubito, I, *incline to doubt.*
addūco, xi, ct-, 3, *lead along, bring towards, induce, contract.*
adductus, a, um, *strained, severe.*
ad-edo, 3, *bite at, eat up.*
ademptus, (**adimo,**) *taken away.*
adeo, *to that degree, so, so far, truly.*
ad-eo, 4, *to approach, visit, attack, undertake, undergo.*
adeps, ipis, D., *fat.*
adeptus, (**adipiscor,**) *having attained.*

adequito, I, *ride up to.*
[**adf-=aff-**; **adg-=agg-**.
adhæreo (esco), hæsi, hæs-, 2, *to cling, fasten, border upon.*
adhibeo, ui, it-, 2, *apply to, summon, employ, have near, bring in.*
adhortor, I, *exhort, encourage.*
adhuc, *hitherto, besides, as yet.*
adigo, ēgi, act-, 3, *drive, force, urge.*
adimo, ēmi, empt-, 3, *take away, set free, deprive, rob.*
adipiscor, adeptus, 3, *win, get, arrive at, overtake.*
aditus, ūs, M., *approach, access.*
adjaceo, ui, 2, *lie near.*
adjicio, jēci, ject-, *add, cast upon, put upon, turn towards.*
adjūdico, I, *adjudge, assign.*
adjūmentum, i, N., *help.*
adjungo, nxi, nct-, 3, *join, annex, attach, apply, bring near.*
adjūro, I, *adjure, confirm by oath.*
adjūto, I, *to help.*
adjutor, ōris, M.; **-trix, trīcis,** F., *helper, assistant.*
adjuvo, jūvi, jūt-, *aid, help, sustain.*
[**adl-=all-**.
admētior, mensus, 4, *to measure out.*
Admētus, myth. k. of Thessaly.
adminiculo (or), I, *to prop, assist.*
adminiculum, i, N., *a prop, support.*
administer, tri, M., *assistant.*
administro, I, *manage, serve, attend.*
admīrābilis, e, *admirable, strange.*
admīrātio, ōnis, F., *wonder.*
admīror, I, *wonder at, admire, gaze.*
admisceo, cui, mixt-, 2, *mingle in.*
admissum, i, N., *fault, crime.*
admitto, mīsi, miss-, 3, *admit, permit, commit, consent, spur on.*
admodum, *very, quite, wholly, fully.*
admōlior, 4, *heap up, bring to.*
admoneo, ui, it-, 2, *admonish, warn.*
admonitio, ōnis, F., *warning.*
admoveo, mōvi, mōt-, 2, *bring near, apply, direct.*
admurmuro, I, *to murmur near.*
adnascor=agnascor, *grow to.*
adnato (adno), I, *swim towards.*
adnepos, ōtis, M., *gr. gr. grandson.*
adnītor, nīs- (nix-), 3, *attempt, strive for, lean against.*
adno, I, *swim towards.*
adoleo, ui, ult-, 2, *burn, consume* (as sacrifice), *serve* by ritual.
adolescens, tis, C., *a youth.*
adolescentia, æ, F., *youth.*
adolesco, ēvi, ult-, *grow, come to ripeness, burn* (on the altar).
Adōnis, is (idis), myth. prince of Cyprus, loved by Venus.
adoperio, ui, ert-, 4, *cover over.*
adoptio, ōnis, F., *adoption.*
adopto, I, *to select, adopt.*
ador, oris, N., *fine wheat, spelt.*
adoreus, a, um, *of wheat;* F., *gift of corn.*
adorior, ort-, 4, *accost, attack, begin.*
adorno, I, *equip, adorn.*
adōro, I, *to worship, accost, entreat.*
[**adp-=app**; **adq-=acq-**; **adr-=arr-**; **ads-=ass-**; **adst-=ast-**.
adscisco, scīvi, scīt, 3, *summon join, receive, admit.*
adsum (assum), *be near.*
adulor, I, *flatter, fawn.*
adulter, era, um, *adulterous.*
adultero, I, *to alter, corrupt.*
adultus, (adolesco,) *grown up.*
adumbro, I, *shadow out, sketch overshadow.*
aduncus, a, um, *hooked.*
adūro, ussi, ust-, 3, *burn, scorch.*
adusque, *even to, throughout.*
adustus, a, um, *parched, scorched.*
adveho, xi, ct-, 3, *carry, bring.*
advēlo, I, *to veil.*
advena, æ, C., *foreigner, new-comer*
advenio, vēni, vent-, 4, *arrive approach, be added.*
adventicius, a, um, *foreigner.*
advento, I, *to advance.*
adventus, ūs, M., *coming, arrival.*
adversārius, a, um, *fronting, opposed;* M., *enemy.*
adversor, I, *oppose, thwart.*
adversum, i, N., *adversity, disaster*
adversum, (-versus), *against, towards, opposite.*
adversus, a, um, *contrary, opposite*
adverto, ti, sum, 3, *turn toward.*

direct; **animum adv.,** *observe, attend to;* **anim. adv. in,** *proceed against, punish.*
advesperascit, āvit, 3, *it grows late.*
advocātio, ōnis, F., *summons.*
advocātus, i, M., *counsel, advocate.*
advoco, I, *call for, summon.*
advolo, I, *fly towards.*
ad-volvo, 3, *roll towards, fall before.*
advorsum=adversum, *against.*
adytum, i, N., *sanctuary, tomb.*
Æacides, æ, descendant of Æacus, *Achilles.*
Ææa, æ, F., the island of Circe.
Æacus, i, myth. son of Jupiter and Europa, a judge in Hades.
ædepol, *forsooth* (by Pollux).
ædes, is, F., *temple;* pl. *house, hive.*
ædificātio, ōnis, F., *building.*
ædificium, i, N., *a building.*
ædifico, I, *to build, construct.*
ædīlicius, a, um, *of the Edile.*
ædīlis, is, M., *Edile,* (inspector of buildings, police, &c.).
† **aēdōn, onis,** F., *nightingale.*
Æētes, æ, myth. k. of Colchis.
Ægæum mare, *the Ægean Sea,* between Greece and Asia Minor.
æger, gra, grum, *sick, weary, sad.*
Ægeus, i, myth. k. of Athens, father of Theseus.
ægis, idis (os), F., *shield.*
Ægisthus, i, myth. son of Thyestes and murderer of Agememnon.
ægrē, ius, gerrimē, *with difficulty.*
ægresco, 3, *grow sick,* or *worse.*
ægrimōnia, æ, F., *grief.*
ægritūdo, inis, F., *sickness, grief.*
ægrōtātio, ōnis, F., *sickness, disease.*
ægrōto, I, *to be sick, languish.*
ægrōtus, a, um, *sick.*
Ægyptus, i, F., *Egypt;* also, myth. k. of Egypt, br. of Danaus.
æmulātio, ōnis, F., *rivalry.*
æmulor, I, *to rival, emulate.*
æmulus, a, um, *emulous, vying, rival.*
Æneādes, æ, son or companion of Æneas.
Ænēas, æ, myth. prince of Troy, founder of the Roman race.
æneus (aēnus), a, um, *brazen;* N., [*pot.*
Æolus, i, god of the Winds.
æquābilis, e, *equal, even, just.*
æquævus, a, um, *of equal age.*
æquālis, e, *even, equal in age, like.*
æquē, *equally, just so.*
æquinoctium, i, N., **(nox,)** *equinox.*
æquiparo, I, *match, make equal.*
æquitas, ātis, F., *justice, fairness, calmness, moderation.*
æquo, I, *to make equal, level.*
æquor, oris, N., *even surface, sea.*
æquus, a, um, *equal, just, right.*
āēr, is, a, M., *the air, mist.*
ærārius, a, um, *of copper* or *money;* M., *coppersmith;* F., *copper-mine;* N., *treasury, treasure.*
ærātus, a, um, *covered with brass.*
æreus, a, um, *of copper or brass.*
æripes, pedis, *brazen-footed.*
āerius (eus), a, um, *airy, lofty.*
ærūgo, inis, F., *rust, blight, envy.*
ærumna, æ, F., *grief, distress.*
ærumnōsus, a, um, *sad, wretched.*
æs, æris, N., *copper, money, wages.*
Æsculāpius, i, myth. son of Apollo, god of healing.
æsculus, i, the Italian *oak.*
æstas, ātis, F., *summer, fair weather.*
æstifer, era, um, *bringing heat.*
æstimātio, ōnis, F., *reckoning, valuation, estate.*
æstimo, I, *to estimate, value.*
æstīvē, *summer-like, scantily.*
æstīvo, I, *pass the summer.*
æstīvus, a, um, *belonging to summer;* N., pl. *summer-quarters.*
æstuārium, i, N., *tide-water inlet.*
æstuo, I, *boil, rage, toss, burn.*
æstuōsus, a, um, *heated, vexed.*
æstus, ūs, M., *tide, surge, noontide-heat, glow of passion.*
ætas, ātis, F., *age* (time of life).
æternō (um), *continually, for ever.*
æternus, a, um, *eternal, perpetual.*
æthēr, eris (os), a (em), M., *ether, heaven.*
æthērius (-eus), a, um, *celestial.*
Æthiops, opis, *Ethiopian, swarthy.*
æthra, æ, F., *clear sky.*
Ætna, æ, F., *Mt. Etna,* in Sicily.

Ætōlia, æ, F., dist. N. of the Gulf of Corinth.
ævum, i, N., *age* (period), *lifetime.*
Afer, fra, um, *African.*
affaber, bra, um, *curious, skilful.*
affatim, *abundantly.*
affātus, ūs, M., *talk, address.*
affectio, ōnis, F., *disposition, state of mind, love, good-will.*
affecto, I, *affect* or *strive for, reach.*
affectus, a, um, *endowed, disposed.*
affectus, ūs, M., *disposition, desire.*
affero, attuli, allāt-, *bring, announce, procure, betake, allege.*
afficio, fēci, fect-, 3, *affect, influence, disturb.*
affīgo, fix, fix-, 3, *fasten, join.*
affingo, nxi, fict-, 3, *attach, annex.*
affīnis, e, *adjacent, kindred.*
affīnitas, ātis, F., *alliance, nearness.*
affirmātio, ōnis, F., *assertion.*
affirmo, I, *confirm, maintain.*
afflātus, ūs, M., *blast, breath.*
afflicto, I, *vex, torment, shatter.*
afflictus, a, um, *wretched, ruined.*
afflīgo, ixi, ict-, 3, *strike, distress, cast down, wreck.*
afflo, I, *blow on,* or *towards.*
affluens, tis, *abundant.* [*overflow.*
affluo, xi, xum, 3, *flow towards* or
affor, I, *to address, accost.*
affŏre, [**adsum,**] *will be at hand.*
affulgeo, fulsi, 2, *beam down upon.*
affundo, fūdi, fūs-, 3, *pour upon.*
āfore, (**absum,**) *be away.*
Africa, æ, F., *Africa,* especially the country near Carthage.
Africānus, i, surname of Scipio, after the defeat of Carthage.
Africus, A., *African;* S.-W. wind.
Agamemnon, ŏnis, ona, myth. k. of the Greeks before Troy.
agāso, ōnis, M., *groom.*
age (imperat.), **agedum,** *come now.*
agellus, i, M., dim. of **ager,** *field.*
agēma, atis, N., *battalion.*
agens, tis, *effective.*
Agēnor, ŏris, myth. k. of Phœnicia.
ager, gri, M., *field, territory.*
Agēsilāus, B.C. 440–360, k. of Sparta, victor at Coronea.
age sīs, (**si vis,**) *go to, come on.*
agger, eris, M., *heap, mound, dike, embankment.*
aggero, I, *to heap up.*
aggero, gessi, gest-, 3, *bring upon.*
aggestus, ūs, M., *a heap, mound.*
agglomero, I, *heap together, join.*
agglūtino, I, *fasten together.*
aggravo, I, *weighten, burden.*
aggredior, gress-, 3, *approach, attack, begin, attempt.*
aggrego, I, (**grex,**) *to add, join.*
agilis, e, *movable, active, nimble, busy.*
agilitas, ātis, F., *quickness, speed.*
agitātio, ōnis, F., *movement.*
agitator, ōris, M., *driver.*
agito, I, (**ago,**) *drive, rouse, attack, keep, revolve.*
agmen, inis, N., *flock, troop, body of troops* (on march).
agna, æ, F., *ewe-lamb.*
agnāscor, 3, *grow near, be born after.*
agnatus, a, um, *kindred* (by father's side).
agnitus, a, um, *acknowledged.*
agnōmen, inis, N., *surname.*
agnosco, nōvi, nit-, 3, *own, recognize, admit.*
agnus, i, M., *lamb.*
ago, ēgi, act-, 3, *act, do, lead, drive, treat, rob, pass, ply.*
agrārius, a, um, *of fields* or *public lands.*
agrestis, e, *rustic, rude.*
agricola, æ, M., *farmer.*
agricultūra, æ, (**-tio**), F., *husbandry.*
Agrigentum, i, N., a city in the W. of Sicily.
ahēneus, a, um, (**æneus,**) *brazen.*
ain', *say you so?* from
āio (defect. § **38**, ii.), *say, assent.*
Ajax, ācis, name of two Grecian heroes before Troy.
āla, æ, F., *wing, upper arm.*
alacer, cris, cre, *eager, active.*
alacritas, ātis, F., *eagerness, rapture.*
alapa, æ, F., *slap, cuff.*
ālāris, e (**ius, a, um**), *of a wing.*
alauda, æ, F., *lark.*

Alba, æ, an ancient town of Latium, 20 miles S. E. of Rome.
albeo, 2, (**-esco,** 3,) *be* or *grow white.*
albico, 1, *to whiten.*
albus, a, um, *white, fair, favorable;* N., *whiteness, white, a tablet.*
alcēdo, inis, F., *kingfisher.*
alces, is, F., *elk.*
Alcĭbiades, is, an Athenian general, B.C. 450–404.
Alcīdes, æ, a name of Hercules.
Alcmena (-umena), æ, myth. wife of Amphitryo, m. of Hercules.
†**alcyon, onis,** F., *kingfisher.*
ālea, æ, F., *a die, game, risk.*
āleātor, ōris, M., *gamester.*
ālec (hālec), ēcis, N., *brine.*
Alecto, ūs, F., one of the Furies.
āles, itis, *winged, a bird.*
Alexander, dri, k. of Macedon and conq. of Asia; B.C. 356–323.
Alexandrīa, æ, a city of Egypt, founded by Alexander, B.C. 332.
alga, æ, F., *sea-weed.*
algeo, si, 2, *to be cold.*
algor, ōris, M., *cold.*
algōsus, a, um, *full of sea-weed.*
algu, *with cold.*
aliā, *by some other way.*
aliās, *otherwise, elsewhere, at another time, in other respects.*
alibī, *elsewhere, in other respects.*
alica, æ, F., *spelt, grits, gruel.*
alicubi, *somewhere, anywhere.*
alicunde, *from somewhere.*
aliēnātio, ōnis, F., *transfer, desertion, separation, enmity.*
aliēnigena, æ, C., *foreigner.*
aliēno, 1, *estrange, remove, alter.*
aliēnus, a, um, *another's, unfavorable, unfit, foreign, hostile;* **æs aliēnum,** *debt.*
āliger, era, um, *winged.*
alimentum, i, N.; **-mōnia, æ,** F., *food, noorishment, support.*
aliō, *elsewhither.*
alioquī (-quin), *otherwise, besides.*
aliorsum (-versum), *in another way.*
ālipēs, pedis, *wing-footed.*
†**aliptes, æ,** M., *trainer, anointer.*
aliquā, *by some way, somewhere.*
aliquam, *in some degree.*
aliquamdiu, *for some time.*
aliquando, *some time, at length.*
aliquantisper, *for a while.*
aliquantulum, *some little.*
aliquantus, a, um, *somewhat, considerable;* **-to,** *in some degree.*
aliquātenus, *to some extent.*
aliqui (quis), qua, quod (quid), *some* (§ **21,** iii.); N., *something, somewhat.*
aliqui-piam, *any one, some other.*
aliquo, *some-whither.*
aliquot, *some, several.*
aliquoties, *several times.*
aliter, *otherwise.*
alitus, (alo,) *nourished.*
aliubi, *elsewhere.*
aliunde, *from elsewhere.*
alius, a, ud, īus, *other,* (§ **22,** 2).
allābor, laps-, 3, *fall* or *glide to.*
allacrimans, tis, 1, *weeping.*
allātro, 1, *bark at, revile.*
allātus, (affero,) *brought.*
allecto, 1, *allure.*
allēgo, 1, *to despatch, incite, allege.*
allego, ēgi, ect-, 3, *choose, elect.*
allevo, 1, *raise, ease, lighten.*
allex, icis, M., *thumb.*
Allia, æ, F., a river N. of Rome, famous for the victory of the Gauls, July 18, B.C. 389.
allicio, lexi, lect-, 3, *allure, entice.*
allīdo, si, sum, 3, *dash against, wreck.*
allīgo, 1, *fasten to, bind, detain.*
allium, i, N., *garlic.*
allocūtio, ōnis, F.; **-quium, i,** N., *address.*
alloquor, cūtus, 3, *to address, exhort, console.*
allubesco, 3, *please.*
allūdo, si, sum, 3, *sport, banter.*
alluo, ui, 3, *wash, flow near.*
alluvies, ēi, F., *pool, overflow.*
almus, a, um, (alo,) *nourishing, benign, cherishing, propitious.*
alnus, i, F., *alder.*
alo, ui, alt- (alit-), 3, *feed, nourish.*
†**aloē, ēs,** F., *aloe, bitterness.*
Alpes, ium, F., *the Alps.*

Alphēus (**eios**), **i**, M., a river of Peloponnesus.
alsus (**ius**), **a**, **um**, *cold.*
altāria, **ium**, N. pl., *high altar.*
altē, *on high*, *deeply.*
alter, **era**, **um** (g.,-**terius**), *other* (of two), *second; one . . . the other.*
altercātio, **ōnis**, F., *quarrel*, *dispute.*
altercor, I, *contend*, *wrangle.*
alternīs (**nē**, **nā**), *by turns.*
alterno, I, *to alternate*, *hesitate.*
alternus, **a**, **um**, *alternate.*
alter-uter, *one or the other.*
althæa, **æ**, F., *marsh-mallow.*
Althæa, **æ**, myth. m. of Meleager.
altilis, **e**, *well-fed*, *fat.*
altisonus, **a**, **um**, *lofty in tone.*
altitūdo, **inis**, F., *height*, *depth.*
altor, **ōris**, M.; **-trix**, **trīcis**, F., *nourisher.*
altrinsecus, *on the other side.*
altus, **a**, **um**, (**alo**,) *high*, *deep*, *remote.*
ālūcinor, I, *wander in mind*, *dream.*
alūmen, **inis**, N., *alum.*
alumnus, **i**, M.; **a**, **æ**, F., (**alo**,) *foster-child*, *pupil.*
alūta, **æ**, F., *soft leather.*
alveārium, **i**, N., *bee-hive.*
alveolus, **i**, M., *tray*, *tub*, *bucket.*
alveus, **ī**, M.; **um**, N., *channel*, *hull* (of ship), *cavity*, *hive.*
alvus, **i**, M., F., *belly.*
amābilis, **e**, *lovely.*
Amalthēa, a nymph of Crete, who fed Jupiter with goat's milk.
āmando, I, *send away.*
amans, **tis**, *fond*, *friendly*, *lover.*
amanter, *lovingly.*
amāracus, **i**, C. (**um**, N.), *marjoram.*
†**amarantus**, **i**, M., *amaranth.*
amāror, **ōris**, M., *bitterness.*
amārus, **a**, **um**, *bitter*, *harsh*, *sad.*
amāsius, **i**, M., *lover*, *gallant.*
amātor, **ōris**, M., *lover*, *friend.*
Amāzŏnēs, **um**, F., myth. tribe of female warriors, of Thrace.
ambactus, **i**, M., *vassal.*
ambāges, **is**, F., *circumlocution*, *obscurity*, *digression.*
ambarvālis, **e**, *going about the fields.*
ambedo, **ēdi**, **ēs-**, 3, *consume.*
[**ambi-** (**amb-**, **am-**, **an-**), *round about.*
ambigo, 3, *wander*, *doubt*, *dispute.*
ambiguus, **a**, **um**, *doubtful*, *drifting*, *uncertain*, *obscure.*
ambio, 4, *go about*, *encircle*, *solicit.*
ambitio, **ōnis**, F., *solicitation*, *flattery*, *ambition*, *canvassing.*
ambitiōsus, **a**, **um**, *twining*, *courting favor*, *vain*, *ambitious.*
ambitus, **ūs**, M., *circuit*, *bribery.*
ambo, **æ**, **o**, (§ **18**, I., 2,) *both.*
†**ambrosia**, **æ**, F., *food for gods.*
ambrosius, **a**, **um**, *divine*, *lovely.*
ambulo, I, *walk*, *go*, *march.*
ambūro, **ussi**, **ust-**, 3, *burn about.*
ambustus, **a**, **um**, *scorched.*
amellus, **i**, M., *purple starwort.*
āmens, **tis**, *mad*, *insane*, *distracted.*
amentia, **æ**, F., *madness.*
āmento, I, *furnish* or *hurl with a thong*, *impel.*
āmentum, **i**, N., *thong.*
ames, **itis**, M., *stake*, *forked pole.*
amfractus, **ūs**, M., *bend*, *crook.*
amīca, **æ**, F., *friend*, *mistress.*
amicio, **ui** (**xi**), **ct-**, 4, *wrap*, *clothe.*
amīcitia, **æ**, F., *friendship.*
amictus, **ūs**, M., *garment*, *covering.*
amiculum, **i**, N., *mantle.*
amīculus, **i**, M., *dear friend.*
amīcus, **a**, **um**, *friendly*, *friend.*
amita, **æ**, F., *father's sister.*
āmitto, **mīsi**, **miss-**, 3, *lose*, *let go.*
[**amm-**=**adm-**.
Ammōn, **ōnis**, M., the supreme Egyptian deity.
amnis, **is**, M., *river* (large deep stream).
amo, I, *to love*, *be fond of.*
amœnitas, **ātis**, F., *pleasantness*, *charm*, *darling.*
amœnus, **a**, **um**, *pleasant*, *fair.*
āmōlior, 4, *put away.*
amōmum, **i**, N., *spice-plant.*
amor, **ōris**, M., *love*, *desire.*
āmoveo, **ōvi**, **ōt-**, 2, *remove*, *steal.*
Amphiarāus, **i**, myth. seer and hero in the siege of Thebes.
Amphīon, **ŏnis**, myth. k. of Thebes.

Amphītrītē, ēs, sea-goddess, wife of Neptune.
Amphitryo (uo), **ōnis,** myth. k. of Thebes, husband of Alcmena.
Amphitryōniades, æ, *Hercules.*
amphora, æ, F., *water-jar.*
amplector, xus, 3; **-xor,** I, *to embrace, comprehend.*
amplexus, ūs, M., *embrace.*
amplio (**-fico**), I, *enlarge, widen, delay, glorify.*
amplitūdo, inis, F., *largeness, dignity, grandeur.*
amplius, *more, further,* [**amplē.**]
amplus, a, um, *large, strong, great.*
ampulla, æ, F., *flask, jar, bombast.*
amputo, I, *prune, cut off.*
Amūlius, i, myth. k. of Alba, gr.-uncle of Romulus.
amurca, æ, F., *oil-lees, dregs.*
amussis, is, im, F., *foot-rule;* **ad amussim,** *exactly.*
Amyclæ, ārum (**ē, ēs**), a town in Laconia, birthplace of Castor and Pollux (**Amyclæi fratres**).
†**amygdalum, i,** N., *almond.*
†**amylum, i,** N., *starch.*
Amyntas, æ, k. of Macedon, father of Philip; died B.C. 370.
amystis, idis, F., *eager draught.*
an, *whether, or;* (interrog. § **71**).
†**anagnostes, æ,** M., *reader.*
†**analecta, ōrum,** N., *scraps.*
anas, atis, um (**ium**), F., *duck.*
anceps, cipitis, *two-headed, doubtful, perilous, critical.*
Anchīses, æ, a prince of Troy, father of Æneas.
†**anchora=ancora,** *anchor.*
ancīle, is, N., *shield.*
ancilla, æ, F., *maid-servant.*
†**ancōn, ōnis,** M., *fork, corner.*
†**ancora, æ,** F., *anchor.*
Ancus Marcius, fourth k. of Rome, reigned B.C. 640–618.
Andromachē, ēs, wife of Hector.
Andromeda, myth. d. of Cepheus, rescued by Perseus.
ānellus, i, M., *a little ring.*
†**anemōnē, ēs,** F., *wind-flower.*
†**anēthum, i,** N., *anise, dill.*
anfractus, ūs, M., *turning, bend.*
anfractus, a, um, *broken, bent.*
†**angelus, i,** M., *angel, messenger.*
†**angīna, æ,** F., *choking.*
angiportus, ūs, M., *lane, alley.*
ango, xi, ct- (**x-**), 3, *choke, strangle, torment, press hard upon.*
angor, ōris, M., *distress, strangling.*
anguilla, æ, F., *eel.*
anguīnus (**eus**), **a, um,** *snaky.*
anguis (**en**), **is,** C., (**ango,**) *snake.*
angulus, i, M., *corner, angle, nook.*
angustē, *narrowly, closely.*
angustiæ, ārum, F., pl. *narrowness, narrow pass, defile, difficulty.*
angustus, a, um, *narrow, scanty.*
anhēlitus, ūs, M., *breath, panting.*
anhēlo, I, *to pant, gasp.*
anhēlus, a, um, *panting, gasping.*
Anien=Anio (a river).
anīlis, e, *old-womanish.*
anima, æ, F., *air, breath, life.*
animadversio, ōnis, F., *notice, reproach, investigation.*
animadverto, ti, sum, 3, *attend to;* **in** (w. acc.), *to punish, chastise.*
animal, ālis, N., *living creature.*
animālis, e, *of air, living.*
animans, tis, *living, animate.*
animatus, a, um, *minded, disposed.*
animo, I, *to give breath* or *life.*
animōsus, a, um, *spirited, daring.*
animus, i, M., *soul, mind, disposition, spirit, temper, life.*
Anio, ēnis, M., *the Teverone,* a branch of the Tiber.
Anna, æ, (Perenna,) sister of Dido.
annālis, e, *of a year;* M., *year-book;* pl. *annals, narrative.*
annecto, xui, xum, 3, *bind, fasten.*
Annibal=Hannibal.
annītor, nīs- (**nix-**), 3, *strive, lean against.*
anno (**adno**), I, *swim to.*
annon, *or not.*
annōna, æ, F., *harvest, price of corn, provision.*
annōsus, a, um, *aged.*
annōtinus, a, um, *last year's.*
annoto, I, *note, observe, register.*
annulus (**ānulus**), **i,** M., *ring.*

annumero, I, *count up, reckon.*
annuo, ui, ūt-, 3, *nod, assent, grant.*
annus, i, M., *year.*
annuus, a, um, *yearly, a-year.*
an-quiro, quīsīvi, sīt-, [**quæro,**] 3, *inquire, search.*
ansa, æ, F., *handle.*
ansātus, a, um, *with handles.*
anser, eris, M., *goose.*
ante (acc.), *before, in front.*
anteā, *before, formerly.*
anteactus, [**ago,**] *done before.*
ante-capio, 3, *anticipate, preoccupy.*
ante-cēdo, 3, *go before, excel.*
ante-cello, 3, *excel, be prominent.*
antecessor, ōris, M., *advance-guard.*
antecursor, ōris, M., *scout, pioneer.*
ante-eo, 4, *go before, exceed.*
ante-fero, *bear before, prefer.*
antegredior, gressus, 3, *usher in.*
antehāc, *till now, formerly.*
antelātus, [**fero,**] *preferred.*
antelūcānus, a, um, *before day.*
ante-mitto, 3, *send before.*
antenna (mna), æ, F., *sailyard, spar.*
antepīlānus, i, M., *of the front rank.*
ante-pōno, 3, *set before, prefer.*
ante . . . quam, *before* (that).
anterior, us, *former, in front.*
antes, ium, M., *ranks, rows.*
antesignānus, i, M., *one in front* (of standard).
ante-sto, I, *stand before, excel.*
antestor, I, *summon as witness.*
antevenio, vēni, vent-, 4, *come before, prevent, surpass.*
anteverto, si, sum, 3, *outstrip, precede, prevent, prefer.*
antevolo. I, *fly before.*
anthrax, acis, M., (coal), *cinnabar.*
anticipātio, ōnis, F., *previous idea.*
anticipo, I, *anticipate, surpass.*
† **antidotum, i,** N., *antidote, remedy.*
Antigonē, ēs, myth. d. of Œdipus.
Antiochīa, æ, the capital of Syria.
Antiochus, i, name of several kings of Syria, desc. of Seleucus; *the Great,* B.C. 238–187.
Antiopa, æ (ē, es), mother of Amphion, by Jupiter.
antīquē, *formerly, in the old way.*
antīquitas, ātis, F., *antiquity, the good old ways.*
antīquitus, *anciently, of old.*
antīquo, I, *restore, repeal, reject.*
antīquus, a, um, *ancient, famous, venerable, old.*
antistes, itis, C., *priest, overseer.*
anti-sto=ante-sto, *excel.*
Antium, i, a coast-town of Latium.
Antōnius, M., the triumvir, defeated at Actium, B.C. 31.
antrum, i, N., *cave, grotto, cavity.*
anulātus, a, um, *decked with rings.*
ānulus, i, M., *ring, seal-ring.*
anus, ūs, F., *old woman.*
anxiē, *anxiously.*
anxietas, ātis, F., *anxious care.*
anxius, a, um, *anxious, unquiet.*
Anxur, ŭris, N., a coast-town of Latium.
Aonia, æ, a district of Bœotia.
apage, *away! avaunt!*
Apennīnus, i, *the Apennine.*
aper, apri, M., *wild boar.*
aperio, erui, ert-, 4, *to open, disclose, display, reveal.*
apertē, *openly, clearly.*
aperto, I, *to lay bare.*
apertūra, æ, F., *opening.*
apertus, a, um, *open, uncovered.*
apex, icis, M., *tip, cap, summit.*
† **aphractus, i,** F., *undecked ship.*
apiānus, a, um, *of bees;* F., *camomile.*
apiārius, a, um, *of bees;* M., *bee-keeper;* N., *bee-house.*
apiastrum, i, N., *mint, balm.*
apicula, æ, F., *little bee.*
apis (es), is, F., *bee.*
apiscor, apt-, 3, *pursue, seize, get.*
apium, i, N., *parsley.*
aplūda, æ, F., *bran, chaff.*
aplustre, is, N., *ship's stern.*
Apollināris, e, *sacred to Apollo.*
Apollo, ĭnis, god of light, music, &c., son of Jupiter and Latona.
† **apologia, æ,** F., *apology, defence.*
† **apologus, i,** M., *fable, tale.*
† **apothēca, æ,** F., *storehouse.*
apparātē, *magnificently.*

apparātus, a, um, *sumptuous.*
apparātus, ūs, M., *outfit, equipment, apparatus, splendor.*
appāreo, ui, it-, 2, *appear, be manifest* or *certain, be in public.*
appāritio, ōnis, F., *service, domestics.*
appāritor, ōris, N., *public servant.*
apparo, I, *prepare, furnish.*
appellātio, ōnis, F., *address, appeal, calling by name, utterance.*
appello, I, *accost, call, name.*
appello, puli, puls-, 3, *push towards, bring to land.*
appendix, icis, F., *appendage.*
appendo, di, sum, 3, *weigh out.*
appetens, tis, *eager, grasping.*
appetentia, æ (-petītio, ōnis), F., *desire.*
appetītus, ūs, M., *attack, longing, eager desire.*
ap-peto, 3, *seek, attack, long for.*
Appia via, a road made by the Censor, Ap. Claudius, B.C. 313.
appingo, 3, *paint, inscribe.*
applaudo, si, sum, 3, *applaud, clap.*
applicātus (citus), a, um, *attached.*
applico, I, *join, fasten, drive towards, attach, apply, bring near.*
ap-pōno, 3, *put near, add, serve up.*
apporto, F., *bring, convey.*
appositus, a, um, *situated near, fit.*
appōtus, a, um, *drunk.*
ap-prehendo (-prendo), 3, *seize.*
apprīmē, *especially, chiefly.*
approbātio, ōnis, F., *approval.*
approbo, I, *approve, assent, confirm.*
appropero, I, *to hasten.*
appropinquo, I, *to approach.*
Appulia, æ, F., dist. of S. E. Italy.
appulsus, a, um, [**pello,**] *driven.*
appulsus, ūs, M., *driving-up.*
aprīcātio, ōnis, F., *basking in sunshine.*
aprīcor, I, *bask in sunshine.*
aprīcus, a, um, *sunny, open to the sky, clear, full, open.*
Aprīlis, is, M., [**aperio,**] *April.*
aprīnus (-ugnus), a, um, *of a boar.*
aptātus, a, um, *suited, fit.*
aptē, *fitly, suitably.*
apto, I, *to fit, join, prepare.*
aptus, a, um, *fit, suited, ready.*
apud (aput), *near, at, among.*
Apulia=Appulia.
aqua, æ, F., *water;* **dare,** *give time.*
aquālis, is, M., *water-pot* or *bowl.*
aquārius, a, um, *of water;* M., *water-carrier;* N., *sink, trough.*
aquāticus, a, um (-tilis, e), *belonging to water, watery, moist.*
aquātio, ōnis, F., *getting water.*
aquātus, a, um, *watery.*
aquifolium, i, N., *holly.*
aquila, æ, F., *eagle, army-standard.*
Aquilēia, æ, a town near Venice.
aquilifer, feri, N., *standard-bearer.*
aquilo, ōnis, M., *north wind.*
aquilus, a, um, *swarthy.*
Aquītānia, æ, F., dist. of S. W. Gaul; **-nus, a, um,** *Aquitanian.*
aquor, I, *to bring water.*
aquōsus, *watery, wet.*
āra, æ, F., *altar, refuge, monument.*
Arabs, ăbis (-icus, a, um), *Arabian.*
arānea, æ, F.; **us, i,** M., *spider, cobweb;* **-eum, i,** N., *cobweb.*
Arar, ăris, M., *the Saone,* a branch of the Rhone in S. E. Gaul.
arātio, ōnis, F., *ploughing, field.*
arātor, ōris, M., *ploughman, farmer.*
arātrum, i, N., *plough.*
Araxes, is, M., a river of Armenia.
Arbēla, ōrum, N., a town of Assyria where Darius was defeated, B.C. 332.
arbiter, tri, M., *witness, judge, umpire, master.*
arbitrārius, a, um, *by arbitration, arbitrary, uncertain.*
arbitrātus, ūs, M., *choice, freewill.*
arbitrium, i, N., *presence, judgment, award, dominion, will, power.*
arbitror, I, *observe, judge, think.*
arbor (ōs), ŏris, F., *tree, mast, oar.*
arboreus, a, um, *of trees.*
arbustum, i, N., *copse, grove, orchard* (for training vines).
arbuteus, a, um, *of the arbute.*
arbutus, i, F.; **um, i,** N., *wild strawberry-tree* or *fruit.*

arca, æ, F., *chest, money-box.*
Arcadia, æ, the central district of the Peloponnesus.
arcānō, *in secret.*
arcānus, a, um, *secret, hidden.*
Arcăs, ădis, *Arcadian.*
arceo, ui, 2, *to shut close, keep off, constrain, guard, confine.*
arcera, æ, F., *covered carriage* (for the sick), *ambulance.*
arcesso, īvi, īt-, 3, *summon, fetch, invite, obtain.*
† **archetypus, a, um,** *original.*
[† **archi-,** *chief.*
Archimēdes, is, a mathematician and engineer of Syracuse, who defended the city, B.C. 212.
architectus, i, M., *master-builder.*
arcitenens, tis, M., *archer* (Apollo).
arctim (tē), *closely.*
arcto, I, *strain close.*
† **arctos (us), i,** F., *the polar Bear.*
Arctūrus, i, M., a star in Boötes.
arctus, [**arceo,**] *close, narrow, strict.*
arcula, æ, F., *little chest, box.*
arcuo, I, *to bend, curve.*
arcus, ūs (i), M., *arch, bow.*
ardea, æ, F., *heron.*
ardelio, ōnis, M., *busybody.*
ardens, tis, *glowing, hot, fiery.*
ardenter, *hotly, vehemently.*
ardeo, arsi, arsum, 2, *to burn.*
ardesco, arsi, 3, *take fire, gleam.*
ardor, ōris, M., *heat, flame, glow.*
ardus=āridus, *dry.*
arduus, a, um, *steep, difficult.*
ārea, æ, F., *threshing-floor, court-yard, house-plot, field.*
ārefacio, fēci, fact-, 3, *make dry.*
arēna, æ, F., *sand, beach, arena.*
arēnārius, a, um, *of sand;* M., *gladiator;* F., *sand-pit.*
arēnātus (-ōsus), a, um, *sandy.*
ārens, tis, *parched, thirsty.*
āreo, ui, 2, *to be dry, parched.*
Areopagus (os), i, Mars' Hill, the supreme court of Athens.
āresco, arui, 3, *grow dry.*
Arethūsa, æ, F., a fountain near Syracuse, fabled to flow under the sea from Elis to Sicily.
argentārius, a, um, *of silver;* M., *banker;* F., *bench, mine.*
argenteus, a, um, *of silver, silvery.*
argentum, i, N., *silver, money.*
argilla, æ, F., *potter's clay.*
Argīvus, a, um, *of Argos; Greek.*
Argo, ūs, F., the ship of Jason.
Argolicus, a, um, *of Argos, Greek.*
Argonautæ, ārum, the heroes who sailed for the golden fleece.
Argos, N., the capital of Argolis.
argūmentātio, ōnis, F., *reasoning, proof.*
argūmentor, I, *prove by reasoning.*
argūmentum, i, N., *reasoning.*
arguo, i, ūt-, 3, *to make clear, reason, accuse, convict.*
Argus, i, the keeper of Io, having 100 eyes; slain by Mercury.
argūtē, *shrewdly, acutely.*
argūtiæ, F., *animation, wit.*
argūto (or), I, *to speak sharply* or *wittily.*
argūtiæ, ārum, F., *animation, wit, shrewdness.*
argūtus, a, um, *active, keen, witty.*
Ariadna æ, (ē, ēs), myth. d. of Minos, who fled with Theseus.
Aricia, æ, F., a town in Latium.
āriditas, ātis, F., *dryness.*
āridus, a, um, *dry, parched, lean;* N., *dry ground.*
ariĕs, etis, M., *ram, battering-beam.*
arieto, I, *to butt, push, batter.*
ariolor (hariolor), *prophesy, babble.*
Arīon, ŏnis, myth. harpist of Lesbos, rescued at sea by dolphins.
arista, æ, F., *wheat-ear, harvest.*
āritūdo, inis, F., *dryness, drought.*
arma, ōrum, N., *arms, defensive weapons, tools, tackle.*
armāmaxa, æ, F., *covered chariot.*
armāmenta, ōrum, N., *tools, tackle.*
armāmentārīum, i, M., *arsenal, dock-yard.*
armārium, i, N., *chest, closet.*
armātūra, æ, F., *equipment, troops.*
armātus, a, um, *armed, equipped.*
armātus, ūs, M., *equipment.*
Armenia, æ, *Armenia.*
Armenius, a, um, *Armenian.*

armentālis, e, *of the herd.*

armentārius, i, M., *herdsman.*

armentum, i, N., *herd of cattle,* &c.

armifer, fera, um, *bearing arms.*

armiger, geri, M., *armor-bearer, companion-in-arms.*

armilla, æ, F., *bracelet, armlet.*

armillum, i, N., *wine-vessel.*

armipotens, tis, *mighty in battle.*

armisonus, a, um, *resounding with arms.*

armo, 1, *to arm, equip, call to arms.*

Armoricus, a, um, of the coast district of N. W. Gaul.

armus, i, M., *shoulder* (of beast).

aro, 1, *to plough, till, cultivate.*

†**arōma, atis,** N., *spice.*

Arpīnum, i, a town in Latium, birthpl. of Marius and Cicero.

Arpīnus, a, um, *of Arpi,* (Apulia).

arquātus, a, um, *arched, bent.*

arquus=arcus, *bow.*

arrectus, a, um, *steep, attentive.*

arrēpo, psi, pt-, *creep toward.*

arreptus, [**arripio,**] *seized.*

Arrētium, i, N., a town of Etruria.

arrha, æ, F., (**-abo, ōnis,** M.), *pledge, pawn.*

ar-rīdeo, 2, *to smile upon, please.*

arrigo, rexi, rect-, 3, *uplift, rouse.*

arripio, ui, rept-, 3, *attack, snatch, seize, drag into court.*

arrīsor ōnis, N., *flatterer.*

arrōdo, si, sum, 3, *gnaw, nibble.*

arrogans, tis, *haughty.*

arroganter, *haughtily.*

arrogantia, æ, F., *haughtiness.*

arrogātio, ōnis, F., *adoption.*

arrogo, 1, *to question, claim.*

arrōsus, a, um, *nibbled.*

ars, artis, F., *skill, art, science, habit.*

arsus, a, um, [**ardeo,**] *burnt.*

artē (arctē), *closely.*

articulātē, *distinctly.*

articulatim, *joint by joint.*

articulātus, a, um, *jointed.*

articulo, 1, *to connect by joints.*

articulōsus, a, um, *knotty.*

articulus, i, M., *knot, joint, division.*

artifex, icis, M., *artist, builder;* (as adj.), *skilled.*

artificium, i, N., *trade, skill, trick.*

artītus, a, um, [**ars,**] *skilled.*

†**artopta, æ,** F., *baking-pan.*

artus, a, um (arctus), *close, scant.*

artus, ūs, M., *joint, limb.*

arundifer, fera, um, *reed-bearing.*

arundineus, a, um, *reedy.*

arundo, inis, F., *reed, rod, shaft.*

Aruns, tis, Etruscan name of younger sons.

aruspex, icis, M., *a diviner* (from entrails), *soothsayer.*

arvālis, e, *of the field.*

arvīna, æ, F., *fat, tallow.*

arvus, a, um, *ploughed* (not sown); N., *field, ploughed land.*

arx, arcis, F., *tower, citadel, height.*

as, assis, M., unit of weight or coin (§ **84**), consisting of 12 parts:
1 ($\frac{1}{12}$), **uncia;** 7 ($\frac{7}{12}$), **septunx;**
2 ($\frac{1}{6}$), **sextans;** 8 ($\frac{2}{3}$), **bessis;**
3 ($\frac{1}{4}$), **quadrans;** 9 ($\frac{3}{4}$), **dodrans;**
4 ($\frac{1}{3}$), **triens;** 10 ($\frac{5}{6}$), **dextans;**
5 ($\frac{5}{12}$), **quincunx;** 11 ($\frac{11}{12}$), **deunx.**
6 ($\frac{1}{2}$), **semissis;** 12 **as,** originally a pound of copper; as coin, worth afterwards about a cent.

Ascanius, myth. son of Æneas.

ascendo di, sum, 3, [**scando,**] *to climb, mount, ascend.*

ascensio, ōnis, F., **-us, ūs,** M., *ascent.*

ascia, æ, F., *axe, hoe, mattock.*

ascio, 4, *to summon, admit.*

ascisco, īvi, īt-, 3, *call for, bring in, receive, adopt, approve.*

Ascra, æ, a town in Bœotia, birthplace of Hesiod (**Ascræus**).

ascrībo, psi, pt-, 3, *write in, enrol, impute, ascribe, assign.*

ascriptīvus, a, um, *supernumerary.*

ascriptor, ōris, M., *subscriber.*

asellus, i, M., **asella, æ,** F., *donkey.*

Asia, æ, F.; (originally a town of Lydia) *Asia;* generally, *Asia Minor,* the large peninsula S. of the Black Sea.

Asiāticus, i, surname of L. Scipio, conqueror of Antiochus, B.C. 190.

asīlus, i, M., *gad-fly.*

asinārius, (-īnus), a, um, *of asses.*

asinus, i, M.; **asina, æ,** F., *an ass.*

Asius, a, um, *of Asia, Asiatic.*
†**asōtus, i,** M., *a riotous person.*
†**asparagus, i,** M., *asparagus.*
aspecto, I, *behold, look at, attend.*
aspectus, [**aspicio,**] *beheld.*
aspectus, ūs, M., *aspect, view.*
aspello, 3, *expel, drive.*
asper, era, um, *harsh, rough, cruel.*
asperē, *roughly, harshly.*
aspergo, si, sum, 3, *besprinkle.*
aspergo, inis, F., *a sprinkling.*
asperitas, ātis, F., *roughness, harshness, sharpness, cruelty.*
aspernātio, ōnis, F., *contempt.*
aspernor, I, *cast off, slight, despise.*
aspero, I, *roughen, sharpen, enrage.*
aspersio, ōnis, F., *sprinkling.*
†**asphodelus, i,** M., *asphodel* (lily).
aspicio, exi, ect-, 3, *view, behold, consider, examine, get sight of.*
aspīrātio, ōnis, F., *breathing.*
aspīro, I, *breathe on, approach.*
†**aspis, idis,** F., *asp, viper, shield.*
asporto, I, *carry away, convey.*
asprētum, i, N., *a brambly place.*
assa, ōrum. N., *sweating-room.*
Assaracus, i, one of the sons of Tros, myth. founder of Troy.
assārius, a, um, *roasted.*
assātūra, æ, *roasting.*
asseca, æ, C., *hanger-on, follower.*
assectātor, ōris, M., *attendant.*
assector, I, *attend, wait on, get.*
assensio, ōnis, F.; **-sus, ūs,** M., *assent, approval, agreement.*
assentātio, ōnis, F., *flattery, assent.*
assentātor, ōris, N., *flatterer.*
assentio, si, sum, 4, *to assent, approve.*
assentior, 4, **sens-,** *agree, assent.*
assentor, I, *flatter, comply.*
assequor, cūtus, 3, *follow close, overtake, attain, comprehend.*
asser, eris, M., *pole, joist, stake.*
asserculus, i, M., (**um,** N.), *stake, broomstick.*
assero, ēvi, it-, 3, *to plant near.*
assero, ui, ert-, 3, *assert, affirm, claim, lay hold, liberate, protect.*
assertio, ōnis, F., *declaration of freedom.*
assertor, ōris, M., *deliverer, protector, claimant.*
asservio, 4, *render service.*
asservo, I, *to preserve.*
assessio, ōnis, F., *sitting near.*
assessor, ōris, N., *assistant.*
assevērātio, ōnis, F., *earnest assertion, affirmation.*
assevēro, I, *assert, affirm, prove.*
assicco, I, *to dry, harden.*
assideo, sēdi, sess-, 2, *sit near, assist, resemble, besiege.*
assīdo, sēdi, 3, *to sit near,* or *settle upon.*
assiduē, (**-uo**), *constantly.*
assiduitas, ātis, F., *constant presence, repetition.*
assiduus, a, um, *constant, unremitting; rich;* M., *tribute-payer,* [**as**].
assignātio, ōnis, F., *allotment.*
assigno, I, *assign, appoint, impute.*
assilio, ui, sult-, 4, *leap upon.*
assimilis, e, *very like.*
assimulātio, ōnis, F., *feigning.*
assimulātus, a, um, *like, feigned.*
assimulo (ilo), I, *pretend, compare, represent, assume, feign, copy.*
assis=as, *unit* of coin, weight, &c.
assisto, stiti, 3, *stand near, assist.*
assitus, a, um, [**sero,**] *set near.*
asso, I, *to roast, broil, scorch.*
associo, I, *to join, add, unite.*
assoleo, 2, *to be usual* or *accustomed.*
assono, I, *resound, sound forth.*
assuē-facio, 3, *to accustom.*
assuesco, ēvi, ēt-, *get wonted.*
assuētūdo, inis, F., *custom, habit.*
assuetus, a, um, *accustomed, usual.*
assula, æ, F., *door, chip, splinter.*
assulātim (-ōsē), *piecemeal.*
assultim, *by leaps.*
assulto, I, *to leap upon, assault.*
assultus, ūs, M., *onset.*
assum (adsum), *to be at hand, attend, protect, appear, approach.*
as-sūmo, 3, *take, assume, choose.*
assumptio, ōnis, F., *receiving.*
assumptīvus, a, um, *extrinsic.*
assuo, 3, *sew upon.*
assurgo, exi, ect-; 3, *rise up, mount.*
assus, a, um, *roasted, dry.*

Assyria, æ, F., district of Asia, eastward of the upper Tigris.
Assyrius, a, um, *Assyrian.*
ast=at, *but.*
†**aster, eris,** M., *star, starwort.*
asterno, strāt-, 3, *spread upon.*
†**asticus, a, um,** *of the city.*
astipulor, I, *engage, agree.*
astituo ui, ūt-, 3, *to set near.*
asto, stiti, I, *stand near* or *erect.*
Astræa, æ, goddess of Justice, who forsook earth for heaven.
astrātus, [**asterno,**] *spread.*
astrepo, 3, *be noisy, roar, shout.*
astrictus, a, um, *close, brief, tight.*
astringo, inxi, ict-, *tie, bind close.*
†**astrologus, i,** M., *astronomer.*
astructio, ōnis, F., *piling-on, building.*
†**astrum, i,** N., *star, constellation.*
astruo, xi, ct-, 3, *build near, add.*
†**astu (asty),** N., *city.*
astupeo, ui, 2, *wonder at.*
astur, uris, M., *a kind of hawk.*
asturco, ōnis, M., *Spanish nag.*
astus, a, um, *crafty.*
astus, ūs, M.; **-tū,-tia, æ,** F., *craft.*
astutē, *cunningly.*
astūtia, æ, F., *dexterity, craft.*
astūtus, a, um, *crafty, expert.*
Astyanax, actis, son of Hector.
†**asylum, i,** *refuge, sanctuary.*
†**asymbolus, a, um,** *scot-fee.*
at, *but, but yet, on the other hand.*
atābulus, i, M, a hot wind, *Sirocco.*
Atalanta, æ, myth. princess of Bœotia, famous for speed in running.
atat! exclam. of pain or wonder.
atavus, i, M., *ancestor* (5th deg.).
atellānus, a, um, (of Atella, a town in Campania,) *farcical.*
āter, tra, trum, *black, dark, gloomy.*
Athamas, antis, myth. k. of Thessaly, son of Æolus.
Athēnæ, ārum, F., *Athens,* capital of Attica, made a repub. B.C. 510.
Athēnæum, i, N., temple of Minerva at Athens.
Athēniensis, e, *Athenian.*
†**atheos, i,** M., *atheist.*
†**athla, ōrum,** N., *struggles, sorrows.*
†**athlēta, æ,** M., *wrestler.*
Athos, o, on, M., a stormy promontory of Macedonia.
Atlantiadēs, æ, *Mercury.*
Atlantiadēs (-tides), the Pleiades and Hyades, daughters of Atlas.
Atlas, antis, a Titan, son of Japetos, changed to a mountain (in N. Africa) by Perseus.
†**atomus, a, um,** *indivisible.*
atque (ac), *and, as, than.*
atqui, *but yet, indeed.*
atrāmentum, i, N., *ink, black dye.*
atrātus, a, um, *in mourning.*
Atreus, ei, myth. son of Pelops, f. of Agamemnon and Menelaus.
atriensis, is, M., *house-steward.*
atritas, atis, F., *blackness.*
ātrium, i, N., [**ater,**] *hall, court.*
atrōcitas, ātis, F., *savageness, horror, severity, harshness.*
atrōciter, *cruelly, fiercely.*
Atropos, i, F., one of the Fates.
atrox, ōcis, *fierce, stern, cruel.*
attactus [**attingo,**] *touched.*
attactus, ūs, M., *touch.*
attagen, ēnis, M.; **-gēna, æ,** F., *snipe, woodcock.*
attalicus, a, um, of Attalus, or Pergamus; *gorgeous.*
Attalus, name of three kings of Pergamus, allies of the Romans, reigning B.C. 241–197; 159–138; 138–133.
attamen, *but yet.*
attamino, I, *to rob, dishonor.*
attat!=atat!
attegiæ, ārum, F., *huts.*
attemperātē, *opportunely.*
attempero, I, *to fit, adjust.*
attendo, di, tum, 3, *stretch, apply, give heed, strive, bend, strain.*
attentē, *diligently.*
attento (tempto), I, *attempt, attack, try.*
attentus, a, um, *heedful, attentive.*
attenuātus, a, um, *thin, weak.*
attenuo, I, *to make thin, lessen.*
attero, trīvi, trīt-, 3, *rub upon, wear away, destroy, weaken, exhaust.*

attestor, I, *testify, prove.*
attexo, ui, tum, 3, *weave upon.*
†**atthis, idis**, F., (of Attica), *nightingale* or *swallow.*
Attica, æ, F., dist. in E. Greece.
atticē, *elegantly.*
atticus, a, um, *elegant, superior.*
attinæ, a, um, F., *boundary-stones.*
attineo, ui, tent-, 2, *hold to, belong, detain, reach to, be of moment.*
attingo, tigi, tact-, [**tango,**] *touch upon, lie near, reach, seize.*
attollo, 3, *uplift, elevate, enlarge.*
attondeo, di, tons-, 2, *shave close, clip, prune, nibble.*
attonitē, *frantically.*
attonitus, a, um, *thunderstruck, amazed, stunned, terrified.*
attono, ui, it-, *astonish, stupefy.*
attorqueo, 2, *hurl upward.*
attraho, traxi, tract-, 3, *draw, drag, attract, contract.*
attrecto, I, *to touch, handle, appropriate.*
attribuo, ui, ūt-, 3, *impute, assign, bestow, add.*
attribūtio, ōnis, F., *assignment.*
attribūtum, i, N., *bill, draft, attribute.*
attrītus, [**tero,**] *worn, wasted.*
attrītus, ūs, M., *a rub, bruise.*
attuli, [**affero,**] *brought.*
Atys (**Attys**), **yos**, myth. k. of Lydia, son of Hercules and Omphale, queen of Lydia.
auceps, cupis, C.; [**avis capio,**] *bird-catcher.*
auctifer, era, um, *fruit-bearing.*
auctio, ōnis, F., *increase, auction.*
auctiōnor, I, *sell by auction.*
aucto, (**-ito**), I, [**augeo,**] *to increase.*
auctor, ōris, M., *author, adviser, founder, model, advocate.*
auctōrāmentum, i, N., *bounty, pay.*
auctōritas, ātis, F., *authority, influence, advice, dignity, weight.*
auctōro, I, *bind, pledge, hire.*
auctumnālis, e, *of autumn.*
auctumno, I, *bring on harvest.*
auctumnus, i, M., [**augeo,**] *autumn.*
auctus, [**augeo,**] *great, rich, ample.*
auctus, ūs, M., *growth, increase.*
aucupium, i, N., *bird-catching, game.*
aucupor, I, *watch, hunt, catch.*
audācia, æ, F., *boldness, daring.*
audacter, -citer, *fearlessly, boldly.*
audax, ācis, *bold, audacious, confident, violent, rash.*
audens, tis, *courageous, brave.*
audentia, æ, F., *courage, bravery.*
audeo, ausus, 2, *to dare, venture.*
audiens, tis, *obedient;* M., *listener.*
audientia, æ, F., *hearing, attention.*
audio, 4, *hear, understand, listen, obey, be spoken of* (well or ill).
audītio, ōnis, F., *hearing, hearsay.*
audītor, ōris, M., *hearer.*
audītōrium, i, N., *audience-hall.*
aufero, abstuli, ablāt-, *bear away, withdraw, remove, obtain.*
aufugio, fūgi, 3, *flee away.*
augeo, xi, ct-, 2, *to increase, enlarge, exalt, enrich, honor with gifts.*
augesco, 3, *grow, increase.*
augmen, inis; **-tum, i**, N., *growth.*
augur, uris, M., *augur, diviner*
augurālis, e, *respecting augury.*
augurātio, ōnis, F., *divination.*
augurātō, *having inspected the omens, with consent of the gods.*
auguratus, æ, M., *office of augur.*
augurium, i, N., *augury, interpreting of omens, prophecy.*
auguro, I, *consult, forebode.*
auguror, I, *to prophesy, forebode, divine* (by flight of birds).
augustē, *reverently.*
augustus, a, um, *majestic, august,* an Imperial title; F., a princess of the emperor's house.
Augustālis, e, (**-ānus, a, um**), *of Augustus.*
Augustus, i, Octavius Cæsar, adopted son of Julius, emperor from B.C. 31, to A.D. 14.
aula, æ, (**āï**), F., *hall, court.*
aulæum, i, N., *curtain, canopy.*
aulicus, a, um, *of the court, princely.*
†**aulœdus, i**, M., *minstrel* (who sings to the flute).
aulula, ā, F., [**olla,**] *a little pot.*

aura, æ (**āi**), F., *air, breeze, breath, vapor, gleam.*
aurārius, a, um, *of gold;* M., *goldsmith;* F., *gold-mine.*
aurātus, a, um, *gilt, gold-colored, gold-clad.*
Aurēlius, i, Emperor of Rome, reigned, A.D. 161–180.
aureus, (**-olus**), **a, um,** *golden, bright;* M., *a gold coin.*
auricomus, a, um, *gold-haired* or *leaved.*
auricula, æ, F., *lap of the ear.*
aurifer, fera, um, *gold-bearing.*
aurifex, ficis, M., *goldsmith.*
aurifodīna, æ, F., *gold-mine.*
aurīga, æ, M., *charioteer, driver, groom, pilot.*
aurīgo, I, *to drive, steer, guide.*
auris, is, F., *ear; mould-board* (of plough).
aurītus, a, um, *long-eared.*
auro, I, *to cover with gold.*
aurōra, æ, F., *dawn, morning, East.*
aurūgo, inis, F., *jaundice.*
aurum, i, N., *gold.*
Aurunci, ōrum, people of S. Italy.
auscultātio, ōnis, F., *hearkening.*
auscultātor, ōnis, M. *listener.*
ausculto, I, *hearken, listen, obey.*
ausim, [**audeo,**] *dare.*
Ausŏnes (**-ii**), people of Ausonia.
Ausonia, æ, N., ancient name of central and lower Italy.
auspex, icis, C., *diviner* (by birds); *guide, patron* or *protector.*
auspicāto, *having taken the auspices.*
auspicātus, a, um, *fortunate, auspicious, consecrated.*
auspicium, i, N., *token, omen.*
auspico, I, *to take auspices.*
auspicor, I, *watch omens* (by birds), *take the auspices, begin, enter upon.*
auster, tri, M., *south wind, south.*
austērē, *rigidly, sternly.*
austēritas, ātis, F., *harshness, rigor.*
austērus, a, um, *harsh, tart, severe, sad, gloomy.*
austrālis, ē; -trīnus, a, um, *of the south.*
ausus, [**audeo,**] *having dared;* N., *adventure, enterprise.*
aut, *either, or, or else.*
autem, *but, however, besides.*
†**authepsa, æ,** F., *stew-pan.*
author (**autor**),=**auctor,** *adviser.*
†**automatus, a, um,** *self-moving.*
autumnus=**auctumnus,** *autumn.*
autumo, I, *affirm, assent, assert.*
auxiliāris, e, *giving aid, auxiliary.*
auxiliārius, a, um, *for aid.*
auxilior, I, *to aid, help, relieve.*
auxilium, i, N., *aid, assistance;* pl. *auxiliary troops, military force.*
auxim, (pf. subj. of **augeo**), *grow.*
avārē, *eagerly, greedily.*
avāritia, æ, F., *avarice, greed.*
avārus, a, um, *greedy, covetous.*
avē, *hail, farewell.*
aveho, xi, ct-, *carry off.*
āvello, velli (**vulsi**), **vuls-,** 3, *rend away, pluck out* or *apart.*
avēna, æ, F., *oats, straw-pipe.*
Aventīnus, i, M., a hill in the S.-W. of Rome.
aveo, 2, *to desire, covet.*
aveo, 2, *be fortunate* or *blest.*
Avernus, i, M., a lake at the entrance to the world below.
ā-verro, 3, *sweep away.*
āverrunco, I, *avert, remove.*
āversio, ōnis, F. *turning away.*
āversor, I, *to turn aloof, hate, scorn.*
āversor, ōris, M., *purloiner.*
āversus, a, um, *backward, remote, hostile, estranged.*
āverto, ti, sum, 3, *turn aside, avert, withdraw, embezzle, estrange.*
avia, æ, F., *grandmother.*
āvia, ōrum, *pathless places.*
aviārius, i, M., *bird-catcher;* **-um, i,** N., *bird-cage, resort of birds.*
avidē, *eagerly, greedily.*
aviditas, ātis, F., *greediness, eager desire, avarice.*
avidus, a, um, *greedy, covetous, longing, hungry, insatiable.*
avis, is, F., *bird, flying thing, omen.*
avītus, a, um, [**avus,**] *ancestral, ancient.*
āvius, a, um, *pathless, remote.*

āvocātio, ōnis, F., *calling away, diversion.*
āvoco, 1, *call off, withdraw, recall.*
ā-volo, 1, *fly off, haste away.*
āvulsio, ōnis, F., *plucking off.*
āvulsus, [**avello,**] *torn away.*
avunculus, i, M., *uncle* (by mother's side).
avus, i, N., *grandfather, ancestor;* (1 **pater,** 2 **avus,** 3 **proavus,** 4 **abavus,** 5 **atavus,** 6 **tritavus**).
axiçia, æ, F., *scissors.*
axilla, æ, F., *arm-pit.*
axis, is, M., *axle, axis, sky, pole, north, a board* or *plank.*
axungia, æ, F., *wheel-grease.*
†**azymus, a, um,** *unleavened.*

B.

babylo, ōnis, M., *money-changer, broker.*
Babylon, ōnis, F., ancient capital the East, on the Euphrates.
Babylōnia, æ, F., the province of Babylon.
Babyloniçus, (**-us**), **a, um; -ensis, e,** *Babylonian*; **-ca, ōrum,** *embroidered tapestry.*
bacca, æ, F., *berry, fruit, pearl.*
baccar, aris, N., *valerian, wild nard.*
baccātus, a, um, *set with pearl.*
baccha, æ, priestess of Bacchus.
Bacchānal, ālis, N., a place sacred to Bacchus; pl. *festival* of B.
bacchātio, ōnis, F., *debauch.*
bacchicus (**-eus**), **a, um,** *of Bacchus.*
bacchor, 1, *to revel, riot, go about wildly,* as in the Bacchanalia.
Bacchus, i, god of Wine (**Liber**), son of Jupiter and Semele.
baccifer, era, um, *bearing berries.*
bacillum, i, N., *a little staff, wand.*
baculum, N., *staff, stick.*
badius, a, um, *brown, bay.*
†**badīzo,** 1, *to go, walk.*
Bætis, is, M., *the Guadalquiver,* in Spain; **-ica, æ,** the dist. near.

Bāiæ, ārum, F., a coast-town on the Bay of Naples.
bājulo, 1, *to carry a burden.*
bājulus, i, M., *porter, bearer.*
bālæna, æ, F., *whale.*
†**balanus, i,** M., *acorn, chestnut, balsam-nut.*
balatro, ōnis, M., *jester, buffoon.*
bālātus, ūs, M., *bleating.*
balbus, a, um, *lisping, stammering.*
balbūtio, 4, *to lisp, stammer.*
Baleāres, ium, F., a group of small islands E. of Spain.
balineum=balneum, *bath.*
bāliolus=badius, *tawny.*
ballista, æ, F., an engine like a cross-bow, for hurling stones, &c., in a siege; *battery.*
ballux=bālux, *gold-dust.*
balneārius, a, um, *of the bath;* N. pl. *bath-room.*
balneātor, ōris, M., *bath-keeper.*
balneum, i, N.; pl. **æ, ārum,** F., *bath.*
bālo, 1, *to bleat.*
balsamum, i, N., *balsam.*
balteus (**um**), **i,** M., *belt, sword-belt, edge, girdle, zone.*
balux, ūcis, F., *gold-dust.*
†**baptistērium, i,** N., *plunge-bath.*
†**barathrum, i,** N., *gulf, pit, abyss.*
barba, æ, F., *beard.*
barbarē, *outlandishly, rudely.*
barbaria, æ; -es, ēi, F., *a foreign country, barbarism, savageness.*
barbaricus, a, um, *foreign, barbaric.*
barbarus, a, um, *foreign, strange, wild, cruel.*
barbātulus, a, um, *with thin* or *slight beard.*
barbātus, a, um, *bearded, old-fashioned.*
barbitos, (**on**), **i.,** D., *lute, lyre.*
Barcas, æ, M., the family name of Hannibal.
bardītus, i, M., *office of bard.*
bardocucullus, i, M., *hooded cloak.*
bardus, a, um, *heavy, slow.*
bardus, i, M., *bard, minstrel.*
†**bāris, idos,** F., *bier, barge.*

baro, ōnis, M., *blockhead*.
barrio, 4, *to cry* or *roar;* from
barrus, i, M., *elephant*.
bascauda, æ, F., *basket* or *basin*.
†**basilicē**, *royally, completely*.
†**basilicus, a, um**, *princely, royal;* F., a building used as court-house and exchange.
bāsio, I, *to kiss*.
†**basis, is**, F., *base, foundation, pedestal*.
bāsium, i, N., *a kiss*.
bassareus, ei, M., (*foxskin*) a title of Bacchus.
basterna, æ, F., *litter, palanquin*.
Batāvus, a, um, *of Holland*.
batillum, i, N., *fire-pan, shovel*.
batiola, æ, F., *goblet*.
batuo, ui, 3, *to beat, fence*.
baubor, I, *to bark, whine*.
baxea, æ, F., *wooden shoe, clog*.
beātē, *happily*.
beātitas, ātis; tūdo, inis, F., *happiness, prosperity*.
beātus, a, um, *happy, fortunate, rich, abundant, magnificent*.
Bebryx, ycis, *Bebrycian* (of Asia Minor); a myth. king, vanquished by Pollux in boxing.
Belgæ, ārum, people of Belgium.
bellāria, ōrum, N., *dainties* (fruit, nuts, &c.).
bellātor, oris, M.; **-trix, īcis**, F., *warrior;* adj., *warlike*.
bellē, *prettily, finely*.
Bellerophon, tis, myth. son of Glaucus, who slew the Chimæra, riding upon Pegasus.
bellī, *abroad* (in the war § **55**, III., 3).
bellicōsus, a, um, *warlike, eager for war*.
bellicus, a, um, *belonging to war, warlike* (Mars); N., *battle-signal*.
belliger, era, um, *waging war*.
belligero, I, *to wage war*.
bellipotens, tis, *mighty in war*.
bello (or), I, *to make war, fight*.
Bellōna, æ, goddess of War.
Bēlus, i, myth. founder of Babylon.
bellua, æ, F. (**bēlua**), *brute*.
bellulus, a, um, *pretty*.
bellum, i, N., *war, battle*.
bellus, a, um, *pretty, elegant, fine, costly, vigorous*.
bēlua, æ, *beast, monster, brute*.
bēluōsus, a, um, *abounding in beasts*.
Bēnācus, ī, M., *Lake Garda* in N. Italy.
bene (melius, optimē), *well, honorably, pleasantly*.
benedīco, xi, ct-, 3, *bless, praise*.
benedictum, i, N., *commendation*.
benefacio, fēci, fact-, 3, *to benefit*.
benefactum, i, N., *good deed, benefit*.
beneficiārii, *privileged troops* (exempt from severer service)
beneficium, i, N., *favor, kind act privilege*.
beneficus, a, um (-ficentior, -tissimus), *liberal, kind*. [*friendly*.
bene-(beni-)volens, tis; -volus,
benevolentia, æ, F., *good-will*.
benignē, *kindly, indulgently*.
benignitas, ātis, F., *bounty, kindness, indulgence*.
benignus, a, um, *kind, indulgent, bountiful*.
beo, I; *to bless, make happy, refresh*.
Berecyntius, a, um, *of Cybele*.
Berecyntus, i, M., a mt. in Phrygia, sacred to Cybele.
beryllus, i, M., *beryl*.
bēs, bessis, M., 8 ounces ($\frac{2}{3}$ of **as**).
bestia, æ, F., *beast*.
bestiārius, i, M., one who fights with wild beasts in the arena.
bēto, 3, *to go*.
betula (-lla), æ, F., *birch*.
†**bibliopōla, æ**, M., *bookseller*.
†**bibliothēca, æ**, F., *library*.
†**biblus, i**, F., *papyrus* (paper plant).
bibo, bibi, bibit-, 3, *to drink*.
bibulus, a, um, *thirsty, absorbing moisture*.
biceps, cipitis, *two-headed, in two parts*.
bicolor, ōris, *two-colored*.
bicornis, e, *two-horned, pronged*.
bidens tis, *having two teeth;* M., *garden-fork;* F., *a sheep* 2 years old, or with two front teeth.

bidental, ālis, *struck with lightning* (forked); a consecrated place.
biduum, i, N., *space of two days.*
biennium, i, N., *two years.*
bifāriam, *on two sides, double.*
bifer, fera, um, *double-yielding.*
bifidus, a, um, *cleft, forked.*
biforis, e, *having two openings.*
biformis, e, *double-shaped.*
bifrons, tis, *two-faced.*
bifurcus, a, um, *forked.*
bīgæ, ārum, F., *team of two horses.*
bīgātus, a, um, *stamped with figure of* bigæ.
bījugis, e; -us, a, um, *yoked, coupled.*
bilibris, e, F., *of two pounds' weight.*
bilinguis, e, *double-tongued.*
bilis, is, F., *bile, gall, wrath.*
bilix, īcis, *twilled.*
bilustris, e, *of ten years.*
bimaris, e, *between two seas.*
bīmātus, ūs, M., *two years.*
bimembris, e, *having double limbs* (as centaurs).
bimestris, e, of *two months.*
bīmus, a, um, *two years old.*
bīni, æ, a, *two and two, by twos.*
bipālium, i, N., *mattock, pick.*
bipalmis, e, *two spans long.*
bipartīto, *in two divisions.*
bipatens, tis, *opening both ways.*
bipedālis, e, *two feet long* or *thick.*
bipennis, is, i, F., *battle-axe* (two-edged).
bipēs, edis, *two-footed.*
birēmis, is, F., *ship* (of two banks of oars).
bīs, *twice.*
bissēni, *twelve* (each).
bisulcilingua, æ, C., *hypocrite.*
bisulcus, a, um, *cloven, furrowed, forked.*
Bīthynia, æ, F., prov. in N. W. Asia Minor.
bitūmen, inis, N., *bitumen, coal-tar.*
bīvius, a, um, *having two ways* or *passages.*
blæsus, a, um, *lisping, stammering.*
blandē, *softly, kindly.*
blandīmentum, i, N., *blandishment, flattery, charm.*
blandior, 4, *to flatter, caress, allure.*
blanditer, *gently, sweetly.*
blanditia, æ; ēs, ēi, *flattery, fondling, delight.*
blandus, a, um, *gentle, courteous, caressing, alluring.*
blatero, I; **blatio,** 4, *prate, babble.*
blatta, æ, F., *moth, cockroach.*
blattāria, æ, F., *moth-mullein.*
blennus, i, M., *sorry fellow, dolt.*
bliteus, a, um, *mean, foolish.*
blitum, i, N., *spinage.*
boa, æ, F., *water-snake, measles.*
boārius, a, um, *of oxen* or *cattle.*
Bocchus, i, king of Mauritania (North Africa), father-in-law of Jugurtha.
Bœōtia, æ, F., district of central Greece, N. W. of Attica.
boiæ, ārum, F., *collar.*
bōlētus, i, N., *mushroom.*
† **bolus, i,** M., *cast* (with dice), *gain, profit, bait.*
bombilo, I; to *hum* or *buzz.*
bombilus, i, M., *hum, buzz.*
bombycinus, a, um, *of silk.*
bombyx, ycis, D. *silk-worm, silk, fine cotton.*
Bona Dea, æ, goddess of female honor, worshipped by women.
bonitas, ātis, F., *goodness, kindness.*
Bonōnia, æ, *Bologna,* in N. Italy.
bonus, a, um (melior, optimus), *good, kind, fit, prosperous, virtuous;* N. pl. *riches, goods.*
boo, I, *to roar, bellow.*
boōtes, æ (is), M., a constellation.
boreas, æ, M., *north-wind, north.*
Borysthenes, is, M., *the Dnieper.*
bōs, bovis, (§ **11**, III., 4), *ox, cow.*
Bosporus, i, M., the strait from the Black Sea to the Propontis.
botellus (-ulus), i, M., *sausage.*
† **botrus, i,** M., cluster of grapes.
† **botryo ōnis,** M., *raisins.*
bovīle, (būbīle), is, N., *cattle-stall.*
bovīnor, I, *to brawl, revile.*
brabyla, ōrum, M., *damsons.*
brācæ, ārum, *breeches, trowsers.*
brācātus, a, um, *having trowsers, foreign, effeminate.*

brăchiālis, e, *of the arm;* N., *bracelet, armlet.*
brăchium, i, N., *arm* (fore-arm), *branch, sail-yard.*
bractea, æ, F., *gold-leaf, tinsel.*
branchiæ, ārum, F., *gills.*
brassica, æ, F., *cabbage.*
Brennus, i, chief of the Gauls, who captured Rome, B.C. 389.
breve (i), *shortly, in few words.*
brevia, ium, N., *shallows.*
breviārius, a, um, *abridged.*
brevio, I, *to abridge.*
brevis, e, *short, small, brief, shoal.*
brevitas, ātis, F., *shortness, conciseness.*
breviter, brevius, -issimē, *shortly.*
Briareus, ei, a hundred-handed Giant, who defended Olympus.
Brigantes, um, people of N. Britain, Yorkshire, Cumberland, &c.
brīsa, æ, F., *grape-pomace.*
Britannia, æ, F., Britain; adj., **-nus**
Brixia, æ, F., *Brescia,* in N. Italy.
brochus, a, um, *projecting.*
† **bromos, i,** M., *oats, fodder.*
† **brontia, æ,** F., *thunderstorm.*
brūma, æ, F., *frost, winter* (solstice).
brūmālis, e, *wintry, of winter.*
Brundisium, i, N., a seaport in S. E. Italy, nearest Greece.
brutiarii, a class of menials.
Bruttii, ōrum, people of the extreme S. of Italy, near Sicily.
brūtus, N., *dull, brutish.*
Brutus, L. Junius, a founder of the Roman Republic, B.C. 509; **Marcus,** friend of Cicero, a conspirator against Cæsar, d. at Philippi, B.C. 42.
bryōnia, æ, F., *briony* (wild vine).
būbalus, i, M., *gazelle.*
būbīle, is, N., *cattle-stall.*
būbo, ōnis, M., *horned owl.*
būbulcito (tor), I, *to keep oxen.*
bubulcus, i, M., *ploughman, herdsman.*
būbulo, I, *hoot* (like an owl).
būbulus, a, um, *of cattle;* F. *beef.*
būcæda, æ, M., *cow-hided* fellow.
bucca, æ, F., *cheek, bawler.*
buccea, æ, F., *mouthful.*
buccina, æ, F. (**būcina**), *trumpet, horn.*
buccinātor, ōris, M., *trumpeter.*
buccino, I, *sound the trumpet.*
bucco, ōnis, M., *big-mouth, blockhead.*
buccula, æ, F., *cheek, face-guard* (of helmet.)
būcerus, a, um, *ox-horned.*
būcētum, i, N., *cow-pasture.*
būcina (buccina), æ, F., *trumpet.*
† **būcolicus, a, um,** *pertaining to herdsmen.*
būcula, æ, F., *heifer.*
būculus, i, M., *steer, young ox.*
būfo, ōnis, M., *toad.*
bulbus, i, M., *bulb, onion.*
† **būlē, ēs,** F., *senate, council.*
† **buleuta, æ,** M., *councillor.*
bulga, æ, F., *knapsack.*
† **būlīmus, i,** M.; **ia, æ,** F., *voracious hunger, faintness.*
bulla, æ, F., *bubble, stud, ball* (child's ornament).
bullātus, a, um, *having the bulla.*
bullo, I; **io,** 4, *to boil, bubble.*
būmastus, i, M., *a large-clustered grape.*
būra, æ; -is, im, i, F., *plough-tail.*
bursa, æ, F., *ox-hide, purse.*
Busīris, idis, myth. k. of Egypt, slain by Hercules.
bustirapus, i, M., *body-snatcher.*
bustuārius, a, um, *of tombs* or *funeral piles.*
bustum, i, M., *burial mound, tomb,* place of burning dead bodies.
būteo, ōnis, M., *hawk, falcon.*
būtyrum (butyr), i, N., *butter.*
buxeus, a, um, *of box-wood.*
buxum, i, N.; **us,** i, F., *box-wood,* (*pipe, flute, top, comb,* &c.).
Byrsa, æ, the citadel of Carthage.
byssinus, a, um, *of fine cotton.*
† **byssus, i,** F., *fine flax, cotton.*
Byzantium, i, N., a Greek colony in Thrace; *Constantinople,* Capital of the Empire, A.D. 330.

C.

C, the prænomen **Caius**, (**Gaius**); as numeral, 100.
caballīnus, a, um, *of the horse.*
caballus, i, M., *pack-horse, pony, nag.*
Cabīri, divinities worshipped in Lemnos.
căcabus, i, M., *kettle, pan.*
cachinnātio, ōnis, F., *laughter.*
cachinno, 1, *to laugh aloud.*
cachinnus, i, M., *laughter, derision.*
cachla, æ, F., *may-weed, ox-eye.*
†**cacoēthes, is,** F., *obstinate disease.*
† **cactos, i,** F., *artichoke.*
cacula, æ, M., *soldier's boy.*
cacūmen, inis, N., *top, peak, limit.*
cacūmino, 1, *to make pointed.*
Căcus, i, myth. son of Vulcan.
cadāver, eris, N., *carcass, corpse.*
cadaverōsus, a, um, *corpse-like.*
cadīvus, a, um, *apt to fall.*
Cadmus, i, myth. founder of Thebes, brother of Europa.
cado, cecidi, cās-, *to fall, sink, drop, decay, die, befall, suit, fit.*
cādūceātor, ōris, M., *messenger* with flag of truce.
cāduceüs, i, M.,**-um** (N.), *wand, herald's staff.*
cādūcifer, i, *staff-bearer*, an epithet of Mercury.
cadūcus, a, um, *fallen, frail, ready to fall;* N., *a windfall.*
cadurcum, i, N., *quilt, sheet.*
†**cadus, i,** M., *flask, jar* (9 gallons).
†**cæcias, æ,** M., N. E. *wind.*
cæcilia, æ, F., *blind-worm, lizard.*
cæcitas, ātis, F., *blindness.*
cæco, *to make blind* or *dark.*
Cæcubum, i, N., town of S. Latium.
cæculto, 1, *to be dim-sighted.*
cæcus, a, um, *blind, dark, obscure, gloomy, doubtful, vain.*
cædes, is, F., *slaughter, massacre.*
cædo, cecīdi, cæs-, 3, *cut, strike, kill.*
cæduus, a, um, *that may be cut.*
cælāmen, inis, N., *engraved work.*
cælātor, ōris, M., *engraver.*
cælātūra, æ, *embossed work.*
cælebs, ibis, *unmarried.*
cæles, itis; **-estis, e,** *celestial, heavenly;* M., pl. *the gods.*
cælibātus, ūs, M., *single life.*
cælicola, æ, C., *dweller in heaven.*
cælo, 1, *engrave, carve* (in raised work), *emboss.*
cælum, i, N.; pl. **i,** M., *sky, heaven.*
cælum, i, N., *chisel.*
cæmentum, i, N. *hewn stone.*
cæna=**cena,** *supper.*
Cæneus, ei, myth. d. of Elatus, changed to a young man; a hero at the battle of the Centaurs.
cæpa, æ, F.; **-e, is,** N., *onion.*
Cære, is, N., a town of Etruria.
cæremōnia, æ, F., *religious rite, sacredness, awe.*
Cærites, (**-ētes**), **um,** people of Cære, with partial rights as Roman citizens.
cæruleus, a, um, *blue* of the sky or sea; *dark* of clouds or trees.
Cæsar, C. Julius, the Dictator, B.C. 100–44.
cæsariātus, a, um, *covered with hair, having long hair.*
cæsaries, ēi, F., *a head of hair.*
cæsim, *with the edge, by cuts.*
cæsio, ōnis, F., *cutting.*
cæsius (**-itius**), **a, um,** *bluish gray.*
cæspes, itis, M., *turf, altar, hut, knob, clump, field.*
cæstus, ūs, M.; [**cædo,**] *gauntlet* (of hide and metal, for boxing).
cæsūra, æ, F., *cutting* (see § **79**).
cæsus, [**cædo,**] *cut.*
cæter=**cēter,** *other.*
cæterum=**cēterum,** *but.*
Caīcus, i, M., a river of Mysia.
Cajēta, æ, the nurse of Æneas.
Calabria, æ, F., dist. of S. E. Italy.
calamister, tri, M.; **-trum, i,** N., *crimping-iron, florid ornament.*
calamitas, ātis, F., *mischief, disaster* (to crops by hailstorm), *ruin.*
calamitōsus, a, um, *wretched, ruinous.*

†**calamus, i,** M., *reed, pen, straw, corn-stalk.*
†**calathus (-iscus), i,** M., *basket, bowl.*
calātor, ōris, M., *summoner, attendant.*
calautica, æ, F., *hood, head-veil.*
calcar, āris, N., [**calx,**] *spur.*
calcārius, a, um, *of lime.*
calcātor, āris, M., *trampler.*
calceāmen, inis; -mentum, i, N., *shoe.*
calceo (io), 1, *to put on shoes.*
calceus (-olus), i, M., *shoe* (half-boot).
Calchas, antis, a Greek seer in the siege of Troy.
calcitro, [**calx,**] 1, *to kick.*
calcitro, ōnis, M., *blusterer.*
calco, 1, *tread, trample, travel.*
calculo, 1, *reckon.*
calculo, ōnis, M., *reckoner, teacher.*
calculōsus, a, um, *pebbly, gravelly.*
calculus, i, M., *pebble, gravel, a vote, reckoning.*
caldārius, a, um, *for heating water;* F., N., *hot-bath.*
caldor, ōris, M., *heat.*
caldus=calidus, *hot.*
Calēdonia, æ, F., *Scotland* (Highlands).
cale-facio, (calfacio), 3; **-facto,** 1, *to heat, vex;* **-fio,** *be heated.*
calendæ=kalendæ, *first of the month.*
caleo, ui, 2, *to glow, be hot, warm.*
Cales, ium, F., a town of Campania, north of Naples.
calesco, 3, *to grow warm.*
calfacio=calefacio, *to heat.*
caliculus, i, M., *little cup, inkstand.*
calidē, *promptly.*
calidus, a, um, *hot, warm, fiery, eager, hasty.*
caliendrum, i, N., a head-dress.
caliga, æ, F., *soldier's boot.*
caligātus, i, M., (*booted*), *a private.*
cālīginōsus, a, um, *misty, obscure.*
cālīgo, inis, F., *mist, fog, darkness.*
cālīgo, 1, *to be* or *make dark.*
caligula, æ, F., *little-boot.*
Caligula, æ, C., the third Roman Emperor, A.D. 37–41.
calix, icis, M., *cup, chalice.*
callens, tis, *skilled, versed.*
calleo, ui, 2, *be hard;* or *skilled, experienced.*
callidē, *cleverly, slyly.*
calliditas, ātis, F., *cunning, shrewdness, skill, aptness.*
callidus, a, um, *cunning, skilful.*
Calliopē, ēs, chief of the Muses, Poetry.
callis, is M., *foot-path, cattle-track.*
callōsus, a, um, *hard, callous, thick-skinned.*
callus i, M., (**um** N.); *hard skin, hardness, dulness.*
calo, 1, *to call.*
cālo, ōnis, M., *camp-servant, drudge.*
calor, ōris, M., *heat, glow, zeal.*
Calpē, ēs, F., headland of Gibraltar, in Southern Spain.
caltha, æ, F., *marigold.*
calthula, æ, F., *yellow robe.*
calumnia, æ, F., *false accusation, artifice, intrigue.*
calumniātor, ōris, M., *pettifogger, chicaner.*
calumnior, 1, *to accuse falsely, attack unfairly, torment one's self.*
calumniōsus, a, um, *tricky.*
calva (-āria), æ, F., *skull, scalp.*
calveo 2, (**-esco**), 3, *to be bald.*
calvities, ēi, F.; **-ium, i,** N., *baldness.*
calvor, 1, *to attack, intrigue, evade, deceive.*
calvus, a, um, *bald.*
calx, cis, F., *lime, chalk, goal.*
calx, cis, D., *heel.*
Calydon, ōnis, F., a town of Ætolia, famous for the boar slain by Meleager (**Calydōnius sus**).
Calypso, ūs, myth. d. of Atlas.
calyx, ycis, M., *cup* (of flower), *shell.*
Camarīna, æ, F., a city of S. W. Sicily.
cambio, 4, *to exchange, barter.*
camella, æ, F., *porringer, wine-cup.*
†**camēlopardalis, is,** F., *giraffe.*

†**camēlus, i,** M, *camel.*
Camēna, æ, F., *muse, song.*
camera, æ, F., *vaulted roof.*
Camers, tis, of Camerium, a town of Umbria.
camillus, i, M., **-a, æ,** F., *priest's servant.*
Camillus, M. Furius, the Dictator, who rescued Rome from the Gauls, B.C. 389.
camīnus, i, M., *forge, fire-place.*
Campania, æ, F., the dist. of S. W. Italy, near Naples.
Campănus (-icus), a, um, *Campanian,* of Campania.
†**campē, ēs,** F., *a crooked turn.*
campester, tris, tre, *of the plain, level;* N., *a wrestler's apron.*
campus, i, M., *plain, field, level surface;* **C. Martius,** an open field at Rome, outside the N. wall, where elections were held.
camurus, a, um, *crooked.*
canālis, is, M. F.; **-liculus, i,** M.; **-a, æ,** F., *channel, gutter, groove.*
canārius, a, um, *of dogs.*
cancelli, ōrum, M., *lattice, cross-bars, railings* of court-house.
cancello, I, *make crosswise.*
cancer, cri (ceris), M., *crab.*
cande-facio, 3, (P. **-fīo**), *to make white.*
candēla, æ, F., *candle, taper.*
candēlābrum, i, F., *candlestick.*
candeo, ui, 2, (**-esco,** 3), *be white, gleam, glitter, glisten.*
candico, I, *to be whitish.*
candidātus, i, M., *candidate* (clad in white).
candidus, a, um, *glistening white, clean, fair, sincere, open.*
candor, ōris, M., *whiteness, purity, splendor.*
cāneo, ui, 2, *to be white* or *hoary.*
cānesco, 3, *grow hoary.*
cāni, ōrum, M., *gray hairs.*
canīcula, æ, F., *whelp, dog-star.*
canīnus, a, um, *currish, of a dog.*
canis, is, (g. pl. **um**), C., *dog.*
canistra (-tella), ōrum, N., *basket.*
cānities, ēi, F., *hoariness, old age.*
canna, æ, F., *cane, reed.*
cannabinus, a, um, *of hemp.*
†**cannabis, is, im,** F., *hemp.*
Cannæ, ārum, a town of Apulia, where the Romans were defeated by Hannibal, B.C. 216 [**pugna Cannensis**].
cano, cecini, cant-, *to sound, sing, play, recite, blow* (as signal).
†**canon, ōnis,** M., *rule, model.*
†**canonicus, a, um,** *regular.*
Canōpus, i, M., a coast town of Lower Egypt.
canor, ōris, M., *melody, clang.*
canōrus, a, um, *melodious, singsong.*
Cantabria, æ, F., coast-dist. of N. Spain, on the Bay of Biscay.
cantāmen, inis, N., *charm, incantation.*
cantātio, ōnis, F., *music, song.*
cantātor, ōris, M.; **-trix, īcis,** F., *singer.*
canteriātus, a, um, *underpropped.*
canterīnus, a, um, *of a horse.*
canterius, i, M., *gelding* (horse); *trellis, lattice-work.*
cantharis, idis, F., *beetle, Spanish fly.*
cantharus, i, M., *jug, tankard, pot.*
canthus, i, M., *wheel-tire.*
canticum, i, N. (**-tilēna, æ;** F.), *song, ballad.*
canticus, a, um, *musical.*
cantio, ōnis, F., *singing, song.*
cantito, i, *to sing often.*
Cantium, i, N., Kent, in S. E. Britain, the dist. nearest Gaul.
canto, I, *sing, chant, declaim, praise in song, declare, enchant.*
cantor, ōris, M.; **-trix, trīcis,** F., *singer, poet, actor, eulogist.*
cantūrio, 4, *to sing, chirp.*
cantus, ūs, M., *singing, playing, song, prophecy, incantation.*
cānus, a, um, *gray, hoary.*
canusīna, æ, F., *fine-web garment.*
Canusium, i, N., a town of Apulia.
capācitas, ātis, F., *capacity, largeness.*
Capaneus, ei, a chief at Thebes, struck with lightning by Jupiter.

capax, ācis, *apt to seize, capable of holding, apt, fit, capacious.*
capēdo, inis, F., *bowl, cup.*
capella, æ, F., *kid, she-goat.*
Capēna, æ, F., an Etrurian town.
caper, pri, M., *he-goat.*
capero, I, *to frown, wrinkle.*
capesso, īvi, īt-, 3, *seize, take in hand, lay hold, resort.*
Caphāreus, ei, M., a promont. of Eubœa.
capillāceus, a, um, *hair-like.*
capillāmentum, i, M., **-ātio, ōnis; -atūra, æ,** F., *hair, fibre.*
capillāris, e, *of the hair.*
capillātus, a um, *hairy.*
capillor, I, *to be hairy.*
capillōsus, a, um, *full of hair.*
capillus, i, M., [**caput,**] *hair.*
capio, cēpi, capt-, 3, *take, seize, rob, ruin, select, receive, attain.*
capis, idis, F., *cup, can.*
capistro, I, *to muzzle, halter.*
capistrum, i, M., *halter, muzzle.*
capitālis, e, *of the head, capital, eminent, deadly.*
capitium, i, N., [**capio,**] *boddice.*
capito, ōnis, M., *big-head.*
Capitōlīnus, a, um, of the Capitol.
Capitōlium, i, M., *citadel, capitol,* temple of Jupiter on the central hill of Rome.
capitulum, i, N., *capital, little head.*
†**capo, ōnis,** M., *a capon.*
Cappadocia, æ, F., E. district of Asia Minor.
Cappadox, ŏcis, *Cappadocian.*
capparis, is, im, M., *caper.*
capra, æ, F., *she-goat.*
caprārius, i, M., *goatherd.*
caprea, æ, F., *doe, wild goat.*
Capreæ, the I. *Capri,* near Naples.
capreolus, i, M., *buck, chamois; stay* or *prop, tendril.*
capricornus, i, M., *the Goat* (constellation).
caprificus, i, F., *wild fig.*
caprigenus, a, um, *of the goat breed.*
caprīle, is, N., *goat-pen.*
caprimulgus, i, M., *goat-milker.*
caprinus, a, um, *of goats.*
capripēs, pedis, *goat-footed,* (satyr).
capsa, æ, F., *box, chest.*
capsānius, i, M., a slave who took charge of budgets.
capsula, æ, F., *band-box.*
captātio, ōnis, F., *catching at.*
captātor, ōris, M., *snatcher, legacy-hunter.*
captio, ōnis, F., *catch, deceit, sophism, mischief.*
captiōsus, a, um, *captious, crafty.*
captīvitas, ātis, F., *captivity, capture,* (of eyes) *blindness.*
captīvus, a, um, *captured;* M. F., *prisoner.*
capto, I, *catch at, strive after, allure.*
captūra, æ, F., *catching, prey, gain.*
captus, [**capio,**] *taken.*
captus, ūs, M., *grasp, capacity, handfull.*
Capua, æ, F., the chief town of Campania, 20 miles N. of Naples.
capulāris, e, *near the grave.*
capulo, I, *pour off; catch.*
capulus, i, M., **um, i,** N., *coffin, handle, hilt.*
caput, itis, N., *head, chief, top, summit;* of rivers, *the source* or *mouth; life.*
Capys, yos, father of Anchises.
carabus, i, M., *crab, kayak* (boat).
caracalla, æ, F., *Gallic mantle.*
carbasus (-eus), a, um, *flaxen.*
carbasus, i, F.; pl. N., **a, ōrum,** *linen, canvas, curtain, sail.*
carbo, ōnis, M., *coal, charcoal.*
carbōnārius, i, M., *collier.*
carbunculus, i, M., *small coal, carbuncle.*
carcer, eris, M., *dungeon, prison;* pl. *barriers* (of race-course.
carcereus (-ārius), a, um, *of a prison.*
†**Carchēdonius, a, um,** *of Carthage.*
carchēsium, i, N., *cup, goblet.*
†**carcinōma, atis,** N., *a foul ulcer.*
cardiacus, a, um, *of the stomach.*
cardinālis, e, *pivotal, chief.*
cardo, inis, M., *hinge, pivot, beam, tenon, pole* (of heavens).

carduēlis, e, *linnet, thistlefinch.*
carduus, i, M., *thistle.*
cārē, *dear, at high cost.*
cārectum, i, N., *growth of sedge.*
†**carēnum, i,** N, *boiled grape-juice.*
careo, ui, it- 2, *to lack, be without, devoid* or *deprived of.*
cārex, icis, F., *sedge.*
Cāria, æ, S. W. district of Asia Minor.
caries, em, e, F., *rottenness, decay.*
carīna, æ, F., *keel, ship, nutshell;* pl., a district in Rome.
carīnātus, a, ūm, *keel-formed.*
cariōsus, a, um, *rotten, mellow.*
cāritas, ātis, F.. *dearness, high price, esteem, love.*
carmen, inis, M., *song, tune, poem, oracle; card,* for wool or flax.
Carmenta, æ, mother of Evander, an Arcadian prophetess.
carmino, I, *to charm, card* (wool).
carnārius, a, um, *of flesh;* M., *butcher;* N., *flesh-hook, larder.*
carnifex (-ufex), ficis, M., *executioner, murderer, knave.*
carnificīna, æ, F., *headsman's office, torment, place of torture.*
carnifico, I, *behead, mangle.*
carnōsus, a, um, *fleshy, gross.*
carnufex=carnifex, *knave.*
caro, carnis, F., *flesh.*
caro, ui, 3, *to card wool.*
Carpăthus, i, F., an island of the Ægean, near Rhodes.
carpentārius, i, M., *cartwright.*
carpentum, i, N., *chariot, waggon.*
carpīnus, i, F., *horn-beam.*
carpo, psi, pt-, 3, *pluck, gather, tear away, open, pass, divide.*
carptim, *in bits, piecemeal.*
carptūra, æ, F., *sucking, gathering.*
carrāgo, inis, F., *barricade of carts.*
carrūca, æ, F., *covered waggon.*
carrus, (-ulus), i, M., *cart, waggon.*
Carthāgo, āginis F. **(Karthago),** *Carthage.*
cartilāgo, inis, F., *gristle, cartilage.*
cārus, a, um, *dear, costly, precious.*
Caryātides, um, maidens of Carya in Laconia, serving Diana.
†**caryon, i,** M., *a nut.*
†**caryōta, æ, (-tis idis),** F., *date.*
casa, æ, F., *cottage, tent.*
caseus, i, M. **(um,** N.), *cheese.*
casia, æ, F., *cinnamon.*
Casilīnum, i, N., a town near Capua.
Casīnum, i, N., a colony in Latium.
cāso, I *to reel, tumble.*
Caspium mare, *the Caspian sea.*
Cassandra, æ, d. of Priam, a prophetess, slain by Clytæmnestra.
cassē, *in vain.*
casses, ium, M., *hunting-net.*
cassida, æ, F., *helmet.*
Cassiopē (-ēa), æ, wife of Cepheus.
cassis, idis, F., *helmet* (of brass).
cassīta, æ, F., *crested lark.*
Cassiterides, um, F., *the Scilly Is.* S. W. of Britain.
Cassius, C., chief conspirator against Cæsar, d. at Philippi, B.C. 42; **Cassiāni,** his partisans.
casso, I, *to destroy, annul.*
cassus, a, um, *vain, void, devoid.*
Castalia, æ, F., a fountain of Parnassus, sacred to Apollo.
castanea, æ, F., *chestnut.*
castē, *purely, uprightly.*
castellānus, a, um, *of the castle* or *fort;* M., *holders of the castle.*
castellātim, *in detached forts.*
castellum, i, N., *fort, castle, citadel.*
castēria, æ, F., *forecastle.*
castīgātē, *briefly, closely.*
castīgātio, ōnis, F., *chastisement.*
castīgātor, ōris, M., *reprover.*
castīgātus, a, um, *confined, slender.*
castīgo, I, *to chastise, chide, check.*
castitas, ātis; -mōnia, æ, F., *chastity, purity.*
†**castor, ŏris,** M., *beaver.*
Castor, ŏris, myth. son of Tyndarus and Leda; twin-br. of Pollux.
castra, ōrum, N., *camp.*
castrensis, e, *of the camp.*
castro, I, *to cut, prune, enfeeble.*
castrum, i, N., *castle, fortress.*
castus, a, um, *chaste, pure, holy, devout.*
casula, æ, F., *cottage.*

cāsus, ūs, M., *fall, chance, mishap, end, occasion, calamity, death.*
Catabathmos, i, M., coast-dist. of Africa, W. of Egypt.
†**cataclysmos, i,** M., *deluge.*
†**catadromus, i,** M., *tight-rope.*
†**catamītus, i,** M. (Ganymedes), *an effeminate* or *lascivious person.*
†**cataphractes, æ,** F., *scale-armor.*
†**cataphractus, a, um,** *in mail.*
†**cataplus, i,** M., *fleet, landing.*
†**catapulta, æ,** F., a military engine for throwing arrows, &c.
†**cataracta, æ,** F.; (**-es**), M., *cataract, portcullis, floodgate.*
†**catascopus, i,** M., *scout, spy-ship.*
†**catasta, æ,** F., *stage, scaffold.*
†**catastrōma, atis,** N., *deck.*
†**catax, ācis,** *limping, lame.*
catē, *sagaciously, skilfully.*
catēja, æ, F., *barbed dart.*
catellus, i, M.; **-lla, æ,** F., *whelp, puppy, small chain.*
catēna, æ, F., *chain, fetter.*
catēnātio, ōnis, F., *band, clamp.*
catēnātus, a, um, *chained, joined.*
caterva, æ, *crowd, troop, band, company.*
catervātim, *in troops.*
†**cathedra, æ,** F., *chair, seat.*
†**cathetus, i,** F., *plumb-line.*
†**catholicus, a, um,** *universal.*
Catilīna, æ, L. Sergius, head of the conspiracy, B.C. 63.
catillo, I, *to lick dishes.*
catillo, ōnis, M., *glutton.*
Catina, æ, F., *Catania,* in Sicily.
catīnus (-illus), i, M., *dish, bowl, pot.*
Cato, M. Porcius, the censor, B.C. 232–147; the younger, enemy of Cæsar, B.C. 93–45, d. at Utica.
catōmus, i, M., *between the shoulders.*
†**catōnium, i,** N., *the lower world.*
catulus, i, M., *puppy, whelp, cub.*
catus, i, M., *tom-cat.*
catus, a, um, *shrill, shrewd, wise.*
Caucasius, a, um, *of the Caucasus.*
Caucasus, i, M., the mts. between the Black and Caspian Seas.
cauda, æ, F., *tail.*
caudeus, a, um, *wooden.*
caudex (cōdex), icis, M., *stock, log, boat, book* (of thin tablets).
caudicālis, e; -cārius (-ceus), a, um, *of trunks of trees.*
Caudīnus, a, um, *of Caudium,* a Samnite town; **furcæ Caudīnæ** a defile famous for a defeat of the Romans, B.C. 321.
caulæ, ārum, F., *sheep-fold, passage.*
caulis, is, M., *stalk, stem, cabbage.*
Caunus, i, F., a town of Caria.
caupo, ōnis, M., *innkeeper, huckster.*
caupōna, æ, F., *tavern, landlady.*
caupōnius, a, um, *of an inn.*
caurus (cōrus), i, M., N. W. wind.
causa (caussa), æ, F., *cause, reason, occasion, pretence, excuse;* (abl.), *for the sake of.*
causārius, a, um, *discharged for sickness, invalided.*
causia, æ, F., *wide-brimmed hat.*
causidicus, i, M., *advocate, pleader.*
causor, I, *plead, discuss.*
†**causticus, a, um,** *caustic, burning.*
causula, æ, F., *petty cause.*
cautē, *cautiously.*
cautēla, æ, F., *precaution.*
cautērio, I, *to brand, burn.*
†**cautērium, i,** N., *branding-iron.*
cautes, is, F., *crag, sharp rock.*
†**cautim,** *warily.*
cautio, ōnis, F., *care, caution, foresight, security, bail.*
cautor, ōris, M., *care-taker, surety.*
cautus, [**caveo,**] *cautious, secure, wary;* N. pl., *securities.*
cavāticus, a, um, *living in caves.*
cavea, æ, F., *cave, stall, cage, coop, spectators' seats, theatre.*
caveo, cāvi, caut-, 2, *beware, take heed, provide, get bail.*
caverna, æ, F., *cavern, vault, hold.*
cavilla, æ, F., *cavil, scoff, jest.*
cavillātio, ōnis, F., *jeering, raillery.*
cavillātor, ōris, M., *jester.*
cavillor, I, *to taunt, jest.*
cavitas, ātis, F., *hollowness.*
cavo, I, *to make hollow.*
cavus, a, um, *hollow;* N., *hole, cave.*
Caÿstros (us), **i,** a river of Lydia, frequented by swans.

Cecropius, a, um, *Athenian.*
Cecrops, ŏpis, myth. founder of Athens, emigrant from Egypt.
cēdo, cessi, cess-, 3, *yield, give way, succeed, befall, become.*
cedo, cedite (cette), *give, tell.*
cedrus, i, F., *cedar, juniper.*
cēlator, ōris, M., *concealer.*
cēlātum, i, N., *secret.*
celeber, bris, bre, *abundant, populous, famous, solemn, festive.*
celebrātio, ōnis, F., *concourse, festival, commendation.*
celebrātus, a, um, *customary, frequent, brilliant, famous.*
celebritas, ātis, F., *multitude, renown, pageant.*
celebro, 1, *to resort, celebrate, perform, practise, solemnize, praise.*
celer, eris, ere, *swift, fleet, hasty;* pl. *light-horse* (patrician), *knights.*
celerē, *swiftly.*
celeripes, pedis, *swift-footed.*
celeritas, ātis, F., *swiftness, speed.*
celeriter, *swiftly, immediately.*
celero, 1, *to hasten, quicken.*
† **celes, ētis,** N., *race-horse.*
Celeus, ei, myth. k. of Eleusis, taught agriculture by Ceres.
† **celeusma, atis,** M., *boatswain's call.*
cella (-ula), æ, F., *closet, storehouse, shrine, cell, hut, private room.*
cellārius, a, um, *of a store-room;* M., *steward;* N., *pantry.*
cēlo, 1, *to hide, conceal, cover.*
celox, ōcis, *swift;* F., *boat, cutter.*
celsē, *on high.*
celsitudo, inis, F., *loftiness.*
celsus, a, um, *high, lofty, haughty.*
Celtæ, ārum, people of W. Europe; also, of centr. and S. Gaul.
Celtibēri, ōrum, people of middle Spain.
cēna=**cœna,** *supper.*
censeo, ui, um, 2, *estimate, think, vote, decide, count, reckon.*
censio, ōnis, F., *assessing, taxing, punishing.*
censor, ōris, M., *censor,* one of two magistrates having in charge morals and rank; *critic.*
censōrius, a, um, *of the censor; of the rank of censor.*
censuālis, e, *ratable;* pl. *recorders.*
censum, i, N., *wealth, possessions.*
censūra, æ, F., *office of censor, judgment, reproof, severity.*
census, [**censeo,**] *registered, reckoned, taxed.*
census, ūs, M., *valuation, register, reckoning, wealth.*
† **centaurēum, i,** N.; **ia, æ,** F., *a kind of gentian.*
† **Centaurus, i,** M., *Centaur,* a wild people of Thessaly; a myth. creature, half man half horse.
centēnārius, a, um, *of a hundred.*
centēni, *by the hundred,* 100 *each.*
centēsimus, a, um, *the hundredth;* 1 per cent a month.
centies, *a hundred times.*
centimanus, i, M., *hundred-handed.*
cento, ōnis, M., *patchwork, skull-cap.*
† **centrum, i,** N., *centre, heart-wood.*
centum, *a hundred.*
centumgeminus, a, um, *hundred-fold.*
centumvĭri, ōrum, M., Board of 100, for civil suits.
centunculus, i, N., *rag, patch, saddle-cloth, bind-weed.*
centuplex, icis, *hundredfold.*
centuria, æ, F., *a century, division* (of a hundred), *company;* one of 193 classes of the people, according to property.
centuriātim, *by centuries,* (companies).
centuriātus, a, um, *divided* or *classed by hundreds;* **comitia centuriāta,** *the vote by centuries,* to elect the higher officers or decide important policies,—the highest political tribunal of Rome.
centuriātus, ūs, M., *centurion's office,* division by centuries.
centurio, ōnis, M., *centurion* (captain of 100).
centurio, 1, *to divide by hundreds.*
centussis, M., sum of 100 **asses.**

cēpa, æ, F.; **cēpe, is**, N., *onion.*
Cēpheus, ei, myth. k. of Ethiopia, father of Andromeda.
cēra, æ, F., *wax, wax-tablet* (for writing), *waxen image.*
Ceramīcus, i, M., a place of monuments at Athens.
cērārius, a, um, *of wax;* F., *candlemaker.*
†**cerastes, æ, (is)**, M., *horned serpent.*
cerasus, i, F.; **um, i**, M., *cherry.*
cērātus, a, um, *covered with wax;* N., *wax-ointment.*
Ceraunii, ōrum, M., mts. of Epirus.
Cerberus, i, M., the three-headed dog of Hades.
†**cercūrus, i**, M., *yacht.*
cereālis, e, *of Ceres* or *grain.*
cerebrōsus, a, um, *hot-headed.*
cerebrum, i, N., *brain, wrath.*
cēremōnia=cære-, *ceremony.*
cēreolus, a, um, *wax-color.*
Cerēs, ĕris, d. of Saturn and Ops, goddess of Corn and Fruits.
cēreus, a, um, *waxen*, M., *waxlight.*
cērintha, æ; ē, ēs, F., *honeysuckle.*
cērinus, a, um, *wax-colored.*
cerno, crēvi, crēt-, 3, *sift, discern, perceive, decide, resolve.*
cernuo, I, *to fall headforemost.*
cernuus, i, M., *rope-dancer, stooping.*
cēro, I, *to cover with wax.*
†**cērōma, ātis**, N., *salve, prize-ring.*
cerrītus, a, um, *frantic.*
cerrus, i, M., *Turkey-oak.*
certāmen, inis, N., *contest, struggle, battle, conflict.*
certātim, *eagerly, emulously.*
certātio, ōnis, F., *struggle.*
certē, *at any rate, certainly.*
certo, *certainly, surely* (§ **41**, II, 3).
certo, I, *to strive, contend, struggle.*
certus, a, um, *sure, resolved, fixed;* **certiorem facere**, *to inform.*
†**cerūchi ōrum**, M., *rope, sheet.*
cērula, æ, F., *wax* (for erasing).
cērussa, æ, F., *white-lead.*
cerva, æ, F., *hind, doe.*
cervīcal, ālis, N., *pillow, bolster.*
cervīnus (-ārius), a, um, *of a stag.*
cervix, īcis, F., *neck, obstinacy.*
cervus, i, M., *stag, deer;* pl., *stakes.*
cespes=cæspes, *turf.*
cessātio, ōnis, F., *ceasing, lingering.*
cessātor, ōris, M., *loiterer.*
cessim, *yieldingly, backward.*
cessio, ōnis, F., *giving up.*
cesso, I, *cease, linger, be idle, lack.*
†**cesticus, a, um**, *of boxing.*
†**cestus, ūs**, M., *girdle.*
cestus=cæstus, *gauntlet.*
cētarius, a, um, *of whales;* M., *fishmonger;* N., *fish-pond.*
†**cētē**, N., pl. indecl. of **cetus.**
cetero, *for the rest.*
ceterōqui (-quin), *otherwise.*
ceterum, *but yet, besides.*
ceterus, a, um, *other, the rest.*
Cēto, ūs, mother of Medusa.
cetra (cætra), æ, F., *buckler.*
cētrātus, a, um, *armed with buckler.*
cette, [cedo,] *give, tell.*
†**cētus, i**, N., pl. **cētē**, *sea-monster.*
ceu, *like, as it were.*
cēva, æ, F., *a small cow.*
cēveo, 2, *wag the tail, fawn.*
Cēyx, ȳcis, myth. k. of Trachis, changed to a kingfisher.
†**chalceus, a, um**, *brazen.*
Chalcidicus, a, um, *of Chalcis* (Eubœa), or *Cumæ.*
Chaldæus, a, um, *Chaldæan* (of Assyria); M., *soothsayer.*
Chalybes, um, a people of Pontus.
chalybs, ybis, M., *steel.*
†**chamæleon, ōnis (ontis)**, M., *chameleon*, a kind of lizard.
Chāonius, a, um, of N. W. Epirus; of the oracle at Dodona.
Chaos (ab. **chao**), N., *chaos*, the dark Void.
chara, æ, F., *wild cabbage.*
†**characātus, a, um**, *staked.*
†**character, ēris**, M., *mark, brand.*
chāritas=cāritas, *dearness.*
†**Charitĕs, um**, F., *the Graces.*
Charon, ontis, the ferryman of Styx.
charta, æ, F., *paper, writing.*
chartāceus, a, um, *of paper.*

Charybdis, is, F., a whirlpool in the strait of Sicily.
†**chēlæ, ā um,** F., *claws* (the sign Scorpio or Libra).
†**chelīdonias, æ,** M., *west wind.*
†**chelīdonius, a, um,** *of swallows;* F., *swallow-wort.*
†**chelydrus, i,** M., *water-snake.*
†**chelys, yn, y,** F., *tortoise, lute.*
Chersonēsus, i, F., the peninsula S. E. of Thrace.
†**chersinus, a, um,** *living on land.*
†**chīliarchus, i,** M., *commander of* 1,000 *men.*
Chimæra, æ, F., a fire-breathing monster (lion, goat, and dragon) of Lycia, slain by Bellerophon.
Chios, i, F., *Scio*, an island W. of Asia Minor, famous for wine and marble.
†**chiragra, æ,** F., *hand-gout.*
†**chīridotus, a, um,** *with sleeves.*
†**chīrographum, i,** N., *handwriting.*
Chīrōn, ōnis, a Centaur, instructor of Hercules and Achilles.
†**chīronomos, i,** C., *pantomime.*
†**chīrurgīa, æ,** F., *surgery.*
†**chīrurgus, i,** M., *surgeon.*
chlamydātus, a, um, *cloaked.*
†**chlamys, ydis,** F., *cloak, broad mantle* (a Grecian garment).
†**cholera, æ,** F., *gall, bile.*
†**chorāgus, i,** M., *play-manager.*
†**choraules, æ,** M., *flute-player.*
†**chorda, æ,** F., *string, cord.*
chordus (cordus), a, um, *late-born.*
†**chorēa, æ,** F., *dance* in a ring.
†**chortinus, a, um,** *of grass.*
†**chorus, i,** M., *band of dancers, chorus, troop, crowd.*
Christiānus, a, um, *Christian.*
†**chronicus, a, um,** *of time.*
†**chrysanthemum, i,** N., *marigold.*
†**chrysos, i,** M., *gold, gold-fish.*
cibārius, a, um, *of food;* N. pl., *food, allowance of corn.*
cibātus, ūs, M., *food.*
†**cibōrium, i,** M., *drinking-cup.*
cibus, i, M., *food, fodder, bait.*
cicāda, æ, F., *tree-cricket, katydid.*
cicātrīcōsus, a, um, *full of scars.*
cicātrix, īcis, F., *scar, seam.*
†**ciccus, i,** M., *core* (worthless).
cicer, eris, N., *vetch, chick-pea.*
Cicero, M. Tullius, the Roman orator, B.C. 106–43.
cicindēla, æ, F., *glow-worm.*
Cicones, um, a people of Thrace.
cicōnia, æ, æ, F., *stork, well-sweep.*
cicur, uris, *tame.*
cicūta, m, F., *poison-hemlock, reed, shepherd's pipe.*
cidaris, is, F., *turban, tiara.*
cieo, cīvi, cit-, 2, *shake, rouse, summon, stir, call, excite, begin.*
Cilicia, æ, F., S. E. dist. of Asia Minor, Cicero's prov., 51 B.C.
cilicium, i, N., *hair-cloth.*
cilium, i, N., *eyelash, eyelid.*
Cilix, icis, *Cilician.*
Cimbri, orum, people of N. Germany, routed by Marius, B.C. 102.
cīmex, icis, M., *bug, maggot.*
Cimmerius, a, um, of South Russia; *Cimmerian*, lying in perpetual darkness; *of Hades.*
†**cinædus, i,** M., *wanton youth.*
†**cinara, æ,** F., *artichoke.*
Cincinnātus, i, L. Quinctius, Dictator, B.C. 436.
cincinnātus, i, *curly-head.*
cincinnus, i, M., *ringlet.*
cinctūra, æ, F., *girdle.*
cinctus, [**cingo,**] *begirt.*
cinctus, ūs, M., *girdle, girding.*
cinefactus, a, um, *reduced to ashes.*
cinerārius, a, um, *of ashes* or *graves;* M., *hair-curler;* N., *receptacle of ashes* (in tombs).
cinereus (-icius), a, um, *ash-like.*
cingo, nxi, nct-, 3, *to gird, wreathe, surround, invest.*
cingula, æ; -um, i, N., *girdle, sword-belt, girth, zone.*
cinis, eris, M., F., *ashes.*
cinnabari, N., **-is,** F., *dragon's-blood.*
cinnamum (-ōmum), i, *cinnamon.*
Cīnyphius, a, um, of the Cinyps, a river of N. Africa.
cio, 4, =**cieo,** *rouse.*
cippus, i, M., *stake, stock, monument.*

circā, *about, near, beside.*
Circē, ēs (æ), d. of the Sun, a sea-nymph and sorceress.
Circēii, ōrum, M., a town of Latium.
circensis, e, *of the circus;* pl. *games.*
circes, itis, M., *hoop, ring.*
circino, I, *encircle, make round.*
circinus, i, M., *compasses.*
circiter, *about.*
circitor, ōris, M., *watchman, patrol.*
circu-eo=circumeo, *go about.*
Circius, i, M., a violent N. W. wind.
circuitio, ōnis, F., *going the rounds, indirectness.*
circuitus, ūs, M., *revolution, circuit.*
circulātor, ōris, M., *quack, pedlar.*
circulor, I, *go round about.*
circulus, i, M., *circle, ring, hoop.*
circum, *about, around, among.*
circumactus, a, um, *curved.*
circumago, ēgi, act-, 3, *drive about, turn, wheel.*
circumcīdo, cīdi, cīs-, 3, *to cut about, prune, clip.*
circumcircā, *round about.*
circumcīsus, a, um, *steep, brief.*
circumclūdo, di, sum, 3, *to shut in, surround, inclose.*
circumdo, dedi, dat-, I, *to put* or *set round, encompass, wrap about.*
circumdūco, xi, ct-, 3, *lead* or *march round, cheat, protract, expunge, draw about.*
circumeo, īvi (**ii**), **it-,** 4, *encompass, go about* or *among.*
circumfero, tuli, lāt-, *to carry* or *spread around.*
circum-fluo, 3, *flow about, surround.*
circumfundo, fūdi, fūs-, 3, *pour about, envelop.*
circumjaceo, 2, *border on, lie near.*
circumjectus, ūs, M., *surrounding.*
circumjicio, jēci, ject-, *cast around.*
circumligo, I, *bind upon* or *round.*
circumplector, xus, 3, *to embrace, clasp, surround.*
circumscribo, psi, pt-, 3, *to draw lines about, encircle, constrain.*
circumscriptio, ōnis, F., *encircling, outline, deceit.*
circumsedeo, sēdi, sess-, 3, *to encamp about, besiege.*
circumsisto, steti, 3, *surround.*
circumsono, I, *to ring with, make ring, resound, echo.*
circumspicio, spexi, spect-, 3, *watch, look about, wait, ponder.*
circumspectus, *wary, heedful, well-considered, distinguished.*
circumsto, steti, I, *stand about, beset, surround.*
circumvallo, I, *to wall around, blockade.*
circumvehor, vectus, 3, *ride about.*
circumvenio, vēni, vent-, 4, *beset, distress, cheat.*
circus, i, M., *circle, ring;* **circus maximus,** a space in Rome, enclosed for public games (**circenses**).
†**cīris, is,** F., *lark.*
Cirrhæus, a, um, *of Cirrha* (near Delphi), or *Apollo.*
cirrus, i, M., *curl, fringe.*
cis, *on this side.*
cisalpīnus, a, um, *this side* (South) *of the Alps.*
cisium, i, N., *a two-wheeled carriage.*
Cissēis, idis, *Hecuba,* daughter of Cisseus, king of Thrace.
†**cista, æ,** F., *chest.*
cistella (**-ula**), **æ,** F., *basket, box.*
cisterna, æ, F., *cistern.*
citātim, *hastily.*
citātus, a, um, *hurried, quick.*
citerior, citimus, [**citrā,**] *hither, nearer, this side.*
Cithæron, ōnis, M., a mt. in S. W. of Bœotia, sacred to Bacchus.
†**cithara, æ,** F., *harp, lute.*
†**citharista, æ,** M., *harp-player.*
citharœdus, i, M., *singer to the harp.*
cito, ius, issimē, *quick.*
citimus, a, um, *nearest.*
cito, I, *summon, stir, incite, accuse, appeal, cite, proclaim.*
citrā, *this side, within, before.*
citreum, i, N., *citron.*
citreus, a, um, *of citron-wood.*
citro (with **ultro**), *to and fro.*
citrus, i, M., *citron, African cedar.*

citus, [**cieo**,] *swift.*
cīvicus, a, um, *of citizens, civic;* **corona**, *civic crown* (of oak, for saving a citizen in battle).
cīvīlis, e, *of citizens, courteous.*
cīvīlitas, ātis, F., *polity, courtesy.*
cīviliter, *courteously.*
cīvis, is, C., *citizen, fellow-citizen.*
cīvitas, ātis, F., *city, state, citizenship, freedom of the city.*
clādes, is, F., *disaster, defeat, slaughter, massacre.*
clam, *secretly, without the knowledge of.*
clāmātor, ōris, M., *declaimer.*
clāmito, I, *to cry, vociferate.*
clāmo, I, *cry out, call, proclaim.*
clāmor, ōris, M., *a shout, applause, noise, din, clamor.*
clāmōsus, a, um, *noisy, clamorous.*
clanculo (**um**), *secretly, privately.*
clandestīnus, a, um, *secret, stealthy.*
clango, 3, *to sound, resound.*
clangor, ōris, M., *a shrill cry, clang.*
clārē, *brightly, clearly.*
clāreo, 2, *be clear* or *bright.*
clāresco, ui, 3, *grow clear.*
clārigo, I, *to make solemn proclamation of war.*
clāritas, ātis; -tūdo, inis, F., *brightness, clearness, splendor, fame.*
Clarius, i, (of Claros, an Ionian town), *Apollo.*
clārō, i, *brighten, explain.*
clāror, ōris, M., *brightness.*
clārus, a, um, *bright, clear, loud, famous, plain, manifest.*
classiārius, a, um, *of the fleet.*
classicum, i, M., *trumpet-signal.*
classicus, a, um, *of the army* or *fleet; of high rank;* M., *trumpeter.*
classis, is, F., *army, fleet, rank.*
clāthri, ōrum, M., *trellis-work.*
claudeo, 2; **-ico**, I; **-o**, 3, *to limp.*
Claudius, i, (**Appius**), the Decemvir, B.C. 450; (**Tiberius**), the fourth Emperor, A.D. 41–54.
claudo, si, sum, 3, *to shut, close, end, conclude, enclose, confine.*
claudus, a, um, *lame, defective.*
claustra, ōrum, N., *bar, bolt, dike.*
clausula, æ, F., *a close, clause.*
clausus, [**claudo**,] *shut, closed.*
clāva, æ, F., *club, cudgel.*
clāvātor, ōris, M., *cudgel-bearer.*
clāvātus, a, um, *nailed, striped.*
clāvicula, æ, F., *tendril, small key.*
clāviger, eri, M., *club-bearer* (Hercules); *key-bearer* (Janus).
clāvis, is, F., *key.*
clāvus, i, M., *spike, nail, rudder, stripe* (of the tunic).
clēmens, tis, *merciful, gentle.*
clēmenter, *gently, calmly.*
clēmentia, æ, F., *mercy, mildness.*
Cleopātra, æ, the last queen of Egypt, B.C. 69–30.
clepo, psi, pt-, 3, *to steal, pilfer.*
† **clepsydra, æ**, F., *water-clock.*
† **clepta, æ**, M., *thief.*
† **clērus, i**, M., *one of the clergy.*
clībanus, i, M., *oven, baking-pan.*
cliens, tis, M.; **-ta, æ**, F., *client* (one attached to a patron, and protected by him); *subject-ally.*
clientēla, æ, F., *clientship, body of dependants.*
† **clima, ătis**, N., *climate.*
clīnātus, a, um, *inclined, bent.*
Clio, ūs, the Muse of History.
clipeo, I, *to arm with shield.*
clipeus (**um**), **i**, M., *a brazen shield, disk.*
clītellæ, ārum, æ, F., *saddlebags.*
clītellārius, a, um, *bearing packs.*
Clītumnus, i, M., a river of Umbria.
clīvōsus, a, um, *steep, hilly.*
clīvus (**um**), **i**, M., *hill, slope.*
cloāca, æ, F., *sewer, drain.*
Clōdius, the enemy of Cicero, killed by Milo, B.C. 52.
clūdo=claudo, *shut.*
clūdus=claudus, *lame.*
† **clueo**, 2; **cluo**, 3, *to be famous.*
clūnis, is, D., *haunch.*
clupea, æ, F., *shad.*
clūrīnus, a, um, *of apes.*
Clusium, i, N., a town of Etruria.
Clymenē, ēs, myth. queen of Ethiopia, mother of Phaëthon.
clypeus=clipeus, *shield.*

Clytæmnestra, æ, d. of Tyndarus and Leda, wife of Agamemnon.
Cn. the prænomen **Cnæus.**
†**cnōdax, ācis,** M., *pin, pivot.*
[**co-, con-,** *together*, or intensive.
coacervo, I, *to heap together.*
coacesco, cui, 3, *to get sour.*
coactilis, e, *thick, felted.*
coactor, ōris, M., *gatherer.*
coactus, [**cogo,**] *forced.*
coactus, ūs, M., *constraint.*
coæquo, I, *to make equal.*
coagmento, I, *fasten, join.*
coagmentum, i, N., *joint.*
coagulum, i, N., *curd, cement.*
coalesco, ui, it-, 3, *grow together, unite, agree.*
coarguo, 3, *arraign, convict, prove.*
coarto, I, *to compass, confine.*
†**coccum, i,** N., *scarlet grain.*
†**coccyx, ygis** (**cis**), M., *cuckoo.*
cochlea, æ, F., *snail-shell.*
cochlear (**āre**), **is,** N., *spoon.*
cochleārium, i, N., *snail-pit.*
cōcio, ōnis, M., *broker, agent.*
cocles, itis, *one-eyed.*
coctilis, e, [**coquo,**] *baked, burnt.*
coctio, ōnis, F., *cooking, digestion.*
Cōcytus, i, M., (*Lament*), a river of Hades.
cōdex=caudex, *stump, book.*
Codrus, i, king of Athens, who devoted himself to death to win victory, B.C. 1045.
cœlestis=cælestis, *heavenly.*
Cœlius, i, M., a hill of Rome, E. of the Aventine.
cœlum=cælum, *sky.*
coëmo, ēmi, empt-, 3, *buy, buy up.*
coemptio, ōnis, F., *purchase; marriage* in the form of purchase.
cœna, æ, F. (**cena**), *supper* (the chief meal of the Romans).
cœnāculum, i, N., *dining-room, upper story, attic.*
cœno (**-ito**), I, *to dine, sup, eat.*
cœnōsus, a, um, *boggy, filthy.*
cœnum, i, N., *filth, mud, mire.*
co-eo, 4, *assemble, unite, agree.*
cœpi (§ **38,** I), *began;* P., **cœptus.**
cœpto, I. *begin, attempt.*
cœptum, i, N.; **-tus, ūs,** M., *undertaking.*
coërceo cui, cit-, 2, *restrain, hem in, curb, confine, repress.*
coërcitio, ōnis, F., *check, punishment, right of coercion.*
cœruleus=cæruleus, *dark blue.*
cœtus, ūs, M., *assembly.*
Cœus, i, a Titan, father of Latona.
cōgitātio, ōnis, F.; **-tātum, i,** M., *thought, purpose, plan, judgment, reflection.*
cōgito, I, *think, reflect, intend.*
cognātio, ōnis, F., *relationship, resemblance, agreement, kindred.*
cognātus, a, um, *kindred* (by the mother's side).
cognitio, ōnis, F., *knowledge, acquaintance, inquiry.*
cognitor, ōnis, M., *witness, advocate.*
cognitus, [**cognosco,**] *known.*
cognōmen, inis, N., *surname.*
cognominis, e, *of like name.*
cognomino, I, *to surname.*
cognosco, nōvi, nit-, 3, *know, find out, investigate.*
cōgo, coēgi, coact-, 3, *to gather, compel, bring together.*
cohæreo, si, sum, 2., (**-resco,** 3), *cling, unite, hold together.*
cohērēs, ēdis, C., *joint-heir.*
cohibeo, ui, it-, 2, *restrain, subdue.*
cohonesto, I, *to honor amply.*
cohorresco, ui, 3, *shudder, quiver.*
cohors, tis, F., *cattle-yard, troop, cohort* (600 men), *body-guard.*
cohortālis, e, *of a cattle-yard.*
cohortātio, ōnis, F., *cheering.*
cohortor, i, *to cheer, exhort, animate.*
cohum, i, N., *yoke-strap.*
coiens, euntis, [**eo,**] *meeting.*
coinquino, I, *to defile, infect.*
coitio, ōnis, F.; **-tus, ūs,** M., *coming together, uniting.*
†**colaphus, i,** M., *cuff, blow.*
Colchis, idis, F., the dist. E. of the Black Sea; *a Colchian woman.*
cōlis=caulis, *stalk.*
collabe-fio, *be brought to ruin.*
collābor, psus, 3, *to fall, sink.*
collāre, is, N., *neck-band, collar.*

Collatinus, a, um, *of Collatia,* a Sabine town ; M., **L. Tarquinius,** the husband of Lucretia.
collātio, ōnis, F., *bringing together, comparison, contribution.*
collātīvus, a, um, *gathering.*
collātor, ōris, M., *gatherer.*
collātus [**confero,**] *brought together.*
collātus, ūs, M., *attack, collision.*
collaudo, I, *praise highly, extol.*
collectio, ōnis (**-ta, æ**), F., *gathering, collecting, summary.*
collectus, [**colligo,**] *gathered.*
collēga, æ, M., *associate, colleague.*
collēgium, i, N., *company, fraternity, association, guild.*
collibet, uit, 2, *it pleases.*
colliciæ (**-liquiæ**), **ārum,** F., *gutters.*
collīdo, si, sum, 3, *dash together, clash, contend.*
colligātio, ōnis, F., *binding.*
colligo, I, *to fasten, bind.*
colligo, lēgi, lect-, 3, *collect, gather, gain, get, consider ;* (refl.), *recover.*
collino, lēvi, lit-, 3, *besmear.*
collīnus, a, um, *of a hill.*
collis, is, M., *hill, high ground.*
collocātio, ōnis, F., *establishing.*
colloco, I, *set, establish, invest, employ, give in marriage.*
colloqiuum, i, N., *conference, discourse, conversation.*
colloquor, locūtus, I, *converse.*
collūceo, 2, *to shine clear, be bright.*
collūdo, si, sum, 3, *to sport, play, deceive, act falsely.*
collum, i, N., *neck.*
colluo, ui, ūt, 3, *wash, rinse, wet.*
collūsio, ōnis, F., *deceit, collusion.*
collustro, I, *illumine, survey.*
colluvies, ēi ; -io, ōnis, F., *sink, drain, filth, vile medley.*
† **collybus, i,** M., *exchange, brokerage.*
† **collyra, æ,** F., *maccaroni.*
cōlo, I, *to strain, sift.*
colo, ui, cult-, 3, *till, adorn, worship.*
colocāsia, æ, F. ; **-um, i,** N., *Egyptian bean* (a marsh lily).
colōnia, æ, F., *colony, farm, residence, colonial town, colonists.*
colōnicus, a, um, *of colonies,* or *husbandry.*
colōnus, M., *farmer, colonist.*
color (**os**), **ōris,** M., *color, condition, complexion, lustre.*
colōro, I, *to color, dye, tinge, stain.*
† **colossus, i,** M., *a gigantic statue.*
coluber, bri, M. ; **-bra, æ,** F., *snake.*
cōlum, i, N., *strainer.*
columba, æ, F., *dove, pigeon.*
columbārius, a, um, *of doves ;* M., *keeper of doves ;* N., *pigeon-hole* or *house, mortise ;* pl. *niches* for burial urns.
columbīnus, a, um, *of doves, dove-colored.*
columella, æ, F., *a small pillar.*
colūmen, inis, N., *column, beam, height, prop, summit.*
columis, e, *safe, sound.*
columna, æ, F., *pillar, post, pillory.*
columnārius, a, um, *of a column ;* M., *condemned debtor ;* N., a tax.
colurnus, a, um, [**corulus,**] *of hazel.*
colus, i (**ūs**), M., *distaff.*
† **colūtea, ōrum,** N., *tamarind.*
† **colymbas, adis,** F., *pickled olives.*
coma, æ, F., *hair, mane, foliage.*
comans, tis, *hairy.*
† **cōmarchus, i,** M., *governor.*
comātus, a, um, *long-haired, leafy.*
combibo, bibi, 3, *drink, swallow.*
combūro, ussi, ust-, 3, *burn up.*
comedo, ēdi, ēs- (**est-**), 3, *to eat up, consume.*
comes, itis, C., *companion, comrade, tutor, attendant, official.*
† **comētes** (**-ta**), **æ,** M., *comet.*
cōmicus, a, um, *of comedy, comic.*
cōminus, *close at hand.*
cōmis, e, *gentle, courteous, kind.*
cōmissābundus, a, um, *revelling.*
cōmissātio, ōnis, F., *a revel.*
cōmissātor, ōris, M., *reveller.*
cōmissor, I, *to revel, feast.*
cōmitas, ātis, F., *courtesy, friendliness, mildness.*
comitātus, a, um, *accompanied.*
comitātus, ūs, M., *retinue, escort.*
comiter, *kindly, courteously.*

comitiālis, e, *of the elections.*
comitiātus, ūs, M., *election-assembly.*
comitium, i. N., *voting-ground;* pl. *meeting,* 1. **curiāta,** of the patricians; 2. **tribūta,** of the plebeians; 3, **centuriāta,** of the whole body of citizens.
comitor, 1, *accompany, attend.*
commaculo, 1, *to stain, pollute.*
Commāgēnē, ēs, F., a town of N. Syria.
commeātus, ūs, M., *passage, furlough, train, company, supplies.*
commemini, *remember fully.*
commemorātio, ōnis, F., *recounting, mention.*
commemoro, 1, *call to mind, tell.*
commendātio, ōnis, F., *recommendation, praise.*
commendātus, a, um, *pleasing.*
commendo 1, *commit, commend.*
commensus, [**-mētior,**] *measured.*
commentārius i, M., (**um,** N.), *memoir, sketch, journal.*
commentātio, ōnis, F., *study, treatise.*
commenticius, a, um, *invented, pretended, forged.*
commentor, 1, *to compose, discourse, meditate, sketch, invent.*
commentum, i, N., *fiction, invention, plan, device.*
commentus, a, um, *devised, forged.*
commeo, 1, *go to and fro, resort.*
commercium, i, N., *trade, intercourse, right of traffic.*
commercor, 1, *to traffic, purchase.*
commereo, ui, it-, 2, *deserve, be guilty of.*
commēto, 1, *go frequently.*
commigro, 1, *remove, enter.*
commīlitium, i, N., *comradeship.*
commīlito, ōnis, M., *fellow-soldier.*
comminātio, ōris, F., *threatening.*
commingo, nxi, ct-, 3, *to defile.*
comminiscor, mentus, 3, *invent, feign, contrive.*
comminor, 1, *threaten greatly.*
comminuo, ui, ūt-, 3, *break in pieces, weaken, lessen, impair.*
comminus, *close by, hand to hand.*
commisceo, scui, xt- (st-), 2, *mix together, mingle.*
commiseror, 1, *bewail, pity.*
commissio, ōnis, F., *contest, declamation, committing.*
commissum, i, N., *offence, trust.*
commissūra, æ, F., *joint, seam.*
commītigo, 1, *make mellow.*
committo, mīsi, miss-, 3, *set together, engage, commit, resign.*
commixtus, [**misceo,**] *mixed.*
commodē, *duly, fitly, just now.*
commoditas, ātis, F., *fitness, advantage, symmetry, kindness.*
commodo, 1, *to adjust, adapt, oblige, help.*
commodo, *seasonably, just in time.*
commodum, i, N., *fitness, advantage, profit, convenience, pay, favor.*
commodum, *opportunely, just now.*
commodus, a, um, *fit, advantageous, friendly, serviceable, kind.*
commone-facio, 3, *warn, advise.*
commoneo, ui, it-, 2, *remind, impress upon, advise.*
commonstro, 1, *to show, point out.*
commorātio, ōnis, F., *delay, lingering.*
commorior, mortuus, 3, *to die together.*
commoror, 1, *to abide, delay.*
commōtio, ōnis, F., *movement, disturbance, commotion.*
commōtus, a, um, *uncertain, roused, disturbed.*
commoveo, mōvi, mōt-, 2, *disturb, remove, agitate, push back.*
commūnicātio, ōnis, F., *imparting.*
commūnico, 1, *impart, share, join.*
commūnio, ōnis, F., *partnership.*
commūnio, 4, *fortify, intrench.*
commūnis, e, *common, courteous.*
commūnitas, ās, F., *fellowship.*
commūniter, *in common.*
commūtābilis, e, *changeful.*
commūtātio, ōnis, F., *change, interchange.*
commūto, 1, *to exchange, alter.*
cōmo, mpsi, mpt-, 3, *comb, braid, dress* the hair.

† **comœdia**, æ, F., *comedy.*
† **comœdus** (-icus), a, um, *comic, of comedy;* M., *comedian.*
compaciscor, pact- (pect-), 3, *to to make a bargain*, or *compact.*
compactus, [compingo,] *firm set;* N., *a bargain.*
compages, is; - go, inis, F., *joining, building, structure, embrace.*
compar, aris, *equal, like;* M., *comrade, consort, mate.*
comparātio, ōnis, F., *comparing, agreement, providing, getting ready.*
comparco, si, 3, *to save, store up.*
compāreo, ui, 2, *to appear, agree, happen, exist, be present.*
comparo, I, *to get, procure, compare, bring together, come to agreement.*
compasco, past-, 3, *feed, pasture.*
compassio, ōnis, F., [patior,] *sympathy, fellow-feeling.*
compectus, [paciscor,] *agreed.*
compedio, 4, *to shackle, fetter.*
compellātio, ōnis, F., *an accosting, rebuke.*
compello, I, *to accost, rebuke, chide.*
compello, puli, puls-, 3, *constrain, force, drive, collect.*
compendium, i, N., *saving, gain, sparing, shortening, abridgement.*
compensātio, ōnis, F., *balancing, exchange, barter.*
compenso, I, *to recompense, balance, compensate, spare.*
comperio (ior), peri, pert-, 4, *to find out, learn, ascertain.*
compēs, pedis, F., *a fetter, shackle.*
compesco, ui, 3, *to check, restrain.*
competītor, ōris, M., *rival.*
competo, īvi (ii), īt-, 3, *seek, strive, meet, agree, fit, correspond.*
compīlo, I, *to rob, pillage, plunder.*
compingo, pēgi, pact-, 3, *to fasten, crowd, confine, conceal.*
compitālis, e, *of the cross-ways.*
compitum, i, N., *cross-ways.*
complaceo, ui, it- 2, *please greatly.*
complāno, I, *make level.*
complector, xus, 3, *embrace, comprehend, care for, lay hold of.*
complēmentum, i, N., *a filling-up.*
compleo, ēvi, ēt-, 2, *fill up, furnish, finish, complete.*
complex, icis, *leagued, agreeing.*
complexio, ōnis, F., *connection.*
complexus, ūs, M., *embrace.*
complico (ui, it-), I, *to fold up.*
complōdo, si, sum, 3, *to clap.*
complōrātio, ōnis, F., *lamentation.*
complōro, I, *to lament loudly.*
compluo, ūt-, 3, *flow together.*
complūres, ia, *several, very many.*
complūries, *very often.*
complūvium, i, F., *open court-yard* (for the flow of rain).
compōno, posui, posit-, 3, *put together, arrange, match, compare.*
comporto, I, *bring, collect.*
compos, ŏtis, *partaking, sharing.*
compositē, *orderly.*
compositio, ōnis, F., *adjusting, composing, arrangement, compact.*
compositus, [pōno,] *well-ordered.*
compotio, 4, *make* or *be partaker.*
comprecor, I, *to worship, pray.*
comprehendo, di, sum, 3, *seize, grasp, perceive, recount, contain.*
comprehensibilis, e, *perceptible.*
comprehensio, ōnis, F., *seizing.*
compressē, *briefly, urgently.*
compressio, ōnis, F.; -sus, ūs, M., *pressure, embrace.*
comprimo, pressi, press-, 3, *press, restrain, curb, bind, withhold.*
comprobo, I, *to approve, confirm.*
comptus, [como,] *trimmed.*
comptus, ūs, M., *band, head-dress.*
compulsus, [compello,] *forced.*
compungo, nxi, nct-, 3, *sting, goad.*
computātio, ōnis, F., *reckoning.*
computo, I, *reckon, compute.*
[con-, *together* (or intensive).
cōnāmen, inis, N., *effort, struggle.*
cōnātum, i, N.; -tus, ūs, M., *attempt, effort, impulse.*
[conb-=comb-.
concædis, is, F., *barricade.*
concalesco, calui, 3, *to glow.*
concavo, I, *to hollow out.*
concavus, a, um, *hollow, arched.*
concēdo, cessi, cess-, 3, *go, withdraw, submit, allow, consent.*

concelebro, I, *to resort, celebrate.*
concentio, ōnis, F. ; **-tus, ūs,** M., [**cano,**] *concert, harmony.*
conceptio, ōnis, F. ; **-tus, ūs,** M., *gathering, conceiving.*
concerpo, pt- 3, *tear to pieces.*
concerto, I, *contend, dispute.*
concessio, ōnis, F. ; **-sus, ūs,** M., *yielding, grant.*
concesso, I, *leave off, desist.*
concessus, [**cēdo,**] *granted.*
† **concha, æ,** F., *shell-fish, pearl.*
† **conchis, is,** F., *string-bean.*
† **conchylium, i,** N., *oyster, purple shell-fish, purple dye.*
concido, cidi, [**cado,**] 3, *fall in pieces, perish, go to ruin, die.*
concīdo, cīdi, cīs-, [**cædo,**] 3, *cut to pieces, destroy.*
concieo, īvi, it-, 2, *bring together, collect, rouse, stir, excite.*
conciliābulum, i, N., *place of meeting.*
conciliātio, ōnis, F., *reconciling, inclination.*
conciliātor, ōnis, M., *provider.*
conciliātus, a, um, *friendly, dear, favorable, well inclined.*
concilio, I, *to reconcile, unite, win, provide, procure, prepare.*
concilium, i, N., *council, assembly, agreement, connection.*
concinnātio, ōnis, F., *preparing.*
concinnē, *elegantly, fitly.*
concinnitas, ātis, F., *elegance, fitness.*
concinno, I, *to trim, fit, prepare.*
concinnus, a, um, *neat, elegant, fit.*
concino, ui, [**cano,**] 3, *to accord* (in music), *agree, harmonize.*
concio (**tio**), **ōnis,** F., *meeting, speech, place of speaking.*
conciōnātor, ōris, N., *demagogue.*
conciōnor, I, *to assemble, harangue.*
concipilo, I, *seize, catch.*
concipio, cēpi, cept-, 3, *take up* or *hold of, perceive, conceive.*
concīsē, *briefly.*
concīsus, [**concīdo,**] *broken short, cut, trimmed.*
concitātē, *quickly, impetuously.*
concitātio, ōnis, F., *excitement.*
concitātor, ōnis, F., *exciter.*
concitātus, a, um, *roused, swift, vehement, violently moved.*
concito, I, *stir up, rouse, excite.*
concitus, [**cieo,**] *incited, stirred.*
conclāmātio, ōnis, F., *a shout.*
conclāmātus, a, um, *celebrated.*
conclāmo, I, *cry out, shout, call to arms, call together, exclaim.*
conclāve, is, N., *inner room, stall.*
conclūdo, si, sum, [**claudo,**] 3, *to shut up, close, confine, include.*
conclūsio, ōnis, F., *siege, blockade, conclusion, end.*
concolor, ōris, *of one color.*
concomito, I, *accompany.*
concoquo, coxi, coct-, 3, *to cook, ripen, digest, waste away.*
concordia, æ, F., *harmony.*
concorditer, *harmoniously.*
concordo, I, *to agree, harmonize.*
concors, dis, *harmonious.*
concrēdo, didi, dit-, 3, *entrust.*
concrepo, ui, it, I., *creak, clash.*
con-cresco, 3, *grow together, harden.*
concrētus, a, um, *hard, stiff.*
concrētus, ūs, M., *hardening.*
concubīna, æ, F., *concubine.*
concubitus, ūs, M., *pairing, mating.*
concubius, a, um, *of sleep;* N., *dead of night.*
concubo, bui, bit-, 3, *lie together.*
conculco, I, *to trample down.*
concupisco, īvi (**ii**), **īt-,** 3, *to desire, long for, strive after.*
concurro, curri, curs-, 3, *meet, flock together, contend, befall.*
concursātio, ōnis, F., *moving together, concurrence, restlessness.*
concurso, I, *to rush about* or *together, ramble, frequent.*
concursus, ūs, M., *running together, crowd, onset.*
concutio, [**quatio,**] **cussi, cuss-,** 3, *shake, shatter, terrify, rouse.*
† **condalium, i,** N., *ring* (for slaves).
condecet, uit, 2, *it befits.*
condemno, [**damno,**] I, *to sentence, condemn, disapprove.*
condenso, I, *crowd together.*

condensus, a, um, *close, dense.*
condepso, ui, 3, *knead together.*
condīco, xi, ct-, 3, *appoint, declare, agree, engage, proclaim.*
condignus, a, um, *quite worthy.*
condīmentum, i, N., *spice.*
condio, 4, *to season, embalm, adorn.*
con-disco, 3, *learn carefully.*
conditio, ōnis, F., *condition, rank, term* (of agreement), *match.*
condītio, ōnis, F., *spicing, preserving, seasoning.*
conditīvus, a, um, *for preserving;* N., *vault, tomb.*
conditor, ōris, M., *builder, founder.*
conditōrium, i, N., *place of deposit.*
condo, didi, dit-, 3, *lay up, compose, establish, build, bury, hide.*
condoceo, ui, ct-, 2, *teach, train.*
condolesco, lui, 3, *suffer severely.*
condōnātio, ōnis, F., *giving-away.*
condōno, 1, *to grant, surrender, pardon, remit, present.*
condormisco, mui, 3, *fall asleep.*
condūcibilis, e, *profitable.*
condūco, xi, ct-, 3, *lead, hire, gather, join, serve.*
conducticius, a, um, *hired.*
conductio, ōnis, F., *hiring.*
conductor, ōris, M., *tenant, farmer, contractor.*
condus, i, M., *steward.*
† **condylus, i,** M., *knuckle, joint.*
confabulor, 1., *converse, discuss.*
confarreātio, ōnis, F., *solemn marriage* (with bride-cake, **far**).
confectio, ōnis, F., *making-up.*
confector, ōris, M., *finisher.*
confectus, a, um, *finished.*
confercio, fert-, 4, *to stuff, cram.*
confero, ferre, tuli, collāt-, *bring together, collect, compare, betake.*
conferte, -tim, *compactly.*
confertus, a, um, *close, crammed.*
confervesco, bui, 3., *grow hot, heal.*
confessio, ōnis, F., *confession.*
confestim, *at once, forthwith.*
confībula, æ, F., *clamp.*
conficiens, tis, *effective.*
conficio, fēci-, fect, 3, *to finish, despatch, produce, effect, make out.*
confictus, [**fingo,**] *counterfeit.*
confīdens, tis, *bold, confident.*
confīdentia, æ, F., *confidence.*
confīdo, sus, 3, *to trust, rely.*
configo, xi, x-, 3, *join, fasten, pierce.*
confingo, finxi, fict-, 3, *form, feign.*
confīnis, e, *adjacent, bordering;* N., *neighborhood.*
confīnium, i, N., *neighborhood.*
con-fīo, fect-, *be brought to pass.*
confirmātio, ōnis, F., *confirming, consoling, strengthening.*
confirmitas, ātis, F., *obstinacy.*
confirmo, 1, *establish, strengthen.*
confisco, 1, *seize as forfeit.*
confīsus, a, um, *confident.*
confiteor, fessus, [**fateor,**] *confess, admit, declare, make known.*
confixus, [**figo,**] *pierced.*
conflāgro, 1, *burn up.*
conflictio, ōnis, F., **-tus, ūs,** M., *collision, conflict.*
conflicto, 1, *strike, dash, ruin.*
conflīgo, xi, ct-, 3, *to bring together, struggle, contend, compare.*
conflo, 1, *kindle, inflame, melt.*
confluens, tis, M., *confluence.*
confluo, xi, 3, *flow together, throng.*
confodio, fōdi, foss-, 3, *dig, stab.*
conformo, 1, *to shape, adapt.*
conforto, 1, [**fortis,**] *strengthen.*
confossus, [**fodio,**] *stabbed.*
confragōsus, a, um, *broken, rough.*
confremo, ui, 3, *murmur, resound.*
confrico, 1, *to rub, touch.*
confringo, frēgi, fract-, 3, *break in pieces, destroy, squander.*
confugio, fūgi, 3, *flee for refuge.*
confundo, fūdi, fūs-, 3, *mix, confuse, pour out, diffuse, empty.*
confūsē (**-sim**), *confusedly.*
confūsio, ōnis, F., *mingling, confusion.*
confūsus, a, um, *disordered, confused, perplexed.*
confūto, 1, *to check, confute.*
congelo, 1, *to freeze, stiffen.*
congemino, 1, *to redouble.*
congemo, ui, 3, *to sigh, lament.*
† **conger** (**-grus**), **i,** M., *sea-eel.*
congeries, ei, F., *heap, mass.*

congero, gessi, gest-, 3, *heap together, put upon, impute.*
congero, ōnis, M., *thief.*
congerro, ōnis, M., *play-fellow.*
congestio, ōnis, F., **-tus, ūs,** M., *heaping-up, accumulation.*
congiārius, a, um, *of a gallon measure;* N., *largess.*
congius, i, M., about a gallon.
conglobo, 1, *to heap together.*
conglūtino, 1, *to join firmly, cement.*
congræco, 1, *to lavish, squander.*
congredior, [gradior,] gress-, 3, *to meet, encounter, contend.*
congregātio, ōnis, F., *union, society.*
congrego, [grex,] 1, *to gather* in troops or flocks.
congressus, ūs, M.; **-sio, ōnis,** F., *gathering, meeting, encounter.*
congrex, egis, *of the same flock.*
congruens, tis, *suited, accordant.*
congruo, ui, 3, *agree, fit, coincide.*
congruus, a, um, *fit, harmonious.*
cōnifer (-ger), era, um, *cone-bearing.*
conjectus, ūs, M.; **-tio, ōnis,** F., *casting, hurling; a heap, pile.*
cōnīveo, nīvi, 2, *to close the eyes.*
conjecto, 1, *throw together, infer.*
conjectūra, æ, F., *conclusion, guess.*
conjicio, jēci, ject-, 3, *to cast, hurl, drive, prophesy, interpret.*
conjugālis, e, *of marriage.*
conjugium, i, N., *marriage, consort.*
conjunctē, -tim, *jointly, intimately.*
conjunctio, ōnis, F., *joining, connection, agreement, sympathy.*
conjungo, xi, ct-, 3, *to join, couple.*
conjunx=conjux, *spouse.*
conjūrātio, ōnis, F., *conspiracy.*
conjūrātus, M., *conspirator.*
conjūro, 1, *swear together, conspire.*
conjux (nx), ugis, C., *husband* or *wife, betrothed.* **[cōn-=conn-.**
[conl-=coll-; conm-=comm-.
connecto, xui, xum, 3, *clasp, join.*
connītor, nix (nīs-), 3, *strive, yearn.*
connīveo=cōnīveo, *close the eyes.*
connūbiālis, e, *of wedlock.*
connūbium, i, N., *wedlock, right of intermarriage.*
†**cōnōpeum, i,** N., *fly-net.*

cōnor, 1, *to endeavor, try.*
conquasso, 1, *to shake, shatter.*
conqueror, quest-, 3, *complain.*
conquestus, ūs, M., *complaint.*
conquiesco, ēvi, ēt-, 3, *to rest, repose, be unconcerned.*
conquīro, sīvi, sīt-, 3, *inquire, seek.*
conquīsītio, ōnis, F., *collecting, levy.*
conquīsītor, ōris, M., *recruiting-officer, spy, listener.*
conquīsītus, a, um, *choice, costly.*
consalūto, 1, *to greet, salute.*
consānesco, sanui, 3, *to get well.*
consanguineus, a, um, *kindred.*
consanguinitas, ātis, F., *kindred.*
consceleratus, a, um, *depraved.*
conscelero, 1, *to dishonor.*
conscendo, di, sum, 3, **[scando,]** *climb, mount, embark.*
conscientia, æ, F., **[scio,]** *consciousness, conscience.*
conscindo, idi, iss-, 3, *cut to pieces.*
conscio, 4, *be conscious* (of wrong).
conscisco, scīvi, scīt-, 3, *to vote, approve, agree, adjudge.*
conscius, a, um, *conscious, knowing;* M., F., *accomplice, accessory.*
conscribo, psi, pt-, 3, *to register, enrol, compose, appoint.*
conscriptus, a, um, *registered, summoned;* M., pl., *senators.*
conseco, ui, ct-, 1, *cut to pieces.*
consecrātio, ōnis, F., *dedication.*
consecro, 1, *devote, deify, consecrate.*
consector, 1, *to hunt, chase, pursue.*
consectus, [seco,] *cut to pieces.*
consecūtio, ōnis, F., *consequence, connection, sequel.*
consecūtus, a, um, *having got.*
consenesco, ui, 3, *grow old, decay.*
consensio, ōnis, F.; **-sus, ūs,** M., *consent, plot.*
consentāneus, a, um, *agreeable, fit.*
consentes dii, the 12 chief gods, (*counsellors*).
consentiens, tis, *accordant.*
consentio, sensi, sens-, 4, *to agree, consent, resolve, conspire.*
consepio, sept-, 4, *to fence in.*
conseptum, i, N., *enclosure.*
consequens, tis, *consistent, fit.*

consequenter, *suitably.*
consequor, cūtus, 3, *follow close, come up with, obtain.*
consero, sēvi, sit, 3, *to sow, plant, strew, fill.*
consero, ui, sert-, 3, *entwine, join; bring together* (as for battle).
consertus, [sero,] *joined, interwoven, matched.*
conservātio, ōnis, F., *preservation.*
conservātor, ōnis, M., *defender.*
conservo, I, *to keep, preserve.*
conservus, i, M.; **conserva, æ,** F., *fellow-servant.*
consessor, ōris, M., *a by-sitter.*
consessus, ūs, M., *session, assembly.*
consīderanter, *deliberately.*
consīderātus, a, um, *circumspect, cautious, considerate.*
consīdero, I, *consider, ponder.*
consīdo, sēdi, sess-, 3, *sit down, sink, subside, settle, encamp.*
consigno, I, *to seal, sign, attest.*
consilesco, ui, 3, *keep still.*
consiliārius, a, um, *of counsel;* M., *counsellor, adviser.*
consiliātor, ōris, M., *adviser.*
consilior, I, *give* or *take counsel.*
consilium, i, N., *advice, counsel, purpose, prudence, council.*
consimilis, e, *quite like.*
consisto, stit, stit-, 3, *to stand fast, stay, stop, continue, agree, cease.*
consitus, [sero,] *planted.*
consōbrīnus, a, um, *cousin, kin.*
consocio, I, *associate, join, connect.*
consōlābilis, e, *consolable.*
consōlātio, ōnīs, F., *comfort.*
consōlor, I, *to console, comfort.*
consonans, tis, *harmonious, fit.*
consono, ui, I, *to resound, accord.*
consonus, a, um, *harmonious.*
consōpio, īt-, 4, *put to sleep.*
consors, tis, C., *fellow in fortune, partner, comrade.*
consortio, ōnis, F., *partnership.*
consortium, i, N., *fellowship.*
conspectus, [-spicio,] *conspicuous.*
conspectus, ūs, M., *sight, glance, view, presence, survey.*
conspergo, si, sum, 3, *besprinkle.*
conspicio, spexi, spect-, 3; **-spicor,** I, *to view, behold, descry.*
conspicuus, a, um, *easy to see, visible, distinguished.*
conspīrātio, ōnis, F., *agreement, harmony, plot, conspiracy.*
conspirātus, a, um, *having conspired;* M. pl., *conspirators.*
conspīro, I, *combine, accord, plot, conspire; coil* or *crowd.*
conspuo, ūt-, 3; **-to,** I, *to spit upon.*
constans, tis, *firm, constant, consistent, steadfast, certain.*
constantia, æ, F., *firmness, harmony.*
constanter, *steadily, with one voice.*
consternātio, ōnis, F., *dismay.*
consterno, I, *overthrow, terrify.*
consterno, strāvi, strāt-, 3, *strew, pave, overthrow.*
constīpo, I, *to crowd close upon.*
constituo, ui, ūt-, 3, *to establish, determine, set in order.*
constitūtio, ōnis, F., *regulation.*
constitūtus, a, um, *established;* N., *institution, compact.*
consto, stiti, stāt-, *stand firm, consist, endure, agree;* **constat,** *it is evident, well-known, resolved.*
constrātus, [sterno,] *strewn, subdued;* N., *ship's deck.*
constrictus, a, um, *compressed, brief, trimmed, compact.*
constringo, inxi, ict-, 3, *hold close, bind, constrain.*
constructio, ōnis, F., *joining, framing, building, connection.*
construo, xi, ct-, 3, *build together, pile, construct.*
constupro, I, *debauch, violate.*
consuādeo, 2, *advise strongly.*
consūdo, I, *sweat abundantly.*
consuefacio, fēci, fact-, 3, *to accustom, habituate.*
consuesco, ēvi, ēt-, 3, *to inure, get wonted, become accustomed.*
consuētūdo, inis, F., *custom, habit, use, intercourse, companionship.*
consuētus, a, um, *accustomed.*
consul, ulis, M., *Consul,* the chief executive officer of Rome, of whom two were chosen yearly.

consulāris, **e**, *of the consul;* M., *of consular rank, ex-consul.*
consulātus, **ūs**, M., *consulship.*
consulo, **ui**, **sult-**, 3, *consider, reflect;* (w. acc.) *consult;* (w. dat.) *favor, consult*, or *have regard for.*
consultātio, **ōnis**, F., *consultation.*
consultē, **-tō**, *on purpose.*
consulto, I, *reflect, take counsel.*
consultor, **ōris**, M., *counsellor, adviser, consulter.*
consultum, **i**, N., *a decree, resolve.*
consultus, **a**, **um**, *well-weighed.*
consultus, **ūs**, M., *decree, prudence.*
con-sum, **futurum**, **fore**, *happen.*
consummātio, **ōnis**, F., *summing-up, completion, summary.*
consummo, I, *to sum up, complete.*
consūmo, **mpsi**, **mpt-**, 3, *to spend, destroy, bestow, consume.*
consuo, **sūt-**, 3, *sew up* or *together.*
con-surgo, 3, *rise up, revolt.*
Consus, **i**, the god of Counsel.
contabesco, **ui**, 3, *waste away.*
contabulātio, **ōnis**, F., *flooring.*
contabulo, I, *to cover with plank.*
contactus, [**-tingo**,] *touched.*
contactus, **ūs**, M., *touch, infection.*
contages, **is**; **-io**, **ōnis**, F.; **-ium**, **i**, N., *infection, contact.*
contāminātus, **a**, **um**, *defiled.*
contāmino, I, *to blend, corrupt.*
contātio=**cunctātio**, *delay.*
contechnor, I, *play tricks.*
contego, **xi**, **ct-**, 3, *cover up, preserve, hide.*
contemno, **psi**, **pt-**, 3, *scorn, despise.*
contemplātio, **ōnis**, F., *survey, aim, consideration.*
contemplātor, **ōnis**, M., *observer.*
contemplor, I, *behold, meditate.*
contemptim, *scornfully.*
contemptio, **ōnis**, F.; **-tus**, **ūs**, M., *contempt, scorn, disregard.*
contemptor, **ōris**, M., *scorner, insulter, despiser.*
contemptus, [**temno**,] *despised, contemptible, vile, abject.*
contendo, **di**, **tum**, *to* 3, *contend, strive, march, urge, compare.*
contentē, *earnestly.*
contentio, **ōnis**, F., *strife, dispute, contest, comparison, contrast.*
contentus, [**tendo**,] *strained, intent;* [**teneo**,] *content, satisfied.*
conterminus, **a**, **um**, *bounding, neighboring;* N., *neighborhood.*
contero, **trīvi**, **trīt**, 3, *bruise* or *wear away, waste, destroy.*
conterreo, **ui**, **it-**, 2, *affright, terrify.*
contestātus, **a**, **um**, *tried, proved.*
contestor, I, *call to witness, bring an action.*
contexo, **ui**, **tum**, 3, *weave together.*
contextus, **ūs**, M., *connection.*
conticesco, **ticui**, 3, *become silent.*
conticinium, **i**, N., *still of evening.*
contignātio, **ōnis**, F., *timber-floor.*
contigno, I, *join with beams.*
contiguus, **a**, **um**, *adjoining, within reach, neighboring.*
continens, **tis**, *close, connected, restrained;* N., *continent.*
continenter, *uninterruptedly.*
continentia, **æ**, F., *self-restraint.*
contineo, **ui**, **tent-**, 2, [**teneo**,] *hold close, restrain, contain.*
contingo, **tigi**, **tact-**, 3, [**tango**,] *to touch, reach, take hold, partake.*
contingo (**-guo**), 3, *to wet, sprinkle.*
continuātio, **ōnis**, F., *succession.*
continuo, I, *to join, connect, continue, border on.*
continuō, *immediately, consequently.*
continuus, **a**, **um**, *constant, close, successive, continuous.*
contollo=**confero**, 3, *betake.*
contorqueo, **torsi**, **tort-**, *twist, hurl.*
contortus, **a**, **um**, *twisted.*
contrā, *against, opposite, on the other hand.*
contractio, **ōnis**, F. *shortening.*
contractus, [**traho**,] *drawn together, closed, compressed, retired.*
contractus, **ūs**, M., *bargain, contract, shrinking, contraction.*
contrādīco, 3, *gainsay, oppose.*
contrādictio, **ōnis**, F., *opposition.*
contraho, **xi**, **ct-**, *gather, contract, produce, conclude, restrain, lessen.*
contrā-pōno, 3, *put opposite.*
contrārio, *on the contrary.*

contrārius, a, um, *opposite, hostile.*
contrecto, I, *touch, search, handle.*
contremisco, tremui, 3, *to tremble greatly.*
contribuo, bui, būt-, 3, *to grant, assign, contribute.*
contristo, I, *grieve, sadden, darken.*
contrītio, ōnis, F., *grief.*
contrītus, [**tero,**] *worn, bruised.*
contrōversia, æ, F., *dispute, debate.*
contrōversus, a, um, *set opposite, disputed, quarrelsome.*
contrucīdo, I, *to kill, butcher.*
contrūdo, si, sum, 3, *to crowd in, thrust together.*
contrunco, I, *mangle, cut to pieces.*
contubernālis, is, C., *of one mess;* M., *tent-companion, comrade.*
contubernium, i, N., *mess, company, a common tent, abode.*
contueor, uitus, 2, *gaze upon, consider, care for.*
contumācia, æ, F., *stubbornness.*
contumax, ācis, *stubborn, unyielding, insolent.*
contumēlia, æ, F., *taunt, reproach, assault, disgrace, insult.*
contumēliōsus, a. um, *reproachful, insolent, ignominious.*
contundo, tudi, tūs-, 3, *beat, bruise, crush, grind, subdue, demolish.*
conturbātio, ōnis, F., *confusion.*
conturbo, I, *to disturb, confuse, embarrass, distract.*
conturmālis, e, *of one squadron.*
contus, i, M., *pole, long staff.*
contūsio, ōnis, F., *bruising.*
cōnūbium=connūbium, *wedlock.*
† **cōnus, i,** N., *cone, crest, tip.*
convādor, I, *to cite, summon.*
convalesco, valui, 3, *get strength.*
convallis, is, F., *an enclosed valley.*
convāso, I, *to pack baggage.*
convectio, ōnis, F., *bringing together.*
convecto, I ; **-veho, xi, ct,** 3, *convey, bring together, fetch in.*
convector, ōris, M., *fellow-passenger, gatherer* (of grain &c.).
convello, velli, vuls-, 3, *to wrench, tear away, pluck up, rend.*
convena, æ, C., *one of a company.*
conveniens, tis, *harmonious, suited.*
convenienter, *fitly, consistently.*
convenientia, æ, F., *meeting, accord, conformity, fitness.*
convenio, vēni, vent-, 4, *meet, agree, visit;* impers. *it is fit.*
conventicius, a, um, *meeting.*
conventio, ōnis, F., *a meeting, compact, agreement, indictment.*
conventum, i, N., *agreement.*
conventus, ūs, M., *meeting, company, assembly, court, compact.*
converro, ri, sum, 3, *to sweep, beat.*
conversātio, ōnis, F., *use, intercourse, conversation, abode.*
conversio, ōnis, F., *change, revolution, subversion.*
converso, I, *to turn violently, abide.*
converto, ti, sum, 3, *to turn, change, transform, alter, transfer.*
convexo, I, *press violently.*
convexus, a, um, *curved, arched;* N., *arch, vault, concavity.*
convīciātōr, ōris, M., *reviler.*
convīcior, I, *to revile, reproach.*
convīcium, i, N., *loud cry, reviling, wrangling, insult, importunity.*
convictio, ōnis, F., *intercourse.*
convictor, ōris, M., [**vīvo,**] *messmate, familiar friend.*
convictus, [**vinco,**] *proved.*
convictus, ūs, M., *living together.*
convinco, vīci, vict-, 3, *to convict, convince, prevail, conquer.*
convīso, 3, *consider, examine.*
convīva, æ, C., *guest, companion.*
convīvium, i, N., *banquet.*
convīvo, xi, 3, *to live* or *feast with.*
convīvor, I, *to feast, revel.*
convoco, I, *assemble, call together.*
convolo, I, *fly together.*
convolvo, vi, volūt-, 3, *wrap together, roll round, heap.*
convolvulus, i, M., *caterpillar.*
convulnero, I, *to wound severely.*
convulsus, [**vello,**] *wrenched.*
coöperio, ui, ert-, 4, *to cover up.*
coöpto, I, *choose, admit, elect.*
coörior, ortus, 4, *arise, appear.*
cōpa, æ, F., *tavern-dancer.*

† **cophinus, i,** M., *basket.*
cōpia, æ, F., *abundance, wealth, multitude;* pl. *supplies, troops.*
cōpiōsē, *abundantly.*
cōpiōsus, a, um, *plentiful, copious.*
† **copis, idis,** F., *cutlass.*
cōpis, is, C., *rich, abounding.*
cōpo=caupo, *inn-keeper.*
† **coprea (as), æ,** M., *a dirty jester.*
† **copta, æ,** F., *cake, biscuit.*
cōpula, æ, F., *cord, band, leash.*
cōpulātio, ōnis, F., *binding.*
cōpulo, I, *to couple, join, cement.*
coqua, æ, F., *a cook.*
coquīna, æ, F., *kitchen, cookery.*
coquīno, I, *to cook.*
coquo, xi, ct-, 3, *to cook, burn, vex.*
coquus, i, M., *a cook.*
cōr, cordis, N., *heart, mind.*
† **cora, æ,** F., *pupil of the eye.*
† **coralium, i,** N., *red coral.*
cōram, *openly; in presence of.*
† **corax, ăcis,** M., *raven, crow.*
corbis, is, D., *basket.*
corbīta, æ, F., *ship of burden.*
corbula, æ, F., *little basket.*
corculum, i, N., *sweetheart.*
Corcyræus, a, um, of the I. Corcyra (*Corfu*), near Epirus.
cordātus, a, um, *wise, prudent.*
† **cordax, ācis,** M., a wanton dance.
cordolium, i, N., *heart-sorrow.*
Cordubensis, e, of Corduba (*Cordova*), in S. Spain.
cordus=chordus, *late-born.*
Corfinium, i, N., a fortified town of Central Italy.
coriārius, a, um, *of leather;* M., *a tanner, currier.*
Corinthius, a, um, *Corinthian, luxurious;* **æs,** a costly bronze.
Corinthus, i, F., *Corinth,* on the Isthmus of Greece, taken by Mummius, B.C. 146.
corium, i, N., *hide, husk, thong.*
corneolus, a, um, *horn-like.*
corneus, a, um, *of horn,* or *cornel.*
cornicen, inis, M., *horn-blower.*
cornīcor, I, *chatter* (as rooks).
corniger, era, um, *horned.*
cornipēs, edis, *hoofed* (horse).
cornix, īcis, F., *crow, rook.*
cornu, ūs (u), N., *horn, point, tip* (as of spar), *bow, cone* (of helmet), *hoof, wing* (of an army).
cornus, i, F.; **-um, i,** N., *cornel.*
cornūtus, a, um, *horned.*
corolla, æ, F., *garland.*
corollārium, i, N., *wreath, gift.*
corōna, æ, F., *crown, wreath, throng.*
corōneola, æ, F., *musk-rose.*
Corōnis, idis, F., d. of Phlegyas, mother of Æsculapius.
corōno, I, *to crown, wreathe.*
corporeus, a, um, *bodily, fleshly.*
corporo, I, *to embody.*
corpulentus, a, um, *of gross body.*
corpus, ŏris, N., *body, flesh, person.*
corrādo, si, sum, 3, *scrape together.*
correctio, ōnis, F. *straightening.*
corrector, ōris, M., *improver.*
corrēpo, psi, 3, *to creep, sneak.*
correptio, ōnis, F., *seizing.*
corrigia, æ, F., *shoe-string.*
corrigo, rexi, rect- [rego,] 3, *to set right, straighten, correct.*
corripio, ui, rept-, [rapio,] 3, *seize, snatch, plunder, reproach, attack.*
corrīvo, I, *to draw together.*
corrōboro, I, **[robur,]** *strengthen.*
corrōdo, si, sum, 3, *to gnaw.*
corrogo, I, *get together by asking.*
corrotundo, 3, *to round off.*
corrūda, æ, F., *wild asparagus.*
corrūgo, I, *to wrinkle.*
corrumpo, rūpi, rupt-, 3, *to corrupt, pollute, bribe, destroy, spoil.*
corruo, ui, 3, *fall to pieces, gather.*
corruptēla, æ, F., *corruption, bribe.*
corruptor, ōris, M. **[rumpo,]** *spoiler, corrupter.*
Corsus, a, um, of the I. *Corsica,* W. of Italy.
cortex, icis, D., *shell, hull, bark.*
cortīna, æ, F., *kettle, vat, tripod.*
corulus=corylus, *hazel.*
cōrus=caurus, N. W. wind.
corusco, I, *shake, gleam, brandish.*
coruscus, a, um, *glittering, waving.*
corvus, i, M., *raven, crow, grapple.*
Corybantius, a, um, of the priests of Cybele (*Corybantes*).

Cōrycius, a, um, of *Corycos*, a coast town and cave in Cilicia.
†**corydalus, i,** M., *crested lark.*
†**corylus, i,** M., *hazel.*
†**corymbus, i,** M., *cluster.*
†**cōrytos, i,** M., *quiver, arrow.*
cos, cōtis, F., *flint, whetstone.*
†**cosmēta, æ,** M., *adorner.*
costa, æ, F., *rib, side, wall.*
†**costum, i,** N., an aromatic plant.
†**cothurnus, i,** M., *hunting-boot, buskin, lofty* or *tragic style.*
†**cottabus, i,** M., *clap, stroke.*
cottana, æ, F., a small fig.
coturnix, īcis, F., *quail.*
†**cotyla, æ,** F., about a pint.
Cous, a, um, of Cos, a small I. in the Ægean.
covīnus, i, M., *war-chariot.*
coxa, æ (-endix, icis), F., *hip, bend.*
crābro, ōnis, F., *hornet.*
†**crambē, ēs,** F., *cabbage.*
†**cranium, i,** N., *skull.*
crāpula, æ, F., *drunkenness.*
crās, *to-morrow.*
crassāmen, inis (-tum, i), N., *dregs.*
crassē, *rudely, dimly.*
crassitūdo, inis, F., *thickness.*
crasso, I, *to thicken.*
crassus, a, um, *thick, gross, clumsy.*
Crassus, M. Licinius, the triumvir, d. in the Parthian War, B.C. 53.
crastinus, a, um, *of to-morrow.*
†**crātēr, ēris, ēra, ērās,** M.; **-ēra, æ,** F., *bowl, pail, basin.*
crates (is), is, F., *basket-work, harrow, hurdle;* pl., *fascines, gabions.*
creātio, ōnis, F., *creating.*
creātor, ōris, M., *creator, founder.*
creātrix, trīcis, F., *mother.*
creātūra, æ, F., *creature.*
crēber, bra, um, *thick, close, abounding, frequent, numerous.*
crēbresco, 3, *thicken, increase.*
crēbrō, *frequently, close together.*
crēdibilis, e, *credible, likely.*
crēditor, ōris, M., *one who trusts.*
creditum, i, N., *loan, credit.*
crēdo, didi, dit-, 3, *lend, intrust, confide, believe.*
crēdulitas, ātis, F., *credulity.*
crēdulus, a, um, *easy of belief.*
cremātio, ōnis, F., *burning.*
Cremera, æ, F., a stream of Etruria where the Fabii perished.
cremina, ōrum, N., *brushwood.*
cremo, I, *to burn, consume.*
Cremōna, æ, F., a town on the Po.
cremor, ōris, M., *broth, porridge.*
creo, I, *create, beget, elect, produce.*
creper, era, um, *doubtful, dark.*
crepida, æ, F., *shoe-sole* or *last.*
crepīdo, inis, F., *brink, base.*
†**crepis, idis,** F., *slipper.*
crepito, I, *crackle, rumble, tinkle.*
crepitus, ūs, M., *clashing, crashing.*
crepo, ui, it-, I, *to clatter, resound.*
crepundia, N., pl. *playthings, rattle.*
crepusci, ōrum, M. pl., *of twilight.*
crepusculum, i, N., *twilight, dusk.*
Cres, -ētis, M.; **Cressa, æ,** F., *Cretan.*
cresco, crēvi, crēt-, 3, *grow, appear, increase, multiply.*
crēta, æ, F., *chalk.*
Crēta, æ, (-tē, ēs), F., *Candia*, a large island S. of the Ægean.
Crētæus (-ticus), a, um; -tensis, e, *Cretan;* **taurus,** *the Minotaur.*
crētātus, a, um, *chalked.*
crētio, ōnis, F., *estate, inheritance.*
crētūra, æ, F., *bran.*
crētus, [**cresco,**] *descended;* [**cerno,**] *sifted, decided.*
Creūsa, æ, Trojan wife of Æneas.
cribrum, i, N., *sieve, strainer.*
crīmen, inis, N., *judgment, criminal charge, reproach, fault, crime.*
crīminātio, ōnis, F., *accusation.*
crīminor, I, *to charge, accuse.*
crīminōsus, a, um, *accusatory.*
crīnālis, e, *of the hair.*
crīnis, is, M., *hair, comet's tail.*
crīnitus, a, um, *hairy.*
†**crisis, is,** F., *decision, crisis.*
crispo, I, *to curl, roughen, brandish.*
crispus, a, um, *crisp, curled, wrinkled, waving, quivering.*
crista, æ, F., *crest, comb, plume.*
cristātus, a, um, *crested.*
†**criticus, a, um,** *critical;* M., *critic.*
croceus (-inus), a, um, *of saffron.*
crocio, 4, *to croak* (as a raven).

†**crocodīlus, i,** M., *crocodile.*
†**crocōta, æ,** F., *saffron robe.*
†**crocus, i,** M. ; **-um,** N., *saffron.*
Crœsus, i, k. of Lydia, conquered by Cyrus, B.C. 546.
crotalia, ōrum, N. *ear-rings.*
crotalum, i, N., *rattle, bell, castanet.*
Croto, ōnis, C., *Crotona,* a Greek town of S. Italy.
cruciātus, ūs, M. ; **-mentum, i,** N., *torture, torment, misery, ruin.*
crucifer, feri, M., *the cross-bearer.*
crucio, I, *to torment, afflict, crucify.*
crūdēlis, e, *cruel, harsh, fierce.*
crūdēlitas, ātis, F., *cruelty.*
crūdesco, dui, 3, *grow raw, hard, violent, bad.*
crūditas, ātis, F., *indigestion.*
crūdus, a, um, *raw, bloody, harsh.*
cruento, I, *to stain, make bloody.*
cruentus, a, um, *bloody, fierce.*
crūmēna, æ, F., *purse, money-pouch.*
cruor, ōris, M., *spilt blood, gore.*
crūrālis, e, *of the leg.*
crūrifragius, a, um, *broken-legged.*
crūs, crūris, N., *leg* (below the knee), *shin.*
crusta, æ, F., *ice, crust, stucco.*
crusto, I, *to plaster, encrust.*
crustulum, i, N., *confectionery.*
crustum, i, N., *crust, pastry.*
Crustumeria, æ, F., an old Sabine town, on the Etrurian border.
crux, crucis, F., *cross, torment.*
†**crypta, æ,** F., *vault, cell.*
†**crystallinus, a, um,** *of crystal.*
†**crystallus, i,** M. (**-um,** N.), *crystal, ice ; crystal vase, gem.*
cubiculārius, a, um, *of the chamber ;* M., *body-servant.*
cubiculum, i, N., *bed-chamber.*
†**cubicus, a, um,** *cubic.*
cubīle, is, N., *couch, bed, chamber.*
cubital, ālis, N., *elbow-rest.*
cubitālis, e, *a cubit long* or *high.*
cubito, I, *to lie down often.*
cubitum, i, N., *elbow, bend, cubit* or *ell* (18 inches).
cubitus, ūs, M., *lying down, bed.*
cubo, ui, it-, I, *lie down, sleep.*
†**cubus, i,** M., *cube, die.*
cucullus, um, *hood, cap, wrapper.*
cucūlus, i, M., *cuckoo.*
cucuma, æ, F., *kettle, bath-tub.*
cucumis, eris, (im, i,) M., *cucumber.*
cucurbita, æ, F., *gourd, cup.*
cūcūrio, 4, *to crow.*
cūdo, di, sum, 3, *to hammer, coin.*
cūdo, ōnis, M., *a leather skull-cap.*
cūjās, ātis, *whose? whence?*
cujus, a, um, *whose* (gen. of **quis**).
cujusmodi, *of what sort.*
culcita, æ, F., *mattress, bed, cushion.*
cūleus, i, M., *bag, a liquid measure.*
culex, icis, F., *gnat, mosquito.*
culigna, æ, F., *bowl.*
culīna, æ, F., *kitchen.*
culmen, inis, N., *top, ridge.*
culmus, i, M., *stalk, straw, stem.*
culpa, æ, F., *fault, crime, mischief.*
culpātus, a, um, *blamable, guilty.*
culpo, I, *to blame, condemn.*
cultellus, i, M., *little knife.*
culter, tri, M., *knife, cutter.*
cultor, ōris, M. ; **-trix, trīcis,** F., *tiller, dweller, worshipper, helper.*
cultūra, æ, F., *tillage.*
cultus, [**colo,**] *tilled, adorned.*
cultus, ūs, M., *care, culture, ornament, luxury, splendor, dress.*
culullus, i, M., *bowl, pot.*
cum, (abl.) *with, among.*
cum=quum, *when, since, though ;* **cum . . . tum,** *both . . . and.*
Cūmæus, a, um, *of Cumæ,* a coast-town near Naples ; **Cumæa virgo,** *the Sibyl.*
-cumbo, cubui, cubit-, *to lie down.*
cūmātilis, e, *bluish ;* N., a garment.
cumera, æ, F. ; **-um, i,** N., *a meal-tub, bin, chest* (for grain).
cumprīmē (īs), *especially.*
[**-cumque,** *-ever.*
cumulātē, *abundantly.*
cumulātim, *in heaps.*
cumulātus, a, um, *full, complete.*
cumulo, I, *to heap, pile, amass.*
cumulus, i, N., *heap, pile, mass.*
cūnābula, ōrum, N., *cradle, origin.*
cunæ, ārum, F., *cradle, nest.*
cunctans, tis, *dilatory.*
cunctanter, *lingeringly, slowly.*

cunctātio, ōnis, F., *delay.*
cunctātor, ōris, M., *delayer;* a name of Fabius the dictator, who baffled Hannibal, B.C., 213 [-209.
cunctor, I, *to delay, linger.*
cunctus, a, um, *all, whole.*
cuneālis, e, *wedgelike.*
cuneātim, *wedge-formed.*
cuneo, I, *to wedge, fasten.*
cuneus, i, M., *wedge, seat* (in theatre), *column* (of troops).
cunīculus, i, M., *rabbit, burrow.*
cunīla, æ, F., *pennyroyal* (?).
cūnio, 4, *to defile.*
[**-cunque=-cumque-**, *-ever.*
cūpa, æ, F., *tub, cask, crank.*
cupēdia or **æ**, pl., *dainties.*
cupēdo, inis, F., *daintiness.*
cupella, æ; -um, i, N., *cup.*
cūpes, edis, M., *dainty-fellow.*
cupidē, *eagerly, passionately.*
cupīditas, ātis, F., *eagerness, longing, avarice, party spirit.*
cupīdo, inis, F., *eager desire.*
cupidus, a, um, *eager, desirous, fond, devoted, greedy.*
cupiens, tis, *longing, eager.*
cupio, īvi, īt-, 3, *to desire, favor.*
†**cupressus, i**, F., *cypress.*
cupreus (-inus), a, um, *of copper.*
cuprum, i, N., *copper.*
cūpula, æ, F., *tub, crank.*
cur, *why.*
cūra, æ, F., *care, grief.*
curātio, ōnis; -tūra, æ, F., *care, cure, management.*
cūrātor, ōris, M., *overseer.*
curculio, ōnis, F., *weevil.*
Cures, ium, M., a Sabine town.
Cūrētes, um, an ancient people of Crete, *worshippers of Zeus.*
cūria, æ, F., *the court, senate-house, ward* (the patrician assembly).
cūriālis, e, *of the court* or *ward.*
cūriātus, a, um, *of the* **curiæ**.
cūrio, ōnis, M., *priest of curia.*
cūrio, ōnis, M., *lean, wasted.*
cūriōsus, a, um, *careful, nice, curious, eager, lean, wasted.*
curis, is, F., *spear.*
curo, I, *care for, cure, manage.*
currax, ācis, *diligent, quick.*
curriculum, i, N., *race-course, car.*
curro, cucurri, curs-, 3, *to run.*
currūca=eruca, æ, F., *canker-worm.*
currus, ūs, M., *car, waggon, chariot.*
cursim, *hastily, speedily.*
cursio, ōnis, F., *running.*
curso (-ito), I, [**curro**,] *run about.*
cursor, ōris, M., *runner.*
cursūra, æ, F., *running.*
cursus, ūs, M., *running, course.*
curto, I, *to shorten.*
curtus, a, um, *short, broken.*
curūlis, e, *of a chariot;* **sella**, *the chair of state* (used by consuls, prætors, and curule ediles).
curvāmen, inis, N.; **-tūra, æ**, F., *bending, arch, vault.*
curvo, I, *to bend.*
curvor, ōris, M., *crookedness.*
curvus, a, um, *crooked, bent.*
cūsor, ōris, M., [**cudo**,] *coiner.*
cuspidātus, a, um, *pointed.*
cuspido, I, *to point, sharpen.*
cuspis, idis, F., *spear-point, lance, spit, sting.*
custōdia, æ, F., *custody, guard, guard-house, prison.*
custōdio, 4, *to guard, keep.*
custos, ōdis, M., *keeper, guard.*
cutis, is, F., *skin, rind.*
Cyaneæ, ārum, F., *the Symplegades.*
†**cyaneus, a, um**, *bright blue.*
†**cyanus, i**, M., *blue-bottle* (flower).
†**cyathus, i**, M., *drinking-cup.*
cybæus, a, um, *of a large ship.*
Cybelē, ēs, a Phrygian goddess.
†**cybium, i**, N., *tunny* (fish).
Cyclades, um, F., islands of the Ægean, around Delos.
†**cyclas, adis**, F., *woman's robe.*
cyclicus, a, um, *circular.*
Cyclops, ōpis, a savage race of Sicily and elsewhere; workmen of Vulcan, forgers of thunderbolts under Mt. Etna.
†**cyclus, i**, M., *circle.*
cydōnia, æ, F., *quince.*
cydōnītes, æ, M., *quince-wine.*
Cydōnia, æ, F., a town of Crete.

cygnēus, a, um, *of a swan.*
† **cygnus (cycnus), i,** M., *swan.*
cylindrus, i, M., *cylinder, roller.*
Cyllēnē, ēs, F., a mt. of Arcadia, birthplace of Mercury.
† **cyma, æ,** F., (**ătis,** N.,) *sprout.*
† **cymatilis=cumatilis,** *bluish.*
† **cymatium, i,** M., *wave-work.*
† **cymba, æ,** F., *boat, skiff.*
† **cymbalum, i,** N., *cymbal.*
† **cymbium, i,** N., *boat-like cup.*
cymbula, æ, F., *little boat.*
cymōsus, a, um, *full of shoots.*
† **cynicus, a, um,** *currish, cynic.*
† **cynocephalus, i,** M., *dog-head ape.*
† **cynosbatos, i,** N., *sweetbrier.*
† **cynosūra, æ,** F., *pole-star.*
Cynthus, i, M., a mt. of Delos, birthplace of Apollo.
† **cyparissus, i,** F., *cypress.*
† **cypēros, i,** M., a kind of rush.
† **cyprinum, i,** N., *cypress-oil.*
Cyprius, a, um, *Cyprian; of copper.*
Cyprus, i, F., a large island S. of Asia Minor.
† **cypselus, i,** M., *marten.*
Cyrēnæus (-aicus), a, um, *of Cyrene,* a Greek town on the African coast, W. of Egypt.
Cyrnēus, a, um, *Corsican.*
Cyrus, i, the Great, founder of the Persian empire, B.C. 559; the Younger, who perished at Cunaxa, B.C. 400.
Cythērēus (-ēius), a, um, *of Cythera,* an island S. of Greece, sacred to Venus; F., *Venus.*
cytisus, M. F., *clover, trefoil.*
Cytōrus, i, a mt. of Paphlagonia.
Cyzicum, i, a town of Mysia.

D.

D, the præn. **Decimus;** num., 500.
dābula (dabla), æ, F., *date-palm.*
Dācia, æ, F., the country on the lower Danube; adj. **Dacus.**
† **dactylus, i,** M., (*finger,*) name of a kind of *date, mussel, grass,* &c.; the foot *dactyl* (§ **79**, 5).
† **dædalus (-ēus), a, um,** *elegant, artificial, skilful.*
Dædalus, i, myth. architect of the Cretan Labyrinth.
† **dæmon, ŏnis,** M., *spirit, evil genius.*
Dāhæ, ārum, a Scythian tribe.
Dalmatæ, ārum, people of Dalmatia, the dist. on the eastern coast of the Adriatic.
dāma, æ, C., *fallow-deer.*
Damascēnus, a, um, *of Damascus,* an ancient city of Syria.
damnātio, ōnis, F., *condemnation.*
damnātus, a, um, *criminal.*
damno, 1, *to condemn, sentence, adjudge, prosecute.*
damnōsus, a, um, *harmful, prodigal, unfortunate.*
damnum, i, N., *loss, harm.*
dane, [**do,**] *givest?*
Danaē, es, myth. d. of Acrisius, mother of Perseus.
Danai, ōrum, poetic name for the Greeks, in the siege of Troy.
Danaides, um, the 50 daughters of Danaus, who slew their husbands in one night.
Danaus, i, myth. founder of Argos, a colonist from Egypt.
† **danista, æ,** M., *usurer.*
Dānubius, i, M., the *upper Danube.*
Daphnē, ēs, myth. d. of Peneus, loved by Apollo.
† **daphnē, ēs,** F., *bay, laurel.*
Daphnis, idis, son of Mercury, inventor of pastoral verse.
dapis, (§ **14**, 1, 2), *food, feast.*
dapsilis, e, *bountiful, sumptuous.*
Dardanius (F., **-nis**), *Trojan.*
Dardanus, i, myth. ancestor of the royal race of Troy; adj., *Trojan;* also, a people of *Servia.*
Darīus (ēus), i, name of several kings of Persia, the last being conq. by Alexander, B.C. 333.
† **dasypūs, pŏdis,** C., *rabbit, hare.*
datātim, *by giving.*
datio, F., *giving, surrender.*
dator, ōris, M., *giver.*
dato, 1, *to give away.*
Daunus, i, myth. k. of Apulia.

dē, *of, from, during, concerning, down from, according to, at.*
[**de-,** *down, away, utterly.*
dea, æ, ābus, F., *goddess.*
dealbo, 1, *to whitewash, plaster.*
deambulo, 1, *to walk, stroll.*
deamo, 1, *to love dearly, be in love.*
deartuo, 1, *to dismember.*
deascio, 1, *to smoothe over, chouse.*
deaurātus, a, um, *gilded.*
dēbacchor, 1, *to rave out.*
dēbellātor, ōris, M., *conqueror.*
dēbello, 1, *subdue, vanquish, finish the war, fight out.*
dēbeo, ui, it-, 2, *to owe; ought, must.*
dēbilis, e, *weak, lame, frail.*
dēbilitas, ātis (-tātio, ōnis), F., *infirmity, weakness.*
dēbilito, 1, *to weaken, lame, cripple.*
dēbitor, ōris, M., *debtor.*
dēbitum, i, N., *debt.*
dēblatero, 1, *babble, prate.*
dēcanto, 1, *chant, repeat, cease.*
decānus, i, M., *chief of ten.*
dēcaulesco, 3, *grow to stalk.*
dēcēdo, cessi, cess-, 3, *to depart, cease, disappear, yield, die.*
decem, *ten.*
December, bris, M., *December.*
decempeda, æ, F., *surveyor's pole,* (10 feet).
decemplex, icis, *tenfold.*
decemvirālis, e, *of the decemvirs.*
decemviri, ōrum, M., *Board of ten;* the Commission which prepared the XII. Tables, B.C. 450.
decennis (-ālis), e, *of ten years.*
decens, tis, *decent, becoming.*
decentia, æ, F., *comeliness, decency.*
dēceptus, [**dēcipio,**] *deceived.*
dēcerno, crēvi, crēt-, 3, *to decree, determine, resolve, contend.*
dēcerpo, psi, pt-, [**carpo,**] 3, *pluck off, crop, gather, enjoy.*
dēcerto, 1, *contend, strive.*
dēcessio, ōnis, F.; **-sus, ūs,** M., *departure, disappearing, decrease.*
decet, decuit, 2, *it is fit, becoming.*
dēcido, cidi, 3, *to fall, fail, die.*
dēcīdo, cīdi, cīs-, 3, *cut off, decide.*
dēciduus, a, um, *falling off.*
dēcīduus, a, um, *lopped, cut off.*
decies (ens), *ten times.*
deci-(decu-)mānus, a, um, *of the tenth, tithes,* &c.; **porta,** *the main entrance* (of camp); **limes,** *east-and-west line.*
decimus (umus), a, um, *tenth.*
dēcipio, cēpi, cept- [**capio,**] 3, *to catch, cheat, deceive, beguile.*
dēcipula, æ, F., *snare, trap.*
dēcīsio, ōnis, F., *decision, settlement, agreement, diminishing.*
dēcīsus, [**dēcīdo,**] *decided.*
dēclāmātio, ōnis, F., *speaking, loud talk, declamation, essay.*
dēclāmo (-ito), 1, *declaim, bluster.*
dēclārātio, ōnis, F., *disclosure.*
dēclāro, 1, *to make manifest.*
dēclīnātio, ōnis, F., *turning aside.*
dēclīnātus, ūs, M., *avoidance.*
dēclīnis, e, *retreating* (as tide).
dēclīno, 1, *bend aside, avoid.*
dēclīvis, e, *sloping downward.*
dēclīvitas, ātis, F., *declivity.*
dēcoctio, ōnis, F., *boiling down.*
dēcoctor, ōris, M., *bankrupt.*
dēcoctus, [**coquo,**] *boiled down.*
dēcollo, 1, *behead, take from the neck, rob, deprive.*
dēcōlo, 1, *trickle away, fail.*
dēcolor, ōris, *discolored, degenerate.*
dēcolōro, 1, *discolor, disfigure.*
dē-coquo, 3, *boil away, waste, fail.*
decor, ōris, M., *grace, beauty, charm.*
decoris, e, *adorned, elegant.*
decoro, 1, *adorn, embellish, beautify.*
dēcortico, 1, *to peel, bark.*
decōrus, a, um, *becoming, graceful, beautiful;* N., *fitness, decorum.*
dēcrepitus, a, um, [**crepo,**] *decrepit* (noiseless).
dēcresco, crēvi, crēt-, 3, *diminish, decrease, lessen.*
dēcrētōrius, a, um, *decisive.*
dēcrētum i, N., [**cerno,**] *decree.*
dēculco, 1, *trample down.*
dēcumbo, cubui, 3, *fall, lie down.*
decumus=decimus, *tenth.*
decunx, cis, M., 10 *ounces* (*v.* **as**).
decūria, æ, F., *body of* 10 *men, class, division.*

decŭrio, ōnis, M., *captain of ten,* or of a squadron of cavalry (32).
decŭrio, 1, *divide* (by decuriæ).
dē-curro, 3, *to run down, advance.*
dēcursio, ōnis, F.; **-sus, ūs,** M., *running down, advance, evolution.*
decus, ŏris, N., *ornament, dignity, honor, glory, charm.*
decussis, is, M., [**as,**] coin of 10 **asses**; the mark X.
decusso, 1, *to cut crosswise.*
dēcutio, cussi, cuss-, [**quatio,**] 3, *to beat down* or *off.*
dēdecet, cuit, 2, *it misbecomes.*
dēdecor, ŏris, *unseemly.*
dēdecōrus, a, um, *shameful.*
dēdecus, ŏris, N., *disgrace, dishonor.*
dēdicātio, ōnis, F., *consecration.*
dēdico, 1, *dedicate, devote.*
dēdignor, 1, *disdain, refuse.*
dēdisco, didici, 3, *unlearn.*
dediticius, a, um, *of surrender;* M., *prisoner of war.*
dēditio, ōnis, F., *surrender.*
dēditus, a, um, *addicted, devoted.*
dēdo, dedidi, dedit-, 3, *to surrender, yield, apply, devote.*
dēdoceo, 2, *to unteach.*
dēdoleo, ui, 2, *cease grieving.*
dēdolo, 1, *to hew smooth.*
dēdūco, xi, ct-, 3, *to bring down, withdraw, conduct, spin out.*
dēductio, ōnis, F., *leading out, quartering* (of troops), *expulsion.*
dēductor, ōris, M., *attendant.*
deerro, 1, *stray away, go astray.*
dēfæco, 1, *clear from dregs, purify.*
dēfatīgātio, ōnis, F., *exhaustion.*
dēfatīgo, 1, *to weary out, exhaust.*
dēfatiscor, 3, *languish, get weary.*
dēfector, ōris, M., *revolter.*
dēfectus, [**dēficio,**] *enfeebled.*
dēfectus, ūs, M.; **-tio, ōnis,** F., *revolt, failure, eclipse.*
dēfendo, di, sum, 3, *ward off, defend, maintain, claim, allege.*
dēfensio, ōnis, F., *defence.*
defenso (-ito), 1, *defend, ward off.*
dēfensor, ōris, M., *averter, defender.*
dēfero, tuli, lāt-, 3, *to bear down, drive, convey, deliver, report*
dēferve-facio, 3, *boil thoroughly.*
dēferveo, 2; **-vesco, vi** (**bui**), 3, *to boil thoroughly; cool down, allay.*
defessus, a, um, *tired out.*
dēfetiscor, fessus, 3, *to grow weary.*
dēficio, fēci, fect- [**facio,**] 3, *to fail, remove, desert, cease.*
dēfīgo, xi, xum, 3, *to set, fix, plant.*
dēfingo, nxi, 3, *to shape, fashion.*
dēfīnio, 4, *to limit, explain, determine, fix, finish.*
dēfīnītio, ōnis, F., *boundary, explanation, definition.*
dēfīnītus, a, um, *distinct, precise.*
dē-fīo, [**-ficio,**] *to fail, cease, lack.*
dēfixus, a, um, [**figo,**] *fastened.*
dēflagrātio, ōnis, F., *conflagration.*
dēflagro, 1, *to burn up, destroy.*
deflecto, xi, xum, 3, *bend, turn off.*
defleo, ēvi, ēt-, 2, *bewail, deplore.*
deflexus, ūs, M., *turning aside.*
deflo, 1, *to blow away,* or *clear.*
defloccātus, a, um, *baldpate.*
deflōresco, rui, 3, *wither, decay.*
defluo, xi, xum, 3, *to flow down,* or *away, vanish, disappear.*
defluus, a, um, *flowing, falling.*
dēfodio, fōdi, foss-, 3, *dig, bury.*
dēfore, [**desum,**] *will be wanting.*
dēformis, e, *ugly, misshapen.*
dēformitas, ātis, F., *ugliness.*
dēformo, 1, *to shape out, disfigure.*
dēfossus, [**fodio,**] *dug, buried.*
dēfraudo, 1, *to cheat, defraud.*
dēfrico, cui, -cāt (**ct-**), 1, *rub hard.*
dēfringo, frēgi, fract-, [**frango,**] 3, *break off,* or *to pieces.*
dēfrutum, i, N., *boiled must* (of grapes).
dēfugio, fūgi, 3, *to shun, withdraw.*
dēfunctus, a, um, *finished, quit, served out, dead.*
dēfundo, fūdi, fūs-, 3, *pour out.*
dēfungor, funct-, 3, *fulfil, finish.*
dēgener, eris, *base, ignoble.*
dēgenero, 1, *to degenerate, dishonor.*
dēgero, 3, *to carry off.*
dēglubo, pt-, 3, *to peel, strip.*
dēgo, dēgi, [**ago,**] 3, *to lead, spend.*
dēgravo, 1, *weigh down, overpower.*
dēgredior, gress-, 3, *to go down.*

dēgusto, I, *to taste, lap, try.*
dehaurio, hausi, haust-, 4, *to skim, swallow.*
dehinc, *henceforth, hereupon, next.*
dehisco, hīvi, 3, *to yawn, gape open.*
dehonestāmentum, i, N., *dishonor.*
dehonesto, I, *to dishonor.*
dehortor, I, *to dissuade.*
Dēianīra, æ, wife of Hercules.
Dēidamīa, æ, mother of Pyrrhus.
dein, *then, moreover.*
deinceps, *thereupon, next.*
deinde, *then, secondly, afterward.*
deinsuper, *from above.*
Deiphobus, i, a son of Priam.
dējectio, ōnis, F.; **-tus, ūs**, M., *casting down.*
dejectus, [**-jicio**,] *downcast.*
dējero, [**juro**,] *to swear outright.*
dējicio, jēci, jēct-, [**jacio**,] 3, *cast down, drive out, deprive.*
dējungo, 3, *disjoin, unyoke.*
dējūro, I, *swear outright.*
dējuvo, I, *withhold help.*
dēlābor, laps-, 3, *slip* or *fall down.*
dēlacero, I, *tear to pieces.*
dēlapsus, ūs, M., *descent.*
dēlasso, I, *to weary out.*
dēlātio, ōnis, F., *information.*
dēlātor, ōris, M., *accuser, informer.*
dēlectābilis, e, *delightful.*
dēlectātio, ōnis, F., *delight, pleasure, amusement.*
dēlecto, I, *to delight, allure.*
dēlectus, [**deligo**,] *chosen.*
dēlectus, ūs, M., *choice, levy.*
dēlēgo, I, *depute, assign, ascribe.*
dēlēnīmentum, i, N., *comfort, caress, charm.*
dēlēnio, 4, *to soothe, charm, win.*
dēleo, ēvi, ēt-, 2, *blot out, destroy.*
dēlētor, ōris, M., *destroyer.*
Dēlia, æ, *Diana* (born in Delos).
dēlīberātio, ōnis, F., *weighing, considering, consultation.*
dēlīberātīvus, a, um, *deliberative.*
dēlīberātus, a, um, *resolved.*
dēlībero, I, *weigh, discuss, resolve.*
dēlībo, I, *taste, cull, lessen.*
dēlībro, I, *to peel, strip.*
dēlibuo, ui, ūt-, 3, *besmear, anoint.*
dēlicātus, a, um, *dainty, luxurious.*
dēliciæ, ārum, F., *delight, darling.*
dēlictum, i, N., *fault, crime.*
dēligo, I, *to bind fast.*
dēligo, lēgi, lect-, [**lego**,] 3, *choose out, select, send away.*
dēlingo, 3, *to lick up.*
dēlīnio, 4, *soothe, appease.*
dēlinquo, līqui, lict-, 3, *fail, lack, neglect, transgress, offend.*
dēliquātio. ōnis, F., *clarifying.*
dēliquesco, licui, 3, *melt, dissolve.*
dēliquiæ, ārum, F., *gutters.*
dēliquium, i, N., *lack, fault, dropping.*
dēliquo, I, *strain, clear, pour off.*
dēliquus, a, um, *wanting, lacking.*
dēlīrāmentum, i, N., *nonsense.*
dēlīrātio, ōnis, F., *giddiness, folly.*
dēlīrium, i, N., *madness.*
dēlīro, I, *to rave, dote, baulk.*
dēlīrus, a, um, *crazy, foolish.*
dēlitesco, litui, 3, [**lateo**,] *lie hid, lurk, skulk, take refuge.*
Dēlius, a, um, *of Delos* (Apollo).
Dēlos, i, F., an I. in the Ægean, birthpl. of Apollo and Diana.
Delphi, ōrum, a town of Phocis, famous for an oracle of Apollo.
delphīn, īnis; **-nus, i**, M., *dolphin.*
dēlūbrum, i, N., *shrine, temple.*
dēluctor (**-to**), I, *to struggle, wrestle.*
dēlūdo, si, sum, 3, *deceive, mock, disappoint, play out.*
dēlumbo, I, *to lame, bend, weaken.*
dēlūsio, ōnis, F., *cheat, deceit.*
dēluto, I, *bedaub with clay.*
dēmadesco, madui, 3, *get wet.*
dēmadidus, a, um, *drenched.*
† **dēmagōgus, i**, M., *demagogue.*
dēmando, I, *commit, intrust.*
† **dēmarchus, i**, M., *people's ruler.*
dēmens, tis, *mad, raving, witless.*
dēmensus, [**mētior**,] *measured out*; N., *an allowance, ration.*
dēmenter, *foolishly.*
dēmentia, æ, F., *madness, folly.*
dēmentio, 4, *to be mad.*
dēmereo (**-eor**), **ui**, 2; *earn, deserve, oblige.*
dēmergo, si, sum, 3, *to dive, sink.*
dēmessus, [**dēmeto**,] *reaped.*

dēmētior, mens-, 4, *measure out.*
dēmeto, messui, mess-, 3, *to reap, mow, cut.*
dēmigrātio, ōnis, F., *emigration.*
dēmigro, I, *depart, remove, migrate.*
dēminuo, ui, ut-, 3, *lessen.*
dēminutio, ōnis, F., *decrease, shortening, lessening.*
dēmīror, I, *to wonder greatly.*
dēmissē, *humbly.*
dēmissio, ōnis, F., *lowering.*
dēmissus, a, um, *low, downcast.*
dēmītigo, I, *to soften down.*
dēmitto, mīsi, miss-, 3, *let* or *bring down, let go, dismiss.*
dēmo, mpsi, mpt-, 3, *to take away, withdraw, remove.*
† **dēmocrātia, æ,** F., *democracy.*
dēmōlior, 4, *remove, demolish.*
dēmōlītio, ōnis, F., *destruction.*
dēmonstrātio, ōnis, F., *a pointing out, exhibition, proof.*
dēmonstrātīvus, a, um, *laudatory.*
dēmonstro, I, *show forth, designate.*
dēmordeo, mors- 2, *to bite off.*
dēmorior, mortuus, 3, *die, depart.*
dēmoror, I, *delay, linger, restrain.*
Dēmosthenes, is, the Athenian orator, B.C. 385–322.
dēmoveo, mōvi, mōt-, 2, *put forth, force back, remove.*
demptus, [**dēmo,**] *put away.*
dēmulceo, mulct-, 2, *soothe, stroke.*
dēmum, *at length, precisely, indeed, only, finally.*
dēmūto, I, *to change, make worse.*
dēnārius, a, um, *of ten;* M., *sum of* 10 asses (16 cents).
dēnego, I, *deny, refuse, reject.*
dēni, æ, a, *ten each, by tens, ten.*
dēnigro, I, *besmut, blacken.*
dēnique, *thereupon, finally, in short.*
dēnōmino, I, *to name, specify.*
dēnoto, I, *to mark, designate.*
dēnormo, I, *to make irregular.*
dens, dentis, M., *tooth, prong, fluke.*
densitās, ātis, F., *compactness.*
denso, āt-, I; **-seo, ēt-,** 2, *to thicken, set close, press together.*
densus, a, um, *thick, close, frequent.*
dentālia, um, N, pl.. *ploughshare.*
dentātus, a, um, *toothed, spiked.*
dentio, 4, *to grow, ache* (of teeth).
dēnūbo, psi, pt-, 3, *to be married.*
dēnūdo, I, *make bare, disclose.*
dēnuntiātio, ōnis, F., *declaring, affirming, informing.*
dēnuntio (-cio), I, *to threaten, announce.*
dēnuo, *again, once more.*
deonero, I, *disburden.*
deorsum (-sus), *downward, below.*
deosculor, I, *to kiss fondly.*
dēpaciscor, pact-, 3, *bargain for.*
dēpālo, I, *bound with palings.*
dēpango, pact-, 3, *set, fix, plant.*
dēparcus, a, um, *niggardly.*
dēpasco, pāvi, past-, 3, *to feed feed upon, feed down, consume.*
dēpecto, pex-, 3, *to comb, trim.*
dēpecūlor, I, *to plunder, despoil.*
dēpello, puli, puls-, 3, *drive away, cast down, avert, expel.*
dēpendeo, 3, *hang down, depend.*
dependo, di, sum, 3, *weigh out, pay, spend, abandon.*
dēperdo, didi, dit-, 3, *destroy, ruin.*
dēpereo, ii, 4, *to perish utterly.*
dēpetīgo, inis, F., *scab.*
dēpexus, [**pecto,**] *combed, trimmed.*
dēpilo, I, *pluck the hair.*
dēpingo, nxi, pict-, 3, *paint out, describe, portray, conceive.*
dēplango, nxi, 3, *bewail, lament.*
dēplanto, I, *break off, plant.*
dēpleo, ēvi, 2, *empty, pour out.*
dēplexus, a, um, *clasping.*
dēplōro, I, *bewail, lament, complain.*
dēpluit, *it rains down.*
dēplumis, e, *featherless, callow.*
dēpolio, īt-, 4, *to polish, finish.*
dēpōno, posui, posit-, 3, *to lay aside, put off, deposit, entrust.*
dēpopulātio, ōnis, F., *pillage.*
dēpopulo (or), I, *to plunder, devastate, pillage.*
dēportātio, ōnis, F., *carrying off.*
dēporto, I, *to carry away, fetch.*
dēposco, poposci, 3, *to demand, require, claim, request.*
dēpositio, ōnis, F., *depositing, putting* or *laying down, testimony.*

dēpositum, i, N., *pledge, stake.*
dēpositus, [**pono,**] *laid out, dying.*
dēprædor, I, *to rob, plunder.*
dēprāvātio, ōnis, F., *a perverting, distorting corrupting.*
dēprāvo, I, *to distort, disfigure, corrupt, pervert, deprave.*
dēprecātio, ōnis, F., *entreaty, begging-off, deprecation.*
dēprecātor, ōris, M., *intercessor.*
dēprecor, I, *to beg, entreat, plead, deprecate.*
dēprehendo (-prendo), di, sum, 3, *to catch, discover, seize, confine.*
dēpressus, a, um, *deep, pressed down, crushed, sunk* (as ship).
dēpretio, I, *to undervalue.*
dēprimo, pressi, press-, [**premo,**] 3, *to bear down, crush, sink.*
dēprocul, *from afar.*
dēprōmo, prompsi, prompt-, 3, *to draw forth.*
depso, sui, st-, 3, *knead, curry.*
dēpuber, eris; -is, is, *of unripe age.*
dēpugno, I, *fight it out, contend.*
dēpulsio, ōnis, F., *thrusting away.*
dēpulsus, [**pello,**] *driven away.*
dēpurgo, āt-, I, *to cleanse.*
dēputo, I, *think, reckon, prune.*
dēque, *downward* (after **susque**).
dēquestus, [**queror,**] *complaining.*
dērādo, si, sum, 3, *shave, scrape.*
dērelictus, [**linquo,**] *forsaken.*
dērelinquo, līqui, lict-, 3, *forsake, neglect, abandon.*
dērepente, *suddenly.*
dērēpo, psi, 3, *to creep down.*
dēreptus, [**rapio,**] *snatched.*
dērīdeo, si, sum, 2, *to laugh at, scoff, deride.*
dērīdiculus, a, um, *very laughable.*
dērigesco, gui, 3, *grow stiff.*
dēripio, ui, rept-, [**rapio,**] 3, *pluck down, tear away, cast off.*
dērīsor, ōris, M., *jester, mocker.*
dērīsus, [**rideo,**] *mocked.*
dērīsus, ūs, M. (**-io,** F.), *derision.*
dērīvātio, ōnis, F., *turning away.*
dērivo, I, *draw off, convey, divert.*
dērogātio, ōnis, F., *partial repeal.*
dērogito, I, *to ask urgently,* or *often.*
dērogo, I, *repeal, restrict, abate.*
dēruncīno, I, *trim, smooth, cheat.*
dēruo, ui, 3, *pull* or *fall down.*
dēruptus, [**rumpo,**] *broken, steep.*
dēsacro, I, *consecrate, dedicate.*
dēsævio, 4, *to rage furiously.*
dēscendo, di, sum, [**scando,**] 3, *climb* or *go down, sink, descend.*
dēscensio, ōnis, F., *descent.*
dēscensus, ūs, M., *descent, downward way.*
dēscisco, īvi (ii), īt-, 3, *to revolt, alter, depart, get clear.*
dēscrībo, psi, pt-, 3, *write out, describe, ascribe, mark off, arrange.*
dēscriptio, ōnis, F., *plan, copy.*
dēseco, cui, ct-, I, *cut off, cut out.*
dēsero, rui, rt-, 3, *to forsake, quit.*
dēsertor, ōris, M., *deserter.*
dēsertus, a, um, *forsaken, lonely;* N., *waste, desert.*
dēservio, 4, *wait, serve zealously.*
dēses, idis, *slothful, idle.*
dēsicco, I, *to dry up.*
dēsideo, sēdi, [**sedeo,**] 2, *to sit idle.*
dēsīderābilis, e, *desirable.*
dēsīderanter, *eagerly.*
dēsīderātio, ōnis, F., *longing.*
dēsiderātus, a, um, *welcome.*
dēsīderium, i, N., *longing, regret.*
dēsīdero, I, *desire, long for;* P., *be missing, wanting.*
dēsidia, æ, F., *sloth, idleness.*
dēsidiōsus, a, um, *slothful, idle.*
dēsīdo, sēdi, 3, *to sink, settle.*
dēsignātio, ōnis, F., *arrangement.*
dēsignātor, ōris, M., *regulator.*
dēsigno, I, *assign, appoint, describe.*
dēsilio, ui, sult-, 4, *to leap down.*
dēsino, īvi (ii), it-, 3, *cease, desist.*
dēsipio, [**sapio,**] 3, *trifle, be foolish.*
dēsisto, stiti, stit-, 3, *cease, desist.*
dēsitus, [**sino,**] *ceased, disused.*
dēsōlo, I; *to forsake, abandon.*
dēspecto, I, *look down on, overlook.*
dēspectus, ūs, M., *view from above.*
dēspēranter, *hopelessly.*
dēspērātio, ōnis, F., *despair.*
dēsperātus, a, um, *desperate, hopeless, incurable.*
dēspēro, I, *to despair, give up hope.*

dēspicātus, a, um, *despised.*
dēspicio, exi, ect-, 3, *look down ou, despise, disdain, shun.*
dēspicor, I, *despise, disdain.*
dēspoliātor, ōris, M., *robber.*
dēspolio, I, *to rob, despoil, plunder.*
dēspondeo, di, sum, 2, *to betroth, promise, pledge, yield.*
despūmo, I, *to skim, clear.*
dēspuo, 3, *spit out, abhor, reject.*
dēsquāmo, I, *to scale, strip, peel.*
dēstillo, I, *run by drops, trickle.*
dēstina, æ, F., *a stay, prop.*
dēstinātio, ōnis, F., *design, resolve.*
dēstino, I, *determine, intend, resolve, make fast, appoint.*
dēstituo, ui, ūt-, [**status,**] 3, *to place, set, desert, forsake, defraud.*
destitūtio, ōnis, F., *desertion.*
dēstringo, nxi, ct-, 3, *strip, scrape off, unsheathe, graze, censure.*
dēstructio, ōnis, F., *demolition.*
dēstruo, xi, ct-, 3, *destroy, demolish.*
dēsub, *below, under, beneath.*
dēsubito, *of a sudden.*
dēsudo, I, *to sweat greatly.*
dēsue-facio, 3, *to disuse.*
dēsuesco, ēvi, ēt-, 3, *disuse, cease.*
dēsuētūdo, inis, F., *disuse.*
dēsultor, ōris, M., *leaper, vaulter.*
dēsultūra, æ, F., *leaping down.*
dēsum, deesse, dēfui, *to fail, be wanting* or *absent.*
dēsūmo, sumpsi, mpt-, 3, *pick out.*
dēsuo, 3, *to fasten.*
dēsuper, *from above.*
dēsurgo, 3, *to rise up.*
dētector, ōris, M., *discoverer.*
dētego, xi, ct-, 3, *uncover, discover, expose, lay bare, betray.*
dētendo, sum, 3, *to unstretch, strike* (tents), *relax.*
dētentus, [**tineo,**] *kept back.*
dētergeo, si, sum, 2, *wipe off, scour, cleanse, strip, break.*
dēterior, dēterrimus, *worse, worst.*
dētermino, I, *to fix bounds, limit.*
dētero, trīvi, trīt-, 3, *to wear away, weaken, diminish, thresh out.*
dēterreo, ui, it-, 2, *to frighten off, deter, prevent, avert.*
dētersus, [**tergeo,**] *scoured.*
dētestātio, ōnis, F., *averting, execration, renunciation* (of gens).
dētestor, I, *to loathe, abhor, deprecate, curse solemnly.*
dētexo, xui, xt-, 3, *weave through.*
dētineo, ui, tent-, 2, *hinder, check, engage, detain.*
dē-tondeo, 2, *to clip, shear.*
dētono, tonui, I, *to thunder, cease raging.*
dētorqueo, torsi, tum, 2, *to wrest, twist.*
dētractio, ōnis, F., *withdrawing.*
dētractor, ōris, M., *slanderer.*
dētraho, xi, ct-, 3, *draw away, take from, disparage.*
dētrecto, I, *decline, refuse, detract.*
dētrīmentum, i, N., *loss, damage.*
dētrītus, [**tero,**] *worn away,* or *out.*
dētrūdo, si, sum, 3, *to thrust forth, dislodge, reduce, defer.*
dētrunco, I, *mutilate, behead.*
dēturbo, I, *to thrust* or *cast down.*
dēturpo, I, *defile, deface.*
Deucalion, ōnis, myth. k. of Thessaly, in the time of the Deluge.
deunx, cis, *eleven twelfths* (see **as**).
deūro, ussi, ust-, 3, *to burn, blast.*
deus, i, M., (§ **10**, 7), *god, divinity.*
deūtor, ūsus, 3, *to misuse.*
dēvagor, I, *wander.*
dēvasto, I, *lay waste.*
dēveho, xi, ct-, 3, *carry away*; P., *go away, descend.*
dēvello, velli, vuls-, 3, *pluck off.*
dēvēlo, I, *to unveil.*
dēveneror, I, *to worship.*
dēvenio, vēni, vent-, 4, *to come down, arrive, happen.*
dēvenusto, I, *disfigure.*
dēvergo, 3, *bend downward.*
dēversor, I, *turn aside, lodge.*
dēversōrius, a, um, *for lodgings, fit for lodging*; N., *inn.*
dēverticulum, i, N., *by-path, inn, lodging, refuge, retreat.*
dēverto, ti, sum, 3, *turn aside*; P., *put up, lodge.*
dēvescor, 3, *feed upon, devour.*
dēvestio, 4, *unclothe.*

dēvexus, a, um, *bending* or *sloping downward, steep.*
dēvictus, a, um, *conquered.*
dēvincio, nxi, nct-, 4, *to bind fast, unite closely, engage, oblige.*
devinctus, a. um, *devoted, attached.*
dēvinco, vīci, vict-, 3, *vanquish.*
dēvīto, I, *shun, avoid.*
dēvius, a, um, *out-of-the-way, retired, inaccessible, foolish.*
dēvoco, I, *call away* or *down.*
dēvolo, I, *fly down.*
dēvolvo, vi, ūt, 3, *to roll* or *pour down;* P., *to sink, fall.*
dēvoro, I, *devour, swallow, waste.*
dēvōtio, ōnis, F., *devoting, consecrating.*
dēvōto, I, *dedicate, bewitch, invoke.*
dēvōtus, a, um, *devoted, attached.*
dēvoveo, vōvi, vōt-, 2, *to devote, vow, curse, execrate.*
dēvulsus, [**vello,**] *plucked off.*
dextans, tis, M., *ten twelfths* (*v.* **as**).
dexter, tra (tera), um, *right, fortunate;* F., *right hand.*
dexteritas, ātis, F., *aptness, dexterity.*
dextrorsum (-sus), *to the right.*
dī (dei, dii), pl. *gods,* (§ **10**, 7).
Dīa, æ, F., old name of *Naxos.*
† **diabathrum, i,** N., *slipper.*
† **diaconus, i,** N., *attendant.*
† **diadēma, atis,** *diadem.*
† **diætas, æ,** F., *way of life, abode.*
† **dialecticus, a, um,** *of debate.*
Diālis, e, *of Jupiter; ethereal.*
† **dialogus, i,** M., *dialogue.*
Diāna, æ, (Gr. **Artemis**), goddess of the Moon and of Hunting.
diārium, i, N., *day's record* or *allowance;* pl., *wages.*
† **diatrētus, a, um,** *open-work.*
† **dibaphus, a, um,** *double-dyed* (purple); *an office.*
dic, imper. of **dico,** *say.*
dica, æ, F., *lawsuit.* (†)
dicācitas, ātis, F., *pertness, banter.*
dicax, ācis (-culus), *keen, sarcastic.*
dicis causā, *for form's sake.*
dico, I, *dedicate, devote, proclaim.*
dīco, xi, ct-, 3, *say, call, tell, mean.*
† **dicrotum, i,** N., *two-oared* or *banked boat.*
dictamnus (um), i, M.; *dittany.*
dictāta, ōrum, N., *lessons, rules.*
dictātor, ōris, M., *Dictator,* with absolute power for six months.
dictātōrius, a, um, *dictator's.*
dictātūra, æ, F., *dictatorship.*
Dictæus, a, um, *Cretan;* of Dicte, a mountain in Eastern Crete.
dictērium, i, N., *jest.*
dictio, ōnis, F., *speech, delivery.*
dictito, I, *to say* or *plead often.*
dicto, I, *to say often, dictate, command, appoint, prescribe.*
dictum, i, N., *word, saying, jest.*
Dīdo, ūs (ōnis), myth. founder and queen of Carthage.
dīdo, dididi, didit-, 3, *give forth.*
dīdūco, xi, ct-, 3, *draw apart, separate, disperse, distribute.*
diēcula, æ, F., *one little day.*
diērectus, (uplifted,) *go be hanged.*
dies, ēi (ē), *day* (§ **13**), *daylight.*
diespiter, *Jupiter.*
diffāmo, I, *defame, publish, report.*
diffarreātio, ōnis, F., *divorce.*
differentia, æ, F., *diversity.*
differo, distuli, dīlāt-, *delay, disperse, publish, defame, differ.*
differtus, a, um, *stuffed, crammed.*
difficile, *with difficulty.*
difficilis, e, *difficult, obstinate.*
difficultas, ātis, F., *trouble, distress.*
diffidentia, æ, F., *distrust.*
diffido, fīsus, 3, *to distrust.*
diffindo, fidi, fiss-, 3, *cleave asunder, divide, defer.*
diffingo, 3, *undo, mar, make over.*
diffīsus, a, um, *distrustful.*
diffiteor, [**fateor,**] 2, *deny, disavow.*
difflo, I, *blow away.*
diffluo, 3, *flow abroad, dissolve.*
diffringo, fract-, [**frango,**] 3, *break apart, shatter.*
diffugio, fūgi, 3, *flee away, scatter.*
diffugium, i, N., *dispersion.*
diffundo, fūdi, fūs-, 3, *pour forth, spread, diffuse, cheer, unbend.*
diffūsio, ōnis, F., *cheerfulness.*.
diffūsus, a, um, *widespread.*

digero, gessi, gest-, 3, *divide, distribute, arrange, dissolve.*
dīgestio, ōnis, *arrangement.*
digitus (**-ulus**), **i,** M., *finger, toe, inch, twig,* or *small bough.*
dīgladior, I, *fight fiercely.*
dignanter, *courteously.*
dignātio, ōnis, F., *holding worthy, dignity, reputation.*
dignē, *worthily.*
dignitas, ātis, F., *dignity, honor.*
dignor, I, *hold worthy, deign.*
dignosco, 3, *to distinguish, discern.*
dignus, a, um, *worthy, fit, proper.*
dīgredior, gressus, [**gradior,**] 3, *turn aside, depart.*
dīgressio, ōnis, F. ; **-sus, ūs,** M., *departure, separation.*
dii, deorum, M. pl., *gods.*
dījūdico, I, *judge, decide, discern.*
dījungo=disjungo, *disjoin.*
dīlābidus, a, um, *perishing.*
dīlābor, lapsus, 3, *slip, fall* or *melt away, disperse, decay.*
dīlacero, I, *tear to pieces.*
dīlanio, I, *tear, mangle.*
dīlapido, I, *throw away.*
dīlargior, 4, *give lavishly.*
dīlātio, ōnis, F., *delay.*
dīlāto, I, *expand, extend.*
dīlātor, ōris, M., *delayer.*
dīlātus, [**differo,**] *spread abroad.*
dīlectus, [**diligo,**] *beloved.*
dīligens tis, *attentive, diligent.*
dīligentia, æ, F., *diligence, thrift.*
dīligo, lexi, ct-, 3, *to love, esteem.*
dīlūcesco, luxi, 3, *dawn, shine.*
dīlūcidus, a, um, *clear, evident.*
dīlūculum, i, N., *daybreak, dawn.*
dīlūdium, i, N., *respite, intermission.*
dīluo, ui, ūt-, 3, *to wash, dissolve, weaken, dilute, remove.*
dīlūtus, a, um, *watered, weakened.*
dīluvies, ēi, F. ; **-ium, i,** N., *flood, deluge, inundation, destruction.*
† **dimachæ, ārum,** F., *dragoons.*
dīmāno, I, *flow, spread.*
dīmētior, mensus, 4, *measure out.*
dīmēto, I, *to mark* or *stake out.*
dīmicātio, ōnis, F., *contest, struggle, battle, encounter.*
dīmico, I, *to fight, contend.*
dīmidio, I, *to halve.*
dīmidius, a, um, *half;* N., *the half.*
dīminuo, 3, *break to pieces.*
dīmissio, ōnis, F., *sending forth.*
dīmitto, mīsi, miss-, 3, *send forth, let go, disband, abandon.*
dīmoveo, mōvi, mōt-, 2, *put aside, divide, disperse, dismiss.*
Dindymus, i, (**-a, ōrum**), a mt. in Mysia, sacred to Ceres.
dīnumerātio, ōnis, F., *reckoning.*
dīnumero, I, *reckon up, count out.*
diōbolāris, e, *worth two farthings.*
Diomēdes, is, a Greek hero at the siege of Troy, s. of Tydeus.
Dīōnē, ēs, mother of Venus.
Dionȳsius, i, tyrant of Syracuse, B.C. 430–367 ; his son and successor, expelled B.C. 344.
Dionȳsus (**os**), **i,** the Greek name of Bacchus.
† **diōta, æ,** F., *wine-jar.*
† **diplōma, ătis,** N., *official letter.*
dīpondius (**um**), **i,** M., *two pounds.*
† **dipsas, ădis,** F., *viper.*
dīradio, I, *spread in rays.*
Dīræ, ārum, F., *the Furies.*
Dircē, ēs, F., a fountain near Thebes; (adj. **-cæus, a, um**).
dīrectio, ōnis, F., *straightening.*
dīrectō (**tē**), *straight, directly.*
dīrectus, [**dīrigo,**] *straight-out, level.*
dīremptus, [**-ĭmo,**] *taken away.*
dīreptio, ōnis, F., *pillage.*
dīreptor, ōris, M., *robber.*
dīreptus, [**-ripio,**] *snatched.*
dīribeo, 2, *lay apart, sort* (votes).
dīrigo, rexi, rect-, [**rego,**] 3, *guide, straighten, direct, guide, arrange.*
dīrimo, ēmi, empt-, [**emo,**] 3, *to part, divide, delay, interrupt.*
dīripio, ui, ept-, [**rapio,**] 3, *plunder, destroy, tear to pieces.*
dīritas, ātis, F., *fierceness, misfortune, cruelty, mischief.*
dirumpo, rūpi, rupt-, 3, *break to pieces, burst asunder.*
dīruo, ui, ūt-, 3, *scatter, destroy.*
dīrus, a, um, *fierce, dreadful, illboding;* F., pl. *evil omens.*

⌊**dis-**, *apart, all apart.*
Dīs, Dītis, a name of Pluto.
dīs, dītis, *rich, fertile* =**dīves.**
discaveo, 2, *beware, keep clear.*
discēdo, cessi, cess-, 3, *depart, forsake, cease, pass away.*
disceptātio, ōnis, F., *discussion.*
disceptātor, ōris, M., *umpire.*
discepto, 1, *dispute, decide, discuss.*
discerno, crēvi, crēt-, 3, *distinguish, divide, decree.*
discerpo, psi, pt-, [**carpo,**] *to pull to pieces, scatter, disperse, destroy.*
discessio, ōnis, F.; **-ssus, ūs,** M., *separation, removal.*
discidium, i, N., *separation, divorce.*
discinctus, a, um, *ungirt, slack.*
discindo, cidi, ciss-, 3, *cut asunder, divide, disperse.*
discingo, nxi, nct-, 3, *to ungird, cashier, disarm.*
dīsciplīna, æ, F., *discipline, skill, habit, learning, system.*
discipulus, i, M. (**a, æ,** F.), *learner.*
discissus, [**scindo,**] *cleft.*
disclūdo, si, sum [**claudo,**] 3, *keep apart, confine, divide.*
disco, didici, 3, *learn.*
†**discobolus, i,** M., *quoit-thrower.*
discolor, ōris, *parti-colored.*
discordia, æ, F., *variance, strife.*
discordo, 1, *be at variance.*
discors, dis, *discordant, harsh.*
discrepo, ui, 1, *jar, disagree, differ.*
discrētus, [**cerno,**] *parted.*
discrīmen, inis, N., *difference, crisis, peril, division, decision.*
discrīmino, 1, *divide, distinguish.*
discrucio, 1, *torment;* P., *be vexed.*
discumbo, cubui, cubit-, 3, *recline* (at table), *go to bed.*
discupio, 3, *desire greatly.*
discurro, cucurri, curs-, 3, *run about, go to and fro, discourse.*
discursus, ūs, N., *running about, conversation, discourse.*
†**discus, i,** M., *disk, quoit, round dish.*
discussio, ōnis, F., *shaking, examination, discussion.*
discutio, cussi, cuss-, [**quatio,**] 3, *shatter, disperse, frustrate.*
disertus, [**dissero,**] *fluent, eloquent.*
[**disf-**=**diff-**.
disjicio, jēci, ject- [**jacio,**] 3, *scatter, disperse, destroy.*
disjunctio, ōnis, F., *separation, opposition, diversity.*
disjunctus, a, um, *remote.*
disjungo, nxi, nct-, 3, *unyoke, separate, remove, wean.*
dispālor, 1, *to straggle.*
dispando, sum, 3, *spread, expand.*
dispar, paris, *unlike, unequal.*
disparilis, e, *unlike.*
disparo, 1, *separate, differ.*
dispartio=**dispertio,** 4, *divide.*
dispello, puli, puls-, 3, *drive away, scatter, disperse.*
dispendium, i, N., *cost, damage.*
dispendo, 3, *to weigh out.*
dispensātio, ōnis, F., *management, charge, superintendence.*
dispensātor, ōris, M., *manager.*
dispenso, 1, *pay out, regulate, arrange, dispense.*
disperdo, didi, dit-, 3, *to waste, destroy, spoil, ruin.*
dispereo, ii, 4, *to be undone.*
dispergo, si, sum [**spargo,**] 3, *scatter.*
dispertio, 4, *distribute, divide.*
dispesco, 3, *to divide, separate.*
dispessus, [**pando,**] *spread out.*
dispicio, spexi, spēct-, 3, *discern, perceive, reflect on.*
displiceo, ui [**placeo,**] 2, *displease.*
displōdo, [**plaudo,**] 3, *spread out.*
dispōno, posui, posit-, 3, *set in array, distribute, put in order.*
dispositio, ōnis, F., *arrangement.*
dispositus, a, um *well-ordered.*
dispudet, 2, *it shames greatly.*
dispulsus, [**pello,**] *dispersed.*
dispungo, xi, 3, *balance accounts.*
disputātio, ōnis, F., *discussion, debate, dispute, argument.*
disputo, 1, *dispute, debate, tell.*
disquīro, 3, [**quæro,**] *search out.*
disrumpo=**dīrumpo,** *to break off.*
disseco, ui, sect-, 1, *cut to pieces.*
dissēmino, 1, *spread abroad.*
dissensio, ōnis, F., *disagreement.*

dissensus, ūs, M., *discord.*
dissentio, si, sum, 4, *disagree, dissent, differ.*
dissēpio, psi, pt-, 4, *to fence off.*
dissero, sit-, 3, *sow, scatter.*
dissero, rui, rt-, 3, *set apart, discourse, examine, argue, discuss.*
disserto, I, *to discourse, discuss.*
dissideo, ēdi, ess- [**sedeo,**] 2, *disagree, be apart.*
dissidium, i, N., *breach, discord.*
dissilio, ui, [**salio,**] 4, *leap* or *fly apart.*
dissimilis, e, *unlike.*
dissimiliter, *differently.*
dissimilitūdo, inis, F., *unlikeness.*
dissimulanter, *clandestinely.*
dissimulātio, ōnis, F., *dissembling, concealing.*
dissimulātor, ōris M., *dissembler.*
dissimulo, I, *to conceal, disguise.*
dissipātio, ōnis, F., *dispersion, ruin.*
dissipo, I, *scatter, disperse, rout.*
dissitus, [**sero,**] *scattered, remote.*
dissocio, I, *disjoin, estrange.*
dissolūtē, *negligently.*
dissolūtio, ōnis, F., *dissolving, destroying, ceasing, refutation, frailty.*
dissolūtus, a, um, *loose, careless.*
dissolvo, vi, solūt-, 3, *loosen, pay, dissolve, destroy, refute.*
dissono, I, *disagree.*
dissonus, a, um, *discordant.*
díssors, tis, *of other fate.*
dissuādeo, si, sum, 2, *dissuade, advise against, resist.*
dissuāsor, ōris, M., *opponent.*
dissuāvior, I, *kiss fondly.*
dissulto, I, *burst asunder.*
dissuo, 3, *unstitch, part gently.*
distabesco, bui, 3, *melt away.*
distædet, 2, *it greatly wearies.*
distans, tis, *differing.*
distantia, æ, F., *distance, difference.*
distendo, di, tum, 3, *stretch out, fill, extend, divide, distract.*
distentus, a, um, *full; busy.*
distermino, I, *to divide.*
distero, trīvi, 3, *bruise, grind.*
distinctio, ōnis, F., *difference, separation, distinction, ornament.*
distinctus, a, um, *marked, distinct.*
distineo, ui, tent- [**teneo,**] 2, *hold apart, divide, perplex, detain.*
distinguo, nxi, nct-, 3, *to mark, distinguish, part, diversify, adorn.*
disto, I, *be distant* or *apart, differ.*
distorqueo, torsi, tort-, 2, *wrench, twist, torture.*
distortio, ōnis, F., *writhing, twisting.*
distortus, a, um, *twisted, deformed.*
distractio, ōnis, F., *division, discord, selling in parcels.*
distractus, a, um, *divided, perplexed.*
distraho, xi, ct-, 3, *to draw apart, divide, perplex, sell in parcels.*
distribuo, ui, ūt-, 3, *deal, distribute.*
distribūtio, ōnis, F., *division.*
districtus, a, um, *severe, busy.*
distringo, nxi, ct-, 3, *stretch apart, restrain, occupy, molest.*
disturbo, I, *confuse, destroy, thwart.*
dītesco, 3, *grow rich.*
ditio, ōnis, F., *sway, authority.*
dītior, [**dīs,**] *richer.*
dīto, I, *to enrich.*
diu, -tius, -tissimē, *long* (in time), *long ago, in the day-time.*
diurnus, a, um, *daily, of a day.*
dius=divus, *divine.*
diūtinus, (**-turnus**), **a, um,** *long-continued.*
diūtius, *longer, too long.*
diūturnitas, ātis, F., *long duration.*
dīva, æ, F., *goddess.*
dīvālis, e, *divine, imperial.*
dīvārico, I, *to spread asunder.*
dīvello, li, vuls-, 3, *rend* or *pluck apart, dissolve, destroy.*
dīvendo, dit-, 3, *sell in parcels.*
dīverbero, I, *strike apart, divide.*
dīverbium, i, N., *dialogue* (of play).
dīversē, *differently.*
dīversitas, ātis, F., *difference, contradiction, disagreement.*
dīversus, a, um, *facing different ways, unlike, hostile, apart.*
dīverto, ti, sum, 3, *turn aside, separate, diverge, differ.*
dīvēs, itis, *rich.*
dīvexo, I, *rend asunder.*

dīvi, ōrum, pl., *gods.*
dīvidia, æ, F., *discord, division.*
dīvido, īsi, īs-, 3, *divide, distribute, separate, distinguish, break through.*
dīviduus, a, um, *separate, divisible.*
dīvīnātio, ōnis, F., *divining, predicting, examination.*
dīvīnitas, ātis, F., *divinity, divining.*
dīvīnitus, *providentially, admirably.*
dīvīno, 1, *to divine, foretell.*
dīvīnus, a, um, *divine, prophetic, inspired, admirable;* M., *diviner.*
dīvīsio, ōnis, F., *partition, portion.*
dīvīsor, ōris, M., *divider, electioneering agent.*
dīvīsūra, æ, F., *cleft, division.*
dīvīsus, [**divido,**] *parted.*
dīvitiæ, ārum, F., *riches, wealth.*
dīvortium, i, N.; [**verto,**] *parting of the ways, divorce.*
dīvulgātus, a, um, *wide-spread.*
dīvulgo, 1, *make public.*
dīvulsus, [**vello,**] 1, *torn apart.*
dīvus, a, um, *divine;* N., *the sky;* **sub dīvo,** *in the open air.*
do, dăre, dĕdi, dătum, 1, *give, permit, bestow, grant, deliver, tell.*
doceo, ui, ct-, 2, *teach, tell.*
docilis, e, *teachable.*
docilitas, ātis, F., *teachableness.*
doctor, ōris, M., *teacher.*
doctrīna, æ, F., *teaching, learning.*
doctus, a, um, *learned, skilled.*
documentum, i, N., *proof, pattern.*
Dōdōna, æ, F., a city in Epirus, famous for an oracle of Jupiter.
dodrans, tis, M., 9 *ounces;* ¾, (v. **as**).
† **dogma, ătis,** N., *opinion, decree.*
dolābella, æ, F., *hatchet.*
dolābra, æ, F., *axe, mattock.*
dolens, tis, *painful.*
dolenter, *with pain* or *grief.*
doleo, ui, it-, 2, *to grieve, suffer* or *give pain.*
dōlium, i, N., *cask, tub, jar.*
dolo, 1, *to hew, cudgel, fashion.*
† **dolo, ōnis,** M., *staff, sting.*
Dolopes, um, people of Thessaly.
dolor, ōris, M., *pain, grief.*
dolōsus, a, um, *crafty, decitful.*
dolus, i, M., *deceit, craft, guile.*
domātor=domitor, *tamer.*
domesticus, a, um, *of the house, familiar;* pl., *inmates, servants.*
domicilium, i, N., *dwelling, abode.*
domina, æ, F., *mistress, lady.*
dominātio, ōnis, F., *lordship, tyranny, dominion, absolute power.*
domīnātus, ūs, M., *rule, sovereignty.*
dominium, i, N., *property, banquet.*
dominor, 1, *to rule, be master.*
dominus, i, N., *lord, master, owner.*
domito, 1, *tame, break* (as cattle).
domitor, ōris, M.; **-trix, īcis,** F., *tamer, conqueror.*
domnus=dominus, *master.*
domo, ui, it-, 1, *to tame, subdue.*
domus, ūs (i), F., *house, home, family* (§ **12,** 2); **domi** (**ui**), *at home.*
dōnārium, i, N., *temple, treasure-chamber, votive gift.*
dōnātio, ōnis, F., *gift, reward.*
dōnātīvum, i, M., *gift, largess.*
dōnec (**dōnicum**), *until, while.*
dōno, 1, *to give, bestow, present.*
dōnum, i, N., *gift, votive offering.*
† **dorcas, adis,** F., *gazelle.*
Dōricus, a, um, poetic for *Greek.*
Dōris, idis, a sea-goddess; *the Sea.*
dormio, 4, *to sleep, be at ease.*
dormisco, 3, *go to sleep.*
dormīto, 1, *be sleepy, nod.*
dorsum, i, N., *back, slope.*
dos, dōtis, F., *dowry, marriage-portion, quality, endowment.*
dōtālis, e, *of dowry.*
dōtātus, a, um, *well-endowed.*
dōto, 1, *to endow.*
† **drachma, æ,** F., *drachm* (coin or weight, about 16 cents).
† **draco, ōnis,** M., *dragon.*
† **drāma, ătis,** M., *a drama, play.*
† **drāpeta, æ,** M., *runaway.*
† **dromas, adis,** M., *dromedary.*
druides, um (**-æ, ārum**), M., *druids.*
drūpa, æ, F., *an over-ripe olive.*
dryădes, um, F., *wood-nymphs.*
Dryŏpes, people of Epirus.
duālis, e, *containing two.*
dubitanter, *hesitatingly.*
dubitātio, ōnis, F., *doubt, hesitation, uncertainty.*

dubito, [**duo,**] I, *to doubt, waver.*
dubius, a, um, *doubtful, wavering, perilous;* N., *doubt, danger.*
ducēni, æ, a, *two hundred each.*
ducenti, æ, a, *two hundred.*
ducēnties (-**ens**), 200 *times.*
dūco, xi, ct-, 3, *lead, guide, construct, reckon, endure, protract, receive, admit, marry* (a wife).
ductim, *by draughts.*
ductio, ōnis, F., *drawing away.*
ducto (-**tito**), I, *lead, deceive, take home* (marry).
ductor, ōris, M., *leader, guide.*
ductus, ūs, M., *guidance, outline, command.*
dūdum, *some time ago.*
duellum=bellum, *war.*
duim, pres. subj. of **do,** *give.*
dulcēdo, inis, F., *sweetness, charm.*
dulcesco, 3, *to grow sweet.*
dulcis, e, *sweet, pleasant, dear.*
dulcitūdo, inis, F., *sweetness.*
Dūlichius, a, um, *of Ulysses* (or *Dulichium,* a small island near Ithaca).
dum, *while, until, provided.*
dūmētum, i, N., *thicket.*
dummodo, *provided that.*
dūmōsus, a, um, *bushy, brambly.*
dumtaxat, *exactly, only, however, so far, at least.*
dūmus, i, M., *bush, bramble.*
duo, æ, o (§ **18,** i, 2), *two.*
duodecies, *twelve times.*
duodecim, *twelve.*
duodecimus, a, um, *twelfth.*
duodēni, æ, a, 12 *each, by twelves.*
[**duode-,** *minus two,* (as in **duodevīcēni, -vīginti,** *eighteen*).
duplex, icis, *double, crafty.*
duplicārius, a, um, *doubly paid.*
duplicātio, ōnis, F., *doubling.*
duplicitas, ātis, F., *deceit.*
duplico, I, *to double, repeat.*
duplus, a, um, *twice as much.*
dūpondius, *of two pounds.*
dūracinus, a, um, *hard-berried.*
dūrāmentum, i, N., *hardening.*
† **dūrateus, a, um,** *wooden.*
dūrātio, ōnis, F., *endurance.*
duresco, dūrui, 3, *grow hard.*
dūrēta, æ, F., *bath-tub.*
dūriter, *hardly, sternly.*
dūritas, ātis, F., *hardness, harshness.*
dūritia, æ, F., *hardness, cruelty.*
duriusculus, a, um, *rather hard.*
dūro, I, *harden, inure, endure, stay.*
dūrus, a, um, *hard, stern, rude, cruel.*
duumviri, pl. N., *board of two,* (on criminal or naval matters).
dux, dŭcis, M., *leader, guide, chief.*
† **dyas, ădis,** F., *the number two.*
† **dynamis, is,** F., *plenty, power.*
† **dynastes, æ,** M., *ruler.*
Dyrrachium (Gr. **Epidamnus**), *Durazzo,* on the coast of Epirus.
dyspepsia, æ, F., *indigestion.*
dyspnœa, æ, *difficulty of breathing.*

E.

ē (**ex**), *out of, from.*
eā, [**is,**] *by that way.*
eapse, [**ipse,**] *herself, same.*
eātenus, *so far.*
† **ebenus** (**um**), **i,** F., *ebony.*
ēbibo, bi, bit-, 3, *drink up* or *out.*
ēbīto, I, *to go forth.*
ēblandior, 4, *get by flattery.*
eboreus, a, um, *of ivory.*
ēbrietas, ātis, F., *drunkenness.*
ēbrio, I, *make drunk.*
ēbriolus, a, um, *tipsy.*
ēbriōsus, a, um, *given to drink.*
ēbrius, a, um, *drunk, intoxicated.*
ēbullio, 4, *boil up* or *away.*
ebulus, (**um**), **i,** M., *dwarf-elder.*
ebur, ŏris, N., *ivory.*
eburātus, a, um, *inlaid with ivory.*
eburneus (-**nus**), **a, um,** *of ivory.*
ecastor, *by Castor!*
ecce, *behold!* (also as **eccum, eccam, eccillum,** &c).
eccere! *by Ceres.*
† **ecclēsia, æ,** F., *assembly, church.*
† **ecdicus, i,** M., *solicitor.*
ecfero=effero, *bear off.*
† **echīnus, ī,** M., *hedgehog, burr, bowl.*
† **ēcho, ūs,** F., *echo.*

†**ecloga, æ,** F., *choice selection.*
ēcontrā, *on the contrary.*
ecquando, *whether ever.*
ecquis, qua, quid, *whether any.*
ecquo, *whither.*
†**ectypus, a, um,** *copy* (in relief).
eculeus, i, M., *colt, rack.*
edācitas, ātis, F., *greediness.*
edax, ācis, [**edo,**] *devouring.*
ēdento, I, *dash out the teeth.*
ēdepol, *by Pollux.*
edera=hedera, *ivy.*
ēdīco, xi, ct-, 3, *declare, publish, appoint, establish, ordain.*
ēdicto, I, *proclaim, publish.*
ēdictum, i, N., *ordinance.*
ēdisco, didici, 3, *learn thoroughly.*
ēdissero, rui, rt-, 3; **-rto,** I, *to set forth, explain, unfold, relate.*
ēditio, ōnis, F., *giving forth, publication, exhibition, birth.*
ēditor, ōris, M., *producer, exhibiter.*
ēdo, didi, dit-, 3, *give forth, publish, utter, declare, produce.*
edo, (**esse,** § **37,** V.), **ēdi, ēs-,** 3, *eat, devour, squander.*
edo, ōnis, M., *glutton.*
edoceo, cui, ct-, 3, *instruct* or *inform thoroughly.*
ēdolo, I, *hew out, polish, prepare.*
ēdomo, ui, it-, I, *to tame, subdue.*
Edōnus, a, um, *Thracian.*
ēdormio, 4, *sleep off,* or *out.*
ēducātio, ōnis, F., *training, breeding, education.*
ēducātor, ōris, M.; **-trix, īcis,** F., *trainer.*
ēduco, I, *educate, train.*
ēdūco, xi, ct-, 3, *lead* or *draw forth, summon, erect, put to sea.*
edūlis, e, *eatable;* N., pl. *food.*
ēdūrus, a, um, *very hard.*
effarcio=effercio, *cram.*
effātus, [**for,**] *pronounced, established, determined.*
effectio, ōnis, F.; **-tus, ūs,** M., *doing, effecting.*
effector, ōris, M.; **-trix, trīcis,** F., *doer, producer, author.*
effēminātus, a, um, *womanish.*
effēmino, I, *to weaken, effeminate.*
effercio, fert-, I, *to stuff, cram.*
effero, efferre, extuli, ēlāt-, *bear forth, produce, proclaim, exalt.*
effero, I, *make wild* or *savage.*
effertus, [**farcio,**] *stuffed.*
efferus, a, um, *very wild, savage.*
effervo (**-esco**), **fervi,** 3, *to boil up, boil over, rage, swarm.*
effētus, a, um, *having borne* or *yielded, exhausted* (by bearing).
efficax, ācis, *effectual.*
efficio, feci, fect-, [**facio,**] 3, *bring to pass, make, form, yield, prove.*
effigies, ēi, F., *copy, image, portrait.*
effingo, nxi, ct-, 3, *to form, fashion.*
efflāgito, I, *demand urgently.*
efflictim, *to death, desperately.*
effīgo, xi, ct-, *strike down* or *dead.*
efflo, I, *blow* or *breathe out.*
efflōresco, rui, 3, *to blossom.*
effluo, xi, 3, *flow out, get abroad, go forth, pass away, disappear.*
effluvium, i, N., *outflow, outlet.*
effodio, fōdi, foss-, 3, *dig* or *tear out, dig up.*
effœtus=effētus, *exhausted.*
effor, I, *speak forth, utter.*
effractor, ōris, M., *burglar.*
effrēnus (**-nātus**), **a, um** *unbridled.*
effringo, fregi, fract-, [**frango,**] 3, *break out* or *open.*
effugio, fūgi, 3, *to flee, escape, shun.*
effugium, i, N., *flight, refuge.*
effulgeo, si, 2, *shine forth, glitter.*
effultus, [**fulcio,**] *propped, stayed.*
effundo, fūdi, fūs-, 3, *to pour forth, shed, let go;* P., *indulge in.*
effūsē, *far and wide.*
effūsio, ōnis, F., *pouring out, profusion.*
effūsus, a, um, *wide-spread, profuse.*
effūtio, 4, *prate, babble.*
ēgelidus, a, um, *lukewarm, cold.*
egens, tis, *needy, lacking.*
egēnus, a, um, *destitute, void, needy.*
egeo, ui, 2, *to need, lack, want.*
Egeria, æ, nymph of a grotto near Rome, wife and counsellor of Numa.
ēgero, gessi, gest-, 3, *carry forth.*
egestas, ātis, F., *poverty, need.*

ēgestio, ōnis, F., *carrying forth, emptying, wasting.*
ego, mei, mihi, me, *I.*
egomet, *I myself.*
ēgredior, gress-, 3, *go forth, mount, wander, march out, go beyond.*
ēgregiē, *excellently.*
ēgrēgius, a, um, [**grex,**] *excellent, eminent, distinguished.*
ēgressus, ūs, M., *a going forth.*
ēgurgito, I, *pour out, squander.*
ehem (of joy or suprise), *ha!*
eheu (of grief or pain), *ah!*
eho (of command or reproof), *ho!*
eia (eja), *ha! ho! come on!*
ējaculor, I, *hurl forth.*
ējectio, ōnis, F., *casting out.*
ējecto, I, *to cast forth.*
ējero=ējūro, *reject.*
ējicio, jēci, ject-, [**jacio,**] 3, *to cast out, throw forth, run aground.*
ējulātio, ōnis, F.; **-tus, ūs,** M., *wailing, lamentation.*
ējulo, I, *to wail, lament.*
ējuncidus, a, um, *lean, slender.*
ējūro, I, *reject, abjure.*
ējusmodi, *of that sort.*
ēlābor, lapsus, 3, *slip away, escape, disappear, pass away.*
ēlabōro, I, *take pains, work out.*
ēlanguesco, gui, 3, *slacken, relax.*
ēlātē, *loftily, proudly.*
ēlātio, ōnis, F., *bearing-out* for burial, *uplifting, passion.*
ēlātus, [**effero,**] *proud, lofty.*
ēlavo, lāvi, laut- (lōt-), I, *wash out.*
ēlecebra, æ, F., *allurer.*
ēlectilis, e, *choice, dainty.*
ēlectio, ōnis, F., *choice, election.*
ēlecto, I, *worm out, select.*
Electra, æ, d. of Agamemnon.
†**ēlectrum, i,** N., *amber.*
ēlectus, a, um, *choice, select.*
ēlegans, tis, *fine, elegant, luxurious.*
ēlegantia, æ, F., *elegance, grace.*
†**elegi, ōrum,** M.; **-gīa, æ,** F., *elegy.*
elementa, ōrum, M., *elements, rudiments, beginnings.*
†**elephantinus, a, um,** *of ivory.*
†**elephas, antis; -phantus, i,** M., *elephant, ivory.*
Eleusīnus, a, um, *of Eleusis,* a town of Attica, famous for the mysteries of Ceres.
ēlevātio, ōnis, F., *disparaging.*
ēlevo, I, *lift up, lighten, impair.*
ēlices, um, M., *trench, drain.*
ēlicio, licui (lexi), licit-, 3, *draw out, allure, entice, call forth.*
ēlido, si, sum, 3, *dash out, crush.*
ēligo, lēgi, lect-, [**lego,**] 3, *select.*
ēlīmino, āt-, I, *turn out of doors.*
ēlīmo, I, *to polish, finish.*
ēlinguis, e, *dumb, mute.*
ēliquo, I, *strain, pour, melt.*
Elis, idis, F., the W. district of Peloponesus.
Elēus, a, um, *of Elis,* or *Olympia.*
ēlīsio, ōnis, F., *striking out.*
Elissa, æ, a name of Dido.
ēlīsus, [**ēlīdo,**] *crushed, forced out.*
ēlixus, a, um, *boiled, soaked.*
†**ellychnium, i,** N., *lamp-wick.*
ēloco, I, *hire* or *let out.*
ēlocūtio, ōnis, F., *oratory.*
ēlogium, i, N., *maxim, clause.*
ēloquens, tis, *eloquent.*
ēloquentia, æ, F.; **-quium, i,** N., *eloquence.*
ēloquor, cūt-, 3, *speak out, declare.*
ēlūceo, xi, 2, *shine forth, come to light.*
ēluctor, I, *to struggle out, win.*
ēlūcubro, I, *compose laboriously.*
elūdo, si, sum, 3, *wash out, win* (at play), *parry, delude, mock.*
ēlugeo, xi, 2, *to mourn the full time.*
ēlumbis, e, *weak in the back.*
ēluo, ui, ūt-, 3, *wash off, get rid of.*
ēlūtus, a, um, *insipid, watery.*
ēlūtrio, I, *wash out, draw off.*
ēluvio, ōnis; -ies, em, e, F., *washing off, overflow, chasm.*
Elysium, i, N., the abode of the blest in the world below.
ēmacio, āt-, I, *make lean.*
ēmaculo, I, *clear of stains.*
ēmancipātio, ōnis, F., *release* (of a son from the father's power).
ēmancipo, I, *emancipate, transfer.*
ē-maneo, 2, *stay outside, overstay.*
ēmāno, I, *flow out, spread.*

Emathia, æ, poetic for Macedonia or Thessaly.
emax, ācis, *eager to buy.*
† **emblēma, atis,** N., *inlaid work.*
† **embolium, i,** N., *interlude.*
ēmendātio, ōnis, *correction.*
ēmendātor, ōris, M., *amender.*
ēmendātus, a, um, *faultless.*
ēmendīco, 1, *get by begging.*
ēmendo, 1, *to correct, improve.*
ēmensus, [**metior,**] *traversed.*
ēmentior, 4, *utter falsely, pretend.*
ēmercor, 1, *to purchase, bribe.*
ēmereo, ui, it-, (**-or**), 2, *to earn, win, serve out* one's term.
ēmergo, si, sum, 3, *bring* or *come to light, rise, emerge, get clear.*
ēmeritus, a, um, *worn out.*
ēmersus, ūs, M., *an emerging.*
ēmētior, 4, *measure out, traverse.*
ēmeto, 3, *mow down.*
ēmico, ui, 1, *spring* or *show forth.*
ēmigro, 1, *depart, remove.*
ēminātio, ōnis, F., *threat.*
ēminens, tis, *prominent, lofty.*
ēminentia, æ, F., *prominence.*
ēmineo, ui, 2, *stand forth, extend.*
ēminor, 1, *declare with threats.*
ēminulus, a, um, *projecting.*
ēminus, *at a distance.*
ēmīror, 1, *be amazed, wonder at.*
ēmissārium, i, N., *drain, outlet.*
ēmissārius, i, M., *scout, spy, shoot.*
ēmissio, ōnis, F., *sending-forth.*
ēmitto, mīsi, miss-, 3, *send forth, cast away, let go, release.*
emo, ēmi, empt-, 3, *to buy, get.*
ēmōlior, 4, *bring out, stir up.*
ēmollio, 4, *soften, weaken.*
ēmolo, it-, 3, *grind up.*
ēmolumentum, i, N., *effort, gain.*
ēmoneo, ui, it-, 2, *admonish.*
ēmorior, mortuus, 3, *die, perish.*
ēmoveo, mōvi, mōt-, 2, *remove, push out, shake, rack.*
emplastro, 1, *to bud, graft.*
emplastrum, i, N., *bark, plaster.*
† **emporium, i,** N., *market.*
empticius, a, um, *boughten.*
emptio, ōnis, F., *purchase.*
emptor, ōris, M. ; **-trix,** F., *buyer.*
emptus, [**emo,**] *bought.*
ēmulgeo, sum, 2, *drain, exhaust.*
ēmunctus, a, um, *cleaned out.*
emundo, 1, *clean thoroughly.*
ēmungo, nxi, nct-, 3, *to clean out.*
ēmūnio, 4, *fortify, protect, furnish.*
en! *behold! come!*
ēnarrābilis, e, *explainable.*
ēnarro, 1, *tell, declare, interpret.*
ēnascor, nāt- 3, *spring* or *sprout up, be born.*
ēnato, 1, *swim away.*
ēnāvātus, a, um, *performed.*
ēnāvigo, 1, *sail away,* or *over.*
† **encaustus, a, um,** *burnt-in.*
Enceladus, i, a giant buried under Mount Etna.
† **encytus, i,** M., *cake, pastry.*
[**endo-**=**indu-** or **in-** (**im-**).
† **endromis, idis,** F., *coarse cloak.*
Endymion, ōnis, myth. prince of Caria, loved by Diana.
ēneco, cui, ct- (**cāt-**), 1, *to kill, exhaust, torment.*
ēnectus, a, um, *killed.*
ēnervis, e, *nerveless, weak.*
ēnervo, 1, *unnerve, weaken.*
ēnico = **ēneco,** *kill.*
enim, *for, surely, for instance.*
Enīpeus, i, M., a river of Thessaly.
ēniteo, 2 ; **-esco, tui,** 2, *shine forth.*
ēnītor, nīs- (**nīx-**), 3, *to strive, climb, bring forth.*
ēnixē (**im**), *strenuously.*
enixus, a, um, *in earnest, having given birth, toiling, striving.*
Enna, æ, F., a town of Sicily, where Proserpine was stolen.
Ennius, i, the earliest Roman poet, B.C. 239–169.
ēno, 1, *swim away, traverse* or *escape by swimming.*
ēnōdātē, *clearly, plainly.*
ēnōdis, e, [**nōdus,**] *smooth, clear.*
ēnōdo, 1, *to free from knots, explain.*
ēnormis, e, *irregular, immense.*
ēnotesco, tui, 3, *become known.*
ēnoto, 1, *to mark, note.*
ensis, is, M., *sword, blade.*
ēnūbo, psi, 3, *marry out of one's rank* or *home.*

ēnucleātus, a, um, *clear, pure.*
ēnucleo, 1, *clear from husk* or *kernel, explain.*
ēnumerātio, ōnis, F., *numbering.*
ēnumero, 1, *count, reckon.*
ēnuncio (**tio**), 1, *declare, report.*
ēnutrio, 4, *nurture, support.*
eo, ire, īvi, ĭtum (§ **37,** vi), *go, pass.*
eō (abl.), *as, by so much.*
eō, *thither;* **eōdem,** *the same way.*
† **Eōs,** F., *dawn, East.*
† **ēōus, a, um,** *of morning; eastern.*
Epamīnondas, æ, a, Theban general slain at Mantinea, B.C., 362.
† **ephēbus, i,** M., *a youth* (18 to 20).
† **ephēmeris, idis,** F., *diary.*
Ephesius, a, um, *of Ephesus,* a city of Ionia; or of *Diana,* whose chief temple was there.
† **ephippium, i,** N., *horse-cloth, saddle, housing, caparison.*
† **ephorus, i,** M., a Spartan magistrate, of a board of five.
Ephyrēius, (**-æus**), **a, um,** *of Ephyra* (*e*), or *Corinth.*
† **epibata, æ,** M., *a marine.*
† **epichysis, is,** F., *pitcher.*
† **epicōpus, a, um,** *with oars.*
† **epicrocum, i,** N., *thin, transparent.*
Epidaurus, i, F., a city of Argolis.
† **epigramma, tis,** N., *an inscription, epigram.*
† **epilogus, i,** M., *conclusion.*
Epīrus (**os**), **i,** F. (*mainland*) the N. W. district of Greece.
† **episcopus, i,** N., *overseer.*
† **epistola** (**ula**), **æ,** F., *letter.*
† **epistomium, i,** M., *cork, bung.*
† **epitaphium, i,** N., *funeral oration.*
† **epithalamium, i,** N., *nuptial song.*
† **epithēca, æ,** *increase.*
† **epityrum, i,** N., *olive-conserve.*
† **epōdos, i,** M., *alternate verse.*
† **epops, ŏpis,** M., *hoopoe* (bird).
† **epos,** N., *an heroic poem.*
ēpōto, āvi, pōt-, 1, *drink off* or *up.*
epulāris, e, *of banquets.*
epulo, ōnis, M., *guest at feasts.*
epulor, 1, *to feast, eat, banquet.*
epulum, i, N.; pl., **epulæ, ārum,** F., *banquet, religious feast.*
equa, æ, F. (d. pl., **ābus**), *mare.*
equārius, a, um, *of horses,* M., *groom.*
eques, itis, M., *horseman;* pl., *cavalry; knights* (a Roman order).
equester, tris. e, *of the cavalry* or *knights, equestrian.*
equidem, *indeed, no doubt.*
equīle, is, N., *horse-stall.*
equīnus, a, um, *of horses.*
equīso, ōnis, M., *groom, hostler,*
equitātus, ūs, M., *cavalry.*
equito, 1, *to ride, bestride.*
equuleus, i, M., *colt, rack.*
equus (**ēcus**), **i,** M., *horse.*
era=**hera,** *mistress.*
ērādīcitus, *root-and-branch.*
ērādīco, 1, *root out, wear out.*
ērādo, si, sum, 3, *scrape off, erase.*
Erato, F., the lyric Muse.
† **Erebus, i,** M., *Darkness,* (name of the lower world).
Erechtheus, i, myth. k. of Athens.
erctum=**herctum,** *inheritance.*
ērectē, *boldly.*
ērectus, [**erigo,**] *upright, lofty.*
ērēpo, psi, 3, *creep away.*
ēreptio, ōnis, F., *seizure.*
ēreptor, ōris, M., *plunderer.*
ēreptus, [**ēripio,**] *snatched.*
Eretria, æ, a city of Eubœa.
ergā, *towards, opposite.*
ergastulum, i, N., *workhouse, prison.*
ergō, *therefore* (§ **43,** 5), *then.*
† **erīce, ēs,** F., *heath, broom.*
Erichthonius, i, myth. k. of Athens, son of Vulcan; also a king of Troy, son of Dardanus.
ēricius, i, M., *hedgehog, abattis.*
Eridanus, i, M., the river *Po,* in North Italy.
ērigo, rexi, rect-, 3, *to set up, rouse, cheer, excite.*
erīlis=**herīlis,** *of the master.*
Erigonē, ēs, myth. d. of Icarius, changed to the constell. Virgo.
† **Erinnys, yos,** F., *a Fury.*
Eriphȳla, æ (**ē, ēs**), myth. d. of Talaus, wife of Amphiarāus.
ēripio, ui, rept-, [**rapio,**] 3, *snatch away, set free.*
ērōdo, si, sum, 3, *eat* or *gnaw away.*

ērogātio, ōnis, F., *paying-out.*
ērogo, I, *pay out, spend.*
ērōsio, ōnis, F., [**rōdo,**] *eating away.*
errābundus, a, um, *wandering.*
errāticus, a, um, *rambling.*
erro, I, *wander, roam, err, stray.*
erro, ōnis, M., *wanderer, vagrant.*
error, ōris, M., *wandering, error.*
ērubesco, bui, 3, *to redden, blush.*
ērūca, æ, F., *canker-worm, caterpillar, cabbage.*
ēructo, I, *belch, cast off.*
ēructus, a, um, *impure, bad.*
ērūdero, āt,- I, *to clear of rubbish.*
ērudio, 4, *train, polish.*
ērudītio, ōnis, F., *learning.*
ērudītus, a, um, *educated, skilled.*
ērūgo, I, *smoothe* from wrinkles.
ērumpo, rūpi, rupt-, 3, *burst forth.*
ēruo, ui, ut-, 3, *pluck, draw* or *cast out, overthrow, destroy.*
ēruptio, ōnis, F., *bursting-out.*
·**erus=herus,** *master.*
ervum, i, N., *wild pea,* or *vetch.*
Erycus, a, um, *of Eryx,* or *Venus.*
Erymanthus, i, mts. of Arcadia.
Erythræus, a, um, *of Erythræ,* a city of Bœotia ; also, *of Erythras,* myth. king of S. Arabia.
Eryx, ycis, M., son of Venus ; a mountain of W. Sicily.
esca, æ, F., *food, bait.*
escālis, e ; -ārius, a, um, *of food.*
ēscendo, di, sum, [**scando,**] 3, *to climb, mount.*
escit, escunt, fut. of **sum,** *to be.*
esculentus, a, um, *fit for food.*
esculus=æsculus, *oak.*
ēsito, I, [**edo,**] *to eat often.*
†**esox, ŏcis,** M., *pike, pikerel.*
Esquiliæ, ārum, F., a hill of Rome.
essedum, i, N., *war-chariot.*
estrix, īcis, F., *glutton.*
estur=editur, pr. pass. of **edo,** *eat.*
ēsuriālis, e, *of hunger.*
ēsurio, it-, 4, *to be hungry.*
ēsurio, ōnis, M., *glutton.*
ēsus, [**edo,**] *eaten.*
et, *and, also, even ;* **et . . . et,** *both . . . and.*
etenim, *for, truly, since* (§ **43,** 11).
†**etēsiæ, ārum,** M., *summer trade-winds,* through the dog-days.
etiam, *even, also, yes, yet, indeed.*
etiamnum, *till now, also; still.*
etiamsi, *even if, although.*
etiam tum, *till then, even then, still.*
Etrūria, æ, W. Italy, N. of Rome.
etsi, *even if, although.*
†**etymon, i,** N.. *root* (of a word).
†**eu, euge,** *well ! well done !*
Eubœa, æ, F., a large island near the coast, N. of Athens.
†**eugenēus,** (**-īus**), **a, um,** *well-born.*
†**Eumenides, um,** F., (*gracious*), a name for the Furies.
†**eunūchus, i,** M.. *eunuch.*
Euphrātes, is, M., the chief river of Syria.
†**eurīpus, i,** M., *channel, strait, canal.*
Eurōpa, æ (**ē, ēs**), *Europe ;* myth. d. of Agenor, loved by Jupiter.
Eurōtas, æ, M., a river of Laconia.
†**eurus, i,** M., the South-east wind.
Eurydicē, ēs, wife of Orpheus.
Eurystheus, i, myth. k. of Mycenæ.
Euterpē, ēs, the muse of Music.
†**euxīnus, a, um,** (*hospitable*) epithet of the Black Sea (*Euxine*).
ēvacuo, I, *to empty, make void.*
Evadnē, ēs, wife of Capaneus.
ēvādo, si, sum, 3, *go forth, turn out, pass over.*
ēvagor, I, *wander forth, extend.*
ēvalesco, valui, 3, *grow strong.*
ēvallo, 3, *to hull, winnow, cast out.*
Evander, dri, myth. colonist of Rome, from Arcadia.
ēvānesco, ui, 3, *vanish, disappear.*
ēvānidus, a, um, *vanishing.*
ēvanno, 3, *to winnow.*
evans, tis, *crying Evan !* (Bacchus).
ēvasto, I, *lay waste, devastate.*
ēvax ! *hurrah !*
ēveho, xi, ct-, 3, *carry* or *lead out.*
ēvello, velli, vuls-, 3, *pluck away.*
ēvenio, vēni, vent-, 4, *come forth, happen, result.*
ēventum, i, N. ; **-tus, ūs,** M., *event, consequence, result.*
ēverbero, I, *beat, slap, flap, stir.*
ēvergo, 3, *pour forth.*

ēverriculum, i, N., *drag-net.*
ēverro, verri, vers-, 3, *sweep out.*
ēversio, ōnis, F., *overthrow, ruin.*
eversor, ōris, M., *destroyer.*
ēversus, a, um, *overthrown.*
ēverto, ti, sum, 3, *expel, overthrow.*
ēvictus, [**vinco,**] *vanquished.*
ēvidens, tis, *manifest, plain, clear.*
ēvidentia, æ, F., *distinctness.*
ēvigilo, I, *wake up, watch, elaborate.*
ēvilesco, lui, 3, *grow worthless.*
ēvincio, nxi, nct- 4, *bind up, wind.*
ēvinco, vīci, vict-, 3, *to vanquish, subdue, prevail.*
ēviro, I, *to unman.*
ēviscero, I, *disembowel.*
ēvīto, I, *avoid; put to death.*
Ēvius, i, a name of Bacchus.
ēvocātio, ōnis, F., *summons, call.*
ēvoco, I, *to call forth, summon.*
ēvoē, *a joyous cry* (of bacchanals).
ēvolo, I, *fly* or *spring out, ascend.*
ēvolūtio, ōnis, F., *unrolling, reading.*
ēvolvo, vi, ūt-, 3, *unroll, unfold.*
ēvomo, ui, it-, 3, *disgorge.*
ēvulgo, I, *publish, divulge.*
ēvulsio, ōnis, F., *pulling-out.*
ēvulsus, [**ēvello,**] *plucked off* or *out.*
ex=ē, *out of, from, after, forth from.*
[**ex-,** *out, utterly, very.*
exacerbo, I, *embitter.*
exactē, *exactly, precisely.*
exactio, ōnis, F., *driving-out.*
exactor, ōris, M., *expeller, collector.*
exactus, [**exigo,**] *driven out.*
exacuo, ui, ūt-, 3, *sharpen, inflame.*
exadversum, *over against.*
exædifico, I, *build, construct, finish.*
exæquo, I, *level, equalize.*
exæstuo, I, *boil up, ferment, glow.*
exaggerātio, ōnis, F., *heaping up.*
exaggero, I, *to heap up, enlarge.*
exagito, I, *stir up, rouse, disturb.*
† **exagōga, æ,** F., *exportation.*
exalbesco, bui, 3, *turn white,* or *pale* with fear.
exalto, I, *raise, heighten, deepen.*
exāmen, inis, N., *swarm, crowd.*
exāminātio, ōnis, F., *balancing.*
exāmino, I, *weigh, ponder, swarm.*
examussim, *exactly.*
exanclo, I, *draw out, endure.*
exanimātio, ōnis, F., *suffocation, fright, breathlessness.*
exanimis, e; us, a, um, *lifeless, dead.*
exanimo, I, *deprive of life* or *breath.*
exardesco, arsi, ars-, 3, *to kindle, blaze out.*
exāresco, ārui, 3, *to dry up.*
exarmo, I, *disarm, weaken.*
exaro, I, *plough up, till, inscribe.*
exaspero, I, *roughen, sharpen.*
exauctōro, I, *discharge, cashier.*
exaudio, 4, *hear from afar, listen.*
exaugeo, 2, *enlarge greatly.*
exauspico, I, *take augury.*
excæco, I, *make blind.*
excalceo, I, *deprive of shoes.*
excandesco, dui, 3, *kindle, glow.*
excavo, I, *to hollow out.*
excēdo, cessi, cess-, 3, *to go forth* or *beyond, die.*
excellens, tis, *lofty, eminent.*
excellentia, æ, F., *superiority.*
excello, ui, sum, 3, *raise up, excel.*
excelsus, a, um, *lofty.*
exceptio, ōnis, F., *exception.*
excepto, I, *catch up, snuff up.*
exceptor, ōris, M., *scribe, reporter.*
exceptus, [**-cipio,**] *caught.*
excerno, crēvi, crēt-, I, *sift out, cleanse, discharge.*
excerpo, psi, pt-, [**carpo,**] 3, *pick out, select, except.*
excessus, ūs, M., *standing-out, departure, projection.*
excetra, æ, F., *snake.*
excidium, i, N.; **-cidio, ōnis,** F., *downfall, overthrow, destruction.*
excido, cidi, [**cado,**] 3, *to fall out, escape, perish, pass away.*
excīdo, īdi, īs-, [**cædo,**] 3, *to cut off, cut down, destroy.*
excieo, cīvi (cii), cĭt-, 2; **-cio,** 4, *call forth, summon, stir up, terrify, excite.*
excipio, cēpi, cept-, [**capio,**] 3, *to take out* or *up, catch, follow.*
excīsus, [**excīdo,**] *cut off* or *out.*
excītātus, a, um, *animated, strong.*
excīto, I, *raise, rouse, excite, kindle.*
excītus, [**excio,**] *roused.*

exclāmātio, ōnis, F., *outcry.*
exclāmo, I, *to cry aloud.*
exclūdo, si, sum, [claudo,] 3, *to shut out, exclude, prevent.*
exclūsio, ōnis, F., *exclusion.*
excoctus, [coquo,] *cooked.*
excōgitātio, ōnis, F., *invention.*
excōgito, I, *think out, devise, contrive.*
excolo, colui, cult-, 3, *cultivate, improve, adorn, honor.*
excoquo, xi, ct-, 3, *boil out, roast.*
excors, cordis, *brainless.*
excrēmentum, i, N., *siftings, refuse.*
excresco, ēvi, ēt-, 3, *grow out* or *big, rise up, grow.*
ēxcrētus, [cerno,] *sifted, culled out;* **[cresco,]** *full-grown.*
ēxcrucio, I, *torture, torment, extort.*
excubiæ, ārum, F., *night-guard.*
excubitor, ōris, M., *watchman.*
excubo, ui, it-, 3, *lie out of doors, watch, keep guard.*
excūdo, di, sum, 3, *to strike out, hatch, forge out.*
exculco, I, *tread out, trample.*
excultus, [colo,] *improved.*
excūrātus, a, um, *well cared for.*
ex-curro, 3, *run out, extend, spread.*
excursio, ōnis, F.; **-sus, ūs,** M., *a running-out, onset, digression.*
excūsātio, F., *excuse.*
excūso, I, *to excuse, plead.*
excussus, a, um, *stretched out, stiff.*
excūsus, [cūdo,] *struck out, forged.*
excutio, 3, *shake off* or *out, search.*
[exe=exse-.
exedo, ēdi, ēs-, 3, *consume, corrode, destroy.*
†exedra, æ, F., *hall* for discourse.
exemplar, āris, N., *model, copy.*
exemplum, i, M., *image, example, copy, manner, sort.*
exemptus, [-imo,] *taken out.*
†exentero, I, *disembowel, empty.*
exeo, ii (īvi), ĭt-, 4, *go forth, expire.*
exerceo, cui, cit-, 2, *drive forward, employ, exercise.*
exercitātio, F., *practice, exercise.*
exercitātus, a, um, *trained, practised, agitated, troubled.*
exercitio, ōnis, F., *management.*
exercito, I, *practise frequently.*
exercitor, ōris, M., *trainer.*
exercitus, ūs, M., *host, army.*
exēsus, [edo,] *consumed.*
exhālātio, F., *vapor, exhalation.*
exhālo, I, *breathe forth, evaporate.*
exhaurio, hausi, haust-, 4, *draw, drain, empty, remove, exhaust.*
exhērēdo, I, *disinherit.*
exhēres, ēdis, *disinherited.*
exhibeo, ui, it-, 2, *hold forth, display, sustain, maintain.*
exhibitio, ōnis, F., *delivery, maintenance.*
exhilaro, I, *gladden, refresh.*
exhinc, *hereupon.*
exhorreo, 2; **-esco, ui,** 3, *dread extremely, shudder at.*
exhortātio, ōnis, F., *encouragement, exhortation.*
exhortor, I, *to cheer, exhort.*
exigo, ēgi, act-, [ago,] 3, *drive out, exact, demand, finish.*
exiguitas, ātis, F., *scantiness.*
exiguus, a, um, *little, scanty, brief.*
exīlis, e, *thin, meagre, feeble.*
exīlitas, ātis, F., *slenderness.*
exilium=exsilium, *exile.*
eximius, a, um, *select, excellent.*
eximo, ēmi, empt-, [emo,] 3, *take out, release, remove, consume.*
exin, *thereupon.*
exinānio, 4, *to empty, exhaust.*
exinde, *thence, thereafter.*
existimātio, F., *judgment, opinion, reputation.*
existimo (-umo), I, *to judge, think.*
existo=exsisto, *stand forth.*
exitiābilis (-ālis), e; -ōsus, a, um, *deadly, pernicious.*
exitium, i, N., *going-forth, destruction, ruin, mischief.*
exitus, [exeo,] *past.*
exitus, ūs, M., *going-out, end, death.*
exlex, lēgis, *out of the law, lawless.*
exoculo, I, *destroy the eyes.*
†exodium, i, N., *after-piece, end.*
exolesco, ēvi, ēt-, 3, *to grow up, stop growing, cease, disappear.*
exolētus, a, um, *mature, dissolute.*

exonero, I, *disburden, discharge.*
exoptātus, a, um, *longed-for.*
exopto, I, *to desire earnestly.*
exōrābilis, e, *easy to be entreated.*
exorbito, I, *go astray, deviate.*
exordior, orsus, 4, *lay the warp, begin.*
exordium, i, N., *beginning, warp, introduction, treatise.*
exorior, ortus, I, *arise, spring up.*
exornātio, F., *embellishment.*
exorno, I, *adorn, equip, supply.*
exōro, I, *gain by entreaty.*
exorsus, [**ordior,**] *begun;* N., *beginning.*
exorsus, ūs, M., *beginning.*
exortīvus, a, um, *of rising, eastern.*
exortus, ūs, M., *rising* (of sun).
exos, ossis, *boneless, pliant.*
exosculor, I, *kiss fondly, admire.*
exosso, I, *deprive of bones* or *teeth.*
† **exōstra, æ,** F., *stage-machinery.*
exōsus, a, um, *hating, hateful.*
† **exōticus, a, um,** *outlandish.*
expallesco, ui, 3, *turn pale, dread.*
expalliātus, a, um, *uncloaked.*
expallidus, ā, um, *very pale, wan.*
expalpo (or), I, *get by coaxing.*
expando, di, pass- (pans-), 3, *to spread forth, expand.*
expapillātus, a, um, *bare-breasted.*
expavesco, pāvi, 3, *fear greatly.*
expectoro, I, *drive from the breast.*
expedio, 4, *bring out, release, set forth, arrange.*
expedit, *it is useful,* or *expedient.*
expedītē, *readily, promptly.*
expedītio, F., *excursion, discussion.*
expedītus, a, um, *disengaged, light-armed, without baggage, handy.*
expello, puli, puls-, 3, *thrust out* or *away, reject.*
expendo, di, sum, 3, *weigh out, measure, pay, charge, estimate.*
experge-facio, 3, *rouse, stir, excite.*
expergiscor, perrectus, 3, *awake.*
expergo, gi, git-, 3, *arouse, waken.*
experientia, æ, F., *trial, experience.*
experīmentum, i, N., *trial, proof.*
experior, expertus-, 4, *to try, test.*
expertus, a, um, *tried, skilled.*
expers, tis, [**pars,**] *having no share.*
expetesso (-isso), 3, *long for.*
expeto, īvi (ii), īt-, 3, *seek, contrive, desire, aspire for, attain.*
expiātio, F., *expiation, atonement.*
expīlātio, ōnis, F., *plunder, pillage.*
expīlātor, ōris, M., *pillager.*
expīlo, I, *rob, plunder.*
expingo, pinxi, pict-, 3, *to paint, depict, describe.*
expio, I, *expiate, atone.*
expiscor, I, *fish out, search.*
explānātio, ōnis, F., *making clear, explanation, distinctness.*
explāno, I, *flatten, make clear.*
expleo, ēvi, ēt-, 2, *fill up, fulfil.*
explētus, a, um, *complete, filled up.*
explicātio, F., *uncoiling, explaining.*
explicātus, a, um, *spread-out, clear.*
explicitus, a, um, *clear, easy.*
explico, āvi (ui), āt- (it-), I, *to unfold, arrange, clear up.*
explōdo, si, sum (plaudo), 3, *to hoot off, drive away.*
explōrātē, *with certainty.*
explōrātio, F., *searching, exploring.*
explōrātor, ōris, M., *examiner, searcher, scout.*
explōrātus, a, um, *established, sure.*
explōro, I, *to search, examine, reconnoitre, test, prove.*
explōsio, ōnis, F., *hooting-off.*
explōsus, [**-plōdo,**] *driven off.*
expolio, 4, *to polish, refine, adorn.*
expolītio, F., *polishing, refinement.*
expolītus, a, um, *neat, refined.*
expōno, posui, posit-, 3, *set forth, offer, expose, explain.*
exporrigo, rexi, rect-, 3, *spread out, smoothen.*
exportātio, F., *export, banishment.*
exporto, I, *carry forth* or *away.*
exposco, poposci, 3, *ask, require.*
expositio, F., *exposing, expounding.*
expostulātio, ōnis, F., *complaint.*
expostulo, I, *demand, complain.*
expressē (-sim), *distinctly, strongly.*
expressus, [**-primo,**] *clear, distinct.*
exprētus, [**spretus,**] *spurned.*
exprimo, pressi, press-, [**premo,**] 3, *press* or *force out, represent.*

exprobrātio, F., *upbraiding, blame.*
exprobo, I, *to reproach, upbraid.*
expromo, mpsi, mpt-, 3, *take out, exhibit, display, declare.*
expugnābilis, e, *liable to capture.*
expugnātio, F., *storming, capture.*
expugnātor, M., *conqueror, taker.*
expugnax, ācis, *subduing.*
expugno, I, *to take by assault, subdue, extort, effect.*
expulsio, ōnis, F., *expulsion.*
expulso, I, *drive out, expel.*
expulsus, [pello,] *driven out.*
expungo, nxi, nct-, 3, *prick out, erase, fulfil, adjust* (accounts).
expurgātio, F., *justification.*
expurgo, I, *cleanse, vindicate.*
expūtesco, 3, *putrify.*
exputo, I, *prune, examine.*
exquīro, sīvi, sīt-, [quæro,] 3, *ask, search out, inquire.*
exquīsītē, *accurately.*
exquīsītus, a, um, *choice, excellent.*
exsævio, 4, *spend one's rage.*
exsanguis, e, *bloodless, pale, weak.*
exsarcio, sart-, 4, *patch up, mend.*
exsatio (-saturo), I, *glut, satisfy.*
exscendo=escendo, *ascend.*
exscindo, idi, iss-, 3, *to extirpate.*
exscrībo, psi, pt-, 3, *write out, copy.*
exsculpo, psi, pt-, 3, *dig out, erase.*
exseco, cui, ct-, I, *cut out* or *off.*
exsecrābilis, e, *cursing, accursed.*
exsecrātio, F., *solemn oath, curse.*
exsecrātus, a, um, *detestable.*
exsecror, I, *curse, swear solemnly.*
exsectio, F., *cutting out.*
exsectus, [seco,] *cut out.*
exsecūtio, F., *fulfilment, discussion.*
exsecūtor, ōris, M., *performer, executer, prosecuter.*
exsequens, tis, *studious of.*
exsequiæ, ārum, F., [sequor,] *funeral rites, procession, obsequies.*
exsequor, cūtus, 3, *follow out, pursue, accomplish, relate, avenge.*
exsero, rui, rt-, 3, *thrust forth, display, protrude.*
exsertus, a, um, *open, conspicuous.*
exserto, I, *stretch forth.*
exsibilo, I, *to hiss away.*
exsicco, I, *dry up, parch.*
exsigno, I, *write out, record.*
exsilio, ui, 4, *leap forth, spring up.*
exsilium, i, N., *exile, retreat.*
exsisto, stiti, stit-, 3, *come* or *stand forth, exist.*
exsolvo, vi, ūt-, 3, *unbind, discharge, get clear, throw aside.*
exsomnis, e, *sleepless, watchful.*
exsorbeo, ui, 2, *swallow up, drain, exhaust.*
exsors, tis, *without part* or *lot.*
exspatior, I, *expand, digress.*
exspectātio, ōnis, F., *awaiting.*
exspectātus, a, um, *longed for.*
exspecto, I, *wait for, anticipate.*
exspergo, spers-, 3, *sprinkle, scatter.*
exspes, *hopeless.*
exspīro, I, *breathe out, blow* or *rush forth, expire, cease.*
exspolio, I, *to plunder, spoil.*
exspuo, ui, ūt, 3, *spit out, expel.*
exsterno, I, *terrify greatly.*
exstillo, I, *to drop* or *trickle out.*
exstimulo, I, *goad on, impel.*
exstinctio, ōnis, F., *annihilation.*
exstinctor, ōris, M., *destroyer.*
exstinguo, nxi, nct-, 3, *to quench, extinguish, annul, destroy.*
exstirpo, I, *uproot, pluck out.*
exsto, I, *stand forth, appear.*
exstructio, ōnis, F., *structure.*
exstruo, xi, ct-, 3, *heap up, build.*
exsuctus, [sūgo,] *drained dry.*
exsūdo, I, *sweat forth, exude, toil.*
exsūgo, xi, ct-, 3, *suck out.*
exsul, ulis, C., *exile, wanderer.*
exsulo, I, *to be in exile.*
exsultans, tis, *skipping, diffuse.*
exsultātio, F., *leaping up* for joy.
exsulto, I, *leap up, exult, revel.*
exsuperābilis, e, *surmountable.*
exsuperans, tis, *excellent.*
exsuperantia, æ, F., *pre-eminence.*
exsuperātio, ōnis, F., *exaggeration.*
exsupero, I, *mount, surpass, overpower, exceed, excel, pass beyond.*
exsurdo, I, *deafen, blunt.*
exsurgo. surrexi, 3, *rise, stand up.*
exsuscito, I, *rouse, excite.*
exta, ōrum, N., *the internal organs.*

extabesco, tabui, 3, *to fade, wane.*
extāris, e, *of the* **exta.**
extemplo (-pulo), *immediately.*
extemporālis, e, *extemporary.*
extendo, di, tum (sum), 3, *stretch forth, increase, spread, extend.*
extentus, a, um, *wide-spread.*
extento, I, *stretch forth, exert.*
extenuātio, F., *thinning, lessening.*
extenuo, I, *make thin, weaken.*
exter (-terus), a, um, *outward, external, foreign.*
exterebro, I, *bore out.*
extergeo, si, sum, 3, *wipe off.*
exterior, us (compar.), *outer.*
extermino, I, *drive away, banish.*
externus, a, um, *outward, foreign.*
extero, trīvi, trīt-, 3, *rub out, wear out* or *away.*
exterreo, ui, it-, 2, *strike with terror.*
extexo, 3, *pick to pieces, plunder.*
extimesco, timui, 3, *fear greatly.*
extinguo=exstinguo, *quench.*
extispex, icis, *diviner.*
extollo, 3, *raise, uplift, defer.*
extorqueo, si, tum, 2, *wrest away.*
extorris, e, *exiled.*
extrā, *outside of, except, beyond.*
extraho, xi, ct-, 3, *draw forth, withdraw, release, protract, outroot.*
extrāneus, a, um, *external, strange.*
extraordinārius, a, um, *beyond the ranks, uncommon.*
extrārius, a, um, *outward, strange.*
extrēmitas, ātis, F., *end, edge.*
extrēmus (-timus), a, um, *outmost, remotest, utmost, latest, last.*
extrīco, I, *disentangle, clear.*
extrilidus, a, um, *dauntless.*
extrinsecus, *from abroad, outside.*
extrītus, [**tero,**] *worn off.*
extrūdo, si, sum, 3, *thrust forth.*
extūbero, I, *to swell, raise.*
extundo, tudi, tūs, 3, *to beat out, strike out, devise, extort.*
exturbo, I, *drive* or *thrust away.*
exūbero, I, *abound, make full.*
exūdo=exsūdo, *exude.*
exul=exsul, *exile.*
exulcero, I, *fester, exasperate.*
exululo, I, *howl.*
exulto=exsulto, *leap forth.*
exundo, I, *overflow, rush forth.*
exungo, unct-, 3, *anoint, squander.*
exuo, ui, ūt-, 3, *put strip* or *cast off, lay aside, despoil.*
exūro, ussi, ust-, 3, *burn up, consume, parch, destroy.*
exustio, F., *burning, scorching.*
exuviæ, ārum, F., *spoils* (stripped from an enemy's body), *hide.*
exveho=ēveho, *carry off.*

F.

faba, æ, F., *bean.*
fabālis, e; -ārius, a, um, *of beans.*
fābella, æ, F., *short story* or *play.*
faber, bri (g. pl. **brum**), M., *smith, artisan, craftsman.*
faber, bra, brum, *skilful, ingenious.*
Fabius Maximus, Dictator in the second Punic War, B.C. 217–209.
fabre-facio, 3, *fashion skilfully.*
fabrica, æ, F., *workshop, fabric, trade, trick* or *crafty device.*
fabricātio, F., *construction.*
fabricātor, ōris, M., *artificer.*
Fabricius, C., consul in the war against Pyrrhus, B.C. 279.
fabricor (-co), I, *fashion, construct.*
fabrīlis, e, *of a smith;* N., pl. *tools.*
fābula, æ, F., [**for,**] *story, drama.*
fabula, dim. of **faba,** *bean.*
fābulāris, e; -ōsus, a, um, *fabulous.*
fābūlātor, ōris, M., *story-teller.*
fābulor, I, *to talk, converse.*
facesso, i, īt-, 3, *do eagerly, perform; get clear, depart, retire.*
facētē, *neatly, wittily.*
facētiæ, ārum, F., *wit, fun.*
facētus, a, um, *elegant, fine, funny.*
facies, ei, F., *figure, face, appearance, aspect, pretence.*
facilis, e, [**facio,**] *suited, apt, compliant, favoring, prosperous, easy.*
facilĕ, *easily, no doubt.*
facilitas, ātis, F., *facility, readiness, ease, fluency, good humor.*
facinorōsus, a, um, *atrocious.*
facinus, ŏris, N., *bold deed, crime.*

facio, fēci, fact-; P., **fīo, fieri, factus**, *make, do, perform, practise, esteem, assume, cause;* **fit**, *it happens, is usual;* **fiat**, *so be it.*
factio, ōnis, F., *making, doing, rank, party, class, faction.*
factiōsus, a, um, *factious, seditious.*
factito, I, *keep doing, practice, make.*
factor, ōris, M., *doer.*
factūra, æ, F., *doing, deed.*
factus, [**facio**,] *done;* N., *deed.*
factus, ūs, M., *doing, making.*
facula, æ, F., [**fax**,] *torch, link.*
facultas, ātis, F., *opportunity, supply, power, abundance, resource.*
facundē, *eloquently.*
facundia, æ, F., *eloquence.*
facundus, a, um, *fluent, eloquent.*
fæcula, æ, *tartar* (of wine).
fæculentus, a, um, *full of dregs.*
Fæsulæ, ārum, F., *Fiesole*, a hill-town near Florence.
fæx, cis, F., *lees, dregs, brine.*
fāginus (-eus), a, um, *of beech.*
†**fāgus, i**, F., *beech-tree.*
fala, æ, F., *scaffolding, scaffold.*
falārica, æ, F., *fire-ball.*
falcārius, i, M., *scythe-maker.*
falcātus, a, um, *scythe-hung* or *scythe-shaped.*
falcifer (-ger), era, um, *scythe* or *sickle-bearing.*
†**falco, ōnis**, M., *falcon.*
falcula, æ, F., *sickle, talon.*
falēre, is, N., *pedestal, pile.*
Falernus, a, um, *Falernian*, of a region in Campania.
Faliscus, a, um, *of Falerii*, a city of Etruria.
fallācia, æ, F., *deceit, intrigue.*
fallax, ācis, *deceitful, fallacious.*
fallo, fefelli, fals-, 3, *deceive, cheat, beguile, escape notice.*
falsi-dicus, -ficus, -loquus, *speaking* or *acting falsely.*
falsimōnia, æ, F., *imposition.*
falsō (**ē**), *falsely.*
falsus, a, um, *deceitful, false.*
falx, cis, F., *scythe, sickle, hook.*
fāma, æ, F., *fame, report* (good or evil), *tradition, reputation.*
famēlicus, a, um, *famished.*
fames, is, F., *hunger, need, greed.*
fāmigerātio, ōnis, F., *rumor.*
fāmigerātor, ōris, M., *tale-bearer.*
fāmigerātus, a, um, *celebrated.*
familia, æ, F., *body of slaves, family, household, company, clan.*
familiāris, e, *of servants* or *family, intimate, friendly;* M., *friend.*
familiāritas, ātis, F., *intimacy.*
familiāriter, *by families, familiarly.*
fāmōsus, a, um, *of good* or *ill fame.*
famulāris, e, *of servants* or *service.*
famulātus, ūs, M., *servitude.*
famulor, I, *to serve, be a servant.*
famulus, a, um, *serving, serviceable;* M., F., *servant.*
fānāticus, a, um, *inspired, rapt.*
fānum, i, N., *shrine, temple.*
far, farris, N., *spelt* (a grain), *meal.*
farcīmen, inis, N., *sausage.*
farcio, si, tum, 4, *to stuff, cram.*
farfarus, i, M., *colt's-foot* (a plant).
farīna, æ, F., *meal, flour, substance.*
farrāgo, inis, F., *mixed fodder* (for cattle), *medley.*
farrārius, a, um, *of grain;* N., pl. *granary.*
farrātus (-eus), a, um, *of corn, grain.*
fartor, ōris, M., *fattener* (of fowls), *sausage-maker.*
fartum, i, N., [**farcio**,] *stuffing.*
fās (indecl.), *right* (by divine law).
fascia, æ, F., *band, swathe.*
fasciculus, i, M., *packet.*
fascīna, æ, F., *fagot.*
fascino, I, *bewitch, fascinate.*
fascinum, i, N., *witchcraft, amulet.*
fasciola, æ, F., *bandage.*
fascis, is, M., *bundle;* **fasces**, (pl.), *rods-and-axe*, (symbol of office with power of life and death), *consulship.*
fastīdio, 4, *loathe, despise, scorn.*
fastīdiōsē, *disdainfully.*
fastīdiōsus, a, um, *full of disgust.*
fastīdium, i, N., *loathing, aversion, haughtiness, contempt.*
fastīgātus, a, um, *sloping, steep.*
fastīgium, i, N., *top* (of gable), *highest point* or *rank.*

fastīgo, I, *bring to a point, exalt.*
fastōsus, a, um, *haughty, sumptuous.*
fastus, i, M., *court-day;* pl., *calendar.*
fastus, ūs, M., *haughtiness, contempt.*
fātālis, e, *fated, destined, fatal.*
fātāliter, *by fate* or *destiny.*
fateor, fassus, 2, *confess, manifest.*
fātičānus (-cinus, -dicus), a, um, *predicting fate, prophetic.*
fātifer, era, um, *deadly.*
fatīgātio, F., *weariness, banter.*
fatīgo, I, *weary, plague, vex, jeer.*
fatim, *sufficiently.*
fatisco (-cor), 3, *gape open, faint.*
fatuitas, ātis, F., *folly.*
fātum, i, N., [**for,**] *destiny, doom.*
fatuor, I, *talk foolishly.*
fātus, ūs, M. [**for,**] *word.*
fātuus, a, um, *prophetic* (a name of Faunus).
fatuus, a, um *foolish, tasteless.*
fauces, ium, F., *throat, defile, gulf.*
Faunus, i, a rustic deity of Latium, son of Picus, gr.-son of Saturn.
Faustulus, i, the shepherd who brought up Romulus.
faustus, a, um, *fortunate, auspicious.*
fautor, (-vitor), ōris, M.; **-trix, īcis,** F., *favorer, patron.*
faveo, fāvi, faut-, 2, *favor, befriend.*
favilla, æ, F., *glowing embers.*
favissæ, ārum, F. *storage-cell.*
Favōnius, i, M., the Spring West-wind.
favor, ōris, M., *good-will, applause.*
favōrābilis, e, *pleasing, in favor.*
favus, i, M., *honey-comb.*
fax, făcis, F., *torch, firebrand.*
faxim, faxo=fecerim, fecero, sub. and fut. perf. of **facio,** *do.*
febrīcito, I, *be ill of fever.*
febricula, æ, F., *slight fever.*
febris, is, im (em), i (e), F., *fever.*
Februārius, i, M., *February.*
februa, ōrum, N., *purgation* (religious festival of February 15).
fēcunditas, ātis, F., *fertility, plenty.*
fēcundo, I, *fertilize.*
fēcundus, a, um, *fertile, abundant.*
fel, fellis, N., *gall, bitterness, wrath.*
fēles, is, F., *cat, thief.*
fēlīcitas, ātis, F., *fertility, happiness.*
fēlīciter, *fruitfully, auspiciously.*
fēlīnus, a, um, *of a cat.*
fēlix, īcis, *fertile, auspicious, happy.*
fellītus (-ōsus), a, um, *full of gall.*
fello, I, *to suck.*
fēmella, æ, F., *girl.*
feminis, g. of **femur,** *thigh.*
fēmina, æ, F., *woman, female.*
fēminātus, a, um, *effeminate.*
fēmineus, a, um, *of woman.*
fēminīnus, a, um, *feminine.*
femur, ŏris (inis), M., *thigh.*
fēnebris, e, *of usury.*
fēnerātio, F., *lending on interest.*
fēnerātor, ōris, M., *money-lender.*
fēneror (-o), I, *lend, practice usury, cheat* or *extort by usury.*
fenestra, æ, F., *window, entrance.*
fenestro, I, *furnish with windows.*
fēnīlia, ium, N., *hay-loft.*
fēnisex, sĕcis, M., *mower, rustic.*
fēnum, i, N., *hay.*
fēnus, ŏris, N., *interest, gain, profit.*
fera, æ, F., *wild beast.*
fērālis, e, *of the dead, deadly.*
ferax, ācis, [**fero,**] *fertile.*
ferculum, i, N., *litter, bier, dish.*
ferē, *almost, quite, hardly, generally.*
ferentārius, a, um, *light-armed.*
Feretrius, i, [**ferio,**] *the Subduer.*
† **feretrum=ferculum,** *litter.*
fēriæ, ārum, F., *holidays, festivals.*
feriātus, a, um, *at leisure, quiet.*
ferīnus, a, um, *of wild beasts.*
ferio, 4, *strike, batter, kill, cheat.*
fērior, I, *keep holiday.*
feritas, ātis, F., *wildness, rudeness.*
fermē=ferē, *nearly, hardly.*
fermentātus, a, um, *loose, soft.*
fermento, I, *rise, ferment.*
fermentum, i, N., *leaven, beer.*
fero, tuli, lātum, *bear, carry, bring, get, raise, show, report, say, tell.*
ferōcia, æ; -citas, tātis, F., *wildness, ferocity.*
ferōciter, *boldly, fiercely.*
ferōculus, a, um, *rather fierce.*
Fērōnia, æ. F., a divinity of Plants.
ferox, ōcis, *bold, fierce.*
ferrāmentum, i, N., *iron tool.*

ferrārius, a, um, *of iron;* M., *blacksmith;* F., *iron-mine.*
ferrātus, a, um, *iron-clad* or *shod.*
ferreus, a, um, *of iron, hard, cruel.*
ferricrepinus, a, um, *clanking.*
ferriterium, i, N., *chain-house, jail.*
ferritribax, ācis, *iron-galled.*
ferrūgineus, a, um, *of iron-rust* (color or taste).
ferrūgo, inis, F., *iron-rust.*
ferrum, i, N., *iron, steel* (sword).
ferrūmen, inis, N., *cement, rust.*
ferrūmino, 1, *to solder, cement.*
fertilis, e, *fruitful, productive.*
fertilitas, ātis, F., *fruitfulness, fertility, abundance.*
fertōrius, a, um, *for carrying;* N., *sedan-chair.*
fertum, i, N., *oblation-cake.*
fertus, a, um, *fertile.*
ferula, æ, F., *fennel, twig, rod.*
ferus, a, um, *wild, rude, barbarous;* F., *a wild beast.*
ferve-facio, 3, *to boil, melt.*
fervens, tis, *hot, glowing.*
ferveo, bui, 2; **-vo (-vesco), vi,** 3, *to burn, glow, ferment, swarm.*
fervidus, a, um, *hot, glowing, fiery.*
fervor, ōris, M., *heat, glow, passion.*
Fescennia, æ, F., a town of Etruria on the Tiber.
Fescennīni, rude jesting verses.
fessus, a, um, *weary, weak.*
festīnanter (-atim, -ato), *hastily.*
festīnātio, ōnis, F., *haste, speed.*
festīno, 1, *make haste, hasten.*
festīnus, a, um, *hasty, quick, early.*
festīvē, *joyously, delightfully.*
festīvitas, ātis, F., *gaiety, delight, cheer, festivity, kindness.*
festīvus, a, um, *lively, agreeable.*
festūca, æ, F., *stalk, straw, rod.*
festus, a, um, *festal;* N., *banquet.*
fētiāles, pl., the college of heralds.
fēto, 1, *to breed, hatch, fructify.*
fētūra, æ, F., *bringing-forth.*
fētus, a, um, *breeding, teeming, full.*
fētus, ūs, M., *breeding, breed, progeny, offspring, fruit, produce.*
fex, fēcis=fæx, *lees, dregs.*
fī, imperat. of **fio,** *become.*
fiber, bri, M., *beaver.*
fibla=fībula, *clasp.*
fibra, æ, F., *fibre, entrail.*
fibrīnus, a, um, *of the beaver.*
fībula, æ, F., *clasp, pin.*
fībulo, 1, *to clasp, fasten.*
fīcārius, a, um, *of figs.*
fīcedula, æ, F., *fig-pecker* (a bird).
fīcētum, i, N., *a fig-orchard.*
fictilis, e, *of clay, earthen.*
fictio, ōnis; -tūra, æ, F., *making, fashioning, feigning.*
fictor, ōris, M., *image-maker, baker.*
fīcus, i (ūs), F., *fig.*
fideī-committo, 3, *put in trust.*
fide-jubeo, 2, *give security.*
fidēlia, æ, F., *earthen pot, jar.*
fidēlis, e, *trusty, faithful, sure.*
fidēlitas, ātis, F., *faithfulness.*
Fīdēnæ, ārum, F., an old town of Latium.
fīdens, tis, *confident, bold.*
fīdenter, *courageously.*
fīdentia, æ, F., *confidence, boldness.*
fides, ĕi, F., *trust, belief, credit, promise, security, credibility.*
fides, is, F., *string, lute, lyre.*
fidicen, inis, M.; **-cīna,** F., *a lute-player,* or *harpist.*
fidicula, dim. of **fides,** *lyre.*
Fidius, god of Trust, an epithet of Jupiter (as, **me dius fidius**).
fīdo, fīsus, 3, *trust, confide.*
fīdūcia, æ, F., *trust, boldness, pledge.*
fīdūcio, 1, *to pledge, mortgage.*
fīdus, a, um, *trusty, sure, safe.*
figlīnus, a, um, *of a potter;* N., *pot.*
figmentum, i, N., *forming, fiction.*
fīgo, xi, xum, 3, *fasten, fix, pierce.*
figulāris, e, *of a potter.*
figulis, i, M., *potter, bricklayer.*
figūra, æ, F., *shape, kind, phantom.*
figūrātio, ōnis, F., *fashioning.*
figūro, 1, *to form, shape, picture.*
fīlia, æ, (d. pl. **ābus**), *daughter.*
filicātus, a, um, *decked with fern.*
fīliola, æ, F., *little daughter.*
fīliolus, i, N., *little son.*
fīlius, i, (v., **fili**), M., *son;* pl. *children.*
filix, icis, F., *fern.*
fīlum, i, N., *thread, fillet, outline.*

fimbriæ, ārum, F., *threads, fringe.*
fimus, i, M., (**um,** N.), *dung, manure.*
fīnālis, e, *of boundaries, final.*
findo, fidi, fiss-, 3, *split, part, divide.*
fingo, nxi, fict, *to form, fashion, make, instruct, represent, invent.*
fīnio, 4, *to limit, bound, appoint.*
fīnis, is, M., *end, limit, border;* pl., *bounds, territory.*
fīnitimus, a, um, *bordering, neighboring, like;* pl., *neighbors.*
fīnītio, F., *bounding, defining.*
fīnītor, ōris, M., *surveyor.*
fīo, fieri, fact-, P. of **facio,** *make.*
firmāmentum, i, N., *support, sky.*
firmātor, M., *establisher.*
firmē (**-iter**), *firmly.*
firmitas, ātis; -tūdo, inis, F., *firmness, strength, endurance.*
firmo, I, *strengthen, establish.*
Firmum, i, N., a port of E. Italy.
firmus, a, um, *stable, strong.*
fiscālis, e, *of the treasury.*
fiscella (**-cina**), **æ,** F., *osier basket.*
fiscus, i, M., *basket, treasury.*
fissilis, e, *split* (or that can be).
fissūra, æ, F., *cleft, chink.*
fissus [**findo,**] *split, cloven.*
fissipes, pedis, *cloven-footed.*
fistūca, æ, F., *rammer, beetle.*
fistūco, I, *ram down.*
fistula, æ, F., *pipe, tube, reed.*
fistulātor, ōris, M., *a piper.*
fistulōsus, a, um, *full of holes.*
fīsus, [**fīdo,**] *having trusted.*
fixus, [**fīgo,**] *fixed.*
flābellum, i, N., *fan, fly-flap.*
flābilis, e, *airy.*
flābra, ōrum, N., *blasts, breezes.*
flacceo, 2; **-cesco,** 3, *droop, wither.*
flaccidus (**flaccus**), **a, um,** *flabby, feeble, languid.*
flagello, I, *scourge, beat, lash.*
flagellum, i, N., *whip, thong.*
flāgitātio, F., *earnest request.*
flāgitātor, ōris, M., *demander, dun.*
flāgitiōsē, *infamously.*
flāgitiōsus, a, um, *shameful, infamous, disgraceful.*
flāgitium, i, N., *disgraceful thing* or *act; scoundrel, villain.*
flāgito, I, *demand vehemently.*
flagrans, tis, *blazing, glowing.*
flagranter, *ardently, eagerly.*
flagrantia, æ, F., *burning heat.*
flagritriba, æ, M., *wearing out the lash* (nickname of a slave).
flagro, I, *to flame, blaze, glow, burn.*
flagrum, i, N., *whip, scourge.*
flāmen, inis, N., *blast, wind, gale.*
flāmen, inis, M., *priest* (of one god).
flāminica, *a flamen's wife.*
flāminius, a, um, *of a flamen.*
flamma, æ, F., *flame, blaze, passion, conflagration, peril.*
flammeus, a, um, *fiery, red, flame-colored;* N., *bridal veil.*
flammifer (**-ger**), **era, um,** *flaming, flame-bearing, fiery.*
flammo, I, *to blaze, burn, redden.*
flātilis, e, *produced by blowing.*
flātor, ōris, M., *blower, caster* (of metal), *melter, coiner.*
flātūra, æ, F., *blowing, casting.*
flātus, ūs, M., *blowing, blast.*
flāveo, 2; **-vesco,** 3, *to be golden,* or *yellow.*
flāvus, a, um, *yellow, gold-color.*
flēbilis, e, *lamentable, tearful.*
flecto, xi, xum, 3, *to bend, turn.*
flēmina, æ, F., *swollen ankle.*
fleo, flēvi, flēt-, 2, *weep, drip, bewail.*
flētus, ūs, M., *weeping.*
flexanimus, a, um, *affecting, moved.*
flexibilis (**-ilis**), **e,** *pliant, bending.*
flexiloquus, a, um, *equivocal.*
flexio, ōnis, F., *bending, inflection.*
flexo, I, *to bend, curve.*
flexuōsus, a, um, *full of bends.*
flexūra, æ, F.; **-xus, ūs,** M., *bending, turning, winding.*
flexus, [**flecto,**] *bent.*
flictus, ūs, M., *clash.*
flo, I, *to blow, cast* (metal).
floccus, i, M., *lock of wool, trifle.*
floces, um, F., *dregs, lees.*
Flōra, æ, goddess of Flowers.
flōrālis, e, *of Flora;* N., pl., *garden.*
flōrens, tis, *shining, flourishing.*
Flōrentia, æ, F., *Florence.*
flōreo, ui, 2, *to bloom, flower, swell, flourish, prosper.*

flōresco, ui, 3, *come into blossom.*
flōreus (-idus), a, um, *of flowers, flowery, abounding in flowers.*
flōrilegus, a, um, *culling flowers.*
flōrulentus, a, um, *abounding in flowers, blooming, youthful.*
flōs, ōris, M., *flower, blossom, top.*
flosculus, i, M., *floweret.*
flucto, I, *to wave, flow.*
fluctuātio, ōnis, F., *wavering.*
fluctuo (-or), I, *undulate, waver.*
fluctuōsus, a, um, *billowy.*
fluctus, ūs, M., *wave, billow, flood.*
fluens, tis, *flowing, lax, fluent.*
fluentum, i, N., *flood, stream.*
fluidus, a, um, *flowing, fluid, lax.*
fluito, I, *float, waver, undulate.*
flūmen, inis, N., *stream, river, flood.*
flūmineus, a, um, *of a river.*
fluo, xi, xum, 3, *to flow, overflow, pour, come forth, pass away.*
fluor, ōris, M., *flowing, flux.*
flustra, ōrum, N., *calm* at sea.
flūto, I, *to float.*
fluviālis (-ātilis), e, *of a river.*
fluvius, i, M., *river, stream.*
fluxio, ōnis; -xus, ūs, M., *a flowing.*
fluxus [**fluo,**] *fluid, loose, frail.*
fōcale, is, N., [**faux,**] *neck-band.*
focillo, I, *comfort with warmth.*
foculus, *fire-pan, brazier.*
focus, i, M., *fire-place, hearth.*
fodico, I, *to pierce.*
fodīna, æ, F., *pit, mine.*
fodio, fōdi, foss-, 3, *dig.*
fœderātus, a, um, *leagued.*
fœdero, I, *to league, establish.*
fœdifragus, a, um, *perfidious.*
fœditas, ātis, F., *foulness, filth.*
fœdo, I, *to defile, disfigure.*
fœdus, a, um, *foul, ugly.*
fœdus, eris, N., *league, treaty.*
fœnus=fēnus, *profit.*
fœteo; 2, **-esco,** 3, *have an ill smell.*
fœtidus, a, um, *of evil odor, foul.*
fœtor, ōris, M., *stench.*
fœtus=fētus, *produce.*
fœtūtīna, æ, F., *dirt-hole, puddle.*
foliātus, a, um, *leafy;* N., *ointment.*
folium, i, N., *leaf, trifle.*
folliculus, i, M., *bag, pod, husk.*
follis, is, M., *bellows, wind-bag.*
follitim, *with money-bags.*
fōmentum, i, N., *poultice, comfort.*
fōmes, itis, M., *tinder, touchwood.*
fons, tis, M., *fountain, source.*
fontānus, a, um, *of a spring.*
fonticulus, i, M., [**fons,**] *spring.*
for, fātus, I, (§ **38**, iv.), *speak, say.*
forāmen, inis, N., *aperture.*
forās, *out of doors.*
forātus, ūs, M., *boring.*
forceps, ipis, D., *tongs, pincers.*
fordus, a, um, *with young.*
fore, fut. infin. of **sum,** *to be.*
forensis, e, *of the forum.*
forfex, ficis, F., *shears.*
forica, æ, F., *storehouse.*
forinsecus, *from without.*
foris, is, F., (gen. pl. **um**), *door.*
foris, *abroad, from without.*
forma, æ, F., *shape, beauty, mould.*
formālis, e, *of a form* or *mould.*
formātio, ōnis, F., *forming, design.*
formātor, ōris, M., *former, framer.*
Formiæ, ārum, F., a town of S. Latium.
formīca, æ, F., *ant.*
formīcīnus, a, um, *like ants.*
formīdābilis, e, *fearful.*
formīdo, I, *to fear, dread.*
formīdo, inis, F., *fear, dread.*
formīdolōsus, a, um, *timid, dreadful, fearful, afraid.*
formidus, a, um, *warm.*
formo, I, *to fashion, shape.*
formōsus, a, um, *beautiful.*
formula, æ, F., *beauty, pattern, rule.*
formus, a, um, *warm.*
fornācālis, e, *of a furnace* or *oven.*
fornax, ācis, F., *furnace, oven, kiln.*
fornicātim, *archwise.*
fornicātus, a, um, *arched, vaulted.*
fornix, icis, M., *arch, vault, brothel.*
foro, I, *to bore, pierce.*
forpex, icis, F., *curling-tongs.*
fors, tis, F., *chance, fortune.*
fors, forte, forsan, forsit, forsitan, fortasse, *perhaps.*
†**fortax, ācis,** M., *base of furnace.*
fortis, e, *strong, brave, vigorous.*
fortiter, *vigorously, boldly.*

fortitūdo, inis, F., *vigor, bravery.*
fortuītus, a, um, *accidental.*
fortuītō (tū), *accidentally.*
fortūna, æ, F., *fortune* (good or ill), *condition;* pl., *property.*
fortūnātus, a, um, *fortunate, prosperous, happy.*
fortūno, I, *make prosperous.*
foruli, ōrum, M., *book-shelves.*
forum, i, N., *public square, market;* a square in Rome, the chief place of public business.
forus, i, M., *gangway, row* of seats or cells, *garden-bed.*
fossa, æ, F., *ditch, trench.*
fossilis, e; -tius, a, um, *dug-up.*
fossio, ōnis; -ūra, æ, F., *digging.*
fossor, ōris, M., *digger.*
fossus, [**fodio,**] *dug.*
fōtus, [**foveo,**] *warmed, cherished.*
fōtus, ūs, M. *warming, comforting.*
fovea, æ, F., *pit, pitfall.*
foveo, fōvi, fōt-, 3, *to warm, cherish.*
fraces, um, M., *grounds, dregs.*
fracesco, cui, 3, *grow mellow* or *rancid.*
fracidus, a, um, *soft, mellow.*
fractūra, æ, F., *breach, fragment.*
fractus, [**frango,**] *broken.*
frænum=frēnum, *curb, bit.*
frāga, ōrum, N., *strawberries.*
fragesco, 3, *be broken* or *subdued.*
fragilis, e, *frail, apt to break.*
fragilitas, ātis, F., *frailty, brittleness, weakness.*
fragmen, inis, N., *fracture, wreck, fragment.*
fragmentum, i, N., *fragment, remnant.*
fragor, ōris, M., *crash, din.*
fragōsus, a, um, *fragile, broken, rough, roaring, crashing.*
frāgrans, tis, *sweet-scented.*
frāgrantia, æ, F., *fragrance.*
frāgro, I, *to emit odor.*
framea, æ, F., *spear, sword.*
frango, frēgi, fract-, 3, *to break, crush, bruise, weaken, subdue.*
frāter, tris, M., *brother.*
frāterculus, i, M., *little brother.*
frāternē, *brotherly, heartily.*
frāternitas, ātis, F., *brotherhood.*
frāternus, a, um, *brotherly.*
frātria, æ, F., *brother's wife.*
frātricīda, æ, M., *fratricide.*
fraudātio, ōnis, F., *deceit, fraud.*
fraudātor, ōris, M., *deceiver, cheat.*
fraudo, I, *cheat, defraud, steal.*
fraudulentia, æ, F., *deceit.*
fraudulentus, a, um, *deceitful.*
fraus, dis, F., *deceit, crime, harm.*
fraxinus, i, F., *ash; spear.*
fraxinus (**-eus**), **a, um,** *ashen.*
Fregellānus, a, um, *of Fregellæ,* an old town of Latium.
fremebundus, a, um, *murmuring.*
fremitus, ūs, M., *roaring noise.*
fremo, ui, it-, 3, *roar, murmur, grumble, growl, mutter.*
fremor, ōris, M., *low roaring.*
frenātor, ōris, M., *controller.*
frendo, frēs-, 3, *gnash, crush.*
frēniger, a, um, *bridled.*
frēno, I, *to bridle, curb, check.*
frēnum, i, N. (pl., **i,** M., or **a,** N.), *curb, bit, bridle, rein.*
frequens, tis, *frequent, crowded, full.*
frequenter, *often, in large numbers.*
frequentātio, ōnis, F., *crowding.*
frequentātus, a, um, *much used.*
frequentia, æ, F., *crowd, throng.*
frequento, I, *to resort, frequent, crowd, assemble, celebrate.*
frēsus, [**frendo,**] *bruised.*
fretālis, e, *of a strait.*
fretum, i, N., *strait, channel, sea.*
frētus, a, um, *relying, sustained, trusting, daring.*
frētus, ūs, M., *reliance.*
frico, cui, ct- (**cāt-**), I, *to rub.*
frictus, [**frigo,**] *roasted, parched.*
frīgeo, 2; **-esco, frixi,** 3, *to be cold, stiff, torpid, languid, faint.*
frīgidārius, a, um, *of cooling;* N., *cooling-room;* pl., *cold-closet.*
frīgidē, *coldly, feebly, flatly.*
frīgidulus, a, um, *rather cold* or *stiff.*
frīgidus, a, um, *cold, cool, chill, dull.*
frīgo, xi, ct- (**xum**), 3, *roast, fry.*
frīgus, ŏris, N., *coldness, winter, chill.*
frigūtio, 4, *to twitter, stammer.*
fringilla, æ, F., *robin* (?), *finch.*

frio, I, *to rub, break, crumble.*
fritilla, æ, F., *gruel.*
fritillus, i, M., *dice-box.*
fritinnio, 4, *twitter.*
frīvolus, a, um, *silly, paltry.*
frixōrium, i, N.; **frixūra**, æ, F., *frying-pan.*
frixus, [**frigo**,] *roasted.*
frondātor, ōris, M., *leaf-pruner.*
frondeo, 3; **-esco**, dui, 3, *put forth leaves.*
frondeus (**-ifer**, **-ōsus**), a, um, *leafy.*
frons, dis, F., *leaf, bough, garland.*
frons, tis, F., *brow, front, forehead.*
frontālia, um, N., *frontlet.*
fronto, ōnis, M., *wide-brow.*
fructifer, era, um, *fruit-bearing.*
fructuārius, a, um, *of fruit-bearing.*
fructuōsus, a, um, *fruitful, profitable, abounding in fruit.*
fructus, [**fruor**,] *enjoying.*
fructus, ūs, M., *fruit, profit, enjoyment, consequence, result.*
frūgālis, e, *thrifty, prudent.*
frūgālitas, ātis, F., *thrift, worth.*
frūges, [**frux**,] *fruits* (of the earth).
frūgi (indecl.), *worthy, useful.*
frūgifer, era, um, *fruit-bearing.*
frūmentārius, a, um, *of corn, abounding in corn;* **res frumentāria**, *supply of corn.*
frūmentātio, ōnis, F., *providing* or *distributing of corn, foraging.*
frūmentor, I, *fetch* or *provide corn.*
frūmentum, i, N., *corn, grain.*
fruniscor, nitus, 3, *enjoy.*
fruns=**frons**, tis, *leaf.*
fruor, **fruct-** (**fruit-**), 3, *to enjoy.*
frustātim (**-tillātim**), *piecemeal.*
frusto, I, *break in pieces.*
frustrā, *in vain, without reason.*
frustrātio, ōnis, F., *deceiving, disappointment, failure.*
frustror (**-tro**), I, *deceive, disappoint.*
frustulentus, a, um, *full of crumbs.*
frustum, i, N., *piece, fragment.*
frutectum, i, N., *shrubbery.*
frutex, icis, M., *shrub, bush, stem.*
fruticētum, i, N., *thicket, shrubbery.*
frutico, (**-cor**), I, *to sprout, grow bushy.*
fruticōsus, a, um, *bushy, shrubby.*
frux, gis, F., *fruit, produce,* [**fruges.**]
fūcātus, a, um, *counterfeit.*
fūco, I, *to paint, dye, stain.*
fūcōsus, a, um, *painted, colored, stained, counterfeit.*
fūcus, i, M., *orchil* (a lichen), *red, rouge, deceit; bee-glue; drone.*
fuga, æ, F., *flight, exile, avoiding.*
fugāciter, *in fleeing.*
fugax, ācis, *fleet, fleeing.*
fugicus, tis, *fleeting, vanishing.*
fugio, fūgi, fugit-, 3, *flee, pass away, avoid, escape.*
fugitīvus, a, um, *runaway, deserter.*
fugito, I, *flee hastily, avoid.*
fugo, I, *drive, chase, rout.*
fui, perf. of **sum**, *to be.*
fulcīmen, inis, N., *prop.*
fulcio, fulsi, fult-, 4, *to prop, support, strengthen, secure.*
fulcrum, i, N., *bed-post, couch.*
fulgeo, fulsi, 2; **-gesco**, 3, *to glitter, flash, shine, lighten.*
fulgetrum, i, N., *heat-lightning.*
fulgidus, a, um, *glittering, shining.*
fulgor, ōris, M., *flash, gleam, splendor, brightness, glory.*
fulgur, ŭris, N., *lightning.*
fulgurālis, e, *of lightning.*
fulgurātio, ōnis, F., *flashing.*
fulgurio, 4, *to hurl lightning.*
fulguro, I, *to lighten, flash, shine.*
fulica, æ, ; **-lix**, īcis, F. *coot, diver*
fūlīgo, ginis, F., *soot.*
fullo, ōnis, M., *fuller.*
fullōnicus (**-ius**, a, um, *of fullers* F., *fuller's art* or *shop.*
fulmen, inis, N., *thunderbolt.*
fulmenta, æ, F., *prop, shoe-heel.*
fulmentum, i, N., *prop, bedpost.*
fulminātio, ōnis, F., *lightning.*
fulmineus, a, um, *of the thunder bolt, destructive.*
fulmino, I, *hurl lightnings, blast.*
fultūra, æ, F., *support.*
fultus, [**fulcio**,] *propped.*
fulvus, a, um, *yellow, tawny.*
fūmeus (**-idus**), a, um, *smoky.*
fumifer, era, um, *emitting smoke.*
fumifico, I, *burn incense.*

fūmigo, 1, *to smoke, fumigate.*
fūmo, 1, *to smoke, steam, reek.*
fūmōsus, a, um, *smoky, reeking.*
fūmus, i, M., *smoke, fume, vapor.*
funālis, e, *of a rope* or *trace;* N., *thong, torch, candlestand.*
fūnambulus, i, M,. *rope-dancer.*
fūnārius, a, um, *of a rope.*
functio, ōnis, F., *discharging, fulfilment, execution.*
functus, [**fungor**,] *having fulfilled.*
funda, æ, F., *sling, casting-net, purse.*
fundāmen, inis; -mentum, i, N., *foundation, groundwork.*
fundātor, ōris, M., *founder.*
fundātus, a, um, *durable.*
Fundi, ōrum, a town of Latium.
fundito, 1, *to hurl, sling.*
funditor, ōris, M., *slinger.*
funditus, *from the bottom, utterly.*
fundo, fūdi, fūs-, 3, *to pour, melt, bathe, pour* or *spread forth, utter.*
fundo, 1, *to establish, found, secure.*
fundus, i, M., *bottom, estate.*
fūnebris, e; -ereus, a, um, *of burial, deadly, fatal.*
fūnero, 1, *bury, destroy.*
fūnesto, 1, *pollute* (with murder).
fūnestus, a, um, *fatal, mournful.*
funētum, i, N., *arbor of vines.*
funginus, a, um, *of mushrooms.*
fungor, funct-, 3, *perform, fulfil.*
fungōsus, a, um. *fungous, spongy.*
fungus, i, M., *mushroom, soft-head, candle-snuff.*
fūniculus, i, M., *slender cord.*
fūnis, is, M., *rope, cord, line.*
fūnus, eris, N., *burial, corpse, death, ruin, funeral rites.*
fuo, 3,=**sum**, *be.*
fur, fūris, M., *thief, knave, drone.*
fūrax, ācis, *thievish.*
furca, æ, F., *fork, stake, prop.*
furcifer, eri, M., *yoke-bearer* (rascal).
furcilla, æ, F., dim. of **furca**, *fork.*
furcula, æ, F., *forked prop, ravine.*
furfur, uris, M., *bran, scurf.*
furiæ, ārum, F., *madness; Furies* (goddesses of Vengeance).
furiālis, e, *raging, maddening.*
furibundus, a, um, *mad, raging.*
fūrīnus, a, um, *of thieves.*
furio, 1, *madden, enrage.*
furiōsus, a, um, *raging, furious.*
furnus, i, M., *oven.*
furo, ui, 3, *rage, be furious.*
fūror, 1, *to steal, take away secretly.*
furor, ōris, M., *raging, madness.*
furtim, *stealthily.*
furtīvus, a, um, *stolen, secret.*
furtum, i, N., *theft, deceit.*
fūrunculus, i, M., *pilferer; boil.*
furvus, a, um, *dusky, gloomy.*
fuscina, æ, F., *trident.*
fusco, 1, *to blacken, darken.*
fuscus, a, um, *swarthy, dark, hoarse.*
fūsē, *extended, copiously.*
fūsilis, e, *molten, liquid.*
fūsio, ōnis, F., *pouring, melting.*
fustibalus, i, M., *sling-staff.*
fustis, is, M., *cudgel, staff, club.*
fustuārium, i, N., *beating to death.*
fūsus, [**fundo**,] *spread, diffuse.*
fūsus, ūs, M., *melting, pouring.*
fūsus, i, M., *spindle.*
fūtātim, *abundantly.*
fūtilis, e, [**fundo**,] *loose, vain, idle; for pouring;* N., *pan.*
fūtilitas, ātis, F., *vanity.*
futūrus, fut. part. of **sum**, *to be.*

G.

gābalus, i, M., *gallows.*
gabatæ, ārum, F., *platter.*
Gabii, ōrum, M., an old city of Latium, 12 miles from Rome.
Gadēs, ium, F., *Cadiz*, a port of Spain, a Phœnician colony.
gæsum, i, N., *heavy Gallic javelin.*
Gætuli, ōrum, a people of N.-W. Africa, in Morocco.
†**gagātes, æ**, M., *asphalt, jet.*
†**galactites (galaxias), æ**, M., *milk-stone.*
Galatæ, ārum, people of Galatia, in N. central Asia Minor.
galbaneus, a, um, *of galbanum.*
galbanum, i, N., *a fragrant gum.*
galbanus, a, um, *greenish yellow.*
galbeum, i, N.; **us**, M., *arm-band.*

galbula, æ, F., *yellow thrush* (?).
galbulus, i, M., *cypress-cone.*
galbus, a, um, *yellow; smooth.*
galea, æ, F., *helmet* (of leather).
galeātus, a, um, *helmeted.*
galēna, æ, F., *lead-ore, dross.*
galeo, 1, *to put on the helmet.*
galērītus, a, um, *hooded;* F., *crested lark.*
galērus, i, M.; **-um,** N., *leather cap.*
galla, æ, F., *gall-nut.*
gallans, tis, *revelling, raving.*
Gallia, æ, F., *Gaul,* including Belgium, France, and Switzerland.
gallicinium, i, N., *cock-crowing.*
Gallicus, (-cānus), a, um, *Gallic.*
gallīna, æ, F., *hen.*
gallīnāceus (-āricus), a, um, *of poultry.*
gallīnula, æ, F., *pullet.*
Gallogræcia, æ=*Galatia.*
Gallus, i, M., *a Gaul;* a Phrygian stream; a priest of Cybele.
gallus, i, M., *cock.*
gamba, æ, F., *hoof.*
gānea, æ, F.; **-um, i,** N., *cook-shop.*
gāneo, ōnis, M., *glutton.*
Ganges, is, M., a river of India.
gannio, 1, *to yelp, bark.*
gannītus, ūs, M., *yelping, chirping.*
ganta, æ, F. (German), *a goose.*
Ganymēdes, is, myth. son of Laomedon, stolen by Jupiter.
Garamantes, um, a tribe of Interior Africa.
Gargānus, i, M., a stormy mountain range of Apulia.
Gargara, ōrum, a mt. near Troy.
†**gargarīzo,** 1, *to gargle.*
garrio, 4, *to chatter, talk.*
garrulitas, ātis, F., *chattering.*
garrulus, a, um, *talkative, garrulous, babbling, murmuring.*
†**garum (on), i,** N., *fish-sauce.*
gaudeo, gavīsus, 2 (§ **35**, ii), *to rejoice, be glad, delight in.*
gaudium, i, N., *joy* (at heart).
†**gaulus, i,** M., *bucket, tub.*
Gaurus, i, a mt. of Campania.
gausapa, æ (-es,-e, -um), *frieze, felt.*
gavīsus, [gaudeo,] *glad.*
gāza, æ, F., *treasure.*
Gela, æ, F., a city in S. Sicily.
gelasco, 3, *freeze.*
gelātio, ōnis, F., *freezing.*
gelicidium, i, N., *frost.*
gelidē, *coldly, faintly.*
gelidus, a, um, *cold, icy.*
gelo, 1, *freeze, chill, stiffen.*
gelu, ūs, N., *frost, cold, chill.*
gemellus, [geminus,] *twin.*
geminātio, ōnis, F., *doubling.*
gemino, 1, *to double, redouble, join.*
geminus, a, um, *twin, double, like.*
gemitus, ūs, M., *a sigh, groan, roar.*
gemma, æ, F., *bud, gem.*
gemmeus, a, um, *of gems, glittering, sparkling.*
gemmifer, era, um, *containing gems.*
gemmo, 1, *to put forth buds,* or *shine with gems.*
gemmula, æ, F., **[gemma,]** *bud.*
gemo, ui, it-, 3, *sigh, bewail, moan.*
gena, æ, F., *cheek, eyelid.*
gener, eri, M., *son-in-law.*
generālis, e, *generic, general.*
generātim, *by kinds, generally.*
generātor, ōris, M., *author, father.*
genero, 1, *engender, produce.*
generōsitas, ātis, F., *noble breed.*
generōsus, a, um, *of noble descent, great, noble, generous.*
†**genesis, is,** F., *birth, creation.*
genetrix, īcis, F., *mother.*
Genēva (-āva, -ua), æ, F., a city on the Helvetian boundary of Gaul.
geniālis, e, *of birth, nuptial, genial.*
geniāliter, *genially, merrily.*
geniculātus, a, um, *with bent knee, knotted, bent, crooked.*
geniculum, i, N., **[genu,]** *knee, knot.*
genista (-esta), æ, F., *broom-plant.*
genitālis, e; -tīvus, a, um, *of birth* or *generation, fruitful, fertilizing.*
genitor, ōris, M., *father.*
genitūra, æ; -tus, ūs, M., *birth, generation, begetting.*
genitus, [gigno,] *begotten.*
genius, i, M. (v. i), *divine guardian; genius* or *inclination.*
gens, tis, F., *clan, race, house.*
genticus, a, um, *of a tribe* or *people.*

gentilicius, a, um, *of a clan* or *family.*
gentīlis, e, *of the same clan* or *house.*
gentīlitas, ātis, F., *kindred of clan.*
genu, ūs, N., *knee, joint.*
Genua, æ, F., *Genoa;* also, *Geneva.*
genuālia, um, N., *garters.*
genuīnus, a, um, [**genus,**] *innate, native;* [**gena,**] *of the cheek* or *jaw.*
genus, eris, N., *birth, breed, race.*
†**geōmetres** (**-tra**), **æ; -ter, tri,** M., *geometer.*
†**geōmetria, æ,** F., *geometry.*
†**georgicus, a, um,** *of husbandry.*
germāna, æ, F., *sister.*
germānē, *faithfully, brotherly.*
Germānia, æ, F., *Germany.*
germānitas, ātis, F., *brotherhood.*
germānus, i, M., *brother.*
germānus, a, um, *of one's own brother* or *sister, genuine, true.*
Germānus, a, um, *German.*
germen, inis, N., *sprig, sprout, bud.*
germinātio, ōnis, F.; **-tus, ūs,** M., *sprouting, germination.*
germino, 1, *to bud, germinate.*
gero, gessi, gest-, 3, *to bear, carry, wear, wage* (war), *show, transact.*
gero, ōnis, M., *abducter, carrier.*
gerræ, ārum, F., *trifles, nonsense.*
gerro, ōnis, M., *trifler, loafer.*
gerulus, a, um, *bearing, doing.*
†**gerūsia, æ,** F., *old man's retreat.*
Gēryon, ōnis, myth. k. of Spain, a monster with three bodies.
gestāmen, inis, N., *burden, a thing worn, ornament, equipment, litter.*
gestātio, ōnis, F., *bearing, carrying, place of resort.*
gestātor, ōris, M., *bearer, carrier.*
gesticulor, 1, *make gestures.*
gestio, ōnis, F., *doing, performing.*
gestio, 4, *exult, desire eagerly.*
gesto (**-tito**), 1, *bear, carry, report.*
gestor, ōris, M., *tale-bearer.*
gestus, [**gero,**] *borne;* **res gestæ,** *deeds, exploits.*
gestus, ūs, M., *gesture, bearing.*
gēsum=gæsum, *javelin.*
Getæ, ārum, a Thracian people near the Danube.
gibber, era; gibbus (**ōsus, -erōsus**), **a, um,** *hunch-backed.*
Gigantes, um, *the Giants,* sons of Earth and Tartarus.
gignentia, um, N., *growing things.*
gigno, genui, genit-, 3, *beget, produce;* P., *arise, spring forth.*
gilvus, a, um, *pale yellow.*
gingīva, æ, F., *the gum.*
ginnus=hinnus, *mule.*
git, gith, *coriander.*
glaber, bra, um, *smooth, beardless, bald;* M., *a youthful slave.*
glaciālis, e, *icy.*
glacies, ēi, F., *ice.*
glacio, 1, *freeze, harden, congeal.*
gladiātor, tōris, M., *a prize-fighter, gladiator, swordsman, cutler.*
gladiātōrius, a, um, *of gladiators.*
gladiātūra, æ, F., *sword-fight.*
gladiolus, i, M., *small sword.*
gladius, i, M., *sword; killing.*
glandārius, a, um, *of acorns.*
glandifer, fera, um, *acorn-bearing.*
glandium, i, N., *dainty bit.*
glandulæ, pl., *glands* (of throat).
glanis, is, F.; **-us, i,** M., *shad* (?).
glans, dis, F., *acorn, nut, bullet.*
glārea, æ, F., *gravel.*
glāreōsus, a, um, *gravelly.*
glastum, i, N., *woad.*
†**glaucēum** (**-cion**), **i,** F., *celandine.*
†**glauciscus, i,** M., *blue-fish.*
†**glaucōma, ātis,** N.; **-ma, æ,** F., *cataract* (of the eye).
†**glaucōpis, idis,** F., *owl.*
Glaucus, i, myth. son of Sisyphus.
†**glaucus, a, um,** *bluish-gray.*
glēba, æ, F., *clod, sod, soil, lump.*
glēbālis, e, *of clods* or *land.*
glēbula, æ, F., *small clod* or *farm.*
glēsum, i, N., *amber.*
glis, glīris, M., *dormouse.*
glisco, 3, *swell, grow, spread, kindle.*
globo, 1, *make round, heap together.*
globōsus, a, um, *spherical.*
globus (**-ulus**), **i,** M., *ball, globe.*
glomerāmen, inis, N., *round mass.*
glomero, 1, *to heap, gather in mass.*
glomus, eris, N., *ball of thread.*
glōria, æ, F., *glory, fame, ambition.*

glōriātio, ōnis, F., *glorying.*
glōriola, æ, F., *modest glory.*
glōrior, 1, *to boast, pride one's self.*
glōriōsus, a, um, *famous, boastful.*
glōs, glōris, F., *husband's sister.*
†**glossa, æ,** F.; **-ēma, atis,** N., *a foreign word, needing explanation.*
glūbo, 3, *to strip, peel.*
glūten, inis, N.; **glus, ūtis,** F., *glue.*
glūtinātor, ōris, N., *bookbinder.*
glūtino, 1, *to glue, fasten.*
glūtinōsus, a, um, *gluey, tenacious.*
glūtio, 4, *swallow, gulp, cluck.*
glūto, ōnis, M., *glutton.*
glūtus, a, um, *tenacious, soft.*
gnārus, a, um, *knowing, skilful.*
gnātus=nātus, *born* (son).
gnāvus=nāvus, *busy.*
†**gnōmon, ŏnis,,** M., *index* of dial.
gnosco=nosco, *know.*
Gnōsius, a, um, *Cretan; of Gnosus,* the old capital of Crete.
gnōtus, [**nosco,**] *known.*
Gorgo (on), **ŏnis,** *the Gorgon,* a name of Medusa.
Gortȳnius, a, um, *Cretan* (of Gortyna).
Gothi, ōrum, *the Goths,* a tribe of N. Germany.
†**grabātus, i,** M., *couch, pallet.*
Gracchus, Ti, tribune, B.C. 133; **C.** id., 123, authors of popular laws, and slain by the nobility.
gracilis, e, *slender, plain, meagre.*
gracilitas, ātis, F., *slenderness, leanness, simplicity.*
graculus, i, M., *jackdaw.*
gradārius, a, um, *of steps, pacing.*
gradātim, *step by step, gradually.*
gradātio, ōnis, F., *making* or *taking steps.*
gradātus, a, um; -ilis, e, *with steps.*
gradior, gressus, 3, *go, take steps.*
Gradīvus, i, an epithet of Mars.
gradus, ūs, M., *step, degree, station.*
Grææ, ārum, the gray sisters, daughters of Phorcus.
Græcia, æ, F., *Greece.*
Græcus, a, um, *Greek.*
Graius, a, um, *Greek.*
grallæ, ārum, F., *stilts.*
grāmen, inis, N., *grass, herb.*
grāmineus, a, um, *grassy.*
†**grammaticus, a, um,** *of grammar;* M., *philologist;* F., (**-cē, ēs**), *grammar;* N. pl., *philology.*
†**grammatista, æ,** M., *grammar-master.*
grānāria, ōrum, N. pl., *granary.*
grānātus, a, um, *having seeds* or *grains;* F., *pomegranate.*
grandævus, a, um, *aged.*
grandesco, 3, *grow great.*
grandiloquus, a, um, *lofty-speaking, boastful, grandiloquent.*
grandinat, *it hails.*
grandineus (**-ōsus**), **a, um,** *full of hail.*
grandio, 4, *to enlarge, increase.*
grandis, e, *great, tall, strong, old, sublime, grand.*
granditas, ātis, F., *grandeur.*
granditer, *exceedingly.*
grando, inis, F., *hail, hailstorm.*
Grānīcus, M., a stream in Mysia.
grānifer, era, um, *carrying grain.*
grānum, i, N., *grain, seed, kernel.*
†**graphicus, a, um,** *of drawing.*
†**graphis, idis,** F., *pencil, draught.*
†**graphium, i,** N., *writing-style.*
grassātor, ōris, M., *idler, rioter.*
grassātūra, æ, F., *rioting, waylaying.*
grassor, 1, *roam, loiter, attack, stay.*
grātē, *gladly, gratefully.*
grātes, F., *thanks.*
grātia, æ, F., *favor, esteem, regard, friendship, grace, influence.*
grātiā (abl.), *for the sake of.*
Grātiæ, ārum, *the Graces,* Aglaia, Euphrosyne, Thalia.
grātiis (**grātis**), *without reward.*
grātificātio, F., *showing kindness.*
grātificor, 1, *do favors, gratify.*
grātiōsus, a, um, *enjoying* or *showing favor, agreeable, beloved.*
grātor, 1, *rejoice, congratulate.*
grātuitus, a, um, *done without pay.*
grātulātio, F., *congratulation, joy.*
grātulor, 1, *to congratulate, give joy* or *thanks.*
grātus, a, um, *grateful, agreeable.*
gravāmen, inis, N., *trouble, vexation.*

grāvastellus, i, M., *gray-head.*
gravātē, *reluctantly.*
gravātim, *with difficulty.*
gravēdo, inis, F., *catarrh.*
graveolens, tis, *of rank odor.*
gravesco, 3, *grow heavy, teem.*
gravido, I, *to load, burden.*
gravidus, a, um, *burdened, teeming.*
gravis, e, *heavy, burdensome, deep, of weight* or *influence, rank.*
graviter, *weightily, seriously, deeply.*
gravitas, ātis, F., *weight, vehemence, dignity, severity, rankness.*
gravo, I, *to load heavily;* P., *feel as a burden, be weary.*
gregālis, e, *of the herd* or *common sort;* pl., *companions.*
gregālis, e, *of the herd.*
gregārius, a, um, *of the herd, common* (soldiers).
gregātim, *in flocks* or *herds.*
grego, I, *herd together.*
gremium, i, N., *lap, bosom.*
gressus, [**gradior,**] *stepping.*
gressus, ūs, M., *a stepping, going.*
grex, gregis, F., *flock, herd, company, swarm, troop.*
grōma, æ, F., *measuring-rod.*
grossus, a, um, *thick, gross;* M., *green fig.*
grūmus, i, M., *hillock.*
grunnio, 4, *to grunt.*
grus, gruis, F., *crane.*
gryllo, I, *to chirp.*
† **gryllus, i,** M., *grasshopper, cricket.*
Gryneus, i (*of Grynia* or *Grynium,* a town of Æolis), *Apollo.*
† **gryps, gryphis,** M., *griffin.*
grypus, i, M., *hook-nosed.*
gūbernāculum, i, N., *helm, guidance, government.*
gūbernātio, ōnis, F., *steering, governing, piloting.*
gūbernātor, ōris, M., *pilot, steersman, governor.*
gūbernātrix, īcis, F., *directress.*
gūberno, I, *steer, direct, govern.*
gūbernum, i, N., *helm, rudder.*
gula, æ, F., *throat, gullet.*
gulo, ōnis, M., *epicure, glutton.*
gulōsus, a, um, *gluttonous, dainty.*
gummeus (-ātus), a, um, *gummy.*
† **gummi,** N. indec.; **-is, is,** F., *gum.*
gurdus, i, M., *dolt, blockhead.*
gurges, itis, M., *gulf, abyss, stream, flood, whirlpool, prodigal.*
gurgulio, ōnis, F., *gullet.*
gurgustium, i, N., *hut.*
gustātus, ūs M., *taste, flavor.*
gusto, I, *to taste, enjoy.*
gustus, ūs; -ulus, i, M., *taste, relish, fore-taste.*
gutta (-ula), æ, F., *drop, spot, bit.*
guttātim, *drop by drop.*
guttātus, a, um, *speckled.*
guttur, uris, N., *throat.*
guttus, i, M., *bottle, flask.*
† **gymnasium, i,** N., *school for training, gymnasium.*
† **gymnicus (gymnasticus), a, um,** *gymnastic.*
† **gynæcēum, i,** N., *women's apartment, an inner room.*
gypso, I, *to plaster.*
† **gypsum, i,** N., *plaster, stucco.*
† **gyrīnus, i,** M., *tadpole.*
gȳro, I, *to wheel* in a circle.
† **gȳrus, i,** M., *circle, ring, race-course.*
Gythēum, i, N., a port of Laconia.

H.

habēna, æ, F., *thong, rein.*
habentia, æ, F., *property.*
habeo, ui, it-, 2, *have, hold, regard, consider, use, possess, enjoy.*
habilis, e, *handy, fit, expert.*
habilitas, ātis, F.. *aptitude.*
habitābilis, e, *habitable.*
habitātio, ōnis, F., *dwelling, rent.*
habitātor, ōris, M., *dweller.*
habito, I, *hold, possess, dwell.*
habitūdo, inis, F., *condition, habit.*
habitūrio, 4, *desire to possess.*
habitus, [**habeo,**] *held.*
habitus, ūs, M., *condition, quality.*
hāc, [**hic,**] *by this way.*
hactenus, *hitherto, thus far.*
Hadria, æ, M., *the Adriatic.*
Hadriaticus, a, um, *of the Adriatic,* the Sea E. of Italy.

Hadrumētum, i, N., a city of N. Africa.
hædinus, a, um, *of a kid.*
hædus (-**illus**), **i,** M., *kid.*
Hæmōnia, æ, F., a name of Thessaly.
Hæmus, i, M., *the Balkan,* mts. of Thrace.
hæreo, hæsi, hæs-, 2, *to cling, stay, stick fast.*
hærēs=**hērēs,** *heir.*
†**hæresis, is** (**eos**), F., *sect, craft.*
hæsitātio, ōnis, F., *stammering, hesitation.*
hæsito, I, *stick, stammer, hesitate.*
Halcyonē=**Alcyonē.**
hālec=**ālec,** *brine.*
haleca=**alica,** *mush.*
Halēsus, i, son of Agamemnon.
Halicarnassus, i, F., a city of Caria.
hālitus, ūs, M., *breath, vapor.*
hallex=**allex,** *thumb.*
hallūcinor=**ālūcinor,** *dream.*
hālo, I, *breathe, exhale.*
†**halophanta, æ,** F., *salt-informer, villain.*
†**halos, ō,** F., *halo.*
†**halter, ēris,** M., *dumb-bell.*
Halys, yos, M., a river of Asia Minor.
†**hama** (-**ula**), **æ,** F., *water-bucket.*
hamadryas, adis, F., *wood-nymph.*
hāmātilis, e, *hooked.*
hāmātus, a, um, *hooked, crooked.*
†**hamaxagōga, æ,** N., *waggoner.*
†**hāmaxo,** I, *to yoke* to a waggon.
Hamilcar, ăris, father of Hannibal, chief in the 1st Punic war.
hāmiōta, æ, M., *angler.*
hāmus (-**ulus**), **i,** M., *hook, talon.*
Hannibal, ălis, a Carthaginian chieftain, B.C., 247–183.
Hanno, ōnis, a general of Carthage, enemy of Hannibal.
†**haphē, ēs,** F., *dust, sand.*
hara, æ, F., *pen, coop, sty.*
harēna=**arēna,** *sand.*
hariolor, I, *prophesy, talk nonsense.*
hariolus, i, M.; **-ola, æ,** F., *diviner.*
harmonia, æ, F., *harmony, concord.*
†**harpago,** I, *to plunder.*
†**harpago, ōnis,** M., *grappling-hook.*
†**harpax, ăgis,** *rapacious.*
†**harpē, ēs,** F., *sickle, falcon.*
Harpyia, æ, a rapacious monster half bird, half woman.
harundo=**arundo,** *reed.*
haruspex, icis, M., *diviner* (from entrails).
hasta, æ, F., *spear, pike;* **sub hastā,** *at auction.*
hastātus, a, um, *spear-armed, of the front rank* of the Roman legion.
hastīle, is, N., *spear-shaft.*
hastula, æ, F., *a little spear* or *branch.*
haud (**hau, haut**), *not at all.*
hauddum, *not yet.*
haudquāquam, *by no means.*
haurio, hausi, haust-, 4, *draw, drain, consume.*
haustus, ūs, M., *drawing, draught.*
haveo=**aveo,** *covet.*
†**hebdomas, ădis,** F., *a week, seven.*
Hēbē, ēs, goddess of Youth.
hebeo, 2; (-**esco,** 3), *be blunt.*
hebĕs, ĕtis, *blunt, dull, dim.*
hebeto, I, *make blunt.*
Hebrus, i, M., a river of Thrace.
Hecatē, ēs, F., goddess of enchantments.
hecatombē, ēs, F., *hecatomb.*
Hector, ŏris, ŏra, son of Priam, champion of Troy.
Hecuba, æ, wife of Priam.
hedera, æ, F., *ivy.*
hederātus, a, um, *ivy-crowned.*
†**hēdychrum, i,** N., *cosmetic.*
hei! *alas!*
†**helcium, i,** N., *yoke* (for hauling).
Helena, d. of Jupiter and Leda, wife of Menelaus.
Hēliădes, um, sisters of Phaēthon, changed to poplars.
†**hēlianthĕs, is,** N., *sunflowers.*
†**helicē, ēs,** F., *willow, osier.*
Helicon, ōnis, a mt. of Bœotia.
†**helix, icis,** F., *twining ivy.*
Hellē, ēs, myth. d. of Athamas, drowned in the Hellespont.

†**helleborus, i,** N., *hellebore.*
helluo=hēluo, *glutton.*
Hellēspontus, i, M., the strait of *Dardanelles,* S. E. of Thrace.
†**helops, ŏpis,** M., *sturgeon.*
Hēlōtes, um, the Spartans' slaves.
hēluo, ōnis, M., *glutton.*
hēluor (helluor), 1, *gormandize.*
helus (helvella)=olus, *pot-herb.*
helvenācus (-veolus), a, um, *pale yellow, yellowish.*
Helvētii, ōrum, people of Helvetia (Switzerland).
helvus, a, um, *dun, yellowish brown.*
hem! *ah! indeed!*
hēmīna, æ, F., *half-a-pint.*
†**hēmisphærium, i,** N., *half-globe.*
Henna=Enna, a town of Sicily.
†**hēpar, ătis,** N., *liver.*
†**hepsēma, ătis,** N., *grape-marmalade.*
†**heptas, ădis,** F., *the number seven.*
†**heptēris, is,** F., *seven-banked ship.*
hera, æ, F., *mistress, lady.*
Heraclēus, a, um; -īdes, æ, of, or descended from, Hercules.
herba, æ, F., *grass, herbage.*
herbāceus (-bidus), a, um, *grassy.*
herbesco, 3, *grow like grass.*
herbifer, era, um, *grass-bearing.*
herbilia, e, *fed on grass.*
herbōsus, a, um, *full of grass.*
herbula, æ, F., *a little herb.*
hercisco, 3, *to divide inheritance.*
hercle! *by Hercules!*
herctum, i, N., *inheritance, estate.*
Hercynia silva, a German forest.
Herculaneum, i, N., a town near Naples, destroyed, A.D. 79.
Hercules, is, myth. son of Jupiter and Alcmēna, god of Strength.
Herculeus, a, um, *of Hercules.*
here=heri, *yesterday.*
hērēditārius, a, um, *inherited.*
hērēditas, ātis, F., *inheritance.*
hērēdium, i, N., *inherited estate.*
hērēs, ēdis, M., *heir, owner.*
herī (here), *yesterday, lately.*
herīlis, e, *of the master.*
†**hermaphrodītus, i,** *of both sexes.*
Hermes (-ma), æ, *Mercury.*
Hermionē, ēs, d. of Menelaus.
Hernici, ōrum, an ancient people of Latium.
Hērō, ūs, a priestess of Venus in Sestos, beloved by Leander.
Herodotus, i, a Greek Historian, of Halicarnassus, B.C. 450.
†**hērōicus, a, um,** *of heroes.*
†**hērōīna, æ; -is, idis,** F., *heroine.*
†**hēros, ōis, ōa,** M., *hero, demigod.*
†**hērōus, a, um,** *of a hero.*
†**herpes, ētis,** M., *a creeping sore.*
herus (erus), i, M., *master, owner.*
hervum (ervum), *wild pea.*
Hēsione, ēs, d. of Laomedon, rescued by Hercules.
Hesperia, æ, F., Greek or poetic name for *Italy* or *Spain.*
hesperius, a, um, *western.*
Hesperus, i, son of Cephalus and Aurora; the Evening Star.
hesperus, i, M., *west* (vesper).
hesternus, a, um, [heri,] *yesterday's;* abl., *yesterday.*
†**hetæria, æ,** F., *secret society.*
heu! *alas!*
†**heuretes, æ,** M., *inventor.*
heus! *halloo! ho!*
†**hexameter, tri,** M., *hexameter.*
†**hexēris, is,** F., *six-banked ship.*
hiasco, 3, *to split open.*
hiātus, ūs, M., *cleft, opening.*
hībernāculum, i, N., *winter apartment;* pl., *winter tents.*
Hibernia, æ, F., *Ireland.*
hīberno, 1, *pass the winter.*
hībernus, a, um, *of winter, wintry;* N., pl., *winter-quarters.*
hibiscum, i, N., *marsh-mallow.*
hibrida, æ, C., *mongrel, half-breed.*
hic, hæc, hoc, *this, the latter.*
hic, *here, hereupon, herein.*
hic-ce, *this* (emphatic).
hiccine, *this, here* (interrog.)
hiemālis, e, *wintry, of winter.*
hiemo, 1, *pass the winter; be cold, frozen* or *stormy.*
hiems (ps), mis, F., *winter, storm.*
hierātius, a, um, *of sacred use.*
Hiero, ōnis, ruler of Syracuse.
Hierosolyma, ōrum, *Jerusalem.*

hieto, I, *yawn, gape.*
†**hilaris, e; -us, a, um,** *cheerful, merry;* N. pl., *spring-games.*
hilaritas, ātis, F., *cheer, mirth.*
hilaritūdo, inis, F., *cheerfulness.*
hilaro, I, *gladden, exhilarate.*
hillæ, ārum, F., *entrails.*
hīlum, i, N., *trifle.*
Hīmera, æ, a river and town of Sicily.
hinc, *hence, hereafter, this side, ago.*
hinnio, 4, *to neigh.*
hinnītus, ūs, M., *neighing.*
hinnuleus, i, M., *young deer.*
†**hinnus** (-**ulus**), **i,** M., *mule.*
hio, hiaxi, hiāt-, I, *yawn, gape.*
†**hippacē, ēs,** F., *cheese* (of mare's milk).
†**hippagōgi,** pl., *horse-transports.*
Hippo, ōnis, a city of Numidia.
Hippocrēnē, ēs, F., a fountain of the Muses near Helicon.
Hippodamē, ēs (-**ia, æ**), myth. wife of Pelops; also, of Pirithous.
†**hippodromos, i,** M., *race-course.*
Hippolytē, ēs, an Amazon, w. of Theseus, mother of Hippolytus.
†**hippomanes, is,** N., *horse-heat,* (a slime or excrescence).
†**hir,** N., *hand.*
hircīnus, a, um, *of a goat.*
hircōsus, a, um, *like a goat.*
hircus, i, M., *he-goat, rankness.*
hirnea (-**ula**), **æ,** F., *water-jug.*
hirpex=irpex, *harrow.*
Hirpīni, ōrum, people of S. Italy.
hirquus=hircus, *goat.*
hirrio, 4, *to snarl.*
hirsūtus, a, um, *shaggy, bristly.*
hirtus, a, um, *hairy, shaggy.*
hirūdo, inis, F., *leech.*
hirundineus, (-**inīnus**), **a, um,** *of swallows.*
hirundo, inis, F., *a swallow.*
hisco, 3, *to open the lips, speak.*
Hispānia, æ, F., *Spain.*
Hispānus, a, um; -iensis, e, *Spanish;* pl., *Spaniards.*
hispidus, a, um, *bristly, prickly.*
Hister=Ister, *Danube.*
†**historia, æ,** F., *history, tale, story.*
historicus, a, um, *historic;* M., *historian.*
histricus, a, um, *of stage-players.*
histrio, ōnis, M., *play-actor.*
histriōnia, æ, F., *stage-play.*
histrix=hystrix, *porcupine.*
hiulco, I, *cause to gape, open.*
hiulcus, a, um, *gaping, cleft, eager.*
hodiē, *to-day; now, at this time.*
hodiernus, a, um, *of to-day.*
hœdus=hædus, *kid.*
[†**holo-**, *whole.*
holus=olus, *pot-herb.*
Homēricus, a, um, *of Homer.*
homicīda, æ, C., *man-slayer.*
homicīdium, i, N., *homicide, murder.*
homo, inis, C., *man.*
[†**homo-**, *together.*
homullus, -uncio, -unculus (dim. of **homo**), *manikin, petty man.*
honestāmentum, i, N., *decoration.*
honestas, ātis, F., *honor, beauty.*
honestē, *nobly, honorably.*
honesto, I, *to adorn, honor.*
honestus, a, um, *honored, honorable, noble.*
honor (**ōs**), **ōris,** M., *honor, esteem, dignity, reward, ornament.*
honōrābilis, e, *winning honor.*
honōrārius, a, um, *conferring honor;* N., *gift.*
honōrātē, *honorably.*
honōrātus, a, um, *distinguished, honored.*
honōrificus, a, um, *doing honor.*
honōro, I, *adorn, respect, honor.*
honōrus, a, um, *worthy of honor.*
hōra, æ, F., *hour, season.*
hordeāceus (-**ārius, -ēius**), **a, um,** *of barley.*
hordeum, i, N., *barley.*
hordus=fordus, *with young.*
horia, æ, F., *fishing-boat.*
horiola, æ, F., *skiff.*
horior, 3, *cheer, encourage.*
†**horizōn, ontis,** M., *bounding-line.*
hornus (-**ōtinus**), **a, um,** *belonging to this year.*
hōrologium, ī, N., *clock.*
horrendus, a, um, *dreadful, awful.*
horrens, tis, *fearful, terrible, rough.*

horreo, 2, *bristle, shudder at, be rough* or *dreadful.*
horresco, ui, 3, *grow rough, tremble.*
horreum, i, N., *barn, granary.*
horribilis, e, *dreadful, horrible.*
horridus (-ulus), a, um, *rough, shaggy, scraggy, bristling, frightful.*
horrifer, era, um, *bringing dread.*
horrifico, 1, *make rough, ruffle.*
horrificus, a, um, *causing horror.*
horrisonus, a, um, *of dreadful sound.*
horror, ōris, M., *bristling, trembling, dread, bugbear, rudeness.*
horsum, *this way.*
hortāmen, inis; -mentum, i, N., *encouragement.*
hortātio, ōnis, F., *exhortation.*
hortātīvus, a, um, *serving for cheer.*
hortātor, ōris, M., *exhorter.*
hortātus, ūs, M., *exhorting.*
hortensis, e; -sius, a, um, *of a garden.*
Hortensius, i, the Roman orator, A.D. 114-52.
hortor, 1, *cheer, exhort, urge.*
hortus (-ulus), i, M., *garden.*
hospĕs, itis, *host, guest, stranger;* M., (as adj.), *foreign, hospitable.*
hospita, æ, F.; **-ta, ōrum,** N. pl., *foreign, hospitable.*
hospita, æ, F., *hostess.*
hospitālis, e, *hospitable, of a guest.*
hospitālitas, F., *hospitality.*
hospitāliter, *hospitably, as a guest.*
hospitium, i, N., *hospitality, inn, guest-chamber.*
hospitor, 1, *to be a guest.*
hostia, æ, F., *victim* (for sacrifice).
hosticus, a, um, *the enemy's.*
hostīlis, e, *of an enemy, hostile.*
Hostīlius, Tullus, the third king of Rome, B.C., 679-630.
hostio, 4, *requite, strike.*
hostis, is, C., *stranger, enemy.*
hostus, i, M., *yield* of olives.
huc (interr. **-cine**), *hither, thus far.*
hucusque, *hitherto.*
hui! *ha!*
hujusmodi (-cemodi), *of this sort.*
hūmānē, *humanly, kindly.*
hūmānitas, ātis, F., *human nature, mankind, refinement.*
hūmaniter, *like men, courteously.*
humānitus, *in the manner of men.*
hūmānus, a, um, *human, humane, gentle, refined, courteous.*
humātio, ōnis, F., *burial.*
hūmecto, 1, *moisten.*
hūmectus, a, um, *moist, wet.*
hūmefacio, fact- 3, *to moisten.*
hūmeo, 2 (**-esco,** 3), *to be* or *grow moist.*
humerus, i, M., *shoulder, back, ridge.*
humi, *on the ground.*
hūmidulus, *damp.*
hūmidus, a, um, *moist, wet.*
hūmifer, era, um, *bringing wet.*
hūmificus, a, um, *moistening.*
humilio, 1, *abase.*
humilis, e, *low, lowly, base, humble.*
humilitas, ātis, F., *humbleness, lowness, meanness, humility.*
humiliter, *deeply, lowly, basely.*
humo, 1, *to bury.*
hūmor, ōris, M., *moisture, liquid.*
hūmōrōsus, a, um, *wet.*
humus, i, F., *ground, soil, region.*
† **hyacinthinus, a, um,** *hyacinthine.*
Hyacinthos, i, a youth of Sparta, loved by Apollo.
† **hyacinthus, i,** M., *blue-iris* (?).
Hyadĕs, um, F. (*rainers*), a group in the constellation Taurus.
† **hyæna, æ,** F., *hyena.*
† **hyalus, i,** N., *glass* (green).
Hyantius, a, um, *Bœotian.*
hȳbernus=hībernus, *wintry.*
Hybla, æ (ē, ēs), F., a mt. of Sicily, famous for honey.
Hydaspes, is, M., a river of India.
hydra, æ, *water-snake.*
Hydra, æ, F., *the hydra* (lake-monster), slain by Hercules.
† **hydrargyrus, i,** M., *quicksilver.*
† **hydraulus, i,** M., *water-organ.*
† **hydreuma, atis,** N., *watering* or *resting place* for caravans.
† **hydria, æ,** F., *water-pot, pitcher.*
† **hydromeli, itis,** N., *mead.*
† **hydrops, ōpis,** M., *dropsy.*
† **hydrus (os), i,** M., *water-snake.*

Hydrūs, untis, *Otranto,* a city of Calabria.
hyems=hiems, *winter.*
Hygēa (-īa, -ēia), **æ,** goddess of Health.
Hylas, æ, a youth of Argos, loved by Hercules.
Hyllus, i, son of Hercules.
Hymen, enis (-æus, i), M., god of Marriage.
†**hymen, enis,** M., *marriage-song, marriage, wedding.*
Hymettus (os), **i,** M., a mt. near Athens, famous for honey and marble.
†**hymnus, i,** M., *hymn, song.*
†**hypæthrus, a, um,** *open to the sky.*
†**hyperbolē, ēs,** F., *exaggeration.*
Hyperborei, ōrum, people of the extreme north.
†**hyperboreus, a, um,** *northern.*
Hyperīon, ŏnis, father of the Sun.
†**hypocaustum, i,** N., *heated bath-room.*
†**hypocrita** (es), **æ,** M., *dumb-actor.*
†**hypogēum, i,** N., *cellar, vault.*
†**hypomnēma, ātis,** N., *memorandum.*
†**hypothēca, æ,** F., *security, pledge.*
Hyrcānus, a, um, of the *Caspian.*
hystrix, icis, F., *porcupine.*

I.

Iacchus, i, a name of Bacchus.
iambus, i, M., *iambus* (§ **79**).
†**ianthinus, a, um,** *violet-colored.*
Iapetos, i, father of the Titans.
Iāpydes, um, people of Illyria.
Iāpygia, æ, F., the peninsula of S. E. Italy, country of Iapyx.
Iasius, i, son of Jupiter and Electra; also a king of Argos.
Iāson, ŏnis, *Jason,* son of Æson, leader of the Argonauts.
†**iaspis, idis,** F., *jasper.*
†**Ibēria, æ,** F., *Spain.*
Ibērus, a, um, *Spanish; of Iberia* (near the Caucasus).
ibex, icis, M., *wild goat, chamois.*
ibi, *there, thereupon, at that time.*
ibīdem, *just there, moreover.*
†**ībis, is** (idis), F., *ibis* (an Egyptian bird held sacred).
ibus for **iis,** [**is,**] *to* or *with them.*
Icarus, i, myth. son of Dædalus, drowned in the Ægean sea.
iccirco (idcirco), *on that account.*
†**ichneumon, ŏnis,** M., *Egyptian rat.*
īco, īci, ict-, 3, *to strike, hit, sting.*
ictus, ūs, M., *blow, stroke.*
Idæus, a, um, (of Mount Ida), *Trojan* or *Cretan.*
Idalium, i, N., a city of Cyprus, sacred to Venus.
†**idea, æ,** F., *idea, creative type.*
īdem, eadem, ĭdem, *same, very.*
identidem, *again and again.*
ideo, *so, therefore.*
†**idiōta, æ,** M., *rude, ignorant,* or *common person.*
†**īdōlum** (on), **i,** N., *image, spectre.*
Idomeneus, i, a Cretan hero in the siege of Troy.
idōneē, *fitly, properly.*
idōneus, a, um, *fit, apt, capable.*
īdus, uum, F. pl., *Ides* (§ **83**), the 15th of March, May, July, Oct.; 13th of the other months.
igitur, *therefore, then* (§ **43**, 5).
ignārus, a, um, *ignorant, unaware, inexperienced, heedless, unknown.*
ignāvē (-iter), *idly, sluggishly.*
ignāvia, æ, F., *sloth, cowardice.*
ignāvus, a, um, *idle, slothful, cowardly, unfruitful, sluggish.*
ignesco, 3, *kindle, take fire.*
igneus (-olus), **a, um,** *fiery, glowing, hot, flaming, resplendent.*
ignīculus, i, M., *little flame, spark.*
ignifer, era, um, *fire-bearing.*
ignipes, pedis, *fiery-footed.*
ignipotens, tis, *lord of fire.*
ignis, is, M., *fire, splendor, glow.*
ignītus, a, um, *fiery, glowing.*
ignivagus, a, um, *like wild-fire.*
ignōbilis, e, *unknown, obscure.*
ignōbilitas, ātis, F., *obscurity.*
ignōminia, æ, F., *dishonor.*
ignōminiōsus, a, um, *disgraceful.*
ignōrābilis, e, *unknown.*

ignōrantia, æ (-ātio, ōnis), F., *want of knowledge, ignorance.*
ignōrātus, a, um, *unknown.*
ignōro, I, *to be ignorant of.*
ignoscens, tis, *forgiving, placable.*
ignosco, nōvi, nōt-, 3, *to pardon, overlook, excuse, forgive.*
ignōtus, a, um, *unknown.*
īlex, icis, F., *scarlet* or *holm oak.*
Ilia, æ (Rhæa Sylvia), mother of Romulus and Remus.
īlia, um, N., *groin, flank.*
Iliacus (Ilius), a, um, *Trojan.*
Iliades, æ, *Trojan.*
Iliăs, adis, *Trojan woman.*
īlicet, *let us go, all is over, at once.*
īlicētum, i, N., *holm-grove.*
īlignus (-ceus), a, um, *of holm.*
Ilion (-um), i, N., *Troy.*
† Ilīthyīa, æ, *Lucina.*
illā, *by that way.*
illābefactus, a, um, *unbroken.*
illābor, laps-, 3, *glide* or *fall upon.*
illabōrātus, a, um, *untoiled-for*
illabōro, I, *work upon.*
illāc, *on that side.*
illacessītus, a, um, *unprovoked.*
illacrimābilis, e, *unwept, pitiless.*
illacrimo (-or), I, *weep over, trickle.*
illæsus, [**lædo,**] *unimpaired.*
illætābilis, e, *cheerless, gloomy.*
illapsus, ūs, M., [**lābor,**] *flowing-in.*
illaqueo, I, *to ensnare, entangle.*
illātenus, *thus far.*
illātio, ōnis, F., *bringing-in, burial.*
illātro, I, *to bark at.*
illātus, [**infero,**] *brought.*
illaudātus, a, um, *unpraised.*
illautus, [**lavo,**] *unwashed.*
ille, illa, illud, *that, the former, the well-known* (§ **20**, ii.).
illecebra, æ, F., *charm, lure.*
illecebrōsus, a, um, *enticing.*
illectāmentum, i, N., *charm.*
illectus, [**lego,**] *not gathered* or *read;* [**illicio,**] *allured.*
illepidus, a, um, *unpleasing.*
illex, ēgis, *lawless.*
illex, icis, *alluring, enticing.*
illībātus, a, um, *unimpaired.*
illīberābilis, e, *sordid, mean.*
illīberālitas, ātis, F., *meanness.*
illīberāliter, *ignobly, meanly.*
illic, illæc, illoc (illuc), *that, yonder* (interrog. **-cine**).
illic, *there, yonder.*
il-licio, lexi, lect-, 3, *entice, allure.*
illicitātor, ōris, M., *mock-bidder.*
illicitē, *unlawfully.*
illicitus, a, um, *forbidden, unlawful.*
illicium, i, N., *enticement, charm.*
illico, *there, on the spot.*
illīdo, si, sum, [**lædo,**] 3, *to drive, dash against, crush.*
illigo, I, *bind, fasten, encumber.*
illim=illinc, *thence.*
illīmis, e, *clear of mud.*
illinc, *thence, from that quarter.*
illino, lēvi, lit- 3; **-io,** 4, *to smear, bespread, anoint.*
illiquefactus, a, um, *liquid.*
illīsus, [**illīdo,**] *crushed.*
illīsus, ūs, M; **-sio, ōnis,** F., *dashing, striking.*
illīteratus, a, um, *unlettered.*
illitus, [**illino,**] *besmeared.*
illix=illex, *enticing.*
illo, *thither, to that end.*
illoc, *thither, that.*
illōtus, [**lavo,**] *unwashed, dirty.*
illuc, *to that place.*
illūceo, 2, *to shine upon.*
illūcesco, luxi, 3, *to grow bright, dawn, shine upon.*
illūdo, si, sum, 3, *play, mock, destroy, abuse.*
illūminātē, *clearly, luminously.*
illūmino, I, *make bright, illustrious,* or *conspicuous.*
illūnis, e; us, a, um, *without moon.*
illūsio, ōnis, F., *mocking.*
illūsor, ōris, N., *mocker, scoffer.*
illustris, e, *bright, clear, famous.*
illustro, I, *brighten, illuminate.*
illūsus, [**lūdo,**] *mocked.*
illūtibilis, e, *indelible.*
illūtus=illōtus, *unwashed.*
illuvies, ēi, F., *foulness, dirt.*
Illyricus, a, um, *of Illyria,* the coast dist. N.-W. of Epirus.
Ilus, i, myth. founder of Ilium.
Ilva, æ, F., the island *Elba.*

imāginārius, a, um, *of images, seeming;* N., *standard-bearer.*
imaginātio, ōnis, F., *fancy.*
imāgino, I, *to shape, represent.*
imāginor, I, *to fancy, imagine.*
imāgo, inis, F., *image, copy, figure, likeness, semblance.*
imbēcillitas, ātis, F., *feebleness.*
imbēcillus, a, um, *feeble, helpless.*
imbellia, æ, F., *unfitness for war.*
imbellis, e, *unwarlike, peaceful.*
imber, bris, M., *rain-storm, water.*
imberbis, e; -bus, a, um, *beardless.*
imbibo, bi, 3, *drink in, resolve.*
imbīto, 3, *enter.*
imbracteo, I, *to plate* (with gold).
imbrex, icis, F., *roof-tile, gutter.*
Imbricitor, ōris, M., *rain-giver.*
imbrico, I, *cover with tiles.*
imbricus, a, um, *rainy.*
imbrifer, era, um, *rain-bringing.*
imbuo, ui, ūt-, 3, *to saturate, stain, train, instruct, imbue.*
imitābilis, e, *that may be copied.*
imitāmen, ĭnis, N., *likeness, copy.*
imitātio, ōnis, F., *imitation.*
imitātor, ōris, M., *copyist.*
imitor (-to), I, *to imitate, copy.*
īmitus, *from the bottom.*
immadesco, madui, 3, *grow moist.*
immānis, e, *monstrous, fierce.*
immānitas, ātis, F., *cruelty, vastness, ferocity, excess.*
immāniter, *excessively, fiercely.*
immansuētus, a, um, *untamed.*
immātūritas, ātis, F., *unripeness.*
immātūrus, a, um, *untimely, unripe, premature.*
immedicābilis, e, *incurable.*
immeditātus, a, um, *unstudied.*
immemor, ŏris, *unmindful.*
immemorābilis, e, *not to be told.*
immemorātus, a, um, *untold.*
immensē, *vastly, immensely.*
immensitas, ātis, F., *vastness.*
immensus, a, um, *boundless, vast.*
immeo, I, *to enter.*
immerens, tis, *undeserving.*
immergo, si, sum, 3, *to plunge.*
immeritō, *unjustly, without cause.*
immeritus, a, um, *undeserved.*
immersābilis, e, *not to be drowned.*
immersus, [mergo,] *plunged.*
immētātus, a, um, *unmeasured.*
immigro, I, *remove into.*
imminens, tis, *threatening.*
immineo, 2, *overhang, border on, impend, threaten, be intent on.*
imminuo, ui, ūt-, 3, *lessen, ruin.*
imminūtio, ōnis, F., *lessening.*
imminūtus, a, um, *undiminished.*
immisceo, scui, xt- (st), 2, *to mingle, blend.*
immiserābilis, e, *unpitied.*
immisericors, dis, *merciless.*
immītis, e, *harsh, rude, cruel.*
immitto, mīsi, miss-, 3, *admit, introduce, send against, let grow.*
immixtus, [misceo,] *mingled in.*
immo, *nay, surely, oh the contrary.*
immōbilis, e, *immovable.*
immoderātē, *extravagantly.*
immoderātus, a, um, *unrestrained.*
immodestia, æ, F., *unrestraint.*
immodestus, a, um, *unrestrained.*
immodicē, *immoderately.*
immodicus, a, um, *without bounds, unruly, extravagant.*
immodulātus, a, um, *unrhythmic.*
immolātio, ōnis, F., *sacrifice.*
immolātor, ōris, M., *sacrificer.*
immōlītus, a, um, *built up.*
immolo, I, **[mola,]** *to sprinkle* (with meal), *sacrifice.*
immordeo, di, sum, 3, *bite upon.*
immorior, mortuus, 3, *die upon.*
immoror, I, *linger, delay.*
immorsus, [mordeo,] *corroded.*
immortālis, e, *deathless, endless.*
immortālitas, ātis, F., *immortality.*
immōtus, [moveo,] *unmoved.*
immūgio, 4, *roar within.*
immulgeo, 2, *milk into.*
immunditia, æ, F., *uncleanness.*
immundus, a, um, *unclean, foul.*
immūnificus, a, um, *stingy.*
immūnio, 4, *fortify.*
immūnis, e, *exempt, devoid.*
immūnĭtas, ātis, F., *exemption, freedom* from burdens.
immūnītus, a, um, *unfortified.*
immurmuro, I, *to murmur against.*

immūtābilis, e, *changed; unchanging, unalterable.*
immūtātio, ōnis, F., *exchange.*
immūtātus, a, um, *unchanged.*
immūtesco, mūtui, 3, *grow dumb.*
immūto, I, *to change, alter.*
īmo=immo, *surely.*
impācātus, a, um, *unsubdued.*
impactus, [impingo,] *struck, hit.*
impāges, is, F., *frame-work, border.*
impar, păris, *unequal, inferior.*
imparātus, a, um, *unprepared.*
impartio=impertio, *impart.*
impastus, a, um, *unfed, famished.*
impatibilis, e, *insufferable.*
impatiens, tis, *not enduring.*
impatientia, æ, F., *impatience.*
impavidus, a, um, *fearless.*
impedīmentum, i, N., *hindrance;* pl., *baggage, army-train.*
impedio, 4, *hinder, clasp, entangle.*
impedītio, ōnis, F., *obstruction.*
impedītus, a, um, *obstructed, encumbered, embarrassed.*
impello, puli, puls-, 3, *push against, urge, rouse, subdue, destroy.*
impendeo, 2, *overhang, impend.*
impendiōsus, a, um, *extravagant.*
impendium, i, N., *expense, outlay.*
impendo, di, sum, 3, *weigh out, expend, employ, devote.*
impenetrābilis, e, *impenetrable.*
impensē, *at great cost, eagerly.*
impensus, a, um, *ample, grand, costly, strong, vehement.*
imperātīvus, a, um, *by orders.*
imperātor, ōris, M., *commander, general, director, chief.*
imperātōrius, a, um, *of a general.*
imperātum, i, N., *a command.*
imperceptus, a, um, *unperceived.*
imperco, [parco,] 3, *to spare.*
impercussus, [quatio,] *not struck.*
imperditus, a, um, *not destroyed.*
imperfectus, a, um, *unfinished.*
imperfossus, a, um, *not stabbed.*
imperiālis, e, *of the empire.*
imperiōsus, a, um, *having command* or *dominion, tyrannical.*
imperīte, *awkwardly, unskillfully.*
imperītia, æ, F., *lack of skill.*
imperito, [impero,] *to command.*
imperītus, a, um, *inexperienced, unskilled, ignorant.*
imperium, i, N., *military authority, order, command, dominion.*
impermissus, a, um, *forbidden.*
impero, I, *to command, rule, require, order, exact, impose, prescribe.*
imperterritus [terreo,] *undaunted.*
impertio, 4, *share, impart, bestow.*
impervius, a, um, *impassable.*
impetīgo, inis, F., *scurf.*
impeto, 3, *assail, attack.*
impetrābilis, e, *obtainable, successful, propitious.*
impetrio, 4, *obtain by omens.*
impetrītum, i, N., *a good omen.*
impetro, I, *obtain by request, effect.*
impetus, ūs, M., *attack, assault.*
impexus, [pecto,] *uncombed.*
impico, I, *cover with tar.*
impiē, *impiously.*
impietas, ātis, F., *impiety, treason.*
impiger, gra, um, *active, bold.*
impigrē, *actively, readily.*
impilia, um, N., *felt shoes.*
impingo, pēgi, pact-, 3, *strike, hit.*
impio, I, *defile, pollute.*
impius, a, um, *without reverence, undutiful, impious, wicked.*
implācābilis, e, *unappeasable.*
implācātus, a, um, *unappeased.*
implacidus, a, um, *ungentle, rude.*
implecto, xi, xum, 3, *interweave.*
impleo, ēvi, ēt-, 2, *to fill up, complete, satisfy, fulfil, finish.*
implexus, [plecto,] *interwoven.*
implexus, ūs, M., *embrace.*
implicātio, ōnis, F., *interweaving.*
implicātus, a, um, *intricate.*
impliciscor, 3, *get entangled.*
implicitē, *intricately.*
implico, āvi (ui), āt- (it-), I, *entangle, entwine, involve, envelop.*
implōrātio, ōnis, F., *imploring.*
implōro, I, *entreat, beseech, implore.*
implūmis, e, *featherless, unfledged.*
impluo, ui, ūt-, 3, *rain upon.*
impluviātus, a, um, *square-bordered* (like a rain-tank).
impluvium, i, N., *rain-basin.*

impœnītus, a, um, *unpunished.*
impolītia, æ, F., *negligence.*
impolītus, a, um, *unpolished, rude.*
impollūtus, a, um, *unstained.*
impōno, sui, sit- (st-), 3, *put upon, embark, impose, appoint, deceive.*
imporcatus, a, um, *in furrows.*
importo, I, *bring in, import.*
importūnitas, ātis, F., *unfitness, rudeness, obtrusiveness.*
importūnus, a, um, *unfit, rude, grievous, dangerous, cruel, churlish.*
importuōsus, a, um, *harborless.*
impos, pŏtis, *not master of.*
impositicius, a, um, *applied, laid on.*
impositio, ōnis, F., *application.*
impossibilis, e, *impossible.*
impostor, ōris, M., *deceiver.*
impostus, [pono,] *put upon.*
impotens, tis, *weak, ungovernable.*
impotenter, *weakly, passionately.*
impotentia, æ, F., *want, poverty, ungovernableness, violence.*
impræpedītus, a, um, *unhindered.*
impræsentiārum, *for the present.*
impransus, a, um, *fasting.*
imprecātio, ōnis, *invoking* of evil.
imprecor, I, *invoke, imprecate.*
impressē, *forcibly.*
impressio, ōnis, F., *pressing upon, pressure, attack, division.*
imprīmis, *chiefly, in the first place.*
imprimo, pressi, press-, 3, *press upon, stamp, mark, imprint.*
improbābilis, e, *not to be approved.*
improbātio, ōnis, F., *disapproval.*
improbē, *immoderately, badly.*
improbitas, ātis, F., *wickedness.*
improbiter, *badly, erroneously.*
improbo, I, *disapprove, rescind.*
improbus, (-ulus), a, um, *bad, wicked, monstrous, outrageous.*
improcērus, a, um, *undersized.*
improfessus, a, um, *undeclared.*
impromptus, a, um, *not ready.*
improperātus a, um, *not hasty.*
impropero, I, *hasten, cast against.*
improprius, a, um, *not befitting.*
improsper, era, um, *unfortunate.*
imprōtectus, [tego,] *unsheltered.*
imprōvidus, a, um, *not foreseeing.*
imprōvīsō, *of a sudden.*
imprōvīsus, a, um, *unforeseen.*
imprūdens, tis, *not foreseeing, unaware, inconsiderate.*
imprūdenter, *without foresight.*
imprūdentia, æ, F., *lack of foresight, ignorance.*
impūbes, is, *youthful, beardless.*
impūbescens, tis, *growing.*
impudens, tis, *shameless.*
impudenter, *shamelessly.*
impudentia, æ, F., *shamelessness.*
impudīcitia, æ, *immodesty.*
impudīcus, a, um, *shameless, immodest, unchaste.*
impugnātus, a, um, *unassailed.*
impugno, I, *to attack, oppose.*
impulsio, ōnis, F., *pressure, impulse, influence.*
impulsor, ōris, M., *instigator.*
impulsus, [pello,] *pushed.*
impulsus, ūs, M., *impulse, pressure.*
impūnē, *with impunity.*
impūnis, e, *unpunished.*
impūnitas, ātis, F., *impunity.*
impūnītus, a, um, *unpunished.*
impūrātus, a, um, *defiled.*
impūrē, *vilely, shamefully.*
impūritas, ātis; -ritia, æ, F., *uncleanness, impurity.*
impūrus, a, um, *unclean, foul.*
imputātor, ōris, M., *reckoner.*
imputātus, a, um, *unpruned.*
imputo, I, *charge, reckon, ascribe.*
īmus [inferus,] a, um, *lowest.*
in (acc.), *into;* (abl.), *in on* (§ **56**, i).
[in-= *not; on* or *against.*
inaccessus, a, um, *inaccessible.*
inacesco, cui, 3, *grow sour.*
Inachius, a, um, *of Argos;* **Inachia juvenca,** *Io,* d. of Inachus, changed to a heifer.
Inachos, i, first myth. k. of Argos.
inactus, [inigo,] *driven in.*
inædifico, I, *build upon, erect.*
inæquābilis, e, *uneven, unequal.*
inæquālis, e, *unequal, unlike.*
inæquo, I, *to make level.*
inæstimābilis, e, *not to be valued.*
inalbo, I; **(-esco,** 3), *whiten, dawn.*
inamābilis, e, *unlovely.*

inambulātio, ōnis, F., *promenading.*
inambulo, I, *pace to and fro.*
inamœnus, a, um, *gloomy.*
inanimis, e; -us (ātus), a, um, *lifeless, inanimate.*
inānio, 4, *make void.*
inānis, e, *empty, void, vain.*
inānitas, ātis, F., *emptinesss.*
ināniter, *vainly, idly.*
inarātus, a, um, *untilled, fallow.*
inardesco, arsi, 3, *take fire.*
inaresco, arui, 3, *dry up.*
Inarimē, ēs, F., the I. Ischia, near Naples.
inaro, I, *to plough in, cultivate.*
inassuētus, a, um, *unwonted.*
inaudax, ācis, *timid.*
inaudio, 4, *hear, learn.*
inaudītus, a, um, *unheard.*
inauguro, I, *practise divination.*
inaures, ium, F., *ear-drops.*
inauro, I, *gild, enrich.*
inauspicātus, a, um, *without auspices, unlucky, inauspicious.*
inausus, [**audeo,**] *unventured.*
[**inb-=imb-.**
incæduus, a, um, *uncut.*
incalesco, calui, 3, *grow hot.*
incalfacio, 3, *to heat.*
incallidus, a, um, *unskilful.*
incandesco, dui, 3, *glow, kindle.*
incānesco, nui, 3, *turn gray.*
incanto, I, *sing, chant, bewitch.*
incānus, a, um, *quite hoary.*
incassum, *in vain.*
incautē, *incautiously.*
incautus, a, um, *heedless, inconsiderate, unforeseen, dangerous.*
incēdo, cessi, cess-, 3, *go, advance, march, arrive, happen.*
incēnātus, a, um; -nis, e, *dinnerless.*
incendium, i, N., *fire, conflagration.*
incendo, di, sum, 3, *burn, kindle.*
incensio, ōnis, F., *burning.*
incensus, a, um, *unassessed, kindled.*
inceptio, ōnis, F., *beginning.*
incepto, I, *undertake.*
inceptum, i, N., *attempt, undertaking.*
inceptus, [**-cipio,**] *begun.*
incerno, 3, *strow, sift.*
incēro, I, *smear with wax.*
incerto, I, *make doubtful.*
incertus, a, um, *doubtful, unsure.*
incesso, cessīvi (cessi), 3, *attack.*
incessus, ūs, M., *pace, gait, attack.*
incesto, I, *defile, dishonor.*
incestus, a, um, *impure, unchaste;* N., *lewdness, incest.*
incestus, ūs, M., *incest, unchastity.*
inchoātus, a, um, *incomplete.*
inchoo, I, *to found, begin.*
incido, cidi, cās-, [**cado,**] 3, *to fall upon, occur, happen.*
incīdo, cīdi, cīs-, [**cædo,**] 3, *to cut into* or *off, inscribe, register.*
incīlis, e, *cut in;* N., *a ditch.*
incīlo, I, *to rebuke.*
incingo, nxi, nct-, 3, *gird about.*
incipio, cēpi, cept-, [**capio,**] 3, *to begin, commence.*
incipisso, 3, *begin.*
incīsē (-im), *in short clauses.*
incīsio, ōnis, F., *cutting, clause.*
incīsūra, æ, F., *incision.*
incīsus, [**incīdo,**] *cut.*
incitāmentum, i, N., *inducement.*
incitātē, *violently.*
incitātio, ōnis, F., *incitement.*
incitātus, a, um, *swift, eager.*
incito, I, *hasten, rouse, enlarge.*
incitus, [**cieo,**] *swift; unmoved.*
incīvīlis, e, *uncivil, unjust.*
inclāmo (-ito), I, *cry out upon.*
inclāresco, rui, 3, *grow famous.*
inclēmens, tis, *harsh, rude, bitter.*
inclēmenter, *harshly, severely.*
inclēmentia, æ, F., *harshness, rigor.*
inclīnātio, ōnis, F., *leaning.*
inclīnātus, a, um, *bent, low.*
inclīno, I, *lean, bend, give way.*
inclūdo, si, sum, [**claudo,**] 3, *shut up, enclose, obstruct, stop, finish.*
inclūsio, ōnis, F., *confinement.*
inclutus (-clitus), a, um, *famous.*
incoctus, [**coquo,**] *uncooked, raw.*
incōgitābilis, e; -tātus, a, um, *thoughtless, inconceivable.*
incognitus, [**nosco,**] *unknown, untried, unclaimed.*
incola, æ, C., *inhabitant, resident.*
incolo, colui, 3, *dwell, inhabit.*
incolumis, e, *safe, unharmed.*

incolumitas, ātis, F., *safety.*
incomitātus, a, um, *unattended.*
incomitio, I, *to insult.*
incommendātus, a, um, *abandoned.*
incommoditas, ātis, F., *inconvenience, damage.*
incommodo, I, *annoy, injure.*
incommodus, a, um, *troublesome, inconvenient;* N., *trouble, disaster.*
incompertus, a, um, *unknown.*
incompositus, a, um, *ill-arranged.*
incomptus, [como,] *unadorned.*
inconcessus, [cēdo,] *unlawful.*
inconcilio, I, *win over.*
inconcinnus, a, um, *inelegant.*
inconcussus, [-cutio,] *unshaken.*
inconditus, a, um, *unfashioned.*
incongruus, a, um, *unsuitable.*
inconsīderātus, a, um, *heedless, unadvised, inconsiderate.*
inconstans, tis, *changeful, fickle.*
inconstantia, æ, F., *inconstancy.*
inconsultus, a, um, *indiscreet, unasked, without counsel.*
incontinens, tis, *intemperate.*
incontinentia, æ, F., *greediness.*
inconveniens, tis, *unsuited.*
incoquo, xi, ct-, 3, *boil in* or *with.*
incorporālis, e, *bodiless.*
incorruptus, [rumpo,] *unspoiled.*
increbresco, brui, 3, *to increase.*
increbro, I, *repeat often.*
incrēdibilis, e, *incredible.*
incrēmentum, i, N., *growth, progeny, increase.*
increpito, I, *chide, call, challenge.*
increpo, (ui, it-), I, *call, on, chide.*
incresco, crēvi, 3, *grow, increase.*
incrētus, a, um, *unsifted, mixed.*
incruentus, a, um, *bloodless.*
incrusto, I, *to cover, coat over..*
incubātio, ōnis, F., *brooding.*
incubito, I, *lie upon.*
incubo, ui, it-, I, *lie on, brood, hatch.*
incūdo, di, sum, 3, *forge.*
inculco, I, *trample, cram.*
inculpātus, a, um, *blameless.*
incultus, [colo,] *untilled, rude.*
incumbo, cubui, cubit-, 3, *lie* or *lean upon, give earnest heed, yield.*
incūnābula, ōrum, N., *cradle, origin, birthplace.*
incūria, æ, F., *negligence.*
incūriōsus, a, um, *negligent, unconcerned.*
in-curro, 3, *run upon, attack, meet.*
incursio, ōnis, F.; **-sus, ūs,** M., *onset, assault, attack.*
incurso, I, *to assault.*
incurvo, I, *to crook, bend.*
incurvus, a, um, *crooked, bent.*
incūs, ūdis, F., *anvil.*
incūsātio, ōnis, F., *accusation.*
incūso, I, *charge, blame, accuse.*
incustōdītus, a, um, *unguarded.*
incūsus, [cūdo,] *forged.*
incutio, cussi, cuss-, [quatio,] 3. *strike upon* or *into, cast, hurl.*
indāgātio, ōnis, F., *search.*
indāgātor, ōris, M., *explorer.*
indāges, is, F., *search.*
indāgo, I, *to track, search.*
inde, *thence, thereupon, next.*
indēbitē (-tō), *unduly.*
indēbitus, a, um, *undue.*
indecens, tis, *unseemly.*
indecor, ŏris; -ŏris, e, *inglorious.*
indecōrus, a, um, *unbecoming.*
indēfensus, a, um, *unprotected.*
indēfessus, a, um, *unwearied.*
indemnātus, a, um, *uncondemned.*
indemnis, e, [damno,] *unharmed.*
index, icis, C., *informer, spy, title.*
indīcens, tis, *not telling.*
indicium, i, N., *note, discovery, mark.*
indico, I, *point out.*
indīco, xi, ct-, 3, *appoint, declare.*
indictus, a, um, *unsaid, unsung.*
Indicus, a, um, *of India.*
indidem, *from the same place.*
indigena, æ, C., *native.*
indigens, tis; -es, is, *needy.*
indigeo, ui, [egeo,] 2, *to need.*
indīgestus, a, um, *disordered.*
Indigetes, um, pl., *deified heroes.*
indignans, tis, *wrathful.*
indignātio, ōnis, F., *wrath, displeasure.*
indignitas, ātis, F., *unworthiness.*
indignor, I, *deem unworthy, be angry.*

indignus, a, um, *unworthy, wrong.*
indigus (-uus), **a, um,** [**egeo,**] *needy.*
indiligens, tis, *careless, negligent.*
indipiscor, eptus, 3, *obtain, begin.*
indiscrētus, a, um, *unparted.*
indistinctus, a, um, *confused.*
inditus, a, um, *put upon.*
indīviduus, a, um, *indivisible.*
indīvīsus, a, um, *undivided.*
indo, didi, dit-, 3, *put into, impart.*
indocilis, e, *unteachable, untaught.*
indoctus, a, um, *unlearned, unskilled, ignorant.*
indoles, is, F., *quality, talent.*
indolesco, dolui, 3, *to feel pain.*
indomitus, a, um, *unsubdued.*
indormio, 4, *fall asleep over.*
indōtātus, a, um, *unportioned.*
[**indu-= in-.**
indubitātus, a, um, *undoubted.*
indubito, I, *to doubt respecting.*
indūco, xi, ct-, 3, *bring in* or *upon, exhibit, mislead, spread upon.*
inductio, ōnis, F., *bringing-in, purpose, resolution.*
indulgens, tis, *fond, kind, tender.*
indulgentia, æ, F., *indulgence.*
indulgeo, si, sum, 2, *to be kind* or *fond, indulge, permit.*
indūmentum, i, N., *garment.*
induo, ui, ūt-, 3, *put on, assume.*
indūresco, rui, 3, *grow hard.*
indūro, I, *harden.*
Indus, a, um, *of India;* pl., *Hindus.*
indūsium, i, N., *under-garment.*
industria, æ, F., *diligence, industry;* **dē industriā,** *on purpose.*
industrius, a, um, *active, diligent.*
indūtiæ, ārum, F., *truce, pause.*
indūtilis, e, *that can be put on.*
indūtus, [**induo,**] *put on.*
induviæ, ārum, F., *garments.*
inēbrio, I, *to make drunk.*
inedia, æ, [**edo,**] F., *fasting.*
inēluctābilis, e, *inevitable.*
inemptus, [**emo,**] *unbought.*
ineo, ii (**īvi**), **it-,** 4, *to go in, enter upon, begin.*
ineptē, *foolishly, absurdly.*
ineptiæ, ārum, F., *follies, trifles.*
ineptus, a, um, *foolish, silly, unfit.*
inequito, I, *ride upon, traverse.*
inermis, e; -us, a, um, *unarmed.*
inerro, I, *ramble about.*
iners, tis, [**ars,**] *unskilled, sluggish.*
inertia, æ, F., *sloth, ignorance, lack of skill* or *energy.*
inesco, I, *entice* with bait, *satisfy.*
inexhaustus, a, um, *unexhausted.*
inexōrābilis, e, *inexorable.*
inexpertus, a, um, *untried, unwonted, inexperienced.*
inexplicābilis, e, *intricate.*
inexpugnābilis, e, *impregnable.*
inexsuperābilis, e, *insurmountable.*
inextricābilis, e, *inextricable.*
infabrē, *unskilfully.*
infacētus, a, um, *coarse, rude, blunt.*
infāmia, æ, F., *ill repute, disgrace.*
infāmis, e, *disreputable, infamous.*
infāmo, I, *to defame, accuse.*
infandus, a, um, *unspeakable, horrible, shocking.*
infans, tis, *speechless;* C., *child.*
infantia, æ, F., *lack of eloquence, infancy, childhood.*
infaustus, a, um, *unfortunate.*
infector, ōris, M., *a dyer.*
infectus, [**facio,**] *unwrought, unfinished;* [**inficio,**] *stained.*
infēcundus, a, um, *unfruitful.*
infēlix, īcis, *barren, unhappy.*
infenso, I, *ravage.*
infensus, a, um, *hostile, dangerous.*
inferiæ, ārum, F., *offerings for the dead.*
inferior, us, *lower, later.*
infernus, a, um, *beneath, infernal.*
infero, tuli, lāt-, *bring in* or *upon.*
inferus, a, um (§ **17**, iii), *what is below;* pl., *of the lower world.*
infestē, *violently.*
infesto, I, *to attack, molest, injure.*
infestus, a, um, *unsafe, hostile.*
inficiens, tis, *ineffective.*
inficio, fēci, fect-, 3, *stain, imbue.*
inficior=infitior, *deny.*
infidēlis, e, *unfaithful, faithless.*
infīdus, a, um, *untrusty, unsafe.*
infīgo, xi, xum, 3, *fix, thrust, fasten.*
infimus=īmus, *lowest, last.*
infindo, fidi, fiss-, 3, *cleave, cut in.*

infīnitas, ātis, F., *boundlessness.*
infīnītus, a, um, *boundless, endless, unlimited, infinite.*
infirmitas, ātis, F., *weakness.*
infirmo, 1, *to weaken, disprove.*
infirmus, a, um, *weak, feeble.*
infit, *he* (or *she*) *begins* (to speak).
infitiæ, ārum, F., *denial.*
infitiātor, ōris, M., *denier* of debts.
infitior, 1, *deny, disown.*
inflammo, 1, *kindle, excite, inflame.*
inflātus, ūs, M., *a blast.*
inflecto, xi, xum, 3, *bend, change.*
inflētus, a, um, *unwept.*
inflexio, ōnis F.; **-xus, ūs,** M., *bend.*
inflīgo, ixi, ict-, 3, *strike against, inflict, impose.*
inflo, 1, *blow upon, inflate, puff up.*
influo, xi, ct-, 3, *flow in* or *upon.*
infodio, fōdi, foss-, 3, *dig, bury.*
informātio, ōnis, F., *outline.*
informis, e, *shapeless, deformed.*
informo, 1, *give shape to, describe.*
inforo, 1, *accuse* in court.
infortūnium, i, N., *misfortune.*
infrā, *beneath, below.*
infractus, [**frango,**] *unbroken; exhausted, hurt, broken.*
infremo, ui, 3, *to bellow.*
infrēnis, e; -atus, a, um, *unbridled.*
infrēno, 1, *bridle, curb, restrain.*
infrequens, tis, *rare, infrequent.*
infrequentia, æ, F., *fewness, scantiness, lack of attendance.*
infrico, cui, ct- (cāt-), 1, *rub in.*
infringo, frēgi, fract-, 3, *break in on, check, weaken, mitigate.*
infrio, 1, *crumble upon* or *into.*
infula, æ, F., *bandage, fillet.*
infundibulum, i, N., *funnel.*
infundo, fūdi, fūs-, 3, *pour in* or *upon, put* or *cast upon, impose.*
infusco, 1, *make dark, stain.*
ingemino, 1, *redouble, repeat.*
ingemo (-isco), ui, 3, *groan, lament.*
ingenero, 1, *implant.*
ingeniōsus, a, um, *talented, fit.*
ingenitus, a, um, *inborn.*
ingenium, i, N., *quality, disposition, intellect, talent, genius, temper.*
ingens, tis, *huge, vast, mighty.*
ingenuus, a, um, *native, freeborn, noble, ingenuous, delicate.*
ingero, gessi, gest-, 3, *to pour* or *throw in, obtrude, inflict.*
ingestus, a, um, *laid* or *forced upon.*
inglōrius, a, um, *inglorious.*
ingluvies, ei, F., *crop, maw.*
ingrātē, *ungratefully.*
ingrātia, æ, F., *thanklessness.*
ingrātiis, *against one's will.*
ingrātus, a, um, *thankless, displeasing, ungrateful.*
ingravesco, 3, *grow heavy, increase.*
ingravo, 1, *weigh down, make worse.*
ingredior, gress-, 3, *enter, advance.*
ingressus, ūs, M., *advance, march.*
ingruo, ui, 3, *break in upon.*
inguen, inis, N., *groin, crotch.*
ingurgito, 1, *plunge in, gorge, glut.*
inhabilis, e, *unfit, unhandy.*
inhæreo, si, sum, 2, *cling, stick.*
inhibeo, ui, it-, 2, *lay hold, check, exercise, employ.*
inhio, 1, *gape at, stand open.*
inhonestus, a, um, *dishonorable.*
inhonōrus (-ātus), a, um, *unhonored.*
inhorreo, ui, 2; **-sco,** 3, *stand erect, shudder, tremble, bristle.*
inhospitus, a, um; -ālis, e, *inhospitable.*
inhūmānitas, ātis, F., *barbarity.*
inhūmānus, a, um, *rude, churlish.*
inhumātus, a, um, *unburied.*
inibi, *therein, on the point of.*
inigo, ēgi, act-, 3, *drive in.*
inimīcē, *hostilely.*
inimīcitia, æ, F., *hostility.*
inimīcus, a, um, *unfriendly, hurtful;* M., *foe, personal enemy.*
inīquitas, ātis, F., *injustice.*
inīquus, a, um, *uneven, unjust, unfair, unfit, hostile, hurtful.*
initium, i, N., *beginning, element;* pl., *mysteries, sacred rites.*
injicio, jēci, ject-, [**jacio,**] 3, *cast upon* or *against, impose, occasion.*
injungo, nxi, nct-, 3, *join, fasten, bring upon, inflict, impose.*
injūria, æ, F., *injury, wrong.*
injūrius (-ōsus), a, um, *wrongful.*

injussus, a, um, *voluntary, unbid.*
injussu (abl.), *without orders.*
injustus, a, um, *unjust, wrong.*
[**inl-=ill-; inm-=imm-.**
innascor, nātus, 3, *be born in.*
innato, I, *float* or *swim upon.*
innecto, xui, xum, 3, *fasten, join.*
innītor, nīs-, 3, *lean on.*
inno, I, *float in* or *upon.*
innocens, tis, *harmless, guiltless.*
innocentia, æ, F., *blamelessness.*
innocuus, a, um, *harmless.*
innōtesco, tui, 3, *become known.*
innoxius, a, um, *harmless, unhurt.*
innumerus, a, um, *countless.*
innuo, ui, ūt-, 3, *nod to, hint.*
innuptus, a, um, *unwed.*
Ino, ūs, myth. d. of Cadmus.
inoculo, I, *engraft.*
inolesco, ēvi, it-, 3, *grow upon.*
inopia, æ, F., *want, lack, need.*
inopīnans, tis, *not expecting.*
inopīnus (**-nātus, a, um**), *unexpected;* **inopīnātō,** *of a sudden.*
inops, ŏpis, *poor, needy, helpless.*
[**inp-=imp.**
inquam (**inquio**), *say* (§ **38**, iii).
inquiētus, a, um, *restless.*
inquilīnus, i, M.; **-a, æ,** F., *lodger.*
inquino, I, *defile, pollute.*
inquīro, sīvi, sīt-, 3, *search, seek.*
inquīsītio, ōnis, F., *investigation.*
inquīsītor, ōris, M., *examiner.*
[**inr-=irr-.**
insānia, æ, F., *madness, insanity.*
insānio, 4, *be insane, rave, rage.*
insānitas, ātis, F., *unsoundness.*
insānus, a, um, *mad, crazy, violent.*
insatiābilis, e, *insatiable.*
inscendo, di, sum, 3, *step upon.*
insciens, tis, *without knowledge.*
inscītia (**-ientia**), **æ,** F., *ignorance.*
inscītus, a, um, *ignorant, unskilled.*
inscius, a, um, *without knowledge.*
inscrībo, psi, pt-, 3, *write upon, inscribe, attribute, subscribe.*
inscriptio, ōnis, F., *title, inscription.*
inscriptus, [**scribo,**] *not written on.*
insculpo, psi, pt-, 3, *carve upon.*
inseco, ui, ct-, I, *cut into, cut up.*
insectum, i, N., *insect.*
insectātio, ōnis, F., *pursuing.*
insector (**-to**), I, *to pursue, rail at.*
insepultus, a, um, *hidden, unburied.*
insequor, cūtus, 3, *follow close, pursue, strive after.*
insero, sēvi, sit-, 3, *plant, engraft.*
insero, ui, rt-, 3, *introduce, insert.*
inserto, I, *put into, insert.*
inservio, 4, *be of service, devoted.*
insideo, sēdi, sess-, 2, *sit upon, be fixed, established.*
insidiæ, ārum, F., *ambush, stratagem, plot, treachery.*
insidior, I, *lie in wait for.*
insidiōsus, a, um, *deceitful, sly.*
insīdo, sēdi, sess-, 3, *settle, occupy.*
insignio, 4, *put a mark upon.*
insignis, e, *marked, distinguished;* N., *sign of distinction, badge.*
insignītus, a, um, *marked, clear.*
insilio, ui, [**salio,**] 4, *leap upon.*
insimulo, I, *allege, blame, accuse.*
insinuo, I, *wind in, thrust in, get at.*
insipiens, tis, *foolish.*
insisto, stiti, 3, *stand on, pursue.*
insitio, ōnis, F., *grafting.*
insolens, tis, *unwonted, haughty.*
insolenter, *unusually, haughtily.*
insolentia, æ, F., *novelty, arrogance.*
insolitus, a, um, *unwonted, strange.*
insomnia, æ, F.; *sleeplessness.*
insomnis, e, *sleepless.*
insomnium, i, N., *a dream.*
insono, ui, it-, I, *resound, roar.*
insons, tis, *guiltless, harmless.*
inspecto, I, *look in on, view, inspect.*
inspērātus, a, um, *unhoped-for.*
inspergo, si, sum, 3, *strow upon.*
inspicio, exi, ect-, 3, *look into, examine, contemplate, consider.*
inspīco, I, *sharpen, make pointed.*
inspīro, I, *breathe in, inspire.*
instabilis, e, *infirm, tottering.*
instans, tis, *urgent, present.*
instanter, *vehemently.*
instantia, æ, F., *steadiness, firmness.*
instar (indec.), N., *likeness, like.*
instauro, I, *renew, reunite.*
insterno, strāvi, āt-, 3, *overspread.*
instīgo, I, *urge, incite, instigate.*
instillo, I, *pour by drops.*

instinctus, ūs, M., *instigation.*
instinguo, nxi, nct-, 3, *instigate.*
instita, æ, F., *border, flounce.*
instito, 1, *press on.*
institor, ōris, M., *huckster, dealer.*
instituo, ui, ūt-, (statuo), 3, *appoint, train, establish, contrive, resolve.*
institūtio, ōnis, F., *custom, training.*
institūtum, i, N., *institution, purpose.*
insto, stiti, 1, *stand upon, urge.*
instrātus, [sterno,] *spread.*
instrepo, ui, it-, 3, *resound.*
instructio, ōnis, F., *erection, array.*
instrūmentum, i, N., *tool, apparel.*
instruo, xi, ct-, 3, *build, furnish, instruct, prepare, provide.*
insuāsum, i, N., a dark color.
insuāvis, e, *unpleasant.*
Insuber, bris, *Milanese, Insubrian.*
insūdo, 1, *sweat at* or *upon.*
insuesco, ēvi, ēt-, 3, *to get wont.*
insuētus, a, um, *unaccustomed.*
insula, æ, F., *island, block of houses.*
insulsē, *foolishly.*
insulsus, a, um, [sal,] *insipid.*
insulto, 1, *leap at* or *against, revile.*
insum, esse, fui, *be in* or *on, belong.*
insūmo, mpsi, mpt-, 3, *take, apply.*
insuo, ui, ūt-, 3, *sew in, add to.*
insuper, *above, moreover.*
insuperābilis, e, *insurmountable.*
insurgo, rexi, rect-, 3, *rise upon* or *against, mount, rise.*
insusurro, 1, *whisper to.*
intābesco, tābui, 3, *pine away.*
intactus, a, um, *untouched, untried.*
intectus, [tego,] *uncovered, open.*
integer, a, um, *sound, entire, whole.*
intego, xi, ct- 3, *to cover.*
integritas, ātis, F., *wholeness, soundness, integrity, purity.*
integro, 1, *renew, repeat, restore.*
integumentum, i, N., *covering.*
intellectus, ūs, M., *understanding.*
intelligens, tis, *intelligent, skilled.*
intelligentia, æ, F., *intelligence.*
intelligo, xi, ct-, [lego,] 3, *to perceive, understand, discern.*
intemerātus, a, um, *undefiled.*
intemperans, tis, *immoderate, extravagant, profligate.*
intemperantia, æ, F., *inclemency, extravagance, excess.*
intemperiæ, ārum, F. *inclemency.*
intemperies, ēi, F., *tempest, rage.*
intempestus (-tīvus), a, um, *unseasonable, unwholesome, stormy.*
intendo, di, tum (sum), 3, *stretch, strain, spread, aim at, intend.*
intentātus, a, um, *unattempted.*
intentio, ōnis, F., *stretching, effort.*
intento, 1, *stretch forth, threaten.*
intentus, a, um, *intent, strict, eager.*
inter, *between, among, during.*
[**inter-,** *among, at intervals.*
interamnus, a, um, *between rivers.*
interbīto, 1, *come to naught.*
intercalo, 1, *insert, introduce.*
intercapēdo, inis, F., *interruption.*
intercēdo, cessi, cess-, 3, *come* or *go between, protest* (as tribune).
intercessio, ōnis, F., *intervention.*
intercessor, ōris, M., *interposer.*
intercīdo, cīdi, cīs-, [cædo,] 3, *cut to pieces, cut down, divide.*
intercido, idi, [cado,] 3, *fall between, befall, happen, perish.*
intercipio, cēpi, cept-, [capio,] 3, *intercept, rob, hinder.*
interclūdo, si, sum, [claudo,] 3, *shut off, hinder, blockade.*
intercurro, ri, rs-, 3, *run between.*
intercus, cŭtis, *under the skin.*
interdīco, xi, ct-, 3, *interfere, forbid, interdict.*
interdictum, i, N., *prohibition.*
interdiu, *by day-time.*
interdum, *at times, meanwhile.*
interduo 3, *give for* a thing.
intereā, *in the mean time, at times.*
interemptio, F., *slaughter.*
interemptus, [-imo,] *destroyed.*
intereo, ii, it-, 4, *perish, go among.*
interest, *there is difference* or *advantage* (§ **50**, iv. 4).
interfectio, ōnis, F., *killing.*
interfector, ōris, M., *slayer.*
interficio, fēci, fect-, [facio,] 3, *to kill;* **interfīo,** *perish.*
inter-fundo 3, *pour between.*
interim (-ibi), *meanwhile.*
interimo, ēmi, empt-, *kill, destroy.*

interior (§ **17**, iii), *inner.*
interitus, ūs, M., *ruin.*
interjaceo, 2, *lie between.*
interjectus, a, um, *put between.*
interjectus, ūs, M., *casting in.*
interjacio, jēci, ject-, 3, *throw in.*
inter-lego, 3, *pluck here and there.*
interlino, lēvi, lit-, 3, *smear, erase.*
interloquor, cūtus, 3, *interrupt.*
interlūceo, xi, 2, *shine, appear.*
interluo, 3, *wash, flow together.*
intermino, 1, *threaten, forbid.*
inter-misceo, 2, *mingle among.*
intermissio, ōnis, F., *interruption.*
intermissus, a, um, *interrupted.*
inter-mitto, 3, *cease, discontinue.*
inter-morior, 3, *perish, decay.*
intermortuus, a, um, *lifeless.*
internēcio, ōnis, F., *massacre.*
internōdium, i, N., *between-joints.*
internuntius, i, M., *messenger.*
internus, a, um, *inward, internal.*
intero, trīvi, trīt-, 3, *bruise, crumble.*
interpello, 1, *interrupt, disturb.*
interpolo, 1, *give new shape to.*
interpōno, sui, sit-, 3, *put between, utter, decree, interpose, pledge.*
interpres, ĕtis, C., *interpreter, agent.*
interpretātio, ōnis, F., *explanation.*
interpretor, 1, *explain, decide.*
interprimo, essi, ess- 3, *crush.*
interregnum, i, N., *between-reigns.*
interrex, rēgis, M., *regent.*
interritus, a, um, *undaunted.*
interrogo, 1, *ask, sue, argue.*
inter-rumpo, 3, *break off, interrupt.*
interruptus, a, um, *broken up.*
inter-scindo, 3, *tear asunder.*
intersēpio, psi, pt-, 4, *fence in.*
interstinguo, nxi, nct-, 3, *part, kill.*
intersum, esse, fui, *be present at*, or *among; differ* (see **interest**).
intertexo, xui, xt-, 3, *interweave.*
intervallum, i, N., *interval* (between the palisades), *difference.*
inter-vello, 3, *pluck out* or *away.*
inter-venio, 4, *come between.*
interventus, ūs, M., *interposition.*
interverto, ti, sum, 3, *turn aside.*
intervīso, si, sum, 3, *spy, inspect.*
intestābilis, e, *abominable.*
intestātus, a, um, *intestate.*
intestīnus, a, um, *internal.*
intexo, xui, xt-, 3, *interweave.*
intimus, a, um (§ **7**, iii.), *inmost, deepest, secret, intimate.*
intolerābilis, e, *unbearable.*
intolerandus, a, um, *insupportable.*
intolerans, tis, *impatient.*
intoleranter, *immoderately.*
intolerantia, æ, F., *insolence.*
intono, ui, it-, 1, *thunder.*
intonsus, [**tondeo,**] *unshorn.*
intorqueo, si, tum, 3, *twist, hurl.*
intortus, *twisted, involved.*
intrā, *within, inside of.*
intremo, ui, 3, *to tremble.*
intrepidus, a, um, *undaunted.*
intrīco, 1, *entangle, perplex.*
intrinsecus, *inwardly.*
intrītus, a, um, [**tero,**] *unworn.*
intro, 1, *enter, penetrate.*
intrō, *inwardly, within.*
introdūco, xi, ct-, 3, *lead in.*
introeo, ivi (**ii**), **it-,** 4, *enter.*
introitus, ūs, M., *entrance.*
intro-mitto, 3, *send in, let in.*
intorsum (**-sus**), *inwardly.*
introspicio, exi, ect-, 3, *inspect.*
intubus, i, D.; **um, i,** N., *endive.*
intueor, itus, 2, *gaze on, observe.*
intumesco, mui, 3, *to get swollen.*
intus, *within, on the inside.*
intūtus, a, um, *unguarded.*
inultus, [**ulciscor,**] *unpunished.*
inumbro, 1, *shade.*
inundo, 1, *overflow, inundate.*
inurbānus, a, um, *unpolished.*
inūro, ussi, ust-, 3, *brand, burn.*
inūsitātus, a, um, *uncommon.*
inusque, *unto, even to.*
inūtilis, e, *useless, hurtful.*
Inuus, i, a name of Pan.
invādo, si, sum, 3, *come upon, attack, enter upon, befall.*
invalesco, valui, 3, *grow strong.*
invalidus, a, um, *weak.*
invectio, ōnis, F., *importing.*
inveho, xi, ct-, 3, *bring in* or *upon, attack, inveigh* against.
invenio, vēni, vent-, 4, *come upon, find, discover, invent.*

inventor, ōris, M.; **-trix, īcis,** F., *a finder, discoverer.*
invenustus, a, um, *ungraceful.*
inverēcundus, a, um, *shameless.*
invergo, 3, *pour upon.*
inversus, a, um, *perverted.*
inverto, ti, sum, 3, *reverse, upset.*
investīgo, I, *track, trace.*
inveterasco, 3, *grow old* or *fixed.*
invetero, I, *make* or *grow old.*
invicem, *by turns.*
invictus, a, um, *unconquered.*
invideo, vīdi, vīs-, 3, *grudge, envy.*
invidia, æ, F., *envy, malice.*
invidiōsus, a, um, *envious, odious.*
invidus, a, um, *envious.*
invigilo, I, *be watchful, take pains.*
inviolātus, a, um, *unharmed.*
invīso, si, sum, 3, *visit.*
invīsus, a, um, *unseen, hated.*
invīto, I, *invite, summon, challenge.*
invītus, a, um, *unwilling, reluctant.*
invius, a, um, *pathless, impassable.*
invocātus, a, um, *uncalled.*
invoco, I, *call upon, name, invoke.*
involo, I, *fly into* or *upon.*
involucrum, i, N., *wrapper.*
involvo, i, ūt-, 3, *roll upon, wrap.*
Io, Iūs (onis), myth. d. of Inachus, changed to a heifer.
Iocasta, æ (ē, ēs), m. of Œdipus.
Iolcos, i, M., a port in Thessaly.
Iōnia, æ, dist. of 12 Greek cities on W. coast of Asia Minor.
Iōnicus (-ius), a, um, *of Ionia.*
Iphigenīa, æ, d. of Agamemnon, sacrificed to Diana at Aulis.
ipse (ipsus), a, um, (§ **20**, ii.), *self.*
īra, æ, F., *rage, anger.*
īracundia, æ, F., *wrath, temper.*
īracundus, a, um, *passionate.*
īrascor, I, *to be angry, wrathful.*
īrātus, a, um, *enraged.*
ircus=hircus, *goat.*
Iris, idis, F., messenger of Juno.
īris, idis, F., *rainbow, sword-lily.*
irpex, icis, M., *rake, harrow.*
irrādo, 3, *scrape, shave.*
irrāsus, a, um, *unshaven.*
irreparābilis, e, *irretrievable.*
irrēpo, psi, 3, *creep in* or *upon.*
irrequiētus, a, um, *restless.*
irrētio, 4, *ensnare, entangle.*
irrīdeo, īdi, īs-, 2, *laugh at, jest.*
irrīdiculus, a, um, *laughable.*
irrigo, I, *to water, irrigate, nourish.*
irriguus, a, um, *full of water.*
irrīsus, [**rīdeo,**] *mocked.*
irrīsus, ūs, M., *mockery, derision.*
irrītāmentum, i, N., *stimulant.*
irrīto, I, *excite, inflame.*
irritus, a, um, *vain, void, useless.*
irrogo, I, *propose, appoint, inflict.*
irrōro, I, *to moisten, bedew.*
ir-rumpo, 3, *to break* or *burst in.*
irruo, ui, 3, *rush* or *pour in.*
irruptio, ōnis, F., *bursting-in.*
is, ea, id (§ **20**), *he, she, this, that.*
Isauria, æ, F., a dist. of Asia Minor.
Isis, is (idis), an Egyptian goddess.
Ismarus, i, M.; **-a, ōrum,** N., a mountain range of Thrace.
Issus, i, F., a city of Cilicia, where Darius was defeated, B.C. 333.
istāc, *this way.*
iste, a, ud (§ **20**, ii.), *that.*
Ister, tri, M., the lower Danube.
†**isthmus, i,** M., *isthmus.*
Isthmius, a, um, *Isthmian;* N. pl., games celebrated near Corinth.
istic, æc, oc (uc), *this same.*
istic, *there, yonder.*
istim, *to that place.*
istinc, *thence, from yonder.*
istiusmŏdi, *of that sort.*
isto, istoc, *thither, yonder.*
istorsum, *thitherward.*
Istria, æ, F., the dist. near Venice.
istuc, *thither* (interrog. **-cine**).
ita, *so, thus.*
Ītalia, æ, F., *Italy.*
Ītalis, idis, F., *an Italian woman.*
Ītalus (-icus), a, um, *Italian.*
itaque, *and so, therefore.*
item, *so, likewise, also.*
iter, itineris, N., *way, road, march.*
itero, I, *repeat, relate.*
iterum, *a second time.*
Ithacus, a, um, *of Ithaca,* an I. west of Greece; M., *Ulysses.*
itidem, *in like manner.*
itinerārius, a, um, *of the march.*

itio, ōnis, F.; **itus, ūs,** M., *a going.*
ito, I (freq. of **eo**), *go.*
Itys, yos, ya, myth. s. of Tereus, changed to a pheasant.
Iūlus, i, a name of Ascanius, as founder of the Julian family.
Ixīon, ŏnis, k. of Lapithæ, bound to a fiery wheel in Tartarus.
iynx, gis, F., *wry-neck* (a bird).

J.

jaceo, ui, jacit-, 2, *lie.*
jacio, jēci, jact-, 3, *throw, utter.*
jactantia, æ, F., *loud boasting.*
jactātio, ōnis, F., *tossing about.*
jacto, I, *toss, hurl, discuss, boast.*
jactūra, æ, F., *throwing, cost, loss.*
jactus, ūs, M., *a throw, cast.*
jaculor, I, *to cast, hurl, shoot.*
jaculum, i, N., *javelin, dart.*
jaculus, a, um, *thrown;* N., *net.*
jam, *now, already, presently.*
jamprīdem, *now, long since.*
Jāniculum, a hill of Rome, beyond the Tiber.
jānitor, ōris, M., *door-keeper.*
jānua, æ, F., *door, entrance.*
Jānuārius, a, um, *January.*
Jānus, i, the Italian Sun-god.
jecur, ŏris (inoris), N., *liver.*
jējūnium, i, N.; **-itas,** F., *fasting.*
jējūnus, a, um, *hungry, sterile, dry.*
jentāculum, i, N., *early meal.*
jocor (o), I, *to jest.*
jocōsus, a, um, *jesting, facetious.*
joculāris, e, *funny, laughable.*
jocus (-culus), i, M., *joke, jest, fun.*
Jovis, gen. of **Juppiter.**
Juba, æ, k. of Numidia, partisan of Pompey; d. B.C. 46.
juba, æ, F., *mane, hair.*
jubar, ăris, N., *sunbeam, radiance.*
jubātus, a, um, *crested.*
jubeo, jussi, juss-, 2, *order, command, bid, entreat, decree.*
jūcunditas, ātis, F., *pleasantness.*
jūcundus, a, um, *glad, delightful.*
Jūdæa, æ, F., *Palestine.*
Jūdaicus (-æus), a, um, *Jewish.*
judex, ĭcis, M., *judge, juror.*
jūdicātio, ōnis, F., *investigation.*
jūdiciālis, e, *of the court.*
jūdicium, i, N., *court, trial, judgment, sentence.*
jūdico, I, *to judge, decide.*
jugālis, e, *of a yoke, nuptial.*
jugerum, i; pl., **era, um,** N., *acre* (about ⅝ of English acre).
jūgis, e, *constant, perennial.*
jūglans, dis, F., *walnut.*
jūgo, I, *bind, join, marry.*
jugulo, I, *cut the throat, kill.*
jugulum, i, N.; **-us, i,** M., *throat.*
jugum, i, N., *yoke, cross-beam.*
Jugurtha, æ, king of Numidia, capt. B.C. 106.
Jūlius, a, um, *of July;* a Gens, including the family of Cæsar.
jūmentum, i, N., *beast of burden.*
junceus, a, um, *of rushes.*
junctūra, æ, F., *joint, connection.*
juncus, i, M., *rush.*
jungo, nxi, nct-, 3, *join, yoke.*
jūnior, ōris, *younger* (§ **17,** iii.).
Jūnius, a, um, *of June;* a Gens, including the family of Brutus.
jūnix, icis, F., *heifer.*
Jūno, ōnis, queen of Heaven.
Juppiter, Jŏvis, *Jupiter,* son of Saturn, king of gods.
Jura, æ, M., the mt. W. of Helvetia.
jūrātor, ōris, M., *witness.*
jūrātus, a, um, *under oath.*
jūreus, a, um (jus), *of broth.*
jurgium, i, N., *dispute.*
jurgo, I, *to quarrel, dispute.*
jūris consultus, i, M. *jurist.*
jūrisdictio, ōnis, F., *administration of justice, legal authority.*
jūrisperītus, a, um, *skilled in law.*
juro (or), I, *swear, take oath.*
jus, jūris, N., *law, right, justice.*
jus, jūris, N., *broth, soup, gravy.*
jusjūrandum (§ **14,** ii, 2), *oath.*
jussum, i, N.; **-us, ūs,** M. *command.*
jussus, [**jubeo,**] *ordered.*
justitia, æ, F., *justice.*
justitium, i, N., *vacation* of court.
justus, a, um, *just, true, due, right;* N., *justice;* pl., *ceremonies.*

juvenālis, e, *youthful.*
juvencus, a, um, *young;* M., *bullock;* F., *heifer.*
juvenesco, nui, 3, *become a youth.*
juvenīlis, e, *youthful, cheerful.*
juvenis, is (um), C., *a youth.*
juventa, æ ;- tas, tātis ; -tus, tūtis, F., *youth* (reckoned from 20 to 40).
juvo, jūvi, jūt-, 1, *help, gratify.*
juxtā, *near, close by, directly, alike.*
juxtim, *close by, near.*

K.

K, the prænomen **Kæso.**
k, (**kal.** or **Kalendæ, ārum,** F.), *kalends,* first of the month (§ **83**).
Karthāginiensis, e, *Carthaginian.*
Karthāgo, inis, F., *Carthage;* a wealthy and powerful city of N. Africa, long a deadly rival of Rome; taken and destroyed, B.C. 146. — The Carthaginian wars were, 1. B.C. 264–241; 2. B.C. 219–202; 3. B.C. 149–146.

L.

L, the præn. **Lucius**; num.,=50.
labasco (-or), 3, *totter, waver.*
Labdacus, myth. k. of Thebes.
labe-facio, 3, *loosen, shake, weaken.*
labefacto, 1, *shatter, overthrow, ruin.*
labefīo, P. of **labefacio.**
labellum, i, N., *lip, bath-tub.*
labeo, ōnis, M., *blubber-lip.*
lābes, is, F., *fall, ruin, stain.*
labia, æ, F.; **labium, i,** N., *lip.*
labo, 1, *totter, waver, sink.*
lābor, lapsus, 3, *glide, fall, err.*
labor, ōris, M., *toil, distress.*
labōriōsus, a, um, *full of toil.*
labōro, 1, *labor, strive, suffer.*
labrum, i, N., *lip, magazine, vat.*
labrusca, æ, F.; **-cum, i,** N., *wild grape.*
Labyrinthus, i, M., an intricate building wrought by Dædalus in Crete, for the Minotaur.

lac, lactis, N., *milk.*
†**Lacæna, æ,** a Spartan woman.
†**Lacedæmon, ŏnis,** F., *Sparta,* S.-E. dist. of Peloponnesus;
Lacedæmonius, a, um, *Spartan.*
lacer, era, um, *mangled, torn.*
lacerātio, ōnis, F., *mangling.*
lacerna, æ, F., *a warm cloak.*
lacero, 1, *mangle, rail at, destroy.*
lacertus, i, M.; **-ta, æ,** F., *lizard.*
lacertus, i, M., *arm* (upper-arm).
lacesso, īvi, īt-, 3, *challenge, harass, excite, provoke.*
lachrima (-yma)=lacrima, *tear.*
lacinia, æ, F., *lappet, dewlap.*
laciniōsus, a, um, *jagged, indented.*
†**Laco (-cōn), cōnis,** M., *a Spartan.*
Lacōnicus, a, um, *Spartan.*
lacrima (lacruma), æ, F., *tear.*
lacrimābilis, e, *tearful, sad.*
lacrimo (or), 1, *weep.*
lacrimōsus, a, um, *tearful, weeping.*
lacteo, 2, *suck* or *hold milk.*
lacteus, a, um, *milking, milk-white.*
lactis, is, F., *small entrail.*
lacto (-ito), 1, *suckle, allure.*
lactūca, æ, F., *lettuce.*
lacūna, æ, F., *hole, pool, gap, void.*
lacūnar, āris, N., *panelled ceiling.*
lacūno, 1, *to hollow, panel.*
lacus, ūs, M., *lake, tank, vat.*
lædo, si, sum, 3, *strike, hurt.*
læna, æ, F., *mantle.*
Laërtes, æ, father of Ulysses.
Læstrȳgŏnēs, um, a myth. savage race of Sicily and S. Italy.
lætābilis, e, *joyful, glad.*
lætāmen, inis, N., *manure.*
lætē, *gladly, fruitfully.*
lætifico, 1, *gladden, fertilize.*
lætificus, a, um, *gladdening.*
lætitia, æ, F., *joy, beauty, fertility.*
læto, 1, *make glad;* P., *to rejoice.*
lætus, a, um, *glad, joyful, cheerful, fertile, charming.*
lævē, *awkwardly.*
lævis=lēvis, *smooth.*
lævorsum, *to the left.*
lævus, a, um, *the left, unfortunate, awkward;* (in augury) *fortunate;* F., *left hand;* N., *on the left.*

lagēna, æ, F., *flask.*
Lāgus, father of Ptolemy, the first Grecian king of Egypt.
Lāius, myth. king of Thebes, father of Œdipus.
lambo, bi, bit-, 3, *lick, wash.*
lāmenta, ōrum, N., *lament.*
lāmentābilis, e, *mournful.*
lāmentātio, ōnis, F., *mourning.*
lāmentor, 1, *bewail, lament.*
lāmina, æ, F., *leaf, layer.*
†**lampas, adis (da, dās),** F., *torch.*
†**Lampsacum (cus), i,** a town in Asia on the Hellespont.
lāna, æ, F., *wool, down.*
lānārius, a, um, *of wool;* M., *a worker in wool;* F., *wool-factory.*
lānātus, a, um, *woolly.*
lancea, æ, F., *a light spear.*
lances (lanx), *dishes.*
lancino, 1, *mangle, destroy.*
lāneus, a, um, *woolen, downy.*
languens, tis, *faint, languid.*
langueo, 2 **(-guesco, gui,** 3), *to be* or *grow faint, languid, weak.*
languidus, a, um, *faint, weak.*
languor, ōris, M., *languor, faintness.*
laniārius, a, um, *of a butcher.*
laniātus, ūs, M., *mangling.*
lānicium, i, N., *wool.*
laniēna, æ, F., *butcher's stall.*
lānificus, a, um, *working in wool.*
lāniger, era, um, *fleecy;* M., *ram.*
lanio, 1, *mangle, tear, lacerate.*
lanista, æ, M., *fencing-master, trainer* of gladiators.
lanius, i, M., *butcher, executioner.*
lānūgo, inis, F., *down, bloom.*
lānugineus (-osus), a, um, *downy.*
Lānuvium, i, N., a town of Latium, 23 miles S. E. of Rome.
lanx, cis, F., *dish, platter.*
Lāocoon, tis, myth. priest of Apollo, in Troy.
Lāomedon, tis, k. of Troy, father of Priam and Ganymede.
lapathum (us), i, N., *sorrel.*
lapicīdīnæ, ārum, F., *quarries.*
lapidat, *it rains stones.*
lapidātio, ōnis, F., *stoning.*
lapideus (-ārius), a, um *of stone.*
lapido, 1, *throw stones at.*
lapidōsus, a, um, *stony.*
lapillus, i, M., *pebble, gravel.*
lapis, idis, M., *stone, milestone.*
Lapithæ, ārum, mountaineers of Thessaly.
lappa, æ, F., *burr.*
lapsio, ōnis, F., *sliding, proclivity.*
lapso, 1, *slide, fall, stumble.*
lapsus, ūs, M., [**lābor,**] *fall, flight.*
laquear, āris, N., *panelled ceiling.*
laqueo, 1, *ensnare, entangle; adorn with pannelling.*
laqueus, i, M., *noose, snare, lasso.*
Lar, tis, *first-born* (Etruscan).
Lārentia (Acca), wife of Faustulus, nurse of Romulus.
Lares, ium (um), *houshold deities; hearth, home.*
largē (-iter), *bountifully.*
largior, 4, *bestow gifts, lavish, bribe.*
largitas, ātis, F., *liberality, bribery.*
largītor, ōris, M., *giver, briber.*
largus, a, um, *ample, abundant.*
laridum (lardum), i, N., *fat bacon.*
Lārīnum, i, N., a Samnite town.
Larissa, æ, F., a city of Thessaly.
Larissæus, a, um, *Thessalian.*
Lārius, i, M., *L. Como,* in N. Italy.
†**larix, icis,** D., *larch.*
larus, i, M., *sea-mew* (?).
larva, æ, F., *mask, spectre, goblin.*
larvo, 1, *bewitch, enchant.*
lasanum, i, F., *cooking-pot.*
lascīvia, æ, F., *sport, wantonness.*
lascīvio, 4, *to be playful, wanton.*
lascīvus, a, um, *playful, wanton.*
lassitūdo, inis, F., *weariness.*
lasso, 1, *make faint* or *languid.*
lassus, a, um, *faint, weary, languid.*
latebra, æ, F., *hiding-place, retreat.*
latebrōsus, a, um, *hidden, intricate.*
latens, tis, *hidden.*
lateo, ui, 2, *be hid,* (w. acc.).
later, eris, M., *brick, tile.*
laterārius, a, um, *of bricks;* M., *brick-maker;* F., *brick-kiln.*
laterculus, i, M., *tile, pancake.*
latericius, a, um, *made of brick.*
lāterna, æ, F., *lantern.*
latesco, 3, *hide;* **lātesco,** *widen.*

latex, icis, M., *liquid;* pl., *water.*
latibulor, I, *be hid, lurk.*
latibulum, i, M., *lurking-place.*
lāticlāvius, a, um (with broad stripe), *of noble family.*
lātifundium, i, N., *estate, plantation.*
Latīnus, a, um; Latiālis, e, *of Latium, Latin.*
Latīnus, i, myth. k. of Latium.
lātio, ōnis, F., *bringing.*
latito, I, [**lateo,**] *hide, skulk, lurk.*
lātitūdo, inis, F., *breadth, size.*
Latium, i, N., the district Southward from Rome, having especial political rights (**jus Latii**).
Lātōna, æ, the mother of Apollo.
lātor, ōris, M., *proposer* of a law.
latrātor, ōris, M., *barker, dog.*
latrātus, ūs, M., *barking.*
latrīna, æ, F., *sink, privy.*
latro, I, *to bark, rant, bluster.*
latro, ōnis, M., *robber, brigand, body-guard, mercenary, assassin.*
latrōcinium, i, N., *robbery, fraud.*
latrōcinor, I, *serve for hire, rob, plunder, hunt.*
latrunculus, i, M., *robber, freebooter.*
lātus, [**fero,**] *borne, carried.*
lātus, a, um, *broad, wide, copious.*
latus, eris, N., *side, flank, body.*
laudābilis, e, *praiseworthy.*
laudātio, ōnis, F., *eulogy.*
laudātor, ōris, M., *eulogist.*
laudo, I, *to praise, eulogize.*
laureātus, a, um, *laurel-crowned.*
Laurens, tis, *of Laurentum,* a coast town of Latium.
laureola, æ, F., *laurel-wreath.*
laureus, a, um, *of laurel.*
lauriger, era, um, *laurel-decked.*
laurus, i (ūs), F., *laurel, bay.*
laus, laudis, F., *praise, merit, glory.*
lautē, *sumptuously.*
lautia, æ, F., *state-banquet.*
lautitia, æ, F., *magnificence.*
† **lautumiæ, ārum,** F., *stone-quarry.*
lautus, [**lavo,**] *noble, elegant.*
lavātio, ōnis, F., *bathing.*
Laverna, æ, goddess of Gain.
Lāvīnia, æ, daughter of Latinus, wife of Æneas.

lavo, lāvi, laut- (lōt-), I, *to wash.*
laxāmentum, i, N., *widening.*
laxitas, ātis, F., *roominess, breadth.*
laxātus, a, um, *wide, free.*
laxē, *spaciously, freely.*
laxo, I, *open, expand, slacken.*
laxus, a, um, *wide, loose, open.*
leæna (lea), æ, F., *lioness.*
† **lebēs, ētis,** M., *kettle.*
lectīca, æ, F., *litter, carrying-chair.*
lectīcārius, i, M., *litter-bearer.*
lectīcula, æ, F., *litter, bier.*
lectio, ōnis, F., *gathering, reading.*
lectisternium, i, N., a banquet offered to the gods or images.
lectito, I, [**lego,**] *read frequently.*
lector, ōris, M., *reader.*
lectus (-ulus), i, M., *bed, couch.*
lectus, [**lego,**] *select, chosen.*
Lēda, æ, wife of Tyndarus, mother of Helen and Clytæmnestra.
lēgālis, e, *of the law.*
lēgātum, i, N., *bequest.*
lēgātio, ōnis, F., *embassy, legation.*
lēgātīvus, a, um, *of the legation.*
lēgātus, i, M., [**lēgo,**] *an ambassador, deputy, lieutenant.*
lēgifer, era, um, *law-giving.*
legio, ōnis, F., *legion* (of 4,200, afterwards 6,000); *army.*
legiōnārius, a, um, *of a legion.*
lēgirupa, æ, M., *law-breaker.*
lēgitimus, a, um, *lawful, right.*
lēgo, I, *depute, appoint, bequeathe.*
lego, lēgi, lect-, 3, *gather, pass along, select, read, recite.*
legūmen, inis, N., *beans* or *peas.*
Leleges, um, a Pelasgian tribe, of Greece and Asia Minor.
Lemannus, i, M., Lake Geneva.
lembus, i, M., *yacht, cutter.*
† **lemma, ătis,** N., *topic, title.*
† **lemniscus, i,** M., *ribbon, badge.*
† **Lemnos,** an I. in the Ægean, the abode of Vulcan.
lemures, um, M., *shades, spectres.*
lēna, æ, F., *procuress.*
lēne, *calmly, indolently.*
lēnīmen, inis, N., *soothing, remedy.*
lēnio, 4, *soothe, soften, mitigate.*
lēnis, e, *smooth, mild.*

lēnitas, ātis; -tūdo, inis, F., *gentleness, smoothness, mildness, lenity.*
lēno, ōnis, M., *seducer, procurer.*
lēnōcinium, i, N., *trade of procurer, allurement, decoration, finery.*
lēnōcinor, I, *flatter, serve.*
lens, lentis, F., *lentil.*
lentesco, 3, *grow pliant, relax.*
lenticula, æ, F., *lentil.*
lentīgo, inis, F., *freckle.*
lentiscus, i, F.; **-um, i,** N., *mastich.*
lentitia, æ; -es, ēi, F., *pliancy, toughness, viscosity.*
lentitūdo, inis, F., *sluggishness.*
lento, I, *bend, lengthen, protract.*
lentor, ōris, M., *pliancy.*
lentus, a, um, *slow, tough, pliant.*
lēnunculus, i, M., *boat, skiff.*
leo, leōnis, M., *lion.*
Leōnidas, æ, a Spartan king, killed at Thermopylæ, B.C. 480.
leōnīnus, a, um, *of a lion.*
†**lepas, ădis,** F., *limpet.*
lepidē, *agreeable, prettily.*
lepidus, a, um, *agreeable, facetious.*
lepor (ōs), ōris, M., *pleasantness, charm, wit, humor.*
lepus, ŏris, M., *hare.*
Lernæus, a, um, *of Lerna,* a marsh near Argos.
Lesbis, idis; -ias, ădis, F., *Lesbian.*
Lesbius (-ōus, -iacus), a, um, *of Lesbos,* an island near Troy.
lessum (M. acc.), *wailing.*
lētālis, e, *deadly.*
†**lēthargus, i,** M., *drowi ness.*
Lēthē, ēs F., (*oblivion*), a river of the world below.
lētifer, era, um, *death-bringing.*
lēto, I, *slay, kill.*
lētum (lēthum), i, N., *death, ruin.*
Leucadia, æ; Leucas, ădis, F., a peninsula of N. W. Greece.
†**leucaspis, idis,** *with white shields.*
Leucāta, æ, F., a prom. of Leucadia.
Leucothea, æ, myth. name of Ino.
Leuctra, ōrum, N., a town of Bœotia, famous for the defeat of the Spartans, B.C. 371.
levāmen, inis; -mentum, i, N., *alleviation, consolation.*
levātio, ōnis, F., *uplifting, relief.*
leviculus, a, um, *rather vain.*
lēvigo, I, *bruise, make smooth.*
levir, ĭri, M., *husband's brother.*
levis, e, *light, easy, slight, false.*
lēvis, e, *smooth, soft, delicate.*
levitas, ātis, F., *lightness, fickleness.*
lēvitūdo, inis, F., *smoothness.*
levo, I, *to uplift, lighten, relieve.*
lēvo, I, *to make smooth, polish.*
lex, lēgis, F., *law, rule, order.*
lībāmen, inis; -mentum, i, N., *libation, drink-offering.*
Libanus, i, M., *Mt. Lebanon,* in Syria.
libella, æ, F., *small coin, farthing.*
libellus, i, M., [**liber,**] *little book, note, memorial, bill.*
libens, tis, [**libet,**] *willing, glad.*
libenter, *gladly.*
libentia, æ, F., *delight.*
lībenter, *gladly, freely.*
līber, era, um, *free;* pl., *children.*
Līber, eri, M., *Bacchus; wine.*
liber, bri, M., *bark, book.*
Lībera, æ, a name of Proserpine.
Līberālia, um, festival of Bacchus.
līberālis, e, *of freemen, liberal.*
līberālitas, ātis, F., *liberality, gift.*
līberātio, ōnis, F., *release.*
līberātor, ōris, M., *deliverer.*
līberi, ōrum, M., *children.*
lībero, I, *deliver, release.*
līberta, æ, F., *freedwoman.*
lībertas, ātis, F., *freedom.*
lībertīnus, a, um, *of a freedman;* M., *freedman* (as class).
lībertus, i, M., *freedman.*
libet (lubet), *it pleases* (§ **39,** I).
libīdinor, I, *indulge lust.*
libīdinōsus, a, um, *lustful, sensual.*
libīdo, inis, F., [**libet,**] *eager* or *unlawful desire, pleasure, caprice.*
libita, ōrum, N., *what one will.*
Libitīna, æ, goddess of Burial.
lībo, I, *taste, touch, pour, cull.*
lībra, æ, F., *pound* (12 oz.), *balance.*
lībrāmentum, i, N., *weight, even surface* or *balance.*
librārius, a, um, *of books;* M., *copyist, clerk;* F., *bookstore;* N., *book-chest.*

lībrārius, a, um, *of a pound;* F., *head-spinner* (weigher of wool).
lībrātio, ōnis, F., *weighing out.*
lībrātor, ōris, M., *surveyor, engineer.*
lībrīlis, e, *of a pound;* N., *scales.*
lībripens, pendis, M., *paymaster.*
lībro, I, *weigh, poise, hurl.*
libum, i, N., *a cake.*
Liburnus, a, um, *Liburnian* (of Illyria); F., *a swift galley.*
Libya, æ (-ē, ēs), *Libya, Africa.*
Libyus (-ycus, -yssus, -ystīnus), a, um; -ys, yos (-ystis, tȳdis, F.), *Libyan, or African.*
licens, tis, *free, unrestrained.*
licenter, *at pleasure.*
licentia, æ, F., *freedom, license.*
liceo, cui, cit-, 2, *be on sale, value.*
liceor, itus, 2, *bid* (at auction).
licet, uit, 2, *it is permitted* (§ **39**, I).
licet, *although, even if, granted.*
† **līchen, ēnis,** M., *lichen, eruption.*
licitor, I, [**liceor,**] *to bid.*
līcium, i, N., *listing, thread, girdle.*
lictor, ōris, M., *lictor* (attendant on a magistrate; a dictator had 24, a consul 12, a prætor 6).
lien, ēnis, M., *spleen.*
liēnōsus, a, um, *splenetic.*
ligāmen, minis; -mentum, i, N.; **-tūra, æ,** F., *band, ligament.*
Liger, ĕris, M., the river *Loire.*
lignārius, a, um, *of wood;* M., *carpenter, lumber-dealer.*
lignātio, ōnis, F., *getting wood.*
ligneus (-olus), a, um, *wooden, dry.*
lignor, I, *to get wood.*
ligo, I, *to bind, tie, fasten.*
ligo, ōnis, M., *grub-hoe.*
ligula, dim. of **lingua,** *tongue.*
Ligures, um, people of Liguria (*Piedmont*), the dist. near Genoa.
ligūrio, 4, *lick, long for, be dainty.*
Ligusticus, a, um, *of Liguria.*
ligustrum, i, N., *privet.*
līlium, i, N., *lily.*
Libybæum, i, N., a promontory at the west of Sicily.
līma, æ, F., *file.*
līmārius, a, um, *slimy, clayey, miry.*
līmātus, a, um, *refined, correct.*
līmax, ācis, F., *slug, snail.*
limbus, i, M., *edge, border, flounce.*
līmen, inis, N., *sill, threshold.*
līmĕs, itis, M., *by-path, boundary.*
limis, e=līmus, *aslant.*
līmito, I, *limit, fix, divide.*
līmo, I, *to file, whet, polish.*
līmōsus, a, um, *muddy, miry.*
limpidus, a, um, *clear, pure.*
līmus, a, um, *aslant, awry, squinting.*
līmus, i, M., *slime, mud, dirt.*
līmus, i, M., *girdle, apron.*
līnea, æ, F., *thread, string, line, net.*
līneāmentum, i, N., *line, stroke.*
līneo, I, *sketch, straighten.*
līneus, a, um, *of flax.*
lingo, nxi, nct-, 3, *lick.*
lingua, æ, F., *tongue, language.*
lingulāca, æ, C., *chatterbox, gossip.*
līniger, era, um, *linen-wearing.*
lino, lēvi, līt-, 3, *anoint, smear.*
linquo, līqui, lict-, 3, *leave, quit.*
linteo, ōnis, M., *linen-weaver.*
linter, tris, F. (**T. 2,** i. 4), *boat, tray.*
linteus, a, um, *of linen;* N., *linen cloth, canvas.*
līnum, i, N., *flax, thread, net.*
† **Linus (os), i,** son of Apollo, a singer and poet of Thebes.
Lipara, æ, F., an I. N. of Sicily.
lippio, 4, *to be blear-eyed.*
lippus, a, um, *blear-eyed.*
lique-facio, 3; P., **-fio,** *melt, dissolve.*
liqueo, cui (qui), 2; **-esco,** 3, *to be fluid, clear;* **non liquet (n. l.),** *the case is not clear.*
liquidē, *clearly, confidently.*
liquidus, a, um, *liquid, clear.*
liquo, I, *melt, dissolve, strain.*
līquor, I, *melt, flow.*
liquor, ōris, M., *liquid, fluidity.*
līra, æ, F., *ridge, furrow.*
līro, I, *to plough, harrow.*
† **līrœ,** *trifles.*
līs, lītis, F., **stlis,** *dispute, lawsuit.*
litātio, ōnis, F., *propitious sacrifice.*
lītera (-ula), æ, *letter* (of alphabet); pl., *epistle, document, letters.*
līterātē, *clearly, learnedly, literally.*
līterātus, a, um, *lettered, learned.*
lītigiōsus, a, um, *disputatious.*

lītigium, i, N., *dispute.*
lītigo, I, *to sue, quarrel, litigate.*
lito, I, *sacrifice* (with good omens), *make expiation, appease.*
lītorālis, e; -eus, a, um, *of the shore.*
littera=lītera, *letter.*
littus=lītus, *shore.*
litūra, æ, F., [**lino,**] *blur, erasure.*
litus, ūs, M., *smearing, daubing.*
lītus, ŏris, N., *shore.*
lituus, i, M., *augur's crook, horn.*
līveo, 2, *to be bluish.*
līvidus, a, um, *bluish, lurid, envious, malignant.*
līvor, ōris, M., *lividness, envy.*
lix, līcis, M., *ashes.*
lixa, æ, M., *sutler;* pl., *camp-followers.*
lixīvus (**-ius**), **a, um,** *of lye.*
locālis, e, *of a place.*
locārius, a, um, *of renting.*
locātio, ōnis, F., *location, lease.*
locātor, ōris, M., *one who lets, hirer.*
loco, I, *put, let, give* in marriage.
loculus, i, M., *place, bier, coffin, stall.*
locuples, ētis, *rich, sure, ample.*
locuplēto, I, *to enrich.*
locus, i, M.; pl., **a,** N. (§ **14**, ii. I), *place, topic, rank;* abl., *instead.*
lōcusta, æ, F., *locust, lobster.*
locūtio, ōnis, F., *speaking, speech.*
locūtus, [**loquor,**] *having spoken.*
lōdix, īcis, F., *coverlet, blanket.*
†**logicus, a, um,** *logical;* F., *logic.*
†**logos, i,** M., *word, jest, reason.*
lōlīgo, inis, F., *cuttle-fish.*
lolium, i, N., *darnel, cockle, tares.*
lōmentum, i, N., a bean-poultice.
Londīnium, i, N., *London.*
longævus, a, um, *aged, ancient.*
longē, *far, by far.*
longinquitas, ātis, F., *distance, extent, length, duration.*
longinquus, a, um, *long, far.*
longitūdo, inis, F., *length.*
longurius, i, M., *long pole.*
longus (**-ulus**), **a, um,** *long, far.*
loquācitas, ātis, F., *loquacity.*
loquax, ācis, *talkative.*
loquēla, æ, F., *word, discourse.*
loquor, locūtus, 3, *speak, talk.*
lora (**-ea**), **æ,** F., *after-wine.*
lōrētum, i, N., *laurel-grove.*
lōreus, a, um, *of thongs.*
lōrīca, æ, F., *leather cuirass, breastwork, parapet, fence.*
lōrīco, I, *clothe in mail.*
lōripes, edis, *lithe,* or *bow-legged.*
lōrum, i, N., *thong, rein, scourge.*
†**lōtos, i,** M., *water-lily, lotus.*
lōtus, [**lavo,**] *washed.*
lubet=libet, *it pleases.*
lubīdo, inis, F. =**libīdo,** *pleasure.*
lūbrico, I, *make slippery.*
lūbricus, a, um, *slippery, fleeting.*
lūcāris, e, *of the forest.*
Lūcānus, a, um, *of Lucania,* a dist. of S. Italy.
lucellum, i, N., *slight gain.*
lūceo, luxi, 2, *shine, gleam.*
Lūceres, um, a patrician tribe in the founding of Rome.
Lūceria, æ, F., a town in Apulia.
lucerna, æ, F., *lamp.*
lūcesco, 3, *grow bright, dawn.*
lūcidus, a, um, *bright, clear.*
lūcifer, era, um, *light-bringing.*
Lucifer, feri, M., the morning star.
lūcifugus, a, um, *light-shunning.*
Lucina, æ, the goddess of Birth.
lūcīnus, a, um, *bringing to light.*
lucrātivus, a, um, *of gain* or *bequest, profitable.*
lucri-facio, 3, *get gain.*
lucrificus, a, um, *profitable.*
Lucrīnus, i, M., a lake near Baiæ.
lucripeta, æ, C., *gain-seeker.*
lucror, I, *to get gain, profit.*
lucrōsus, a, um, *gainful.*
lucrum, i, N., *gain, wealth.*
luctāmen, inis, N.; **-tātio, ōnis,** F., *a wrestle, struggle, contest.*
luctātor, ōris, M., *wrestler.*
luctifer, era, um, *grief-bringing.*
luctificus, a, um, *causing grief.*
luctisonus, a, um, *sad-sounding.*
luctor, I, *to struggle, wrestle.*
luctuōsus, a, um, *sorrowful.*
luctus, ūs, M., *grief, mourning.*
lūcu, [**lux,**] *by daylight.*
lūcubrātio, ōnis, F., *night-work.*

lūcubro, I, *to toil by night.*
lūculentē (**-ter**), *brilliantly.*
lūculentus, a, um, *bright, famous.*
Lūcullus, i, L. Licinius, a wealthy Roman noble, commander against Mithridates, B.C. 74–66.
Lucumo, ōnis, M. (an Etruscan title), *priest* or *prince.*
lūcus, i, M., *wood* or *grove.*
lūdia, æ, F., *actress.*
ludibriōsus, a, um, *scornful.*
lūdibrium, i, N., *jest, mockery.*
lūdibundus, a, um, *playful, easy.*
lūdicer (**-crus**), **a, um**, *sportive.*
lūdificātio, ōnis, F., *derision.*
lūdifico (**-cor**), I, *to make sport of, deceive, deride, frustrate.*
lūdīmagister, tri, M., *teacher.*
lūdio, ōnis, F. ; **-ius, i**, M., *actor.*
lūdo, si, sum, 3, *play, sport, deceive.*
lūdus, i, M., *sport, game, school.*
lues, is, F., *pestilence, calamity.*
Lugdūnensis, e, *of Lugdunum*, a city on the Rhone (*Lyons*).
lūgeo, xi, ct-, 2, *mourn, lament.*
lūgubris, e, *mournful.*
lūma, æ, F., *thorn.*
lumbifragium, i, N., *back-breaking.*
lumbrīcus, i, M., *stomach-worm.*
lumbus, i, M., *loin.*
lūmen, inis, N., *light, lamp, eye.*
lūminar, āris, N., *window.*
lūmino, I, *brighten, illumine.*
lūminōsus, a, um, *light, bright.*
lūna, æ, F., *moon.*
lūnāris, e, *of the moon, moonlight.*
lūnātus, a, um, *crescent-shaped.*
lūno, I, *bend* (like half moon).
luo, lui, 3, *wash, cleanse, expiate.*
lupa, æ, F., *she-wolf, prostitute.*
lupātus, a, um, *sharp-toothed ;* N. pl., *curb*, or *toothed bit.*
Lupercal, ālis, N., grove of Pan in Rome ; pl., a festival of Pan celebrated in February.
Lupercus, i, M., a name of Pan.
lupīnus (**-illus**), **i**, M., *lupine.*
lupīnus, a, um, *of a wolf.*
lupus, i, M., *wolf, a jagged bit.*
lūra, æ, F., *bag, sack's mouth.*
lurco, ōnis, M., *glutton.*
lurco (**-or**), I, *devour greedily.*
lūridus, a, um, *wan, lurid.*
lūror, ōris, M., *paleness.*
luscinia (**-ŏla**), **æ**, F., *nightingale.*
luscinus (**-ius**), **a, um**, *one-eyed.*
lusciōsus, a, um, *purblind.*
luscus, a, um, *one-eyed.*
Lūsitānia, æ, F., *Portugal.*
lūsito, I, freq. of **lūdo**, *play.*
lūsor, ōris, M., *player.*
lūsōrius, a, um, *of play ;* N., *play-ground ;* F. pl., *swift cruisers.*
lustrālis, e, *of purifying ;* or, *of four years.*
lustrātio, ōnis, F., *a purification, going about.*
lustricus, a, um, *of purification.*
lustro, I, *purify, survey, traverse.*
lustrum, i, N., *den, bog, forest ; expiation, period of four years.*
lūsus, ūs, M., [**lūdo**,] *game, sport.*
lutāmentum, i, N., *mud-wall.*
lutārius, a, um, *of mud.*
lūteolus, a, um, *yellowish.*
lutesco, 3, *get muddy.*
Lutetia, æ, F., *Paris.*
lūteus, a, um, *golden-yellow.*
luteus, a, um, *of mud, dirty.*
luto, I, *bedaub* with clay.
lutōsus, a, um, *muddy.*
lutra, æ, F., *otter.*
lutulentus, a, um, *muddy, dirty.*
lutulo, I, *bespatter, bemire.*
lūtum, i, N., *yellow-weed.*
lutum, i, N., *mud, clay.*
lux, lūcis, F., *light, life, day.*
luxo, I, *dislocate, displace.*
luxuria, æ (**es, ēi**), F., *luxuriance, rankness, luxury.*
luxurio (**-or**) I, *be luxuriant, abound.*
luxuriōsus, a, um, *rank, luxuriant, exuberant, wanton.*
luxus, ūs, M., *excess, luxury, splendor ; dislocation.*
Lyæus, i, M., a name of Bacchus.
Lycæus, i, M., a mt. of Arcadia, sacred to Jupiter and Pan.
Lycāon, ŏnis, myth. k. of Arcadia, changed to a wolf.
Lycēum, i, N., a gymnasium near Athens, Aristotle's school.

†**lychnis, idis,** *light-giving.*
†**lychnus, i,** N., *lamp, light.*
Lycia, dist. of S. W. Asia Minor.
lyciscus, i, M., *wolf-dog.*
Lycius, a, um, *of Lycia.*
Lycurgus, i, legislator of Sparta; a myth. k. of Thrace.
Lydus (ius), a, um, *of Lydia,* a dist. in W. Asia Minor; *Etruscan.*
lympha, æ, F., *spring-water.*
lymphāticus, a, um, *panic-stricken.*
lympho, I, *to drive distracted.*
lyncēus, a, um, *sharp-sighted.*
lynx, lyncis, F., *lynx.*
lyo, I, *liquefy.*
†**lyra, æ,** F., *lyre, lute.*
†**lyricus, a, um,** *lyrical.*
Lysander, dri, a Spartan general who captured Athens, B.C. 405.
Lȳsimachus, a general of Alexander, afterwards k. of Thrace.
Lysippus, a sculptor of Sicyon.
lytra=lutra, *otter.*

M.

M, the prænomen **Marcus**; num., 1,000.
M', the prænomen **Manius.**
maccus, i, M., *buffoon, simpleton.*
Macedŏnĕs, um, ăs, *Macedonians.*
Macedonia, dist. N. E., of Greece, (Southern Turkey), made a Roman prov. B.C. 148.
Macedonicus, i, surname of Q. Cæcilius Metellus.
Macedonius, a, um; -iensis, e, *Macedonian.*
macellārius, a, um, *of the market;* M., *victualler.*
macellum, i, M., *meat market.*
maceo, 2, *be lean.*
macer, cra, um, *lean.*
māceria, æ, F., *wall, enclosure.*
macero, I, *to steep, soften, fret, vex.*
macesco, 3, *grow lean.*
†**machæra, æ,** F.; **-ium, i,** N., *sword.*
Machāon, ŏnis, myth. son of Æsculapius, a surgeon of the Greeks at Troy.
māchina, æ, F., *engine, staging.*
māchināmentum, i, N., *instrument, machine, device.*
māchinātio, ōnis, F., *contrivance.*
māchinātor, ōris, N., *engineer, contriver, inventor.*
māchinor, I, *contrive, scheme, plot.*
māchio, ōnis, M., *a mason.*
macies, ēi, F., *leanness.*
macilentus, a, um, *meagre.*
macis, idis, F., *mace (?).*
macresco, crui, 3, *grow lean.*
macritūdo, inis, F., *leanness.*
mactātio, ōnis, F., *slaying.*
macto, I, *kill, sacrifice, requite.*
mactus, a, um, *honored, adored;* **macte,** *hail! well done!*
macula, æ, F., *spot, stain.*
maculo, I, *stain, speckle, pollute.*
maculōsus, a, um, *speckled, stained.*
madefacio, fēci, fact-, 3, *moisten.*
madens, tis, *wet, marshy.*
madeo, ui, 2; **-esco,** 3, *be* or *get wet, moist, drenched, overflowing.*
madido, I, *moisten.*
madidus, a, um, *wet, dyed, soaked.*
mador, ōris, M., *moisture.*
madulsa, æ, M., *drunken.*
Mæander, dri, M., a river of Ionia; *a winding way* or *border.*
Mæcēnas, ātis, friend of Augustus, patron of Virgil and Horace.
mæles=mēles, *badger.*
Mælius, Sp., slain for treason by Cincinnatus, B.C. 436.
mæna, æ, F., *herring (?).*
Mænădĕs, priestesses of Bacchus.
Mænalus, range of mountains in Arcadia, sacred to Pan.
Mæonia, a dist. of Lydia.
Mæonides, æ, *Homer.*
Mæonius, a, um, *Mæonian, Lydian.*
Mæōtis, idis (os), *the Sea of Azof.*
mærens, tis, *sad, grieving.*
mæreo, 2, *grieve, mourn.*
mæror, ōris, M., *sadness.*
mæstitia, æ, F., *grief.*
mæstus, a, um, *sad, grieved, unlucky, gloomy, mourning.*
māgālia, um, N., *huts, booths.*
mage=magis, *more.*

†**magīa, æ; -icē, ēs,** F., *magic.*
†**magicus, a, um,** *magical.*
magis (mage), *more.*
†**magis, idis; -ida, æ,** F., *platter.*
magister, tri, M., *master, leader, director, chief, teacher.*
magisterium, i, N., *director's office.*
magistra, æ, F., *mistress.*
magistrātus, ūs, M., *office, magistracy, magistrate.*
magnanimus, a, um, *great* or *high-hearted, brave.*
†**magnēs, ētis,** M., *magnet.*
magnidicus, a, um, *boastful.*
magnifacio, 3, *make much of.*
magnificē (-ficenter), *splendidly.*
magnificentia, æ, F., *grandeur, splendor, boastfulness.*
magnifico, I, *esteem highly, praise, magnify.*
magnificus, a, um, *grand, boastful, splendid, sumptuous.*
magniloquentia, æ, F., *lofty strain.*
magniloquus, a, um, *of lofty style.*
magnipendo, 3, *rate highly.*
magnitūdo, inis, F., *greatness, size, rank, dignity.*
magnopere (magno opere), *very much, greatly.*
magnus, a, um (comp. **mājor,** superl. **maximus**), *great.*
magus, a, um, *magical;* M., *magician;* F., *sorceress.*
Māia, æ, myth. d. of Atlas, mother of Mercury; one of the Pleiades.
mājālis, i, M., *hog.*
mājestas, ātis, F., *grandeur, splendor, majesty.*
mājor, us, ōris (comp. of **magnus**), *greater;* **majores,** *ancestors.*
Mājus, a, um, month of *May.*
mājusculus, a, um, *rather larger.*
māla, æ, F., *jaw, cheek.*
†**malacia, æ,** F., *calm.*
malacus, a, um, *soft, pliant.*
†**malagma, atis,** N., *poultice.*
male, *ill, badly.*
Malea, æ, F., S. point of Greece.
maledicax, ācis, F., *slanderous.*
maledīcens, tis, *scurrilous.*
maledīco, xi, ct-, 3, *revile, slander.*
maledictus, a, um, *accursed;* N., *curse, abusive speech.*
maledicus, a, um (-dīcentior, -dīcentissimus), *abusive.*
malefacio, fēci, fact-, 3, *do mischief.*
malefactor, ōris, M., *evil-doer.*
malefactum, i, N., *injury.*
maleficium, i, N., *mischief, crime.*
maleficus, a, um, *criminal, hurtful.*
malesuādus, a, um, *ill-advising.*
malevolens, tis (-volus), *spiteful.*
malevolentia, æ, F., *ill-will.*
mālifer, era, um, *apple-bearing.*
malignē, *spitefully, grudgingly.*
malignitas, ātis, F., *malice, spite, stinginess.*
malignus, a, um, *malicious, niggardly, barren.*
malitia, æ, F., *evil quality, malice.*
malitiōsus, a, um, *wicked, crafty.*
malivolus=malevolus.
malleolus, i, M., *mallet, shoot* (for planting), *fire-ball.*
malleus, i, M., *hammer.*
†**mallus, i,** M., *lock of wool.*
mālo (§ **37**, iii.), *choose rather, prefer.*
mālum, i, N., *apple, pulpy fruit.*
malum, i, *evil, misfortune.*
malus, a, um (comp. **pējor,** superl. **pessimus**), *bad.*
mālus, i, F., *apple-tree, mast, beam.*
malva, æ, F., *mallow.*
Mam., the prænomen **Mamercus.**
Māmers, tis, Oscan for *Mars.*
Māmertīni, a tribe of N.E. Sicily.
mamma (-illa), æ, F., *breast, udder.*
mammōsus, a, um, *full-breasted.*
mānālis, e, *flowing.*
manceps, ipis, M., *purchaser, hirer, bondsman, proprietor.*
mancipātio, ōnis, F., *a transfer of property* by purchase.
mancipium, i, N., *formal purchase, possession, chattel, slave.*
mancipo, I, *deliver as property.*
mancus, a, um, *maimed, infirm.*
mandātor, ōris, M., *suborner.*
mandātus, ūs, M.; **-um, i,** N., *order.*
mando, I, *commit, command, give.*
mando, di, sum, 3, *gnaw, chew.*

†**mandra, æ,** F., *stall, herd.*
mandūco, 1, *chew.*
mandūcus, i; -o, ōnis, M., *glutton.*
māne, *morning, early.*
maneo, mansi, mans-, *wait, stay, continue, abide, wait for.*
Mānes, ium, *shades* of the departed; the lower world.
mango, ōnis, M., *dealer.*
mānī=māne, *morning.*
manicæ, ārum, F., *sleeves, handcuffs, manacles.*
manicātus, *with long sleeves.*
manicula, æ, F., *hand, handle.*
manifestārius, a, um, *evident.*
manifestē (ō), *clearly, palpably.*
manifesto, 1, *make public.*
manifestus, a, um, *plain, proved.*
manipulāris, e, *of the maniple.*
manipulātim, *by handfuls.*
manipulus (-plus), i, M., *handful; infantry company* (of 200), *maniple.*
mannus, i, M., *draught-horse, pony.*
māno, 1, *trickle, drop, spread.*
mansio, ōnis, F., *stay, continuance.*
mansito, 1, *abide, dwell.*
mansuē-facio, 3, *make tame.*
mansuēfactus, a, um, *tame, gentle.*
mansuesco, ēvi, ēt-, 3, *make* or *grow tame.*
mansuētūdo, inis, F., *mildness.*
mansuētus, a, um, *mild, gentle.*
mansus, [**mando,**] *chewed.*
mantēle, is, N., *towel, napkin.*
mantēlum, i, N., *cloak.*
mantica (-ula), æ, F., *travelling-bag.*
manticulor, 1, *steal, act slyly.*
Mantinēa, æ, F., a town in Arcadia, famous for the victory and death of Epaminondas, B.C. 362.
manto, 1, *stay, wait.*
Mantua, æ, a town of N. Italy.
manuālis, e; -ārius, a, um, *held in the hand, for the hand.*
manubiæ, ārum, F., *booty.*
manūbrium, i, N., *handle.*
manulea, æ, F.; **-us, i,** M., *sleeve.*
manūmissio, ōnis, F., *emancipation, act of liberation.*
manū-mitto, 3, *to set free.*
manupretium, i, N., *wages, value.*
manus, ūs, F., *hand, trunk* (of elephant), *grappling-iron, band* (of troops), *handiwork.*
mapālia, um, N., *cottages.*
mappa, æ, F., *napkin.*
Marathon, ōnis, a town in Attica, famous for the defeat of the Persians, B.C. 490.
marcens, tis, *drooping, feeble.*
marceo, 2; **-esco,** 3, *wither, droop.*
marcidus, a, um, *withered, feeble.*
marcor, ōris, M., *decay, faintness.*
marculus (-tulus), i, M., *hammer.*
mare, is, N., *sea,* esp. *the Mediterranean;* **superum,** the waters E., and **inferum,** W., of Italy.
Mareōta, æ, F., a lake of Egypt.
†**margarīta, æ,** F., *pearl.*
margino, 1, *enclose with border.*
margo, inis, F., *edge, border, margin.*
marīnus, a, um, *of the sea.*
marisca, æ, F., *a large fig.*
marītālis, e, *nuptial.*
maritimus, a, um, *of the sea.*
marīto, 1, *to marry, give in marriage.*
marītus, a, um, *matrimonial, wedded,* M., *husband, lover.*
Marius, C., B.C. 157–86, conqueror of Jugurtha, and chief of the popular party in Rome.
Marmaricus, a, um, *of Marmarica,* a dist. of N. Africa.
marmor, ŏris, N., *marble.*
marmoreus, a, um, *of marble.*
marmoro, 1, *cover with marble.*
Maro, ōnis, cognomen of Virgil.
marra, æ, F., *hoe, hook.*
Mars, tis, the god of War.
Martiālis, e, *of Mars.*
Martius, a, um, *of Mars, warlike;* the month of *March.*
†**marsūpium, i,** N., *pouch, purse.*
Marsus, a, um, *of the Marsi,* a people of interior Latium.
Marsyas, æ, a Satyr, skilled on the pipe, flayed by Apollo.
†**martyr, ўris,** C., *witness. martyr.*
mas, māris, g. pl. **ium,** *male, manly.*
masculus (-īnus), a, um, *male, masculine, manly.*
massa, æ, F., *lump, mass.*

Massicus, i, M., a mt. of Campania.
Massilia, æ, F., a coast town in the S. E. of Gaul, *Marseilles*.
Massȳli, ōrum, a people of Africa.
mastiche, ēs, F., *gum-mastic*.
† **mastīgia, æ**, M., *scamp, rogue*.
mastrūca, æ, F., *sheepskin*.
matara, æ, F., *pike, javelin*.
matella, æ; -io, ōnis, F., *pot*.
mateola, æ, F., *mallet, beetle*.
māter, tris, F., *mother, nurse*.
māteria, æ; -es, ēi, F., *material, timber, source, occasion, quality*.
māteriārius, a, um, *of timber*; M., *lumber-merchant*.
māterio, 1, *build of wood*.
māterior, 1, *get timber*.
materis, is, F., *pike*.
māternus, a, um, *motherly*.
mātertera, æ, F., *mother's sister*.
† **mathēmaticus, a, um**, *mathematical*; M., *mathematician, astrologer*.
mātrālis, e, *of a mother*.
mātricīda, æ, C., *matricide*.
mātrimōnium, i, N., *marriage*.
mātrīmus, a, um, *that has a mother*.
mātrix, īcis, F., *dam, source, womb*.
mātrōna, æ, F., *a married woman*.
mātrōnālis, e, *of a matron*.
mātruēlis, is, M., *cousin*.
matta, æ, F., *rush-mat*.
mattea (-ya), æ, F., *dainty*.
matula, æ, F., *pot, blockhead*.
mātūrē (-ātē), *early, speedily*.
mātūresco, rui, 3, *grow ripe*.
mātūritas, ātis, F., *ripeness, promptness, maturity*.
mātūro, 1, *ripen, hasten*.
mātūrus, a, um, *ripe, ready, early*.
mātūtīnus, a, um, *of the morning*.
Mauri, ōrum, *the Moors*, a people of N. Africa, near Spain.
Maurītānia, æ, the dist. of N. W. Africa, *Morocco*.
Mausōlēum, i, N., the tomb of Mausōlus, k. of Caria, built by his wife, Artemisia, B.C. 365.
Māvors, tis, a name of Mars.
Māvortius, a, um, *of Mars*.
maxilla, æ, F., *jawbone*.
maximē, *especially, very greatly*.
maximus, a, um, [**magnus,**] *greatest*; **maximus natu**, *eldest*.
† **mazonomus, i**, M., *a dish*.
me (mēmet), acc. or abl. of **ego**, *I*.
meābilis, e, *passable*.
meātor, ōris, M., *passer-by*.
meātus, ūs, M., *passage, course*.
† **mēchanicus, a, um**, *mechanical*.
mēcum, *with me*.
med=me.
Mēdēa, æ, myth. princess of Colchis, daughter of Æētes, wife of Jason, an enchantress.
medēla, æ, F., *remedy*.
medens, tis, C., *physician*.
medeor, 2, *heal, relieve*.
Mēdi, ōrum, the people of Media.
mediastīnus, i, M., *helper, drudge*.
mediātenus, *half-way*.
mediātor, ōris, M., *mediator*.
mēdica, æ, F., a kind of *clover*.
medicābilis, e, *curable*.
medicāmen, inis; -mentum, i, N., *remedy, drug, dye*.
medicātus, a, um, *drugged*.
medicīnus, a, um, *of healing*; F., *medicine, surgeon's office*.
medico (-cor), 1, *heal, cure*.
Mēdicus, a, um, *of Media*, a dist. of Asia, beyond the Tigris.
medicus, a, um, *healing*; M., *physician, surgeon*.
mediē, *moderately, tolerably*.
medietas, ātis, F., *midst, half*.
† **medimnum (us), i**, N., *six pecks*.
medio, 1, *to halve, divide*.
mediocris, e, *ordinary, middling*.
mediocritas, ātis, F., *half-way, medium, meanness, mediocrity*.
Mediolānum, i, N., a city of N. Italy, *Milan*.
medioximus, a, um, *midmost*.
meditāmentum, i, N., *planning*.
meditātio, ōnis, F., *thinking, planning, preparation*.
meditātus, a, um, *well-weighed*.
mediterrāneus, a, um, *midland*; N., **mare**, *the Mediterranean*.
meditor, 1. *think, meditate, practise*.
medius, a, um, *middle, midst of, haly-way, mean*; N., *the middle*.

medius fidius, *by my faith,* (**me deus Fidius juvet**).
medulla, æ, F., *pith, marrow.*
medullitus, *to the marrow.*
Medūsa, æ, F., the Gorgon with snaky hair, d. of Phorcus.
Megæra, æ, one of the Furies.
Megalensia, um, games in honor of the Magna Mater (Cybele).
Megara, æ (**ōrum**), city or dist. between Athens and Corinth.
mehercule, *by Hercules!*
mel, mellis, N., *honey.*
melculum, i, N., *sweetheart.*
†**melē,** pl. of **melos,** *song.*
Meleāger, gri, son of Œneus and Althæa, who perished by the burning of a brand on which his life depended.
mēles, is, F., *badger, marten.*
Melicerta (as), æ, myth. son of Athamas and Ino, who with his mother became a sea-divinity.
melicus, a, um, *tuneful.*
†**melimēla, ōrum,** N., *honey-apples.*
mēlinus, a, um, *of the badger.*
mēlinus, a, um, *of quinces.*
melinus, a, um, *of honey;* F., *mead.*
melior, us, (comp. of **bonus,**) *better;* adv. **melius.**
Melita, æ; -tē, es, *Malta,* an island south of Sicily.
Melitensis, e, *Maltese.*
†**melitinus, a, um,** *of honey.*
meliusculus, a, um, *rather better.*
melleus (-ārius), a, um, *of honey.*
mellifer, era, um, *honey-bearing.*
mellifico, I, *make honey.*
mellīgo, inis, F., *bee-glue, sap.*
mellilla, æ, *sweetness, delight.*
mellītus (-ulus), a, um, *honey-sweet.*
†**melōdia, æ,** F., *melody.*
†**melos, i,** N. pl.; **melē,** *song.*
Melpomenē, ēs, F., the muse of tragic and lyric Poetry.
membrāna, æ, F., *membrane.*
membrātim, *limb by limb.*
membrum, i, N., *limb, part, portion.*
mēmet, *myself* (acc).
memini, imp. **memento** (§ **38,** i.), *remember, mention, bear in mind.*
Memnon, ŏnis, myth. king of Ethiopia, son of Aurora and Tithōnus.
memor, ŏris, *mindful, reminding.*
memorābilis, e, *memorable.*
memorandus, a, um, *memorable.*
memorātus, ūs, M., *mention.*
memoria, æ, F., *memory, remembrance.*
memoriter, *by heart, from memory.*
memoro, I, *to mention, recount.*
Memphis, is (**idos**), old capital of Egypt, 14 miles S. of Cairo.
mēna=mæna, *herring* (?).
Menander, dri, a Greek comic poet, B.C. 342–292.
menda, æ, F., *fault, defect.*
mendāciloquus, a, um, *false.*
mendācium, i, N., *falsehood.*
mendax, ācis, *lying, false.*
mendicābulum, i, N., *beggar.*
mendīcātio, ōnis, F., *begging.*
mendīcē, *meanly, beggarly.*
mendīcitas, ātis, F., *beggary.*
mendīco (-cor), I, *to beg alms.*
mendīcula, æ, F., *beggar's rags.*
mendīcus, a, um, *beggarly;* M., *a beggar.*
mendōsē, *faultily, falsely.*
mendōsus, a, um, *faulty, false.*
mendum, i, N., *fault, blemish.*
Menelāus, i, myth. k. of Sparta, brother of Agamemnon, and husband of Helen.
†**mēnis, idis,** F. *crescent* (ornament).
mens, mentis, F., *mind, heart.*
mensa, æ, F., *table.*
mensārius, i, M., *banker, broker.*
mensio, ōnis, F., *measure.*
mensis, is, M., *month.*
mensor, ōris, M., *measurer.*
menstruālis, e, *every month.*
menstruus, a, um, *monthly.*
mensula, æ, F., *little table.*
mensūra, æ, F., *measure.*
mensus, [**mētior,**] *measured.*
menta (-tha), æ, F., *mint.*
mentiens, tis, *lying, false.*
mentīgo, inis, F., *scab, scurf.*
mentio, ōnis, F., *a calling to mind.*
mentior, ītus, 4, *to speak falsely.*

mentītus, a, um, *counterfeit.*
mento, ōnis, M., *long-chin.*
mentum, i, N., *chin, beard, cornice.*
meo, I, *go, pass, frequent.*
meopte, *my own* (abl).
mephītis, is, F., *evil vapor.*
mepte, *myself* (acc.).
merācus, a, um, *pure, unmixed.*
mercābilis, e, *purchasable.*
mercātor, ōris, M., *a dealer, merchant, purchaser.*
mercātūra, æ, F.; **-cātus, ūs**, M., *trade, commerce, wares.*
mercēdonius, a, um, *of wages.*
mercēdula, æ, F., *small pay.*
mercēnārius, a, um, *hired, hireling.*
mercēs, ēdis, F., *pay, wages, bribe, price, cost, revenue.*
merces, pl. of **merx**, *goods.*
mercimōnium, i, N., *stock* of goods.
mercor, I, *to trade, buy, purchase.*
Mercurius, s. of Jupiter and Maia, god of Trade, Eloquence, &c.
merda, æ, F., *dung.*
merē, *purely, truly.*
merenda, æ, F., *lunch.*
merens, tis, *deserving.*
mereo, ui; -eor, itus, 2, *deserve, win, earn, purchase, serve.*
meretrīcius, a, um, *of harlots.*
meretrix, īcis, F., *harlot.*
mergæ, ārum, F., *pitchfork.*
mergĕs, itis, F., *sheaf.*
mergo, si, sum, 3, *dip, plunge, sink.*
mergus, i, M., *diver* (sea-bird).
merīdiānus, a, um, *of noon, southern;* N., *the South.*
merīdies, ēi, M., *noon, south.*
merīdio (-or), I, *take a noon nap.*
meritō, *deservedly.*
merito, I, *to earn, gain.*
meritōrius, a, um, *of earning, for hire;* N., pl., *hired rooms.*
meritum, i, N., *desert, reward, merit, value, importance.*
meritus, a, um, *deserving, due.*
Mero, ōnis, M., *wine-bibber* (Nero).
merobibus, a, um, *intemperate.*
merops, ŏpis, F., *bee-eater.*
merso (-ito), I, *dip, plunge, drown.*
mersus, [mergo,] *plunged, drowned.*
merula, æ, F., *blackbird.*
merum, i, N., *unmixed wine.*
merus, a, um, *pure, unmixed, bare.*
merx, cis, F., *merchandise.*
[† **meso-**, *in the middle.*
Mesopotamia (*between the rivers*), a district between the Tigris and Euphrates.
Messāna, æ, F., *Messina*, in Sicily.
Messēnē, ēs, capital city of Messenia, the S.-W. dist. of Greece.
messis, is, F., *reaping, harvest, crop.*
messor, ōris, M., *reaper.*
messōrius, a, um, *of a reaper.*
messus, [meto,] *reaped, harvested.*
[**-met**, *self* (intens.).
mēta, æ, F., *goal, limit, turning-post.*
mētālis, e, *conical.*
metallicus, a, um, *of metal* or *mines:* M., *miner.*
metallum, i, N., *metal, mine.*
† **metamorphōsis, is** (gen. plur., **-eōn**), F., *transformation.*
mētātor, ōris, M., *fixer of bounds.*
Metaurus, i, M., a river in Umbria, famous for the defeat of Hasdrubal, B.C. 207.
metaxa, æ, F., *raw silk.*
† **methodium, i**, N., *a jest.*
† **methodus, i**, F., *way, method.*
meticulōsus, a, um, *timid, fearful.*
mētior, mensus, 4, *to measure, traverse.*
meto, messui, mess-, 3, *to reap, pluck, gather, cut down.*
mēto (-or), I, *measure, lay out, traverse, erect, set up.*
† **metrĕta, æ**, F., *measure* (9 gall).
† **metricus, a, um**, *of metre.*
† **mētropolis, is**, F., *mother-city.*
† **metrum, i**, N., *measure, metre.*
metuo, i, ūt-, 3, *to fear, dread.*
metus, ūs, M., *fear, dread.*
meus, a, um (voc. M., **mi**), *my.*
mī, for **mihi**, *to me*, [**ego**,]; *my.*
mīca, æ, F., *crumb, grain.*
mīcans, tis, *sparkling.*
mico, ui, I, *to beat, quiver, twinkle.*
Midas, æ, myth. k. of Phrygia, who turned all he touched to gold.
migrātio, ōnis, F., *removal, transfer.*

migro, 1, *remove, migrate, depart.*
mīle=mille, *a thousand.*
mīles, itis, M., *soldier* (infantry).
Mīlēsius, a, um, *of Miletus*, a port in Caria, S. W. Asia Minor.
mīlia (pl. of **mille**), *thousands.*
miliārius, a, um, *of millet.*
mīlitāris, e, *of soldiers, soldierly.*
mīlitārius, a, um, *military.*
mīlitia, æ, F., *military service, war.*
mīlito, 1, *serve as soldier.*
milium, i, N., *millet.*
mille (**mīle**), *thousand;* **mille passuum** (1000 paces), *a mile.*
millēni, æ, a (distrib.), *by thousands.*
millēsimus, a, um, *thousandth.*
miliārius, a, um, *containing a thousand;* N., *milestone.*
millies (**mīlies**), *a thousand times.*
Miltiădes, is, Athenian commander at Marathon, B.C. 490.
miltos, i, F., *red-lead, cinnabar.*
milvius, a, um, *of the kite, ravenous.*
milvus, i, M., *kite, hawk.*
mīmicus, a, um, *of mimes* or *farces.*
mīmus, i, M; **-a, æ**, F., *mimic actor.*
mīn (**mihine**), *for me?*
† **mina, æ**, F., a Greek weight (100 drachmas), or coin ($18).
mina, æ, F., *smooth.*
minæ, ārum, F., *threats.*
minanter, *threateningly.*
minātio, ōnis, F., *threatening.*
minax, ācis, *threatening, projecting.*
Mincius, i, a river in N. Italy.
Minerva, æ, goddess of Arms and Skill, also called Pallas.
minimē, *by no means.*
minimus, a, um, [**parvus**,] *least.*
minio, 1, *to paint red.*
minister, tra, um, *serving, helping.*
minister, tri, M., *accomplice, helper.*
ministerium, i, N., *service, attendance, administration.*
ministra, æ, F., *female attendant.*
ministrātōr, ōris, M., *attendant.*
ministro, 1, *attend, serve, furnish.*
minitor (**-to**), 1, *threaten, menace.*
minium, i, N., *cinnabar, red lead.*
minor, us, [**parvus**,] *less.*
minor, 1, *threaten, jut out.*
Mīnos, ōis, myth. k. of Crete, son of Jupiter and Europa; his gr.-son, builder of the labyrinth.
Minōtaurus, *Minotaur*, a monster of Crete, half man, half bull.
Mīnōus (**-ōius**), **a, um**, *of Minos, Cretan.*
Minturnæ, ārum, F., a city of southern Latium.
minumus=minimus, *least.*
minuo, i, ūt, 3, *lessen, diminish.*
minus, [**parum**,] *less.*
minusculus, a, um, *quite small.*
minūtal, ālis, N., *mince-meat.*
minūtātim, *bit by bit.*
minūtē, *minutely.*
minūtim, *in bits.*
minūtus (**-ulus**), **a, um**, *small, petty.*
Minyæ, ārum, a people of Thessaly; the companions of Jason.
mīrābilis, e, *marvellous, wonderful.*
mīrābundus, a, um, *astonished.*
mīrāculum, i, N., *marvel, miracle.*
mīrandus, a, um, *admirable.*
mīrātor, ōris, M., *admirer.*
mīrē (**mīrificē**), *wonderfully.*
mīrificus, a, um, *admirable.*
mirmillo, ōnis, M., *kind of gladiator.*
mīror, (**-o**), 1, *to wonder, admire.*
mīrus, a, um, *wonderful, strange.*
miscellus (**-āneus**), **a, um**, *mixed.*
misceo, cui, mist- (**mixt-**), 2, *mix, mingle, blend, compound.*
misellus, a, um, *wretched, unhappy.*
Mīsēnum, a promont. near Naples.
miser, era, um, *wretched.*
miserābilitēr, *pitiably.*
miserandus, *deplorable.*
miseranter, *pitiably.*
miserē (**-iter**), *wretchedly, desperately, lamentably.*
mīserābilis, e, *pitiable, sad, pitiful.*
miserātio, ōnis, F., *compassion.*
misereo, ui, it-; misereor, erit- (**ert-**), 2, *to pity, have mercy.*
miseresco, 3, *feel pity.*
miseret (**miserētur**), *it stirs pity.*
miseria, æ, F., *misery, distress.*
misericordia, æ, F., *mercy, misery.*
misericors, dis, *merciful.*
miseriter, *lamentably.*

miseror, I, *lament, deplore, pity.*
miserulus. a, um, *unhappy.*
missicius, a, um, *discharged.*
missiculo, I, [**mitto,**] *keep sending.*
missilis, e, *that may be thrown;* N., *a missile weapon;* pl. *gifts.*
missio, ōnis, F., *letting-go, discharge, throwing, hurling.*
missito, I, freq. of **mitto,** *send.*
missor, ōris, M., *sender, shooter.*
missus, [**mitto,**] *sent.*
missus, ūs, M., *sending, course.*
misticius. a, um, *mongrel.*
mistim (**mixtim**), *mixedly.*
mistio, ōnis; -ūra, æ, F., *mingling.*
mistus, a, um, [**misceo,**] *mixed.*
† **misy, yos,** F., *truffle, copperas.*
mītĕ, *gently,* [**mitis**].
mitella, æ, F., [**mitra,**] *turban.*
mītesco, 3, *grow mellow, gentle.*
Mithras, æ, the Persian Sun-god.
Mithridātes, king of Pontus, conquered by Pompey, B.C. 63.
mītifico, I, *make mild* or *mellow.*
mītigātio, ōnis, F., *soothing.*
mītigo, I, *soothe, appease, fertilize.*
mītis, e, *mild, gentle, fruitful.*
† **mitra, æ,** *head-band, turban.*
mitto, mīsi, miss-, 3, *send, let go, yield, launch, throw, hurl.*
Mitylēnē, ēs, F., a city of Lesbos.
mixtus, [**misceo,**] *mixed.*
† **mna**=**mina,** an Attic coin.
Mnēmosynē, ēs, F., *Memory,* the mother of the Muses.
mōbilis, e, *movable, nimble, rapid, pliant, inconstant.*
mōbilitas, ātis, F., *movableness, quickness, inconstancy.*
mōbiliter, *with swift motion.*
mōbilito, I, *to make quick.*
moderāmen, inis, N., *management, government, helm.*
moderanter, *with moderation.*
moderātio, ōnis, F., *moderation, regularity, guidance, government.*
moderātor, ōris, M.; **-trix, trīcis,** F., *director, controller.*
moderātus, a, um, *within bounds.*
moderor (-o), I, *regulate, control.*
modestē, *moderately, modestly.*
modestia, æ, F., *moderation, modesty, sobriety, discretion.*
modestus, a, um, *calm, moderate, kind, friendly, modest.*
modiālis, e, *holding a peck.*
modicē, *moderately, meanly.*
modicus, a, um, *moderate, scanty.*
modificor, I, *set bounds, measure.*
modiolus, i, M., *bucket, axle-box.*
modius, i, M., *a peck* (16 sextarii).
modo, *only, just now;* **modo . . . modo,** *now . . . again.*
modulāmen, inis, N., *melody.*
modulātē, *rhythmically.*
modulātio, ōnis, F., *measure, melody, rhythm.*
modulātor, ōris, M., *director.*
modulātus, a, um. *regulated, sung.*
modulor, I, *to measure, regulate* or *beat time* (in music or dance).
modulus, i, M., *measure, melody.*
modus, i, M., *measure, limit, manner;* **ejus modi,** *of that sort.*
† **mœchus, i,** M.; **-a, æ,** F., *adulterer, adulteress.*
mœnera, um, N.; [**munus,**] *offices.*
mœnia, ium, N., *walls, buildings.*
mœnio, 4=**munio,** *fortify.*
mœreo=**mæreo,** *grieve.*
Mœsi, ōrum, people of Mœsia, the dist. of the lower Danube.
mœstus=**mæstus,** *sad.*
mola, æ, F., *mill; grain* or *meal,* coarsely ground, salted, and cast on the victim in sacrifice.
molāris, e, *of a mill;* M., *a millstone, jaw-tooth.*
molārius, a, um, *of a mill.*
mōles, is, F., *mass, pier, burden, toil.*
molestē, *with difficulty* or *vexation.*
molestia, æ, F., *vexation, trouble.*
molesto, I, *to trouble, annoy.*
molestus, a, um, *irksome, vexatious.*
mōlīmen, inis; -mentum, i, N., *an effort, exertion, undertaking.*
mōlior, 4, *toil upon, struggle, wield, do by effort, endeavor.*
mōlītio, ōnis, F., *laborious doing.*
mōlītor, ōris, M., *author, contriver.*
molitus, a, um, [**molo,**] *ground.*
molītus, a, um, [**molior,**] *toiling.*

mollesco, 3, *grow soft, effeminate.*
molliculus (**-cellus**), **a, um,** *soft, voluptuous, delicate.*
mollio, 4, *make soft* or *supple, lighten.*
mollis, e, *soft, mild, gentle, delicate.*
molliter, *softly, calmly.*
mollitia, æ; -tūdo, inis, F., *softness, flexibility, suppleness, pliancy.*
mollītus, [**mollio,**] *soft.*
molluscus, a, um, *soft-shelled.*
molo, ui, it-, 3, *grind.*
† **molochē, ēs,** F., *mallows.*
molochinārius, i, M., *dyer* in green.
Molossi, ōrum, people of eastern Epirus.
molossus, i, M., *hound, mastiff.*
† **molybdus, i,** M.; **-dis, idis,** F., *lead.*
mōmen, inis, M., *movement, weight.*
mōmentum, i, N., *balance, particle, moment, weight.*
Mona, æ, F., the *Isle of Man,* also, *Anglesea,* in the Irish Sea.
† **monachus, i,** M., *monk.*
† **monas, ădis,** F., *unity.*
monēdula, æ, F., *jackdaw.*
moneo, ui, -itum, 2, *to warn, instruct, remind, admonish.*
Monēta, æ, a name of Juno.
monēta, æ, F., *coin, mint.*
monīle, is, N., *necklace.*
monimentum=**monumentum.**
monitio, ōnis, F., *admonition.*
monitor, ōris, M., *remembrancer, admonisher, overseer.*
monitum, i, N.; **-tus, ūs,** M., *admonition, warning, prophecy.*
monitus, [**moneo,**] *advised, warned.*
[† **mono-,** *only, one.*
† **monocerōs, ōtis,** M., *unicorn.*
† **monochrōmos, on,** *of one color.*
Monœcus, i, a name of Hercules; **ārx Monœci,** a promontory of Liguria.
† **monogrammus, i,** M., *outline.*
† **monopodium,** *stand* (table).
mons, montis, M., *mountain.*
monstrātio, ōnis, F., *showing.*
monstrātor, ōris, M., *he that shows.*
monstrātus, a, um, *conspicuous.*
monstro, 1, *show, inform, appoint.*
monstrum, i, N., *an evil omen, prodigy, monster.*
monstruōsus (**-ōsus**), **a, um,** *of* or *like a monster, strange.*
montānus, a, um, *mountainous.*
monticola, æ, C., *mountaineer.*
montivagus, a, um, *roaming the hills.*
montōsus (**-uōsus**), **a, um,** *mountainous, full of mountains.*
monumentum, i, N., *memorial.*
Mopsopius, a, um, *of Attica.*
mora, æ, F., *delay, hindrance.*
† **mora, æ,** F., *division, battalion.*
mōrālis, e, *of character, moral.*
mōrāliter, *characteristically.*
morātē, *lingeringly.*
morātor, ōris, M., *delayer.*
morātus, [**moror,**] *delayed.*
mōrātus, a, um, *of character.*
morbidus (**-ōsus**), **a, um,** *diseased.*
morbus, i, M., *disease, malady.*
mordācitas, ātis, F., *sharpness.*
mordāciter, *bitingly.*
mordax, ācis, *biting, stinging.*
mordeo, momordi, mors-, 2, *bite, sting, eat, devour.*
mordicus (**-citus**), *with bites.*
mordicus, a, um, *snappish.*
† **mōrē,** *foolishly.*
mōres, um, pl., M., [**mos,**] *character.*
morētum, i, N., *salad* of garlic.
moribundus, a, um, *dying.*
mōrigerātio, onis, F., *compliance.*
mōrigeror (**-o**), 1, *gratify, comply.*
mōrigerus, a, um, *obsequious.*
† **mōnio, ōnis,** M., *a blockhead.*
† **mōrion, i,** N., *nightshade.*
morior, mortuus, moriturus, 3, *to die, wither, vanish.*
moror, 1, *delay, care for.*
mōrōse, *peevishly, anxiously.*
mōrōsitas, ātis, F., *fretfulness.*
mōrōsus, a, um, *peevish, morose.*
Morpheus, ei (**eos**), god of Dreams.
mors, mortis, F., *death, a corpse.*
morsico, 1, *bite* with the lips.
morsum, i, N., *a bit, piece.*
morsus, [**mordeo,**] *bitten.*
morsus, ūs, M., *biting, catch, bite.*
mortālis, e, *mortal, perishable.*

mortālitas, ātis, F., *mortality.*
mortārium, i, N., *mortar, trough.*
morticīnus, a, um, *dead* (carrion).
mortifer, era, um, *deadly.*
mortuālia, N. pl., *dirges.*
mortuārius, a, um, *of the dead.*
mortuus, [**morior,**] *dead;* M., *corpse.*
mōrulus, a, um, *dark-colored.*
† **mōrum, i,** N., *mulberry.*
† **mōrus, i,** F., *mulberry-tree.*
† **mōrus, a, um,** *foolish.*
mos, mōris, M., *manner, custom;* pl., *character, quality, conduct.*
mōtio, ōnis, F.; *motion, emotion.*
mōto, 1, [**moveo,**] *keep in motion.*
mōtor, ōris, M., *mover.*
mōtus, [**moveo,**] *moved, excited.*
mōtus, ūs, M., *movement, emotion, departure, tumult, change.*
movens, tis, *movable.*
moveo, mōvi, mōt-, 2, *move, disturb, set in motion, excite, begin;* P. (neut.), *to move.*
mox, *presently, soon after.*
muceo, 2; **-cesco,** 3, *get musty.*
mūcidus, a, um, *mouldy, musty.*
mucōsus, a, um, *slimy.*
mūcor, ōris, M., *mould.*
mūcro, ōnis, M., *edge, point, blade.*
mūcus, i, M., [**mungo,**] *mucus.*
mūgil, ilis, M., *mullet.*
mūginor, 1, *dally, trifle, delay.*
mūgio, 4, *bellow, bray.*
mūgītus, ūs, M., *bellowing, roaring.*
mūla, æ, dat. pl., **-ābus,** F., *mule.*
mulceo, si, sum, 2, *stroke, soothe.*
Mulciber, eris (eri), *Vulcan.*
mulco, 1, *to maul, handle roughly,*
mulcta=multa, *penalty.*
mulctra, æ, F.; **-trum (-trārium,) i,** N., *milk-pail.*
mulgeo, si sum (ct-), 2, *to milk.*
muliebris, e, *of a woman, womanish, womanly, effeminate.*
muliebriter, *effeminately.*
mulier, eris F., *woman, wife.*
muliercula, æ, F., *little woman.*
mulierōsus (-brōsus), a, um, *fond of women.*
mūlīmus, a, um, *of a mule.*
mūlio, ōnis, M., *mule-driver.*
mulleus (calceus), i, M., *red shoe.*
mullus (-ulus), i, M., *mullet.*
mulsus, [**mulceo,**] *sweet as honey;* F., *sweetheart;* N., *mead.*
mulsus, [**mulgeo,**] *milked.*
multa, æ, F., *penalty, fine.*
multāticus (-cius), a, um, *of fines.*
multātio, ōnis, F., *fining.*
multīcius, a, um, *delicate, splendid.*
multifāriam (-riē), *on many sides, variously.*
multifārius, a, um, *manifold.*
multifidus, a, um, *with many clefts.*
multiformis, e, *many-shaped.*
multijugus, a, um, *many, manifold.*
multiloquax, ācis, *loquacious.*
multimodis, *in many ways.*
multiplex, icis, *of many folds* or *parts.*
multipliciter, *in many ways.*
multiplico, 1, *multiply.*
multipotens, tis, *very powerful.*
multitūdo, inis, F., *multitude, crowd.*
multo (mulcto), 1, *punish.*
multō, *by much* (w. comparative).
multum, *much.*
multus, a, um (plus, plurimus), *much, frequent, diffuse;* pl., *many.*
mūlus, i, M., *mule.*
Mummius, i, L. (Achāicus), the captor of Corinth, B.C., 146.
Munda, æ, F., a city of S. Spain, taken by Cæsar, B.C. 45.
mundānus, a, um, *of the world.*
mundē, (-iter), *neatly.*
munditia, æ; es, ēi, F., *cleanness, elegance, terseness.*
mundo, 1, *cleanse.*
mundus, (-ulus), a, um, *clean, neat.*
mundus, i, M., *decoration, implement, the world,* or *universe.*
mūnerārius, a, um, *of public shows* of gladiators.
mūnero, 1, *bestow, present.*
mungo, 3, *blow the nose.*
mūnia, ium, N., *offices, duties.*
mūniceps, cipis, C., *citizen of a free town, fellow-townsman.*
mūnicipālis, e, *of a free town.*
mūnicipium, i, N., *a free city* having a Roman citizenship.

mūnifex, icis, *on duty.*
munificē, *liberally.*
mūnificentia, æ, F., *munificence.*
mūnificus, a, um, *munificent; bountiful, on duty.*
mūnīmen, inis; -mentum, i, N., *defence, fortification.*
mūnio, 4, *fortify, defend, build.*
mūnis, e, *of service, obliging.*
mūnītio, ōnis, F., *fortification.*
mūnīto, I, *fortify, build.*
mūnītor, ōris, M., *engineer.*
mūnitūra, æ, F., *protection.*
mūnītus, a, um, *fortified, safe.*
mūnus, eris, N., *office, gift, exhibition, service, favor.*
mūræna, æ, F., *lamprey* (sea-eel).
mūrālis, e, *of city-walls.*
murcus, i, M., *poltroon.*
mūrex, icis, F., *purple-fish, purple dye, crow's foot* (iron points).
muria, æ, F., *brine, pickle.*
mūricidus, i, M., *coward.*
mūrīnus, a, um, *of mice.*
murmur, uris, N., *murmur, roar.*
murmuro, I, *to murmur, grumble.*
murrheus (-inus), a, um, *of murrha,* a costly stone.
murrius, a, um, *of myrrh.*
murta=myrtus, *myrtle.*
mūrus, i, M., *wall, embankment.*
mus, mūris, C., *mouse.*
†**mūsa, æ,** F., *muse* (goddess of art and song), *song, wit, science.*
Mūsæus, i, a Greek bard of the mythic time.
†**mysticus, a, um,** *of mysteries.*
musca (-ula), æ, F., *fly.*
muscārius, a, um, *of flies;* N., *fly-brush, closet.*
muscipula, æ, F., *mouse-trap.*
muscōsus (-cidus), a, um, *mossy.*
musculus, i, M., *little mouse, muscle.*
muscus, i, M., *moss.*
†**mūsēus, a, um,** *of the Muses, poetic;* N., *museum,* seat of the Muses.
†**mūsica, æ (-ē, ēs),** F., *music.*
†**mūsicē,** *splendidly.*
†**mūsicus, a, um,** *musical, poetic* or *scientific;* M., *musician.*
mūsīvus, a, um, *mosaic.*
mussito, I, *be silent, murmur.*
musso, I, *murmur, ponder.*
mustāceus, i, M.; **-um, i,** N., a cake sweetened with must.
mustēla (-tella), æ, F., *weasel.*
musteus, a, um, *of new wine.*
mustus, a, um, *young, new fresh;* N., *must* (fresh grape-juice).
mūtābilis, e, *changeable, mutable.*
mūtātio, ōnis, F., *change, altering.*
mūtātor, ōris, M., *exchanger.*
mutilo, I, *to dock, lop, mutilate.*
mutilus (-cus), a, um, *mutilated, docked.*
Mutina, æ, F., *Modena,* in N. Italy.
mūtio (muttio), 4, *mutter, murmur.*
mūtītio, ōnis, F., *muttering.*
mūtito, I, *interchange.*
mūto, I, [**moveo,**] *alter, change, exchange, interchange, damage.*
mūtuātio, ōnis, F., *borrowing.*
mūtuē (-ō, -iter), *mutually.*
mūtīuito (-or), I, *seek to borrow.*
mūtuor, I, *to borrow.*
mūtus, a, um, *dumb, mute, silent.*
mūtuus, a, um, *borrowed, mutual.*
Mycalē, ēs, F., a city of Ionia.
Mycēnæus, a, um, *of Mycenæ,* the ancient capital of Argolis.
Mydonius, a, um, *Phrygian.*
†**myoparo, ōnis,** M., *a piratical vessel.*
myrīca (cē), æ, F., *tamarisk, shrub.*
Myrmidŏnēs, um, a people of Thessaly, subjects of Achilles.
†**myron (-um), i,** N., *ointment.*
†**myropōla, æ,** N., *perfumer.*
†**myrrha, æ,** F., *myrrh.*
†**myrrheus (-ātus, -inus,) a, um,** *of myrrh, spiced.*
myrtātus, a, um, *seasoned with myrtle-berries;* N., a kind of pudding.
myrtētum, i, N., *myrtle-grove.*
myrteus (-inus), a, um, *of myrtles.*
Myrtōus, a, um, *Myrtoan,* of the western Ægean.
†**myrtum, i,** N., *myrtle-berry.*
†**myrtus, i (ūs),** F., *myrtle.*
Mȳsus (-ius), a, um, *of Mysia,* the N. W. dist. of Asia Minor.

†**mysta (-tes)**, æ, M., *priest of mysteries* or secret rites.
†**mystagōgus, i**, M., *mystagogue*, a guide to sacred places.
†**mystērium**, N., *secret rite, mystery.*
†**mȳthicus, a, um**, *of fables.*
†**mȳthos, i**, M., *a fable, myth.*
†**myxus (os), i**, M., *wick-tube.*

N.

N, the prænomen **Numerius.**
Nabathæus, a, um, *of Nabathæa*, a district of N. Arabia.
†**nacca, æ**, M., *a fuller.*
nactus, [**nanciscor**,] *having got.*
næ (nē,) *surely, really, indeed.*
nænia=nēnia, *dirge.*
Nænius, an old Roman poet, B.C. 273–203, who served in the first Punic War, and wrote its epic.
nævus, i, M., *mole* (birth-mark).
nāias (naïs), ădis, F., *river-nymph.*
nam, namque, *for* (§ **43**, 4).
nāna, æ, F., *dwarf.*
nanciscor, nactus, 3, *get, find, meet.*
nans, nantis, [**no**,] *swimming.*
nānus, i, M., *dwarf, nag, pan.*
†**napæus, a, um**, *of the dell.*
†**naphtha, æ**, F., *naphtha.*
nāpus, i, M., *turnip.*
†**napy, yos**, N., *mustard.*
Nār, Nāris, M., a river of Umbria.
Narbo, ōnis, M., *Narbonne*, a city of S. W. Gaul (Narbonensis).
Narcissus, i, a beautiful youth, changed to a flower.
nardinus, a, um, *of nard;* N., *spiced wine.*
†**nardus, i**, M., *nard* (aromatic).
narinōsus, a, um, *flat-nosed.*
nāris, is, F., *nostril;* pl., *nose.*
narrātio, ōnis, F., *narrative.*
narrātor, ōris, M., *relator.*
narrātus, ūs, M., *tale, narration.*
narro, 1, *to tell, relate, report.*
narthex, ēcis, F., the shrub *fennel.*
nārus, gnārus, *skilled.*
Nārycius, a, um, *of Naryx*, a Locrian city.
Nasamōnes, um, a people of N. Africa, eastward of Carthage.
nascens, tis, *arising, beginning;* N. pl., *growing things.*
nascor, nātus, 3, *be born, ascend, arise, begin, grow, spring forth.*
Nāsīca, æ (*high-nose*), **P. Scipio**, consul, B.C. 191; his gr.-son (slayer of Gracchus), B.C. 138.
nāsiterna, æ, F., *watering-pot.*
Nāso, ōnis (*big-nose*), the family name of Ovid.
nassa (-xa), æ, F., *fish-basket, net.*
nasturtium, i, N., a kind of *cress.*
nāsus, i, M., *nose, handle, sarcasm.*
nāsūtus, a, um, *large-nosed, sagacious, sarcastic.*
nāta, æ, F., [**nascor**,] *daughter.*
nātālicius, a, um, *of one's birthday;* M., *birthday;* N., *gift;* pl., *birthday feast.*
nātālis, e, *of one's birth;* M., *birthday;* pl. *lineage, origin;* N., *birth-hour;* pl., *birth-right.*
natantes, ia, [**nato**,] *fishes.*
natātio, ōnis, F.; **-tus, ūs**, M., *swimming.*
natātor, ōris, M., *swimmer.*
natinor, 1, *to be busy.*
nātio, ōnis, F., *birth, race, nation.*
natis, is, F., *rump.*
nātīvus, a, um, *by birth, native, innate, natural.*
nato, 1, *to swim, float, overflow.*
natrix, icis, F., *water-snake, scourge.*
nātūra, æ, F., *birth, nature.*
nātūrālis, e, *by birth, natural.*
nātūrāliter, *according to nature.*
nātus, a, um, *born, constituted*, (w. acc. of time), *old;* M., *son.*
nātus, ūs, M., *birth, growth.*
†**nauclērus, i**, M., *shipmaster.*
naucum (us), i, N., *a trifle.*
naufragium, i, N., *shipwreck, wreck, storm, ruin, destruction.*
naufrago, 1, *suffer wreck.*
naufragus, a, um, *wrecked, ruined, dangerous, causing wreck.*
†**naulia, ōrum**, N., *lute.*
†**naulum, i**, N., *passage-money.*
†**naumachia, æ**, F., *sea-fight.*

Naupactus, i, M., a coast-town of Ætolia.
Naupliades, is, Palamēdes, son of Nauplias, myth. k. of Eubœa.
†**nausea, æ,** F., *sea-sickness.*
nauseo, I, *be sea-sick, qualmish.*
nauseola, æ, F., *qualm.*
nauseōsus, a, um, *sickening.*
nauta=navita, *sailor.*
†**nautea, æ,** F., *nausea. bilgewater.*
†**nauticus, a, um,** *of ships;* pl., *sailors, seamen.*
nāvālis, e, *of ships;* N., *port, dock-yard;* pl., *harbor, rigging.*
†**nāvarchus, i,** M., *ship's captain.*
nāvē, *diligently.*
nāvia, æ, F., *ship, trough.*
nāvicula (-cella), æ, F., *boat, skiff.*
nāviculārius, a, um, *of boats;* M., *skipper;* F., *boat-hiring* or *agency.*
nāvifragus, a, um, *causing wreck.*
nāvigābilis, e, *navigable.*
nāvigātio, ōnis, F., *sailing.*
nāviger, a, um, *ship-bearing.*
nāvigium, i, N., *vessel, ship, raft.*
nāvigo, I, *to sail, navigate.*
nāvis, is, em (im), F., *ship.*
nāvita, (nauta), æ, *sailor, boatman.*
nāvitas, ātis, F., *promptness.*
nāviter, *diligently, promptly, fully.*
nāvo, I, *do zealously, accomplish.*
nāvus, a, um, *prompt, diligent.*
Naxos, i, F., an island in the Ægēan Sea.
nē, *lest;* (w. imperat.) *not;* **ne . . . quidem,** *not even.*
nē for **næ,** *surely.*
-ne, interrog. part. (§ **71**), *whether.*
Neapolis, is, F., *Naples,* in Campania, 120 miles S. E. of Rome.
†**nebris, idis,** F., *fawn-skin.*
nebula, æ, F., *mist, vapor, cloud.*
nebulo, ōnis, N., *worthless fellow.*
nebulōsus, a, um, *cloudy, misty.*
nec=neque, *nor, and not.*
necātus, [**neco,**] *slain.*
necdum, *and not yet.*
necessāriō (ē), *necessarily.*
necessārius, a, um, *necessary, kindred;* M., *friend, relative.*
necesse (neut.), *necessary.*
necessitas, ātis, F., *necessity, need, friendship, relationship.*
necessitūdo, inis, F., *intimacy, need;* pl., *friends, relatives.*
necessum, *inevitable.*
necne, *or not.*
necnon, *also.*
neco, cāvi, cāt- (ct-), I, *to kill.*
necopīnans, tis, *unaware.*
necopīnātō, *unexpectedly.*
necopīnātus, a, um, *unexpected.*
necopīnus, a, um, *unsuspecting, unlooked for.*
†**necromantīa, æ,** F., *evoking the dead, necromancy.*
†**nectar, ăris,** N., *nectar,* drink of the gods.
nectareus, a, um, *of nectar, delicious;* F., a fragrant plant.
necto, xi (xui), xum, 3, *to bind, clasp, fasten, weave, devise.*
nectus=necātus, [**neco,**] *slain.*
necubi, *lest anywhere.*
necunde, *lest from any place.*
nēdum, *much less, not to say.*
nefandus, a, um, [**for,**] *impious, abominable.*
nēfāriē, *impiously, wickedly.*
nefārius, a, um, *execrable, abominable;* N., *a heinous crime.*
nefās, N. *wrong, crime, harm, wretch.*
nefastus, a, um, *impious, inauspicious;* **dies,** a day when no court business could be done.
nefrens, dis, *toothless.*
negātio, ōnis, F., *denial, refusal.*
negito, I, *persist in denying.*
neglectē, (-tim), *negligently.*
neglectus, [**negligo,**] *slighted.*
neglectus, ūs, M., *neglect.*
negligens, tis, *negligent, heedless.*
negligenter, *heedlessly.*
negligentia, æ, F., *neglect.*
negligo, exi, ect-, 3, *to neglect, slight, despise, disregard.*
nego, I, *to deny, refuse, hinder.*
negōtiālis, e, *of business.*
negōtians, tis, M., *a dealer.*
negōtiātio, ōnis, F., *wholesale trade.*
negōtiātor, ōris, M., *agent, trader.*
negōtior, I, *to deal, traffic.*

negōtiōsus, a, um, *full of business.*
negōtium, [**ōtium,**] **i,** N., *business, trouble, difficulty, a thing.*
Nēleus, ei, myth. k. of Pylos, son of Neptune, father of Nestor.
Nemea, æ, F., a town of Argolis.
nēmen, inis; -ma, ătis, N., *thread,*
Nemesis, is (**ios**), the goddess of Justice, or Retribution.
nēmo (**T. 5**), C., [**ne homo,**] *no one.*
nemorālis (**ensis**), **e,** *of the grove.*
nemorōsus, a, um, *woody, leafy.*
nempe, *surely, why!*
†**nemus, ŏris,** N., *wood, grove, tree.*
nēnia, æ, F., *wail, dirge, song.*
neo, nēvi, nēt-, 2, *to spin, weave.*
Neoptolemus, i, son of Achilles.
†**neōtericus, a, um,** *new.*
nepa, æ, F., *scorpion, crab.*
Nephele, ēs, wife of Athamas, mother of Phryxus and Helle.
nepos, ōtis, M., *grandson, nephew; prodigal, spendthrift.*
nepōtinus, a, um (**-ālis, e**), *profuse.*
nepōtor, I, *squander, lavish.*
neptis, is, F., *granddaughter.*
Neptūnius, a, um, *of* or *built by Neptune.*
Neptūnus, i, god of the Waters, brother of Jupiter; *the sea.*
nēquam, *worthless, wretched, vile.*
nēquāquam, *by no means.*
neque (**nec**), *neither, nor, and not.*
nequedum, *and not yet.*
nequeo (§ **37,** viii.), *cannot.*
nēquicquam (**-quīquam**), *in vain.*
nēquior, nequissimus, [**nēquam,**] *more* and *most worthless.*
nēquis, qua, quod (**quid**), *lest any.*
nēquiter, *worthlessly, badly.*
nēquitia, æ (**-es, ēi**), F., *badness, vileness, negligence, levity.*
nēquo, *no-whither.*
nēreis, idis, F., *sea-nymph.*
Nēreus, i, a sea-deity, son of Oceanus and Tethys.
Nēritos (**us**), **i,** M., a mountain of Ithaca; **-īus, a, um,** *Ithacan.*
Nero, ōnis, family name of L. Domitius Aënobarbus, the sixth emperor, A.D. 54–68.
Nerva, successor of Domitian, A.D. 96–98.
nerviæ, ārum, F., *strings, chords.*
Nervii, ōrum, a Belgian tribe.
nervōsē, *energetically.*
nervōsus, a, um, *sinewy, vigorous.*
nervus, i, M., *sinew, string, thong, bow-string, vigor, force, a prison.*
nesciens, tis, *ignorant, unskilled.*
nescienter, *ignorantly.*
nescio, 4, *be ignorant* or *unskilled.*
nescius, a, um, *ignorant, unable, unskilled, unknown.*
Nessus, i, a Centaur, slain by Hercules.
Nestor, ŏris, myth. king of Pylos, son of Neleus.
nētus, ūs, M., [**neo,**] *spinning, thread.*
neu=**nēve,** *nor.*
neuter, tra, um, *neither of two.*
neutiquam, *by no means.*
neutrālis, e, *neuter.*
neutrō, *to neither side.*
neutrubi, *in neither place.*
nēve, *and not, and lest.*
nex, necis, F., *death* (by violence).
nexilis, e, *bound together.*
nexio, ōnis, F., *fastening.*
nexo, xui (**xi**), 3, *bind, join, fasten.*
nexum, i, N., *slavery for debt.*
nexuōsus, a, um, *full of knots.*
nexus, [**necto,**] *fastened;* M., *prisoner, one bound to service.*
nexus, ūs, M., *binding, obligation.*
nī, *not, that not, unless.*
Nicæa, æ, F., a town of Bithynia.
Nīcias, æ, Athenian commander of the Sicilian expedition B.C. 415.
nico, ci, 3, *beckon.*
Nīcomēdīa, æ, F., the capital of Bithynia.
nicto, I, *wink, blink, sign, strive.*
nictus, ūs, M., *winking.*
nīdāmentum, i, N., *stuff for nest.*
nīdifico, I, *to build nests.*
nīdor, ōris, M., *vapor, steam, odor.*
nidulor, I, *to build nests.*
nīdus (**-ulus**), **i,** M., *nest, retreat.*
nigellus, a, um, *dark, swarthy.*
niger, gra, um, *black, dark.*
nigrans, tis, *black, dusky.*

nigrēdo, inis, F., *blackness.*
nigresco, 3, *grow black* or *dark.*
nigricans, tis, *blackish.*
nigritia, æ, F., *blackness.*
nigro, I, *blacken, be black.*
nigror, ōris, M., *blackness.*
nihil, *nothing, not at all.*
nihildum, *nothing yet.*
nihilominus, *none the less.*
nihilum, i, N.=**nihil**, *nothing.*
nīl=**nihil**, *nothing.*
Nīlus, i, M., *the Nile*, the great river of Egypt.
nimbātus, a, um, *light, vapory.*
nimbifer, era, um, *stormy.*
nimbōsus, a, um, *stormy, rainy.*
nimbus, i, M., *rain-cloud, storm.*
nimiē (-ō), *by far, too much.*
nimietas, ātis, F., *excess.*
nīmīrum, *doubtless.*
nimis, *too much, excessively.*
nimius, a, um, *excessive, too great.*
ningit, ninxit, 3, *it snows.*
ninguidus, a, um, *snowy.*
ninguis, is, F., *snow.*
ningulus, a, um, *nobody.*
Ninivē, ēs, F., *Nineveh*, the capital of Assyria, on the Tigris.
Ninus, myth. founder of Niniveh.
Niobē, ēs (**-ba, æ**), daughter of Tantalus, changed to stone after the loss of all her children.
Nisæus (**-ēius**), *of Nisus.*
Nisēis, idis, Scylla, d. of Nisus, k. of Megara, who betrayed his kingdom to Minos.
nisi (**nī**), *unless, if not.*
nīsus, [**nītor**,] *relying.*
nīsus (**-xus**), **ūs**, M., *effort, pressure.*
Nīsus, i, myth. king of Megara, changed to a hawk.
nītēla (**-dula**), **æ**, F., *dormouse.*
nitens, tis, *shining, brilliant, blooming, famous.*
nītens, tis, [**nītor**,] *striving.*
niteo, ui, 2, *to shine, glitter, thrive, flourish.*
nitesco, tui, 3, *to shine forth.*
nītibundus, a, um, *straining.*
nitidē, *brightly.*
nitido, I, *make bright, bathe.*
nitidus, a, um, *bright, sleek, elegant.*
nītor, nīsus (**nixus**), 3, *to strain, mount, strive, rely.*
nitor, ōris, M., *brightness, neatness.*
† **nitrum, i**, N., *soda, alkali.*
nivālis, e, *snowy.*
nivārius, a, um, *of snow.*
nivātus, a, um, *cooled* with snow.
nīvens, tis, *closing* (winking).
niveus, a, um, *snowy, white.*
nivōsus, a, um, *full of snow.*
nix, nĭvis, F., *snow.*
nixor, I, *lean, strive.*
nixus, [**nitor**,] *relying.*
nixus, ūs, M., *effort, presssure.*
no, I, *to swim, sail.*
nōbilis, e, *famous, noble.*
nōbilitas, ātis, F., *nobility* (of rank, fame or quality), *the nobles.*
nōbiliter, *nobly.*
nōbilito, I, *make famous.*
nōbiscum, [**ego**,] *with us.*
nocens, tis, *guilty, harmful;* M., *a criminal.*
nocenter, *guiltily.*
noceo, cui, cit-, 2, *to harm, hurt.*
nocīvus, a, um, *noxious.*
noctilūca, æ, F., *night-shining.*
noctivagus, a, um, *night-wandering.*
noctu (**-te**), *by night.*
noctua, æ, F., *owl.*
noctuābundus, a, um, *in the night.*
noctuīnus, a, um, *of owls.*
nocturnus, a, um, *nightly, dark.*
nocuus, a, um, *harmful.*
nōdātus, a, um, *knotted.*
nōdo, I, *to fill with knots, fasten.*
nōdōsus, a, um, *knotty, swollen, intricate, difficult.*
nōdus (**-ulus**), **i**, M., *knot, knob, band, coil, difficulty.*
nōlens, tis, *unwilling.*
nōlo, nolle, nōlui (§ **37**, ii), *be unwilling, wish ill.*
nomades, um, C., *wanderers.*
nōmen, inis, N., *name* (§ **15**), *race, debt, thing, fame, reason, pretext.*
nōmenclātor, ōris, M., *namer.*
nōminātim, *by name.*
nōminātio, ōnis, F., *naming.*
nōminātus, a, um, *celebrated.*

nōmino, I, *call by name, make famous, nominate, accuse.*
†**nomisma, ătis**, N., *coin, medal.*
†**nomos, i**, M., *district, tune.*
nōn, *not, no.*
nōnæ, ārum, F. pl., *Nones* (§ **83**), the 7th of March, May, July, Oct.; 5th of the other months.
nōnāgēni, *ninety* (each).
nōnāgiēs, *ninety times.*
nōnaginta, *ninety.*
nōnānus, a, um, *of the 9th legion.*
nōnārius, a, um, *of the 9th hour.*
nondum, *not yet.*
nongenti (**noningenti**), **æ, a**, 900.
nōnies (**-ens**), *nine times.*
nonna, æ, F., *a nun.*
nonne (interrog.), *not?*
nonnēmo, inis, M., *some one.*
nonnihil, *something.*
nonnullus, a, um, *some.*
nonnumquam, *sometimes.*
nonnusquam, *somewhere.*
nōnus, a, um, *ninth.*
nōnus decimus, *nineteenth.*
Norēia, æ, F., a town of Noricum, the dist. north of the Adriatic.
norma, æ, F., *square, rule.*
normālis, e, *by the square.*
nōs, nostrum, nōbis, *we.*
noscito, I, *recognize.*
nosco, nōvi, nōt-, 3, *learn, be acquainted, to know;* perf. *know.*
noster, tra, trum, *our;* pl., M., *our men*, N., *our possessions.*
nostras, ātis, *of our country.*
nostrātim, *in our fashion.*
nota, æ, F., *mark, sign, note, stain.*
notābilis, e, *noteworthy.*
notārius, a, um, *of writing;* M., *short-hand writer, clerk.*
notātio, ōnis, F., *marking, choice.*
nōtesco, tui, 3, *become known.*
nothus, a, um, *illegitimate, false.*
nōtio, ōnis, F., *a getting knowledge, investigation, notion, idea.*
nōtitia, æ (**-es, ēi**), F., *knowing, acquaintance, note.*
notius, a, um, *southern.*
noto, I, *designate, mark, signify, brand, remark, write in cypher.*
nōtor, ōris, M., *voucher, witness.*
nōtus, [**nosco**,] *known.*
notus (**os**), **i**, M., *the South wind.*
novācula, æ, F., *razor, knife.*
novālis, e, *fallow, fresh-ploughed.*
novātio, ōnis, F., *renewing.*
novē, *in new fashion, unusually.*
novellus, a, um, *young, new, fresh.*
novem, *nine.*
november, bris (9th month), *November.*
novemdecim, *nineteen.*
novemdiālis, e, *of nine days.*
novēnārius, a, um, *of nine.*
novēni, æ, a, *nine* (each).
noverca, æ, F., *stepmother.*
novercālis, e, *of a stepmother, hostile, malevolent.*
nōvi, [**nosco**,] *I know.*
novies (**-ens**), *nine times.*
novissimē, *quite lately, lastly.*
novissimus, a, um, *latest, last, lowest, furthest;* **agmen**, *the rear.*
novitas, ātis, F., *newness, strangeness, novelty.*
noviter, *newly, afresh.*
novitius, a, um, *new, fresh.*
novo, I, *to renew, alter, invent, refresh, change* by revolution.
novus, a, um, *new, fresh, strange, unwonted;* N., *novelty;* **res novæ**, *revolution, novelties.*
nox, noctis, F., *night, darkness, the world below, gloom, storm, death.*
noxa (**-ia**), **æ**, F., *harm, crime, punishment.*
noxius (**-ōsus**), **a, um**, *harmful, injurious, guilty.*
nūbēcula, æ, *small cloud, dark spot.*
nūbēs, is, F.; (**-is**, M.), *cloud, smoke, vapor, gloom, obscurity.*
nūbifer, a, um, *cloud-bearing.*
nūbigena, æ, C., *cloud-born;* pl. *the Centaurs.*
nūbilārium, i, N., *shed, barn.*
nūbilis, e, *marriageable.*
nūbilo, I, *to be* or *make cloudy.*
nūbilus (**-ōsus**), **a, um**, *cloudy, dark, overcast, gloomy.*
nūbo, psi, pt-, 3, *cover, veil, marry* (put on the veil, with dat.).

nucētum, i, N., *wood of nut trees.*
nuceus, a, um; -ālis, e, *of a nut.*
nucleus, i, M., *kernel, nut.*
nucula, æ, F., *little nut.*
nūdātio, ōnis, F., *stripping bare.*
nūdē, *nakedly, simply.*
nūdius (tertius), *now the* (third) *day since.*
nūdo, I, *to strip, make bare, despoil.*
nūdus, a, um, *naked, bare, stripped, unadorned, alone, destitute.*
nūgæ, ārum, F., *nonsense, finery, jesters.*
nūgālis, e, *frivolous;* N. pl., *trifles.*
nugātor, ōris, M., *trifler, jester.*
nūgātōrius, a, um; nūgax, ācis, *trifling, futile, useless.*
nūvigendus, i, M., *dealer in finery.*
nūgor, I, *jest, trifle, cheat.*
nullātenus, *by no means.*
nullus, a, um (gen. **ius**), *no, none, of no account.*
num, *whether* (§ **71**).
Numa, æ, Pompilius, second k. of Rome, B.C. 713–679.
Numantia, æ, F., a city of South Spain, capt. by Scipio, B.C. 133.
nūmārius, a, um, *of money, bribed.*
nūmātus, a, um, *moneyed, rich.*
numella, æ, F., *shackle, fetter.*
nūmen, inis, N., [**nuo,**] *nod, command, divine will, divinity.*
numerābilis, e, *that can be counted.*
numerārius, a, um, *of accounts.*
numerātio, ōnis, F., *payment.*
numerātus, a, um, *in ready money,* N., *cash;* **in numerato,** *at hand.*
numero, I, *count, reckon, pay out.*
numerō, *precisely, quickly.*
numerōsē (-iter), *numerously, harmoniously, in poetic numbers.*
numerōsus, a, um, *numerous, prolific, populous, melodious.*
numerus, i, M., *number, quantity, troop, rank, part, order, measure* or *number* (in verse).
Numīcius, i, M., a stream in Latium; name of a Roman Gens.
Numida, æ, *Numidian.*
Numidia, æ, F., a dist. of N. Africa, W. of Carthage; *Algiers.*
Numidicus, a, um, *Numidian;* a name given to Metellus, conqueror of Jugurtha.
numisma=nomisma, *coin.*
Numitor, ōris, grandfather of Romulus.
nummus=nūmus, *coin, money.*
numnon, numne=num, *whether.*
nūmōsus, a, um, *wealthy.*
numquam, *never.*
numquid, *whether* (emphatic).
numquis, *whether any.*
nūmulārius, a, um, *of money;* M., *state-banker.*
nūmus (-ulus), i, M., *money* (as coin=4 cents, § **84**); *farthing.*
nunc, *now* (§ **41**, ii. 2), *but now.*
nunccine? *now?*
nunciātio, ōnis, F., *declaration.*
nuncio=nuntio, *announce.*
nuncubi? *anywhere? ever?*
nuncupātio, ōnis, F., *naming, appointing, dedication.*
nuncupo, I, *to name* or *appoint* (as heir), *vow publicly.*
nuncusque, *till now.*
nundinæ, ārum, F., *market-day.*
nundinālis, e, *of the market.*
nundinātio, ōnis, F., *trafficking.*
nundinor, I, *to attend market, buy, trade, troop together.*
nundinus, a, um, *of the 9th* or *market-day;* N., *market-time.*
nunquam=numquam, *never.*
nuntia, æ, F., *messenger.*
nuntiātio, ōnis, F., *announcement.*
nuntio, I, *to announce, declare.*
nuntius, i, M., *messenger, message, order, tidings.*
[**nuo, nūt-,** 3, *to nod* (only in compounds).
nūper, *lately, just now.*
nūperus, a, um, *recent, fresh.*
nupta, æ, F., [**nūbo,**] *bride.*
nuptiæ, ārum, F., *marriage.*
nuptiālis, e, *of a wedding.*
nuptus, a, um, [**nūbo,**] *married;* F., *bride, wife.*
nuptus, ūs, M., *marriage.*
nurus, ūs, F., *daughter-in-law.*
nusquam, *nowhere, in* or *to nothing.*

nūtābundus, a, um, *staggering.*
nūtātio, ōnis, F., *nodding, tottering.*
nūtiquam=neutiquam.
nūto, I, *to nod, sway, waver.*
nutrīcātus, ūs, M., *nursing, nurture.*
nūtrīcius, a, um, *suckling, cherishing;* M., *tutor;* N., *nourishment.*
nūtrico (-or), I, *to nourish, rear.*
nūtrīcula, æ, F., *nurse.*
nūtrīmen, inis; -mentum, i, N., *nourishment, support.*
nūtrio (-or), 4, *nourish, rear, cherish, preserve* (as fruit).
nūtrix, īcis, F., *nurse, rearer, breeder, nursery* (of plants).
nūtus, ūs, M., *a nod, command, beckoning, downward motion.*
nux, nucis, F., *nut.*
†**nympha, æ,** F., *bride, nymph* (of fountains, &c.).
†**nymphæa, æ,** F., *water-lily.*
†**nymphæum (-ēum), i,** N., *fount of the nymphs.*
nymphālis, e, *of the fountain.*
nymphigena, æ, *the nymph-born* (Achilles).
Nysæus, a, um, *of Nysa,* a city in Caria; *Bacchic,* of Nysa in India, the birthplace of Bacchus.

O.

O, a common exclamation, or form of address, with voc. or acc.
†**Oasis, is,** F., a dist. in the Libyan desert, an exile for criminals.
Oaxes, is, M., a river of Crete?
ob, *towards, at, about, on account of.*
[**-ob,** *towards, on, in the way of.*
obærātus (-rius), a, um, *indebted;* M., *debtor, one bound for debt.*
obambulo, I, *to walk by.*
obarmo, I, *to arm.*
obaro, I, *to plough up.*
obaudio, 4, *to obey.*
obaurātus, a, um, *gilded, gilt.*
obba, æ, F., *goblet, mug* or *bowl.*
[**obc=occ-.**
obdo, didi, dit-, 3, *put in the way, envelop, close, wrap.*
obdormio, 4; **-isco,** 3, *to fall asleep.*
obdūco, xi, ct-, 3, *lead towards, draw over, cover, fasten, shut up.*
obductio, ōnis, F., *veiling, covering.*
obdūresco, dūrui, 3, *to grow hard* or *stubborn.*
obdūro, I, *to harden, make hard, endure, persist.*
obēdiens, tis, *obedient.*
obēdienter, *readily, willingly.*
obēdientia, æ, F., *obedience.*
obēdio, 4, *obey, yield, hearken.*
obedo, ēdi, ēs-, 3, *eat, devour.*
†**obeliscus, i,** M., *obelisk, rosebud.*
obeo, ii, it-, 4, *go towards, go down, perish, survey, traverse, undertake, enter on, meet* (death), *die.*
obequito, I, *ride up to.*
obero, [**obsum,**] *will be present.*
oberro, I, *move about.*
obēsitas, ātis, F., *grossness.*
obēsus, [**edo,**] *lean* or *eaten away; fat, coarse, swollen.*
obex, icis, D., *bar, bolt, barrier.*
[**obf-=off-; obg-=ogg-.**
obhæreo, 2; **hæresco, hæsi,** 3, *to stick fast.*
obiens, euntis, [**obeo,**] *meeting.*
obīrascor, irātus, I, *get angry at.*
obiter, *on* or *by the way, at once.*
obitus, ūs, M., *an approach, going down, setting, downfall, death.*
objaceo, ui, 2, *to lie over against.*
objectātio (-ctio), ōnis, F., *a casting-against, accusation, reproach.*
objecto, I, *to throw against, oppose, expose, reproach.*
objectus, [**objicio,**] *lying opposite, exposed;* N. pl., *accusations.*
objectus, ūs, M., *casting in the way, exposure, interposition, projection.*
objex=obex, *barrier.*
objicio, jēci, ject-, 3, *to cast in the way, resent, hold forth, upbraid.*
objurgātio, ōnis, F., *reproach.*
objurgātor, ōris, M., *a rebuker.*
objurgātōrius, a, um, *reproachful.*
objurgo (-ito), I, *to chide, dissuade, rebuke, chastise.*
oblaqueo, I, *to trench about.*
oblātio, ōnis, F., *offering, bestowal.*

oblatro, I, *rail* or *bark at.*
oblātus, [offero,] *offered.*
oblectāmen, inis; **-mentum, i**, N., *delight, joy, solace, amusement.*
oblecto, I, *to delight, gratify.*
oblīdo, si, sum, 3, *crush together.*
obligātio. ōnis, F., *binding, bond.*
obligo, I, *to bind, tie close, pledge.*
obligūrio, 4, *to squander, devour.*
oblīmo, I, *beslime, squander.*
oblino, lēvi, lĭt-, 3, *besmear, bedaub.*
oblīquē, *sidewise, indirectly.*
oblīquo, I, *to twist, turn, warp.*
oblīquus, a, um, *sidelong, awry, indirect.*
oblīsus, [-līdo,] *crushed.*
oblitesco, litui, 3, [**lateo**,] *hide.*
oblītero, I, *to blot out.*
oblitus, [**lino**,] *besmeared.*
oblītus, a, um, *forgetful, forgotten.*
oblīvio, ōnis, F., *forgetfulness, oblivion.*
oblīviōsus, a, um, *forgetful.*
oblīviscor, oblītus, 3, *forget.*
oblīvium, i, N., *forgetfulness.*
obloco, I, *give out on contract.*
oblocūtor, ōris, M., *contradicter.*
oblongus, a, um, *rather long.*
obloquor, locūtus, *to interrupt, contradict.*
obluctor, I, *struggle against.*
oblūdo, si, sum, 3, *play off jokes.*
obmōlior, 4, *throw up in front.*
obmoveo, mōvi, mōt-, 2, *bring forward.*
obmurmuro, I, *murmur against.*
obmūtesco, tui, 3. *be speechless.*
obnātus, a, um, *growing on* or *near.*
obnītor, sus (xus), 3, *push against.*
obnīsus (-xus), a, um, *resolute.*
obnixē, *with might and main.*
obnoxiē, *guiltily, submissively.*
obnoxius, a, um, *frail, exposed, liable, submissive, beholden.*
obnūbilus, a, um, *beclouded.*
obnūbo, psi, pt-, 3, *to veil, cover.*
obnuntiātio, ōnis, F., *announcement* of evil omen.
obnuntio, (-cio), I, *announce* (evil).
oboleo, ui, 2, *to emit odor.*
†**obolus, i**, N., *a small coin* (3 cts.).
oborior, ortus, 4, *to rise, appear.*
obortus, ūs, M., *origin.*
[**obp-=opp.**
obrēpo, psi, pt-, 3, *creep up to, steal upon, surprise, cheat.*
obreptio, ōnis, F., *a stealing, surprise.*
obrētio, 4, *entangle.*
obrigesco, gui, 3, *grow hard* or *stiff.*
obrōdo, 3, *to gnaw.*
obrogo, I, *to repeal* (by a later law), *invalidate.*
obruo, rui, rut-, 3, *to cover, bury, overwhelm, overpower.*
†**obrussa (-rȳza), æ**, F., *test, assay.*
obsaturo, I, *to sate, clog.*
obscēnē, *indecently, foully.*
obscēnitas, ātis, F., *foulness, impurity, inauspiciousness.*
obscēnus, a, um, *of ill omen, foul, impure, evil, indecent.*
obscūrātio, ōnis, F., *darkening.*
obscūrē, *darkly, secretly.*
obscūritas, ātis, F., *darkness, obscurity, meanness.*
obscūro, I, *to darken, hide, blind.*
obscūrus, a, um, *dark, unknown, obscure, secret.*
obsecrātio, ōnis, F., *supplication, beseeching, protestation.*
obsecro, I, *to beseech, implore.*
obsecundo, I, *comply, obey, follow.*
obsēpio, psi, pt-, 4, *to fence in, bar, close up.*
obsequēla (-quentia), æ, F., *complaisance, compliance.*
obsequens, tis, *yielding, indulgent.*
obsequenter, *obediently.*
obsequiæ, ārum, F., *funeral rites.*
obsequiōsus, a, um, *compliant.*
obsequium, i, N., *yielding, compliance, indulgence, obedience.*
obsequor, cūtus, 3, *yield, gratify, indulge, obey, submit.*
obsero, I, *to bolt, fasten.*
obsero, sēvi, sit-, 3, *to sow, plant, cover, fill.*
observans, tis, *watchful, attentive.*
observanter, *carefully.*
observantia, æ, F., *respect, regard.*
observātē, *circumspectly.*

observātio, ōnis, F., *care, observance, rule, respect.*
observātor, ōris, M.; **-trix, trīcis,** F., *observer.*
observito, 1, *watch carefully.*
observo, 1, *note, regard, watch.*
obsĕs, idis, C., *hostage, pledge.*
obsessio, ōnis, F., *blockade.*
obsessor, ōris, M., *a besieger, frequenter.*
obsessus, [obsideo,] *beset.*
obsidātus, ūs, M., *condition of hostage.*
obsideo, sēdi, sess-, 2, *to besiege, beset, occupy, frequent.*
obsidio, ōnis, F., *siege, blockade.*
obsidior, 1, *lie in wait for.*
obsidium, i, N., *siege, blockade.*
obsīdo, 3, *beset, besiege, occupy.*
obsignātor, ōris, N., *sealer, witness.*
obsigno, 1, *to seal, attest, pledge.*
obsipo, 1, *sprinkle.*
obsisto, stiti, stit-, 3, *withstand, resist, oppose, disapprove.*
obsitus, [sero,] *planted.*
obsole-facio, 3, *to wear out, spoil.*
obsolesco, ēvi, ēt-, *fall into decay.*
obsolētē, *shabbily, meanly.*
obsolētus, a, um, *worn out, poor, shabby, ruinous.*
obsōnātor, ōris, M., *caterer.*
obsōnātus, ūs, M., *marketing.*
† obsōnium, i, N., *viands.*
obsōno (-or), 1, *purvey, furnish.*
obsono, ui, it-, 1, *interrupt noisily.*
obsopio, 4, *to put to sleep.*
obsorbeo, bui, 2, *swallow up.*
obsordesco, sordui, 3, *get soiled, wear out, diminish.*
obstantia, æ, F., *hindrance.*
obstetrix, ĭcis, F., *midwife.*
obstinātē, *inflexibly.*
obstinātio, ōnis, F., *stubbornness.*
obstinātus, a, um, *resolute.*
obstino, 1, *stand fast* or *against.*
obstipesco=obstupesco, 3, *to be amazed.*
obstīpo, 1, *to lean.*
obstīpus, a, um, *bent, inclined.*
obstitus, [-sisto,] *set in the way, opposed, struck by lightning.*
obsto, stiti, stāt-, 1, *stand against, oppose, check, be hateful to.*
obstrepo, ui, it-, 3, *to clamor at* or *against, drown with noise.*
obstrictus, [stringo,] *bound.*
obstrigillo, 1, *hinder, impede.*
obstringo, strinxi, strict-, 3, *bind close, fasten, pledge.*
obstructio, ōnis, F., *barrier, hindrance.*
obstruo, xi, ctum, 3, *build against, barricade, obstruct.*
obstrūdo=obtrūdo, *thrust upon.*
obstupefacio, fēci, fact-, 3, *amaze.*
obstupesco, stupui, 3, *be amazed.*
obstupidus, a, um, *stupefied.*
obsum, esse, fui, *be harmful.*
obsuo, ui, ūt-, 3, *sew up, stop close.*
obsurdesco, dui, 3, *grow deaf.*
obtego, xi, ct-, 3, *to cover, hide, veil, keep secret.*
obtemperātio, ōnis, F., *compliance.*
obtempero, 1, *comply, conform.*
obtendo, di, tum, 3, *draw* or *spread over, hide, pretend, allege.*
obtentus, a, um, [-tendo,] *drawn,* **[tineo,]** *held.*
obtentus, ūs, M., *drawing-over.*
obtero, trīvi, trīt-, 3, *bruise, wear, crush, degrade, destroy.*
obtestātio, ōnis, F., *adjuring, entreaty, adjuration.*
obtestor, 1, *call as witness, adjure.*
obtexo, xui, xt-, 3, *weave* or *spread over.*
obticeo, 2; **(-cesco,** 3**), cui,** *to be* or *grow silent.*
obtigo=obtego, *cover.*
obtineo, tinui, tent-, 2, *hold, get, maintain, prove, continue.*
obtingo, tigi, 3, *touch, strike, happen to, befall.*
obtorpesco, torpüi, 3, *grow numb.*
obtorqueo, si, tum, 2, *to turn, twist, wrench.*
obtrectātio, ōnis, F., *disparaging.*
obtrectātor, ōris, M., *traducer.*
obtrecto, 1, *detract, oppose, injure.*
obtrītus, [tero,] *bruised.*
obtrūdo, si, -sum, 3, *to thrust upon, gulp, stop close.*

obtrunco, I, *to cut away, mangle, kill, trim, prune.*
obtueor, 2, *gaze up on, perceive.*
obtundo, tudi, tūs- (tuns-), 3, *to thump, blunt, din.*
obtūrāmentum, i, N., *stopper, bung.*
obtūrbo, I, *disturb, confuse.*
obturgesco, tursi, 3, *to swell.*
obtūro, I, *stop up, allay.*
obtūsē, *dully, dimly.*
obtūsio, ōnis, F., *blunting, bruise.*
obtūsus, [**tundo**,] *blunted, dull.*
obtūtus, ūs, M., *a gazing.*
obumbro, I, *overshadow, obscure.*
obuncus, a, um, *bent, hooked.*
obustus, [**ūro**,] *charred, scorched.*
obvāgulo, I, *demand loudly.*
obvallo, I, *to fortify, surround.*
obvenio, vēni, vent-, 4, *come in the way, befall.*
obventio, ōnis, F., *income, revenue.*
obversor, I, *to go* or *hover about, appear, oppose.*
obverto, ti, sum, 3, *turn towards.*
obviam (w. dat.), *in the way, at hand.*
obvigilo, I, *to be watchful.*
obvio, I, *to meet, prevent.*
obvius, a, um, *meeting, in the way, at hand, opposed, adverse, exposed.*
obvolvo, vi, ūt-, 3, *to wrap, cover.*
occa, æ, F., *harrow.*
occæco, I, *make blind, darken.*
occædes, is, F., *slaughter.*
occallesco, lui, 3, *get hardened.*
occano, ui, 3, *to sound, blow.*
occāsio, ōnis, F., *occasion, means, opportunity, supply.*
occāsiuncula, æ, F., *occasion.*
occāsus, ūs, M., [**cado**,] *fall, downfall, destruction, setting, the west.*
occātio, ōnis, F., *harrowing.*
occēdo, cessi, cess-, 3, *go towards.*
occento, I, *sing in presence of.*
occepso=occēpero [**occipio**].
occepto, I, *begin.*
occidens, tis, M., *the west.*
occīdio, ōnis, F., [**cædo**,] *massacre, destruction.*
occīdo, cīdi, cīs, 3, *kill, cut down.*
occĭdo, cido, cās, 3, *fall, set, perish, be ruined.*
occiduus, a, um, *setting, failing, perishing, western.*
occillo, I, *to smash.*
occino, ui, cent-, 3, *chirp, croak, sing* (inauspiciously).
occipio, cēpi, cept-, 3, *begin, enter.*
occiput, itis, [**-itium, i**,] N., *back of the head.*
occīsio, ōnis, F., *slaughter, murder.*
occīsor, ōris, M., *slayer, murderer.*
occīsus, [**cædo**,] *slain.*
occlūdo, si, sum, 3, *to shut, stop.*
occo, I, *to harrow.*
occubo, ui, I, *to rest, repose.*
occulco, I, *trample upon.*
occulo, ui, cult-, 3, *cover, hide.*
occultātio, ōnis, F., *hiding.*
occultātor, ōris, M., *hider.*
occultē (-tim, -tō), *secretly.*
occulto, I, *to hide, secrete.*
occultus, a, um, *hidden, secret.*
occumbo, cubui, cubit-, 3, *to fall, sink, lie, yield, perish.*
occupātio, ōnis, F., *seizing, holding, employment.*
occupātus, a, um, *busy, employed.*
occupo, I, *seize, occupy, anticipate, attack, surprise, outstrip.*
occurro, 3, *run to meet, oppose, attack, happen, appear, reply.*
occursātio, ōnis, F., *officiousness.*
occurso, I, *meet, attack, appear.*
occursus, ūs, M., *meeting, opposing.*
Oceanus, i, M. (*ocean*), Father of Seas and Rivers.
ōceanītis, idis, F., d. of Oceanus ; *sea-nymph.*
ocellātus, a, um, *spotted.*
ocellus, i, M., *little eye, eyelet.*
ōcior, us, ōcissimus, *swifter.*
ōciter, ōcius, ōcissimē, *swiftly.*
ocrea, æ, F., *greave* (leg-armor).
ocreātus, a, um, *greaved.*
Octāvius (-ānus), i, family name of Augustus.
octāvus, a, um, *eighth ;* F., the eighth hour (4 P.M.) ; *one-eighth.*
octiēs (ens), *eight times.*
octingentēsimus, a, um, 800th.
octingēni (-gentēni), 800 each.
octingenti, æ, a, *eight hundred.*

octipes, edis, *eight-footed.*
octō, *eight.*
Octōber, bris, M., *October* (8th month).
octōdecim, *eighteen.*
octōgēnārius, a, um, *of* 80 *years.*
octōgēni, a, um, *eighty* each.
octōgēsimus, a, um, *eightieth.*
octōgiēs, *eighty times.*
octōgintā, *eighty.*
octojugis, e, *eight together.*
octōni, a, um, *eight each.*
octuplus, a, um, *eight-fold.*
octussis, *eight* **asses.**
oculārius, a, um, *of the eyes.*
oculātus, a, um, *furnished with eyes, visible, conspicuous.*
oculeus, a, um, *sharp-sighted.*
oculissimus, a, um, *dearest.*
oculitus, *most dearly.*
oculo, I, *furnish with eyes.*
oculus, i, M., *eye, vision, darling, bud* (of plants).
ocyor=ocior, *swifter.*
†**ōda, æ; ōdē, ēs,** F., *song.*
†**ōdēum, i, m,** *music-hall.*
ōdi, ōsus (§ **38**, i.), *hate, dislike.*
ōdiōsē, *hatefully.*
ōdiōsus, a, um, *vexatious, hateful.*
ōdium, i, N., *hatred, offence, aversion, disgust, insolençe.*
odor, ōris, M., *odor, fragrance.*
odōrātio, ōnis, F.; **-tus, ūs,** M., *sense of smell, odor.*
odōrātus, a, um, *fragrant.*
odōrifer, era, um, *fragrant, spicy.*
odōro, I, *to emit perfume.*
odōror, I, *examine by scent, snuff, search, smell at.*
odōrus, a, um, *fragrant.*
odōs=odor, *smell.*
Odrysius, a, um, *of the Odrysæ,* a Thracian people.
Odyssēa, æ, the story of Ulysses.
Œa, æ, F., a town of N. Africa, in the territory of *Tripoli.*
Œagrus, i, myth. k. of Thrace, father of Orpheus.
Œbalus, i, myth. k. of Sparta, founder of Tarentum.
†**œconomia, æ,** F., *economy.*
†**œcus, i, m,** *hall, saloon.*
Œdipus, podis, myth. king of Thebes, son and slayer of Laius.
Œneus, ei (eos), k. of Ætolia, father of Meleager and Tydeus.
Œnōtria, æ, F., an ancient name of S. E. Italy.
†**œstrus, i,** M., *gadfly, frenzy.*
Œta, æ (-ē, ēs), a mt. of Thessaly.
offa (ofella), æ, F., *bit, morsel.*
offātim, *in bits.*
offectus, [**officio,**] *hindered.*
offendo, di, sum, 3, *strike, offend, hit, fail, stumble, blunder.*
offensa, æ, F., *collision, affront.*
offensātio, ōnis, F., *hitting, stumbling, blunder.*
offensio, ōnis, F., *stumbling, vexation, offence, aversion, mishap.*
offensiuncula, æ, F., *slight offence.*
offenso, I, *dash against, stumble.*
offensus, [**-fendo**], *offensive.*
offero, obtuli, oblāt-, *offer, show, adduce, occasion, inflict.*
offerūmenta, ōrum, N., *gift.*
officiālis, e, *of duties* or *service.*
officīna, æ, F., *workshop, factory.*
officīnātor, ōris, M., *a master-workman, artist.*
officio, fēci, fect-, 3, *hinder, obstruct, injure, hurt.*
officiōsē, *courteously.*
officiōsus, a, um, *obliging, dutiful.*
officium, i, N., *service, duty, favor.*
offīgo, xi, ct-, 3, *fix, fasten.*
offirmātus, a, um, *resolute, stubborn, obstinate.*
offirmo, I, *make fast, persevere.*
offla=offula, *little bit.*
offōco, I, *choke* with water.
offrēnātus, a, um, *curbed.*
offringo, ēgi, act-, 3, *to cross-plough.*
offūcia, æ, F., *cosmetic, trick.*
offula, æ, F., *bit fragment.*
offulcio, (si), tum, 3, *stop up.*
offulgeo, si, 2, *shine upon.*
offundo, ūdi, ūs-, 3, *pour upon* or *forth;* P., *spread, extend.*
offusco, I, *obscure, vilify.*
offūsus, [**offundo,**] *poured.*
ogganio, 4, *snarl, yelp, growl.*

oggero, 3, *bring, carry.*
Ogyges, is, (**-us, i,**) myth. founder of Thebes.
Ogygius, a, um, *Theban* (Bacchus).
Oīleus, i, myth. king of Locris, father of Ajax (Oilēus).
olax, ācis, *fragrant.*
Olbia, æ, F., a city of Sardinia.
olea, æ, F., *olive.*
oleāceus (**-āgineus, -ārius**), **a, um; -āris, e,** *of oil,* or *the olive.*
oleaster, tri, M., *wild olive.*
oleitas, ātis, F., *olive-harvest.*
olens, tis, *fragrant, odorous.*
oleo, ui, 2, *to emit odor.*
oleātus, a, um, *cured in oil.*
olerātor, ōris, M., *kitchen-gardener.*
olenticētum, i, N., *noisome pool.*
oleo, olui, 3, *to emit odor, betray* one's self by the smell.
oleōsus, a, um, *oily, full of oil.*
olētum, i, N., *olive-orchard; dung.*
oleum, i, N., *olive-oil; the wrestling-ground.*
olfacio, fēci, fact-, 3, *smell, scent.*
olfacto, 1, *smell at, detect.*
olfactus, ūs, M., *the sense of smell.*
olidus, a. um, *strong-scented.*
ōlim, *once, ever, some day.*
olitor, ōris, N., *market gardener.*
olīva, æ, F., *olive, olive-branch.*
olīvētum, i, N., *olive-orchard.*
olīvifer, era, um, *olive-bearing.*
olīvitas, ātis; -ēta, æ; F., *olive-harvest.*
olīvum, i, N., *oil, ointment.*
olla, æ, F., *pot, jar.*
ollāris, e; (**-ārius**), *of pots, potted.*
olle, ollus, for **ille,** *that.*
olor, ōris, M., *swan; odor.*
olōrifer, era, um, *swan-bearing.*
olōrinus, a, um, *of swans.*
olus, eris, N., *pot-herbs, vegetables.*
Olympia, æ, a city of Elis (S.W. Greece), where games were held in honor of Jupiter.
olympias, adis, F., period of 4 years; pl., *the Muses.*
Olympias, adis, m. of Alexander.
Olympius, a, um, *of Olympia;* N. pl., *Olympic games.*
Olympus, i, M., a mt. in Thessaly, seat of the gods; *heaven.*
Olynthius, a, um, *of Olynthus,* a border-town of Macedonia.
omāsum, i, N., *tripe, paunch.*
ōmen, inis, N., *omen, portent, ritual,* or *solemn usage.*
ōmentum, i, N., *fat, membrane.*
ōminor, 1, *prognosticate, predict.*
ōminōsus, a, um, *forboding.*
omissus, a, um, *negligent.*
omitto, mīsi, miss-, 3, *neglect, let go.*
omnifāriam, *on all sides.*
omnigenus, a, um, *of all sorts.*
omnimodō, *by all means.*
omnīno, *altogether, at all, by all means, in general, universally.*
omniparens, tis, *all-producing.*
omnipotens, tis, *all-powerful.*
omnis, e, *all, every, any* (w. negat.).
omnituens, tis, *all-seeing.*
Omphalē, ēs, myth. q. of Lydia.
onager (**-grus**), **gri,** M., *wild ass.*
onco, 1, *to bray.*
onerārius, a, um, *of burden, freight.*
onero, 1, *to load, stow, burden.*
onerōsus, a, um, *burdensome.*
onus, eris, N., *a load, burden, cargo.*
onustus, a, um, *loaded, freighted.*
† **onyx, ychis,** M., *onyx* (yellowish marble or gem).
opācitas, ātis, F., *shade.*
opāco, 1, *overshadow.*
opācus, a, um, *shady, obscure.*
opella, æ, F., *light task* or *service.*
opera, æ, F., *pains, task, service, care;* (abl.), *by means; day's work;* pl., *day-laborers.*
operans, tis, *effectual.*
operārius, a, um, *of work;* M., *a laborer.*
operātio, ōnis, F., *work, performance, solemnity.*
operculo, 1, *to cover.*
operculum (**-īmentum**), **i,** N., *lid, cover, panel-work.*
operio, ui, opert-, 4, *cover, shut, hide, conceal, dissemble.*
ōperior=opperior, *wait.*
operor, 1, *work, toil, perform.*
operōsē, *with pains.*

operōsitās, ātis, F., *nice work.*
operōsus, a, um, *toilsome, busy.*
opertāneus, a, um, *secret, hidden.*
opertē, *covertly.*
operto, 1, *to cover, hide.*
opertus, a, um, *hidden, secret;* N., *secret shrine;* pl. *oracles.*
opes, [**ops,**] F., *resources, wealth.*
Ophiūsius, a, um, *of Cyprus.*
opicus, a, um, *clownish* (Oscan).
opifer, era, um, *help-bringing.*
opifex, icis, M., *craftsman.*
opificium, i, N., *work.*
opīlio, ōnis, M., *shepherd.*
opīmē, *sumptuously.*
opīmitas, ātis, F., *abundance.*
opīmo, 1, *to fatten, enrich.*
opīmus, a, um, *fat, rich, sumptuous, noble;* **spolia opīma**, spoils taken by a general from the general of the defeated enemy.
opīnābilis, e, *conjectural.*
opīnātio, ōnis, F., *conjecture.*
opīnātus, a, um, *imagined, famous.*
opīnio, ōnis, F., *opinion, fancy, rumor, report, reputation.*
opīnor (-o), 1, *to suppose, think.*
opiparē, *sumptuously.*
opiparus, a, um; -is, e, *sumptuous.*
opitulor. 1, *bring aid, help.*
†**opion (-um), i,** N., *opium, poppy-juice.*
oportet, uit, 2, *it must be* (§ **39**, 1).
oppango, pēgi, pact-, 3, *fasten.*
oppecto, 3, *comb away, pluck.*
oppēdo, 3, *to insult.*
opperior, 4, *wait for.*
oppessulātus, a, um, *bolted fast.*
oppeto, īvi, īt-, 3, *go to meet* (death).
oppico, 1, *seal with pitch.*
oppidānus, a, um, *of a town, provincial;* M., *townsman.*
oppīdātim, *in every town.*
oppidō, *exceedingly, utterly, surely.*
oppidulum, dim. of
oppidum, i, N., *town* (fortified).
oppignero, 1, *to pawn, pledge.*
oppīlo, 1, *stop, shut up.*
oppleo, ēvi, ēt-, 2, *to fill up.*
oppōno, posui, posit-, 3, *to set against, hold forth, allege, oppose.*
opportūnē, *seasonably.*
opportūnitas, ātis, F., *fitness, opportunity, advantage.*
opportūnus, a, um, *fit, seasonable. exposed, liable.*
oppositio, ōnis, F., *opposition.*
oppositus, [**pono,**] *set against.*
oppositus, ūs, M., *setting-against.*
oppressio, ōnis, F., *force, pressure, oppression.*
opressus, a, um, *crushed.*
opprimo, pressi, press-, [**premo,**] 3, *crush, overcome, seize, suppress.*
opprobrium (-brāmentum), i, N., *reproach, disgrace, taunt.*
opprobo, 1, *to reproach, upbraid.*
oppugnātio, ōnis, F., *attack.*
oppugnātor, ōris, M., *assailant.*
oppugno, 1, *to attack, storm, assault, resist, beat* with fists.
opputo, 1, *to prune.*
oprīmentum= operimentum, *lid.*
ops, ŏpis, F., *help, might;* pl., *resources, wealth.*
Ops, Opis. wife of Saturn, goddess of Husbandry and Plenty.
opsōnium=obsōnium, *viands.*
optābilis, e, *desirable.*
optātio, ōnis, F., *choice, wish.*
optātō, *according to desire.*
optātus, a, um, *wished-for, desirable, pleasant, dear.*
optimātes, um, C., *aristocracy.*
optimē, *excellently.*
optimus, a, um, [**bonus,**] *best.*
optio, ōnis, F., *a choice.*
optio, ōnis, M., *helper, aid.*
optīvus, a, um, *chosen.*
opto, 1, *to desire, wish, choose.*
optumus=optimus, *best.*
opulens, tis; -lentus, a, um, *rich.*
opulentē (-ter), *sumptuously.*
opulentia, æ, F., *wealth, resources.*
opulento, 1, *to enrich.*
opulus, i, F., *a maple* as support for vines.
Opuntii, people of Opus, a town of Locris.
opus, eris, N., *work, task, business.*
opus, *need, needful, serviceable.*
opusculum, i, N., *little work.*

ōra, æ, F., *shore, margin, region.*

ōrāculum, i, N., *oracle, prophecy.*

ōrārium, i, N., *napkin, handkerchief.*

ōrātim, *coastwise.*

ōrātio, ōnis, F., *speech, language, harangue, plea, eloquence.*

ōrātiuncula, æ, F., *letter, speech.*

ōrātor, ōris, M.; **-trix, trīcis,** F., *orator, pleader, envoy.*

ōrātōriē, *eloquently.*

ōrātōrius, a, um, *oratorical.*

ōrātus, ūs, M., *beseeching.*

orbātor, ōris, N., *bereaver.*

orbiculātus, a, um, *rounded.*

orbiculus, i, M., *slice, pulley-wheel.*

orbīlis, e, *of a wheel;* N., *rim.*

orbis, is, M., *circle, ring.*

orbita, æ, F., *track, course.*

orbitas, ātis, F., *bereavement.*

orbitōsus, a, um, *full of ruts.*

orbo, I, *bereave, deprive.*

orbus, a, um, *bereft, orphaned.*

orca, æ, F., *narwhal* (whale).

Orcades, um, *the Orkney Islands.*

†**orchas, adis,** N., *a kind of olive.*

orchestra, æ, F., the Senate's seat in the theatre; *orchestra.*

Orchomenus, i, myth. son of Athamas; a town of Bœotia.

orcīnus, a, um, *of the dead.*

orcula, æ, F., *keg.*

Orcus, i, M., the world below; a name of Pluto; *death.*

ordeum=hordeum, *barley.*

ordinārius, a, um, *customary, regular, in even rows;* M., *overseer.*

ordinātē, -tim, *in good order.*

ordinātio, ōnis, F., *arrangement, regulation, government.*

ordinātus, a, um, *well-ordered.*

ordino, I, *set in order, govern.*

ordior, orsus, 4, *begin, undertake.*

ordo, inis, M., *order, rank, band.*

†**oreas, adis,** F., *mountain nymph.*

Orestes, is (æ), son of Agamemnon, slayer of his mother.

†**orexis, is,** F., *longing.*

†**organicus, a, um,** *of instruments.*

†**organum, i,** N., *instrument, organ.*

†**orgia, ōrum,** N., *night-revels* (of Bacchus).

oria=horia, *fishing-boat.*

†**orichalcum, i,** N., *copper ore, brass.*

orcilla (**-cula**)**=auricula,** *ear-lap.*

oriens, tis, *rising, the east.*

orientālis, e, *eastern.*

ōrīga=auriga, *waggoner, driver.*

originālis, e; -ārius, a, um, *original.*

orīgo, inis, F., *birth, source, origin.*

oriola=horiola, *skiff.*

Orīon, ōnis (**ŏnis**), a famous hunter, changed to a constellation.

orior, ortus, oriturus, 4, *to arise, appear, originate, be born.*

Orīthyīa, æ, myth. d. of Erectheus.

oriundus, a, um, *sprung, descended.*

ornāmentum, i, N.; *equipment, decoration, embellishment.*

ornātē, *elegantly.*

ornātor, ōris, M.; **-trix, trīcis,** F., *decorator, body-servant.*

ornātulus, a, um, *fine, smart.*

ornātus, a, um, *equipped, adorned.*

ornātus, ūs, M., *decoration, equipment, embelishment, apparel.*

orneus, a, um, *of the wild ash.*

†**ornīthias, æ,** F., *spring wind.*

†**ornīthon, ōnis,** M., *bird-house.*

orno, I, *fit out, equip, embellish, honor.*

ornus, i, F., *mountain-ash.*

ōro, I, *speak, plead, pray.*

†**orōbos, i,** M., *wild pea.*

Orontes, is (æ), a river of Syria.

Orpheus, ei, ea, son of Onagrus and Calliope, a bard of Thrace.

Orphēus (**-icus, -aïcus**), **a, um,** *Orphean* or *Orphic.*

orsus, [**ordior,**] *begun;* N. pl., *a beginning, undertaking.*

orsus, ūs, M, *beginning, attempt.*

†**orthius, a, um,** *high-pitched.*

ortīvus, a, um, *rising, eastern.*

ortus, [**orior,**] *descended, born.*

ortus, ūs, M., *rising, origin, birth.*

Ortygia, æ, F., a name of Delos; also the island-dist. of Syracuse.

†**oryx, ygis,** M., *wild goat, gazelle.*

†**orȳza, æ,** F., *rice.*

ōs, ōris, N., *mouth, face, entrance.*

os, ossis, N., *bone, heart-wood.*

oscēdo, inis, F., *yawning.*

oscen, inis, M., *divining-bird.*

Osci (Opici), ōrum, the primitive people of Campania.
oscillātio, ōnis, F., *swinging.*
oscillo, I, *to swing.*
oscillum, i, N., **(ōs),** *a little mask.*
oscitans, tis, *sluggish.*
oscitanter, *carelessly.*
oscitātio, ōnis, F., *gaping, yawning.*
oscito, I, *to gape, yawn, open.*
osculātio, ōnis, F., *kissing.*
osculor (-o), I, *kiss, prize, cherish.*
osculum, i, M., *mouth, lip, kiss.*
Osīris, is (idis), an Egyptian deity, husband of Isis.
ōsor, ōris, M., *a hater.*
Ossa, æ, F., a mt. in Thessaly.
osseus, a, um, *of bone, bony.*
ossiculum, i, N., *little bone.*
ossifragus, i, M., *osprey, sea-eagle.*
ossuārius, a, um, *for receiving bones;* N., *vault, sepulchre.*
ostendo, di, sum (tum), 3, *to show, expose, disclose, declare.*
ostensio, ōnis, F., *exhibiting.*
ostentārius, a, um, *of prognostics.*
ostentātio, ōnis, F., *display, parade*
ostentātor, ōris, M., *vain boaster.*
ostento, I, *exhibit, display, threaten, reveal, indicate.*
ostentum, i, N., *prodigy, portent.*
ostentus, [ostendo,] *exposed.*
ostentus, ūs, M., *exhibiting.*
Ostia, æ, F., a port at the mouth of Tiber, founded by Ancus.
ostiārius, a, um, *of the door;* M., *porter;* N., *door-tax.*
ostiātim, *from door to door.*
ostium, i, N., *door, mouth, entrance.*
†**ostrea, æ,** F., *oyster.*
ostreārius, a, um, *of oysters.*
ostreātus, a, um, *rough, scabby.*
ostrifer, era, um, *producing oysters.*
ostrīnus a, um, *purple.*
†**ostrum, i,** N., *sea-purple.*
ōsus, a, um (ōdi), *hating, hated.*
Otho, ōnis, 8th emperor, A.D. 69.
Othrys, yos, M., a mt. in Thessaly.
ōtior, I, *to be at leisure.*
ōtiōsē, *leisurely, quietly, calmly.*
ōtiōsus, a, um, *at leisure, tranquil, idle, neutral, unprofitable.*
ōtium (-olum), i, N., *ease, idleness, quiet, peace;* abl., *at ease, leisurely.*
ovanter, *exultingly.*
ovātio, ōnis, F., *an ovation* (lesser triumph, with myrtle wreath).
ōvātus, a, um, *egg-shaped.*
oviārius (-illus, -īnus, -illīnus), a, um, *of sheep.*
ovicula, æ, F., *a little sheep.*
ovīlis, e, *of sheep;* N., *sheepfold.*
ōviparus, a, um, *laying eggs.*
ovis, is, F,. *sheep, simpleton.*
ovo, I, *to exult, triumph, celebrate.*
ōvum, i, N., *egg;* **ab ovo usque ad māla,** *from egg to fruit,* i.e. from first to last (of the feast).
†**oxalis, idis,** F., *sorrel.*
Oxus, i, M., a river flowing into the Caspian.
†**oxymeli, itis,** N., *vinegar mixed with honey, oxymel.*
†**oxys, yos,** F., *wild sorrel.*
†**oxyzōmus, a, um,** *with sour sauce.*
†**ozymum=ocinum,** *clover.*

P.

P, the prænomen **Publius.**
pabo, ōnis, M., *wheelbarrow.*
pābulāris, e; -ius, a, um, *of fodder.*
pābulātio, ōnis, F., *pasture, forage.*
pābulātor, ōris, M., *forager, herdsman.*
pābulor, I, *to graze, forage, seek* or *give nourishment.*
pābulum, i, M., *food, fodder.*
pācālis, e, *of peace, peaceful.*
pācātē, *peaceably.*
pācātor, ōris, M., *peacemaker.*
pācātus, a, um, *at peace, friendly, reduced to submission.*
Pachȳnum, i, N.; **-us, i,** D., S. E. promont. of Sicily.
pācifer, era, um, *peace-bringing.*
pācificātio, ōnis, F., *peace-making.*
pācificātor, ōris, M., *peace-maker.*
pācifico, I, *pacify, appease.*
pācificus, a, um, *peace-making.*
paciscor, pactus, 3, *agree, contract, bargain, barter.*

pāco, I, *to pacify, subdue.*
pacta, æ, *betrothed bride.*
pactilis, e, *plaited; wreathed.*
pactio, ōnis, F., *bargain, compact.*
Pactōlus, i, M., a river of Lydia, having golden sands.
pactor, ōris, M., *contractor.*
pactus, [**paciscor,**] *agreed;* M., *betrothed;* N., *agreement, compact.*
pactus, [**pango,**] *fixed, composed.*
Pācuvius, i, an old Roman poet, A.D., 221–132.
Padānus, a, um, of the river *Po* (**Padus**), in N. Italy.
Padūsa, æ, F., a channel of the Po.
Pæan, ānis, M. a name of Apollo; *a religious* or *festive hymn.*
†**pædagōgium, i,** M., *the boy's hall.*
†**pædagōgus, i,** M., *preceptor, boy's attendant, leader, guide, pedant.*
pædidus, a, um, *filthy.*
pædor, ōris, M., *filth, stench.*
pægniārius, a, um, *in play.*
pæminōsus, a, um, *chinky, uneven.*
pæne (**pēne**), *almost.*
pæninsula, æ, F., *peninsula.*
pænula, æ, F., *cloak, mantle.*
pænulātus, a, um, *cloaked.*
pænūria=**penūria,** *poverty.*
pæōnius, a, um, *medicinal, healing.*
Pæstum, i, N., a town of Lucania, 40 miles S. E. of Naples.
pætus (**-ulus**), **a, um,** *blinking, leering, cross-eyed.*
pāgānus (**-icus**), **a, um,** *rustic, civic.*
Pagasæus, a, um, of Pagasa, in Thessaly; **puppis,** *the Argo.*
pāgātim, *by districts.*
pāgina (**-ella**), **æ,** F., *page, leaf, slab, book, garden-bed.*
pāginātus, a, um, *planked.*
pāgus, i, M., *country-district, canton.*
pāla, æ, F., *spade, shovel.*
Palæmon, ōnis, a sea-god, son of Ino (Melicerta).
Palæstīna, æ, F., *Palestine.*
Palæstīnus, a, um, *of Palestine;* also, *of Palæste,* a port of Epirus, entrance to the world below; **deæ,** *the Furies.*
†**palæstra, æ,** F., *wrestling-place.*
†**palæstricus, a, um,** *of the palæstra;* M., *wrestling-master.*
palam, *openly, publicly.*
Palamēdes, is, myth. k. of Eubœa, who perished at Troy.
pālans, tis, *wandering.*
pālāris, e, *of pales* or *stakes.*
palātīnus, a, um, *of the Palatium,* a hill of Rome; *imperial.*
palatium, i, N., *palace.*
palātus, M.; (**-um,** N.), *palate, vault.*
†**palē, ēs,** F., *wrestling.*
palea, æ, F., *chaff; cock's wattles.*
palear, āris, N., *dewlap, throat.*
Pales, is, F., the deity of Cattle.
Palīci, ōrum, sons of Jupiter and Thalia (Ætna), honored in Sicily.
palīlis, e, *of Pales;* N. pl., *festival of Pales,* the shepherd's feast.
†**palimpsestus, i,** M., *palimpsest* (a parchment twice written).
Palinūrus, i, the pilot of Æneas.
pālitans, tis, *wandering.*
paliūrus, i, M., *Christ-thorn.*
palla, æ, F., *woman's mantle, robe.*
Palladius, a, um, *of Pallas* (Minerva); N., her image at Troy.
Pallantēus, a, um, *of Pallas,* son of Evander..
pallens, tis, *wan, pale, evil.*
palleo, ui, 2; **-esco,** 3, *to be pale, sicken* (with fear or desire).
palliātus, a, um, *cloaked, clad.*
pallidus (**-ulus**), **a, um,** *pale, pallid.*
palliolātim, *in a mantle.*
pallium (**-olum**), **i,** N., *cover, cloak, mantle* (a Grecian garment).
pallor, ōris, M., *paleness, unsightliness, terror.*
pallula, æ, F., *little cloak.*
palma, æ, F., *palm, hand, oar-blade, palm-wreath, date.*
palmāris, e, *hand's-breadth, meriting the palm.*
palmārius, a, um, *of the palm;* N., *prize, fee.*
palmātus, a, um, *marked with the figure of the palm.*
palmes, itis, M., *vine-branch.*
palmētum, i, M., *palm-grove.*
palmeus, a, um, *hand's breadth.*

palmifer (ger), era, um, *palm-bearing, abounding in palms.*
palmipēs, pedis, *flat-footed.*
palmo, I, *to mark with the palm.*
palmōsus, a, um, *abounding in palms.*
palmula, æ, *palm, date, oar-blade.*
palmus, i, M., *palm, span.*
Palmȳra, æ, a city of E. Syria.
pālo, I, *to support with stakes.*
pālor, I, *to wander, stray.*
palpātio, ōnis, F., *flattery, coaxing.*
palpātor, ōris, M., *flatterer.*
palpebra, æ, F., *eyelid, eyelash.*
palpebro, I, *to wink, blink.*
palpitātio, ōnis, F., *throbbing.*
palpito, I, *to throb, pant, tremble.*
palpo (or), I, *to stroke, caress, coax.*
palpus, i, N.; **(um,** N.), *stroking, caressing, flattering.*
palūdāmentum, i, N., *a military cloak, a general's cloak.*
palūdātus, a, um, *cloaked.*
palūdester, tris, *marshy.*
paludōsus, a, um, *marshy, boggy.*
palumbes, is, C.; **-us (-ulus), i,** M.; **-a, æ,** F., *wood-pigeon.*
palumbīnus, a, um, *of pigeons.*
pālus, i, M.; **-um,** N., *stake, prop.*
palūs, ūdis, F., *marsh, swamp.*
paluster, tris, e, *marshy.*
† **pammachum, i,** M., *boxing-match.*
Pamphȳlia, æ, F., a southern coast-dist. of Asia Minor.
pampineus (-āceus, -ārius, -ātus), a, um, *full of leaves* or *tendrils.*
pampino, I, *to trim, clip* (vines).
pampinōsus, a, um, *leafy, branchy.*
pampinus, i, M., *tendril, vine-leaf.*
[† **pan-,** *all-.*
Pān, Pānos, god of Shepherds.
† **panacēa, æ,** F.; **-ces, is,** N.; **panax, ăcis,** M., *cure-all.*
pānārium (-olum), i, N., *bread-basket.*
Panathēnāicus, a, um, of the Athenian festival of Pallas.
† **pancarpus (-ius), a, um,** *of all fruits.*
Panchāia, æ, F., a dist. of Arabia.
† **pancratium, i,** N., *box & wrestle.*
† **pandectes, æ,** M., *repertory.*
pandiculor, I, *to stretch one's self.*
Pandīon, ŏnis, myth. k. of Athens, f. of Progne and Philomena.
pando, I, *to bend, curve.*
pando, di, sum (passum), 3, *to spread, open, expand, relate.*
Pandōra, æ, the first woman, made by Vulcan.
pandūra, æ, F., *rebec* or *banjo.*
pandus, a, um, *bent, crooked.*
† **panēgyricus, a, um,** *laudatory.*
Pangæus, i, M.; **a, ōrum,** N., a mountain of Thrace.
pango, nxi (pēgi, pepigi), nct- (pact-), 3, *fasten, fix, contract.*
pāniceus, a, um, *of bread;* N., *loaf.*
pānicula, æ, F., *tuft, swelling.*
pānicum, i, M., *panic, millet.*
Paniōnius, a, um, of all Ionia.
pānis, is, M., *bread, loaf, lump.*
pannārius, a, um, *of cloth.*
panniculus, i, M., *rag.*
Pannonia, æ, F., North Turkey.
pannōsus (-ūceus), a, um, *ragged, shrivelled.*
pannus (-ulus), i, M., *cloth, rag, bag.*
† **pannychius, a, um,** *lasting all night.*
Panormus, i, F., *Palermo* (in northern Sicily).
pansa, æ, *splay-foot.*
pansus, [**pando,**] *outspread.*
Pantheon, i, N., temple of all the gods, built by Agrippa, B.C. 27.
† **panthēra, æ,** F., *panther.*
panthērīnus, a, um, *spotted, crafty.*
pantices, F., *bowels, sausages.*
Panthūs (ous), i, voc., **ū,** nephew of Hecuba, priest of Apollo.
pantomīmus, i, M.; **-a, æ,** F., *ballet-dancer, pantomime.*
panucla=panicula, *tuft.*
pānus, i, M., *bobbin, tumor.*
† **papæ!** *strange! indeed!*
papāver, eris, N., *poppy.*
Paphlago, ōnis, a native of Paphlagonia, in N. Asia Minor.
Paphos (-us), i, F., a city of Venus, in Cyprus.
pāpilio, ōnis, M., *butterfly, pavilion.*

papilla, æ, F., *breast, teat, pimple.*
Papirius Cursor, dictator, B.C. 338.
pappas, æ, M., *governor, tutor.*
pappo, 1, *eat* (pap).
†**pappus**, i, M., *old man, grandfather.*
papula, æ, F., *pimple.*
papȳrius (-āceus), a, um, *of papyrus.*
†**papȳrus**, i, M., *paper-reed, paper.*
pār, **păris**, *equal, just, fit, comrade, match, mate;* N., *a pair.*
parābĭlis, e, *easy to get.*
†**parabola**, æ, F., *comparison.*
†**paradīsus**, i, M., *park, paradise.*
†**paradoxus**, a, um, *strange, contradictory.*
†**parasītus**, i, M., *guest, parasite.*
†**parastas**, adis; -stata, æ, F., *pilaster.*
parātē, *with preparation, vigilantly, promptly.*
parātio, ōnis, F., *getting, procuring.*
parātus, [paro,] *ready, equipped.*
parātus, ūs, M.; -tūra, æ, F., *preparation, equipment.*
Parcæ, ārum, F., *the Fates*, Clotho, Lachĕsis, and Atropos.
parcē, *sparingly.*
parci-(parsi-)mōnia, æ, F., *thrift.*
parciprōmus, i, M., *niggard.*
parcitas, ātis, F., *sparingness.*
parciter, *sparingly.*
parco, **peperci** (**parsi**), **parcit-**, 3, *to spare, refrain, forbear.*
parcus, a, um, *frugal, sparing, chary, scanty, petty, parsimonious.*
†**pardălis**, is, F.; -dus, i, M., *panther.*
†**parēgoria**, æ, F., *relief, ease.*
†**parēlion**, i, N., *mock-sun.*
pārens, [pareo,] tis, *obedient;* pl., *subjects.*
parens, tis, C., [pario,] *parent, ancestor, kindred, author, inventor.*
parentālis, e, *of parents;* N. pl., festival in their honor.
parento, 1, *to sacrifice for the dead, avenge* (by blood), *atone.*
pāreo, ui, **pārit-**, 2, *appear, obey, submit;* **pāret**, *it is clear.*
pārientia, æ, F., *obedience.*
paries, etis, M., *house-wall.*
parietālis, e; -tarius, a, um, *of walls;* F., *pellitory* (an herb).
parietinæ, ārum, F., *ruins.*
parilis, e, *equal, like.*
pario, 1, *equalize, balance accounts.*
pario, **peperi**, **parit-** (**part-**), 3, *to produce, effect, bring forth.*
Paris, idis, a son of Priam, the abductor of Helen.
Parīsii, ōrum, a people on the Seine (northern Gaul).
pariter, *equally, alike, together.*
parito, 1, *to get ready.*
Parius, a, um, *of Paros*, an I. in the Ægean, famous for marble.
parma, æ, F., *round shield, target.*
Parma, æ, F., a city of N. Italy.
parmātus, a, um, *armed with targets.*
parmula, æ, F., *little shield.*
Parnāsus (-ssus), i, M., a mt. in Phocis, above Delphi, sacred to Apollo and the Muses.
paro, 1, *prepare, get ready, procure; make equal, determine.*
†**paro**, ōnis, M., *a light ship, cutter.*
†**parocha**, æ, F., *supply.*
†**parochus**, i, M., *purveyor, host.*
†**parœcia**, æ, F, *district, parish.*
†**paropsis**, idis, F., *dessert-dish.*
parra, æ, F., *owl* or *woodpecker (?).*
Parrhāsius, a, um *(of Parrhasia), Arcadian;* **dea**, *Carmenta*, the mother of Evander.
parricīda, æ, C., *parricide, traitor, murderer, assassin.*
parricīdium, i, N., *murder, treason.*
pars, **partis**, F., *part, share, portion, party, office, duty, region.*
parsimōnia, æ, F., *thrift.*
Parthāon, ŏnis, myth. k. of Calydon, father of Œneus.
Parthenius, a, um, *of Parthenius*, a mountain of Arcadia.
Parthenon, ōnis, M., the temple of Pallas, in Athens.
Parthenopē, ēs, a Syren; *Naples.*
Parthi, ōrum, people of Parthia, the dist. near the Caspian Sea.
Parthīnus, a, um, *of Parthus*, a city in Illyria.
Parthus (-icus), a, um, *Parthian.*

partiārius, a, um, *partaking in shares* or *partnership.*
particeps, cipis, *partaking;* M., *sharer, partner.*
participātus, ūs, M.; **-tio, ōnis,** F., **-cipium, i,** N., *sharing, partaking.*
participo, 1, *to share, partake, impart, participate.*
particula, æ, F., *bit, particle.*
particulāris, e, *partial.*
particulātim, *piecemeal.*
partilis, e, *divisible.*
partim, *partly, principally.*
partio, ōnis, F., *bringing forth.*
partio (-ior), 4, *divide, distribute.*
partītē, *methodically.*
partītio, ōnis, F., *distribution.*
partītō, *distributively.*
partītor, ōris, M., *divider.*
partitūdo, inis, F., *bringing forth.*
partītus, a, um, *divided.*
parturio, 4, *to be in labor, yield.*
parturītio, ōnis, F., *bringing-forth.*
partus, [pario,] *that has borne.*
partus, ūs, M., *birth, young.*
parum, *not enough, little, too little.*
parumper, *for* or *in a little while.*
parvē, *slightly.*
parvi, *of small value.*
parvitas, ātis, F., *smallness.*
parvulum, *not much.*
parvus (-ulus), a, um; (minor, minimus), *small, little, petty.*
Parsargadæ, ārum, the old Persian capital.
pascālis, e, *grazing*
pasceolus, i, M., *wallet.*
pascito, 1, *to pasture, feed.*
pasco, pāvi, past-, 3, *to feed, feast, cherish;* P., *pasture, graze.*
pascuus, a, um, *of grazing, pasture.*
Pāsiphaē, ēs, (*all-shining,*) myth. d. of Helios, wife of Minos.
passārius, a, um, [pando,] *sun-dried.*
passer, eris, M., *sparrow;* **marīnus,** *ostrich, turbot.*
passerculus, i, M.; **-a, æ,** F., *pet bird.*
passibilis, e, *capable of suffering.*
passim, *here and there, at random.*
passio, ōnis, F., *suffering, affection.*
passīvus, a. um, [pando,] *spread about, promiscuous;* **[patior,]** *suffering, passive;* **-vē,** *passively.*
passus, [patior,] *having suffered;* **[pando,]** *spread* (to dry); N., *raisin-wine.*
passus, ūs, M., *step, pace* (five feet); **mille passuum,** *a mile.*
pastillus, i, M.; **um,** N., *little loaf.*
pastināca, æ, F., *parsnep, carrot.*
pastinātum, i, N., *trenched ground.*
pastino, 1, *to dig and trench.*
pastinum, i, N., *a garden-fork, trenched bed.*
pastio, ōnis, F., *pasturing, feeding.*
pastor, ōris, M., *herdsman, shepherd, keeper* of animals.
pastōrālis, e; -ius- (-icius), a, um, *of shepherds,* or *herdsmen.*
pastus, [pasco,] *fed, having eaten.*
pastus, ūs, M., *food, pasture.*
† **patagium, i,** M., *edge, border.*
Patara, æ, F., a port of Lycia.
Patavium, i, N., *Padua,* N. Italy.
pate-facio, 3, *lay open, expose.*
patefactus, a, um, *convicted.*
patella, æ, F., *dish, plate, platter.*
patens, tis, *open, wide.*
patenter, *manifestly.*
pateo, ui, 2; **-esco,** 3, *to lie open, extend, be manifest,* or *accessible.*
pater, tris, M., *father, ancestor.*
patera, æ, F., *bowl, saucer.*
pater-familias, *head of a house.*
paternus, a, um, *fatherly, native.*
† **patētæ, ārum,** *a kind of date.*
patibilis, e, *endurable, sensitive.*
patibulātus, a, um, *pilloried.*
patibulum, i, N., *gibbet, pillory.*
patiens, tis, *patient, enduring.*
patienter, *patiently.*
patientia, æ, F., *patience, forbearance, subjection, submissiveness.*
patina, æ, F., *dish, pan.*
patinārius, a, um, *stewed.*
patior, passus, 3, *suffer, endure, permit, receive* (good or ill).
pator, ōris, M., *opening.*
Patrensis, e, *of Patræ,* an ancient town of Achaia.
patrātio, ōnis, F., *accomplishing.*

patrātor, **ōris**, M., *effecter.*
patrātus, **a**, **um**, *effective, appointed.*
patria, **æ**, F., *native land, home.*
†**patriarcha** (**es**), **æ**, M., *patriarch.*
patricē, *paternally, fatherly.*
patriciātus, **ūs**, N., *patrician rank.*
patricīda=**parricīda**, *parricide.*
patricius, **a**, **um**, *of noble rank;* M. pl., *patricians.*
patricus, **a**, **um**, *fatherly.*
patrimōnium, **i**, N., *inheritance.*
patrīmus, **a**, **um**, *with a father living.*
patrisso, I, *be like the father.*
patrītus, **a**, **um**, *of one's fathers.*
patrius, **e**, *of a father* or *fathers,* or *native land, hereditary.*
patro, I, *to appoint, effect, perform.*
patrōcinium, **i**, N., *defence, patronage, pleading* in court.
patrōcinor, I, *defend, patronize.*
Patroclus, **i**, friend of Achilles, slain by Hector.
patrōna, **æ**, F., *mistress, protectress.*
patrōnātus, **ūs**, M., *patronship.*
patrōnus, **i**, M., *patron, protector, advocate, defender.*
patruēlis, **e**, *kindred, cousin.*
patruus, **i**, N., *uncle* (father's side); *an austere adviser.*
patulus, **a**, **um**, *open, spreading.*
pauci, **æ**, **a**, *few;* N., *a few words.*
paucies, *rarely.*
paucitas, **ātis**, F., *fewness.*
paucus (**-ulus**), **a**, **um**, *little, few.*
paulātim, *little by little.*
paulisper, *for a short time.*
paulo (**paullo**), *by a little.*
paululus, **a**, **um**, *very little.*
paulus (**paullus**), **a**, **um**, *little.*
pauper, **eris**, *poor, scanty.*
pauperculus, **a**, **um**, *poor.*
pauperies, **ēi**, F., *poverty, injury.*
paupero, I, *impoverish, rob.*
paupertas, **ātis**, F., *poverty, need.*
†**pausa**, **æ**, F., *pause, check.*
Pausanias, a Spartan king victor at Platæa, B.C. 479.
pausārius, **i**, M., *rowing-master.*
pausātus, **a**, **um**, *at rest.*
pausea, **æ**, F., a kind of olive.
pauso, I, *cease, pause.*
pauxillātim, *by degrees.*
pauxillus (**-ulus**)=**paucus**, *small.*
pavefacio, **fact-**, 3, *terrify.*
paveo, **pāvi**, 2; **-vesco**, 3; **-vito**, I, *to fear, dread, be afraid.*
pavibundus, **a**, **um**, *anxious.*
pavīcula, **æ**, F., *a rammer.*
pavidē, *timorously.*
pavidus, **a**, **um**, *fearful, timid.*
pavīmento, I, *to pave.*
pavīmentum, **i**, N., *pavement.*
pavio, 4, *to beat, ram, trample.*
pāvo, **ōnis**; **-us**, **i**, M., *peacock.*
pavōnāceus (**-nīnus**), **a**, **um**, *of a peacock.*
pavor, **ōris**, M., *fear, dread.*
pax, **pācis**, F., *peace, quiet, favor.*
paxillus, **i**, M., *a little peg.*
peccans, **tis**, C., *offender.*
peccātum, **i**, N.; **-tus**, **ūs**, M., *fault, offence.*
pecco, I, *to sin, offend, fail.*
pecorōsus, **a**, **um**, *rich in cattle.*
pecten, **inis**, M., *comb, card, reed, quill* (of lyre), *scallop.*
pectinātim, *comb-like.*
pecto, **pexi**, **pex-** (**pectit-**), 3; **-tino** I, *to comb, card, heckle.*
pectorālis, **e**, *of the breast.*
pectorōsus, **a**, **um**, *broad-breasted.*
pectus, **ŏris**, N., *breast, heart.*
pecu, **cua**, **cui**, pl., **cuda**, N., *cattle.*
pecuārius, **a**, **um**, *of cattle;* F., *cattle-breeding;* N., pl. *herds.*
pecuīnus, **a**, **um**, *brutish.*
peculātor, **oris**, M., *peculator.*
peculātus, **ūs**, M., *embezzlement.*
pecūliāris, **e**, *one's own, peculiar.*
pecūliāriter, *as private property.*
pecūliātus, **a**, **um**, *provided.*
pecūlio, I, *give for one's own.*
pecūliōsus, **a**, **um**, *wealthy.*
pecūlium, **i**, N., *property, savings.*
pecūlor, I, *to peculate, embezzle.*
pecūnia, **æ**, F., *wealth, money.*
pecūniārius, **a**, **um**, *of money.*
pecuniōsus, **a**, **um**, *rich.*
pecus, **ŏris**, N., *cattle, flock.*
pecus, **ŭdis**, F., *one of the herd* or *flock, a sheep.*

pedālis, e; -ārius, a, um, *of a foot.*
pedāmen, inis (-mentum, i); N., *stake, prop.*
pedāneus, a, um, *foot-long.*
pedārius, a, um, *of the foot;* M., pl., *unregistered senators* without vote.
pedātim, *foot by foot.*
pedātus, ūs, M., *attack* on foot.
pedĕs, itis, M., *one on foot, foot-soldier;* pl., *infantry, land-force.*
pedester, tris, tre, *on foot, on land, level, plain.*
pedetentim, *step by step.*
pedica, æ, F., *shackle, snare.*
pedis, is; -īculus, i, M., *louse.*
pedīculus, i, M., *footstalk.*
pedisequus, i, M., **-a, æ,** F., *follower, attendant, footman.*
peditātus, ūs, M., *infantry.*
pedo, 1, *to set on foot, prop.*
pedūlis, e, *of the feet;* N., *sole.*
pedum, i, N., *shepherd's crook.*
Pegasus, i, the winged horse of the Muses.
†**pegma, atis,** N., *fixture, book-case, stage-machinery.*
pējero, 1, *to swear falsely.*
pējor, us, [**malus,**] *worse.*
pelagius (-icus), a, um, *of the sea.*
†**pelagus, i,** N., *sea, flood.*
Pelasgi, ōrum, a primitive people of southern Europe.
Pelasgus, a, um, *Grecian.*
Pēleus, ei (eos), myth. k. of Thessaly, father of Achilles.
Pelias, æ, myth. k. of Thessaly, son of Neptune and Tyro, slain by Medea.
Pēlīdes, æ, [**Peleus**], *Achilles.*
Pelion, i, N., a mt. of Thessaly.
Pelius (-acus), a, um, *of Pelion.*
[**pell-,=perl-.**
Pella, æ, a town of Macedonia, birthplace of Alexander.
pellācia, æ, F., *blandishment.*
pellax, ācis, *seductive.*
pellego=perlego, *read through.*
pellectus, [**pellicio,**] *enticed.*
Pellēnē, ēs, F., a coast-town of Achaia, on the Gulf of Corinth.
pellex, icis, F., *concubine.*
pellicātus, ūs, M., *concubinage.*
pellicio, lexi, lect-, 3, *entice, win away, decoy.*
pellicius, a, um, *of skins.*
pellio, ōnis, M., *furrier.*
pellis, is; -icula, æ, F., *skin, tent.*
pellītus, a, um, *clad in skins.*
pello, pepuli, puls-, 3, *beat, drive, strike, conquer, expel, touch, affect.*
pellūceo, xi, 2, *shine through.*
pellūcidus, a, um, *transparent, glittering.*
pelluo=perluo, *wash off.*
Pelopēus (-ēius), a, um, *of Pelops.*
Pelopidæ, ārum, *descendants of Pelops.*
Peloponnēsus, i, F., the peninsula of southern Greece.
Pelops, ŏpis, son of Tantalus, father of Atreus and Thyestes.
†**pelōris, idis,** F., *giant-mussel.*
Pelōrus, i, M., promont. of N. E. Sicily.
†**pelta, æ,** F., *light shield.*
peltātus, a, um, *armed with pelta.*
Pēlūsium, i, N., a town at the E. mouth of the Nile.
pelvis, is, im, i, F., *basin.*
penārius, a, um, *for provisions;* F., *closet, larder.*
penātes, ium, *household gods, home.*
pendens, tis, *hanging, pending.*
pendeo, pependi, 2, *hang, be in suspense, depend, float, overhang.*
pendo, pependi, pens-, 3, *weigh, pay, ponder, esteem, atone.*
pendulus, a, um, *hanging, lofty.*
pēne=pæne, *almost.*
Pēnelopē, ēs, wife of Ulysses.
penĕs, *with, in the power of.*
penetrābilis, e, *penetrable, piercing.*
penetrālis, e, *inward, penetrating;* N. pl., *inmost, sanctuary.*
penetro, 1, *enter, pierce.*
Pēnēus, a, um, a river of Thessaly flowing through Tempe.
pēnicillum (-culus), i, N., *brush, painter's pencil, lint.*
pēniculāmentum, i, N., *train.*
penitus, a, um, *inward; remote.*
penitus, *inwardly, utterly.*

penna, æ, F., *feather, wing, pinnacle.*
pennātus (-ifer, -iger), a, um, *feathered, winged.*
Pennīnus, a, um, of the W. Alps.
pennula, æ, F., *little wing.*
pennus, a, um, *pointed, sharp.*
pensātio, ōnis, F., *weighing.*
pensilis, e, *hanging, pendent.*
pensio, ōnis, F., *payment, tax, rent.*
penso (-sito, 1), *weigh, pay, ponder.*
pensum, i, N., *task, duty, stress.*
pensus, [pendo,] *weighed, esteemed.*
Pentelicus, i, M., a mt. near Athens, celebrated for its marble.
†**pentēris, is,** F., *five-banked galley.*
Penthesilēa, æ, queen of Amazons.
Pentheus, ei, myth. k. of Thebes, gr.-son of Cadmus, torn to pieces by his mother and sisters in a Bacchic frenzy.
penula=pænula, *cloak.*
pēnūria, æ, F., *want, need.*
penus, ūs (i), M., *provision, stores.*
†**peplum, i,** N., *robe* (of Pallas).
†**pepo, ōnis,** M., *pumpkin.*
per, *through, throughout, during, by.*
[**per-,** *thoroughly, very.*
†**pēra, æ,** F., *bag, wallet.*
perācer, cris, e, *very sharp.*
peracesco, cui, 3, *get very sour.*
peracūtus, a, um, *very keen.*
Peræa, æ, F., a dist. of Caria.
peræquē, *equally, on an average.*
peræquo, 1, *make equal, fill.*
peragito, 1, *drive, harass.*
perago, ēgi, act-, 3, *drive on, carry through, finish, complete, relate.*
peragro, 1, *traverse, wander.*
perambulo, 1, *ramble through.*
perangustus, a, um, *very narrow.*
peraro, 1, *plough through, furrow.*
pērātim, *by bags.*
perbene, *very well.*
perbibo, bibi, bibit-, 3, *drink in.*
perbīto, ti, 3, *go through, perish.*
percallesco, lui, 3, *grow very hard.*
percelebro, 1, *to practise* or *utter often.*
percello, culi, culs-, 3, *strike, cast down, overthrow, destroy.*
percenseo, ui, 2, *reckon up, survey.*
perceptio, ōnis, F., *gathering in.*
perceptus, [-cipio,] *received.*
percīdo, cīdi, cīs-, 3, *beat, crush.*
percio, 4; **-cieo,** 2, *stir up, excite.*
percipio, cēpi, cept-, 3, *take up, get, perceive, understand.*
percīsus, [cīdo,] *broken.*
percitus, [cieo,] *stirred, excited.*
percōlo, 1, *strain, filter.*
percolo, colui, cult-, 3, *complete, adorn, revere.*
percontātio, ōnis, F., *inquiry.*
percontor 1, *inquire, investigate.*
percrebresco, crebui, 3, *spread, prevail, grow frequent.*
perculsus, [-cello,] *struck down.*
per-curro, 3, *run through, traverse.*
percursio, ōnis, F., *hasty view.*
percussio, ōnis, F., *beating, striking.*
percussor, ōris, M., *striker, slayer.*
percutio, cussi, cuss-, 3, *to strike, pierce, kill, deceive.*
perditē, *desperately, incorrigibly.*
perditus, [perdo,] *ruined, desperate.*
perdiu, *for a long time.*
perdius, a, um, *all day long.*
perdix, īcis, C., *partridge.*
perdo, didi, dit-, 3, *destroy, lose, ruin, squander.*
perdoceo, ui, ct-, 2, *teach thoroughly.*
perdolesco, ui, 3, *grieve greatly.*
perdomo, ui, it-, 1, *conquer, crush.*
perdūco, xi, ct-, 3, *bring through, cover, persuade, conduct, protract.*
perdūdum, *very long ago.*
perduellio, ōnis, F., *treason.*
perduellis, is, M., *public enemy.*
perduim, pr. sub. of **perdo,** *destroy.*
peredo, ēdi, ēs-, 3, *consume, devour.*
peregre (-gri), *abroad, from abroad.*
peregrinātio, ōnis, F., *travel.*
peregrīnitas, ātis, F., *alienage.*
peregrīnor, 1, *travel, be abroad.*
peregrīnus, a, um, *foreign, alien, strange.*
peremnis, e, *of river-crossing.*
peremo (perimo), 3, *destroy.*
peremptōrius, a, um, *decisive, final, fatal.*

peremptus, [**perimo,**] *destroyed.*
perendie, *day after to-morrow.*
perendinus, a, um, *after to-morrow.*
perennis, e, [**annus,**] *constant, lastlasting, perennial.*
perennitas, ātis, F., *duration.*
perenno, I, *preserve* or *last long.*
perenticīda, æ, M., *cutpurse.*
pereo, ii (ivi), it-, 4, *pass, perish, pine, be ruined, spent.*
perequito, I, *ride through.*
pererro, I, *wander through, survey.*
perēsus, [**edo,**] *consumed.*
perexiguus, a, um, *very little.*
perfabrico, I, *use up, overreach.*
perfacilis, e, *very easy,* or *courteous.*
perfectē, *completely.*
perfectio, ōnis, F., *finish.*
perfectus, a, um, *finished, complete.*
perfero, tuli, lāt-, *carry through, convey, complete, endure.*
perficio, fēci, fect-, 3, *to finish, accomplish.*
perfidia, æ, F., *treachery.*
perfidiōsus, a, um, *false, faithless.*
perfidus, a, um, *treacherous, dangerous, perfidious.*
perfīdus, a, um, *thoroughly trusty.*
perfīgo, xi, xum, 3, *pierce.*
perflo, I, *blow through.*
perfodio, fōdi, foss-, 3, *dig through, pierce, stab.*
perforo, I, *pierce, perforate.*
perfractus, [**-fringo,**] *shattered.*
perfrico, cui, cāt- (ct-), I, *to rub.*
perfringo, frēgi, fract-, 3, *shatter, burst through, infringe.*
perfuga, æ, M., *deserter.*
perfugio, fūgi, fugit-, 3, *to desert, flee to, take refuge.*
perfugium, i, N., *shelter, refuge.*
perfunctio, ōnis, F., *performing.*
perfunctōrius, a, um, *negligent.*
perfundo, fūdi, fūs-, 3, *pour over, bathe, steep, bestrew, imbue.*
perfungor, funct-, 3, *perform, get through with.*
perfuro, ui, 3, *to rage on.*
perfūsus, [**fundo,**] *drenched.*
Pergamēnus, a, um, *of Pergamum,* a city of Mysia; F., *parchment.*
Pergamum, i; -a, ōrum, N., the citadel of Troy, *Troy.*
pergo, perrexi, rect-, 3, *proceed.*
pergula, æ, F., *stall, projection.*
perhibeo ui, it-, 3, *hold forth, say.*
perhorresco, ui, 3, *shudder at.*
Pericles, is, the leading statesman of Athens, from B.C. 469–429.
periclitor, I, *try, risk, be in peril.*
perīculōsē, *with peril.*
perīculōsus, a, um, *perilous.*
perīculum, i, N., *danger, hazard.*
peridōneus, a, um, *well-fitted.*
perimo, ēmi, empt-, 3, *to destroy, ruin, hinder.*
perinde, *just so, so much.*
†**periodus, i,** M., *period, circuit.*
†**peristrōma, atis,** N., *carpet, curtain.*
perītē, *skilfully.*
perītia, æ, F., *experience, skill.*
perītus, a, um, *experienced, skilled.*
perjūrium, i, N., *perjury.*
perjūro (pējero), I, *swear falsely.*
perjūrus, a, um, *perjured, false.*
perlābor, ps-, 3, *glide through.*
perlātus, [**fero,**] *borne.*
perlego, lēgi, lect-, *to read through.*
perlevis, e, *very light, slight.*
perlongus, a, um, *very long, tedious.*
perluo, ui, ūtum, 3, *wash off.*
perlustro, I, *traverse, survey.*
permagnus, a, um, *very great.*
permaneo, nsi, ns-, 2, *endure, stay.*
permāno, I, *flow through, penetrate.*
permeo, I, *pass through, traverse.*
permētior, mensus, 4, *to measure, traverse.*
permetuens, tis, *greatly fearing.*
permisceo, scui, xt (st-), 2, *mix, confuse, confound.*
permissio, ōnis, F., *permission.*
permitto, mīsi, miss-, 3, *hurl, let go, let loose, permit.*
permixtus, a, um, *mingled, confused, disturbed.*
permodestus, a, um, *very modest.*
per-moveo, 2, *to stir greatly, excite.*
permulceo, si, sum, 2, *to stroke, soothe, soften, appease.*
permultus, a, um, *very many.*

permūnio, 4, *fortify throughout.*
permūtātio, ōnis, F., *exchange.*
permūto, 1, *to change, exchange.*
perna, æ, F,, *haunch, ham, butt.*
pernego, 1, *deny steadily.*
pernicies, ēi, F., *ruin, damage.*
perniciōsus, a, um, *ruinous, destructive.*
pernīcitas, ātis, F., *agility, swiftness, fleetness.*
pernīciter, *nimbly.*
pernimius, a, um, *quite too much.*
pernix, īcis, *swift, active, fleet.*
pernocto, 1, *stay all night.*
pernosco, nōvi, nōt-, 3, *to study* or *examine thoroughly.*
pernōtesco, nōtui, 3, *get known.*
pernox, noctis, *lasting all night.*
pēro, ōnis, M., *boot, buskin.*
Pēro, ōnis, sister of Nestor.
perōdi, ōsus, *hate utterly.*
perōrātio, ōnis, F., *the close* (of a speech), *peroration.*
perōro, 1, *plead throughout, finish.*
perōsus, a, um, *utterly hateful.*
perpastus, a, um, *well-fed.*
perpello, puli, puls-, 3, *to drive, urge, constrain, push violently.*
perpendiculum, i, M., *a plummet, plumb, perpendicular.*
perpendo, di, sum, 3, *weigh, consider, poise, deliberate.*
perperam, *wrongly, falsely.*
perpĕs, etis, *perpetual, entire.*
perpessio, ōnis, F., *enduring.*
perpetior, pessus, 3, *to endure.*
perpetro, 1, *effect, accomplish.*
perpetuitas, ātis, F., *continuity.*
perpetuo, 1, *to make perpetual.*
perpetuō (**-um**), *constantly.*
perpetuus, a, um, *unbroken, constant, general, whole, perpetual.*
perplexē, *confusedly, obscurely.*
perplexus, a, um, *intricate, confused, obscure, perplexed.*
perpluo, 3, *to rain through.*
perpusillus, a, um, *very little.*
perquīro, sīvi, sīt-, 3, *to seek diligently, examine.*
perquīsīter, *accurately.*
perrārus, a, um, *very rare.*
perrepto, 1, *crawl through.*
perrumpo, rūpi, rupt-, 3, *break* or *force through, overcome.*
Persa, æ, mother of Circe and Pasiphaë.
Persæ, ārum, *Persians.*
persæpe, *very often.*
perscrībo, psi, ptum, 3, *write in full, note down, describe.*
perscrūtor, 1, *search through.*
perseco, cui, ct., 1, *cut out, dissect.*
†**Persephonē, ēs=Proserpina.**
persequor, cūtus, 3, *chase, pursue, effect, take vengeance on.*
Perses, æ, k. of Macedonia, defeated, B.C. 146.
Perseus, ei (eos), son of Jupiter and Danaë, who slew the Gorgon, and rescued Andromeda.
persēvērantia, æ, F., *constancy.*
persēvērē, *very strictly.*
persēvēro, 1, *persist, persevere.*
Pērsia, æ; **Persis, idis**, the country eastward of Syria, *Persia.*
persicus, a, um, *(Persian), luxurious.*
persīdo, sēdi, sess-, 3, *settle.*
persolla, dim. of **persōna**, *mask.*
persolvo, solvi, solūt-, 3, *to release* or *pay in full.*
persōna, æ, F., *mask, character* (in a play), *person.*
persōnātus, a, um, *masked, assumed, fictitious.*
persono, ui, it-, 1, *to resound, make sound, cry aloud.*
perspectē, *intelligently.*
perspecto, 1, *to look at* or *through.*
perspectus, a, um, *evident.*
perspergo, si, sum, 3, *sprinkle, wet.*
perspicax, ācis, *sharp-sighted, keen.*
perspicio, exi, ect-, 3, *look* or *see through, examine, ascertain.*
perspicuē, *clearly.*
perspicuus, a, um, *transparent, clear, manifest.*
perspīro, 1, *breathe everywhere.*
persto, stiti, stāt-, 1, *stand fast.*
perstrepo, ui, it-, 3, *resound.*
perstringo, nxi, ct-, 3, *bind, graze against, blunt, reprove, touch on.*

persuādeo, si, sum, 2, *persuade, convince, prevail on.*
persuāsio, ōnis, F.; **-sus, ūs,** M., *persuasion, conviction.*
persulto, I, *leap* or *skip about.*
pertædet, *it utterly wearies.*
pertego, xi, ct, 3, *cover thoroughly.*
pertendo, di, sum, 3, *carry on, go forward.*
pertento, I, *try, test, seize.*
pertenuis, e, *very thin* or *weak.*
pertergeo, si, sum, 2, *wipe, rub.*
perterreo, ui, it-, I, *terrify.*
pertexo, xui, xt, 3, *finish.*
pertica, æ, F., *pole, staff.*
pertimesco, mui, 3, *dread greatly.*
pertinācia, æ, F., *obstinacy, firmness, pertinacity.*
pertināciter, *stubbornly.*
pertinax, ācis, *firm, unyielding.*
pertineo, ui, 2, *reach, belong, apply.*
pertingo, 3, *extend.*
pertractātē, *elaborately.*
pertracto, I, *touch, handle.*
pertraho, xi, ct-, 3, *drag, draw.*
pertundo, tudi, tūs, 3, *beat, thrust through, perforate.*
perturbātio, ōnis, F., *disturbance.*
perturbo, I, *disturb, confuse.*
pertūsus, [**tundo,**] *pierced.*
perungo, unxi, unct-, 3, *besmear.*
perūro, ussi, ust-, *burn, consume, inflame, parch* with cold.
pervādo, si, sum, 3, *pass through, pervade, arrive.*
pervagātus, a, um, *wide-spread.*
pervagor, I, *roam through, pervade.*
perveho, xi, ct-, 3, *carry through.*
pervello, i, 3, *twitch, rouse, revile.*
pervenio, vēni, vent-, 4, *arrive.*
perversē, *wrongly.*
perversus, a, um, *awry, wrong.*
perverto, ti, sum, 3, *turn awry, overthrow, ruin, corrupt.*
pervestīgo, I, *track, examine.*
perviam, *accessible.*
pervicācia, æ, F., *obstinacy.*
pervicax, ācis, *firm, stubborn.*
pervideo, vīdi, vīs-, 2, *examine, view.*
pervigilium, i, M., *night-watch.*
pervigilo, I, *to watch all night.*
pervinco, vīci, vict-, 3, *thoroughly conquer, prevail, maintain.*
pervius, a, *passable, pervious.*
pervolito, I, *flit through.*
pervolo, I, *fly about, dart through.*
pervolo, velle, volui, *wish greatly.*
pervorto=perverto, 3, *turn awry.*
pervulgātus, a, um, *very common, well-known.*
pervulgo, I, *spread abroad, make common, haunt, frequent.*
pēs, pedis, M., *foot; sheet* (of sail).
pessimus, a, um, [**malus,**] *worse.*
pessulus, i, M.; **-um, i,** N., *bolt.*
pessum, *to the bottom;* **ire,** *to perish;* **dare,** *to ruin, undo.*
pestifer, era, um, *pestilential.*
pestilens, tis, *noxious, unwholesome.*
pestilentia, æ, F., *plague, pestilence.*
pestis, is, F., *plague, pest, destruction, ruin, bane.*
petaso (io), ōnis, M., *shoulder* (of pork).
petasus, i, M., *broad-brimmed cap.*
petaurum, i, N., *stage, spring-board.*
petīgo, inis, F., *scab, eruption.*
petītio, ōnis, F., *attack, request, soliciting* of office.
petītor, ōris, M., *seeker, plaintiff.*
peto, īvi, īt-, 3, *seek, aim at, attack, ask, demand, sue for, solicit, fetch.*
†**petra, æ,** F., *rock, cliff, crag.*
petrōsus, a, um, *rocky.*
petulans, tis, *pert, saucy, wanton.*
petulanter, *wantonly.*
petulantia, æ, F., *impudence, pertness, wantonness.*
petulcus, a, um, *apt to butt.*
†**peucē, ēs,** F., *pitch-pine.*
pexus, a, um, *woolly.*
Phæācia=Corcyra (?).
†**phænomenon, i,** N., *appearance.*
Phaëthon, ontis, son of Helios (the Sun), and Clymenē.
Phæthontēus (-tius), a, um, *of Phaëthon.*
Phæthontias (-tis), dis, sister of *Phaëthon.*
phala=fala, *scaffold.*

†**phalanga, æ,** F., *pole, roller.*
†**phalanx, gis,** F., *solid square* (of troops), *phalanx.*
Phalaris, tyrant of Agrigentum, about B.C. 550.
†**phaleræ, ārum,** F., *medal, decoration, ornament.*
†**phallus, i,** M., a symbol of fertility.
†**phantasma, tis,** M., *apparition.*
†**pharetra, æ,** F., *quiver.*
pharetrātus, a, um, *bearing the quiver.*
†**pharmaceutria, æ,** F., *sorceress.*
Pharnaces, k. of Pontus, defeated by Cæsar, B.C. 46.
Pharsālus, i, F., a town in Thessaly, famous for the defeat of Pompey, B.C. 48.
Pharos, i, F., an island near Alexandria; *light-house.*
†**phasēlus, i,** M., *kidney-bean.*
Phāsiānus (-acus), a, um; as, adis, *of the Phasis;* M., *a pheasant.*
Phāsis, idis (idos), M., a city and river in Colchis.
Pheneos, i, F., a town of Arcadia.
Pheræ, ārum, a city of Thessaly.
Phīdias, an Athenian sculptor, B.C. 488–432.
Philæni, ōrum, two Carthaginian brothers, buried alive on the Cyrenian frontier.
Philippi, ōrum, M., a city of Macedonia, where Brutus and Cassius were defeated, B.C. 42.
Philippus, i, k. of Macedonia, f. of Alexander; B.C. 382–336.
[†**philo-,** *fond of.*
Philoctētes, æ, a companion of Hercules, who received his poisoned arrows.
†**philologus, a, um,** *of learning* or *scholarship.*
Philomēla, æ, F., sister of Progne, changed to a nightingale.
†**philosophia, æ,** F., *philosophy.*
†**philosophor,** I, *philosophize.*
†**philosophus, a, um,** *philosophic;* M., *philosopher.*
†**philyra, æ,** F., *linden-bark.*
†**phīmus, i,** N., *dice-box.*
Phīneus, ei (eos), myth. king of Thrace, struck with blindness and tormented by the Harpies.
†**Phlegethon, ontis,** the fiery river of Hades.
Phlegræus, a, um, *of Phlegra,* in Macedonia, where the giants were struck with lightning.
†**phoca, æ (-ē, ēs),** F., *seal, sea-dog.*
Phōcæa, æ, a town of Ionia, mother-city of Massalia.
Phōcis, idis, F., a dist. of northern Greece.
Phœbē, ēs, = **Diana,** sister of Phœbus (the Moon).
Phœbus, i, M., *Apollo,* the Sun.
Phœnīcē, ēs, F., *Phœnicia,* Syria.
Phœnissa, æ, F., a Phœnician woman.
Phœnix, pl., **īces,** *Phœnician.*
†**phœnix, īcis,** M., *phœnix,* a fabulous bird.
Phorcus, i, son of Neptune, a sea-god, father of Medusa.
†**Phosphorus, i,** M. (*light-bringer*), the Morning Star.
Phrixus, son of Athamas, borne to Colchis by the ram of the golden fleece.
Phrygĕs, um, *the Phrygians.*
Phrygia, æ, F., the central dist. of Asia Minor.
Phrygius, a, um, *Phrygian, Trojan.*
Phthīa, æ, a town of Thessaly, birthplace of Achilles.
†**phylacista æ,** M., *jailer, dun.*
†**physicus, a, um,** *of science.*
†**physis, is,** F., *nature.*
piābilis, e, *expiable.*
piāculāris, e, *expiatory.*
piāculum, i, N., *victim, sin-offering, punishment, guilt, remedy.*
piāmen, inis; -mentum, i, N., *an atonement.*
pīca, æ, F., *magpie.*
picātus, a, um, *pitchy.*
picea, æ, F., *pitch-pine.*
Pīcēnum, i, N., dist. of E. Italy.
piceus, a, um, *pitch-black.*
pico, I, *daub with pitch* or *tar.*
Picti, ōrum, people of N. Britain.

pictor, ōris, M., *painter.*
pictūra, æ, F., *painting, picture.*
pictus, [pingo,] *painted, colored.*
pīcus, i, M., *woodpecker.*
Pīcus, i. myth. son of Saturn, gr.-father of Latinus.
piē, *piously, kindly.*
Pierĭdēs, um, F., *the Muses,* daughters of Pieros, k. of Thessaly.
pietas, ātis, F., *sense of duty, piety, affection, tenderness.*
piger, gra, um, *grudging, dull, sad.*
piget, uit, 2, *it vexes, annoys.*
pigmentum, i, F., *a color, dye.*
pignero, I, *give in pledge, pawn.*
pigneror, I, *take as pledge.*
pignus, ŏris, N., *pledge, stake, token.*
pigrē, *backwardly, sluggishly.*
pigritia, æ; -es, ēi, F., *indolence.*
pīla, æ, F., *pillar, mortar, pier.*
pila (-ula), æ, F., *ball.*
pīlānus, a, um, *of the third rank.*
pīlātus, a, um, *close, dense; armed with javelins.*
pīleātus, a, um, *capped, bonneted.*
pīlentum, i, N., *carriage.*
pīleus (-olus), i, M.; **-um, i,** N., *cap.*
pīlo, I, *ram down, thrust.*
pilo, I, *make bare, pillage.*
pīlum, i, N., *pounder; heavy javelin.*
pilus, i, M., *hair.*
pīlus, i, M., *rank* of infantry.
Pimplēus, a, um, *of Pimpla,* a fount of Pieria; F, **(-ēis, idos),** *Muse.*
†**pinacothēca, æ,** F., *picture-gallery*
†**pincerna, æ,** M., *cup-bearer.*
Pindarus, i, a Theban lyric poet, B.C. 522–482.
Pindus, i, M., a mt. of Thessaly.
pīnētum, i, N., *pine-wood* or *grove.*
pīneus, a, um, *of pine;* F., *pine-cone;* **pīnea mōles,** *ship.*
pingo, nxi, ct-, 3, *paint, stain, embroider.*
pinguesco, 3, *grow fat.*
pinguis, e, *fat, rich, dull, dense.*
pinguiter, *fatly, stupidly.*
pinguitūdo, inis, F., *fatness.*
pīnifer (-ger), era, um, *pine-bearing.*
pinna (-ula), æ, F., *feather.*
pinnātus, a, am, *feathered, plumed.*
pinniger, era, um, *winged.*
pinso, si (sui), sum (tum, situm), 3, *to pound, bruise.*
pinus, ūs (i), F., *pine; ship, torch.*
pio, I, *propitiate, expiate.*
piper, eris, N., *pepper.*
pīpilo, I; **pipio,** 4, *chirp, whimper.*
pīpio, ōnis, F., *a nestling.*
pīpulum, i, N., *chirping, outcry.*
Piræeus, i, M., the port of Athens.
†**pirātā, æ,** M., *pirate.*
†**pīrāticus. a, um,** *of pirates;* F., *piracy.*
Pīrēne, ēs, F., a fount at Corinth.
Pīrīthoüs, i, son of Ixīon, king of Lapithæ; friend of Theseus.
pirum, i, N., *pear.*
pirus, i, F., *pear tree.*
Pīsa, æ, a city of Elis, made famous by the Olympic games.
Pisæ, ārum, a city of Etruria, *Pisa.*
Pisaurum, i, N., a town of Umbria.
piscārius, a, um, *of fish;* M., *fish-monger;* F., *fish-market.*
piscātor, ōris, M., *fisherman.*
piscātōrius, a, um, *of fishermen.*
piscātus, ūs, M., *fishing.*
piscīna, æ, F., *fish-pond, pool.*
piscis, is (-culus, i), M., *fish.*
piscor, I, *catch fish.*
piscōsus, a, um, *fishy.*
Pisidia, æ, F., a southern district of Asia Minor.
Pīsistrătus, i, tyrant of Athens, from A.D. 560–527.
†**pissinus, a, um,** *of pitch.*
pistillum, i, N.; **us, i,** M., *pestle.*
pistor, ōris, M., *miller, baker.*
pistrīna, æ, F., *bake-house.*
pistrīnum, i, N., *mill, bakery.*
pistris, is; -ix, icis, F., *shark.*
pistus, [pinso,] *pounded, grouud.*
pīsum, i, N., *pease.*
†**pithēcus, i,** M.; **-ium, i,** N., *ape.*
†**pittacium, i,** N., *label.*
Pittheus, i, myth. king of Trœzen, gr.-father of Theseus.
pītuīta, æ, F., *slime, phlegm.*
pius, a, um (compar. **magis pius**), *pious, tender, reverential.*
pix, picis, F., *pitch.*

plācābilis, e, *mild, placable.*
plācātē, *gently, calmly.*
plācātio, ōnis, F., *pacifying.*
plācātus, a, um, *soothed, calm.*
placenta, æ, F., *cake.*
Placentia, æ, F., *Piacenza,* a city of N. Italy, on the Po.
placeo, ui, it-, 2, *please, satisfy.*
placidē, *gently.*
placidus, a, um, *mild, gentle.*
placitum, i, N., *opinion, decree.*
placitus, a, um, *pleasing, acceptable.*
plāco, 1, *soothe, appease, reconcile.*
†**plāga, æ,** F., *blow, stroke.*
plaga, æ, F., *region ;* pl., *snare, trap.*
plagium, i, N., *kidnapping.*
plāgōsus, a, um, *fond of flogging.*
plagula, æ, F., *curtain, sheet.*
planca, æ, F., *board, plank.*
planctus, a, um, [**plango,**] *beaten.*
planctus, ūs, M., *beating, wailing.*
plānē, *clearly, wholly, by all means.*
†**planēta, æ,** M., *planet.*
plango, nxi, nct-, 3, *beat, bewail.*
plangor, ōris, M., *beating, wailing.*
plānities, ēi, F., *level surface, plain.*
planta, æ, F., *sprout, twig ; sole.*
plantāris, e, *of setting, for the foot ;* N., pl., *young trees.*
plānus, a, um, *even, level, clear.*
†**planus, i,** M., *vagabond, impostor.*
†**plasma, atis,** N., *mould, image.*
plasticus, a, um, *of moulding.*
Platææ, ārum, a city in Bœotia, famous for the defeat of the Persians, B.C. 479.
platalea, æ, F. *spoonbill.*
†**platanus, i,** F., *plane-tree.*
†**platēa, æ,** F., *broad way.*
Plāto, ōnis, an Athenian philosopher, B.C. 430–348.
plaudo, si, sum, 3, *clap, applaud.*
plausibilis, a, *praiseworthy.*
plausor, ōris, M., *applauder.*
plaustrum, i, N., *cart, waggon.*
plausus, [**plaudo,**] *applauded.*
plausus (plōsus), ūs, M., *applause, clapping, flapping.*
Plautus, a comic poet, B.C. 228.
plautus, a, um, *flat, broad.*
plēbēius, a, um, *plebeian, vulgar.*
plēbes=plebs, *common people.*
plēbicola, æ, F., *flatterer of the people.*
plēbiscītum, i, N., *popular decree.*
plebs, plēbis, F., *the commonalty.*
plecto, xi (xui), xum, 3, *to weave, braid, interweave.*
plecto, 3, *punish* (generally in P.).
†**plectrum, i,** N., *quill* (for playing the lute).
Plēiadēs, daughters of Atlas (the Seven Stars).
plēnē, *largely, thoroughly.*
plēnus, a, um, *full, laden, complete.*
plērus, a, um, plērusque (generally, plur.), *very many, most.*
plexus, ūs, M., *twisting, weaving.*
plexus, [**plecto,**] *woven.*
plico, ui (avi), it- (āt-), 1, *fold.*
plōdo=plaudo, *applaud.*
plōrātus, ūs, M., *lament.*
plostrum=plaustrum, *cart.*
pluit, pluvit, *it rains.*
plūma (-ula), æ, F., *feather, down, scale* (of armor).
plūmārius, a, um, *of soft feathers.*
plūmātus, a, um, *feathered.*
plumbeus (ārius), a, um, *of lead, leaden, dull.*
plumbo, 1, *solder with lead.*
plumbum, i, N., *lead.*
plūmeus (-ōsus), a, um, *feathered.*
pluo, plui (plūvi), 3, *to rain.*
plūries, *often, several times.*
plūrimus, a, um, [**multus,**] *most.*
plus, plūris (gen. pl., **ium**), *most.*
plusculus, a, um, *rather more.*
pluteus, i, M., *pent-house, parapet.*
Plūto, ōnis, god of the Lower World.
Plūtus, i, god of Riches.
pluvia, æ, F., *rain.*
pluviālis, e ; -vius, a, um, *of rain.*
pluviōsus, a, um, *rainy.*
pōculum, i, N., *cup, bowl.*
†**podagra, æ,** F., *gout.*
†**podium, i,** N., *balcony, height.*
†**poēma, atis,** N., *poem.*
pœna, æ, F., *indemnity, penalty, punishment.*
pœnālis, e, *of penalty.*

pœnio=**pūnio,** *punish.*
pœnitendus, a, um, *blamable.*
pœnitens, tis, *regretful, penitent.*
pœnitenter, *with regret.*
pœnitentia, æ, F., *repentance.*
pœnitet, uit, 2, *it displeases, repents.*
Pœnus=**Pūnicus,** *Carthaginian.*
†**poēsis, is,** F., *poetry, poem.*
†**poēta, æ,** F., *poet.*
†**poēticus, a, um,** *poetic;* F., *poetry, the poetic art.*
polenta, æ, F., *pearl-barley.*
polio, 4, *polish, adorn, refine.*
polītē, *elegantly.*
†**polīticus, a, um,** *of civil polity.*
polītio, ōnis, F., *polishing.*
polītus, a, um, *accomplished, polite.*
pollen, inis, N., *fine flour.*
pollens, tis, *powerful.*
pollenter, *powerfully.*
polleo, ui, 2, *be strong, prevail.*
pollex, icis, M., *thumb.*
pollicāris, e, *of a thumb.*
polliceor, itus, 2, *promise.*
pollicitātio, ōnis, F., *promise.*
pollicitor, 1, *promise* (freq.).
pollinctor, ōris, M., *undertaker.*
pollingo, nxi, nct-, 3, *to prepare* (a corpse) *for burial.*
pollis, inis=**pollen,** *fine flour.*
pollūbrum, i, N., *wash-basin.*
pollūceo, xi, ctum, 2, *offer* (as sacrifice), *serve.*
polluctē, *sumptuously.*
polluctum, i, N., *offering, banquet.*
polluo, ui, ūt-, 3, *defile, dishonor.*
pollūtus, a, um, *defiled, vile.*
Pollux, ūcis, myth. son of Leda, twin-brother of Castor.
†**polus, i,** M., *pole, sky.*
[†**poly-,** *many.*
Polydōrus, i, youngest son of Priam.
Polyphēmus, i, a Cyclops, blinded by Ulysses of his only eye.
Polyxena, æ, d. of Priam, married to Achilles.
pōmārius, a, um, *of fruit-trees.*
pōmeridiānus, a, um, *afternoon's.*
pōmērium (**pomœrium**), **i,** N., *open space about a city.*
pōmifer, a, um, *fruit-bearing.*
Pōmōna, æ, goddess of Fruits.
pōmōsus, a, um, *abounding in fruit.*
pompa, æ, F., *procession, parade.*
Pompēius, i, a Roman general, rival of Cæsar, defeated at Pharsalus, B.C. 48.
Pompilius, Numa, second king of Rome, B.C. 715–672.
pompo, 1, *to perform with pomp.*
pompōsus, a, um, *stately, pompous.*
Pomptīnus, a, um, of S. Latium.
pōmum, i, N., *fruit.*
ponderātus, a, um, *well-weighed.*
pondero, 1, *weigh, ponder.*
ponderōsus, a, um, *weighty, heavy.*
pondō, *in weight; a pound.*
pondus, eris, N., *weight, mass, load.*
pōne, *behind.*
pōno, posui, posit-, 3, *put, place, abate, allay, assert, offer, surrender.*
pons, pontis, M., *bridge, gangway.*
pontifex, ficis, M., *priest, pontiff.*
ponto, ōnis, M., *punt, pontoon.*
†**pontus, i,** M., *the deep sea.*
Pontus, i, M., *the Black Sea;* also, a dist. on its southern shore.
popa, æ, M., *priest's attendant,* who butchered the victim of sacrifice.
popīna, æ, F., *cook-shop.*
popīno, ōnis, M., *glutton.*
poples, itis, M., *knee* (beneath).
poplicus=**publicus,** *public.*
poplus, popolus=**populus.**
Poppæa, æ, the wife of Nero.
populāris, e, *of* or *agreeable to the people;* M., *fellow-citizen.*
populāriter, *vulgarly.*
populāritas, ātis, F., *fellow-citizenship, popularity.*
populātio, ōnis, F., *ravage, plunder.*
populātor, ōris, M., *plunderer.*
pōpuleus (**-nus**), **a, um,** *of poplar.*
populor, 1, *devastate, pillage.*
populōsus, a, um, *populous.*
populus, i, M., *people, multitude.*
pōpulus, i, F., *poplar.*
porca, æ, F., *sow.*
porcellus, i, M., *pig.*
porcīnus, a, um, *of swine.*

porcus (**-ulus**), **i**, M., *hog*.
porgo=**porrigo**, *reach*.
porrectē, *far*, *extensively*.
porrectio, **ōnis**, F., *extension*.
porrectus, **a**, **um**, *outstretched*.
porricio, **ēci**, **ect-**, 3, *to offer* (sacrifice).
porrigo, **rexi**, **ct-**, 3, *reach*, *stretch*.
porrīgo, **inis**, F., *dandruff*.
porro, *forward*, *far*, *of old*, *again*.
porrum, **i**, N., *leek*.
Porsena (**-nna**), **æ**, k. of Etruria, who fought to restore Tarquin.
porta, **æ**, F., *gate*, *door*, *entrance*.
portendo, **di**, **tum**, 3, *to indicate*, *predict*.
portentōsus, **a**, **ūm**, *monstrous*, *horrid*, *ominous*.
portentum, **i**, N., *omen*, *prodigy*.
porticus, **ūs**, F., *porch*, *gallery*.
portio, **ōnis**, F., *share*, *portion*.
portitor, **ōris**, M., *tax-gatherer*; *carrier*, *ferryman*.
porto, 1, *carry*, *convey*.
portōrium, **i**, N., *tax*, *transit-duty*.
portuōsus, **a**, **um**, *abounding in harbors*.
portus, **ūs**, M., *harbor*, *port*, *refuge*.
posca, **æ**, F., *vinegar-and-water*.
posco, **poposci**, **poscit-**, 3, *demand*, *ask*, *need*, *require*.
positio, **ōnis**, F., *putting*, *setting*.
positor, **ōris**, M., *founder*.
positus, [**pōno**,] *situated*, *placed*.
positus, **ūs**, M., *situation*.
possessio, **ōnis**, F., *possession*.
possessor, **ōris**, M., *occupant*.
possideo, (2), and **possīdo**, (3), **ēdi**, **essum**, *possess*, *hold*.
possum, **posse**, **potui**, *can*, *have power* (§ **29**, iii).
post, *after*, *behind*.
posteā, *afterwards*.
posteāquam = **postquam**, *after* (that), *when*.
posteri, pl., *posterity*, *descendants*.
posterior, **us** (compar.), *after*, *later*, *hinder*.
posteritas, **ātis**, F., *future time*.
posterus, **a**, **um** (**-terior**, **-trēmus**, **-tumus**), *coming after*.
post-fero, *esteem inferior*.
post-habeo, 2, *esteem less*, *neglect*.
posthac, *hereafter*.
posthumus=**postumus**, *last*.
postibi, *hereupon*.
postīcus, **a**, **um**, *rear*, *hinder*; N., *back-door*.
postideā, **-illā**, *afterward*.
postis, **is**, F., *door-post*; pl., *door*.
postlīminium, **i**, N., *return home*.
postmodo (**um**), *afterward*, *shortly*.
post-pōno, 3, *esteem less*, *postpone*.
postquam, *after* (that), *when*, *since*.
postrēmō, *finally*.
postrēmus, [**posterus**,] *last*, *latest*.
postrīdie, *next day*.
post-sum, *be after*, *retreat*.
postulātio, **ōnis**, F., *demand*, *claim*, *complaint*.
postulo, 1, *ask*, *demand*, *impeach*.
postus=**positus**, *placed*.
pōtātio, **ōnis**, F., *drinking*.
pōtātor, **ōris**, M., *drinker*
pote (**potis**), *possible*.
potens, **tis**, *powerful*.
potentātus, **ūs**, M., *power*, *dominion*.
potentia, **æ**, F., *power*, *anthority*.
potestas, **ātis**, F., *power*, *ability*, *sovereignty*.
potin? *canst?*
pōtio, **ōnis**, F., *drink*, *draught*.
potior, 4, *get possession of*.
potis, **e**, *able*; **-ior**, **us**, *preferable*; **-issimus**, *chief*.
potissimē, *especially*.
potius, *rather*.
pōto, (**pōt-**), 1, *drink*.
pōtor, **ōris**, M., *drinker*, *sot*.
pōtulentus, **a**, **um**, *drinkable*.
pōtus, **a**, **um**, *having drunk*.
pōtus, **ūs**, M., *drinking*.
præ, *in comparison with*, *in front*, *by reason of*.
[**præ** -, *before*, *in advance*, *very*.
præacuo, 3, *sharpen*, *point*.
præacūtus, **a**, **um**, *pointed*.
præbeo, **ui**, **itum**, 2, *furnish*, *hold out*, *offer*, *afford*, *design*.
præcædo=**præcīdo**, *cut off*.
præcānus, **a**, **um**, *prematurely gray*.
præcaveo, **cāvi**, **caut-**, *beware*.

præ-cēdo, 3, *go before, surpass.*
præcello, 3, *rise above, excel.*
præcelsus, a, um, *very lofty.*
præceps, cipitis, *headlong, steep.*
præceptor, ōris, M., *anticipator, commander, teacher.*
præceptum, i, N., *rule, precept.*
præcerpo, psi, pt- 3, *to gather before the time.*
præcīdo, cīdi, cīs-, 3, *cut sheer off.*
præcinctus, a, um, *girt.*
præcingo, nxi, nct-, 3, *to encircle.*
præcino, uī, 3, *sing before, predict.*
præcipio, cēpi, cept-, 3, *take in advance, anticipate, give rules.*
præcipitium, i, N., *precipice.*
præcipito, I, *hurl down, hasten.*
præcipuē, *especially.*
præcipuus, a, um, *special, principal, distinguished.*
præcīsē, *briefly, concisely.*
præcīsus, a, um, *cut off, abridged.*
præclārē, *clearly, admirably.*
præclārus, a, um, *clear, bright, splendid, glorious.*
præcludo, si, sum, 3, *to shut close.*
præco, ōnis, M., *crier, herald.*
præcōnium, i, N., *crier's office, celebration.*
præcoque, *prematurely.*
præcordia, ōrum, N., *diaphragm, entrails, breast.*
præcox, ocis, *untimely ripe.*
præ-curro, 3, *run before, surpass.*
præcursor, ōris, M., *forerunner, scout, advance-guard.*
præda, æ, F., *pillage, prey, spoil.*
prædātio, ōnis, F., *plundering.*
prædātor, ōris, M., *pillager, hunter.*
prædiātor, ōris, M., *real-estate dealer.*
prædicātio, ōnis, F., *proclaiming.*
prædico, I, *proclaim, praise, boast.*
prædīco, xi, ct-, 3, *predict, admonish, give notice.*
prædictum, i, N., *prediction, order.*
prædisco, 3, *learn beforehand.*
præditus, a, um, *endowed, appointed.*
prædium, i, N., *landed estate.*
prædīves, itis, *very rich.*
prædo, ōnis, M., *robber, plunderer.*
prædor, I, *plunder, rob, catch.*
prædūco, xi, ct-, 3, *draw in front.*
prædulcis, e, *very sweet.*
prædūrus, a, nm, *very hard, hardy.*
præeo, ivi, ĭt-, 4, *go before, precede.*
præfātio, ōnis, F., *preface, formula.*
præfectūra, æ, F., *governorship.*
præfectus, i, M., *superintendent, commander, governor.*
præfero, tuli, lāt-, *to bear before, prefer, display, anticipate.*
præferox, ōcis, *very fierce.*
præficio, fēci, fect-, 3, *set over, appoint, assign to command.*
præfīgo, xi, xum, 3, *set up, fasten, fix* on the end.
præfīnio, 3, *fix beforehand.*
præflōro, i, *pluck, tarnish.*
præfluo, 3, *flow in front.*
præfodio, fōdi, 3, *dig before.*
præfor, I, *say beforehand.*
præfractē, *resolutely, sternly.*
præfractus, a, um, *abrupt, stern.*
præfringo frēgi, fract-, 3, *break off,* or *to pieces.*
præfulcio, si, tum, *prop.*
præfulgeo, si, 2, *shine forth.*
prægnans, tis, *full, pregnant.*
prægrandis, e, *huge, mighty.*
prægravis, e, *very heavy.*
prægradior, gres-, 3, *go before.*
præjūdicium, i, N., *a previous decision, precedent.*
prælabor, ps-, 3, *glide* or *sweep by.*
prælātus, [fero,] *hurrying past.*
prælium=prœlium, *battle.*
prælūdo, si, sum, 3, *rehearse.*
prælum=prelum, *wine-press.*
præmātūrus, a, um, *untimely.*
præ-metuo, 3, *fear beforehand.*
præmitto, mīsi, miss-, 3, *send in advance.*
præmium, i, N., *reward, profit.*
præ-moneo, 2, *admonish, predict.*
præmūnio, 4, *fortify in front.*
prænate, I, *swim* or *flow before.*
Præneste, is, N., a town in Latium.
prænōmen, inis, N., *the first* or *personal name* (§ **15**).

præoccupo, I, *seize beforehand.*
præopto, I, *choose rather.*
præparo, I, *prepare beforehand.*
præpedio, 4, *shackle, hinder.*
præpes, etis, *swift of flight, winged;* C., *bird* (of omen).
præpilātus, a, um, *knobbed.*
præpinguis, e, *very fat.*
præpondero, I, *outweigh.*
præpōno, sui, sit-, 3, *to set over, appoint, depute, prefer.*
præpositus, i, M., *prefect, commander.*
præposterus, a, um, *reversed, confused, absurd.*
præpotens, tis, *very powerful.*
præquam, *in comparison.*
præ-ripio, 3, *snatch away.*
prærogatīvus, a, um, *having the first vote;* F., *omen, privilege.*
prærogo, I, *ask first.*
prærumpo, rūpi, rupt-, 3, *break off in front.*
præruptus, a, um, *steep, hasty.*
præs, prædis, M., *surety.*
præs, *at hand.*
præsāgio (-or), 4, *forebode, presage.*
præsāgium, i, N., *presentiment.*
præsāgus, a, um, *foreboding.*
præscisco, 3, *learn beforehand.*
præscius, a, um, *prophetic.*
præscrībo, psi, pt-, 3, *write before, prefix, appoint.*
præscriptio, ōnis, F., *inscription, pretence, precept.*
præscriptum, i, N., *copy, precept.*
præseco, cui, ct-, I, *cut off.*
præsegmen, inis, N., *a paring.*
præsens, tis, *present, prompt.*
præsensio, ōnis, F., *fore-feeling.*
præsentia, æ, F., *presence;* **in præsentiā**, *at present.*
præsentio, si, sum, 4, *to feel* or *perceive beforehand, forbode, divine.*
præsēpe, is, N.; **-es, is**; **-ia, æ**, F.; **-ium, i**, N., *stall, hut.*
præsēpio, psi, pt-, 4, *barricade.*
præsertim, *especially.*
præses, idis, M., *guardian, chief.*
præsideo, sēdi, sess-, 2, *to guard, preside, superintend.*
præsidiārius, a, um, *for defence.*
præsidium, i, N., *defence, guard, garrison, aid.*
præsignis, e, *distinguished.*
præstans, tis, *excellent.*
præstat, *it is better.*
præstābilis, e, *eminent.*
præstātio, ōnis, F., *guaranty.*
præstes, itis, C., *guardian.*
præstigiæ, ārum, F., *tricks.*
præstino, I, *to buy.*
præsto, *at hand.*
præsto, iti, it-, I, *stand forth, surpass, excel, furnish, exhibit.*
præstōlor, I, *wait for.*
præstringo, nxi, ct-, 3, *bind fast.*
præstruo, xi, ct-, 3, *build in front, prepare in advance.*
præsul, -ulis, M., *dance-leader.*
præ-sum, *be before, have charge of.*
præ-sūmo, 3, *take* or *spend before.*
præsumptio, ōnis, F., *anticipation.*
præsuo, ui, ut-, 3, *sew upon, cover.*
prætego, xi, ct., *shelter, protect.*
prætendo, di, tum, 3, *stretch* or *hold forth, spread, assert.*
prætento, I, *search, test.*
præter, *beyond, along, contrary, besides, except.*
præterea, *besides, moreover, beyond.*
præterbīto, I, *go past.*
præter-eo, 4, *pass by* or *beyond, escape notice, neglect.*
præteritus, a, um, *past, gone by;* N. pl., *the past.*
præterlābor, psus, 3, *glide by.*
præter-mitto, 3, *let go, omit.*
præter-propter, *about, nearly.*
præterquam, *beyond, besides.*
præter-vehor, 3, *be borne past.*
prætexo, ui, xt-, 3, *put* or *weave in front, provide, pretend, cover.*
prætexta (toga), **æ**, F., *mantle* with purple border, worn by magistrates and children; *tragedy.*
prætextātus, *wearing the mantle.*
prætextum, i, N., *ornament; pretext, pretence.*
prætextus, ūs, M., *authority.*
prætor, ōris, M., *prætor* (officer of justice), *chief, commander.*

prætōriānus, a, um, *of the body-guard.*
prætōrium, i, N., *general's tent, palace, body-guard.*
prætōrius, a, um, *of the prætor;* **porta,** *front-gate of the camp.*
prætūra, æ, F., *prætorship.*
præ-ustus, a, um, *burnt at the end.*
præut, *in comparison with.*
prævalens, tis, *very strong.*
prævaleo, ui, 2, *have chief power.*
prævalidus, a, um, *very* or *too strong, prevalent, grand.*
prævāricor, 1, *walk crooked, balk.*
prævehor, vectus, 3, *ride before.*
prævenio, vēni, vent-, 4, *anticipate, outstrip, prevent.*
præverto (-tor), 4, *precede, outstrip, exceed, occupy* or *do first.*
prævideo, vīdi, vīs-, 2, *foresee.*
prævius, a, um, *leading the way.*
† **pragmaticus, a, um,** *skilled in affairs, relating to business.*
prandeo, di, sum, 2, *to breakfast.*
prandium, i, N., *breakfast, lunch.*
pransus, a, um, *having breakfasted.*
† **prasinus, a, um,** *leek-green.*
prātum (-ulum), i, N., *meadow, plain.*
prāvē, *crookedly, wrongly.*
prāvitas, ātis, F., *depravity, perverseness, irregularity.*
prāvus, a, um, *misshapen, bad.*
precāriō, *by entreaty.*
precārius, a, um, *got by entreaty* or *favor; uncertain.*
precātio, ōnis, F., *prayer.*
preci, cem, ce; pl., **-ces,** F., *prayer, entreaty* (nom. sing. not used).
preciæ (-tiæ), a kind of grape.
precor, 1, *beg, pray, invoke.*
prehendo, di, sum, 3, *seize, grasp.*
prehensio, ōnis, F., *seizing, right of arrest; a jack-screw.*
prehenso (prenso), 1, *grasp, detain.*
prēlum, i, N., *wine* or *oil-press.*
premo, essi, ess,- 3, *press, grasp, cover, burden, oppress, disparage.*
prendo=prehendo, *take.*
pressē, *closely, concisely.*
presso, 1, *to press violently.*
pressōrius, a, um, *for pressing.*
pressūra, æ, F., *pressure, throng.*
pressus, a, um, *close, concise.*
pressus, ūs, M., *pressure.*
† **prestēr, ēris,** M., *whirlwind, water-spout;* a venomous serpent.
pretiōsē, ius, *splendidly.*
pretiōsus, a, um, *precious, costly.*
pretium, i, N., *value, price, pay.*
[**prex,** see **preci,** *prayer.*
Priamēius, a, um, *of Priam.*
Priamides, æ, *son of Priam.*
Priamus, myth. king of Troy.
Priāpus, god of Gardens.
prīdem, *long ago, formerly.*
prīdiānus, a, um, *of the day before.*
prīdiē, *on the day before.*
prīmævus, a, um, *young.*
prīmānus, a, um, *of the* 1*st legion.*
prīmārius, a, um, *of the* 1*st rank.*
prīmas, ātis, *chief, noble.*
prīmātus, ūs, M., *preeminence.*
prīmē, *especially.*
prīmitiæ, ārum, F. *first-fruits.*
prīmitus, *for the first time.*
prīmō, *firstly, at first.*
prīmordia, ōrum, N. pl., *origin.*
prīmōris, e, *foremost, extreme.*
prīmum, *at first, in the first place.*
prīmus, a, um, *first, foremost.*
princeps, cipis, C., *first, chief, prince,* 2*d rank* (of infantry).
principālis, e, *chief, princely.*
principāliter, *chiefly.*
principātus, ūs, M., *chief rank.*
principium, i, M., *a beginning;* pl., *principles, front rank, open space* (in camp).
prior, us, *former, previous, better.* pl., *the ancients.*
priscē, *old-fashioned.*
priscus, a, um, *antique, severe.*
pristinus, a, um, *former, early, preceding.*
pristis=pistrix, *shark.*
prius . . . quam, *before, sooner, until.*
prīvātim, *privately, apart.*
prīvātus, a, um, *private, one's own.*
privigna, æ, F., *step-daughter.*
prīvignus, i, M., *step-son.*
prīvilēgium, i, N., *a private law, privilege.*

prīvo, I, *deprive, deliver.*
prīvus, a, um, *each, single, own.*
pro, *in front of, instead of, in behalf of, according to, for, considering;* **pro quam**, *in proportion as.*
pro, proh (w. acc.), *O! ah!*
proavus, i, M., *gr.-grandfather.*
probābilis, e, *likely, pleasing.*
probābiliter, *probably.*
probātio, ōnis, F., *trial, approval.*
probātor, ōris, M., *approver.*
probātus, a, um, *proved, excellent.*
probē, *well, fitly, rightly, nobly.*
probitas, ātis, F., *honesty, worth.*
probo, I, *try, prove, approve.*
probrōsē, *disgracefully.*
probrōsus, a, um, *shameful, infamous.*
probrum, i, N., *disgraceful deed, dishonor, insult.*
probus, a, um, *good, excellent.*
procācitas, ātis, F., *impudence.*
procāciter, *shamelessly.*
procax, ācis, *bold, impudent.*
prōcēdo, cess-, 3, *advance, extend, continue, result.*
procella, æ, F., *tempest, storm.*
prōcello, 3, *cast down.*
procellōsus, a, um, *tempestuous.*
procer, eris, *chief, foremost.*
prōcērē, *to great length.*
prōcēritas, ātis, F., *height, length.*
prōcērus, a, um, *high, tall, long.*
prōcessio, ōnis, F.; **-us, ūs**, M., *advance, progress.*
prōcido, idi, 3, *fall flat.*
prōcinctus, ūs, M., *girding, preparing.*
prōcingo, nctus, 3, *to gird, equip.*
prōclāmo, I, *cry out.*
prōclīno, I, *lean forward.*
prōclīvē, *downward.*
prōclīvis, e, *sloping downward, inclined, easy;* N., *declivity.*
prōclīvitas, ātis, F., *propensity.*
prōclīviter, *downward, easily.*
Procne=Progne, d. of Pandion.
prōconsul, ulis, N., *proconsul* (in office after term of consulship).
prōcreo, I, *generate, produce.*
Procris, wife of Cephalus.
Procrustes, a bandit of Attica, slain by Theseus.
prōcubo, I, *lie along.*
prōcūdo, di, sum, 3, *beat, forge.*
procul, *afar, remote.*
prōculco, I, *trample down.*
prō-cumbo, 3, *fall forward, sink.*
prōcūrātio, ōnis, F., *care, charge.*
prōcūrātor, ōris, M., *deputy, steward, administrator, governor.*
prōcūro, I, *take charge of.*
prō-curro, 3, *run forward, project.*
prōcurvus, a, um, *crooked.*
procus, i, M., *wooer, suitor; chief.*
prōd-eo, 4, *go forth, advance.*
prōdesse (**prosum**), *help.*
prōdīco, xi, ct-, 3, *predict.*
prōdigē, *lavishly.*
prōdigiālis, e, *of omens.*
prōdigiōsus, a, um, *strange, marvellous.*
prōdigium, i, N., *omen, prodigy.*
prōdigo, ēgi, act-, 3, *consume.*
prōdigus, a, um, *lavish, wasteful.*
prōditio, ōnis, F., *treachery.*
prōditor, ōris, M., *traitor.*
prōdo, 3, *give forth, deliver, betray.*
prōdūco, xi, ct- 3, *to lead forth, produce, extend, promote, protract.*
prōductē, *lengthily.*
prōductio, ōnis, F., *lengthening.*
prōductus, a, um, *protracted.*
prœliāris, e, *of battle.*
prœlior, I, *fight* (in battle).
prœlium, i, N., *battle, strife.*
Prœtides, um, daughters of Prœtus, king of Tiryns.
prōfāno, I, *consecrate.*
profāno, I, *desecrate, violate.*
profānus, a, um, *unholy, impious.*
profectio, ōnis, F., *departure.*
profectō, *surely.*
profectus, [**proficiscor**,] *gone.*
prōfectus, ūs, M. *advance.*
prō-fero, *bring forward, produce.*
professio, ōnis, F., *declaration.*
professus, a, um, [**profiteor**,] *manifest;* **ex professo**, *avowedly.*
profestus, a, um, *not-festival.*
prōficio, 3, *go forward, effect.*
proficiscor, fectus, 3, *go, set forth.*

profiteor, fessus, 2, *to promise, profess, declare.*
prōflīgātus, a, um, *downcast, corrupt, wretched.*
prōflīgo, 1, *despatch, ruin, conquer.*
prōflo, 1, *breathe forth, melt.*
prōfluens, tis, *flowing, fluent.*
prōfluo, xi, xum, 3, *flow forth.*
profluvium, i, N., *flow.*
profor, 1, *speak out, predict.*
pro-fugio, 3, *escape, flee.*
profugus, a, um, *fugitive;* M., *exile.*
profundo, fūdi, fūs-, 3, *shed, pour forth, spend.*
profundus, a, um, *deep;* N., *depth.*
profūsē, *lavishly, exceesively.*
profūsus, a, um, *extravagant.*
prōgenies, ēi, F., *descent, progeny.*
prōgigno, genui, genit-, 3, *produce.*
prōgnātus, a, um, *descended;* pl., *descendants.*
Progne (Procne), es, myth. d. of Pandion, k. of Athens; wife of Tereus, changed to a swallow.
prōgredior, gressus, 3, *proceed.*
prōgressio, ōnis, F.; **-us, ūs,** M., *advance, progress.*
prohibeo, ui, it-,2, *hold in front, restrain, forbid.*
proin, proinde, *just so, accordingly.*
prōjectē, *carelessly.*
prōjectus, a, um, *extended, prominent, inclined, downcast, abject.*
prōjicio, jēci, ject-, 3, *throw forth, oppose, expel, reject.*
prōlābor, psus, 3, *slide forward, escape, sink, fall.*
prōlātio, ōnis, F., *bringing forward, delay.*
prōlāto, 1, *extend, defer.*
prōlātus, [**fero,**] *brought forward.*
prōlecto, 1, *allure, entice.*
prōles, is, um, F., *offspring.*
prōlixē, *copiously.*
prōlixus, a, um, *extended, favorable, courteous.*
†**prologus, i,** M., *prologue, introduction.*
prōloquor, cūtus, 3, *speak forth.*
prōlūdo, si, sùm, 3, *practice in advance, prelude.*
prōluo, 3, *wash* or *cast forth.*
prōluvies, ēi, F., *overflow, filth.*
prōmereo (-or), 2 *deserve.*
Promētheus, myth. s. of Iapetos.
prōmineo, ui, 2, *overhang, project.*
prōmiscuē, *all together.*
prōmiscuus, a, um, *promiscuous.*
prōmitto, mīsi, miss-, 3, *put forward, predict, promise.*
prōmissus, a, um, *hanging down;* N., *promise.*
prōmo, mpsi, mpt- 3, *to bring forth, produce, utter.*
prōmontōrium, i, N., *mountain-range, headland, promontory.*
prōmōtus, a, um. *advanced;* N. pl., *preferable things.*
prōmoveo, 2, *move forward, extend, promote, reveal, postpone.*
promptē, *promptly.*
promptuārius, a, um, *of the stores;* N., *storeroom.*
promptus, a, um, *manifest; at hand, prompt, ready.*
promptus, ūs, M., *a manifesting, readiness.*
prōmulgo, 1, *publish, proclaim.*
prōmulsis, idis, F., *a relish.*
prōmus, a, um, *of the larder;* N., *steward, distributor.*
prōmūtuus, a, um, *prepaid, lent.*
prōnē, *downward.*
prōnuba, æ, F., *presiding over marriage* (Juno); *bride's attendant.*
prōnuntiātio, ōnis, F., *proclamation, utterance.*
prōnuntio, 1, *proclaim, announce, recite, relate.*
prōnūper, *quite lately.*
prōnurus, ūs, M., *grandson's wife.*
prōnus, a, um, *bending* or *fallen forward, sinking, inclined.*
†**prooemium, i,** N., *introduction.*
†**proscēnium, i,** N., *preface, prelude.*
prōpāgātio, ōnis, F., *propagating.*
propāges, is; -go, inis, F., *layer, setting* (of plants), *offspring.*
propāgo, 1, *propagate, continue.*
prōpalam, *publicly, openly.*
propansus (-passus), a, um, *spread.*
prōpatulus, a, *uncovered.*

prope, pius, ximē, *near, almost.*
propediem, *very soon.*
prōpello, puli, puls-, 3, *to push on.*
propemodo (-dum), *almost.*
prōpendeo, di, sum, 2, *hang down, preponderate, incline.*
prōpensē, *willingly, readily, prone.*
prōpensus, a, um, *weighty.*
properans, tis, *hasty, speedy.*
properanter, -ātō, *speedily.*
properantia, æ, F., *haste.*
properātus, a, um, *rapid, hasty.*
propēro, I, *hasten.*
properē, properiter, *in haste.*
prōperus, a, um, *quick, rapid.*
prōpexus, a, um, *combed forward.*
†**prophēta (-tes), æ,** M., *prophet.*
†**propīno,** I, *drink one's health; give to drink* or *eat.*
propinquē, *near at hand.*
propinquitas, ātis, F., *nearness, affinity.*
propinquo, I, *bring* or *draw near.*
propinquus, a, um, *near, akin.*
propior, us, *nearer, more like.*
propitio, I, *appease.*
propitius, a, um, *kind, favorable.*
†**propōla, æ,** M., *forestaller.*
†**propolis, is,** F., *bee-glue.*
prōpōno, sui, sit-, 3, *set before, put forth, offer, expose.*
Propontis, the Sea of Marmora.
prōporro, *furthermore.*
prōportio, ōnis, F., *proportion.*
prōpositio, ōnis, F., *setting-forth, design, purpose.*
prōpositum, i, N., *way, purpose.*
prōprætor, ōris, M., *a magistrate, proprœtor* (ex-prætor).
propriē, *specially, fitly.*
proprietas, ātis, F., *property.*
proprius, a, um, *one's own, proper, constant.*
propter, *near, by reason of.*
propterea, *for that reason.*
prōpudium, i, N., *a shameful thing.*
prōpugnāculum, i N., *bulwark,*
prōpugnātio, ōnis, F., *defence.*
prōpugnātor, ōris, M. *champion.*
prōpugno, I, *defend, go out to fight.*
prōpulso, I, *defend, ward off.*
prōpulsus, [pello,] *pushed forward.*
†**propylæum, i,** N., *gateway.*
prōquam, *according as.*
†**prōra, æ,** F., *prow* (of a ship).
prōrēpo, psi, pt-, 3, *crawl forth.*
†**prōrēta, æ; -reus, i,** M., *steersman.*
prōripio, ui, rept-, 3, *snatch forth.*
prōrīto, I, *provoke, allure.*
prōrogātio, ōnis, F., *extending.*
prōrogo, I, *prolong, preserve, defer.*
prorsum, *straightforward.*
prorsus, a, um, *direct, prose.*
prorsus, *onward, precisely, utterly.*
prō-rumpo, 3, *thrust* or *rush forth.*
prō-ruo, 3, *demolish, rush forth.*
prōruptus, a, um, *unrestrained.*
prōsa, æ, F., *prose.*
prōsāpia, æ, F., *stock, race.*
prōsatus, [sero,] *produced.*
†**proscēnium, i,** N., *stage, theatre.*
pro-scindo, 3, *cut, furrow.*
proscissus, [scindo,] *cut.*
proscrībo, 3, *write on, publish, proscribe* (for assassination).
proscriptio, ōnis, F., *publishing, proscription.*
prōseco, ui, ct-, I, *cut off.*
prōsectus, a, um, *cut* (for sacrifice).
prōsecūtus, [sequor,] *following.*
prōseda, æ, F., *harlot.*
prōsequor, secūt-, 3, *follow forth, pursue, attend.*
prōsero, sēvi, sat-, 3, *produce* (by sowing).
Proserpina, æ, d. of Ceres, stolen by Pluto, god of Hades.
prōserpo, 3, *creep forward.*
prōsilio, ui, 4, *spring forth.*
prospectē, *prudently.*
prospecto, I, *look forth* or *towards, expect, await.*
prospectus, ūs, M., *view, prospect.*
prospeculor, I, *look forth, explore.*
prosper (-erus), era, um, *favorable, fortunate.*
prosperitas, ātis, F., *good fortune.*
prospero, I, *make happy* or *prosper.*
prospicio, exi, ect-, 3, *look forth, watch, discern, foresee, provide.*
prosterno, strāvi, strāt-, 3, *strew, overthrow, destroy.*

prostituo, ui, ūt-, 3, *expose, sully.*
prosto, stiti, stāt-, 1, *stand forth, be exposed.*
prōsubigo, 3, *dig up, fashion.*
prōsum (§ **29,** iv.), *be helpful, profit.*
prōtectio, ōnis, F., *shelter.*
prōtector, ōris, M., *coverer, guard.*
prōtectum, i, N., *eaves.*
prōtego, xi, ct-, 3, *cover, shelter.*
prōtēlo, 1, *repulse, prolong.*
prōtēlum, i, N., *row, team.*
prōtendo, di, sum (tum), *stretch forth, extend.*
prōtenus=prōtinus, *onward.*
prō-tero, 3, *trample, drive.*
prōterreo, ui, it-, 2, *scare away.*
protervē (-iter), *boldly, wantonly.*
protervitas, ātis, F., *impudence.*
protervus, a, um, *vehement, bold.*
prōtestor, 1, *bear witness, protest.*
Prōteus, ei, a sea-divinity, of changing form.
prōtinam, protinis, *forthwith.*
prōtinus, *right onward, at once.*
† **prōto-,** *first.*
prōtollo, 3, *stretch forth.*
prōtraho, xi, ct-, 3, *to draw forth, expose, protract.*
prōtrītus, [**-tero,**] *worn out.*
prōtrūdo, di, sum, 3, *push, defer.*
prōturbo, 1, *drive forth, repel.*
prout, *according as.*
prōvectus, a, um, *advanced.*
prōveho, xi, ct-, 3, *carry forth, promote;* P., *go, move.*
prōvenio, vēni, vent-, 4, *come forth, arise, grow, happen, prosper.*
prōventus, ūs, M., *growth, result.*
prōverbium, i, N., *proverb, adage.*
prōverto, sum, 3, *turn forward.*
prōvidē, *carefully.*
prōvidens, tis, *prudent, foreseeing.*
prōvidenter, *prudently.*
prōvidentia, æ, F., *foresight.*
prōvideo, vīdi, vīs-, 2, *foresee, care for, provide.*
prōvidus, a, um, *foreseeing, prudent, provident.*
prōvincia, æ, F., *province, charge.*
prōvinciālis, e, *of a province.*
prōvīsio, ōnis, F., *foresight.*
prōvīsō, *with foresight.*
provīso, 3, *go out to see.*
prōvīsor, ōris, M., *foreseer.*
prōvīsus, [**video,**] *provided.*
prōvīsus, ūs, M., *foreseeing.*
prōvocātio, ōnis, F., *challenge.*
prōvoco, 1, *call forth, challenge, summon, rouse.*
prōvolo, 1, *fly forth, rush out.*
prō-volvo, 3, *roll forth, fall down.*
proximē (-imō), *next.*
proximitas, ātis, F., *nearness.*
proximus, a, um, *nearest, next.*
prūdens, tis, *foreseeing, foreknowing, skilled.*
prūdenter, *discreetly.*
prūdentia, æ, F., *foresight, knowledge, prudence.*
pruīna, æ, F., *hoar-frost, winter.*
pruīnōsus, a, um, *frosty.*
prūna, æ, F., *live coal.*
prūnum, i, N., *plum.*
prūnus, i, F., *plum-tree, black-thorn.*
prūrīgo, inis, F., *itching.*
prurio, 4, *to itch.*
Prūsias, æ, king of Bithynia, who betrayed Hannibal.
† **prytanēum, i,** N., *town-hall.*
† **psallo,** 3, *play the lyre.*
† **pseudo-,** *false* or *sham.*
† **psittacus, i,** M., *parrot.*
Psȳchē, ēs (*soul*), a nymph loved by Cupid, and made immortal.
[**-pte,** *self, own.*
† **ptisana, æ,** F., *barley-water.*
Ptolemæus, i, a general of Alexander, afterwards k. of Egypt, till B.C. 283.
pūbens, tis, *at puberty, vigorous.*
pūbertas, ātis, F., *puberty, youth.*
pūbes (-er, -is), eris, *of ripe age; downy.*
pūbes, is, F., *signs of manhood; youth,* or *vigorous population.*
pūbesco, 3, *ripen, attain puberty.*
publicānus, a, um, *of the revenue;* M., *farmer of the revenue.*
publicātio, ōnis, F., *confiscation.*
publicē (-citus), *publicly, at state-charge.*
publico, 1, *confiscate, make public.*

publicus, a, um, *of the public;* N., *public revenue;* M., *magistrate.*
pudendus, *to be ashamed of.*
pudens, tis, *modest, shamefaced.*
pudenter, *bashfully.*
pudeo, 2, *be ashamed;* **-et,** *it shames.*
pudibundus, a, um, *bashful.*
pudīcē, *modestly, chastely.*
pudīcitia, æ, F., *modesty.*
pudīcus, a, um, *modest, chaste.*
pudor, ōris, M., *sense of honor* or *shame, modesty, self-respect.*
puella, æ, F., *girl, maiden.*
puellāris, e, *girlish.*
puer, eri, M., *boy, child* (till 17).
puerīlis, e, *boyish, childish.*
puerīliter, *like a child.*
pueritia, æ, F., *childhood.*
puerperium, i, N., *child-birth.*
puerulus, i, M., *little boy.*
pugil, ilis, M., *pugilist, boxer.*
pugillāris, e, *of the fist.*
pugillus, i, M., *handful.*
pugilor, I, *to box.*
pugio, ōnis, M., *dagger.*
pugna, æ, F., *a fight, combat.*
pugnāciter, *contentiously.*
pugnax, ācis, *combative, obstinate.*
pugno, I, *to fight, struggle, contend.*
pugnus, i, M., *fist, handful.*
pulcher, chra, um, *beautiful, noble.*
pulchrē, *beautifully, nobly.*
pulchritūdo, inis, F., *beauty.*
pulēium (-gium), i, N., *pennyroyal.*
pūlex, icis, M., *flea.*
pullārius, a, um, *of the young;* M., *keeper of the sacred chickens.*
pullātus, a, um, *in black garments.*
pullities, ēi, F., *brood.*
pullulo, I, *to sprout, produce.*
pullus, i, M., *young, colt, chick, twig.*
pullus, a, um, *dark, mournful.*
pulmentum (-ārium), i, N., *relish.*
pulmo, ōnis, M., *lung.*
pulpa, æ, F., *soft flesh.*
pulpāmentum, i, N., *flesh, dainty.*
pulpitum, i, N., *stage, platform.*
puls, pultis, F., *pottage.*
pulsātio, ōnis, F., *beating.*
pulso, I, *beat, push, attack.*
pulsus [pello,] *driven, routed.*
pulsus, ūs, M., *pushing, trampling.*
pultārius, i, M., *pot, jar.*
pulto, I, *beat, strike.*
pulver=pulvis, *dust.*
pulvereus, a, um, *of dust.*
pulvero, I, *to bedust.*
pulverulentus, a, um, *dusty.*
pulvillus, i, M., *a little cushion.*
pulvīnar, āris, N., *couch.*
pulvīnus, i, N., *cushion, pillow.*
pulvis, eris, N., *dust, arena.*
pūmex, icis, M., *pumice-stone.*
pūmiceus, a, um, *of pumice, dry.*
pūmico, I, *polish* (with pumice).
pūmilio, ōnis, N., *dwarf, pigmy.*
pūmilus, a, um, *dwarfish.*
punctātim, *concisely, to the point.*
punctim, *with the point.*
punctum, i, N., *point, dot, ballot.*
punctus, ūs, M., *a prick, sting.*
pungo, pupugi, punct-, 3, *pierce, sting, afflict, distress.*
pūniceus, a, um, *purple.*
Pūnicus, a, um, *Carthaginian.*
pūnio (-or), 4, *punish, avenge.*
pūnītor, ōris, N., *avenger.*
pupa (-ula), æ, F., *girl, doll.*
pupillus, i, M.; **-a, æ,** F., *orphan, ward;* F., *pupil* (of the eye).
puppis, is, im, i, F., *stern, ship.*
pūrē, *purely, clearly.*
purgāmen, inis; -mentum, i, *scouring filth, purgation.*
purgātio, ōnis, F., *cleansing.*
purgo, I, *cleanse, clear, purify.*
pūrifico, I, *cleanse, expiate.*
purpura, æ, F., *purple-fish, purple.*
purpurātus, a, um, *clad in purple;* M., *court-officer.*
purpureus, a, um, *purple, brilliant.*
purpuro, I, *to dye purple.*
pūrulentus, a, um, *festering.*
pūrus, a, um, *clear, clean, pure.*
pūs, pūris, N., *festering matter.*
pusillanimis, e, *timid.*
pusillus, a, um, *small, petty.*
pusio, ōnis, M., *a little boy.*
pustula (pūsula), æ, F., *blister.*
putāmen, inis, N., *trimmings.*
putātio, ōnis, F., *pruning.*
puteal, ālis, N., *well-curb.*

pūteo, 2, *have an ill smell.*
Puteoli, ōrum, a coast-town near Naples.
puter, tris, tre, *rotten, crumbling.*
pūtesco, -isco, 3, *to rot, putrify.*
puteus, i, M., *a well, pit, cistern.*
pūtidus, a, um, *rotten, offensive.*
putillus, i, M.; **-a, æ**, F., *child.*
puto, 1, *to cleanse, trim, prune; reckon, suppose, think, consider.*
pūtor, ōris, M., *rottenness.*
putre-facio; P., **-fīo**, *putrify.*
putresco, 3, *to decay.*
putridus, a, um, *rotten, mellow.*
putus, a, um, *clear, fine;* M., *a boy.*
†**pycta (es), æ**, M., *boxer.*
Pydna, a town of Macedon, where Perseus was defeated, B.C. 146.
†**pȳga, æ**, F., *the rump.*
pygmæus, a, um, *pigmy, dwarf.*
Pylæ, ārum, F. (*gates*), *Thermopylæ;* also a pass in Cilicia.
Pylos, i, F., the city of Nestor (**Pylius**), in S.W. Peloponesus.
†**pyra, æ**, F., *funeral pile.*
†**pȳramis idis**, F., *pyramid.*
Pȳrēnæus, a, um, *of the Pyrenees.*
†**pyrītes, æ**, M., *flint, millstone.*
Pyrrha, myth. wife of Deucalion.
Pyrrhus, i, 1, myth. son of Achilles; 2, a king of Epirus, who fought with the Romans B.C. 280–274.
pȳrum,=**pirum**, *pear.*
Pythagoras, æ, a philosopher of Samos, about B.C. 550.
Pȳthius, a, um, *Pythian*, a title of Apollo, from Pytho, a name of Delphi; F., Delphic priestess.
Python, ōnis, M., a serpent slain by Apollo near Delphi.
†**pyxis is**, F., *a box* for ointments.

Q.

Q, the prænomen Quintus.
quā, *where, by what way, how;* **quā** ... **quā**, as well ... as.
quācumque, *wherever.*
quādamtenus, *to such a point.*
quadra, æ, F., *square.*
quadrāgēni, æ, a, *forty each.*
quadrāgēsimus, a, um, *fortieth.*
quadrāgies, *forty times.*
quadrāginta, *forty.*
quadrans, tis, *a quarter, farthing.*
quadrātē, *four-fold.*
quadrātus, a, um, *square, stout.*
quadriennium, i, N., *four years.*
quadrifāriam, *four-fold.*
quadrifidus, a, um, *four-cleft.*
quadrifrons, tis, *four-fronted.*
quadrīgæ, ārum, F., *team of four.*
quadrigēni, æ, a, 400 *each.*
quadrijugis, e; **-gus, a, um**, *of a team of four.*
quadrīmus, a, um, *four years old.*
quadringēni, æ, a, 400 each.
quadringenti, æ, a, *four hundred.*
quadrigenties, 400 *times.*
quadrīni, æ, a, *four each.*
quadripartītus, a, um, *in four parts.*
quadrivium, i, N., *cross-roads.*
quadro, 1, *to be* or *make square.*
quadrum, i, N., *a square.*
quadrupedans, tis, *galloping.*
quadrupes, pedis; **-pedus, a, um**, *four-footed.*
quadruplex, icis, *four-fold.*
quadruplico (-plo), 1, *multiply by* 4.
quadruplus, a, um, *four-fold.*
quærito, 1, *seek earnestly.*
quæro, sīvi, sīt-, 3, *seek, ask, examine* (by torture).
quæsītor, ōris, M., *searcher.*
quæsītus, ūs, M., *search.*
quæso, īvi, ītum, 3, *seek, beseech.*
quæstio, ōnis, F., *inquiry, examination, case in hand.*
quæstor, ōris, M., *quæstor* (treasurer, judge, or quartermaster).
quæstōrius, a, um, *of the quæstor*, M., *ex-quæstor.*
quæstuōsē, *gainfully.*
quæstuōsus, a, um, *gainful, eager for gain, rich.*
quæstūra, æ, F., *quæstorship.*
quæstus, ūs, M., *gain, profit, business, employment.*
quālibet, *where* or *as you please.*
quālis, e, *of what sort;* **tālis**, ... **quālis**, *such ... as.*

quālitas, ātis, F., *quality, condition.*
quāliter, *in what way, as.*
quālum (us), i, N., *basket, hamper.*
quam, *how, as, than, very;* (with superl.), *the most possible.*
quamdiū, *how long, as long as.*
quamquam, *although.*
quamvis, *as you will, although.*
quānam, *where? how?*
quando, *when* (§ **43**, 7), *since.*
quandoque (-cumque), *whenever, at some time or other.*
quandōquidem, *since.*
quantillus, a, um, *how little!*
quantitas ātis, F., *extent, quantity.*
quantō, *by how much.*
quantopere, *how greatly.*
quantulus, a, um, *how little.*
quantum, *as* or *how much.*
quantus, a, um, *as* or *how great.*
quantusvis (-libet), *however great.*
quāpropter, *wherefore.*
quāquā, *wherever, whatever way.*
quārē, *whereby, why, wherefore.*
quartāna, æ, F., *quartan ague.*
quartāni, ōrum, *of the 4th legion.*
quartō (-tum), *the fourth time.*
quartus, a, um, *fourth.*
quartus decimus, *fourteenth.*
quasi, *as if, as it were.*
quasillum, i, N. **(-us,** M.), *wool-basket.*
quasso, 1, *shake, shatter.*
quassus, [**quatio,**] *shaken.*
quātenus, *how far, how long, where.*
quater, *four times.*
quaterni (pl.), *four each, by fours.*
quatio, quassum, 3, *shake, rack, beat, harass, shatter.*
quattuor (quatuor), *four.*
quattuordecim, *fourteen.*
-que, *and, also.*
queis=quibus, (dat. pl. of **qui**).
quemadmodum, *how, as.*
queo, 4 (def. § **37** viii.), *can.*
quercētum, i, N., *oak-wood.*
quercus, ūs, F., *oak.*
querēla, æ, F., *complaint, plaint.*
querimōnia, æ, F., *complaint.*
quernus (-neus), a, um, *oaken.*
queror, questus, 3, *complain.*
querquedula, æ, F., *duck, teal.*
querquerus (quercerus), a, um, *shivering* with cold or ague.
querquetulānus, *of an oak-wood.*
querulus, a, um, *complaining.*
questus, ūs, M., *complaint.*
qui, quæ, quod, *who, which* (§ **21**).
quī, *why, how, O that!*
quia, *because.*
quic-=quid-, *what.*
quīcum, quibuscum, *with whom.*
quī-cumque, *whoever.*
quid, [**quis,**] *what? why?*
quīdam, *a certain one* (**T. 6**).
quidem, *indeed, at least;* **ne . . . quidem,** *not even.*
quidni? *why not?*
quidquid (quicquid), *whatever.*
quies ētis, F., *rest, quiet, repose.*
quiesco, ēvi, ētum, 3, *to rest, sleep, be quiet,* or *neutral.*
quiētē, *calmly.*
quiētus, a, um, *calm, still.*
qui-libet, *any one you will.*
quin, *that not, but that, nay, why not?*
quīnārius, a, um, *containing five.*
quincunx, cis, F., *five-twelfths; a pattern of fives, thus:* — ⁙⁙⁙
quincuplex, icis, *five-fold.*
quindecim, *fifteen.*
quindecimvĭri, *Board of* 15, having in charge the Sybilline books.
quingēnārius, a, um, *of* 500 *each.*
quingēni, æ, a, 500 *each.*
quingentēsimus, a, um, 500*th.*
quingenti, æ, a, *five hundred.*
quingenties, *five hundred times.*
quīni, æ, a, *five each, by fives, five.*
quīnīdēni (quindēni), 15 *each.*
quinquāgēni, *fifty each.*
quinquāgēsimus, a, um, *fiftieth.*
quinquāgies, *fifty times.*
quinquāginta, *fifty.*
quinquātrus, uum, F.; **-tria,** N., a feast of Minerva.
quinque, *five.*
quinquennis, e, *of five years.*
quinquennium, i, N., *five years.*
quinquerēmis, is, F., *quinquereme,* a ship of 5 banks of oars.
quinquevĭri, pl. *Board of five* for allotting lands, &c.

quinquies (ens), *five times.*
quintānus, a, um, *of the 5th legion.*
Quintīlis, is, M., *July.*
quintō (-tum), *for the fifth time.*
quintus decimus, *fifteenth.*
quippe, *indeed, surely, since.*
quippiam=quidpiam, *any thing.*
quippi-nam, *why not? to be sure.*
Quirīnālis, e, *of Romulus;* M., a hill of Rome; N. pl., a festival of Quirinus, the deified Romulus.
quiris (curis), *a spear.*
Quirītes, ium, the name by which the Roman people were addressed in political assemblies.
quirīto, I, *shriek, scream.*
quis, quæ, quid, *who? what? any.*
quīs=quibus, abl. pl. of **qui.**
quis-nam, *who pray?*
quis-piam *any one* or *thing.*
quis-quam (with neg.). *any.*
quis-que, *each, every, whoever.*
quisquiliæ, ārum, *trash, refuse.*
quis-quis (§ **21,** I., I), *whoever.*
quīvis, *who* or *what you will.*
quō, *where, whither, wherefore, in order that* (§ **64,** ii.).
quoad, *how long? as long* or *far as.*
quōcircā, *wherefore.*
quōcumque, *whithersoever.*
quod, *that, in that, as to.*
quōdammodo, *somehow.*
quoius, quoi=cujus, cui [**qui**].
quolibet, *whither you will.*
quom=cum, *when.*
quominus, *that not* (§ **65,** iii.).
quōmodo, *how?*
quōnam, *whither pray?*
quondam, *once, formerly, sometimes*
quoniam, *since, whereas.*
quōpiam, quōquam, *any-whither.*
quoque, *also, even.*
quōquō, *whithersoever.*
quōquōmodo, *howsoever.*
quorsum, *whitherward, to what end.*
quot, *how many, as many;* with words of time, *every:* as,
quotannis, *yearly.*
quot cumque, *however many.*
quotēni, pl., *how many each.*
quotīdiānus, a, um, *daily.*
quotīdiē, *every day.*
quoties, (ens), *how often.*
quotiescumque, *however often.*
quotquot, *however many.*
quotus, a, um, *one of how many.*
quotus-cumque, *of however many.*
quotus-quisque, *how many* or *few.*
quousque, *how long? how far?*
quovis, *whither you will.*
quum=cum, *when, since.*
quum maximē, *very especially.*

R.

rabidē, *madly, furiously.*
rabidus, a, um, *mad, fierce.*
rabies, ēi, F., *madness, rage.*
rabiōsus, a, um, *raving, fierce.*
rabo, 3, *to be mad.*
rabo, ōnis (arrhabo), *pledge.*
rabula, æ, M., *brawler, pettifogger.*
racēmifer, era, um, *cluster-bearing.*
racēmor, I, *to glean.*
racēmus, i, M., *cluster* of grapes.
radiātus, a, um, *bright with rays.*
radīcātus, a, um, *rooted.*
rādīcitus, *by the root.*
rādīcor, I, *to strike root.*
radio, I, *to furnish with spokes* or *rays, to beam, shine.*
radius, i, N., *staff, rod, spoke, ray* or *beam.*
rādix, īcis, F., *root, foot* (of hill), *source, foundation.*
rādo, si, sum, 3, *scrape, shave, graze.*
Ræticus, a, um, *Rhætian,* of the Tyrol.
rallum, i, N., [**rado,**] *scraper.*
rallus, a, um, *thin.*
rāmālia, um, N. pl., *brushwood.*
rāmenta, ōrum, N. pl., *parings, scrapings.*
rāmeus, a, um, *of boughs.*
rāmices, um, M., *blood-vessels.*
Ramnes, the Latin stock in Rome.
rāmōsus, a, um, *branching.*
rāmus (-ulus), i, M., *branch, bough.*
rāna (-ula), æ, F., *frog.*
rancens, tis, *putrid.*
rancidus, a, um, *rank, offensive.*

rancor, ōris, M., *rankness, grudge.*
ranunculus, i, N., *tadpole, crowfoot.*
rāpa (-ēna), æ, F., *turnip.*
rapācitas, ātis, F., *greediness.*
rapax, ācis, *grasping, greedy.*
raphanus, i, M., *radish.*
rāpīcius, a, um, *of turnip* or *rape.*
rapidē, *hurriedly.*
rapiditas, ātis, F., *swiftness.*
rapidus, a, um, *swift, hurried.*
rapīna, æ, F., *robbery, plunder.*
rapio, ui, pt-, 3, *seize, drag away.*
raptim, *violently, hurriedly.*
rapto, 1, *snatch away, lay waste.*
raptor, ōris, M., *robber, plunderer.*
raptus, [rapio,] *snatched, stolen.*
raptus, ūs, M., *ravishing by force.*
rāpum=rāpa, *turnip.*
rārē (rārenter), *seldom, rarely.*
rārēfacio, fēci, fact-, 3, *make rare.*
rāresco, 3, *grow thin* or *rare.*
rāritas, ātis, F., *sparseness, fewness.*
rārītūdo, inis, F., *looseness.*
rārō, *seldom, sparsely.*
rārus, a, um, *rare, sparse, thin, few.*
rāsilis, e, *smoothed, scraped.*
raster, tri, M.; **(-trum,** N.), *a rake, hoe, mattock.*
rāsūra, æ, F., *scraping, shaving.*
rāsus, [rādo,] *scraped, shaven.*
ratē, *surely.*
ratio, ōnis, F., **[reor,]** *reason, reckoning, matter, regard, motive, view.*
ratiocinātio, ōnis, F., *reasoning.*
ratiocinor, 1, *reckon, reason.*
ratiōnālis, e, *of reason* or *accounts.*
ratis, is, F., *raft, float, vessel.*
ratiuncula, æ, F., *petty reckoning.*
ratō, *surely.*
ratus, [reor,] a, um, *supposing; reckoned, fixed, proportional.*
raucus, a, um, *hoarse, harsh.*
raudus, eris, N., *lump* (of brass).
Ravenna, æ, F., a port of N. E. Italy.
rāvio, 4, *talk one's self hoarse.*
rāvis, im, F., *hoarseness.*
rāvus, a, um, *tawny; hoarse.*
[re-, red-, *back* or *again.*
rea, æ, F., **[reus,]** *defendant.*
reāpse, *in very fact.*
Reāte, is, N., a Sabine town.
rebellio, ōnis, F.; **-um, i,** N., *a renewal of war, revolt.*
rebellis, is, *insurgent.*
rebello, 1, *to revolt, renew hostilities.*
rebīto, 1, *turn back, return.*
reboo, 1, *re-echo.*
recaleo, 2. *to keep warm.*
recalesco, ui, 3, *recover warmth.*
recanto, 1, *charm away, revoke.*
recēdo, cessi, cess-, 3, *withdraw, retreat, part, abandon.*
recello, 3, *spring back.*
recens, tis, *fresh, new, recent.*
recenseo, ui, sum (sīt-), 2, *reckon over, review.*
recensio, ōnis, F.; **-sus, ūs,** M., *reviewing, register.*
recenter, *recently.*
receptāculum, i, N., *a receptacle place of refuge.*
receptio, ōnis, F., *receiving.*
recepto, 1, *take back, recover, harbor, admit, pull back, withdraw.*
receptor (-ātor), ōris, M., *receiver, concealer, harborer.*
receptus, [recipio,] *recovered;* N., *an engagement.*
receptus, ūs, M., *retreat, refuge.*
recessim, *backward.*
recessus, [recedo,] *withdrawn.*
recessus, ūs, M., *act* or *place of retreat, recess, departure.*
recidīvus, a, um, [cado,] *returning, restored.*
recido, 3, *fall back, relapse, occur.*
recīdo, si, sum, 3, *cut off, abridge.*
recingo, nct-, 3, *ungird, loosen.*
recino, [cano,] 3, *resound, sing.*
recipero=recupero, *recover.*
recipio, cēpi, cept-, 3, *retake, withdraw, recover, receive, undertake.*
reciprocātio, ōnis, F., *alternation.*
reciproco, 1, *come and go, exchange.*
reciprocus, a, um, *returning, receding, reciprocal.*
recīsus, a, um, *cut off, abridged.*
recitātio, ōnis, F., *reading aloud.*
recito, 1, *read out, recite.*
reclāmo (-ito), 1, *cry out against, demand, resound.*

reclīnis, **e**, *leaning oackward.*
reclīno, I, *bend back, lean back.*
reclīvis, **e**; **-us**, **a**, **um**, *sloping back.*
reclūdo, **si**, **sum**, 3, *uncover, disclose; shut fast.*
recoctus, [**coquo**,] *forged.*
recōgito, I, *reflect.*
recognitio, **ōnis**, F., *recollection, examination, review.*
recognosco, **ōvi**, **it-**, 3, *recognize, review, examine.*
recolligo, **lēgi**, **lect-**, 3, *gather back.*
recolo, **ui**, **cult-**, 3, *till again, consider, survey.*
reconciliātio, **ōnis**, F., *reconciliation, restoring, renewal.*
reconcilio, I, *reconcile, restore.*
reconditus, **a**, **um**, *hidden, abstruse.*
recondo, **didi**, **dit-**, 3, *conceal, store away.*
recoquo, **xi**, **ct-**, 3, *cook* or *forge again, remould.*
recordātio, **ōnis**, F., *remembrance.*
recordor, I, *think over, call to mind.*
recrēmentum, **i**, N., *dross, chaff.*
recreo, I, *restore, refresh.*
recrepo, **ui**, I, *resound.*
re-cresco, 3, *grow again.*
recrūdesco, **dui**, 3, *grow raw again.*
rectā, *straightway, right on.*
rectē (**-tō**), *uprightly, directly.*
rector, **ōris**, M., *guide, commander.*
rectus, [**rego**,] 3, *upright, correct, straight.*
recubo, I, *recline, lie backward.*
recumbo, **cubui**, 3, *lie down, sink, recline, fall.*
recuperātio, **ōnis**, F., *recovery.*
recuperator, **ōris**, N., *recoverer;* pl., a Board of Claims.
recupero, I, *recover, get back.*
recūro, I, *care for, restore.*
recurro, **curri**, **curs-**, 3, *run back, return, recur.*
recurso, I, *hasten* or *come back.*
recursus, **ūs**, M., *a return, retreat.*
recurvo, I, *to bend backward.*
recurvus, **a**, **um**, *bent back.*
recūsātio, **ōnis**, F.. *refusal, protest.*
recūso, I, *to refuse, reject.*
recussus [**-cutio**,] *struck back.*
redactus, [**-igo**,] *reduced, subdued.*
redarguo, **ui**, **ūt-**, 3, *refute, confute.*
reddo, **didi**, **dit-**, 3, *restore, yield, deliver, bestow, render, copy.*
redemptio, **ōnis**, F., *buying-off.*
redemptor, **ōris**, M., *contractor.*
redemptus, [**-imo**,] *redeemed.*
redeo, **ii**, **it-**, 4, *return, be reduced, go back, proceed.*
redhibeo, **it-**, 2, *give* or *take back.*
Rediculus, **i**, the divinity causing retreat of the enemy.
redigo, **ēgi**, **act-**, 3, *drive* or *bring back, reduce, compel.*
redimīculum, **i**, N., *fillet, girdle.*
redimio, 4, *bind, wreathe, gird.*
redimo, **ēmi**, **empt-**, 3, *buy back, buy up, redeem, obtain, atone.*
redintegro, I, *restore, renew.*
reditio, **ōnis**, F.; **-tus**, **ūs**, M., *return, revenue.*
redivīvus, **a**, **um**, *restored, renewed.*
redoleo, **ui**, 2, *yield an odor.*
redōno, I, *give back, restore.*
redūco, **xi**, **ct-**, 3, *bring back, conduct, withdraw, reduce.*
reductus, **a**, **um**, *retired, remote.*
reduncus, **a**, **um**, *bent back.*
redundans, **tis**, *excessive.*
redundo, I, *overflow.*
reduvia, **æ**, F., *hangnail, fragment.*
redux, **ŭcis**, *brought back, restored.*
refectio, **ōnis**, F., *refreshment.*
refectus, [**reficio**,] *refreshed.*
refello, **felli**, *refute, repel, disprove.*
refercio, **si**, **tum**, *stuff, cram.*
refero, **tuli**, **lāt**, *bring back, restore, withdraw, repay, report, reply, convey, refer, record.*
rēfert, (§ **50**, iv. 4), *it concerns.*
refertus, [**refercio**,] *full, crammed.*
refervesco, **vi**, 3, *to boil up.*
reficio, **fēci**, **fect-**, 3, *restore, refit.*
refīgo, **xi**, **xum**, *unfasten, take down.*
refingo, 3, *make anew.*
reflātus, **ūs**, M., *adverse wind.*
reflecto, **xi**, **xum**, 3, *bend* or *turn back;* **animum**, *reflect.*
reflo, I, *blow contrary.*
refluo, 3, *flow back, overflow.*
refocillo, I, *warm back to life.*

reformīdo, I, *dread greatly*.
reformo, I, *transform, alter*.
refoveo, fōvi, fōt-, 2, *cherish, restore*.
refractus, [**refringo**,] *broken*.
refrāgor, I, *oppose, resist*.
refrēno, I, *curb, check*.
refrico, cui, cāt-, I, *to gall* or *fret*.
refrīgero, I, *to cool off* or *down*.
refrigesco, ixi, 3, *grow cool*, or *stale*.
refringo, frēgi, fract-, 3, *break off* or *to pieces, destroy*.
refugio, fūgi, 3, *flee back, escape*.
refugium, i, N., *a refuge, escape*.
refugus, a, um, *receding, fleeing*.
refulgeo, si, 2, *flash back, gleam*.
refundo, fūdi, fūs-, 3, *pour back*.
refūsus, a, um, *overflowing, spread*.
refūto, I, *check, drive back, refute*.
rēgālis, e, *kingly*; M., pl. *princes*.
rēgāliter, *royally, lordly*.
regelo, I, *to thaw*.
regenero, I, *reproduce*.
regero, gessi, gest-, 3, *carry* or *throw back, transcribe*.
rēgia, æ, F., *royal residence*.
rēgiē, *royally, despotically*.
rēgificus, a, um, *regal, sumptuous*.
Rēgillus; M., a lake in Latium, where the Latins were defeated by Postumius, B.C. 498.
regimen, inis, N., *guidance, rule, government, command, helm*.
rēgīna, æ, F., *queen, princess*.
regio, ōnis, F., [**rego**,] *direction, bound, region, province*.
rēgius, a, um, *kingly, magnificent*.
regnātor, ōris, M., *ruler, sovereign*.
regno, I, *to reign, rule, govern*.
regnum, i, N., *royalty, reign, kingdom, despotic authority*.
rego, xi, ct-, 3, *rule, guide, direct*.
regredior, gress-, 3, *return, retire*.
regressus, ūs, M., *a return, retreat*.
regula, æ, F., *bar, rule, model*.
rēgulus, i, M., *prince* or *petty ruler*.
Regulus, M. Atilius, a commander in the 1st Punic War, B.C. 296.
reicio=**rejicio**, *cast back*.
rejectio, ōnis, F., *throwing out*.
rejicio, jēci, ject-, 3, *cast away, force back, reject, drive back*.
rejiculus, a, um. *worthless*.
relābor, laps-, 3, *fall* or *flow back*.
relanguesco, gui, 3, *slacken, relax*.
relātio, ōnis, F.; **-tus, ūs**, M., *bringing back, return, report*.
relātus, [**fero**,] *brought back*.
relaxo, I, *loosen, widen, relieve*.
relēgātio, ōnis, F., *banishment*.
relēgo, I, *despatch, remove, banish*.
re-lego, 3, *gather* or *traverse again*.
relevo, I, *lift, lighten, refresh*.
relictio, ōnis, F., *abandonment*.
relictus, [**-linquo**,] *left*; F., *widow*.
rēligio, ōnis, F., *religion, pious scruple, sacredness, oath*.
rēligiōsus, a, um, *pious, scrupulous, sacred, religious*.
religo, I, *bind, fasten* (to shore).
relino, lēvi, 3, *unseal, open*.
relinquo, liqui, lict-, 3, *leave behind, abandon, forsake, neglect*.
relīquiæ, ārum, F., *remnant, relics*.
reliquor, I, *be in arrears*.
reliquus, a, um *remaining, rest of, future*; N., *arrears* of debt.
relligio=**religio**, *religion*.
relūceo, xi, 2; **-cesco**, 3, *shine out*.
reluctor, I, *to struggle against*.
re-maneo, 2, *stay, remain, endure*.
remansio, ōnis, F., *abiding, stay*.
remedium, i, N., *remedy, relief*.
remelīgo, inis, F., *hinderer*.
remeo, I, *to return*.
remētior, mensus, 4, *to measure back, traverse, repass*.
rēmex, igis, M., *oarsman*.
rēmigium, i, N., *rowing, oars, crew*.
rēmigo, I, *to row*.
remigro, I, *to journey back*.
reminiscor, 3, *recall to mind*.
remissē, *gently, slackly*.
remissio, ōnis, F., *remitting, slackening, flagging, laxity*.
remissus, a, um, *loose, lax, gentle*.
remitto, mīsi, miss-, 3, *send back, relax, restore, yield, lull*.
remōlior, 4, *move back*.
remollesco, 3, *grow soft, relax*.
remollio, īt-, 4, *to soften*.
remora, æ, F., *delay, hindrance*.
remordeo, mors-, 2, *vex, torment*.

remoror, I, *to delay, tarry, defer.*
remōtē, *at a distance.*
remōtus, [**moveo**,] *distant, separate, remote.*
removeo, mōvi, mōt-, 2, *withdraw, remove, set aside, put away.*
remūgio, 4, *bellow back.*
remulceo, si, sum, 2, *droop, soothe.*
remulcum, i, N., *a warp, tow-rope.*
remūneratio, ōnis, F., *reward.*
remūneror, I, *to recompense.*
remurmuro, I, *murmur back.*
rēmus, i, M., *an oar.*
Remus, i, twin br. *of Romulus.*
renarro, I, *tell over, relate.*
renascor, nātus, 3, *grow up again.*
reneo, 2, *unravel, undo.*
renes, um (ium), M., *kidneys.*
renīdeo, 3, *to shine, glimmer, smile.*
renītor. 3, *strive against.*
reno, I, *swim back.*
rēno, ōnis M., *reindeer (?).*
renōdo, I, *loosen.*
renovātio, ōnis, F., *renewal.*
renovo, I, *renew, restore, revive.*
renumero, I, *count over.*
renuntiātio, ōnis, F., *report.*
renuntio (cio), I, *bring back word, report, retract, renounce, proclaim.*
renuo, nui, 3, *deny, refuse.*
reor, rătus, *to believe, suppose.*
repāgula, ōrum, N., *bars, restraints.*
repandus, a, um, *bent back, upturned.*
reparābilis, e, *recoverable.*
reparco, 3, *to spare, refrain.*
reparo, I, *recover, restore.*
repastino, I, *to dig again, travel.*
repedo, I, *retreat.*
repello, puli, puls-, 3, *push back, drive away, reject, repel.*
rependo, di, ns, 3, *weigh* or *pay back, recompense, requite.*
repens, tis, *sudden, recent.*
repenso, I, *counterbalance.*
repente, *suddenly.*
repentīnus, a, *sudden, unexpected.*
repercussus, ūs, M., *reverberation.*
repercutio, cussi, cuss-, 3, *to strike back, resound, re-echo.*
reperio, peri, pert-, 4, *find, discover.*
repertor, ōris, M., *discoverer.*
repertus, ūs, M., *discovery.*
repetītio, ōnis, F., *claim, repetition.*
repeto, īvi (ii) īt,, 3, *attack again, fetch* or *call back, resume, repeat.*
repetundæ, ārum, F., (**res**), *things claimed* on charge of extortion.
repleo, ēvi, ēt-, 2, *fill up, satisfy.*
replētus, a, um, *full.*
replicātio, ōnis, F., *a folding back, reply.*
replico, I, *fold back, revolve, reflect.*
rēpo, psi, pt-, 3, *to creep, crawl.*
repōno, posui, sit-, 3, *put* or *bend back, restore, lay by, substitute.*
reporto, I, *bring back, bear away.*
reposco, 3, *demand* or *claim back.*
repositōrium, i, N., *tray, deposit.*
repositus (postus), *distant.*
repōtia, ōrum, N., *carouse.*
repræsentātio, ōnis, F., *exhibiting, pay* in cash.
repræsento, I, *exhibit, represent, pay down, do promptly.*
reprehendo, di, sum, 3, *to seize, check, blame.*
reprehensio, ōnis, F., *check, blame.*
repressē, *with restraint.*
reprimo, pressi, press-, 3, *check, restrain, confine, repress.*
reprobo, I, *disapprove, condemn.*
re-prōmitto, 3, *bind, pledge,* in return.
repto, I, *to creep, crawl.*
repudiātio,
repudio, I, [**pudet**,] *divorce, reject.*
repudium, i, N., *act of divorce.*
repuerasco, 3, *be a boy again.*
repugnans, tis, *opposed, contrary.*
repugnantia, æ, F., *repugnance.*
repugno, I, *oppose, resist, disagree.*
repulsa, æ, F., *refusal, rejection.*
repulsus, [**pello**,] *remote.*
repulsus, ūs, M., *rebounding, echo.*
repurgo, I, *purify, purge.*
reputātio, ōnis, F., *reckoning.*
reputo, I, *count over, reckon, think.*
requies, ētis, F., *rest, repose.*
requiesco, ēvi, ēt-, 3, *find rest.*
requiētus, a, *rested, refreshed.*

requīro, sīvi (sii), sīt-, 3, *to seek again, ask, demand, require.*
requīsītum, i, N., *a need.*
rēs, rĕi, F., *a thing, fact, property, advantage, cause, affair, case.*
resarcio, sart-, 3, *restore, patch up.*
rescindo, scidi, sciss-, 3, *cut down* or *away, lay open, abolish.*
rescio, 4; **-scisco,** 3, *ascertain.*
rescrībo, psi, pt-, 3, *reply* in writing, *give a decision* or *rescript.*
reseco, ui, ct-, 1, *cut loose, restrain.*
resecro, 1, *implore repeatedly.*
resēda, æ, F., *mignonette.*
resero, 1, *unlock, disclose.*
resero, sēvi, 3, *plant again.*
reservo, 1, *keep back, save up.*
reses, idis, *remaining idle, stagnant.*
resex, ecis, N., *a branch,* cut in.
resideo, sēdi, 2, *remain, stay behind, abide, be idle.*
resīdo, sēdi, 3, *settle, subside.*
residuus, a, um, *remaining, outstanding;* N. pl., *arrears.*
resigno, 1, *unseal, open, cancel.*
resilio, ui, 4, *spring back, recoil.*
resīmus, a, um, *flattened back.*
rēsīna, æ, F., *resin, rosin.*
rēsīnōsus, a, um, *gummy, resinous.*
resipio, 3, *savor, smack, taste.*
resipisco, īvi (ii), 3, *recover senses.*
resisto, stiti, 3, *stand, stay, oppose.*
resolūtio, ōnis, F., *slackening.*
resolūtus, a, um, *relaxed.*
resolvo, vi, ūtum, 3, *loosen, release, unbind, relax, annul.*
resono, āvi, 1, *resound, re-echo.*
resonus, a, um, *resounding.*
resorbeo, 2, *suck* or *swallow back.*
respecto, 1, *to look back, wait, have regard to.*
respectus, ūs, M., *a looking back, regard, consideration.*
respergo, si, sum, 3, *besprinkle.*
respersio, ōnis, F., *sprinkling.*
respiciens, tis, *regardful, provident.*
respicio, exi, ect-, 3, *look back on, regard, respect, consider.*
respīrātio, ōnis, F., *breathing.*
respīro, 1, *breathe back, take breath.*
resplendeo, 2, *to glitter.*
respondeo, di, sum, 2, *to answer, promise, give response, accord.*
responsio, ōnis, F., *reply, refutation, response.*
responso (-ito), 1, *reply, respond.*
responsum, i, N., *a reply, opinion.*
res-publica (§ **14**, ii, 2), *commonwealth.*
respuo, ui, 3, *spit back, reject.*
restagno, 1, *overflow, lie under water.*
restauro, 1, *restore, renew.*
restibilis, e, *restored, resown.*
restinguo, nxi, nct-, 3, *extinguish.*
restipulor, 1, *to engage in return.*
restis, is, im (em), e, F., *rope, cord.*
restito, 1, *loiter.*
rĕstituo, ui, ūt-, 3, *set up again, deliver back, restore, recall.*
restitūtio, ōnis, F., *restoring, replacing, reinstating.*
resto, stiti, 1, *stay, remain, resist.*
restrictē, *sparingly.*
restrictus, a, um, *strict, stingy.*
restringo, nxi, ct-, 3, *draw back, bind fast; unfasten, disclose.*
resulto, 1, *leap back, re-echo.*
re-sum, esse, fui, *remain, abide.*
resūmo, mpsi, mpt-, 3, *take back, resume, restore.*
resupīno, 1, *bend back, break down.*
resupīnus, a, um, *bent backward, on the back, negligent, slothful.*
resurgo, rexi, rect-, 3, *rise again.*
resuscito, 1, *revive.*
resūtus, a, um, *ripped open.*
retardātio, ōnis, F., *delay.*
retardo, 1, *to hinder, delay.*
rēte, is, N., *net, snare.*
retego, xi, ct-, 3, *uncover, lay bare.*
retendo, di, (sum), tum, 3, *unbend.*
retentio, ōnis, F., *holding back.*
retento, 1, *hold back; try again.*
retentus, [tendo,] *relaxed;* **[tineo]** *kept, retained.*
retexo, xui, xt-, 3, *unweave, annul; weave over, repeat.*
rētiārius, i, M., *a net-fighter.*
reticentia, æ, F., *silence.*
reticeo, ui, 2, *keep silent, conceal.*
rēticulum, i, N., *a little net, bag.*
retinācŭlum, i, N., *band, hawser.*

retinens, tis, *tenacious.*
retineo, ui, tent-, 2, *hold back, check, preserve, maintain.*
retorqueo, si, tum, 2, *hurl back, twist, wrap about.*
retractātio, ōnis, F., *hesitation.*
retractio, ōnis, F., *withdrawal.*
retracto, I, *handle again; withdraw, refuse, retract.*
retractus, a, um, *remote.*
retraho, xi, ct-, 3, *withdraw, keep* or *drag back.*
retribuo, ui, ūt-, 3, *restore, repay.*
retrīmentum, i, N., *dregs, sediment.*
retro, *backward, back, formerly.*
retrorsum (-sus), retroversus, *backward.*
retrūdo, sum, 3, *thrust back.*
retundo, tudi, tūs, 3, *to beat back, blunt, check, restrain.*
retūsus (-tunsus), a, um, *blunted.*
reus, i, M., **rea, æ,** F., *one arraigned, on trial; defendant* or *debtor.*
reveho, xi, ct-, 3, *carry back.*
revello, velli, vuls-, 3, *tear away.*
revēlo, I, *unveil, disclose.*
revenio, vēni, vent-, 4, *to return.*
rēvērā, *in fact.*
reverendus, a, um, *venerable.*
reverens, tis, *respectful.*
reverentia, æ, F., *respect, reverence.*
revereor, itus, 2, *to stand in awe, revere, regard, respect.*
reversio, ōnis, F., *a turning back.*
revertor (-to), sus, 3, *to turn back, revert, return.*
revīmentum, i, N., *fringe.*
revincio, nxi, nct-, 4, *bind fast.*
revinco, ci, ct-, 3, *conquer, convict.*
reviresco, rui, 3, *to grow green* or *strong again.*
revīso, 3, *look back on, return.*
revīvisco, vixi, 3, *to revive.*
revocātio, ōnis, F., *recalling.*
revoco, I, *call back, fetch back, recall, revoke, regain, withhold.*
revolo, I, *fly back.*
revolvo, vi, ūt-, 3, *roll back, unfold, repeat;* P., *return.*
revomo, ui, 3, *disgorge.*
revorto=reverto, *return.*
revulsus, [revello,] *torn away.*
rex, rēgis, M., *king, chief, tyrant.*
Rhadamanthus, i, myth. brother of Minos, a judge in Hades.
Rhætia=Rætia, *Tyrol.*
Rhamnusius, a, um, F., *of Rhamnus,* a town of Attica.
Rhea Sylvia, mother of Romulus.
rhēda, æ, F., *carriage, chariot.*
rhēdārius, i, M., *coachman.*
Rhēgīnus, a, um, *of Rhegium,* at the southern point of Italy.
Rhēnus, i, M., *the Rhine,* eastern boundary of Gaul.
Rhesus, i, myth. prince of Thrace, killed by Diomed and Ulysses.
†**rhētor, ŏris,** M., *rhetorician, orator.*
†**rhētoricus, a, um,** *of a rhetorician;* F., *rhetoric, oratory.*
rhinoceros, ōtis, M., *rhinoceros.*
Rhīpæus, a, um, *Scythian;* M. pl., mts. of northern Scythia.
Rhodanus, i, M., *the Rhone,* a river of S. E. Gaul.
Rhodopē, ēs, F., a mt. range of Thrace ; **-ēius, a, um,** *Thracian.*
Rhodos, i, F., the island *Rhodes,* S. W. from Asia Minor.
Rhœtēum, i, prom. at the mouth of Hellespont, near Troy.
rhombus, i, M., *magic circle, turbot.*
rhomphæa, æ, F., a barbaric javelin.
†**rhoncus, i,** M., *snore, sneer.*
†**rhūs, rhois,** M., *sumach.*
†**rhythmos, i,** M., *harmony, rhythm.*
rīca, æ, F. ; **-cinium, i,** N., *head-veil.*
ricinus, i, N., *sheep-tick.*
rictus, ūs, M., *the open mouth.*
rīdeo, si, sum, 2, *laugh* (at), *smile.*
rīdiculōsē, *laughably.*
rīdiculōsus, a, um, *laughable.*
rīdiculus, a, um, *funny, ridiculous, absurd;* M., *jester;* N., *jest.*
rigens, tis, *stiff, rigid, frozen.*
rigeo, ui, 2, *to be stiff, numb.*
rigesco, gui, 3, *to stiffen, harden.*
rigidus, a, um, *stiff, hard, stern.*
rigo, I, *to water, moisten.*
rigor, ōris, M., *stiffness, numbness.*

riguus, a, um, *irrigating, watered.*
rīma, æ, F., *crack, chink, crevice.*
rīmor, 1, *turn up, rummage, explore.*
rīmōsus, a, um, *full of cracks.*
ringor, rict-, 3, *snarl, show the teeth.*
rīpa, æ, F., *river-bank.*
rīparius, a, um, *on the bank.*
†**riscus, i,** M., *trunk, chest.*
rīsus, ūs, M., *laughter.*
rītē, *in due order.*
rītus, ūs, M., *rite, custom, ceremony.*
rīvālis, e, *of a bank;* M., *rival;* pl., *neighbors* (on the same brook).
rīvulus, i, N., *rill.*
rīvus, i, N., *stream, brook, channel.*
rixa, æ, F., *quarrel, contest.*
rixor, 1, *wrangle, quarrel, conflict.*
rōbīginōsus, a, um, *rusty.*
rōbīgo, inis, F., *rust, mildew.*
rōboreus, a, um, *oaken.*
rōboro, 1, *to strengthen.*
rōbur, ŏris, N., *knotty oak* (trunk or timber), *bulk, strength, vigor.*
rōbustus, a, um, *oaken, firm.*
rōdo, si, sum, 3, *to gnaw, corrode, backbite.*
rōdus=raudus, *lump.*
rogātio, ōnis, F., *inquiring, proposal* (of a bill), *request.*
rogātor, ōris, M., *proposer* (of a law).
rogātus, ūs, M., *request.*
rogito, 1, *ask eagerly, entreat.*
rogo, 1, *ask, solicit* (votes), *propose* (a law), *request.*
rogus, i, M., *funeral pile.*
Rōma, æ, *Rome,* founded B.C. 753.
Rōmānus, a, um, *Roman.*
Rōmulus, i, the founder and first k. of Rome, B.C. 753–717.
rōrārii, ōrum, M., [**ros,**] *skirmishers.*
rōro, 1, *to drop, trickle, bedew.*
rōs, rōris, M., *dew, moisture;* **marīnus,** *rosemary.*
rosa, æ, F., *a rose.*
rosārius, a, um, *of roses;* N., *rose-bed* or *garden.*
roscidus, a, um, *dewy, wet.*
rosētum, i, N., *rose-bed.*
roseus, a, um, *of roses, full of roses, rosy.*
Rōsea, æ, a town of N. E. Italy.
rosmarīnus, i, M. (**-um,** N.), *rosemary.*
rostra, ōrum, the orator's platform in the Forum.
rostrātus, a, um, *armed* or *adorned with points, beaked.*
rostrum, i, N., *beak, bill, ship's beak.*
rōsus, [**rōdo,**] *gnawn.*
rota (-ula), æ, F., *wheel, disk, chariot.*
roto, 1, *to turn, whirl, revolve.*
rotundo, 1, *to make round.*
rotundus, a, um, *round, well-turned.*
rube-facio, 3, *to redden.*
rubens, tis, *red, blushing.*
rubeo, bui, 2, *to be red, blush.*
ruber, bra, um, *red;* **mare,** *the Red Sea* (Arabian and Persian Gulfs).
rubesco, bui, 3, *to grow red, blush.*
rubēta, ōrum, N., *brambles.*
rubeus, a, um, *red; of brambles.*
Rubico, ōnis, M., a river of N. Italy, bounding Cæsar's province.
rubidus (-cundus), a, um, *ruddy.*
rūbīgo=rōbīgo, *rust, blight.*
rubor, ōris, M., *redness, blush.*
rubrīca, æ, F., *red earth* or *chalk.*
rubrus=ruber, *red.*
rubus, i, M., *bramble, blackberry.*
ructo, 1, *to belch.*
ructus, ūs, M., *belching.*
rūdectus, a, um, *rubbishy, poor.*
rudens, tis, M., *rope, cord, cordage.*
rudiārius, i, M., [**rudis,**] *discharged gladiator,* presented with a rod.
rudīmentum, i, N., *attempt, rudiment, rude beginning.*
rudis, e, *raw, rude;* (as noun) *brute.*
rudis, is, F., *a rod, fencing-foil.*
rudo, īvi, īt-, 3, *to roar, bray.*
rūdus, eris, N., *rubble, soil, rubbish.*
rūfo, 1, *to dye* or *stain red.*
rūfus (-ulus), a, um, *red, red-haired.*
rūga, æ, *a wrinkle, crease.*
rugītus, ūs, M., *roaring, rumbling.*
rūgo, 1, *to crease, wrinkle.*
rūgōsus, a, um, *wrinkled, furrowed.*
ruīna, æ, *ruin, downfall.*
ruīnōsus, a, um, *going to ruin.*
rūma, æ, F., =**rumis,** *breast.*
rūmen, inis, N., *throat.*
rumex, icis, *sorrel,* a kind of *dart.*

rūmifico, I, *to make report.*
Ruminālis ficus, a fig-tree, where Romulus was nursed by a wolf.
rūminor, I, *chew the cud, ruminate.*
rumis, is, F., *breast.*
rūmor, ōris, M., *talk, rumor, repute.*
rumpo, rūpi, rupt-, 3, *break, burst, interrupt, destroy.*
rumpus, i, M., *vine-branch, runner.*
rūmusculus, i, M., *gossip.*
rūna, æ, F., *dart.*
runco, I, *to weed out, pluck.*
runco, ōnis, M., *a grub-hoe.*
ruo, rui, rut- (ruit-), 3, *to rush, fall, hasten, cast down* or *forth.*
rūpes, is, F., *a rock, cliff.*
rupex, icis, M., *a boor, clown.*
rūpīna, æ, F., *cleft, chasm.*
ruptor, ōris, *breaker, violator.*
ruptus, [rumpo,] *broken.*
rūrālis, e, *of the country.*
rūricola, æ, C., *rustic, tilling the soil.*
rūro, I, *to live in the country.*
rursus, *backward, again.*
rus, rūris, N., *the country;* **rūri**, *in*, and **rūre**, *from the country.*
ruscum, i, N., *butcher's broom.*
russus (-eus), a, um, *red.*
rusticānus, a, um, *of rustics.*
rusticātio, ōnis, F., *country life.*
rusticē, *clownishly.*
rusticitas, ātis, F., *tillage, rusticity, the country folk.*
rusticor, I, *to live in the country.*
rusticus, a, um, *rural;* M., *a rustic.*
rūta, æ, F., *rue, bitterness.*
rutābulum, i, N., *fire-shovel.*
rutilo, I, *make reddish, glow with red.*
rutilus, a, um, *golden-red.*
rutrum, i, N., *spade, shovel.*
Rutuli, ōrum, a people of Latium.

S.

Sabæus, a, um, of Saba (Sheba), in Arabia Felix.
sabbata, ōrum, N., *Sabbath.*
Sabellus = Sabīnus, *Sabine*, of the highlands east of Rome.
sabulo, ōnis, M., *gravel.*
sabulōsus, a, um, *gravelly.*
saburra, æ, F., *sand, ballast.*
saburro, I, *to load with ballast.*
saccārius, a, um, *laden with sacks.*
†**saccharon, i**, N., *cane-juice.*
sacco, I, *to strain, filter.*
sacculus, i, N., *filtering-bag, purse.*
saccus, i, M., *sack, bag, wallet.*
sacellum, i, N., *shrine.*
sacer, cra, crum, *sacred, holy; accursed;* N., *a sacred thing* or *act;* pl., *sacred vessels* or *rites.*
sacerdos, ōtis, C., *priest, priestess.*
sacerdōtium, i, N., *priesthood.*
sacrāmentum, i, N., *pledge* or *deposit; suit at law; military oath.*
sacrārium, i, N., *shrine, chapel.*
sacrātus, a, um, *hallowed, sacred.*
sacricola, æ, C., *officiating priest.*
sacrificium, i, N., *sacrifice.*
sacrifico, I, *to offer sacrifice.*
sacrificus, a, um, *sacrificial.*
sacrilegium, i, N., *profanation, sacrilege, violation of sacred things.*
sacrilegus, a, um, *sacrilegious, profane, impious.*
sacro, I, *to consecrate, devote.*
sacrosanctus, a, um, *inviolable.*
sacrum, i, N., *a sacred thing.*
sæclum=seculum, *age.*
sæpe, *often.*
sæpenumero, *again and again.*
sæpes=sepes, *hedge.*
sæta=sēta, *bristle.*
sævē, sæviter, *fiercely.*
sævio, I, *to rage, be fierce* or *violent.*
sævitia, æ, F., *rage, ferocity.*
sævus, a, um, *enraged, fierce, cruel.*
sāga, æ, F., *fortune-teller.*
sagācitas, ātis, F., *keenness, sagacity, shrewdness.*
sagaciter, *shrewdly, keenly.*
sagātus, a, um, *clad in a mantle.*
sagax, ācis, *keen-scented, shrewd.*
sagīna, æ, F., *feeding, cramming.*
sagīno, I, *to fatten, pamper, enrich.*
sagitta, æ, F., *arrow.*
sagittārius, a, um, *of arrows;* M., *archer.*
sagittifer, fera, *arrow-bearing.*
sagitto, āt-, I, *to shoot arrows.*

sagma, æ, F., *pack-saddle.*
sagum (-ulum), i, N., *woollen mantle; a military cloak.*
Saguntum, i, a town in Spain.
sāgus, a, um, *prophetic.*
sāl, salis, M., *salt; the sea;* pl. *wit, sarcasm.*
Salācia, æ, goddess of the Sea, wife of Neptune.
Salamis, is, F., an I. near Athens, where Xerxes was def. B.C. 480.
salārius, a, um, *of salt;* N., *salt-money* (soldier's pay).
salax, ācis. [**salio,**] *lustful.*
salebra, æ, F., *a rugged way.*
salebrōsus, a, um, *rugged, rough.*
Salentīnus, a, S. E. of Italy.
Salernum, i, N., a coast-town of Picenum.
Saliāris, e, of the Salii.
salictum, i, N., *willow-grove.*
salientes, ium, pl., *water-springs.*
salignus, a, um, *of willow.*
Salii, ōrum, priests of Mars.
salīnæ, ārum, F., *salt-works.*
salinum (-llum), i, N., *salt-cellar.*
salio, īt-, 4, *to salt.*
salio, ui, salt-, 4, *leap, jump.*
saliunca, æ, F., *wild nard.*
salīva, æ, F., *spit, slime, savor.*
salix, īcis, F., *willow.*
salmacidus, a, um, *salt and sour.*
Salmacis, idis, a clear fountain in Caria; the fountain-nymph.
Salmōneus, son of Sisyphus, who vied with the thunderbolt of Jupiter.
Salmōnis, idis, *Tyro,* daughter of Salmoneus.
salsāmentum, i, N., *brine.*
salsē, *wittily, keenly.*
salsūra, æ, F., *pickle, brine.*
salsus, a, um, *keen, witty, salt.*
saltātio, ōnis, F., *dancing.*
saltātor, ōris, M.; **-trix, icis,** F., *dancer.*
saltem, *at least, anyhow.*
salto, 1, *to dance, exhibit* or *accompany with dance.*
saltuārius, i, M., *forester.*
saltuātim, *by leaps, skippingly.*
saltuōsus, a, um, *well-wooded.*
saltus, ūs, M., *a leap, spring; forest* (with open spaces), *glade.*
salūber, bris, bre, *healthful, sound, well, serviceable.*
salūbritas, ātis, F., *healthfulness.*
salūbriter, *wholesomely.*
salum, i, N., *open sea, the deep.*
salus, ūtis, F., *health, safety, greeting, salutation.*
salūtāris, e, *healthful, saving* (as the letter **A,** for acquittal).
salūtātio, ōnis, F., *greeting.*
salūtātor, ōris, M., *greeter, visitor.*
salūtifer (-gĕr), era, um, *health-bringing, salubrious.*
salūto, 1, *keep safe, salute, wait on.*
salvē, *well, in good case.*
salvē, *hail!* or *farewell!*
salveo, 2, *be well* (§ **38,** v.).
salvus, a, um, *safe, sound.*
sambūca, æ, F., *a shrill instrument.*
sambūcus, i, F., *elder-bush.*
Samē, es=Cephalenia.
Samnītes, ium, people of Samnium, an inland dist. of S. E. Italy, conquered, B.C. 290.
Samos, i, F., an I. near Ephesus.
sānābilis, e, *curable.*
sānātio, ōnis, F., *healing.*
sancio, nxi, nct-, 4, *ratify, sanction.*
sanctē, *sacredly, scrupulously.*
sanctimōnia, æ, F., *sanctity, purity.*
sanctio, ōnis, F., *ordaining.*
sanctitas, ātis, F., *sacredness.*
sanctus, a, um, *sacred, venerable, pious, just, pure.*
sandalium, i, N., *sandal, slipper.*
sandapila, æ, F., *a bier.*
sandaraca, æ, F., a red dye-stuff.
sandix, icis, F., *vermilion, scarlet.*
sānē, *sensibly, soundly, truly, to be sure, no doubt.*
sanguinālis, e; -ārius, a, um, *of blood, bloody.*
sanguineus (-olentus), a, um, *of blood, bloody, blood-red.*
sanguino, 1, *to bleed, run with blood.*
sanguis, inis, M., *blood, race, vigor.*
sanies, em, e, F., *bloody matter.*
sānitas, ātis, F., *health, soundness.*

†**sanna, æ,** F., *a mocking grimace.*
sāno, 1, *make sound, heal, allay.*
santana, æ, F., *borax.*
sānus, a, um, *sound, sane, discreet.*
sapa, æ, F., *thickened must.*
†**sāperda, æ,** F., *herring.*
sapidus, a, um, *savory.*
sapiens, tis, *wise, discreet, skilled.*
sapienter, *prudently, sensibly.*
sapientia, æ, F., *wisdom, good sense.*
sapīnus, i, F., *fir-tree.*
sapio, īvi (ii), 4, *taste* or *savor of, have sense, understand.*
sapo, ōnis, M., *soap.*
sapor, ōris, M., *taste, savor; dainty.*
Sappho, ūs, *a poetess of Lesbos.*
sarcina, æ, F., *package, burden.*
sarcinārius, a, um, *of baggage.*
sarcio, si, tum, 4, *to patch, repair.*
†**sarcophagus, a, um,** *flesh-consuming;* M., *sepulchre.*
sarculum, i, N., *a light hoe.*
sarda (-īna), æ, F., *sardine.*
Sardanapālus, an effeminate king of Assyria, d. B.C. 820.
Sardes (īs), ium, capital of Lydia.
Sardus, a, um, *Sardinian.*
†**sarissa, æ,** F., a long Macedonian *lance.*
Sarmatia, æ, south-western Russia.
sarmen, inis, N., *brushwood.*
sarmentum, i, N., *faggot, fascine.*
Sarpēdon, ŏnis, son of Jupiter and Europa, slain at Troy.
sarpo, ptum, 3, *prune, trim.*
Sarra, æ, F., *Tyre;* **-ānus, a um,** *Tyrian, purple.*
sarrācum, i, N., *cart, waggon.*
sarrio, ui (īvi), ītum, 4, *to hoe.*
sarrītor, ōris, M., *weeder.*
sartāgo, inis, F., *frying-pan.*
sartor, ōris, M., *botcher, mender.*
sartus, [sarcio,] *repaired.*
sat=satis, *enough, sufficient.*
sata, ōrum, N., **[sero,]** *crops.*
satago, 3, *have one's hands full, pay.*
satelles, itis, C., *attendant, accomplice;* pl., *escort.*
satias (-etas), ātis, F., *a sufficiency, satiety, disgust.*
satin, *enough?*
satio, 1, *fill, satiate, satisfy.*
satio, ōnis, F., **[sero,]** *sowing.*
satira=satura, *medley.*
satiricus, a, *satirical.*
satis, *enough.*
satis-facio, 3, *give satisfaction.*
satisfactio, ōnis, F., *satisfaction, justification, reparation.*
satius, [satis,] *better, rather.*
satīvus, a, um, [sero,] *planted.*
sator, ōris, M., *sower, author, father.*
satrapes, æ (-ps, is), M., *a satrap* (royal governor), *viceroy.*
satrāpēa (-īa), æ, F., *satrapy, province.*
satullus, a, um, *satisfied, filled.*
satur, ura, um, *sated, full, abundant.*
satura, æ, F., *medley, satire.*
saturēia, æ, F., *savory.*
saturitas, ātis, F., *fulness, satiety.*
Saturnālia, ōrum, ibus, N., *festival of Saturn* (Dec. 17).
Saturnius, a, um, *of Saturn;* M., *Jupiter;* F., *Juno.*
Saturnus, i, M., god of Husbandry.
saturo, 1, *fill, cloy, satiate.*
satus, [sero,] *sown, planted;* M., *son.*
satus, ūs, M., *sowing, planting, stock.*
satyrus, i, M., *an ape; satyr* (goat-footed wood-deities).
saucio, 1, *to wound, hurt, stab.*
saucius, a, um, *wounded, hurt, sick.*
sāvillum, i, N., *cheese-cake.*
sāvior=suāvior, *kiss.*
saxātilis, e, *among rocks.*
saxētum, i, N., *rocky place.*
saxeus (ōsus), a, um, *stony, rocky.*
saxum, i, N., *stone, rock, boulder.*
scabellum, i, N., *footstool.*
scaber, bra, um, *rough, scurfy.*
scabies, ēi, F., *scurf, eruption.*
scabiōsus, a, um, *scurfy.*
scabo, bi, 3, *to scratch.*
scabrātus, a, um, *jagged.*
scabritia, æ; -es, eī, F., *roughness.*
Scæa porta, west gate of Troy.
scæna=scena, *stage.*
scævitas, ātis, F., *awkwardness.*
Scævola, æ, C. Mucius, who attempted to kill Porsenna.

scævus, a, um, *on the left, awkward, unlucky;* F., *omen.*
scalæ, ārum, F., *a flight of stairs, ladder, scaling ladders* in a siege.
scalmus, i, N., *thole-pin.*
scalpo, psi, pt-, 3, *to cut, scrape.*
scalprum (-pellum), i, N., *knife.*
scalptūra, æ, F., *cutting, engraving.*
scalptūrio, 4, *scratch* (like a hen).
scambus, a, um, *bandy-legged.*
scamillus, i, M., *little bench.*
†**scamma, atis,** N., *wrestling-ground.*
scamnum, i, N., *stool, bench, ridge.*
†**scandalum, i,** N., *stumbling-block.*
scando, di, sum, 3, *climb, mount.*
scandula, æ, F., *a shingle.*
scansilis, e, *that may be climbed.*
†**scapha, æ,** F., *boat, skiff.*
†**scaphium, i,** N., *basin, bowl.*
scapulæ, ārum, F., *shoulder-blades, shoulders.*
†**scāpus, i,** M., *shaft, stem.*
scarīfico, I, *scratch open.*
†**scarus, i,** N., a sea-fish (*wrasse?*).
scatebra, æ, F., *gushing-up.*
scateo, 2; **scatūrio,** 4, *to bubble, gush, abound.*
†**scaurus, a, um,** *with swollen ankles.*
scelerātē, *wickedly.*
scelerātus, a, um, *criminal, wicked, pernicious;* M., *scoundrel.*
scelero, I, *pollute, desecrate.*
scelerōsus (scelestus), a, um, *wicked, abominable.*
scelestē, *wickedly.*
scelus, eris, N., *crime, fault, misfortune; rascal.*
†**scēna, æ,** *stage* (of theatre).
†**scēnicus, a, um,** *of the stage, theatrical, fictitious;* M., *actor.*
†**sceptrum, i,** N., *sceptre, dominion.*
†**scheda, æ,** F., *strip of papyrus.*
†**schedius, a, um,** *off-hand.*
†**schēma, ătis,** N., *shape, fashion.*
†**schistos, a, on,** *cleft.*
†**schœnus, i,** M.; **-um,** N., *a rush.*
†**schola, æ,** F., *leisure, school, sect.*
†**scholasticus, a, um,** *of the schools;* M., *pedant, rhetorician.*

scībilis, e, *knowable.*
sciens, tis, *knowing, skilled.*
scienter, *knowingly.*
scientia, æ, F., *knowledge, skill.*
scīlicet, *plainly, no doubt, surely.*
scilla, æ, F., *sea-onion, squill.*
scin=scisne, *know'st?*
scindo, scidi, sciss-, 3, *to cut, break, part, rend, split.*
scintilla, æ, F., *a spark, glimmer.*
scintillo, I, *sparkle.*
scio, 4, *know, understand; ordain.*
scīpio, ōnis, M., *staff.*
Scīpio, ōnis, a noble family-name, including the two conquerors of Carthage.
Scīron, ōnis, a robber of Attica, slain by Theseus.
scirpeus (-iculus), a, um, *of rushes;* F., *basket-work.*
scirpo, I, *to plait of rushes.*
scirpus, i, *bulrush, riddle.*
sciscitor, I, *inquire, examine.*
scisco, scīvi, scīt-, 3, *to search, enact.*
scissilis, e, *cleavable, rent.*
scissūra, æ, F., *a rent, cleft.*
scissus, [**scindo,**] *split, cloven.*
scītāmenta, ōrum, N., *delicacies.*
scītē, *skilfully, elegantly.*
scītor, I, *ask, inquire.*
scītulus, a, um, *pretty, elegant.*
scītus, [**scisco,**] *shrewd, skilful, sensible, eloquent.*
†**sciūrus, i,** M., *a squirrel.*
scītum, i, N.; **-tus, ūs,** M., *decree, ordinance.*
scius, a, um, *knowing.*
scobīna, æ, F., *a rasp.*
scobis (bs), F., *sawdust, filings.*
†**scolōpax, ăcis,** M., *woodcock.*
†**scomber, bri,** M., *mackerel* (?).
†**scomma, atis,** N., *scoff, taunt.*
scōpæ, ārum, F., *twigs, brooms.*
scopio, ōnis, M., *grape-stalk.*
†**scopos, i,** M., *mark, aim.*
scopulōsus, a, um, *rocky, craggy.*
†**scopulus, i,** N., *a rock, crag, cliff.*
scopus, i, M., *stem, stalk.*
scordalus, i, M., *wrangler, brawler.*
scōria, æ, F., *dross, slag.*

scorpio, ōnis, M., *scorpion.*
scorteus, a, um, *of leather.*
scortum, i, N., *skin; a harlot, abandoned woman.*
Scōti, ōrum, people of Scotland.
screo, I, *to hawk, hem.*
scrība, æ, M., *clerk, scribe.*
scrībo, psi, pt-, 3, *to write, enroll.*
scrīnium, i, N., *desk, book, chest.*
scriptio, ōnis, F., *writing, composition.*
scriptito, I, *write frequently.*
scriptor, ōris, M., *writer, author.*
scriptum, i, N., *a writing, edict.*
scriptūra, æ, F., *writing, composition.*
scriptus, [**scribo**,] *written.*
scrobis (bs), D., *ditch, trench, dike.*
scrofa, æ, F., *a sow.*
scrūpeus (-ōsus), a, um, *sharp, rough, steep.*
scrūpulōsus, a, um, *jagged, anxious, exact.*
scrupulus, i, M. ($\frac{1}{24}$ of oz, &c.), *anxiety, scruple.*
scrūpus, i, M., *a rough stone, anxiety, solicitude.*
scruta, ōrum, N., *trash.*
scrutātor, ōris, M., *investigator.*
scrūtor, I, *to search, examine.*
sculpo, psi, pt-, 3, *carve, engrave.*
sculpōneæ, ārum, F., *wooden clog.*
sculptilis, e, *carved.*
sculptor, ōris, M., *carver.*
sculptūra, æ, F., *engraving.*
scurra, æ, M., *a dandy, buffoon.*
scurrīlis, e, *scurrilous, jesting.*
scurror, I, *play the buffoon.*
scūtāle, is, N., *thong* (of sling).
scutārius, i, N., *shield-maker.*
scūtātus, a, um, *armed with shield.*
scutella, æ, F., *tray, waiter.*
scutica, æ, F., *lash, whip.*
scutra (-tula), æ, F., *dish, tray.*
†**scutula, æ**, F., *rod, roller.*
scūtum (-ulum), i, N., a long *shield* (of boards and leather).
Scylla, æ, a rock near Sicily; myth. d. of Phorcys, changed to a sea-monster; also, d. of Nisus, k. of Megara.
†**scyphus, i**, M., *cup, goblet.*
Scyros, i, an island near Eubœa.
Scythæ, ārum, *Scythians*, people of Russia and Tartary.
sē (sui), *himself, &c.* (§ **19**, II.).
[**se-(sēd-)**, *without, aside;* also, *half.*
Sēbēthis, F., *of Sebethos* (a stream near Naples).
sēbōsus, a, um, *greasy.*
sēbum, i, N., *tallow, grease.*
sēcēdo, cessi, cess-, 3, *withdraw, secede, revolt, dissent.*
sēcerno, crēvi, crēt-, 3, *put apart, separate, distinguish.*
sēcessio, ōnis, F., *withdrawal, insurrection, secession.*
sēcessus, ūs, M., *withdrawal, retirement, solitude.*
sēcius, [**secus**,] *less.*
sēclūdo, si, sum, 3, *shut off, seclude, separate, confine, exclude.*
seclum=**seculum**, *age.*
sēclūsus, a, um, *remote, apart.*
seco, ui, sect-, I, *cut, wound, divide.*
secordia=**socordia**, *sloth.*
sēcrētārium, i, N., *a secret place, council-chamber.*
sēcrētio, ōnis, F., *separation.*
sēcrētō (-tē), *apart, secretly.*
sēcrētus, [**secerno**,] *retired, hidden, secret;* N., *secret place.*
secta, æ, F., *a beaten path, sect.*
sectārius, a, um, [**seco**,] *mutilated.*
sectātor, ōris, M., *follower, partisan;* pl., *retinue, escort.*
sectilis, e, *cut, divided.*
sectio, ōnis, F., *cutting, dividing.*
sector, ōris, M., *cutter, divider, purchaser* at public sale.
sector, I, *follow eagerly.*
sectūra, æ, F., *cutting;* pl., *mines.*
sectus, [**seco**,] *cut.*
sēcubo, ui, I, *to lie alone.*
sēculāris, e, *of the seculum, secular.*
sēculum, i, N., *race, breed, generation, age, century.*
sēcum, [**sui**,] *with himself.*
secundāni, *of the 2d legion.*
secundārius, a, um, *second-rate.*
secundē, *favorably.*
secundō, *secondly, a second time.*

secundo, I, *direct favorably, adjust.*
secundum, *after, next, according to.*
secundus, a, um, [sequor,] *following, next, favorable, propitious;* **secundo flumine**, *down stream.*
sēcūrē, *heedlessly, fearlessly.*
secūricula, æ, F., *hatchet.*
secūris, is, F., *axe, hatchet, death-blow, dominion.*
sēcūritas, tātis, F., *safety, unconcern, negligence.*
sēcūrus, a, um, [cūra,] *free of care, easy, careless, safe.*
secus, *otherwise, ill, beside.*
secūtor, ōris, M., *follower.*
sed (set), *but.*
sēdātē, *calmly.*
sēdātio, ōnis, F., *calming.*
sēdātus, [sedo,] *calm, sedate.*
sēdecies, 16 *times.*
sēdecim, *sixteen.*
sēdēcula, æ, F., *a low stool.*
sedentārius, a, um, *sitting.*
sedeo, sēdi, sess-, 2, *sit, continue, settle, subside, stay fast.*
sēdēs, is, F., *a seat, foundation.*
sedīle, is, N., *a seat, chair.*
sēditio, ōnis, F., *sedition, discord.*
sēditiōsē, *seditiously.*
sēditiōsus, a, um, *factious, seditious, quarrelsome.*
sēdo, I, *to settle, allay, calm.*
sēdūco, xi, ct-, 3, *lead apart, withdraw, avert, mislead.*
sēductio, ōnis, F., *taking aside.*
sēductor, ōris, M., *misleader.*
sēductus, a, um, *remote, lofty.*
sēdulitas, ātis, F., *zeal, diligence.*
sēdulō, *diligently, on purpose.*
sēdulus, a, um, *busy, diligent.*
sedum, i, N., *houseleek.*
seges, etis, F., *cornfield, standing corn, soil, crop, produce.*
Segesta, æ, F., a city of N. Sicily.
segestra (-tria), æ, F.; **-tre, is**, N., *wrapper* (of straw).
segmen, inis; -tum, i, N., **[seco,]** *strip, slice.*
segmentātus, a, um, *trimmed.*
segnis, e, *slow, slothful.*
segniter, *slowly, lazily.*
segnitia, æ, F.; **-ēs, em, e**, *sloth, indolence.*
sēgrego, I, **[grex,]** *set apart.*
sējugātus, a, um, *apart.*
sējugis, is, M., *a six-horse team.*
sējungo, nxi, nct-, 3, *part, disjoin, separate.*
Sējānus, an officer of Tiberius.
sēlectio, ōnis, F., *choosing.*
sēlectus, [seligo,] *chosen.*
Seleucus, i, a general of Alexander, king of Syria, B.C. 280.
sēlibra, æ, F., *half-pound.*
sēligo, lēgi, lect-, 3, *to separate, call out, select.*
sella (-ula), æ, F., *seat, chair, saddle.*
sellāria, æ, F., *sitting-room.*
sellisternia, ōrum, N., banquets to female deities.
semanimis, e, *half-alive.*
semel, *once, once for all, the first time, at any time.*
Semelē, ēs, daughter of Cadmus, mother of Bacchus.
sēmen, inis, N., **[sero,]** *seed, scion, posterity, origin* or *element.*
sēmentifer, era, um, *seed-bearing.*
sēmentis, is, F., *sowing, seed-time.*
sēmentīvus, a, um, *of seed-time.*
sēmestris, 3, *half-yearly.*
sēmēsus, [edo,] *half-eaten.*
sēmet, *himself.*
sēmi-, *half.*
sēmianimis, e; -us, a, um, *half-alive.*
sēmideus, a, um, *half-divine.*
sēmiermis, e, *half-armed.*
sēmifer, era, um, *half-beast, savage.*
sēmihomo, inis, N., *half-man.*
sēminārius, a, um, [sēmen,] *of seed;* N., *nursery, seminary.*
sēminātor, ōris, M., *author.*
seminecis (gen.), *half-dead.*
sēminium, i, N., *stock, breed.*
sēmino, I, *sow, beget, produce.*
semipēs, pedis, M., *half-foot.*
sēmiputātus, a, um, *half-pruned.*
Semīrāmis, is (idis), queen of Assyria, B.C. 1225?
sēmirutus, a, um, *half-demolished.*
sēmis, issis, *half,* 6 *per cent.*

sēmisomnus, a, um, *half asleep.*
sēmita, æ, F., *footpath, by-way.*
sēmitālis, e; -ārius, a, um, *of paths.*
semiustulātus, a, um, *half-burnt.*
sēmiustus, [uro,] *blasted, scorched.*
sēmivir, i, M., *half-man, effeminate.*
sēmivīvus, a, um, *half-alive.*
sēmivocālis, e, *half-vocal* (as cattle), *not quite dumb.*
sēmōtus, a, um, *distant.*
sē-moveo, 2, *to put aside.*
semper, *always.*
sempiternus, a, um, *everlasting.*
sēmuncia, æ, F., *half-ounce, trifle.*
senāculum, i, N., *council-hall.*
sēnārius, a, um, *of six each.*
senātor, ōris, M., *senator.*
senātōrius, a, um, *of the senate.*
senātus, ūs (i), M., *Senate* (council of elders), or heads of the patrician order.
senātusconsultum, i, N., *decree of the Senate.*
Seneca, æ, M., a Stoic writer in the time of Nero, A.D. 3–65.
senecta, æ; -tus, ūtis, F., *old age.*
senectus, a, um, *old.*
senesco, senui, 3, *grow old, decay.*
senex, senis, *old;* M., *old man.*
sēni, æ, a, *six each, six.*
sēnīdēnī, *sixteen each.*
senīlis, e, *aged.*
senior, us, *older, elder.*
senium, i, N., *old age, decay, grief.*
sensibilis, e, *perceptible.*
sensīlis, e, *endowed with sensation.*
sensim, *gradually, slowly.*
sensus, ūs, M., **[sentio,]** *feeling, perception, sense, meaning.*
sententia, æ, F., *opinion, purpose, sentence, sense.*
sententiōsus, a, um, *full of sense* or *pith.*
senticētum, i, N., *brier-thicket.*
senticōsus, a, um, *thorny, briery.*
sentīna, æ, F., *bilgewater, dregs.*
sentīno, 1, *to bale out a ship.*
sentio, sensi, sens-, 3, *perceive, feel, think, suppose, decide.*
sentis, is, M., *thorn, brier.*
sentus (-ōsus), a, um, *rough.*
seorsum, *separately, by itself.*
seorsus, a, um, *separate.*
sēpar, -păris, *separate.*
sēparātim, *apart, separately.*
separātio, ōnis, F., *separation.*
sēparātus, a, um, *separate, distinct.*
sēparo, 1, *to part, separate.*
sepelio, īvi (ii), pult-, 4, *to bury.*
sēpēs, is, F., *hedge, fence.*
†**sēpia, æ,** F., *cuttle-fish.*
sēpīmen, inis, N., *fence, enclosure.*
sēpio, psi, pt-, 4, *to hedge, fence.*
sēpōno, posui, posit-, 3, *to put aside, cull out, withdraw, banish.*
sēpositus, a, um, *distant, choice.*
seps, sēpis, a venomous serpent.
sepse, *one's self.*
septem, *seven.*
September, bris, M., *September.*
septemdecim, *seventeen.*
septemgeminus, a, um; -plex, plicis, *seven-fold.*
septemtrio, ōnis, M., *the Polar Bear, north.*
septemvīri, ōrum, M., *Board of Seven* (for dividing lands, &c.).
septendecim, *seventeen.*
septēni, æ, a, *seven each.*
septies (ens), *seven times.*
septimānus, a, um, *of the seventh.*
Septimontium, i, N., *circuit of the seven hills* of Rome.
septimus, a, um, *seventh;* N., *for the seventh time.*
septingēni, æ, a, 700 *each.*
septingenti, æ, a, *seven hundred.*
septuāgēni, *seventy each.*
septuāgēsimus, a, um, *seventieth.*
septuāginta, *seventy.*
septuennis, e, *of seven years.*
septum, i, N., **[sepio,]** *an enclosure.*
septunx, uncis, M., *seven-twelfths.*
sepulcrum, i, N., *tomb, grave.*
sepultūra, æ, F., *burial.*
sepultus, [sepelio,] *buried.*
Sēquana, æ, F., *the Seine.*
sequax, ācis, *close-following, ductile.*
sequēla, æ, F., *consequence.*
sequester, tris, M., *trustee, agent.*
sequestro, 1, *give for safe-keeping, remove, put aside.*

sequior, us, *inferior.*
sequor, cūtus, 3, *follow, pursue.*
Ser., the prænomen **Serviūs.**
sera, æ, F., *bar* (for fastening).
Serāpis, is (idis), an Egyptian divinity.
serēnitas, ātis, F., *clear weather, fairness, serenity.*
serēno, 1, *to make clear* or *calm.*
serēnus, a, um, *clear, bright, calm, cheerful;* N., *clear sky.*
Sēres, um, *the Chinese.*
sēria, æ, F., a large *jar.*
sēricus, a, um, *Chinese, silken;* N. pl., *silk dresses.*
series, em, e, F., *succession, lineage.*
sēriō, *in earnest.*
sērius, a, um, *grave, earnest.*
Serīphus, i, a small I. of the Ægean.
sēritas, ātis, F., *lateness.*
sermo, ōnis, M., *talk, discourse, report, style* (of language).
sermōcinor, 1, *to talk, discuss.*
sermunculus, i, M., *talk, tattle.*
sero, sēvi, sat-, 3, *sow, plant, beget.*
sero, ui, sert-, 3, *bind, weave.*
sērō, *late, too late.*
sērōtinus, a, um, *late, backward.*
serpens, tis, F., *a serpent.*
serpentīnus, a, um, *snaky.*
serperastra, ōrum, N., *splints.*
serpo, psi, pt-, 3, *to creep, crawl.*
serpyllum, i, N., *wild thyme.*
serra, æ, F., *a saw, saw-fish.*
serrāgo, inis, F., *sawdust.*
serrātus, a, um, *saw-shaped.*
serro, 1, *to saw in pieces.*
serta, æ, F., *garland.*
Sertorius, i, an officer of Marius, who held Spain against Sulla till B.C. 73.
sertum, i, N., *garland, wreath.*
serum, i, N., *whey.*
sērus, a, um, *late, too late.*
serva, æ, F., *female slave.*
servābilis, e, *that can be saved.*
sērvans, tis, *careful.*
servātor, ōris, M.; **-trix, īcis,** F., *observer, preserver.*
servīlis, e, *slavish, servile.*
servīliter, *slavishly.*
servio, 4, *to be a slave, serve, be devoted to, care for.*
servitium, i, N., *slavery, servitude, subjection, the slave-class.*
servitrītius, *galled by service.*
servitūdo, inis; -tus, tūtis, F., *slavery, servitude.*
Servius Tullius, the sixth king of Rome, B.C. 578–534.
servo, 1, *to preserve, save, protect, heed, observe.*
servula, æ, F., *servant-girl.*
servus (os), i, M., *slave, servant.*
servus, a, um, *servile, subject, liable to burdens.*
†**sesamum, i,** N., *sesame.*
sescuncia, æ, F. (1½ oz.), *one-eighth.*
sescuplus=sesquiplus, a, um; -plex, plicis, *half as much again.*
sesqui-, *once and a half.*
sesquipedālis, e; -pes, pedis, *of a foot and a half.*
sessilis, e, *for sitting; spreading, low.*
sessio, ōnis, F., *seat, sitting.*
sessor, ōris, M., *sitter, dweller.*
sestertium, i, N., =1,000 *sesterces,* (about $40); **decies sestertium,** 1,000,000 ($40,000); 2½ *feet deep.*
sestertius, i, M. (2½), *a sesterce,* =4 cts. (see § **83**).
Sestos, i, F., a Thracian town on the Hellespont.
set=sed, *but.*
sēta, æ, F., *stiff hair, bristle.*
sētania, æ, F.; **-um, i,** N., *medlar* (a fruit).
sētiger, gera, um; -ōsus, *bristly.*
seu=sive, *or, whether.*
sevērē, *austerely.*
sevēritas, ātis, F., *gravity, sternness, austerity.*
sevērus, a, um, *grave, serious, austere, stern, severe.*
sēvir, viri, M., of a Board of six.
sevoco, 1, *call aside, withdraw.*
sēvum=sēbum, *tallow.*
Sex., the prænomen Sextus.
sex, *six.*
sexāgēni, æ, a, *sixty each.*
sexāgēsimus, a, um, *sixtieth.*

sexāgies (-**gēsies**), *sixty times.*
sexāgintā, *sixty.*
sexcēnārius, a, um, *of* 600.
sexcēni, æ, a, 600 *each.*
sexcenti, æ, a, 600, *a vast number.*
sexcenties, 600 *times.*
sexdecim, *sixteen.*
sexennis, e, *of six years.*
sexennium, i, N., *six years.*
sexiēs, *six times.*
sextans, tis, M. ($\frac{1}{6}$ of **as**), *farthing.*
sextārius, i, N. ($\frac{1}{6}$ of **congius**), *pint.*
Sextīlis, is, M., *August.*
sextus, a, um, *sixth;* N., *the sixth time.*
sexus, ūs, M., *sex.*
si, *if, whether;* **quod si,** *but if.*
sibi, [**sui,**] *for one's self.*
sibilo, I, *to hiss, whistle.*
sibilus, i, M.; pl., **a,** N., *a hiss.*
sibilus, a, um, *hissing, whistling.*
Sibylla, æ, F., *sibyl, prophetess.*
sīc, *so, thus, so much.*
sīca, æ, F., *dagger.*
Sicānus, a, um, *Sicilian; Sicanian* (ancient Italian).
sīcārius, i, M., *stabber, assassin.*
siccānus (-**eus**), **a, um,** *dry.*
siccārius, a, um, *for drying.*
sicce (**sic**), *so, thus.*
siccine, *so? thus?*
siccitas, ātis, F., *dryness, drought.*
sicco, I, *to dry, dry up.*
siccus, a, um, *dry, thirsty, firm;* N., *dry ground.*
Sīcelis, idis, F., *Sicilian, pastoral.*
Sichæus, i, the husband of Dido.
Sīcilia, æ, *Sicily.*
sīcilicula, æ, F., *small sickle.*
sīcilicus, i, M., $\frac{1}{48}$ of **as,** *foot,* &c.
Siciliensis, e, *Sicilian.*
sīcīlimenta, ōrum, N., *aftermath.*
sīcīlio, 4, *cut* with sickle.
sīcīlis, is, F., *sickle.*
sīcubi, *if anywhere.*
Sīculus, a, um, *Sicilian;* pl., an ancient people of Italy.
sicunde, *if from anywhere.*
sic-ut (**uti**), *so as, just as, as if.*
Sicyon, ōnis, F., a town of N. Peloponnesus.
sīdereus, a, um; -ālis, e, *of the stars, starry, divine.*
sīderor, I, *to be sun-struck.*
sīdo, sīdi, 3, *sit, settle, sit fast.*
Sīdonius, a, um, *of Sidon* (Phœnicia or Carthage).
sīdus, eris, N., *star, group of stars, sky, climate.*
siem=**sim,** *may be.*
Sigēus, a, um, *of Sigeum* (a promontory near Troy).
sigilla, ōrum, N., *small figures, seal.*
Sigillāria, ōrum, *feast of images* (in the Saturnalia).
sigillātus, a, um, *figured.*
signātor, ōris, N., *witness* to a will.
signātus, a, um, *sealed, guarded.*
signifer, era, um, *image-bearing, starry;* M., *standard-bearer.*
significātio, ōnis, F., *mark, token, applause, sign, meaning.*
significātus, ūs, M., *sign, token.*
significo, I, *betoken, portend, mean.*
signo, I, *mark, designate, stamp, seal.*
signum, i, N., *mark, sign, standard, statue, signal, image, constellation.*
sil, silis, N., *yellow ochre.*
Sīla, æ, F., a pitch-forest in the south of Italy.
silens, tis, *still, silent.*
silenter, *silently.*
silentiōsus, a, um, *perfectly still.*
silentium, i, N., *silence, quiet, repose.*
Silēnus, i, attendant of Bacchus.
sileo, ui, 2, *to be still, silent.*
siler, eris, N., *water-willow.*
silesco, 3, *to grow still.*
silex, icis, D., *flint, crag.*
silicernium, i, N., *funeral-feast.*
siliceus, a, um, *flinty.*
silīgineus, a, um, *wheaten.*
silīgo, inis, F., *white winter wheat.*
siliqua, æ, F., *pod, husk.*
silus, a, um, *pug-nosed.*
silva, æ, F., *a wood, forest, grove.*
Silvānus, i, the god of Forests.
silvāticus, a, um, *of the forest.*
silvester, tris, e, *of forest* or *wood.*
silvicola, æ, C., *dwelling in woods.*
silvōsus, a, um, *full of trees.*
sīmia, æ, F., *ape.*

simila, æ, F., *fine flour.*
similis, e, *like, similar.*
similitūdo, inis, F., *likeness, simile.*
similo=simulo, *liken.*
simitu, *together, at once.*
simius (-olus), i, M., *ape.*
sīmo, I, *flatten, press flat.*
Simois, entis, M., a river of Troy.
simplex, icis, *simple, plain, frank.*
simplicitas, ātis, F., *simplicity, artlessness, frankness, honesty.*
simpliciter, *simply, directly.*
simplus, a, um, *simple.*
simpulum, i, N., *a small ladle.*
simul, *at the same time;* **simul atque** or **ac,** *as soon as.*
simulācrum, i, N., *likeness, image.*
simulans, tis, *imitation.*
simulanter (-ātē), *pretendedly.*
simulātio, ōnis, F., *feigning, pretence, deceit.*
simulātor, ōris, M., *deceiver.*
simulatque, *as soon as.*
simulo, I, *feign, pretend, copy.*
simultas, ātis, F., *strife, quarrel.*
sīmus (-ulus), a, um, *flat-nosed.*
sīn, *but if.*
†**sinūpi, is,** N., *mustard.*
sincērē, *uprightly, frankly.*
sincēritas, ātis, F., *soundness, integrity, sincerity.*
sincērus, a, um, *sound, genuine.*
sinciput, itis, N., *half-head, cheek* (of pork), *head.*
†**sindon, ŏnis,** N., *muslin.*
sine, *without.*
sīngillātim, *one by one.*
singulāris, e, *singular, unique.*
singulāritas, ātis, F., *singleness.*
singulāriter, *singly, exceedingly.*
singulārius, a, um, *single.*
singulātim (-gultim), *one by one.*
singuli, æ, a, *single, one to each.*
singultio, 4, *to hiccup, cluck.*
singulto, I, *to gasp, hiccup.*
singultus, ūs, M., *sobbing, gasping.*
Sinis, is, a robber of Corinth, slain by Theseus.
sinister, tra, um, *left, on the left, awkward, unlucky;* (in auspices, sometimes), *auspicious.*
sinistra, æ, F., *the left hand.*
sinistrorsus, *towards the left.*
sīno, sīvi, sit-, 3, *permit.*
Sinōpe, es, F., a town on the south shore of the Black Sea.
sinuāmen, inis, N.; **-ātio, ōnis,** F., *turning, winding.*
Sinuessa, æ, F., a Latin colony in Campania.
sīnum, i, N., *bowl.*
sinuo, I, *to bend, swell, bulge.*
sīnuōsus, a, um, *winding, bending.*
sinus, ūs, 4, *bending, curve, fold, bosom, gulf.*
sīparium, i, N., *stage curtain.*
†**sipho, ōnis,** M., *siphon, tube.*
Sipontum, i, a port of Apulia.
Sipylus, i, M., a mountain of Lydia.
siquā, *if by any way.*
sīquando, *if ever.*
sīquidem, *since.*
sīquis, sīqua (§ **22**, iii.), *if any.*
siremps (similis reipsa), *very like.*
Sirēnes, um, F., *the Sirens,* myth. monsters, half-bird, half-maiden.
siris, sirit, sirint, [**sino,**] *may let.*
Sīrius, i, M., *the dog-star.*
sirpus=scirpus, *bulrush.*
†**sīrus, i,** M., *corn-pit.*
sīs, [**sum,**] *may be;* [**si vis,**] *if thou wilt* (§ **37**, i.).
sisara, æ, F., *heath, sweet broom.*
sisto, stiti, stat-, 3, *to set, place, arrest, set fast, stay, endure.*
†**sistrum, i,** N., *gong* (?).
Sīsyphus, i, myth. k. of Corinth.
†**sītanius, a, um,** *this year's.*
sitella, æ, F., *urn,* for drawing lots.
Sīthonius, a, um, *Thracian.*
sitīculōsus, a, um, *thirsty, parched.*
sitiens, tis, *thirsty, parched, greedy.*
sitio, 4, *to thirst, thirst for.*
sitis, is, im, i, F., *thirst, drought.*
†**sittacē, ēs,** F., *parrot.*
situla, æ, F., *bucket.*
situs, [**sino,**] *set, situated.*
situs, ūs, M., *situation, position; dust, rust.*
sīve (seu), *or if, whether, or.*
†**smaragdus, i,** C., *emerald, jasper.*
†**smīlax, acis,** F., *bindweed.*

† **smyrna, æ,** F., *myrrh.*
Smyrna, æ, F., a city on the western coast of Asia Minor.
soboles=suboles, *offspring.*
sobriē, *soberly, prudently.*
sobrietas, ātis, F., *moderation.*
sobrīnus, i, M.; **-a, æ,** F., *cousin.*
sōbrius, a, um, *sober, temperate, prudent.*
soccus (-ulus), i, M., *sock, slipper.*
socer, eri, M., *father-in-law.*
socia, æ, F., *partner, companion.*
sociālis, e, *of companions* or *allies.*
sociennus, i, N., *comrade.*
societas, ātis, F., *companionship, partnership, alliance.*
socio, I, *to league, share, unite.*
socius, i, M., *companion, partner, ally, confederate.*
sōcordia, æ, F., *dulness, sloth.*
sōcors, dis, *foolish, stupid, slothful, negligent.*
Socrates, is, a philosopher of Athens, B.C. 470–400.
socrus, ūs, F., *mother-in-law.*
sodālicium, i, N., *association, fellowship, club.*
sodālis, is, M., *comrade, companion.*
sodālitas, ātis, F., *fellowship, club.*
sōdes (si audes), *an thou wilt.*
sōl, sōlis, M., *the sun, day, daylight.*
sōlāmen, inis, N., *comfort, solace.*
sōlānum, i, N., *nightshade.*
sōlāris, e, *of the sun.*
sōlārium, i, N., *sundial, balcony.*
sōlātium, i, N., *relief, consolation, comfort, solace.*
sōlātor, ōris, M., *comforter.*
sōlātus, a, um, *sunburnt.*
soldūrii, ōrum, M., *retainers.*
soldus=solidus, *firm.*
solea, æ, F., *sole, sandal.*
soleārius, i, M., *sandal-maker.*
soleātus, a, um, *wearing sandals.*
sōlemnis,=sollennis, *accustomed, solemn, established.*
soleo, itus, 2, *be wont.*
sōlers=sollers, *skilled.*
solidē, *densely, closely, fully.*
soliditas, ātis, F., *firmness, solidity.*
solido, I, *to fasten, make firm.*
solidus, a, um, *dense, firm, solid, complete, genuine;* N., *firm ground.*
solipūga, æ, F., *a venomous insect.*
sōlitārius, a, um, *lonely.*
sōlitas, ātis; -tūdo, inis, F., *solitude, wilderness, destitution.*
solitus, [soleo,] *wonted.*
solium, i, N., *seat, throne, dominion.*
sōlivagus, a, um, *roving alone.*
sollennis, e, *stated, festive, solemn, customary;* N., *a sacred festival.*
sollenniter, *solemnly, formally.*
sollers, tis, *skilled, intelligent.*
sollertia, æ, F., *skill, expertness.*
sollicitātio, ōnis, F., *instigation.*
sollicitē, *anxiously.*
sollicito, I, *move, stir, excite.*
sollicitūdo, inis, F., *anxiety.*
sollicitus, a, um, *disturbed, anxious.*
sōlo, I, *to lay waste, make desolate.*
† **solœcismus, i,** M., *fault* (of grammar).
Solon, ōnis, the legislator of Athens, Archon, B.C. 594.
sōlor, I, *to comfort, console.*
solox, ōcis, *harsh, coarse, bristly.*
solpūga=solipūga, an insect.
solstitiālis, e *of midsummer.*
solstitium, i, N., *solstice.*
solum, i, N., *ground, foundation.*
sōlum, *only, merely.*
sōlus, a, um, īus, *alone, only, lonely.*
solūtē, *easily, carelessly.*
solūtio, ōnis, F., *loosening, payment, dissolving, solution.*
solūtus, [solvo], *loose, light.*
solvo, vi, ūt-, 3, *loosen, dissolve, cast off* (from shore), *pay, explain, dispel, release.*
somniculōsus, a, um, *drowsy.*
somnifer, era, um, *soporific.*
somnio, I, *to dream.*
somnium, i, N., *a dream.*
somnulentus, a, um, *drowsy.*
somnus, i, M., *sleep, night.*
sonans, tis, *noisy, resounding.*
sonipes, pedis, *loud-footed* (steed).
sonitus, ūs, M., *sound, noise.*
sono, ui, it-, I, *to sound, speak, boast.*
sonor, ōris, N., *noise, din.*
sonōrus, a, um, *noisy, loud.*

sons, tis, *guilty, hurtful.*
sonticus, a, um, *dangerous.*
sonus, i, M., *noise, sound.*
†**sophistes, æ,** M., *a sophist.*
Sophocles, is, an Attic tragedian, B.C. 495–405.
†**sophos (us), i,** *sage, shrewd.*
sōpio, 4, *to soothe, lull, put to sleep.*
sopor, ōris, M., *opium, opiate, stupor, lethargy.*
sopōrifer, era, um, *sleep-bringing.*
sopōro, I, *put to sleep.*
sopōrus, a, um, *causing sleep.*
Sōracte, is, N., a mt. in Etruria.
†**sōracum, i,** N., *pannier.*
sorbeo, ui, 2, *suck in, swallow.*
sorbillo, I, *to sip.*
sorbilō, *sippingly.*
sorbitio, ōnis, F., *draught, potion.*
sorbum, i, N. *service-berry.*
sordeo, 2, *to be foul, sordid, dirty.*
sordes, is, F., *dirt, squalor, mourning, meanness, rabble.*
sordesco, dui, 3, *to grow dirty.*
sordidātus, a, um, *in shabby clothes.*
sordidē, *foully, meanly.*
sordido, I, *pollute.*
sordidus, a, um, *foul, sordid, squalid, base.*
sorex, icis, N., *shrew-mouse.*
soror, ōris, F., *sister.*
sorōsius, a, um, *of sisters.*
sors, tis, F., *lot, chance, destiny, capital* (at interest) ; pl. *prophecy.*
sorsum=seorsum, *apart.*
sortilegus, a, um, *prophetic.*
sortior, 4, *cast lots, allot, distribute, obtain, select.*
sortītio, ōnis, F., *allotment.*
sortītō, *by fate.*
sortītus, ūs, M., *allotment.*
sospes itis, *saving, safe, fortunate.*
sospitālis, e, *giving safety.*
sospito, I, *protect.*
Sp. the prænomen Spurius.
†**spādix, īcis,** C., *a palm-branch* (with fruit) ; adj., *chestnut-color.*
†**spado, ōnis,** M., *eunuch.*
spargo, si, sum, 3, *strew, scatter, spread, extend.*
sparsim, *scattered.*
sparsio, ōnis, F., *sprinkling.*
sparsus, [spargo,] *scattered.*
Sparta, æ, F., a city of S. Greece.
Spartăcus, i, leader of a revolt of gladiators, defeated B.C. 71.
Spartānus (-iacus, -icus), a, um, *Spartan.*
sparteus, a, um, *of broom.*
†**Spartiātes, æ,** *a Spartan.*
spartum, i, M., *Spanish broom.*
sparus, i, M., *a hunting-spear.*
†**spatha, æ,** F., *spatula* (paddle-shape), *a broad sword.*
spatior, I, *to walk about.*
spatiōsus, a, um, *ample, spacious.*
spatium, i, N., *space, open space, period, opportunity.*
speciālis, e, *particular, special.*
speciāliter, *specifically.*
species, ēi, F., *view, appearance, display, idea, vision, species.*
specimen, inīs, N., *token, model.*
specio, spexi, 3, *to look, view.*
speciōsē, *showily.*
speciōsus, a, um, *handsome, showy.*
spectābilis, e, *visible, worth seeing.*
spectāculum, i, N., *a sight, public show, theatre.*
spectāmen, inis, N., *mask, scene.*
spectātē, *splendidly.*
spectātio, ōnis, F., *view, beholding.*
spectātor, ōris, M., *observer, spectator, critic.*
spectātus, a, um, *proved, esteemed.*
spectio, ōnis, F., *observing* (of auspices).
specto, I, to *behold, observe, test, drive at.*
spectrum, i, N., *image, apparition.*
specula, æ, F., *a look-out, eminence.*
spēcula, æ, F., **[spes,]** *slight hope.*
speculābundus, a, um, *on the watch.*
speculāris, e, *of a mirror ;* M., *sheet of mica ;* N., pl. *window-panes.*
speculātor, oris, M., *a scout, explorer, examiner.*
speculātōrius, a, um, *for scouting-service.*
speculor, I, *to spy, watch, examine.*
speculum, i, N., *mirror.*

specus, ūs, M., *cave, den.*
†**spēlæum, i,** N., *cavern.*
†**spēlunca, æ,** F., *cavern, den.*
Sperchēos (**-īus**), **i,** a river of Thessaly.
spernax, ācis, *contemptuous.*
sperno, sprēvi, sprēt-, 3 ; **-nor,** 1, *sever, despise, reject.*
spero, 1, *to hope, expect.*
spes, spei, F., *hope, anticipation.*
sphæra, æ, *ball, globe, sphere.*
Sphinx, ngis, F., a myth. being, half-woman, half-lion.
spīca, æ, F., *point, spike, tuft, dart.*
spīceus, a, um, *of wheat-ears.*
spīco, 1, *put forth ears.*
spīcilegium, i, N., *gleaning.*
spīculum, i, N., *point, sting, dart.*
spīna, æ, F., *thorn, spine.*
spīnētum, i, N., *hedge of thorns.*
spīnifer (**ger**), **a, um,** *thorn-bearing.*
spīnōsus, a, um, *thorny, confused.*
spinther, ēris, N., *bracelet.*
spīnus, i, F., *black-thorn.*
spīra, æ, F., *a coil, fold.*
spīrābilis, e, *for breathing, vital.*
spīrāculum (**-mentum**), **i; -men, inis,** N., *vent-hole, pore.*
spīritālis (**-uālis**), **e,** *of breath* or *spirit.*
spīritus, ūs, M., *breath, spirit, pride.*
spīro, 1, *breathe, blow, live, aspire.*
spissāmentum, i, N., *stopper.*
spissē, *densely, slowly.*
spisso, 1, *to thicken.*
spissus, a, um, *dense, close, compact, slow.*
†**splen, splēnis,** M., *milt, spleen.*
splendeo, 2, *to be bright, shine, gleam.*
splendesco, dui, 3, *grow bright.*
splendidē, *brilliantly.*
splendidus, a, um, *bright, brilliant, sumptuous, illustrious, noble.*
splendor, ōris, N., *lustre, splendor.*
†**splēnicus, a, um,** *splenetic.*
†**spodos, i,** F. ; **-ium,** N., *slag, dross.*
spoliātio, ōnis, F., *pillage, plunder.*
spoliātor, ōris, M., *plunderer.*
spolio, 1, *to strip, spoil, plunder.*
spolium, i, N., *the spoil, plunder.*
sponda, æ, F., *couch, bedstead.*
spondālium, i, N., *sacrificial hymn.*
spondeo, spopondi, spons-, 3, *to pledge, vow, betroth.*
†**spondylus, i,** M., *spine-joint.*
†**spongia, æ,** F., *sponge, slag, chain-armor, pumice.*
sponsa, æ, F., *betrothed, bride.*
sponsālis, e, *of betrothal.*
sponsio, ōnis, F., *pledge, security.*
sponsor, ōris, M., *surety, bondsman.*
sponsum, i, N., *a covenant.*
sponsus, [**spondeo,**] *pledged, betrothed.*
sponsus, ūs, M., *betrothal.*
spontālis, e; spontāneus, a, um, *voluntary.*
sponte, ab. **tis,** gen. *of one's own accord, voluntarily, freely.*
sporta, æ, F., *a hamper.*
sportula (**-tella**), **æ,** F., *small basket.*
sprētor, ōris, M., *scorner.*
sprētus, [**sperno,**] *despised.*
spūma, æ, F., *foam, scum.*
spūmesco, 3, *to froth, surge.*
spūmeus, a, um, *foamy, frothy.*
spūmo, 1, *to foam, froth.*
spumōsus, a, um, *full of foam.*
spuo, spui, spūt-, 3, *to spit.*
spurcē, *vilely.*
spurcidicus, a, um, *foul-mouthed.*
spurcitia, æ, F., *dirt, smut.*
spurco, 1, *to befoul.*
spurcus, a, um, *filthy, unclean, base.*
spurius, a, um, *illegitimate.*
spūto, 1, *to spit, spit out.*
spūtum, i, N., [**spuo,**] *spit.*
squāleo, ui, 2, *to be stiff, rough, squalid,* or *in mourning-garments.*
squālidus, a, um, *rough, stiff, foul.*
squālor, ōris, N., *foulness, squalor.*
squāma, æ, F., *a scale.*
squāmeus (**-ōsus**), **a, um,** *scaly.*
squarrōsus, a, um, *scabby.*
squilla=**scilla,** *sea-onion.*
-st, for **est,** *is.*
stabilīmentum, i, N., *support.*
stabilio, 4, *to make firm.*
stabilis, e, *firm, stable.*
stabilitas, ātis, F., *steadiness.*
stabulārius, a, um, *of a stopping-place* or *stable.*

stabulor, I, *to abide, find shelter.*
stabulum, i, N., *a standing-place, abode, stall.*
†**stacta, æ** (**-ē, ēs**), F., *myrrh-oil.*
stadium, i, N., *stadium* (125 paces =606 ft.), *race-course.*
stagno, I, *to stagnate, lie under water, be overflowed.*
stagnōsus, a, um, *full of pools.*
stagnum, i, N., *pool, pond, marsh.*
stāmen, inis, N., *warp, thread.*
stanneus, a, um, *of tin.*
stannum, i, N., *tin;* an alloy of silver and lead.
statārius, a, um, *firm, standing.*
statēra, æ, F., *steel-yard, balance.*
staticulum, i, N., *small image.*
statim, *immediately, as soon as.*
statio, ōnis, F., *standing, abode, post, anchorage.*
statīvus, a, um, *stationary; of a post* or *station.*
Stator, ōris, *sustainer* (a title of Jupiter).
statua, æ, F., *statue, image.*
statuārius, a, um, *of statues.*
statūmen, inis, N., *prop, stay, rib* (of ship).
statuo, ui, ūt, 3, *to set, establish, resolve, believe, hold sure.*
statūra, æ, F., *height, stature.*
status [**sisto**,] *set, placed.*
status, ūs, M., *position, posture, stature, condition.*
†**stega, æ**, F., *deck.*
†**stēla, æ**, *a column.*
stella, æ, F., *star.*
stellātus, a, um; stelliger, era, um, [*starry.*
stellio, ōnis, M., *a newt, lizard.*
stelliōnātus, ūs, M., *trickery.*
stello, I, *glitter* (or *cover*) *with stars.*
†**stemma, atis**, N., *wreath, pedigree.*
†**stephanos, i**, M. (*wreath*), a plant.
stercoro, I, *to apply manure.*
stercus, ŏris, N., *dung, filth, manure.*
sterilesco, 3, *to grow barren.*
sterilis, e, *sterile, barren.*
sterilitas, ātis, F., *barrenness.*
sternax, ācis *throwing* his rider.
sterno, strāvi, strāt-, 3, *spread, strew, lay smooth, cover, cast down.*
sternūmentum (**-tāmentum**), **i**, N., *a sneeze.*
sternuo, ui, 3, *sneeze, sputter.*
sterquilīnium, i, N., *dungpit.*
sterto, ui, 3, *snore.*
Sthenelēius, a, um, *of Sthenelus*, son of Perseus.
†**stibium, i**, N., *antimony.*
†**stigma, atis**, N., *brand, scar.*
Stilbon, ōnis, M., the planet Mercury.
stilla, æ, F., *a drop* (of gum).
stillātim, *drop by drop.*
stillicidium, i, N., [**cado**,] *dripping.*
stillo, I, *to drip, trickle, distil.*
stilus, i, M., *stake, point, style* for writing, *style* in writing.
stimmi=**stibium**, *antimony.*
stimulo, I, *to prick, goad, rouse.*
stimulus, i, M., *a goad, spur, stroke.*
stinguo, 3, *to quench.*
stīpātio, ōnis, F., *throng, retinue.*
stīpātor, ōris, M., *attendant.*
stīpendiārius, a, um, *tributary.*
stīpendior, I, *serve for pay.*
stīpendium, i, N., *tax, tribute, pay, military service, duty.*
stīpes, itis, M., *stock, post, tree.*
stīpo, I, *crowd, throng, press, attend.*
stips, stipis, F., *gift, alms.*
stipula, æ, F, *stalk, stem, stubble.*
stipulātio, ōnis, F.; **-tus, ūs**, M., *a stipulation, bargain.*
stipulor, I, *to bargain, stipulate.*
stīria, æ, F., *icicle.*
stīricidium, i, N., [**cado**,] *snow-fall.*
stirpitus, *by the roots.*
stirps (**-pes, -pis**), **pis**, F., *a stock, stem, sprout, race, source.*
stīva, æ, F., *plough-handle.*
stlāta, æ, F., a kind of ship.
stlīs=**līs**, *lawsuit.*
sto, steti, stāt-, I, *to stand, stand fast, remain, cost* (w. abl. of price); **stat**, *it is a fixed purpose.*
Stōicus, a, um, *Stoic* (austere).
stola, æ, F., *a long robe, woman's garment.*
stolidē, *stupidly.*
stolidus, a, um, *dull, stupid.*
stolo, ōnis, M., *shoot, sucker.*

stomachor, I, *to be vexed, quarrel.*
stomachōsus, a, um, *irritable.*
stomachus, i, M., *stomach; taste, dislike.*
storax=styrax, a gum.
storea, æ, F., *mat* of rope or straw.
†**strabo, ōnis,** M., *squinting.*
strāges, is, F., *an overthrow, massacre.*
strāgulus, a, um, *for covering* or *spreading;* N., *rug, mattress.*
strāmen, inis; mentum, i, N., *rug, straw, litter.*
strāmineus, a, um, *of straw.*
strangulo, I, *to strangle, choke.*
†**stratēgēma, atis,** N., *generalship.*
†**stratēgus, i,** M., *a general.*
†**stratiōticus, a, um,** *military.*
strātor, ōris, M., *groom.*
strātūra, æ, F., *pavement.*
strātus, [sterno,] *strown;* N., *coverlet, couch, horse-cloth.*
strēna, æ, F., *sign, omen, gift.*
strēnuē, *vigorously.*
strēnuus, a, um, *prompt, energetic, vigorous.*
strepito, I, *to rustle, make a noise.*
strepitus, ūs, M., *a clashing, rustle, noise.*
strepo, ui, 3, *to make a noise, resound, murmur, roar.*
stria, æ, F., *furrow, fluting.*
strictē (-tim), *closely, briefly.*
strictīvus, a, um, *plucked.*
strictūra, æ, F., *contraction.*
strictus, [stringo,] *close, brief, strict.*
strīdeo (-do, 3), **di,** 2, *to hiss, creak, buzz, whiz, whistle.*
strīdor, ōris, M., *a hissing, buzzing.*
strīdulus, a, um, *whizzing.*
striga, æ, F., *swath* of grass.
strīga, æ, F., *hag, witch.*
strigilis, is, F., *a flesh-scraper.*
strigmentum, i, N., *scrapings.*
strigo, I, *stop, give way.*
strigōsus, a, um, *lank, meagre.*
stringo, nxi, ict-, 3, *draw, press, graze, strip, prune, constrain.*
strio, I, *to groove, furrow.*
strix, igis, F., *screech-owl; channel.*
†**stropha, æ,** F., *strophe, trick.*
Strophades, um, islands S. W. of Greece.
†**strophium, i,** N., *band, belt, wreath.*
†**strophus, i,** M., *colic.*
structē, *orderly.*
structilis, e, *of building.*
structor, ōris, M., *builder.*
structūra, æ, F., *construction, building;* pl., *engineering works.*
structus, [struo,] *ordered, composed.*
strues, is (-ix, icis), F., *a heap, pile.*
strūma, æ, F., *tumor.*
struo, xi, ct-, 3, *to pile, build, arrange, contrive.*
struppus, i, M., *band, thong.*
†**strūtheus, a, um,** *of sparrows.*
†**strūthio, ōnis; strūthiocamēlus, i,** M., *ostrich.*
Strȳmon, ŏnis, a river of Thrace.
studeo, ui, 2, *to be eager* or *zealous for, to study.*
studiōsē, *earnestly.*
studiōsus, a, um, *zealous, studious, attached, devoted.*
studium, i, N., *zeal, desire, study.*
stultē, *foolishly.*
stultitia, æ, F., *folly.*
stultus, a, um, *foolish, silly.*
stūpa=stuppa, *tow.*
stupe-facio, 3, ; P., **-fio,** *stupify.*
stupendus, a, um, *amazing.*
stupeo, ui, 2, *to be amazed, gaze with wonder.*
stūpeus, a, um, *of tow.*
stupidus, a, um, *confounded, stupid, amazed.*
stupor, ōris, M., *numbness, astonishment, amazement.*
†**stuppa, æ,** F., *tow.*
stuppeus, a, um, *of tow, hempen.*
stupro, I, *defile, debauch.*
stuprum, i, N., *dishonor, debauchery.*
sturnus, i, M., *starling.*
Stygius, a, um, *of the Styx.*
stylus=stilus, *style.*
Stymphālicus, a, um, *of Stymphalus,* a district in Arcadia, haunted by birds of prey.
†**stypticus, a, um,** *astringent.*
†**styrax, acis,** F., a fragrant resin.

Styx, **gis**, F., *the Styx* (*gloom*), a river of Hades.
suādēla, **æ**, F., *persuasion.*
suādeo, **si**, **sum**, 2, *advise*, *urge*, *plead*, *advocate*, *recommend.*
suādus, **a**, **um**, *persuasive.*
suamet, [**suus**,] *one's very own.*
suārius, **a**, **um**, *of swine.*
suāsio, **ōnis**, F., *persuasion.*
suāsor, **ōris**, M., *persuader*, *advocate*, *counsellor.*
suāsōrius, **a**, **um**, *persuasive.*
suāsus, **ūs**, M., *persuasion.*
suāvē, *sweetly.*
suāvior, I, *to kiss.*
suāvis, **e**, *sweet*, *pleasant.*
suāvitas, **ātis**; **-tūdo**, **inis**, F., *sweetness*, *pleasantness.*
suāviter, *sweetly.*
suāvium, **i**, N., *lips*, *kiss.*
sub (§ **42**, iii.), *under*, *at the foot of*, *during*, *towards*, *just after.*
[**sub-**, *under* or *in low degree* (*-ish*).
subactio, **ōnis**, F., *working-up*, *preparing*, *discipline.*
subactus, [**subigo**,] *subdued.*
subausculto, I, *listen secretly.*
subblandior, 4, *to fondle.*
[**subc**=**succ-**.
subditīvus, **a**, **um**, [**-do**,] *spurious.*
subdo, **didi**, **dit-**, 3, *to put under*, *subdue*, *yield*, *substitute*, *forge.*
subdolus, **a**, **um**, *crafty*, *sly.*
subdūco, **xi**, **ct-**, 3, *withdraw*, *uplift*, *haul up*, *furl*, *secrete*, *calculate.*
subductio, **ōnis**, F., *hauling aground.*
subeo, **ii**, **it-**, 4, *advance*, *go under*, *approach*, *undergo*, *submit to.*
sūber, **eris**, N., *cork-tree.*
[**subf-**=**suff-**; **subg-**=**sugg-**.
subices, *supports.*
subigito, I (**agito**), intens. of
subigo, **ēgi**, **act-**, 3, *bring under*, *subdue*, *constrain*, *rub down.*
subinde, *directly after*, *from time to time.*
subitārius, **a**, **um**, *prepared in haste.*
subitō, *suddenly.*
subitus, [**subeo**], *sudden*, *hasty.*
subjaceo, **ui**, 2, *lie under* or *near.*
subjectē, *submissively.*
subjectio, **ōnis**, F., *putting under*, *substituting*, *forging*, *subjoining.*
subjecto, I, *toss up* from below.
subjectus, **a**, **um**, *subject*, *near.*
subjicio, **jēci**, **ject-**, 3, *bring under*, *throw up*, *substitute*, *subdue*, *add.*
subjugo, I, *bring under the yoke*, *subdue.*
subjungo, **nxi**, **nct-**, 3, [**jugum**,] *to yoke*, *annex*, *subdue.*
sublābor, **psus**, 3, *to sink*, *glide.*
sublātē, *loftily.*
sublātio, **ōnis**, F., *uplifting.*
sublātus, [**tollo**,] *elated.*
sublego, **lēgi**, **lect-**, 3, *gather*, *snatch stealthily.*
sublestus, **a**, **um**, *slight*, *trifling.*
sublevo, I, *uplift*, *lighten*, *relieve.*
sublica, **æ**, F., *stake*, *pile.*
sublicius, **a**, **um**, *built on piles.*
subligo, I, *to bind*, *fasten beneath.*
sublīme, *loftily.*
sublīmis, **e**, *lofty*, *exalted*, *on high.*
sublīmitas, **ātis**, F., *loftiness.*
sublīmiter, *loftily.*
sublīmo, I, *to elevate.*
sublino, **lēvi**, **lit-**, 3, *besmear*, *cheat.*
sublūceo, 2, *to glimmer.*
subluo, 3, *to wash beneath.*
sublustris, **e**, *glimmering.*
subluvies, **em**, **e**, F., *dirt.*
[**subm-**=**summ-**.
sub-nascor, 3, *grow after.*
subnecto, **xum**, 3, *bind beneath.*
subnixus, **a**, **um**, *supported*, *leaning on*, *defended by.*
subo, I, *to be full*, *in heat.*
suboleo, 2, *to smell*, *scent.*
suboles, **is**, F., *sprout*, *offspring.*
subolesco, 3, *to grow up.*
suborno, I, *adorn*, *incite secretly.*
[**subp-**=**supp-**; **subr-**=**surr-**.
subscrībo, **psi**, **pt-**, 3, *write below*, *subscribe*, *note down*, *agree to.*
subscriptio, **ōnis**, F., *subscription*, *noting down*, *signature.*
subscriptor, **ōris**, M., *signer*, *approver.*
subscus, **ūdis**, F., *dove-tail*, *tenon.*

subsecīvus, a, um, *the remaining, over and above, leisure.*
sub-seco, I, *to clip away.*
subsellium, i, N., *a low bench, seat, tribunal.*
subsequor, cūtus, 3, *follow close.*
subservio, I, *to be subject.*
subsessa, æ, F., *ambuscade.*
subsessor, ōris, M., *waylayer.*
subsidiārius, a, um, *of the reserve.*
subsidium, i, N., *reserves, help.*
subsīdo, sēdi, sess-, 3, *sink, settle, abide, lie in wait.*
subsignānus, a, um, *serving near the standard.*
subsigno, I, *subscribe, register.*
subsilio, ui (ii), 4, *spring upward.*
subsisto, stiti, 3, *take a stand, halt, remain, withstand.*
subsōlānus, a, um, *eastward.*
subsortior, 4, *to choose a substitute.*
substantia, æ, F., *substance.*
sub-sterno, 3, *strew beneath, bestrew.*
substillus, a, um, *dribbling.*
sub-stituo, [**statuo,**] 3, *to put next, suggest, substitute.*
substo, I, *to be near, stay firm.*
substrāmen, inis, N., *litter.*
sub-stringo, 3, *bind close, check.*
substrictus, a, um, *close.*
substructio, ōnis, F., *foundation, groundwork.*
sub-struo, 3, *build beneath.*
subsulto, I, *to jump, spring.*
sub-sum, *to be near,* or *among.*
subtēmen, inis, N., *yarn, woof.*
subter (**§ 56,** i. 3), *beneath, close.*
subter-dūco, 3, *withdraw secretly.*
subter-fugio, 3, *fly by stealth.*
sub-terlābor, 3, *glide beneath.*
subtero, trīvi, trīt-, 3, *wear away.*
subterrāneus, a, um, *underground.*
subtertius, a, um, *less by a third.*
subtexo, xui, xt-, 3, *weave below, spread, subjoin, annex.*
subtīlis, e, *slender, fine, delicate, simple, plain.*
subtīlitas, ātis, F., *fineness, keenness, plainness.*
subtīliter, *finely, minutely.*
subtraho, xi, ct-, 3, *withdraw.*
subtus, *underneath.*
subūcula, æ, F., *a shirt.*
sūbula, æ, F., [**suo,**] *an awl.*
subulcus, i, N., [**sus,**] *swineherd.*
Subūra, æ, F., a street in Rome.
suburbānus, a, um, *near the city;* N., *a suburban estate.*
suburgeo, 2, *drive close.*
subūro, ust-, 3, *to singe, scorch.*
subvectio, ōnis, F., *conveyance.*
subvecto, I, intens. of
subveho, xi, ct-, 3, *carry, convey, bring* (up stream).
subvenio, vēni, vent-, 4, *come to aid, relieve, come to hand.*
subverto, ti, sum, 3, *to overthrow, destroy, subvert.*
subvexus, a, um, *sloping upward.*
subvolo, I, *fly upward.*
subvolvo, 3, *to roll up* or *along.*
succavus, a, um, *hollow below.*
succēdāneus, a, um, *succeeding.*
succēdo, cessi, cess-, 3, *go below, mount, enter, advance, prosper.*
succendo, di, sum, 3, *to set on fire.*
succenseo, sui, sum, 2, *to be angry.*
succenturio, āt-, I, *receive as recruit.*
suc-cerno, 3, *shake, sift.*
successio, ōnis, F., *sequence, success.*
successor, ōris, M., *follower, successor, inheritor.*
successus, ūs, M., *advance, success.*
succīdia, æ, F. *flitch of bacon.*
succido, [**cado,**] 3, *fall under, sink.*
succīdo, [**cædo,**] 3, *cut down* or *away.*
sūccidus, a, um, *sappy, juicy.*
succiduus, a, um, *sinking.*
succinctē (**-tim**), *briefly.*
succinctus, [**cingo,**] *girt, ready.*
suc-cingo, 3, *to gird, equip.*
succino, 3, *accompany in song.*
succinum=sūcinum, *amber.*
succīsīvus (**subsecīvus**), **a, um,** *remaining.*
succlāmo, I, *shout* (in reply).
succollo, I, *to shoulder.*
succresco, I, *grow up.*
suc-cumbo, 3, *to lie, sink, yield.*

suc-curro, 3, *run under* or *to help; occur to one's mind.*
succus=sūcus, *sap, juice.*
succusso, I, *to jerk, jolt.*
succutio, cussi, cuss-, 3, *to toss up.*
sūcidus, a, um, *juicy, fresh.*
sūcinum, i, N., *amber.*
sūco, ōnis, N., *sucker* (usurer).
sūcōsus, a, um, *juicy.*
suctus, [**sugo**,] *exhausted.*
sucula, æ, F., [**sus**,] *windlass.*
sūcus, i, M., *juice, sap, vigor.*
sūdārium, i, N., *handkerchief.*
sūdātōrius, a, um, *for sweating.*
sudes (is), is, F., *stake, pile, peak.*
sūdo, I, *to sweat, toil, exude.*
sūdor, ōris, N., *sweat, moisture, toil.*
sūdus, a, um, *dry, bright, clear.*
suesco, suēvi, suēt-, 3, *get wonted.*
Suessa, æ, F., a town of Latium.
suffarcinātus, a, um, *stuffed.*
suffectio, ōnis, F., *adding, supply.*
suffectus, [**sufficio**,] *supplied.*
suffero, sustuli, sublāt-, *put under, offer, sustain, endure.*
suffertus, [**fercio**,] *stuffed.*
sūffēs, ētis, N., the Carthaginian chief magistrate.
sufficio, fēci, fect-, 3, *put under, imbue, supply, suffice.*
suffīgo, xi, xum, 3, *fasten, affix.*
suffio, 4, *fumigate.*
suffītio, ōnis, F., *fumigation.*
sufflāmen, ūsis, N., *clog, drag.*
sufflātus, a, um, *bloated.*
sufflātus, ūs, M., *breath.*
sufflo, I, *breathe* or *blow forth.*
suffoco, I, *suffocate.*
suffodio, fōdi, foss-, 3, *pierce, stab, undermine.*
suffrāgātio, ōnis, F., *voting.*
suffrāgātor, ōris, M., *supporter.*
suffrāgium, i, N., *a vote, judgment, right of voting.*
suffrāgo, inis, F,, *ham, postern.*
suffrāgor, I, *support by voting.*
suffugio, fūgi, 3, *take refuge.*
suffugium, i, N., *shelter.*
suffulcio, fulsi, fult-, 4, *to prop.*
suffundo, fūdi, fūs-, 3, *pour below, overspread, suffuse.*
suffūsus, *bashful.*
suggero, gessi, gest-, 3, *carry under, raise, furnish, suggest.*
suggestum, i, N., *a height, platform.*
suggredior, gressus, 3, *approach.*
suggrunda, æ, F., *eaves.*
sūgillo, I, *to bruise, insult.*
sūgo, xi, ct-, 3, *to suck, exhaust.*
sui, sibi, se (sese), *one's self.*
suillus, a, um, *of swine.*
sulcātor, ōris, M., *ploughman.*
sulco, I, *to cut, furrow, plough.*
sulcus, i, M., *furrow, trench, wake.*
sulfur, uris, N., *brimstone, sulphur.*
sulfureus, a, um, *like sulphur.*
Sulla, L. Cornelius, the Roman Dictator, B.C. 138–78.
Sulmo, ōnis, M., a Pelignian town.
sultis=si vultis, *if you will.*
sum, esse, fui (§§ **29**, **45**, 3), *to be* (w. dat.), *belong.*
sūmen, inis, N., *breast, udder.*
summa, æ, F., *the chief point, sum, whole main body* (of army).
summas, ātis, *of high place.*
summātim, *on the surface, gently.*
summē, *in the highest degree.*
summergo, si, sum, 3, *plunge, submerge, sink.*
summerus, a, um, *rather clear.*
sumministro, I, *aid, supply.*
summissē (-im), *gently, calmly.*
summissus, a, um, *low, gentle, mean.*
summitto, missi, miss-, 3, *send forth, rear, let down, send secretly.*
summopere, *to the utmost.*
summoveo, mōvi, mōt-, 2, *send* or *clear away, withdraw, withhold.*
summus, a, um, *uttermost, utmost, top of, highest, chief, last.*
sūmo, sumpsi, sumpt-, 3, *take, claim, spend, assume;* **sumere pœnam**, *to inflict punishment.*
sumptuārius, a, um, *of expenses.*
sumptuōsus, a, um, *costly, lavish.*
sumptus, ūs, N., *expense, cost.*
suo, sui, sūt-, 3, *to sew, stitch.*
suōmet, suopte, *one's own.*
suovetaurīlia, sacrifice of swine, sheep and bull.
supellex, lectilis, F., *furniture.*

super (§ **56**, I, 2), *above, concerning, besides, during.*
[**super-**, *over and above*, or *upon.*
superābilis, e, *conquerable.*
superbē, *haughtily.*
superbia, æ, F., *pride, haughtiness.*
superbio, 4, *to be haughty, splendid.*
superbus, a, um, *haughty, arrogant, proud, superb, magnificent.*
supercilium, i, N., *brow, ridge. summit, arrogance, sternness.*
superēmineo, 2, *overtop, excel.*
superficies, ēi, F., *surface, structure, what is aboveground.*
superfīo, *to be remaining.*
superfluo, xi, 3, *overflow, abound.*
superfluus, a, um, *overflowing.*
superfundo, 3, *pour over, extend.*
supergredior, gressus, 3, *overstep.*
superi, ōrum, *the upper divinities.*
superimpleo, 2, *fill to overflowing.*
superinjicio, 3, *throw on* or *over.*
superior, us, *higher, upper, former, older, superior.*
super-jacio, 3, *throw upon, overtop.*
supernas, nātis, *of the upper country, northern.*
supernē, *upward.*
supernus, a, um, *on high, celestial.*
supero, I, *surmount, surpass, survive, abound, subdue, go past.*
super-pōno, 3, *place on* or *over.*
supesedeo, sēdi, sess-, 2, *sit upon surpass, desist, omit.*
superstes, stitis, C., *a bystander, survivor.*
superstitio, ōnis, F., *superstition, object of dread* or *scruple.*
superstitiōsus, a, um, *superstitious, prophetic, scrupulous.*
supersto, I, *stand on* or *over.*
super-sum, *remain, abound, survive, be present, assist.*
superus, a, um (§ **17**, iii.), *upper, higher;* pl., *the celestials.*
supervacāneus (-vacuus), a, um, *superfluous, needless.*
super-venio, 4, *come upon* or *over, follow, surpass, attack.*
supīnē, *negligently.*
supīno, I, *to lie backward.*
supīnus, a, um, *fallen backward, outspread, heedless, haughty.*
suppar, paris, *nearly equal.*
supparasītor, I, *to fawn, flatter.*
supparum, i, N., *a woman's linen garment, topsail.*
suppedito, I, [**pes,**] *to abound, have in abundance, furnish.*
suppetiæ, ārum, F., *aid, succor.*
suppetior, I, *to aid, succor.*
suppeto, īvi (ii), īt-, 3, *be at hand* or *equal, to agree, correspond.*
suppīlo, I, *filch, purloin.*
suppingo, pact-, 3, *fasten beneath.*
supplanto, I, *trip up the heels, overthrow.*
supplēmentum, i, N., *filling-in, supply, recruiting.*
supplēmentum, i, N., *filling up.*
suppleo, ēvi, ēt-, *to fill up, supply.*
supplex, icis, *kneeling, suppliant.*
supplicātio ōnis, F., *public prayer* or *thanksgiving.*
suppliciter, *suppliantly, humbly.*
supplicium, i, N., *prayer, supplication;* also *punishment, torture* (the criminal kneeling for the blow).
supplico, I, *kneel, implore, worship.*
supplōdo, si, 3, *stamp, applaud.*
supplōsio, ōnis, F., *stamping.*
sup-pōno, 3, *put beneath, substitute, forge, counterfeit, subjoin.*
supporto, I, *carry, convey.*
suppositicius, a, um, *substituted.*
suppositio, ōnis, F., *substituting.*
suppressio, ōnis, F., *keeping back* or *down, embezzlement.*
supprimo, pressi, press-, 3, *press down, sink, check, detain, suppress.*
supprōmus, i, M., *under-butler.*
suppūro, I, *to gather matter,* [**put**].
supputo, I, *to prune, turn.*
suprā, *above, before, beyond, besides.*
suprēmus=summus, *highest.*
sūra, æ, F., *calf* of the leg.
surculāceus (-osus), a, um, *woody.*
surculus, is, M., *sprout, shoot, twig.*
surdē, *dimly, indistinctly.*
surdus, a, um, *deaf, dull, mute.*
surgo, surrexi, ct-, 3, *to rise, lift.*
surrādo, si, sum, 3, *scrape.*

surrēmigo, 1, *to row beneath.*
Surrentum, i, N., *Sorrento* (near Naples).
sur-rēpo, 3, *creep softly, steal upon.*
surrepticius, a, um, *stolen.*
surreptus, [**ripio**,] *snatched away.*
surrīdeo, si, 2, *to smile.*
surrigo=**surgo**, *rise.*
surripio, pui, rept-, 3, *snatch, steal.*
surrogo, 1, *substitute.*
sur-ruo, 3, *to undermine, demolish.*
sursum, *upward, on high.*
sūrus, i, N., *branch, stake.*
sūs, suis, C., *hog, sow.*
Sūsa, ōrum, N., capital of Persia.
susceptor, ōris, M., *contractor, receiver.*
suscipio, cēpi, cept-, 3, *take up, sustain, acknowledge, undertake.*
suscito, 1, *lift, cast up, rouse, restore.*
suspecto, 1, *to look up at, watch.*
suspectus, a, um, *suspicious, dangerous.*
suspectus, ūs, M., *looking-upward.*
suspendium, i, N., *hanging.*
suspendo, di, sum, 3, *hang, suspend, support, depend, check, stop.*
suspicax, ācis, *suspicious.*
suspicio, pexi, ct-, 3, *look up to, admire, suspect, distrust.*
suspīcio, ōnis, F., *distrust, suspicion.*
suspiciōsus, a, um, *distrustful, suspicious, causing distrust.*
suspicor, 1, *mistrust, suspect, think.*
suspīrātio, ōnis, F.; **-ātus** (**-itus**), **ūs**, M.; **-ium, i**, N., *sigh, deep breathing.*
suspīro, 1, *to sigh, sigh for.*
susque dēque, *up and down.*
sustentātio, ōnis, F., *delay, suspense, forbearance, maintenance.*
sustento, 1, *sustain, support, maintain, endure, delay.*
sustineo, ui, tent-, *hold up, sustain, restrain, maintain, endure.*
sustollo, 3, *lift, raise.*
sustuli, [**tollo**, or **suffero**,] *raised.*
sūsum=**sursum**, *upward.*
susurro, 1, *to whisper, murmur.*
susurrus, i, N., *a whisper, murmur.*
sūtēla, æ, F., [**suo**,] *artifice.*
sūtilis, e, *sewed, fastened.*
sūtor, ōris, *cobbler.*
sūtōrius (**-trīnus**), **a, um**, *of a cobbler.*
sūtūra, æ, F., *a seam.*
suus, a, um, *one's own, favorable;* pl. M., *one's friends* or *soldiers;* N., *one's property.*
Sybaris, is, F., a Greek town in S. E. Italy, noted for luxury.
†**sȳcaminus, i**, F., *mulberry.*
†**sȳcē, ēs**, F., *gum-resin.*
†**sȳcophanta, æ**, M., *informer, slanderer, cheat, flatterer.*
Sylla=**Sulla.**
†**syllaba, æ**, F., *syllable.*
sylva=**silva**, *forest.*
†**symbola, æ**, F., *share, scot.*
†**symbolus** (**um**), **i**, M., *mark, token.*
†**symphōnia, æ**, F., *harmony.*
symphōniacus, a, um, *for singing.*
Symplēgadĕs, um, F., cliffs in the Euxine, which dashed against one another (myth).
†**symposium, i**, N., *banquet.*
†**syngrapha, æ**, F.; **us, i**, M., *note, bond, contract.*
Synnada, ōrum, a town of Phrygia, famous for marble.
Syphax, ācis, king of Numidia, ally of Carthage, died B.C. 201.
Syrācūsæ, ārum, F., a city of Sicily, taken by Marcellus, B.C. 212.
Syria, æ, F., the country E. of the Mediterranean.
Sȳrinx, gis, F., a nymph, beloved by Pan, changed to a reed.
†**syrma, æ**, F., *a trailing robe.*
syrtis, is (**idos**), F., *quicksand;* **Syrtes**, two great shoals on the North coast of Africa.

T.

T, the prænomen **Titus.**
tabānus, i, M., *gadfly.*
tabella, æ, F., *tablet, letter, ballot, picture, votive tablet.*
tabellārius, a, um, *of tablets.*
tabeo, 2, *melt, waste, decay.*
taberna, æ, F., *shop, booth, inn.*

tabernāculum, i, N., *tent, pavilion.*
tabernārius, a, um, *of shops* or *booths;* pl., *shopkeepers.*
tābes, is, F., *decay, pestilence.*
tābesco, bui, 3, *consume, dissolve.*
tābidus, a, um, *decaying, corrupt.*
tābificus, a, um, *dissolving, corroding, infectious.*
tabula, æ, F., *board, plank, tablet, panel, picture.*
tabulāris, e, *of boards* or *tablets.*
tabulārius, a, um, *of records;* M., *registrar;* F., *record-office;* N., *archives.*
tabulātio, ōnis, F., *flooring.*
tabulātus, a, um, *boarded, floored;* N., *floor, layer.*
tabulīnum, i, N., *balcony, terrace, a shelf* for records.
tābum, i, N., *corruption, pestilence.*
taceo, cui, cit-, 2, *to be silent, still, noiseless.*
tacitē (**tō**), *silently.*
taciturnitas, ātis, F., *silence.*
taciturnus, a, um, *inclined to silence*
tacitus, a, um, *silent, secret, mute.*
tactio, ōnis, F., *touch.*
tactus, [**tango,**] *touched.*
tactus, ūs, M., *handling, touch.*
tæda, æ, F., *pitch-pine, torch; marriage-torch, wedding.*
tædet, uit (**tæsum est**), *it wearies.*
tædium, i, N., *weariness, disgust.*
Tænarus (**os**), **i,** C.; (**-on,** N.), the southern point of Greece.
Tænarius, a, um, *Spartan.*
tænia, æ, F., *fillet, hair-band.*
tæsum est, [**tædet,**] *it wearies.*
tæter=tēter, *offensive.*
tagax, ācis, *light-fingered.*
tālāris, e, *of the ankle;* N. pl., *winged sandals.*
tālārius, a, um, *of dice.*
tālea, æ, F., *rod, bar, cutting.*
talentum, i, N., *talent* (½ cwt, or sum of a little over $1000).
tālio, ōnis, F., *punishment in kind.*
tālis, e, *such, of such sort.*
talpa, æ, F., *mole.*
tālus, i, M., *ankle, ankle-bone, die.*
tam, *so;* **tam . . . quam,** *as* (*well*) *as.*
tamarix, icis, F., *tamarisk.*
tamdiu, *so long* . . . (**quamdiu,** *as*).
tamen, *yet, still, nevertheless.*
tametsi (**tamenetsi**), *although.*
tammodo, *but just now.*
tamquam, *as if, as it were.*
Tanais, is, M., the river *Don.*
Tanaquil, īlis, wife of Tarquin.
tandem, *at length, now then.*
tango, tetigi, tact-, 3, *touch, reach, hit, affect, cheat, mention.*
tanquam=tamquam, *as if.*
Tantalus, i, myth. k. of Phrygia, punished in Tartarus with eternal hunger and thirst.
tanti (gen.), *at such a price.*
tantillus, a, um, *so little.*
tantisper, *for so long.*
tantō, *by so much* (w. compar.).
tantŏpere, *so much, so greatly.*
tantulus, a, um, *ever so little.*
tantum, *so much, so far, only.*
tantummodo, *only.*
tantundem, *just so much.*
tantus, a, um, *so great, so much, so many.*
tantus-dem, a, um, *just so great.*
tapēte, is, N. (acc. **-ta,** pl., **-tās,** M.), *carpet, rug, tapestry.*
tarandus, i, M., *reindeer* (?)
tardē, *slowly.*
tardipes, pedis, *slow-foot.*
tarditas, ātis, F., *slowness, dulness.*
tardities, ēi; -tūdo, inis, F., *slowness.*
tardiusculus, a, um, *rather slow.*
tardo, 1, *to delay, prevent, linger.*
tardus, a, um, *slow, sluggish, lingering, dull, deliberate.*
Tarentīnus, a, um, *of Tarentum* (*Taranto*), in S. E. Italy.
tarmes, itis, M., *woodworm.*
Tarpēia, æ, the maiden who betrayed the citadel to the Sabines.
Tarpēius mons, the steep north front of the Capitoline.
Tarquinius, i, the 5th and 7th k. of Rome, B.C. 618–578, 534–509 (from Tarquinii, in Etruria).
Tarracīna, æ, F., a coast-town half-way bet. Rome and Naples.

Tarraconensis, e, *of Tarragona,* in Spain.
Tartarus (os), i, M.; **-a, ōrum,** N., the place of eternal torture, *hell;* adj., **Tartareus** or **-inus.**
Tartessus, i, F., a port of Spain.
tarum, i, N., *aloe-wood.*
Tatius, i, a Sabine king, reigning jointly with Romulus.
taura, æ, F., *a barren cow.*
taureus, a, um, of *bulls* or *oxen.*
Tauri, ōrum, a people of Thrace.
tauriformis, e, *bull-shaped.*
Taurii lūdi, games in honor of the infernal deities.
Taurīni, ōrum, people of N. W. Italy (*Turin*).
taurīnus, a, um, of *bulls,* or *oxen.*
Taurois, entis, a fortress of Massilia.
Tauromenium, i, N., a town of eastern Sicily.
taurus, i, M., *bull, ox, bullock.*
taxa, æ, F., *laurel.*
taxātio, ōnis, F., *reckoning.*
taxeus, a, um, *of yews.*
taxim=tetigerim, [**tango,**] *touch.*
taxim, *gently, by degrees.*
taxo, I, *touch sharply, charge against, appraise.*
taxus, i, F., *yew.*
Tāÿgetus, i, M.; **-a, ōrum,** N., a mountain-ridge in Laconia.
tē (tu), *thee.*
†**techna, æ,** F., *craft, trick.*
tectē, *covertly.*
tectōrius, a, um, *for covering;* N., *thatch, plaster.*
tectum, i, N., *roof, dwelling, shelter.*
tectus, [**tego,**] *sheltered.*
tēcum (tu), *with thee.*
ted=tē, *thee.*
tēda=tæda, *torch.*
Tegea, æ, F., a town in Arcadia.
Tegeēus (-æus), a, um, *Arcadian.*
teges, etis, F., *covering, mat.*
tegillum, i, N., *hood.*
tegimen (tegmen), inis, N., *cover.*
tego, xi, ct-, 3, *to cover, hide, shelter.*
tegula, æ, F., *tile.*
tegulum, i, N., *roof.*
tegumen, inis; -mentum, i, N., *cover.*
Tēius, a, um, *of Teos* (Anacreon).
tēla, æ, F., *web, warp, loom.*
Telamo (-on), ōnis, father of Ajax.
Tēleboæ, ārum, a robber people of Acarnania.
Tēlegonus, i, son of Ulysses and Circe, slayer of his father, and founder of Tusculum.
Tēlemachus, i, son of Ulysses and Penelope.
Tēlephus, i, son of Hercules and Auge; king of Mysia.
tellus, ūris, F., *the earth.*
Telmessus, i, F., a town of Caria.
tēlum, i, N., *spear, javelin, weapon.*
temerārius, a, um, *accidental, rash.*
temerē, *by chance, rashly, hastily.*
temeritas, ātis, F., *chance, rashness.*
temero, I, *to profane, pollute.*
Temesa (Tempsa), æ, a town of S. Italy, noted for copper mines.
tēmētum, i, N., *intoxicating drink.*
temno, 3, *scorn, despise.*
tēmo, ōnis, M., *beam, pole, waggon.*
Tempē, pl., N., a valley of Thessaly.
temperāmentum, i, N., *measure, moderation, temperament.*
temperans, tis, *moderate.*
temperanter, *with moderation.*
temperantia, æ, F., *moderation.*
temperātē, *temperately.*
temperātio, ōnis, F., *tempering.*
temperātus, a, um, *arranged, prepared, moderate.*
temperi, [**tempus,**] *at the fit time.*
temperies, ēi, F., *tempering, temper.*
tempero, I, *to temper, qualify, soften, regulate, govern, forbear.*
tempestas, ātis, F., *time, season, weather, tempest.*
tempestīvē, *seasonably.*
tempestīvitas, ātis, F., *timeliness.*
tempestīvus, a, um, *fit, ripe, timely.*
templum, i, N., *open circuit, sanctuary, temple.*
tempora, um, N., *temples, head.*
temporālis, e; -ārius, a, um, *for a time, temporary.*
temporātim, *at times* or *seasons.*

tempori, *in season.*
tempto=tento, *try.*
tempus, oris, N., *time, season, occasion, circumstance.*
temulentia, æ, F., *intoxication.*
temulentus, a, um, *drunk.*
tenācitas, ātis, F., *stubbornness.*
tenāciter, *stubbornly.*
tenax, ācis, *grasping, firm, tenacious, stubborn, stingy.*
tendo, tetendi, tent- (tens-), 3, *stretch, extend, spread out, go, tend, endeavor, encamp.*
tenebræ, ārum, F., *darkness, night, gloom, blindness, death.*
tenebricus (-cōsus), a, um, *gloomy, dark, obscure.*
tenebrōsus, a, um, *dark, gloomy.*
Tenedos (us), i, F., an I. near Troy.
tenellus, a, um, *tender, delicate.*
teneo, ui, tent-, 2, *hold, keep, attain, comprehend, restrain, endure.*
tener, era, um, *soft, tender.*
tenerasco (-esco), 3, *to grow soft.*
teneritas, ātis, F., *softness.*
tenor, ōris, M., *career, course.*
tensa, æ, F., *a car* (for the images of the gods).
tensio, ōnis, F., *stretching out.*
tensus, [**tendo,**] *stretched, tight.*
tentābundus, *trying here and there.*
tentāmen, inis; -mentum, i, N.; **-ātio, ōnis,** F., *attempt.*
tento, 1, *try, tempt, attack, attempt.*
tentōrium, i, N., *tent.*
tentus, [**tendo,**] *stretched;* [**teneo,**] *held.*
tenuis, e, *thin, slender, narrow, shallow, meagre, slight, fine.*
tenuitas, ātis, F., *thinness, scarcity.*
tenuiter, *thinly, poorly, finely.*
tenuo, 1, *make thin, dilute, attenuate, reduce, enfeeble.*
tenus, ŏris, N., *cord, snare.*
tenus, *up to, as far as.*
tepe-facio, 3, *to make warm.*
tepeo, 2, *to be lukewarm.*
tepesco, pui, 3, *grow lukewarm.*
tepidārium, i, N., *warm bath.*
tepidus, a, um, *lukewarm, faint.*
tepor, ōris, N., *gentle warmth.*
ter, *three times.*
tercentum, *three hundred.*
terdecies, *thirteen times.*
terebinthus, i, F., *turpentine-tree.*
terebra, æ, F., *auger* (for boring).
terebro, 1, *to bore, pierce.*
terēdo, inis, F., *borer.*
terĕs, etis, [**tero,**] *worn smooth, rounded, polished.*
Tēreus, i, myth. king of Thrace.
tergeminus, a, um, *three-fold.*
tergeo, 2; **-go, si,** 3, *to wipe, cleanse.*
Tergeste, is, N., a port of Istria, *Trieste.*
tergilla, æ, F., *pork-rind.*
tergīnum, i, N., *raw hide.*
tergiversātio, ōnis, F., *refusal.*
tergiversor, 1, *turn the back, shuffle, evade.*
tergo=tergeo, *wipe.*
tergum, i; -us, ŏris, N., *back, body, hide;* **dare terga,** *to flee.*
termĕs, itis, M., *olive-bough.*
terminālis, e, *of boundaries.*
terminātio, ōnis, F., *fixing bounds.*
termino, 1, *to bound, limit, define.*
terminus, i, M., *boundary, limit.*
ternīdēni, æ, a, *thirteen each.*
ternus, a, um, *by threes, threefold;* pl. *three each, three.*
tero, trīvi, trīt-, 3, *wear, wear away, bruise* (for threshing), *frequent.*
Terpsichorē, ēs, the Muse of Dancing.
terra, æ, F., *earth, ground, region.*
terrēnus, a, um, *earthen, earthy, earthly.*
terreo, ui, it-, 2, *to frighten, alarm, scare away.*
terrestris, e, *of the earth,* or *land.*
terreus, a, um, *earthen.*
terribilis, e, *frightful, dreadful.*
terricula, æ, F., *a bugbear.*
terrifico, 1, *terrify.*
terrificus, a, um, *causing dread.*
terrigena, æ, C., *earth-born.*
territo, 1, *to terrify.*
territōrium, i, N., *territory.*
territus, [**terreo,**] *frightened.*
terror, ōris, M., *dread, terror.*
tersus, [**tergo,**] *clean, correct, neat.*

tertiānus, a, um, *of the third.*
tertio, āt-, I, *to do thrice.*
tertiō (um), *for the 3d time, thirdly.*
tertius, a, um, *third.*
teruncius ($\frac{3}{12}$ of **as**), *penny, trifle.*
tesca, ōrum, N., *wastes, wilds.*
tessera, æ, F., *square tablet, die, chequer, token.*
testa (-ula), æ, F., *brick, tile, shell.*
testāceus, a, um: *of brick* or *tile.*
testāmentārius, a, um, *of wills.*
testāmentum, i, N., *a will, testament.*
testātim, *in fragments.*
testātio, ōnis, F., *attestation.*
testātō, *before witnesses.*
testātor, ōris, M., *witness, testator.*
testātus, a, um, *proved, published.*
testeus, a, um, *of earthen.*
testificātio, ōnis, F., *evidence.*
testificor, I, *prove, give evidence.*
testimōnium, i, N., *evidence.*
testis, is, C., *a witness.*
testor, I, *bear witness, testify, prove, attest, publish a will, call to witness.*
testūdineus, a, um, *of a tortoise.*
testūdo, inis, F., *tortoise, tortoise-shell;* boards or shields, locked to cover a storming-party.
testum, i (tu), N., *earthen pot, lid.*
tetanus, i, M., *cramp.*
tēte (tē), *thee* (emphatic).
tēter, tra, um, *offensive, foul.*
Tēthys, yos, F., wife of Oceanus.
† **tetra-,** *four.*
† **tetrans, tis,** M., *a quarter.*
tetrao, ōnis, M., *heath-cock.*
† **tetrarches, æ,** M., *tetrarch* governor of a quarter-province.
tetrē, *shockingly.*
tetricus, a, um, *crabbed, harsh.*
tetuli, tuli (fero), *bear.*
Teucer, cri, myth. k. of Troy; also, a brother of Ajax.
Teucrus (-crius), a, um, *Trojan.*
Teutoni, orum (ēs, um), *Teutons,* a German tribe.
texo, ui, tum, 3, *to weave, braid, build, cover.*
textilis, e, *woven;* N., *web, cloth.*
textor, ōris, M., *weaver.*
textrīnus, a, um, *of weaving* or *construction;* N., *ship-yard.*
textūra, æ, F.; **-tus,** M., *structure.*
textus, [texo,] *woven;* N., *web.*
† **thalamēgus, i,** F., *barge.*
† **thalamus, i,** M., *bed-chamber, bed, wedlock.*
† **thalassicus, a, um,** *sea-like.*
Thales (ētis), is, an Ionian philosopher, B.C. 640–550.
Thalīa, æ, F., the Muse of Comedy.
† **thallus, i,** M., *a green bough.*
Thapsos, i, F., a town of Sicily.
Thaumantias, adis; -tis, idis, *Iris,* daughter of Thaumas.
theātrālis, e, *of the theatre.*
† **theātrum, i,** N., *theatre.*
Thēbæ, ārum, F., a city of Egypt; also, capital of Bœotia, *Thebes.*
† **thēca, æ,** F., *case, sheath.*
Themis, idis, F., goddess of Justice and Prophecy.
Themistocles, is, an Athenian statesman, B.C. 513–449.
† **thēriaca, æ,** F., *antidote.*
† **thermæ, ārum,** F., *warm springs* or *baths.*
Thermōdon, tis, M., a river of Pontus.
Thermopylæ, ārum, *Thermopylæ,* the pass from Thessaly defended by Leonidas, B.C. 480.
† **thēsaurus, i,** M., *treasure, treasure-house.*
Thēseus, ei (eos), myth. king of Athens, son of Ægeus and Æthra.
Thēsēus (-ēius), a, um, *of Theseus.*
Thessalia, æ, F., northern Greece.
Thetis, idis, a sea-nymph, mother of Achilles.
† **theurgus, i,** M., *magician.*
† **thiasus, i,** M., dance in honor of Bacchus.
† **tholus, i,** M., *dome* of temple.
† **thōmix, icis,** F., *cord, thread.*
† **thōrax, ācis,** M., *breast, breastplate.*
Thrācia, æ, F., *Thrace* (Turkey).
Thrācus (-cius, -cicus); Thrēicius, a, um, *Thracian.*

Thrasybūlus, i, the liberator of Athens, B.C. 404.
Thrax, ācis (**-ēissa,** F.), *Thracian.*
Thūlē, ēs, F., *Shetland* or *Iceland (?).*
† **thunnus, i,** M., *tunny-fish.*
Thūrīnus, a, um, *of Thurii,* a city near Tarentum.
thūs, thūris=**tūs,** *incense.*
Thȳas (**ias**), **adis,** F., *a bacchante.*
Thyestes, æ, brother of Atreus.
† **thymbra, æ,** F., *savory.*
† **thymelē, es,** F., *leader's stand.*
† **thymum, i,** N., *thyme.*
† **thyrsus, i,** M., *stem, staff* twined with vine-shoots.
Ti. the prænomen **Tiberius.**
tiāra, æ, F. (**-as,** M.), *turban, tiara.*
Tiberīnus, *of the Tiber.*
Tiberis, is (**idis**), M., *the Tiber.*
Tiberius (**Claudius Nero**), emperor from A.D. 14–31.
tībia, æ, F., *shin-bone; pipe, flute.*
tibiāle, is, N., *stocking, leggin.*
tībīcen, inis, M.; **-cina, æ,** F., *piper, flutist; prop, column.*
Tībur, uris, N., a town of Latium (*Tivoli*); adj., **Tīburs, tis.**
Tīcīnus, i, M., the river *Ticino* in N. Italy.
tigillum, i, N., *a little beam.*
tignārius, a, um, *of beams.*
tignum, i, N., *a beam, log, lumber.*
Tigrānes, is, k. of Armenia, son-in-law of Mithridates.
tigris, is (**idis**), C., *tiger.*
tilia, æ, F., *linden-tree.*
timeo, ui, 2, *fear, dread, be anxious.*
timidē, *timidly.*
timiditas, ātis, F., *cowardice.*
timidus, a, um, *timid, cowardly.*
timor, ōris, M., *fear, alarm, dread.*
tinctus, [**tingo,**] *stained, dyed.*
tinea, æ, F., *bee-moth, book-worm.*
tingo, nxi, nct-, 3, *dye, stain, wet.*
tinnio, 4, *to jingle, scream.*
tinnītus, ūs, 4, *ringing, jangling.*
tinnulus, a, um, *ringing, shrill.*
tintinnābulum, i, N., *bell.*
tintinnāculus, a, um, *clanking;* M., *jailor.*
tintinno, 1, *to ring, clank, jingle.*
Tīresias, æ, a blind soothsayer of Thebes.
tīro, ōnis, M., *raw recruit, beginner.*
tīrōcinium, i, N., *first service, raw forces, recruits.*
Tīryns, thos (**is**), F., a town of Argolis, the home of Hercules.
Tīsiphonē, ēs, F. (*avenger of blood*), one of the Furies.
Tītan, ānis, son of Cælus; also, the Sun-god; pl., *Titans,* who tried to scale Olympus, and were driven by thunderbolts into Tartarus.
Tīthōnus, i, son of Laomedon, wedded to Aurora.
Tities (**-enses**), one of the tribes in early Rome. (Sabine?)
tītillo, 1, *to tickle.*
titio, ōnis, M., *firebrand.*
titivillitium, i, N., *trifle.*
titubo, 1, *to stagger, reel, waver.*
titulus, i, M., *label, title, placard.*
Tityos, i, a giant slain by Apollo, his liver torn by a vulture in Tartarus.
Tmōlus (**-ius**), **i,** M., a mountain of Lydia famous for wines.
tōfus, i, M., *tufa* (a volcanic stone).
toga, æ, F., [**tego,**] *toga, mantle, gown of peace.*
tōgātus, a, um, *wearing the toga; a Roman in civil life.*
tolerābilis, e, *endurable, enduring.*
tolerans, tis, *enduring, tolerant.*
toleranter, *patiently, tolerably.*
tolero, 1, *to bear, sustain.*
tollēno, ōnis, M., *well-sweep.*
tollo (**sustuli, sublāt-**), 3, *lift, raise, exalt, lift away, carry off, weigh* (anchor), *destroy, abolish.*
Tolōsa, æ, F., *Toulouse* in S. Gaul.
tolūtim, *on a trot.*
tōmentum, i, N., *stuffing.*
† **tomus, i,** M., *piece, part, volume.*
tonans, tis, *the thunderer* (Jupiter).
tondeo, totondi, tons-, 2, *clip, cut, shear, crop.*
tonitrus, ūs, M. (**-tru**; **-trium, i,** N)., *thunder.*
tono, ui, 1, *to thunder, roar, crash.*

tonsa, æ, F., *an oar.*
tonsilis, e, *shorn, clipped.*
tonsor, ōris, M., *shearer, hair-cutter.*
tonstrīna, æ, F., *barber's shop.*
tonsūra, æ, F., *clipping, pruning.*
tonsus, [tondeo,] *shorn.*
†**tonus, i,** M., *sound, tone.*
tōphus=tōfus, *tufa.*
topia, ōrum, N., *fancy gardening.*
topiārius, a, um, *of gardening;* M., *gardener.*
topper, *diligently, speedily.*
toral, ālis, N., *valance* (of couch).
torcular, āris, N., *oil* or *winepress.*
torculus (-ārius), a, um, *of a press.*
†**toreuma, atis,** N., *embossed work.*
tormentum, i, N., **[torqueo,]** *an engine, missile, cord, rack, torment.*
tormina, um, N., *gripes.*
torno, I, *to turn, fashion.*
†**tornus, i,** M., *wheel, lathe.*
torōsus, a, um, *muscular, brawny.*
torpēdo, inis, F,, *numbness.*
torpeo, ui, 2, *to be stiff, numb, dull.*
torpesco, ui, 3, *grow numb.*
torpidus, a, um *benumbed.*
torpor, ōris, M , *numbness.*
torpōro, I, *to benumb.*
torquātus, a, um, *having a neck-chain.*
torqueo, torsi, tort-, 2, *twist, wind, hurl, wrench, torture.*
torquis (ēs), is, D., *collar* or *twisted chain, wreath.*
torre-facio, 3, *to parch.*
torrens, tis, *rushing, boiling;* M., *a torrent, rushing stream.*
torreo, ui, tost-, 2, *to parch, roast.*
torridus, a, um, *parched, torrid.*
torris, is, M., *fire-brand.*
tortē, *awry.*
tortilis, e, *twisted, crooked.*
tortīvus, a, um, *made by pressure.*
tortor, ōris, M., *tormentor.*
tortuōsus, a, um, *winding, tortuous, complicated, tangled.*
tortūra, æ, F., *wrenching.*
tortus, [torqueo,] *twisted.*
tortus, ūs, M., *twisting, wreath.*
torulus, i, M., *tuft of hair.*
torus, i, M., *swelling, muscle, couch.*
torvitas, ātis, F., *sternness.*
torvus, a, um, *wild, gloomy, savage.*
tostus, [torreo,] *parched.*
tot, *so many.*
totidem, *just so many.*
totiēs (totiens), *so often.*
tōtus, a, um, g., **īus,** *all, the whole.*
toxicum, i, N., *poison* (for arrows).
[**trā-,** =**trans-.**
trabālis, e, *of* or *like a beam.*
trabea, æ, M., *state-robe.*
trabeātus, a, um, *wearing the trabea;* F., a kind of play.
trabs, bis, F., *beam, timber, ship.*
Trāchinius, a, um, *of Trachin,* a town of Thessaly.
tractābilis, e, *tractable, pliant.*
tractātio, ōnis, F.; **-tus, ūs,** M., *touching, handling, treatment.*
tractim, *drawlingly, strokingly*
tracto, I, *drag, touch, handle, treat.*
tractus, [traho,] *drawn-out.*
tractus, ūs, M., *drawing, draught, tract, district, course, length.*
trāditio, ōnis, F., *giving over, surrender, instruction, tradition.*
trāditor, ōris, M., *betrayer.*
trādo, didi, dit-, 3, *deliver, commit, confide, surrender, betray.*
trādūco, xi, ct-, 3, *lead across, transfer, bring over, expose.*
trāductio, ōnis, F., *leading across, conducting, removing, exposure.*
trādux, ucis, N., *vine-layer.*
†**tragēmata, um,** N., *sweetmeats.*
†**tragicus, a, um,** *of tragedy, tragic, grand, terrible.*
†**tragœdia, æ,** F., *tragedy.*
†**tragœdus, i,** M., *tragedian.*
trāgula, æ, F.. *dart, javelin, plot.*
trāgum, i, N., *porridge.*
traha, æ, F., *a drag, sledge.*
traho, xi, ct-, 3, *draw, drag, plunder, squander, protract.*
Trajānus, i, Roman emperor, A.D. 98–117.
trajectio, ōnis, F.; **-tus, ūs,** M., *a crossing, passage, transportation.*
trajicio, jēci, ject-, 3, *throw across, transport, pierce, transfix.*
Tralles, ium, F., a town in Lydia.

trāma, **æ**, F., *woof, weft.*
trāmĕs, **itis**, M., *foot-path, course.*
trāno (**transno**), 1, *swim across.*
tranquillitas, **ātis**, F., *stillness, calmness, serenity, brightness.*
tranquillo, 1, *to calm, still.*
tranquillus, **a**, **um**, *calm, tranquil.*
trans, *across, beyond.*
[**trans-**, *across* or *change.*
transabeo, **ii**, 4, *to pass through.*
transadigo, **ēgi**, **act-**, 3, *transfix.*
transcendo, **di**, **sum**, 3, *overstep, exceed, transcend.*
tran-scrībo, 3, *to copy, transfer.*
trans-curro, 3, *run across, traverse.*
transenna, **æ**, F., *noose, snare.*
transeo, **ii**, 4, *go across, pass over.*
transero, **sert-**, 3, *put through, graft.*
trans-fero, *carry over, transplant, transfer, copy, convey.*
transfīgo, **xi**, **xum**, 3, *transfix.*
transfigūro, 1, *transform.*
trans-fodio, 3, *pierce, thrust, stab.*
transformo, 1, *transform, alter.*
transforo, 1, *pierce through.*
transfreto, 1, *cross a strait* or *ferry.*
transfuga, **æ**, C., *deserter.*
transfugio, **fūgi**, 3, *to desert.*
transfugium, **i**, N., *desertion.*
transfundo, **fūdi**, **fūs-**, 3, *transfuse.*
transgredior, **gressus**, 3, *cross over, go beyond.*
transgressio, **ōnis**, F., *passing over.*
transigo, **ēgi**, **act-**, 3, *drive* or *thrust through, complete, finish, settle.*
transilio, **ui** (**īvi**), 3, *spring across, hasten over.*
transitio, **ōnis**, F.; **-tus**, **ūs**, M., *passage, desertion, transition.*
transitōrius, **a**, **um**, *for transit.*
translātio, **ōnis**, F., *transferring, translation, metaphor.*
translātor, **ōris**, M., *transferrer.*
translātus, [**fero**,] *transferred.*
transmarīnus, **a**, **um**, *from beyond sea, foreign.*
transmeo, 1, *go across.*
transmigro, 1, *remove.*
trans-mitto, 3, *send across* or *through, pass by, traverse.*
transmissus, **ūs**, M., *passage.*
transpadānus, **a**, **um**, *beyond Po.*
trans-pōno, 3, *transfer, remove.*
transporto, 1, *convey, transport.*
transtrum, **i**, N., *bench, thwart* (in ship), *bank* for rowers.
transvectio, **ōnis**, F., *transport.*
transveho, **xi**, **ct-**, 3, *convey across.*
transverbero, 1, *strike through.*
transversus, **a**, **um**, *crosswise.*
transverto, **ti**, **sum**, 3, *turn across.*
transvolo, 1, *fly* or *pass over.*
transvorsus=**transversus.**
† **trapezīta**, **æ**, M., *money-changer.*
Trasimēnus, **i**, a lake in Etruria.
trebax, **ācis**, *cunning, crafty.*
Trebia, **æ**, F., *Trebia* in N. Italy.
trecēni, **æ**, **a**, 300 *each.*
trecenti, **æ**, **a**, *three hundred.*
trecenties, 300 *times.*
tredecies, *thirteen times.*
tredecim, *thirteen.*
treis=**tres**, *three.*
tremebundus, **a**, **um**, *quivering.*
treme-facio, 3, *cause to shake.*
tremendus, **a**, **um**, *formidable.*
tremisco, 3, *quake, tremble.*
tremo, **ui**, 3, *to shake, tremble* (at).
tremor, **ōris**, M., *trembling, dread.*
tremulus, **a**, **um**, *quivering, trembling.*
trepidātio, **ōnis**, F., *agitation.*
trepidē, *in confusion* or *alarm.*
trepido, 1, *be confused, agitated, throb, tremble at.*
trepidanter, *anxiously.*
trepidus, **a**, **um**, *restless, anxious, alarmed.*
tres, **tria**, *three.*
tressis, **is**, M., *three* **asses.**
tresvīri, **ōrum**, M., *Board of three* (in charge of prisons, &c.).
† **triangulus**, **a**, **um**, *three-cornered.*
triārii, **ōrum**, *infantry of* 3*d rank.*
tribūlis, **e**, *of the same tribe.*
trībulo, 1, *press, oppress.*
trībulum, **i**, N.; **-a**, **æ**, F., *threshing-drag.*
tribulus, **i**, M., *thistle, caltrop* (crow-foot, to impede cavalry).
tribūnal, **ālis**, N., *judgment-seat.*
tribūnātus, **ūs**, M., *tribuneship.*

tribūnitius, a, um, *of a tribune.*
tribūnus, i, M., *tribune,* paymaster, commander of a legion, or defender of the plebs.
tribuo, ui, ūt-, 3, *allot, impart, render, yield, distribute.*
tribus, ūs, F., *tribe,* a local division of the Roman people, 35 in all. The three patrician tribes, Ramnes, Tities, Luceres, have been thought to represent the Latin, Sabine and Etruscan stock in the founding of Rome.
tribūtārius, a, um, *of tribute.*
tribūtim, *by tribes.*
tribūtum, i, N., *tribute, gift.*
trīcæ, ārum, F., *tricks, trifles.*
tricēni, æ, a, *thirty each.*
tricenti, æ, a, *three hundred.*
trīcēsimus, a, um, *thirtieth.*
trichila, æ, F., *bower, arbor.*
trīcies, *thirty times.*
trīclinium, i, N., *couch on three sides* (at table), *dining-room.*
trīco, ōnis, M., *trickster.*
trīcor, I, *to dally, shuffle.*
tridens, tis, *three-pronged, three-toothed;* M., *trident.*
triduum, i, N., *three days.*
triennium, i, N., *three years.*
triens, tis, M., *a third* (of **as**).
†**triēris, is,** F., *trireme* (a galley of three banks).
†**trietēricus, a, um,** *triennial.*
†**trietēris, idīs,** F., *three years.*
trifariam, *in three ways* or *places.*
trifer, era, um, *thrice-bearing.*
trifidus, a, um, *three-cleft.*
triformis, e, *three-fold, triform.*
trīga, æ, F., *team of three horses.*
trigeminus, a, um, *three-twin, three-fold, very great.*
trīgintā, *thirty.*
†**trigōnus, a, um,** *three-cornered.*
trilinguis, e, *having three tongues.*
trilix, īcis, *three-twilled.*
trimestris, e, *of three months.*
trimodium, i, N., 3-*peck measure.*
trīmus, a, um, *three years old.*
Trīnacria, æ, F., *Sicily* (having three headlands).
trīni, æ, a, *three each.*
†**triobolus, i,** M. (3 oboli), *sixpence.*
triōnes, um, M. (team of oxen); **septem,** *the Polar Bear, north.*
triparcus, a, um, *very stingy.*
tripartītus, *in three divisions.*
triplex, icis, *three-fold.*
Triptolemus, myth. k. of Eleusis, inventor of agriculture.
tripudio, I, *to dance, leap.*
tripudium, i, N., a religious dance; a favorable omen (from the feeding of chickens).
†**tripus, odis,** M., *tripod* (three-footed seat).
triquetrus, a, um, *three-cornered.*
trirēmis, is, F., *trireme* (galley with three banks of oars).
tris=tres (acc.), three.
triste, *sadly.*
tristi=trivisti, [**tero,**] *wore.*
tristis, e, *sad, gloomy, harsh, stern.*
tristitia, æ, F., *sadness, sternness.*
trisulcus, a, um, *three-cleft, triple.*
tritavus, i, M., *ancestor* (v. **avus**).
trīticeus, a, um, *of wheat.*
trīticum, i, N., *wheat.*
Trīton, ōnis (os), a sea-god, son of Neptune.
Tritōnia, æ (of Lake Triton, in Africa), *Minerva.*
trītor, ōris, M., *grinder.*
trītūra, æ, F., *grinding, rubbing* (threshing).
trītus, [**tero,**] *rubbed, worn.*
triumphālis, e, *of a triumph.*
triumphātus, a, um, *vanquished, got by conquest.*
triumpho, I, *to triumph, exult.*
triumphus, i, M., *triumph* (a solemn procession of victory).
triumviri, orum, *Board of Three* (for colonies, police, or mint).
Trivia, æ, *Diana* or *Hecate.*
triviālis, e, *of the street-corner.*
trivium, i, N., *meeting of 3 roads, highway, crossroad.*
Trōas, adis, F., *a Trojan woman.*
†**trochilus, i,** M., *a wren.*
†**trochlea, æ,** F., *pulley-block.*
†**trochus, i,** M., *hoop.*

Trōĕs, um, *Trojans.*
Trœzen, ēnis, F., a city of Argolis.
Troglodȳtæ, dwellers in caves.
Trōius, a, um, *Trojan.*
Trōja, æ, F., *Troy* (in north-western Asia Minor).
Trōjugena, æ, C., *Troy-born.*
† **tropæum, i,** N., *trophy* (a post, decorated with captured arms), *monument, victory.*
Trophōnius, i, a deity worshipped in a cave of Bœotia.
† **tropicus, a, um,** *of turning, tropic.*
Tros, ōis, myth. king of Phrygia.
Trōus (-ius, -icus, -jānus), a, um; Tros, ōis, *Trojan.*
trua, æ, F., *ladle, gutter.*
trucīdātio, ōnis, F., *massacre.*
trucīdo, 1, *to butcher, massacre.*
truculentia, æ, F., *harshness.*
truculentus, a, um, *harsh, fierce.*
trudis, is, F., *pole, pike.*
trūdo, si, sum, 3, *to push, thrust.*
trulla, æ, F., *ladle, trowel.*
trulleum, i, N., *wash-basin.*
trullisso, 1, *to plaster.*
trunco, 1, *mutilate, cut off.*
truncus, i, M., *trunk, stem, body.*
truncus, a, um, *mangled, disfigured, maimed, broken, cut off.*
trusātilis, e, *driven by hand.*
trūsus, [trudo,] *thrust.*
trutina, æ, F., *balance.*
trux, trucis, *harsh, grim, stern.*
† **tryblium, i,** N., *a plate, salver.*
tū, tui, tibi, te, pl. **vos,** *thou.*
tuātim, *in your fashion.*
tuba, æ, F., *trumpet.*
tūber, eris, N., *hump, mushroom.*
tuber, eris, N., a kind of apple.
tubicen, inis, M., *trumpeter.*
tubilustrium, *feast of trumpets.*
tubulus, i, M., *pipe, tube.*
tuburcinor, r, 1, *devour.*
tubus, i, M., *pipe, tube.*
tucētum, i, N., *sausage.*
tudes, is, M., *hammer.*
tuditans, tis, *striking, driving.*
tueor, itus, 2, *look at, gaze, guard.*
tugurium, i, N., *cottage, hut.*
tuli, [fero,] *bore.*
Tulliānus, a, um, *of Tullius;* N., a dungeon built by him.
Tullius (Servius), sixth king of Rome, B.C., 578–534.
Tullus Hostilius, third king of Rome, B.C., 679–640.
tum, *then;* **cum (tum) . . . tum,** *both . . and; not only . . but also.*
tume-facio, 3, *cause to swell.*
tumeo, 2, *to be swollen, turgid.*
tumesco, mui, 3, *to become swollen.*
tumidē, *haughtily.*
tumidus (-ōsus), a, um, *swelling, haughty, turgid, violent.*
tumor, ōris, M., *swelling, commotion.*
tumulo, 1, *to bury.*
tumulōsus, a, um, *hilly.*
tumultuārius, a, um, *hasty, confused, irregular.*
tumultuor (-o), 1, *to be tumultuous.*
tumultuōsē, *in confusion.*
tumultuōsus, a, um, *confused, tumultuous.*
tumultus, ūs, N., *tumult, uproar.*
tumulus, i, N., *mound, hill.*
tunc, *then.*
tundo, tutudi, tuns- (tūs-), 3, *to strike, bruise, stun, importune.*
tunica, æ, F., *tunic* (a belted shirt), *coating, integument.*
tunico, 1, *to clothe* with tunic.
tunsus, [tundo,] *beaten.*
tuor, 3=**tueor,** *gaze, guard.*
tūrālis, e; -ārius, a, um, *of incense.*
turba, æ, F., *crowd, disorder, brawl.*
turbātē, *in confusion.*
turbātio, ōnis, F., *confusion.*
turbātor, ōris, M., *disturber.*
turbellæ, ārum, F., *bustle, row.*
turben=turbo, *whirl.*
turbidē, *in disorder.*
turbido, 1, *to trouble, disturb.*
turbidus, a, um, *confused, wild, perplexed, stormy, turbid.*
turbinātus, a, um, *cone-shaped.*
turbo, 1, *disturb, trouble, confuse.*
turbo, inis, M., *whirl, hurricane, top.*
turbulentus, a, um, *agitated, stormy, seditious.*
turdus, i, N., **-a, æ,** F., *thrush.*
tūreus, a, um, *of incense.*

turgeo, tursi, 2, *to be swollen.*
turgesco, 3, *to swell.*
turgidus, a, um, *swollen, turgid.*
tūribulum, i, N., *censer.*
tūricremus, a, um, *incense-burning.*
tūrifer, era, um, *yielding incense.*
turma, æ, F., *troop, squadron* (of 32), *throng.*
turmālis, e, *of a squadron, cavalry.*
turmātim, *by squadrons,* or *troops.*
Turnus, i, myth. king of Rutuli.
turpis, e, *ugly, base, foul.*
turpiter, *basely.*
turpitūdo, inis, F., *foulness, disgrace, infamy.*
turpo, 1, *to soil, pollute, dishonor.*
turriger, era, um, *bearing towers.*
turris, is, im, i, F., *tower, citadel.*
turrītus, a, um, *castled, towering.*
turtur, uris, M., *turtle-dove.*
turunda, æ, F., *paste, ball.*
tūs, tūris, N., *incense.*
Tuscus, a, um, *Tuscan* (of Etruria).
Tusculum, i, N., a town of Latium.
tussio, 4, *to cough.*
tussis, is, im, i, F., *cough.*
tūsus, [**tundo,**] *bruised.*
tūtāmen, inis, N., *defence.*
tūtē, *thou* (emphatic).
tūtē, *safely.*
tūtēla, æ, F., *guardianship, protector.*
tūtelāris, e, *of defence.*
tūtō, *safely.*
tūtor, ōris, M., *protector, guardian.*
tūtor, 1, *to guard, ward off.*
tūtus, [**tueor,**] *safe.*
tuus, a, um, *thy, your.*
Tybris=Tiberis, *Tiber.*
Tȳdeus, ei (eos), myth. father of Diomed (**Tydīdes, æ**).
tympanum, i, N., *drum, tambourine.*
Tyndareus, ei (us, i), myth. king of Sparta, father of Helen.
Typhōius, a, um, *of Typhoeus,* or *Typhon,* a giant buried under Ætna.
† **typhon, ōnis** M., *whirlwind, typhoon.*
† **typus, i,** M., *figure, type.*
† **tyrannicīda, æ,** M., *tyrant-killer.*
† **tyrannicus, a, um,** *tyrannical.*
† **tyrannis, idis,** F., *tyranny.*
† **tyrannus, i,** M., *sovereign, tyrant.*
Tyrius, a um, *of Tyre.*
Tyros (us), i, F., *Tyre,* a port of Phœnicia.
Tyrrhēnus, a, um, *Etrurian.*

U.

ūber, eris, N., *breast, udder, fertility.*
ūber, eris, *rich, fertile, abundant.*
ūberius, berrimē, *more fruitfully.*
ūbero (-to), 1, *to fertilize.*
ūbertas, ātis, F., *richness, abundance, fertility.*
ūbertim, *copiously.*
ubi, *where, when, as soon as.*
ubicumque, *wherever, everywhere.*
ubilibet, *anywhere you will.*
ubinam, *where?*
ubique, *everywhere, wherever.*
ubiubi, *wherever.*
ubivis, *where you will.*
ūdo, 1, *to moisten.*
ūdo, ōnis, N., *a fur* or *felt sock.*
ūdus, a, um, *wet, moist.*
ulcero, 1, *to make sore.*
ulcerōsus, a, um, *full of sores.*
ulciscor, ultus, 3, *to revenge, punish.*
ulcus, eris, N., *sore, ulcer.*
ūlīginōsus, a, um, *moist.*
ūlīgo, inis, F., *moisture.*
Ulixes, is (ei), *Ulysses,* myth. king of Ithaca, famous for craft and eloquence.
ullus, a, um, īus (w. neg.), *any.*
ulmeus, a, um, *of elm;* **ulmea virga,** *rod* (for whipping).
ulmitriba, æ, M., *rod-wearer* (slave).
ulmus, i, F., *elm.*
ulna, æ, F., *elbow, ell.*
ulpicum, i, N., a kind of leek.
uls, *beyond.*
ulterior, us, *farther, beyond.*
ultimō (um), *for the last time.*
ultimus, a, um, *furthest, last.*
ultio, ōnis, F., *vengeance.*
ultor, ōris, M., *avenger.*
ultrā, *beyond, besides.*
ultrix, īcis, F., *avenging.*

ultrō, *beyond, afar, besides, voluntarily, unconstrained, unprovoked.*
ultrōneus, a, um, *voluntary.*
ultus, [**ulciscor**,] *avenged, punished.*
ulula, æ, F., *screech-owl.*
ululātus, ūs, M., *wailing, howling.*
ululo, I, *to wail, howl, resound.*
ulva, æ, F., *sedge, meadow-grass.*
Ulysses=**Ulixes.**
umber, bri, M., *an Umbrian hound.*
umbilīcus, i, M., *navel, centre.*
umbo, ōnis, M., *boss* (of shield), *shield, elbow.*
umbra, æ, F., *shade, shadow, ghost.*
umbrāculum, i, N., *shade, bower.*
umbrāticus, a, um, *of the shade.*
umbrātilis, e, *staying in shade, at school.*
umbrātiliter, *in outline.*
Umbri, ōrum, people of Umbria, a dist. of N. E. Italy.
umbrifer, era, M., *shade-giving.*
umbro, I, *to shade, cover.*
umbrōsus, a, um, *shady.*
umquam, *ever.*
ūnā, *together.*
ūnanimis, e; **-us, a, um**, *of one mind* or *will, unanimous.*
ūnanimitas, ātis, F., *unanimity.*
uncātus, a, um, *hooked.*
uncia, æ, F., *one-twelfth* (as ounce, inch, &c.), *a trifle.*
unciālis, e; **-ārius, a, um**, *of an ounce.*
unciātim, *by ounces* or *inches.*
uncīnus, i, M., *hook, barb.*
unctio, ōnis, F., *anointing.*
unctor, ōris, M., *anointer.*
unctōrium, i, M., *anointing-room.*
unctus, [**ungo**,] *rich, sumptuous;* N., *banquet, ointment.*
uncus, i, M., *hook, barb.*
uncus, a, um, *crooked, hooked.*
unda, æ, F., *wave, water, tide.*
undātim, *like waves.*
unde, *whence.*
[**undē-**, *one from;* (as **undeviginti**).
undēcentum, *ninety-nine.*
undecies, *eleven times.*
undecim, *eleven.*
undecimus, a, um, *eleventh.*
undecirēmis, is, F., *ship of* II *banks.*
undecumque, *whencesoever.*
undelibet, *whence you will.*
undēni, æ, a, *eleven each.*
undēvīcēcimus, a, um, *nineteenth.*
undēvīginti, *nineteen.*
undique, *everywhere, from all sides.*
undo, I, *to wave, overflow, abound.*
undōsus, a, um, *full of waves, billowy.*
ūnedo, ōnis, M., *arbute.*
ūnetvīcēsimus, a, um, *twenty-first.*
ungella, æ, F., *a little claw.*
ungo, nxi, nct-, 3, *smear, anoint.*
unguen, inis, N., *fat, ointment.*
unguentārius, a, um, *of ointments;* C., *perfume.*
unguentum, i, N., *ointment, perfume.*
unguicilus, i, M., *finger-nail.*
unguinōsus, a, um, *oily.*
unguis, is, M., *nail, claw, talon;* **ad unguem**, *accurately.*
ungula, æ, F., *hoof, claw.*
unguo=**ungo**, *anoint.*
ūnicē, *alone, singularly.*
ūnicolor, ōris, *of one color.*
ūnicus, a, um, *single, sole, singular, unique.*
ūniformis, e, *of one shape.*
ūnio, ōnis, F., *oneness;* M., *a pearl.*
ūnio, 4, *to unite.*
ūnitas, ātis, F., *oneness, sameness.*
ūniusmodi, *of one sort.*
ūniversē (**-im**), *in general.*
ūniversitas, ātis, F., *the whole, the universe.*
ūniversus, a, um, *all together, as a whole;* N., *the universe.*
ūnoculus, a, um, *one-eyed.*
unquam=**umquam**, *ever.*
ūnus, a, um, īus, *one, some, only, a.*
ūpilio, ōnis, M., *shepherd.*
upupa, æ, F., *a hoopoe, mattock.*
Urania, the muse of Astronomy.
Urănus, myth. father of Saturn.
urbānē, *courteously, wittily.*
urbānitas, ātis, F., *city-life, fashion, refinement, wit, elegance.*
urbānus, a, um, *of the city, in city style, refined, witty, impudent.*

urbicus, a, um, *of the city.*
Urbīnas, ātis, *of Urbinum,* a town of Umbria.
urbs, bis, F., *city, town* (esp. Rome).
urceus, i, M., *pitcher, waterpot.*
ūrēdo, inis, F., *a blight, burning.*
urgeo (**-gueo**), **ursi,** 2, *press, push, crowd, urge, oppress.*
ūrīca (**eruca**), **æ,** F., *caterpillar.*
ūrīnor, 1, *to dive.*
† **ūrinus, a, um,** *windy.*
urna, æ, F., *water-jar, urn* (for voting), measure of 3 gallons.
ūro, ussi, ust-, 3, *to burn, blast, consume, chafe, corrode.*
ursīnus, a, um, *of a bear.*
ursus, i, M.; **-a, æ,** F., *a bear.*
urtīca, æ, F., *nettle.*
ūrus, i, M., *wild ox.*
urvum, i, N., *plough-tail.*
ūsio, ōnis, F., *use.*
ūsitātē, *as usual.*
ūsitātus, a, um, *customary.*
ūsitor, 1, *to use habitually.*
uspiam, usquam, *anywhere, in any thing, in any direction.*
usque, *all the way, as far as, until, without stopping, incessantly.*
usquequāque, *everywhere.*
ustor, ōris, M., *a corpse-burner.*
ustulo, 1, *to scorch, crisp.*
ustus, [**ūro,**] *burnt.*
ūsuārius (**-rārius**), **a, um,** *for use.*
ūsū-capio, 3, *to acquire by use.*
ūsūra, æ, F., *use, enjoyment, interest-money.*
ūsurpātio, ōnis, F., *making use.*
ūsurpo, 1, *employ, make use of, get, acquire wrongfully, usurp, call.*
ūsus, [**ūtor,**] *having used.*
ūsus, ūs, M., *use, service, custom, intercourse, practice, need, occasion.*
ūsūfructus, ūs, M., *use and enjoyment* of another's property.
ut, *that, as, when, how, granting that, would that, in order that, that not* (with words of fearing).
utcumque, *however, whenever.*
ūtens, [**ūtor,**] *possessing.*
ūtensilis, e, *fit for use.*
ūter, tris, M., *bag, skin.*
uter, tra, um, trius, *which* (of two), *either one, whichever.*
uter-cumque, *whichever* (of two).
uterīnus, a, um, *of the same mother.*
uter-libet, *which you will.*
uter-que, *each, both.*
uterus, i, M., *womb, belly.*
uter-vis, *which you will.*
ūti (**ūtor**), *use.*
uti=ut, *that.*
ūtibilis, e, *serviceable.*
Utica, æ, F., a town of N. Africa.
ūtilis, e, *useful, profitable, fit;* (as a law term), *in equity.*
ūtilitas, ātis, F., *use, service, profit.*
ūtiliter, *advantageously.*
utinam, *would that!*
utique, *surely, in any case.*
ūtor, ūsus, 3, *to use, employ, enjoy.*
utpote, *as, namely, seeing that.*
utputa, *as for instance.*
utrālibet, *on either side.*
ūtrārius, a, um, *water-carrier.*
utrasque, *both times.*
utriculārius, i, M., *bag-piper.*
utrimque, *on both sides.*
utrimquesecus, *on either hand.*
utrō, *in which direction.*
utrōlibet, *to either side.*
utrōque, *in both directions.*
utrubi, *where?* (of two places).
utrubīque (**-dem**), *on both sides.*
utrum, *whether* (§ **71**).
utut, *however.*
ūva, æ, F., *cluster of grapes.*
ūvens, tis; -idus, a, um, *moist, damp, juicy, well-watered.*
ūvesco, 3, *to get moist.*
ūvifer, era, um, *cluster-bearing.*
uxor, ōris, F., *wife.*
uxōrius, a, um, *a wife's; fond of one's wife.*

V

V=quinque, *five.*
vacans, tis, *at leisure, idle.*
vacātio, ōnis, F., *freedom, leisure, dispensation, exemption-money.*
vacca (**-ula**), **æ,** F., *cow.*
vaccīnium, i, N., *bleaberry.*

vaccīnus, a, um, *of kine.*
vacerra, æ, F., *log, stock.*
vacerrōsus, a, um, *crackbrained.*
vacillātio, ōnis, F., *wavering.*
vacillo, I, *to stagger, waver.*
vacīvē, *at leisure.*
vacīvus, a, um, *empty.*
vaco, I, *to be void, at leisure.*
vacuē-facio, 3, *to make empty.*
vacuitas, ātis, F., *exemption.*
vacuo, I, *to make empty.*
vacuus, a, um, *empty, free, clear, vacant, open, unmarried.*
vadimōnium, i, N., *bail, security.*
vādo, 3, *to go, walk, stride.*
vador, I, *bind by bail.*
vadōsus, a, um, *shoal, shallow.*
vadum, i, N., *a shoal, ford, stream.*
væ, *alas!*
væneo=vēneo, *be sold.*
vafer, fra, um, *sly, crafty.*
vafrāmentum, i, N., *trick.*
vagābundus, a, um, *vagrant.*
vagē, *here and there, vaguely.*
vagīna, æ, F., *sheath, husk.*
vāgio, 4, *to cry, squall.*
vāgītus, ūs, M., *crying.*
vagor, I, *wander, roam.*
vagus, a, um, *roaming, inconstant.*
valdē, *very, very much.*
valē, valēte, *farewell.*
valens, tis, *vigorous, well, strong.*
valenter, *stoutly.*
valentia, æ, F., *vigor.*
valeo, ui, it-, 2, *to be well, vigorous, powerful; to be worth* or *signify.*
valesco, 3, *to get strong.*
valētūdinārius, a, um, *sickly.*
valētūdo, inis, F., *state of health* (well or ill), *soundness, health.*
valgiter, *awry.*
valgus, a, um, *bow-legged.*
validē, *stoutly, certainly.*
validus, a, um, *strong, powerful, sound, well.*
vallāris, e, *of the rampart.*
valles (-is), is, F., *valley.*
vallo, I, *fortify, entrench.*
vallum, i, N., *rampart* (earth-wall set with palisades), *entrenchment.*
vallus, i, M., *stake, palisade.*
valvæ, ārum, F., *folding-door.*
valvolæ, ārum, F., *pods.*
vānē, *idly.*
vānesco, 3, *to vanish, disappear.*
vānidicus, a, um, *false speaking.*
vāniloquentia, æ, F., *idle talk.*
vāniloquus, a, um, *false, boastful.*
vānitas, ātis, F., *emptiness, vanity.*
vannus, i, F., *winnowing-shovel.*
vānus, a, um, *empty, void, vain, false;* N., *nothingness.*
vapidus, a, um, *spoiled, vapid.*
vapor, ōris, M., *steam, exhalation, warmth.*
vapōro, I, *to steam, glow.*
vappa, æ, F., *spoiled wine.*
vapulāris, e, *of flogging.*
vapulo, I, *to get flogged.*
vāra, æ, F., *trestle, forked pole.*
varia, æ, F., *panther.*
vārico, I, *to straddle, stride.*
vāricōsus, a, um, *with swollen veins.*
vāricus, a, um, *straddling.*
variē, *in divers colors.*
variego, I, *to variegate.*
varietas, ātis, F., *diversity, change.*
vario, I, *diversify, embroider, alter.*
varius, a, um, *changing, various.*
vārix, icis, C., *a swollen vein.*
vārus, a, um, *bent, bow-legged.*
varus, i, M., *blotch, pimple.*
vas, vadis, M., *bail, security.*
vas, vāsis, pl., **-a, ōrum,** N., *vessel, dish, tool;* pl., *baggage.*
vāsārium, i, N., *furniture-outfit.*
vasculārius, i, M., *white-smith.*
vasculum, i, N., *a small vessel.*
vastātio, ōnis, F., *laying-waste.*
vastātor, ōris, M., *ravager, destroyer.*
vastē, *rudely, widely.*
vastitas, ātis, F., *a waste, desert, desolation, vastness.*
vastities, ēi; -tūdo, inis, F., *ruin.*
vasto, I, *make empty, lay waste, destroy, forsake.*
vastus, a, um, *empty, waste, desolate, rude, vast.*
vātes, is, um, C., *prophet, poet.*
Vātīcānus, a hill in Rome, west of the Tiber.

vāticinātio, ōnis, F., *prophecy.*
vāticinor, I, *to prophesy, sing, rant.*
vatius, a, um, *knock-kneed.*
[**-ve,** *or.*
[**vē-,** of negative effect.
vēcordia, æ, F., *folly, madness.*
vēcors, dis, [**cor,**] *senseless, mad.*
vectārius, a, um, *for draught.*
vectīgal, ālis, N., *tax, revenue.*
vectīgālis, e, *of taxes, tributary.*
vectis, is, M., *bar, lever.*
vecto, I, *carry, convey.*
vector, ōris, M., *carrier, passenger.*
vectōrius, a, um, *for carrying.*
vectūra, æ, F., *freight* or *passage.*
vectus, [**veho,**] *borne.*
vegeo, 2, *excite, rouse.*
vegeto, I, *to rouse, invigorate.*
vegetus, a, um, *vigorous, active.*
vēgrandis, e, *diminutive.*
vehemens, tis, *eager, violent, vigorous, powerful.*
vehementer, *eagerly, vigorously.*
vehementia, æ, F., *strength, vehemence, fervor.*
vehens, tis, *riding.*
vehes, is, F., *cart-load.*
vehiculum, i, N., *cart, vehicle.*
veho, xi, ct-, 3, *carry, bear, convey.*
Vēiens, tis; -tānus, a, um, *of Veii,* a city of Etruria near Rome.
vel, *or, either, or indeed, even.*
vēlābrum, i, N., *awning;* a street in Rome for small shops, &c.
vēlāmen, inis, N., *cover, garment.*
vēlāmentum, i, N., *cover, veil, curtain;* pl., rods wound with fillets, borne by suppliants.
vēlārium, i, N., *awning.*
vēlāti, ōrum, M., *reserve-troops.*
vēles, itis, M., *skirmisher.*
Velia, æ, F., top of the Palatine Hill; a coast-town of Lucania.
vēlifer, era, um, *sail-bearing.*
vēlificor, I, *to make sail.*
Vēliternus, a, um, *of Velitræ,* a Volscian town.
vēlites, [**vēles,**] *light troops.*
vēlitātio, ōnis, F., *skirmishing.*
vēlitor, I, *to skirmish, wrangle.*
vēlivolus, a, um, *winged with sails.*
vellātūra, æ, F., *conveyance.*
vellico, I, *to pinch, twitch.*
vello, vulsi, vuls-, 3, *pull, pluck.*
vellus, eris, N., *fleece; pelt, wool.*
vēlo, I, *to veil, cover, wrap.*
vēlōcitas, ātis, F., *swiftness.*
vēlōciter, *swiftly.*
vēlox, ōcis, *swift, fleet.*
vēlum, i, N., *sail, curtain, veil.*
vēlūmen, inis, N., *fleece.*
velut, veluti, *just as, as for instance, as it were, just as if.*
vēna, æ, F., *vein.*
vēnābulum, i, N., *hunting-spear.*
Venāfrānus (-fer), a, um, *of Venafrum,* a Samnite town.
vēnālicius, a, um, *for sale.*
vēnālis, e, *for sale, venal.*
vēnāticus, a, um, *for hunting.*
vēnātio, ōnis, F., *the chase, game.*
vēnātor, ōris, M., *hunter.*
vēnātrix, icis, F., *huntress.*
vēnātus, ūs, M.; **-tūra, æ,** F., *hunting, the chase.*
vendibilis, e, *salable, agreeable.*
vendico=vindico, *claim.*
venditārius, a, um, *for sale.*
venditātio, ōnis, F., *display.*
venditio, ōnis, F., *selling, sale.*
vendito, I, *offer for sale, praise.*
venditor, ōris, M., *seller.*
vendo, didi, dit-, 3, *to sell, cry up* (as if for sale), *betray* for money.
venēficium, i, N., *poisoning, magic.*
venēficus, a, um, *poisonous, magical;* M., *sorcerer;* F., *sorceress.*
venēnātus, a, um, *envenomed.*
venēno, I, *to poison, dye.*
venēnum, i, N., *poison, venom, magical, charm, potion, dye.*
vēneo, īvi (ii), it-, 4, *to be sold* or *on sale.*
venerābilis, e, *worthy of veneration.*
venerābundus, a, um, *reverential.*
venerandus, a, um, *venerable.*
venerātio, ōnis, F., *reverence.*
Venereus, a, um, *of Venus,* or *love;* M., *a lucky throw;* F., a shell.
veneror, I, *revere, supplicate.*
Venetus, a, um, *of Venetia,* the country near Venice.

venia, æ, F., *favor, permission, forbearance, pardon.*
veniālis, e, *gracious, pardonable.*
venio, **vēni**, **vent-**, 4, *to come.*
vēnor, I, *to hunt, pursue.*
vēnōsus, a, um, *full of veins.*
venter, **tris**, **ium**, M., *belly, protuberance.*
ventilo, I, *toss in the air, fan, winnow, disturb, disquiet.*
ventio, **ōnis**, F., *coming.*
ventito, I, *keep coming.*
ventōsus, a, um, *windy, speedy.*
ventriōsus, a, um, *big-bellied.*
ventus (**-ulus**), i, M., *wind, breeze.*
vēnūcula, æ, F., *a raisin-grape.*
venum, ui, o, M., *sale.*
vēnum-do, I, *set to sale.*
Venus, **eris**, the goddess of Love; *love, charm.*
venustas, **ātis**, F., *charm, grace.*
venustē, *charmingly.*
venustus, a, um, *graceful, lovely.*
vepres, is, M., *brier, bramble.*
veprētum, i, N., *bramble-bush.*
vēr, **vēris**, N., *spring.*
vērāciter, *truthfully.*
vērātrix, **īcis**, F., *sorceress.*
vērātrum, i, N., *hellebore.*
vērax, **ācis**, *truthful.*
verbascum, i, N., *mullein.*
verbēnæ, **ārum**, F., *sacred boughs* (of olive, myrtle, laurel, &c.).
verber, **eris**, N., *lash, scourge, thong.*
verberātio, **ōnis**, F., *flogging.*
verbereus, a, um, *of stripes.*
verbero, I, *to scourge, beat, lash.*
verbero, **ōnis**, M., *scamp, rascal.*
verbōsē, *wordily.*
verbōsus, a, um, *wordy.*
verbum, i, N., *word* pl. *language, discourse, phrase, saying, talk;* **verbi causā**, *for example.*
verculum, i, N., [**ver**,] *darling.*
vērē, *truly, rightly.*
verēcundē, *modestly.*
verēcundia, æ, F., *modesty, shyness.*
verēcundor, I, *be shy*, or *ashamed.*
verēcundus, a, um, *modest, bashful.*
verēdus, i, M., *post-horse.*
verendus, a, um, *venerable, awful.*
verenter, *reverently.*
vereor, I, *to fear, be afraid, revere.*
Vergiliæ, **ārum**, F., *the Pleiades.*
vergo, **si**, 3, *bend, turn, lie towards.*
vēridicus, a, um, *truth-speaking.*
vērisimilis, e, *likely, truth-like.*
vēritas, **ātis**, F., *truth, reality.*
veritus, [**vereor**,] *afraid.*
vēriverbium, i, N., *veracity.*
vermiculātus, a, um, *worm-tracked* (a style of pattern).
vermiculor, I, *to be wormy* or *worm-eaten.*
vermiculus, i, M., *grub.*
vermina, um, N., *gripes.*
vermino, I, *to have worms*, or *crawling pains.*
vermis, is, M., [**verto**,] *worm.*
verna, æ, C., *a home-born slave, native.*
vernāculus, a, um, *native, inmate.*
vernālis, e, [**ver**] *of spring.*
vernīlis, e, *slavish, fawning, jesting.*
verno, I, *to bloom, flourish.*
vernula, æ, C., *a young slave.*
vernus, a, um, *of spring;* N., *spring-time;* **vernō**, *in the spring.*
vērō, *in truth, but, indeed.*
verres, is, M., *a boar-pig.*
verrīnus, a, um, *of hog* or *pork.*
verro, **ri**, **sum**, 3, *scrape, sweep, drive, drag away, conceal.*
verrūca, æ, F., *a steep height, wart.*
verrūcōsus, a, um, *warty, hilly.*
verrunco, I, *to turn, turn out well.*
versābilis, e, *changeful.*
versātilis, e, *revolving, movable.*
versicolor, **ōris**, *parti-colored, variable.*
versiculus, i, M., *a little verse.*
versifico, I, *to write in verse.*
versipellis, e, *that changes skin, dissembling, crafty.*
verso, I, *turn, whirl, bend, disturb, revolve, transact.*
versor, I, *dwell, abide, occupy one's self, engage in.*
versōria, æ, F., *turning, return.*
versum, *towards.*
versūra, æ, F., *turn, turning-place, borrowing to pay.*

versus, [**verto,**] *turned.*
versus (**vorsus**), *towards.*
versus, ūs, M., *furrow, line, verse.*
versūtus, a, um, *shrewd, crafty.*
vertagus, i, N., *greyhound.*
vertebra, æ, F., *joint.*
vertex, icis, M., *whirl, eddy, vortex; top, crown, peak.*
verticōsus, a, um, *whirling, eddying, full of whirls.*
vertigo, inis, F., *whirling, giddiness.*
verto (**vorto**), **ti, sum,** 3, *to turn, change, subvert, translate.*
Vertumnus, i, god of Seasons.
veru, ūs, um, ubus, N., *a spit.*
veruīna, æ, F., *javelin.*
vērum, i, N., *the truth.*
vērum, *truly, yes, but, yet.*
verumtamen, *but yet.*
verus, a, um, *true, real.*
verūtum, i, N., *dart, javelin.*
verūtus, a, um, *armed with darts.*
vervactum, i, N., *a fallow field.*
vervago, 3, *to break up land.*
vervex, ēcis, M., *a wether, muttonhead.*
vēsānia, æ, F., *madness.*
vēsānus, a, um, *mad, fierce, savage.*
vescor, 3, *to feed, eat, enjoy.*
vescus, a, um, *little, thin, fine-grained, wretched.*
vēsīca (**-ula**), **æ,** F., *the bladder, purse, &c.* (of bladder-skin).
vespa, æ, F., *wasp.*
vesper, eri (**eris**), M., *evening.*
vespera, æ, F., *evening.*
vesperasco, 3, *get towards evening.*
vespertīlio, ōnis, M., *a bat.*
vespertīnus, a, um, *of evening.*
vesperūgo, inis, F., *the evening-star, a bat.*
Vesta, æ, d. of Saturn, goddess of the Household.
Vestālis, e, *of Vesta;* pl. F., *Vestal Virgins* (priestesses of Vesta).
vester, tra, um, *your.*
vestiārius, a, um, *of clothes;* N., *wardrobe.*
vestibulum, i, N., *fore-court, entrance, vestibule.*
vesticeps, cipis, *bearded, corrupt.*
vestīgium, i, N., *footstep, track, moment;* **ex vestigio,** *instantly.*
vestīgo, 1, *to trace back.*
vestīmentum, i, N., *clothing.*
vestio, 4, *to clothe, cover, surround.*
vestiplica, æ, F., *laundress.*
vestītus, a, um, *clad.*
vestis, is, F., *clothing, garment, carpet, tapestry, covering.*
vestispica, æ, F., *clothes-maid.*
vestītus, ūs, M., *raiment, attire.*
vestras, ātis, C., *of your people.*
veterānus, a, um, [**vetus,**] *veteran.*
veterasco, āvi, 3, *to grow old.*
veterātor, ōris, M., *one grown old,* or *cunning.*
veterātōrius, a, um, *crafty.*
veterīnus, a, um, *of beasts of burden,* or *draught-cattle.*
veternōsus, a, um, *drowsy, lethargic.*
veternus, i, M., *old age, drowsiness.*
vetitum, i, N., [**veto,**] *prohibition, a forbidden thing.*
veto, ui, it-, 1, *forbid, hinder.*
vetulus, a, um, *little old.*
vetus, eris, *old;* pl. *the ancients.*
vetustas, ātis, F., *antiquity, old age.*
vetustē, *in the old way.*
vetustus, a, um, *aged, ancient, out of date, antiquated.*
vexātio, ōnis, F., *shaking, distress.*
vexātor, ōris, N., *troubler.*
vexillārius, i, M., *standard-bearer.*
vexillātio, ōnis, F., *battalion, squadron,* under one flag.
vexillum, i, N., *standard, ensign, the red flag of the general.*
vexo, 1, *shake, harass, vex, distress.*
via, æ, F., *way, road, street, journey, passage, manner, fashion.*
viālis, e; -rius, a, um, *of the road.*
viāticus, a, um, *of a journey;* N., *travelling-supplies, prize-money.*
viātor, ōris, M., *wayfarer, traveller, summoner.*
viatōrius, a, um, *of the journey.*
vībex, īcis, F., *scar, stripe, weal.*
vibia, æ, F., *cross-plank.*
vibrātus, ūs, M., *flickering.*
vibro, 1, *brandish, shake, fling, vibrate, quiver, sparkle.*

viburnum, i, N., *wayfaring-tree* (a shrub).
vīcānus, a, um, *of a village, villager.*
vicārius, a, um, *substituted;* M., *a substitute, deputy.*
vīcātim, *from street to street.*
vīcēnārius, a, um, *of twenty.*
vīcēni, æ, a, *twenty* (each).
vicennālis, e, *of twenty years.*
vīcēsimus, a, um, *one-twentieth;* F., *tax of five per cent.*
vicia, æ, F., *vetch.*
vīcies, *twenty times.*
vīcīnālis, e; -ārius, a, um, *neighboring, of the village.*
vīcīnia, æ; -tas, tātis, F., *neighborhood, likeness, vicinity.*
vīcīnus, a, um, *near, neighboring, like;* M., *neighbor.*
vicis (gen.), **em, e; es, ibus,** *change, turn, lot, recompense;* acc., *instead of, for;* **in vicem,** *by turns.*
vicissātim, *again, in return.*
vicissim, *on the other hand; in turn.*
vicissitūdo, inis; -tas, ātis, F., *change, alternation.*
victima, æ, F., *victim* (for sacrifice).
victimārius, i, M., *assistant at sacrifice,* or *dealer in victims.*
victito, I, [**vivo,**] *subsist.*
victor, ōris, M., *conqueror.*
victōria, æ, F., *victory.*
victrix, īcis, F., *she that conquers.*
victuālis, e, *of provisions.*
victus, [**vinco,**] *conquered.*
victus, ūs, M., [**vivo,**] *food, living, way of life.*
vīcus, i. N., *street* (of houses), *village.*
vidēlicet, *manifestly, plainly, of course, namely.*
viden (videsne), *do you see?*
video, vīdi, vīs-, 2, *see, observe, understand, provide;* P., *seem, appear, seem good.*
vidua, æ, F., *widow.*
viduitas, ātis, F., *dearth, lack.*
vidulus, i, N., *knapsack.*
viduo, I, *bereave, deprive.*
viduus, a, um, *bereft, widowed.*
Vienna, æ, F., *Vienne,* in south-eastern Gaul, on the Rhone.
vieo, ēt-, 2, *to twist, plait, weave.*
viesco, 3, *to shrink, wither.*
viētus, a, um, *shrivelled, shrunk.*
vīgēni=vīcēni, *twenty each.*
vigeo, 2, *to thrive, flourish.*
vigesco, vigui, 3, *grow flourishing.*
vīgēsimus, a, um, *twentieth.*
vigil, ilis, *awake, watchful, alert.*
vigilans, tis, *watchful, anxious.*
vigilantia, æ, F., *watchfulness, vigilance, wakefulness.*
vigilia, æ, F., *wakefulness, watch, guard, night-watch* ($\frac{1}{4}$ of the night).
vigilo, I, *watch, guard, be watchful.*
vīginti, *twenty.*
vīginti viri, Board of twenty (for assigning lands).
vigor, ōris, M., *energy, force, vigor.*
vilesco, vilui, *to grow worthless.*
vīlipendo, 3, [**pendo,**] *hold cheap.*
vīlis, e, *cheap, worthless, abundant.*
vīlitas, ātis, F., *cheapness, baseness.*
vīliter, *cheaply.*
vīlito, I, *to cheapen, degrade.*
villa (-ula), æ, F., *country-seat, villa.*
villāticus, a, um, *of a villa.*
villico (-or), I, *manage an estate.*
villicus, a, um, *of a villa;* M., F., *steward, overseer.*
villōsus, a, um, *hairy, shaggy.*
villum, i, N., [**vinum,**] *sup of wine.*
villus, i, M., *shaggy hair.*
vīmen, inis, N., *slender twig, osier.*
vīminālis, e; -eus, a, um, *of osiers.*
vin (visne), *will you?*
vīnācea, æ, F., *grape-husk.*
vīnāceum, i, N., *grape-stone.*
vīnālis, e, *of wine;* N. pl., *wine-festival* (in April and August.)
vīnārius, a, um, *of wine;* M., *wine-dealer;* pl., N., *wine-pots.*
vinca, æ, F., *periwinkle.*
vinceus, a, um, *for binding.*
vincibilis, e, *of conquest.*
vincio, vinxi, vinct-, 4, *bind, wind, fetter, confine, fortify.*
vinco, vīci, vict-, 3, *conquer, subdue, surpass, prevail.*
vinctūra, æ, F., *bandage.*
vinctus, [**vincio,**] *bound.*
vinculum, i, N., *bond, chain, cord.*

vindēmia, **æ**, F., *vintage, grape-harvest; grapes, wine.*
vindēmiātor, **ōris**, M., *vintager.*
vindēmio, I, *gather grapes.*
vindex, **icis**, C., *defender, deliverer, protector, avenger.*
vindicātio, **ōnis**, F., *claim, defence, vengeance.*
vīndiciæ, **ārum**, F., *claim at law.*
vindico, I, *to lay claim, save, deliver, avenge.*
vindicta, **æ**, F., *the liberating-rod; defence, vengeance.*
vīnea, **æ**, F., *vineyard, pent-house* (for besiegers).
vīnētum, **i**, N., *vineyard.*
vīneus, **a**, **um**, *belonging to wine.*
vinnulus, **a**, **um**, *delightful.*
vīnolentia, **æ**, F., *intoxication.*
vīnolentus, **a**, **um**, *drunk with wine.*
vīnōsus, **a**, **um**, *full* or *fond of wine.*
vīnum, **i**, N., *wine, grapes.*
vio, I, *go, travel.*
viola, **æ**, F., *violet, gilliflower.*
violābilis, **e**, *subject to harm.*
violāceus, **a**, **um**, *of violet-color.*
violārius, **a**, **um**, *of violet dye;* N., *bed of violets.*
violātio, **ōnis**, F., *injury.*
violātor, **ōris**, M., *injurer, profaner, murderer.*
violātus, [**violo**,] *harmed.*
violens, **tis**, [**vis**,] *violent, impetuous.*
violentia, **æ**, F., *violence, fierceness.*
violentus, **a**, **um**, *vehement, violent, boisterous.*
violo, I, *to harm, profane, violate.*
vīpera, **æ**, F., *viper, adder.*
vīpereus (**-īnus**), **a**, **um**, *of a viper* or *snake.*
vipio, **ōnis**, M., *a small crane.*
vir, **viri**, N., *man, male, husband.*
virāgo, **inis**, F., [**virgo**,] *a heroine.*
vireo, 2, *to be green* or *vigorous.*
vireo, **ōnis**, N., *green-finch* (?)
vīres, **ium**, F., [**vis**,] *strength, forces.*
viresco, 3, *grow verdant.*
vīresco, 3, *to grow strong.*
virētum, **i**, N., *turf, greensward.*
virga, **æ**, F., *twig, rod, wand.*
virgātor, **ōris**, M., *a flogger.*
virgātus, **a**, **um**, *of twigs, striped.*
virgētum, **i**, N., *osier-thicket.*
virgeus, **a**, **um**, *of rods* or *twigs.*
virgidēmia, **æ**, F., *harvest of rods.*
virginālis, **e**; **-eus**, **a**, **um**, *of a girl* or *maiden.*
virginitas, **ātis**, F., *maidenhood.*
Virgīnia, a Roman maiden, slain by her father, to save her from the decemvir, Ap. Claudius.
virginitas, **ātis**, F., *maidenhood.*
virgo, **inis**, F., *maiden, virgin, young woman, Vestal;* **dea**, *Diana.*
virgōsus, **a**, **um**, *full of twigs.*
virgula, **æ**, F., *a small rod.*
virgultum, **i**, N., *thicket, shrubbery.*
viriæ, **ārum**, F., *bracelets.*
viridārium, **i**, N., *pleasure-garden.*
viridicātus, **a**, **um**, *green.*
viridis, **e**, *green, verdant, youthful.*
viriditas, **ātis**, F., *verdure, vigor.*
virido, I, *to make* or *grow green.*
virīlis, **e**, *manly, belonging to a man.*
virīlitas, **ātis**, F., *manhood.*
virīliter, *manfully.*
viriola, **æ**, F., *a little bracelet.*
viriōsus, **a**, **um**, *robust, rude.*
virītim, *man by man.*
virōsus, **a**, **um**, [**vir**,] *fond of men.*
vīrōsus, **a**, **um**, [**vīrus**,] *rank, slimy.*
virtus, **ūtis**, F., *manhood, courage, valor, virtue, power.*
vīrulentus, **a**, **um**, *poisonous.*
vīrus, **i**, N., *slime, poison, stench.*
vis, **vim**, **vi**, F., *force, violence, abundance;* pl., **vīres**, *strength.*
viscātus, **a**, **um**, [**viscum**,] *limed.*
viscera, **um**, N., *flesh, bowels.*
viscerātio, **ōnis**, F., *distributing* or *devouring of meat.*
viscidus (**-ōsus**), **a**, **um**, *clammy, sticky.*
viscum, **i**, N., *mistletoe, birdlime.*
viscus, **eris**, N., [**vescor**,] *an interior organ;* pl., *flesh, entrails.*
vīsibilis, **e**, *visible.*
vīsio, **ōnis**, F., *sight, vision, idea.*
vīsito, I, *to see* or *visit often.*
vīso, **si**, **sum**, 3, *view, look at, visit.*
vīsus, [**vidėo**,] *seen;* N., *a vision.*
vīsus, **ūs**, M., *act* or *object of sight.*

vīta, æ, F., *life, subsistence, way of life, shade* or *spirit.*
vītābundus, *dodging, avoiding.*
vītālis, e, *of life, vital.*
vītātio, ōnis, F., *shunning.*
vitellus, i, M., *little calf, yolk.*
vīteus, a, um, *of the vine.*
vītiārium, i, N., *nursery of vines.*
vitiātor, ōris, M., *corrupter.*
vīticula, æ, F., *little vine, tendril.*
vītifer, era, um, *vine-bearing.*
vītigenus (-eus), a, um, *vine-borne.*
vītilis, e, [vieo,] *platted, braided, woven;* N. pl., *wicker-work.*
vitio, I, *to corrupt, hurt, spoil.*
vitiōsus, a, um, *faulty, vicious.*
vītis, is, F., *vine,* esp. *grape-vine.*
vītisător, ōris, M., *vine-planter.*
vitium, i, N., *fault, vice.*
vīto, I, *shun, avoid, escape.*
vitrārius, i, M., *glass-blower.*
vitreus, a, um, *of glass, glassy;* N. pl., *glass-ware.*
vitricus, i, M., *step-father.*
vitrum, i, N., *glass, woad.*
vitta, æ, F., *band, fillet.*
vitula, æ, F., *heifer-calf.*
vitulīnus, a, um, *of a calf;* F. (or N. pl.), *veal.*
vītulor, I, **[vinco,]** *keep holiday.*
vitulus, i, M., *calf, foal.*
vituperābilis, e, *blamable.*
vituperātio, ōnis, F., *blame.*
vitupero, I, *to blame, censure.*
vīvācitas, ātis, F. **(vīvax),** *vital force, length of life.*
vīvārius, a, um, *of living creatures;* N., *park, fish-pond.*
vīvax, ācis, *long-lived, vigorous.*
viverra, æ, F., *a ferret.*
vīvesco (-isco), 3, *get life* or *vigor.*
vīvidus, a, um, *living, animated, vivid, vigorous.*
vīvifico, I, *to restore to life.*
vīvificus, a, um, *quickening.*
vīvirādix, īcis, F., *a quickset.*
vīvo, vixi, vict-, 3, *to live, subsist, endure, support life, dwell.*
vīvus, a, um, *alive, living.*
vix, *scarcely, hardly.*
vixdum, *scarce yet.*
vixet (vixisset), *had lived.*
vocābulum, i, N., *name, noun.*
vocālis, e, *loud, vocal;* F., *vowel.*
vocātio, ōnis, F., *summons.*
vocātor, ōris, M., *inviter.*
vocātus, ūs, M., *call, invocation.*
vōciferātio, ōnis, F., *outcry.*
vōciferor, I, *to cry aloud, shout.*
vōcifico, I, *to proclaim.*
vocito, I, *call often* or *loudly.*
voco, I, *call, summon, invoke, invite.*
vōcula, æ, F., *a soft* or *feeble voice.*
vola, æ, F., *palm, sole.*
volāticus, a, um, *winged, fleeting.*
volātilis, e, *winged, swift.*
volātus, ūs, M.; **-tūra, æ,** F., *flight.*
Volcānus=Vulcānus, *Vulcan.*
volēma (pira), N. pl., *pound pear.*
volens, tis, [volo,] *willing, ready, favorably inclined.*
volgō=vulgō, *commonly.*
volgus=vulgus, *common people.*
volito, I, *fly, flit, hasten.*
volnus=vulnus, *wound.*
volo, velle, volui (§ **37,** I.), *wish, will, maintain.*
volo, I, *to fly, hasten.*
volōnes, um, M., *volunteers.*
volpes=vulpes, *fox.*
Volsci, ōrum, a people of Latium.
volsella, æ, F., **[vello,]** *tweezers.*
volsus, [vello,] *plucked.*
voltus=vultus, *face.*
volūbilis, e, *spinning, flowing.*
volūbilitas, ātis, F., *whirling, flow.*
volucer, cris, cre, *flying, winged, fleet;* F., *a bird, winged creature.*
volūmen, inis, N., *a roll, volume, eddy.*
voluntārius, a, um, *voluntary;* M., *volunteer.*
voluntas, ātis, F., *will, wish, choice, good-will, meaning.*
volupe, *agreeably*
voluptārius, a, um, *voluptuous.*
voluptas, ātis, F., *pleasure, delight.*
voluptuōsus, a, um, *full of delight.*
volūtābrum, i, N., *wallowing-place.*
volūtātio, ōnis, F., *wallowing.*
volūto, I, *to turn, twist, roll, ponder.*
volūtus, [volvo,] *turned.*

volva (-ula), æ, F., *wrapper, womb.*
volvo, vi, ūt-, 3, *to roll, turn, revolve, ponder.*
vōmer (is), eris, M., *ploughshare.*
vomica, æ, F., *boil, tumor, plague.*
vomitōrius, a, um, *emetic;* N. pl., *theatre-entrance.*
vomitus, ūs, M.; **-tio, ōnis,** F., *vomiting.*
vomo, ui, it-, 3, *vomit, discharge.*
vopiscus, i, N., *the living twin.*
vorācitas, ātis, F., *greediness.*
vorāginōsus, a, um, *full of pits.*
vorāgo, inis, F., *gulf, chasm.*
vorax, ācis, *devouring, greedy.*
voro, 1, *to devour, engulf, consume.*
vorso=verso, *turn.*
vorsus=versus, *towards.*
vortex=vertex, *whirlpool.*
vos (**tu**), *you.*
voster=vester, *your.*
vōtīvus, a, um, *pledged by vow, votive, longed for.*
vōtum, i, N., *a vow, solemn pledge, votive offering, desire.*
voveo, vōvi. vōt-, 3, *to vow, consecrate, devote.*
vox, vōcis, F., *voice, sound, call, word, speech, proverb.*
Vulcānus, i, the god of Fire.
vulgāris, e, *common, ordinary.*
vulgātus, [**vulgo,**] *commonly known.*
vulgō, *commonly, publicly.*
vulgo, 1, *to publish, divulge, mingle.*
vulgus, i, N.; (or M.), *common people, multitude, mob.*
vulnero, 1, *to wound, hurt.*
vulnificus, a, um, *wounding.*
vulnus, eris, N., *a wound, hurt.*
vulpes, is; -cula, æ, F., *fox.*
vulpīnāris, e, *crafty, foxy.*
vulpīnus, a, um, *of a fox.*
vulsella=volsella, *tweezers.*
vulsus, [**vello,**] *plucked.*
vulticulus, i, M., *mien, look.*
vultuōsus, a, um, *full of airs.*
vultur, uris, M., *vulture.*
vulturīnus, a, um, *of the vulture.*
vulturius, i, M., *vulture, extortioner, bad throw* (of dice).
Vulturnus, i, M., a river of Campania.
vultus, ūs, M., *face, countenance.*
vulva=volva, *wrapper, womb.*

X.

Xanthus, i, N., a river near Troy.
†**xenium, i,** N., *a guest-gift.*
Xenophon, ontis, Athenian general and historian, B.C. 445–356.
Xerxes, is, king of Persia, who invaded Greece, B.C. 480.
†**xystus, i,** M., *a covered porch.*

Z.

Zacynthus, i, F., the island *Zante.*
Zama, æ, F., a town of N. Africa, where Hannibal was defeated by Scipio, B.C. 202.
†**zāmia, æ,** F., *hurt, loss.*
†**zea, æ,** F., *spelt* (a kind of wheat).
†**zēlotypus, a, um,** *jealous.*
Zephÿrus, i, M., the west wind, *Zephyr.*
†**zōna, æ,** F., *belt, girdle, zone, hem, money-belt.*
zōnārius, a, um, *of the belt;* **sector,** *cutpurse.*
†**zopissa, æ,** F., *caulking-pitch.*
†**zōthēca, æ,** F., *cabinet, niche.*
†**zygia, æ,** F., *hornbeam.*
†**zythum, i,** N., an Egyptian beer.

Cambridge: Press of John Wilson and Son.

www.ingramcontent.com/pod-product-compliance
Lightning Source LLC
LaVergne TN
LVHW021308110826
845150LV00003B/523

* 9 7 8 1 4 2 5 5 5 8 8 8 8 *